# Karl May
## Der Engel der Verbannten

# Karl May

# Deutsche Herzen-
# Deutsche Helden

## V

1976

Olms Presse
Hildesheim · New York

# Karl May

# Der Engel der Verbannten

1976

Olms Presse

Hildesheim · New York

Die Vorlage befindet sich im Besitz von
Klaus Hirsching, Stuttgart,
Karl-May-Gesellschaft.

Anmerkungen zu dieser Faksimileausgabe.
In der großformatigen Ausgabe war dieser Roman unter dem Titel „Deutsche Herzen-Deutsche Helden" in Lieferungsheften im Verlag Münchmeyer, Dresden, erschienen. In der illustrierten Ausgabe erschien 1901 bzw. 1902 der gleiche Roman in Lieferungsheften unter dem Titel „Deutsche Herzen und Helden" (35 Lieferungen), gleichzeitig in 5 Bänden unter Einzeltiteln. Diese Ausgabe wurde dem Nachdruck zugrundegelegt. Bei späteren Ausgaben des Verlages Münchmeyer (Fischer) wurde dann auch der Reihentitel wieder hinzugefügt.

Das Format des Nachdruckes ist gegenüber der Vorlage minimal verkleinert worden.

Nachdruck der Ausgabe Dresden 1902
Printed in Germany
Herstellung: fotokop wilhelm weihert KG, Darmstadt
ISBN 3 487 08121 0

# Deutsche Herzen und Helden.

## Roman

von

## Karl May.

---

Neue illustrierte Ausgabe.

---

Band V.

---

**Niedersedlitz-Dresden.**
Druck und Verlag von H. G. Münchmeyer.

Der

# Engel der Verbannten.

Roman

von

Karl May.

---

V. Band des Romans „Deutsche Herzen und Helden".

---

Niedersedlitz-Dresden.

Druck und Verlag von H. G. Münchmeyer.

## 1. Kapitel.

*Alle Rechte vorbehalten.*

In der ostsibirischen Kreisstadt Platowa war der Tag des Herbstjahrmarktes.

Platowa hat zwei berühmte Jahrmärkte. Der eine fällt in die Zeit des Frühjahres. Da kommen die Jäger, um ihre Felle, die sie im Winter in den schneebedeckten Wäldern oder in den öden, einsamen Tundrasümpfen erjagt haben, zum Verkauf zu bringen. Zum Herbstmarkte aber versehen sie sich mit den Vorräten, deren sie während der winterlichen Pelzjagd bedürfen.

In jenen unendlichen Ebenen, die mit dem Namen Tundra bezeichnet werden, kann nur im Winter gejagt werden, weil man sie nur beschreiten kann, wenn sie zugefroren sind. Im Frühjahr tauen sie auf, und ein jeder, der es wagen wollte, den Fuß auf sie zu setzen, würde sofort in ihren unergründlichen, bodenlosen Sümpfen untersinken und verschwinden.

Aber wenn der Winter eine feste Decke gefroren hat, dann thun sich die Zobeljäger und auch andere zusammen, um in Gesellschaften von zehn bis zwanzig Mann dem Fange derjenigen Tiere obzuliegen, deren kostbarer Pelz auf den russischen und chinesischen Märkten so sehr gesucht ist.

Diese Jäger sind entweder Eingeborene, die jagen müssen, da sie dem russischen Herrscher ihren Tribut und ihre Abgaben nur in Pelzwerk bringen dürfen, oder sie sind Deportierte, Verbannte, die gezwungen sind, jährlich eine gewisse Menge dieser köstlichen Felle zu bringen, wenn sie nicht schwere Strafe erleiden wollen.

Sie thun sich zu Gesellschaften zusammen, weil ein einzelner in jenen Gegenden verloren sein würde. In der

Tundra sind fünfundvierzig bis fünfzig Grad Kälte nach Réaumur gar keine Seltenheit; fürchterliche Schneestürme sausen über Sibirien dahin und belasten die Bäume mit Schneemassen, die den Wald meilenweit niederbrechen und zusammendrücken. In milden Tagen steigen Nebel auf, durch deren dicke, greifbare Massen man kaum zwei Schritte weit zu sehen vermag, und bleiben wochenlang auf der Ebene liegen, es dem Jäger geradezu unmöglich machend, seiner schwierigen Beschäftigung obzuliegen. Darum müssen sich die Zobelnick (Zobeljäger) zu Gesellschaften vereinigen, damit bei hereinbrechender Gefahr einer dem anderen zu helfen vermag.

Hört man, daß einmal einer eine Woche oder gar vierzehn Tage lang allein in den Urwald oder auf die Tundra gegangen ist, so schütteln selbst kühne Männer den Kopf und sagen:

„Er ist wahnsinnig!"

Und sie haben recht. Wenigstens gehört eine sehr gute Portion Verwegenheit dazu, so etwas zu unternehmen.

Freilich fragt es sich, ob ein amerikanischer Trapper sich fürchten würde, in grimmigster Kälte ebenso gut im sibirischen Urwalde herumzuspazieren wie in den Wäldern des Mississippi und Missouri. Der Trapper ist ja aus einem ganz anderen Zeuge gemacht, als der russische Verbannte oder gar der Ostjake, Tunguse und Buräte.

Heute nun waren diese soeben genannten und noch viele andere sibirische Völker auf dem Jahrmarkte zu Platowa vertreten.

Das ist gewiß ein richtiges Völkerragout, bei dem es selbst dem Kenner aller dieser Elemente angst und bange werden kann. Aber es ist nicht so schlimm.

Gewöhnlich lag in Platowa nur ein geringes Kommando Militär. Gegenwärtig aber war eine ganze Sotnie her verlegt worden. Sotnie heißt bei den Kosaken eine Schwadron.

Es war nämlich aus den fiskalischen Bergwerken in

Nertschinsk, wo fast lauter Verbannte unter der Erde arbeiten, eine Anzahl dieser Unglücklichen entwichen. Man hatte erfahren, daß sie sich nach der Gegend von Platowa

gewandt hatten, und aus diesem Grunde waren die Kosaken hierher kommandiert worden, um die ganze Umgegend abzusuchen, die Flüchtigen zu ergreifen und zu verschärfter Strafe abzuliefern. Der Rittmeister dieser

Sotnie war zufälligerweise der Sohn des Kreishauptmannes von Platowa.

Er war als ein strenger, unfreundlicher Offizier bekannt und gefürchtet, und es gab in seiner ganzen Schwadron keinen einzigen Mann, dessen Zuneigung er besessen hätte.

Außer dem Gebäude des Kreishauptmannes gab es noch ein zweites, das sich durch seine Größe auszeichnete. Es war das Domzajezdny (Wirtshaus), dessen Besitzer, der Gospodarz (Gastwirt), zu den wohlhabendsten Leuten der Stadt gerechnet werden mußte.

Natürlich ging es heute in dem erwähnten Wirtshause hoch her. Die Russen haben die eingeborenen Völkerschaften Sibiriens natürlich vor allen Dingen mit dem Branntwein bekannt gemacht. Der Sibirier aber kann nicht viel vertragen. Er wird sehr schnell betrunken. Und eigentümlicherweise ist seine Betrunkenheit nicht schwer, aber dafür eine desto längere. Von einem kleinen Glase Wodka wird er für zwei Tage lang betrunken, ohne jedoch den Verstand so zu verlieren, wie es bei der Betrunkenheit eines anderen der Fall ist. Er springt und reitet dann doppelt selig überall herum und trinkt, wenn er nüchtern geworden ist, gleich wieder ein Glas.

In der Wirtsstube gab es weder Tische noch Stühle. Rund um die Wände des Gastzimmers lagen Schilfmatten, und auf diesen saßen mit untergeschlagenen Beinen die schlitzäugigen Gäste mit ihren weit hervorstehenden Backenknochen. Sie tranken alles mögliche, was vorhanden war — saure Milch, Wodka, Mehlwasser oder einen Topf voll Ziegelthee. Und dabei standen ihre Zungen nimmer still.

Wer sie schreien hörte, der hätte denken mögen, daß es hier gleich Mord und Totschlag geben werde, und doch war es nur eine freundliche und nach ihren Begriffen auch höchst anständige und noble Unterhaltung, die sie führten.

Plötzlich standen alle Zungen still. Es war ein

Herr eingetreten. Unter Herr versteht der Eingeborene jeden Mann, der kaukasische Gesichtszüge hat und eine gute Kleidung trägt.

Der Eingetretene war von nicht zu hoher Gestalt. Er hatte weite, blaue Pumphosen an, die in den Schäften der hohen Stiefel verliefen. Ueber den Hosen trug er einen langschößigen Schnurrock und darüber einen leichten Ziegenpelz. Auf dem Kopfe saß eine Lammfellmütze, wie sie gern in Persien und den Kaukasusländern getragen wird.

Sein Gesicht war unter einem dichten, schwarzen Vollbarte fast ganz versteckt. Nur die Augen konnte man deutlich sehen. Aber ihr Blick war stechend und unruhig; er machte keinen Vertrauen erweckenden Eindruck. Ein russisches Gesicht hatte dieser Mann nicht. Seinen Zügen nach mußte man ihn für einen Franzosen oder Mittelasiaten halten.

Er grüßte vornehm und überflog die Anwesenden mit einem stolzen, verächtlichen Blicke.

Der Gospodarz kam eilig herbeigerannt, stieß mehrere der Gäste über den Haufen, verbeugte sich beinahe bis zur Erde und sagte:

„Willkommen, Herr, willkommen in meinem armen Hause! Was befiehlst du? Was wünschest du? Was ist dir recht?" — „Kann ich bei dir wohnen?" — „Jawohl, Herr! Aber doch nicht etwa nur du allein?" — „Nein. Ich habe meinen Diener mit." — „Wo befindet er sich?" — „Draußen bei der Kibitka." — „O heiliger Gott von Ostrolenka! Du hast eine Kibitka? Du bist mit einem Wagen gekommen? Und ich habe es nicht gemerkt? Verzeihe, Herr! Ich werde meinem Hauspatron, dem heiligen Nikodemus, ein neues Bilderbuch schenken, damit er mir diese Nachlässigkeit nicht nach meinem Tode anrechnet. Ich werde gleich nach deinem Fuhrwerke sehen." — „So komm'!"

Die Männer gingen hinaus. Dort stand eines jener leichten, zweispännigen Fuhrwerke, die man mit dem

Namen Kibitka bezeichnet. Mehrere Koffer waren aufgeladen. Der bärtige Kutscher stand bei den Pferden.

„Ich werde sofort befehlen, alles hereinzuschaffen," sagte der Wirt. „Wie lange willst du bei mir wohnen?"

— „Das weiß ich noch nicht. Ich vermag nicht zu sagen, wie lange ich von meinen Geschäften hier festgehalten werde. Ich habe gehört, daß Jahrmarkt hier ist!" — „Ja, Herr ja." — „Dennoch sehe ich nichts
M. E.

davon! Wo ist der Markt?" — „O, einen Marktplatz giebt es hier in Platowa nicht. Der Markt wird draußen vor der Stadt im Freien abgehalten. Darf ich erfahren, woher du kommst?" — „Aus Irkutsk." — „Also aus Westen. Da konntest du freilich nichts von dem Jahrmarkte sehen. Er wird im Osten vor der Stadt abgehalten." — „Kommen da auch Zobeljäger her?" — „Viele, Herr, sehr viele." — „Ich möchte mir eine Anzahl derselben engagieren." — „Du willst Zobeljäger in deinen Dienst nehmen? Hm, Herr, das ist gefährlich, aber auch lohnend. Du kannst da eine sehr große Summe Geldes gewinnen und auch verlieren." — „Wer gewinnen will, muß auch wagen." — „Es fragt sich auch, welche Männer du engagieren willst." — „Kannst du mir vielleicht einige gute Jäger nennen? Ich würde mir aus ihnen meine Gesellschaft bilden." — „Das würdest du nicht fertig bringen, Herr." — „Warum nicht?" — „Diese Leute suchen sich ihren Umgang selbst. Keiner von ihnen würde sich von dir einen Kameraden geben lassen, den er sich nicht selbst gewählt hat. Du mußt dir einen tüchtigen Jäger wählen, mit ihm abschließen und es ihm selbst überlassen, sich die nötige Anzahl von Gefährten zu suchen." — „Ich werde diesen Rat befolgen. Vielleicht kannst du mir einen solchen Jäger nennen!" — „O, mehrere, Herr. Der allerberühmteste ist — ja, Herr, wenn du den bekommen könntest!" — „Wen denn?" — „Nummer Fünf." — „Nummer Fünf? Wie ist sein Name?" — „Den weiß niemand, als nur seine Vorgesetzten, die ihn verurteilt haben. Nicht einmal die hiesige Behörde kennt seinen Namen. Er ist der beste Jäger weit und breit. Er spricht nicht viel, aber jeder will ihn zum Gefährten haben. Er allerdings wählt sich seine Leute stets selbst und bringt mit seiner Gesellschaft die reichste Beute heim." — „Ist er noch jung?" — „Nein; er mag wohl fünfzig Jahre zählen. Er ist auch nicht groß und stark, wie man von einem solchen Jäger denken sollte, sondern klein. Sein Gesicht ist fein und weißgelb. Ich habe einmal zufälligerweise gehört, daß der Kreishauptmann sagte, Nummer Fünf habe ein Gesicht wie ein vornehmer Inder." — „Vielleicht ist er ein Inder?" — „Wohl kaum. Wie könnte ein vornehmer Mann aus Indien von dem Zaren nach Sibirien deportiert werden?" — „Das ist wahr. Ist er schon hier?" — „Ich habe ihn noch nicht gesehen. Gehe hinaus und frage nach ihm. Jeder kennt ihn, und jeder wird ihn dir zeigen. Vorher aber mußt du dem Kreishauptmann einen Besuch machen." — „Vorher? Hat das solche Eile?" — „Ja. Erstens darfst du ohne seine Erlaubnis keine Stunde lang in meinem Hause oder überhaupt in Platowa verweilen. Sodann darfst du ohne seine Genehmigung nicht den Marktplatz besuchen, und drittens kannst du keinen Menschen engagieren, oder überhaupt mit irgend einem einen Vertrag abschließen, ohne daß der Kreishauptmann ihn unterzeichnet und besiegelt." — „Und eine Abgabe dafür empfängt?" — „Natürlich! Und diese Abgabe wird zur Strafe desto höher bemessen, je länger du, nachdem du hier angekommen bist, zögerst, dich ihm pflichtschuldig vorzustellen. Ich kann dir wirklich keinen besseren Rat geben, als augenblicklich zu ihm zu gehen."

„Verdammtes Ruß—"

Der Fremde sprach das Wort nicht aus, murmelte aber einen Fluch in den Bart und fuhr dann laut fort:

„Gut, so werde ich gehen. Bis ich zurückkehre, werdet Ihr wohl mein Zimmer in Ordnung gebracht haben."

Der Fremde schritt auf das in der Nähe liegende Gebäude zu und trat durch die Hauptthür ein. Da war über einer Stubenthür das wunderliche Wort ‚Prissutstwije' zu lesen. Das heißt auf deutsch so viel wie ‚Amtsstube'.

Dort stand ein Mann in der Uniform eines gewöhnlichen Kosaken. Der Fremde schenkte ihm keine weitere Aufmerksamkeit und fragte nur:

„Wo finde ich den Isprawnik?"

Er erhielt nicht gleich eine Antwort, denn der Kosak

hielt das Auge wie erschrocken auf ihn gerichtet, trat zurück, fixierte ihn abermals und sagte erst dann:

„Florin! Ist das möglich! Du in Sibirien!"

Als der Angeredete diesen Namen hörte, erbleichte er. Das sah man sogar trotz seines Vollbartes ganz deutlich. Auch fuhr er vor Schreck um einige Schritte zurück, faßte sich aber sehr schnell wieder und antwortete in dem gleichgültigsten Tone, der ihm möglich war:

„Du verkennst mich!" — „O nein!" — „O doch! Ich kenne dich nicht." — „Das ist möglich. Aber desto besser kenne ich dich. Es sind zwar Jahre vergangen, seit wir uns gesehen haben, und es mag sein, daß mein Gesicht sich verändert hat, aber deine Züge sind so, daß man sie nie vergessen kann, wenn man sie einmal gesehen hat." — „So, so! Wer soll ich denn sein?" — „Der Kammerdiener Florin." — „Kammerdiener? Bei wem denn?" — „Bei dem Baron Alban von Adlerhorst." — „Diesen Namen habe ich in meinem ganzen Leben noch nicht gehört!" — „Verstelle dich nicht!" — „Warum sollte ich mich verstellen!" — „Vielleicht hast du Ursache, deine frühere Existenz zu verleugnen." — „Höre, ich will nicht hoffen, daß du die Absicht hast, mich zu beleidigen!" — „Das kann mir nicht einfallen." — „Ich würde es mir auch auf das strengste verbitten. Du trägst das Abzeichen eines Deportierten, bist also zur Strafe in ein sibirisches Regiment gesteckt worden. Es würde mich nur ein einziges Wort kosten, deine Strafe verschärfen zu lassen. Du könntest leicht aus der zweiten Klasse in die fünfte versetzt werden!"

Als der Fremde diese Drohung aussprach, blieb der Kosak dennoch nicht ruhig und antwortete:

„Und trotzdem möchte ich wetten, daß ich mich nicht irre. Es können unmöglich zwei Menschen eine solche Aehnlichkeit besitzen." — „Was soll es anders sein, als eine Aehnlichkeit! Ich habe nicht nötig, mit einem Straf=kosaken eine Unterhaltung anzuknüpfen, aber du bist, so=

zusagen, doch auch ein Mensch, und darum will ich dir beweisen, daß du dich irrst. Hier ist mein Paß. Lies ihn!"

Damit zog der Fremde den Paß hervor und reichte ihn dem Kosaken hin, der ihn öffnete, ohne auf die Beleidigung, die die soeben ausgesprochenen Worte enthielten, zu antworten. Der Paß lautete auf den Namen Peter Lomonow, Kaufmann aus Orenburg, und war von der dortigen Behörde ausgestellt und außerdem von dem Gouverneur kontrasigniert. Es konnte also keinen Zweifel geben. Dennoch begann der Kosak das Signalement mit der vor ihm stehenden Person zu vergleichen.

"Hier steht ‚zwei Vorderzähne fehlen‘, und du hast keine Zahnlücke," sagte er. "Wie stimmt das?"

Der angebliche Kaufmann, der wirklich kein anderer als der ehemalige Derwisch Osman war, riß dem Kosaken den Paß aus der Hand und antwortete:

"Weil ich sie mir habe einsetzen lassen. Sie sind natürlich falsch. Uebrigens bist du nicht der Kreishauptmann und hast den Paß nicht zu beurteilen. Ich bin mit dir fertig und frage dich nur, ob der Jsprawnik zu sprechen ist." — "Er ist da drin. Gehe hinein!"

Das Vorzimmer hatte drei Thüren. Eine, durch die der Kaufmann gekommen war, eine, durch die er jetzt eintrat, und eine dritte, die direkt in das Freie führte.

"Und er ist es dennoch! Er ist es!" sagte der Kosak für sich hin. "Was will er hier? Wo hat er sich während dieser Jahre befunden, und warum verleugnet er sich?"

Er hatte keine Zeit, weiter über diesen Gegenstand nachzudenken, denn die eben erwähnte dritte Thür wurde geöffnet, und es traten drei Personen ein, die eine Beschreibung verdienen.

Voran kam ein kleiner, dicker Kerl mit schief geschlitzten Augen, hervortretenden Backenknochen und einer riesigen Bärenmütze auf dem Kopfe. Er war vollständig in Pelz gekleidet, über den Rock hatte er einen schweren Sarras geschnallt, und in der rechten Hand hielt er eine

M. E.

gewaltige Reitpeitsche. Diese Peitsche aber schien bei ihm nicht sehr gefährlich zu sein, denn sein kleines Näschen guckte außerordentlich naiv in die Welt, und um seinen

breiten Mund lag ein Lächeln, das gar nicht gutmütiger hätte sein können.

Hinter ihm trat eine Frau ein, die ganz genau so gekleidet war wie er. Auch sie hatte eine Peitsche in der Hand. Nur die Bärenmütze fehlte. Sie trug das

M. E.

schlichte Haar in zwei dünnen Zöpfen über den Rücken hinab, in den Ohren zwei sehr große, goldene Ringe, und über der Brust eine schwere, silberne Kette. Ihr Gesicht war womöglich noch gutmütiger als dasjenige ihres Mannes. Auch war sie noch dicker als er, sodaß sie sich nur mit Mühe zur Thüröffnung hereinzwängen konnte.

Hinter diesen beiden kam oder vielmehr leuchtete und glänzte, blitzte und flimmerte es herein, so rein, so zart, so schön und herrlich wie die Morgenröte, wenn sie mit Gold und Purpur das jungfräuliche Weiß eines Gletschers bestrahlt.

Ein Mädchen war es, hoch und stolz gewachsen, wie es unmöglich unter den eingeborenen Völkern und Stämmen Sibiriens ein weibliches Wesen geben konnte.

Diese wunderbar schöne, schlanke und doch volle Gestalt trug eine ganz eigenartige Kleidung. Die kleinen Füßchen steckten in langen, feingearbeiteten Schnürstiefeletten aus rotgegerbtem Leder vom Bauche des Elentieres. Man konnte sie sehen, weil das Röckchen nur wenige Zoll über die Kniee herabreichte. Dieses Röckchen aber bestand aus dem kostbarsten Zobel, jener seltenen und darum so teuren Art, die man Silberzobel nennt.

Ueber diesem Röckchen umschloß ein Mieder von demselben Pelzwerk die feine Taille. Die langen Aermel dieses Mieders waren auf orientalische Art nach den Händen zu immer weiter gehalten und bis oben in die Nähe der Achsel aufgeschnitten. Goldene Spangen hielten den Ausschnitt so weit zusammen, daß der weiße, herrlich gerundete Arm wie Schnee aus dem glänzenden Dunkel des Pelzwerkes hervorleuchtete.

Um den nackten, schlanken Hals flimmerte ein Schmuck von viereckigen Goldplatten. Das schwarze, lange, schwere Haar war mit ebensolchen Goldplatten und silbernen Ketten durchflochten, sonst aber unbedeckt. Dafür aber lagen um die hohe, schön gewölbte Stirn mehrere Lagen von Goldmünzen, die von silbernen Kugeln zusammengehalten wurden, auf deren jeder ein Diamant funkelte.

M. E.

Doch über das alles blickte man gern hinweg, um das Gesicht zu schauen, ein Gesicht, wie die schaffende Natur es dem Menschenkinde nur einmal verleiht.

Der Schmuck, den dieses entzückende Wesen trug, ließ auf einen außerordentlichen Reichtum schließen.

Aber nun vor allen Dingen die Frage: War dieses Mädchen mit den beiden dicken Leuten verwandt? Jeder hätte sofort mit einem schnellen ‚Unmöglich!' geantwortet, und doch —

Der kleine Mann wälzte sich lächelnd auf den Kosaken zu und sagte:

„Hast du hier die Wache, mein Söhnchen?" — „Ja, mein Väterchen."

Es muß hier erwähnt werden, daß alle Völker, die sich der russischen Sprache bedienen, gern die höfliche, freundliche Koseform gebrauchen, also Väterchen, Mütterchen, Brüderchen, Schwesterchen. Zuweilen wird diese Ausdrucksweise zu oft angewandt, wobei manchmal sehr spaßhafte Ausdrücke zum Vorschein kommen.

„Kennst du mich?" fragte der Dicke weiter. — „Nein, doch werde ich wohl die Freude haben, zu erfahren, wer du bist."

Das Gesicht des Dicken glänzte noch freundlicher, als er bereitwillig antwortete:

„Ja, mein liebes Söhnchen, diese große Freude werde ich dir gern machen. Ich bin nämlich Bula, der Tejsch der Tungusen. Kennst du mich nun, mein Herzchen?"

Tejsch heißt so viel wie Fürst.

„Ja, Väterchen, jetzt kenne ich dich." — „Und nun, mein Liebling, will ich dir auch mein Frauchen zeigen, die Fürstin. Sie heißt Kalyna. Findest du nicht, daß dieser Name sehr richtig ist?"

Kalyna heißt die ‚Dicke'. Darum antwortete der Kosak:

„O, er ist sehr richtig, mein liebes Väterchen. Darf ich dem Mütterchen die Hand küssen?"

M. E.

Da erglänzte das Gesicht der Fürstin vor heller Wonne. Sie wälzte sich näher, streckte dem Kosaken die Finger entgegen, die so fett waren, daß sie dieselben gar nicht mehr zusammenbringen konnte, und flötete mit ihrem lieblichsten Tone:

"Ja, hier, mein Söhnchen, hast du meine Hand. Drücke immerhin ein Küßchen darauf."

Der Kosak hatte beide Hände der Dicken geküßt und dabei gar nicht gethan, als ob er auch die dritte Person gesehen habe. Jetzt fragte ihn der Anführer der Tungusen: "Weißt du vielleicht, ob das gute Kreisamtmännchen zu Hause ist?" — "Ja, Väterchen. Er ist drinnen in seinem Zimmer." — "So werden wir einmal hineingehen. Wir sind nämlich gekommen, ihm ein Visitchen zu machen." — "Ich muß dich bitten, noch einen Augenblick zu warten, gutes Väterchen." — "Warum?" — "Weil jemand bei ihm ist." — "Wer?" — "Ein fremder Kaufmann, der seinen Paß vorzeigen will." — "Nun gut, so warten wir. Doch hoffe ich, daß sich der Kreishauptmann nicht allzu lange mit dem Päßchen des Kaufmännchens beschäftigen wird. Ich bin zum Jahrmarkt gekommen und habe viel einzukaufen." — "Der Isprawnik wird sich beeilen. Soll ich dich vielleicht anmelden?" — "O nein. Stören will ich ihn nicht. Gar so eilig habe ich es nicht. Und damit uns die Zeit nicht so lang wird, werde ich dir einmal hier mein Töchterchen zeigen, mein Herzchen, mein Juwelchen, mein weißes Lämmchen. Siehe sie dir einmal an! Sie heißt Karpala. Ist das recht?"

Die Tungusen haben von allen Turk=Völkern die Sprache am reinsten erhalten. Kar heißt der Schnee, und palamak heißt leuchten, glänzen. Der Name Karpala also bedeutet: wie Schnee leuchtend.

Jetzt war der Kosak gezwungen, seine Augen voll auf sie zu richten. Seine kräftige, wohlgegliederte Gestalt schien sich in die Höhe zu richten, sein Auge glänzte, und seine Wangen röteten sich. Er antwortete:

M. E.

Ein Mädchen war es, hoch und stolz gewachsen.
(Seite 14.)

„Ja, dieser Name ist bezeichnend wie kein anderer. Du hast ihn sehr gut gewählt, Väterchen."

Der Fürst war über dieses Lob so sehr erfreut, daß er, auf seine Tochter deutend, sagte:

„Hast du nicht Lust, auch ihr die Händchen zu küssen?" — „Du bist voller Güte, mein Väterchen; aber was du mir da erlaubst, das darf ich doch nicht wagen." — „Warum nicht?" — „Das kann ich dir nicht erklären. Ich würde die Worte nicht finden, die nötig wären, dir zu sagen, warum ich es nicht darf."

Da trat Karpala schnell auf den Kosaken zu, reichte ihm die Rechte und sagte mit einer Stimme, deren reiner, kräftiger Klang ihm in die tiefste Seele drang:

„Du darfst es. Aber nicht küssen sollst du meine Hand. Das würde wie eine Unterwürfigkeit erscheinen. Sondern reichen wollen wir uns die Hände wie Bekannte, die einander nicht vergessen haben."

Sie ergriff seine Hand und drückte sie herzlich. Vater und Mutter blickten erstaunt auf die Tochter. Dann sagte der erstere:

„Wie Bekannte? Habt ihr euch denn schon einmal gesehen?" — „Ja, ja," antwortete sie, bedeutungsvoll mit dem Kopfe nickend. „Höre es, Väterchen, und höre es, Mütterchen! Er ist mein Retter!"

Da stemmten beide ihre Hände in die Seiten und riefen zu gleicher Zeit:

„Dein Retter?" — „Ja."

Nun schlugen sie zu gleicher Zeit die Hände vor Verwunderung zusammen, daß beide Peitschen auf den Boden fielen.

„Der dich aus dem Eise gezogen hat?" fragte der Fürst im Tone des größten Erstaunens.

„Ja, er," antwortete sie. — „Ist das nicht ein kleines Irrtümchen?" — „Nein. Ich habe ihn sogleich erkannt, als ich hier eintrat und ihn erblickte." — „Es war doch ein Arbeiter, der dich errettete, nicht aber ein Kosak!" — „So ist er indessen Kosak geworden." —

M. E.

„Welch ein Wunder! Ist es denn wahr, daß du ihr Retter bist, mein liebes Kosakchen?" — „Ja, ich bin es," antwortete der Gefragte. — „So ist es also keine Täuschung! Du bist es! Laß dich umarmen!"

Der Fürst zog den Kosaken an sich und schob ihn dann der Fürstin mit den Worten zu:

„Mütterchen, drücke ihn auch an dein Herzchen! Er hat es verdient, daß du dich bedankst!" — „Ja," antwortete sie. „Komm' in meine Arme, mein Söhnchen! Ich bin bereit."

Dann öffnete sie die dicken Arme. Der Kosak aber trat hinzu und duldete es, daß sie ihm die Hände auf die Arme legte. Sie wollte ihn im überquellenden Gefühle umarmen, brachte aber die Hände nicht weiter; sie war eben zu korpulent dazu. Sie hatte sogar die Absicht, ihn auf die Wange zu küssen, da aber ihre Gestalt einen zu großen Durchmesser hatte, so konnte sie ihn mit ihren Lippen nicht erreichen, und der schallende Schmatz explodierte wie eine Wurfgranate in der Luft.

Der Fürst war mit großem Vergnügen Augenzeuge dieser außergewöhnlichen Zärtlichkeit seiner Gattin, meinte aber jetzt in verwahrendem Tone:

„Nun darfst du aber nicht denken, daß auch mein Töchterchen dich umarmen und küssen soll. Das ist verboten. Sie ist ein Mädchen und eine Prinzessin. Und dazu ist sie die Verlobte des Rittmeisters, der der Sohn meines Freundes, des Kreishauptmännchens ist. Beide würden es nicht dulden, daß sie dich umarmt. Sage uns lieber, wie du so plötzlich Kosak geworden bist!"

Bei der letzten Eröffnung hatte Karpala sich unwillkürlich abgewandt, und die Wangen des Kosaken waren blaß geworden.

„Ach! Also darum!" sagte er halblaut. — „Wie?" — „Ich hatte einen Fehler begangen," fügte er schnell und lauter hinzu. „Zur Strafe dafür wurde ich in die Sotnie gesteckt." — „Du Armer! Aber da bist du selber schuld. Ich werde indes Fürbitte für dich einlegen. Meinst du nicht?" — „Nein. Thue es nicht." — „Warum nicht?" — „Es würde mir nichts nützen, sondern nur schaden, mein Väterchen." — „Glaube das nicht, mein Söhnchen. Ich gelte sehr viel bei dem Rittmeister."

Da trat Karpala auf den Kosaken zu, gab ihm die Hand und sagte:

„Willst du auch mir nicht erlauben, für dich zu

bitten?" — „Nein." — „Meinst du, daß er mir, seiner Braut, die erste Bitte abschlagen wird?"

Nun zog der Kosak rasch seine Hand aus der ihrigen und antwortete in beinahe schroffem Tone:

„Auf diese Weise gar nicht! Ich mag von ihm keine Gnade haben!" — „Das ist mir sehr unlieb. Aber vielleicht kann ich dir eine andere Liebe erweisen, die du von mir annimmst. Jetzt erlaube mir, dir einstweilen das hier zum Andenken zu geben!"

Karpala zog einen Ring vom Finger und ergriff seine Hand, um ihm denselben anzustecken.

In diesem Augenblick trat der einstige Derwisch aus dem Nebenzimmer und öffnete dabei die Thür so weit, daß man sehen konnte, wer sich in dem letzteren befand, nämlich der Kreishauptmann, sein Sohn, der Rittmeister, und außer ihnen noch ein Kosakenleutnant.

Alle drei erblickten die Gruppe.

„Bula, der Fürst!" rief der Kreishauptmann.

Während der Derwisch sich schnell entfernte, trat der Rittmeister ebenso schnell heraus und fragte:

„Was geht hier vor?" — „Ich habe meinen Retter gefunden," antwortete das schöne Mädchen. — „Ja, ihr Retterchen!" fiel der Fürst ein. „Freust du dich nicht auch darüber, Rittmeisterchen?"

Der Genannte fragte, anstatt zu antworten:

„Und was ist da geschehen? Was ist's mit diesem Ringe?" — „Ich habe ihm denselben geschenkt." — „Wie? Ihm, einem Deportierten einen Brillanten geschenkt? Das muß ich mir denn doch verbitten. Komm', Bursche!"

Der Rittmeister ergriff die Hand des Kosaken, zog ihm den Ring vom Finger, steckte denselben sich selbst an und sagte, zu Vater, Mutter und Tochter gewandt:

„Kommt herein! Hier ist kein Ort für euch!"

Der Kosak stand vollständig regungslos da, ein Bild eiserner Disciplin, aber auch eiserner Selbstbeherrschung. Keins seiner Glieder bewegte sich. Nur um den Schnurrbart zuckte es kaum bemerkbar, und die Lider senkten sich

M. E.

nieder, damit der Blick seines Auges nicht verraten möge, was in seinem Herzen vorging.

Im Vorübergehen flüsterte Karpala ihm zu:

„Gräme dich nicht! Ich sehe dich wieder!"

Dann schloß sich die Thür hinter ihr.

Jetzt kam Bewegung in den Kosaken. Er ballte die Faust und erhob sie drohend.

„Meine Stunde wird auch schlagen!" knirschte er. „Die Ketten werden fallen, und dann —! Welch ein Tag! Zuerst dieser Diener der Adlerhorst! Er war es! Ich schwöre darauf. Und nun Karpala — die Verlobte des Rittmeisters! Das habe ich nicht geahnt! Welch eine Schönheit! Wie erhaben, wie rein, wie stolz und doch wie mädchenhaft! Schon glaubte ich, ihr Bild sei aus meiner Seele gewichen, und nun — nun — o, Zykyma, arme Zykyma! Wartest du vielleicht immer noch auf den Hauptmann Orjeltschasta, der seinen guten deutschen Namen Adlerhorst in dieses russische Wort verwandeln mußte? Vielleicht wartest du vergebens.

<blockquote>
Ich glaube, die Wellen verschlingen<br>
Am Ende Schiffer und Kahn,<br>
Und das hat mit ihrem Singen<br>
Die — — Karpala gethan!"
</blockquote>

---

## 2. Kapitel.

Als der Fürst mit seiner Frau und Tochter bei dem Isprawnik eingetreten war, hatte der letztere die drei sehr freundlich begrüßt. Aber der Menschenkenner hätte sofort bemerkt, daß diese Freundlichkeit keine wirklich aus dem Herzen kommende war.

Er war ein echter Russe, lang, breitschultrig, mit niedriger Stirn, stumpfer Nase, dicken Lippen und struppigem Vollbarte. Sein Sohn war ihm sehr ähnlich. Der Ritt=

meister mußte seiner Hünengestalt nach eine ungemeine Körperkraft besitzen.

Der Leutnant hatte Miene gemacht, sich zurückzuziehen, war aber durch einen Wink des Rittmeisters bedeutet worden, zu bleiben.

„Du störst gar nicht," flüsterte ihm letzterer zu. „Sollst sogar Zeuge sein, wie ich diesem dicken Fürsten meinen Standpunkt klar mache."

Und sich zu dem Fürsten wendend, fuhr er laut fort:

„Höre, Väterchen, wie kannst du denn eigentlich Karpala erlauben, einem Verbrecher ihren Ring zu schenken?" — „Er ist ja ihr Retter!" antwortete der Gefragte erstaunt. — „Du bist wohl sehr froh, ihn gefunden zu haben?" — „Sehr! Und das Mütterchen auch. Wir haben ihn vor Freude umarmt." — „Umarmt? Auch das Mütterchen?" — „Natürlich." — „Und Karpala wohl auch?"

Der Fürst wollte antworten, doch Karpala that es an seiner Stelle:

„Hättest du etwas dagegen gehabt?" — „Sehr viel sogar." — „Mit welchem Rechte?" — „Du bist meine Braut!" — „Ich wußte kein Wort davon und habe es erst heute erfahren." — „Es ist so zwischen uns und deinen Eltern ausgemacht worden. Dein Väterchen hat dem Schamanen einen Schwur geleistet und darf ihn nun nicht brechen."

Die Schamanen sind die Priester der Tungusen und haben mehr Einfluß auf die Gewissen der Laien und selbst der Fürsten als unsere christlichen Priester auf die Glieder ihrer Gemeinden.

Da wandte das Mädchen den Blick auf den Fürsten und fragte mit leiser, stockender Stimme:

„Ist das wahr, Väterchen?" — „Ja, meine Seele, mein Liebchen." — „Warum hast du das gethan?" — „Ich werde dir den Grund sagen, wenn du das Weib deines Männchens geworden bist." — „Und nun kann es nicht anders sein?" — „Nein. Du mußt! Du weißt,

M. E.

daß es ganz unmöglich ist, einen solchen Schwur zu brechen." — „Ich weiß es und werde gehorchen."

Karpalas Wimpern sanken nieder, als ob eine Thräne zu verbergen sei, dann nahm sie auf einem Stuhle Platz, denn sie fühlte sich plötzlich schwach, und fuhr mit beiden Händen nach dem Herzen, als ob sie dort einen großen Schmerz empfinde.

Der Rittmeister aber trat einen Schritt näher herbei und sagte in zärtlich sein sollendem Tone:

„Du siehst also, Schätzchen, daß du mir gehörst und daß schon der Blick eines solchen Hundes, wenn er ihn auf dich richtet, ein Verbrechen ist."

Da sah sie schnell und zornig zu ihm auf.

„Du nennst meinen Retter einen Hund?" — „Er ist noch schlimmer als ein Hund; er ist ein Verbrecher, der bestraft ist." — „Was hat er begangen?" — „Das weiß ich nicht. Niemand erfährt die That, wegen der einer nach Sibirien verbannt wird. Aber er ist auch bereits hier wieder in Strafe gefallen." — „Weshalb?" — „Wegen einer Frechheit, die ihresgleichen sucht. Er hat dich geküßt!"

Karpala erglühte über und über.

„Mich — geküßt? Ich weiß nichts davon, daß er mich geküßt hat." — „Er hat es gethan. Es war ein Zeuge da." — „Wer?" — „Ich selbst."

Der Rittmeister blickte Karpala triumphierend an, erreichte aber gerade das Gegenteil. Sie erhob sich nämlich langsam von ihrem Sitze, trat einen Schritt näher zu ihm heran und sagte:

„Du warst also Zeuge, daß er mich küßte. Dann warst du wohl auch in der Nähe, als ich über den Fluß ritt und das Eis unter mir und dem Pferde brach?" — „Ja." — „Ich hatte die Besinnung verloren. Als ich wieder zu mir kam, lag ich hier bei euch." — „Ich habe dich hergetragen." — „Wer aber hat mich aus dem Flusse, unter dem Eise hervorgeholt?" — „Diese Nummer Zehn. Ich rief ihn herbei." — „Ah, du riefst ihn herbei.

M. E.

„Er hat dich geküßt, ich selbst war Zeuge davon."
(Seite 24.)

M. E.

Und weil du keinen Mut hattest, weil du für dein Leben fürchtetest, mußte er das seinige wagen?" — „Pah! Ein Deportierter!" — „Und als ich mich dann nach meinem Retter erkundigte, verleugnetest du ihn und sagtest, du hättest ihn nicht gekannt? War das recht von dir?" — „Es war ganz richtig gehandelt. Der Hund wagte es, dich zu berühren. Lieber hätte er dich sterben lassen sollen. Es ist besser für dich, tot zu sein, als von ihm berührt zu werden. Ich habe ihm die Peitsche über sein Gesicht gezogen, daß sofort die Haut zerriß. Er sprang empor und sah mich einen Augenblick lang an, als ob er mich verschlingen wolle. Dann wandte er sich um und entfloh." — „Er entfloh?" fragte Karparla. „Er, der sich zwischen die türmenden Eisschollen stürzte, um ein unbekanntes Mädchen zu retten, das zu retten du zu feig warst, obgleich du bereits damals wußtest, daß es deine Braut sei?"

Sie hatte das mit sehr erhobenem Tone gesagt. Sein Gesicht rötete sich, und die Adern seiner Stirn schwollen an.

„Hüte dich, mich feig zu nennen!" — „Bist du es etwa nicht gewesen?"

Sie standen einander gegenüber, sie mit einem Blicke voll deutlich ausgesprochener Verachtung, er mit wutblitzenden Augen. Der Kreishauptmann wollte sie trennen, sein Sohn aber wies ihn mit einer heftigen Armbewegung zurück.

„Er mag mir antworten!" bestand Karpala auf ihrem Willen. — „Ja, ich werde antworten," meinte der Rittmeister zornig. „Ich hätte dich gerettet, wenn jener Mensch nicht dagewesen wäre. Er konnte sich an meiner Stelle naß machen!" — „So soll er auch an deiner Stelle auf die Belohnung Anspruch erheben." — „Beim heiligen Andreas, meinem Schutzpatron, welche Belohnung meinst du?" — „Hierauf brauche ich dir nicht zu antworten." — „Oho! Ich befehle es dir!" — „Mir?

M. E.

Einer Prinzessin?" — „Ja, dir! Und du wirst mir gehorchen!" — „Nie!" — „So werde ich dich zwingen!"

Der rohe Mensch erhob den Arm.

„Willst du mich etwa schlagen?" rief Karpala, keinen Schritt breit zurückweichend, und blickte ihm furchtlos in die Augen. Da besann er sich, ließ den Arm wieder sinken und antwortete in höhnischem Tone:

„Nein, dich nicht. Es giebt ja einen Prügeljungen. Vielleicht thun dir die Hiebe weh, wenn er sie bekommt."

Damit ergriff er die Glocke, läutete und rief zugleich:

„Nummer Zehn!"

Der Kosak trat ein, zog die Thür hinter sich zu, blieb in demütiger Haltung stehen, und kein Zug seines Gesichtes zeigte, was er dachte oder fühlte.

„Die Prinzessin hat dir einen Ring schenken wollen?" fragte der Rittmeister. — „Ja, Herr." — „Du hast ihn nicht zurückgewiesen?" — „Nein, Herr." — „Hund! Kennst du deine Pflicht nicht besser? Da hast du den Lohn!"

Der Rittmeister nahm mit diesen Worten die Peitsche vom Tische und schlug auf den Armen los. Dieser zuckte nicht mit den Wimpern; nur drehte er sich seitwärts und hielt den Arm empor, damit die Hiebe nicht sein Gesicht treffen konnten.

Jetzt war der Arm des Rittmeisters müde geworden. Er warf die Peitsche von sich und schrie:

„So, jetzt hast du den Lohn, und nun packe dich hinab in den Stall." — „Zu Befehl, Herr!" antwortete der Geschlagene und ging.

Der Rittmeister drehte sich darauf zu Karpala um und fragte sie voller Hohn:

„Nun, wie hat es gethan?" — „Wehe nicht," antwortete sie, ihm kalt in die Augen blickend. „Sollte mir das wehe thun, so müßtest du mir nicht so verächtlich sein, wie du es bist. Er ist ein Held!" — „Alle Teufel! Ein Held!" — „Ja, ein Held und ein Märtyrer. Ein Held, weil er nicht nur die Schmerzen verbiß, sondern weil er sich trotz der tödlichen Beleidigung beherrschte und sein Herz zur Ruhe zwang. Ein Märtyrer aber, weil er unschuldig für mich litt."

Der Rittmeister stampfte mit dem Fuße auf, daß alles erdröhnte.

„Eine tödliche Beleidigung! Als ob ein Offizier einen Verbrecher beleidigen könnte! Und unschuldig für dich gelitten! Er muß froh sein, daß er für dich leiden darf. Das nächste Mal schlage ich ihn tot. Und du sollst mich nicht daran hindern!" — „Ich hindere dich an nichts. Was du thust, ist mir so gleichgültig, daß ich sogar jetzt gehe, obgleich ich weiß, daß jetzt über den Kalym verhandelt werden soll. Macht was ihr wollt. Ich bin nicht nötig dabei. Der einzige Kalym (Aussteuer), den ich dir mitbringen sollte, ist eine Peitsche, um sie dich alle Tage kräftig fühlen zu lassen!"

Karpala hieb mit ihrer Peitsche dem Rittmeister am Gesicht vorüber und ging, ohne von jemand zurückgehalten zu werden. Vor dem Hause standen die drei Pferde, auf denen sie mit ihren Eltern gekommen war. Sie stieg auf das ihrige, gab ihm die Sporen und jagte davon.

Als sich die Thür hinter ihr geschlossen hatte, sagte der Sohn des Kreishauptmannes zu dem Leutnant:

„Komm', wir wollen einen Ritt machen."

Dann entfernten sich beide Offiziere, erst draußen vor dem Hause fand der Rittmeister nach längerem Schweigen die Sprache wieder und versetzte ingrimmig:

„Karpala hegt in der That ein solches Interesse für den Schuft, daß man meinen möchte, er könne einem gefährlich werden. Ich muß mir ihn aus dem Wege schaffen." — „Auf welche Weise? Etwa durch —?"

Der Leutnant deutete dabei auf seinen Säbel.

„Mord? Nein. Dieser Kerl ist kein Mensch mehr, sondern nur noch eine Nummer. Dennoch könnte eine solche Gewaltthätigkeit mir von großem Nachteile sein."

— „Also willst du ihn irgendwo anders hin versetzen?"

— „Nein. Das dauert zu lange und bedarf der Ge-

M. E.

nehmigung des Obersten. Ehe die Berichte hin und her gegangen sind, kann mir der Kuckuck längst das Ei in das Nest gelegt haben." — "So weiß ich nicht, wie du es anfangen willst." — "Hm! Es giebt so kleine Zufälligkeiten, kleine Unfälle, an denen eigentlich kein Mensch schuld ist, obgleich sie sich doch ereignen. Da habe ich zum Beispiel den neu eingefangenen Hengst aus dem Tabun. Er hat noch niemals einen Menschen getragen. Was meinst du?" — "Nicht übel!" lachte der Leutnant." — "So komm'!"

Die Offiziere schritten dem Stalle zu, wo beide ihre Pferde stehen hatten. Der Kosak befand sich bei denselben. Er war zur persönlichen Bedienung des Rittmeisters kommandiert. Dieser fuhr ihn jetzt an:

"Wir reiten spazieren. Sattle dir den neuen Tabunhengst!"

Unter einem Tabun versteht man eine Herde halb wilder Pferde. Ein solches Pferd zu reiten, das noch niemals eine Last auf dem Rücken gefühlt hat, ist lebensgefährlich. Der Kosak verzog aber keine Miene.

Er wollte zunächst dem Pferde seines Herrn den Sattel auflegen, dieser aber gebot ihm:

"Ich thue das selbst. Mach' schnell, daß wir nicht zu warten brauchen."

Der Kosak wandte sich gehorsam dem Stalle zu, murmelte jedoch dabei vor sich hin:

"Sollen sich verrechnet haben! Denn nicht umsonst hat mir jener alte Schamane das Kraut entdeckt, mit dessen Geruch man selbst das wildeste Pferd sofort gefügig macht! Und wie gut, daß ich es bereits bei diesem Hengste versucht habe und schon dreimal des Nachts mit ihm ausgeritten bin, ohne daß es jemand bemerkte! Der Rittmeister will mich umbringen! Nun wohl, er oder ich!"

Damit öffnete er den Stall und trat hinein. Keiner seiner Kameraden folgte ihm. In einer Ecke zwischen zwei Brettern steckte ein kleines Büschelchen derjenigen Moosart, die von den Tungusen Lepta genannt wird.

M. E.

Der Kosak nahm ein wenig davon in den Mund, kaute es, trat zu dem Pferde, das angebunden und an allen vier Beinen gefesselt war und blies ihm den Odem in die Nüstern. Die Augen des Tieres, die zuvor wild gefunkelt hatten, wurden sofort sanfter, und es schnaubte wohlgefällig durch die Nüstern.

Jetzt nahm der Kosak den Sattel, trug ihn hinaus vor den Stall und ergriff soeben die Nagajka, die an der Außenwand des Stalles hing, als auch bereits die beiden Offiziere, die auf ihren Pferden saßen, herbeikamen.

Die Nagajka ist die schwere, aus starken Riemen zusammengeflochtene und mit kurzem Stiele versehene Peitsche der Tabuntschiks (Hirten wilder Pferdeherden). Ein gewandter Tabuntschik schlägt mit dieser Peitsche den stärksten Wolf mit einem einzigen wohlgezielten Hiebe tot.

„Kerl!" donnerte der Rittmeister. „Bist du noch immer nicht im Stalle! Was lungerst du da herum? Hinein mit dir!" — „Darf ich nicht hier satteln?" — „Hier? Bist du wahnsinnig!"

Da aber kam der Hengst, den zwei Kameraden des Kosaken auf seinen Wink im Stalle losgebunden hatten, auch schon aus der Thür gebraust, daß alle Anwesenden auseinanderstoben, und galoppierte einmal rundum, bis der Kosak ihm entgegentrat. Letzterer hatte das gekaute Moos unbemerkt aus dem Munde genommen und hielt es dem Tiere hin, indem er so that, als ob er es am Kopfe liebkosen wolle. Der Hengst schnaubte nun zwar noch einige Male unheimlich, als aber der Kosak ihm die Hand auf das Maul legte, nahm er das Moos aus derselben mit den Lippen auf und ließ sich geduldig den Sattel auf- und die Zügel anlegen. Laute Rufe der Verwunderung erschallten. So etwas war noch niemals gesehen worden. Auch die Offiziere trauten ihren Augen kaum, als der Kosak jetzt so ruhig in den Sattel stieg, als ob er eine alte Mähre reiten wolle. Vorsichtig trieb der Rittmeister sein Pferd herbei und sagte:

M. E.

"Mensch, ist das auch der Hengst?" — "Herr, siehe dir ihn an!" antwortete der Gefragte unterwürfig. — "Und er ist so lammfromm?" — "Ein anderer dürfte es nicht wagen." — "Warum aber du?" — "Weil ich einen jeden Feind zu bezähmen weiß, gleichviel ob Mensch oder Tier." — "Unverschämt! Was soll die Peitsche?" — "Ich nehme sie mit, um, wenn ich auf diesem Ritte verunglücken sollte, noch im letztem Augenblicke dem, der daran schuld ist, mit der Nagajka das Rückgrat einzuschlagen."

Der Kosak sagte das im höflichsten Tone und indem er seinen Vorgesetzten ganz unterwürfig anblickte. Dieser merkte gar wohl, wem diese Drohung galt und fragte zornig:

"Wen meinst du?" — "Den Wolf natürlich." — "Ah, das ist dein Glück! Ich dachte, du hättest auf irgend ein menschliches Wesen angespielt. Wirf die Peitsche fort und folge uns!"

Der Rittmeister wandte sein Pferd dem Flusse zu. Der Kosak gehorchte. Er schleuderte die Nagajka von sich und ritt hinter den beiden Offizieren her. Alle blickten ihm nach, und einige bekreuzigten sich und sagten:

"Herr, führe uns nicht in Versuchung, sondern erlöse uns von allem Uebel! Er hat den Teufel. Der wilde Hengst gehorcht wie ein krankes Lamm!"

Platowa liegt an der Amga, die sich in den Aldan, einen Nebenfluß der Lena ergießt. Unweit der Stadt ist eine Furt, durch die die Offiziere ritten. Das Wasser ging jetzt zum Herbste den Pferden nicht bis an den Leib. Drüben auf dem anderen Ufer angekommen, setzten sie ihre Tiere erst in Galopp und dann in Carriere. Der Kosak folgte in demselben Tempo, ohne daß ihm der Hengst die geringste Schwierigkeit bereitete.

Der Rittmeister, der sich zuweilen nach ihm umblickte, bemerkte dies.

"Der Kerl hat den Satan im Leibe!" knurrte er. "Wie er es nur angefangen hat!" — "Auch mir ist es unbegreiflich," meinte der Leutnant. — "Und hast du seine Drohung gehört?" — "Die mir galt!" — "Dir das Rückgrat einzuschlagen! Der Mensch scheint also doch nicht so unbefangen zu sein, wie du bisher angenommen hast." — "Ich werde ihn Mores lehren. Wollen doch einmal sehen, ob der Hengst auch im Wasser so geduldig ist." — "Wie, du willst wieder durch den Fluß?" — "Ja, dort."

Der Rittmeister deutete nach dem Ufer, das in ziemlicher Entfernung von ihm lag.

"Dort ist der Fluß am tiefsten und am reißendsten. Du beabsichtigst doch nicht etwa, da hindurchzureiten?" — "O nein, nur er soll es." — "Unter welchem Vorwande?" — "Da drüben, weit jenseits des anderen Ufers, sehe ich einen Wagenzug, der nach der Stadt zum Jahrmarkte fährt. Er soll fragen, woher diese Leute kommen." — "Er kommt nicht hinüber. Es ist zu gefährlich!" — "Eben deshalb! Weißt du, es ist gerade der Ort, an dem er im vorigen Frühjahre, als das Eis zu gehen begann, Karpala aus dem Wasser holte. Sie hatte geglaubt, noch über den Fluß reiten zu können, aber das Eis brach, und sie versank zwischen die Schollen. Er mag jetzt versuchen, ob er nochmals glücklich herauskommt."

Der Rittmeister lenkte nach dem Ufer ein, blieb aber sehr bald wieder halten und sagte, vorwärts deutend:

"Weidet dort nicht ein Pferd am Wasser?" — "Ja." — "Und dabei liegen Frauenkleider!" — "Ein Röckchen und ein Leibchen aus Zobel! Ach!" — "Doch nicht etwa Karpala! Sollte sie baden?" — "Warum nicht? Der Ort ist abgelegen, und das Ufer ist hoch und von Büschen eingefaßt, da kann es selbst ein Frauenzimmer wagen, zu baden." — "Aber gerade an diesem gefährlichen Orte!" — "Hm! Die Tungusinnen sind ausgezeichnete Schwimmerinnen. Uebrigens ist der Fluß hier hüben nicht so reißend wie drüben." — "Wollen einmal hin!"

M. E.

Die Offiziere ritten also dem Ufer entgegen, gar nicht daran denkend, daß der Kosak ihnen folgte, ja, ihnen sogar folgen mußte, weil er gezwungen war, eine ganz bestimmte Distanz einzuhalten.

---

### 3. Kapitel.

Auch Karpala war durch die Furt geritten, um den Gefühlen, mit denen sie die Wohnung des Kreishauptmannes verlassen hatte, das Gleichgewicht zu halten.

So jagte sie über die Ebene dahin. Sie wollte den widerwärtigen Gedanken, daß sie die Braut eines rohen Menschen sei, von sich werfen. Doch es gelang ihr nicht. Ein heiliger, jungfräulicher Zorn erfüllte ihre Seele. Die Frau dieses Mannes! Sich von ihm liebkosen lassen! Bis zum Tode bei ihm zu sein! Niemals.

Aber der Eid des Vaters, den er dem Schamanen geleistet hatte! Er mußte ja erfüllt werden. Wie war da dieser Zwiespalt auszugleichen? Und obwohl sie sann und sann, so fand sie doch kein Mittel.

Da dachte sie an den Kosaken. Karpala erkannte noch gar nicht, welch tiefen Eindruck er auf ihre Seele, auf ihr Herz gemacht hatte, aber sie wurde innerlich doch ruhig bei dem bloßen Gedanken an ihn. Sie fühlte ein seelisches Wohlbehagen, ein Etwas, was sie bis jetzt noch nicht gekannt hatte, und hätte laut aufjubeln mögen. Unwillkürlich erklang es freudig von ihren Lippen:

„Nummer Zehn! Nummer Zehn!"

Karpala, die Fürstentochter, rief die Nummer eines Verbrechers, eines namenlosen, verachteten Menschen aus, und schämte sich dessen nicht! Sie wurde sich vielleicht gar nicht einmal genau bewußt, daß sie den Lüften diese zwei Worte anvertraut hatte.

Da winkten ihr rechts die glänzenden Wasser des Flusses. Dort hatte er sie gerettet. Schnell lenkte sie hin und betrachtete sich die Stelle. O, dort hatte er mit ihrer erstarrten Gestalt im Schilfe gelegen! Ein mädchenhaftes, glückliches Lächeln zitterte um ihre Lippen.

Ja, an jenem Platze hatte er ihr den Odem eingehaucht und sie auf den Mund geküßt! Ihre Hand klopfte bei diesem Gedanken ganz absichtslos den Hals ihres Pferdes, als ob sie gerade jetzt ein Wesen haben müsse, das sie liebkosen dürfe.

Da aber war der Rittmeister dazu gekommen, dieser unbeschreiblich widerwärtige Mensch. Karpala schlug plötzlich kräftig mit der Peitsche durch die Luft. Energisch schüttelte sie den Kopf, daß das goldene Haargeschmeide laut erklang. Nein, gar nicht mehr an ihn denken! Lieber an den anderen, der für sie das Leben gewagt und sich in die eiskalte Flut gestürzt hatte, um sie zwischen und unter den wirbelnden Eisschollen hervorzuholen!

Das war hier derselbe Fluß, dieselbe Stelle! In diesem Wasser hatte der Retter um ihr Leben gekämpft! Wie schön, sich einmal von denselben Fluten umspülen lassen zu können! Sollte sie? Karpalas Blick schweifte forschend umher. Die Stadt lag weit, weit oberhalb jener Stelle. Ringsum war kein Mensch zu sehen. Bebautes Feld, das Menschen angezogen hätte, gab es nicht, und die Ufer lagen hoch, das Wasser tief, außerdem war sie eine gute Schwimmerin!

Noch während ihr diese Gedanken kamen, war sie vom Pferde gesprungen und hatte begonnen, das Gewand und den Schmuck abzulegen, und bald schwamm sie in der Flut.

Sie hatte keine Ahnung, daß indessen die beiden Offiziere herbeigekommen waren.

„Bemerkst du nicht, daß der Kosak hinter uns hält?" fragte da plötzlich der Begleiter des Rittmeisters.

Dieser blickte sich um und erwiderte:

„Der? Dieser Halunke thut wirklich, als ob er uns eine Lehre geben wolle. Schau, er reitet sogar zurück! Warte, Bursche, du sollst mir schon selbst noch in das Wasser

M. E.

heute! Doch, Donnerwetter! Da kommen noch andere!
Sie sind jedenfalls von dem erwähnten Wagenzuge."

Der Rittmeister deutete nach dem jenseitigen Ufer,
dem sich soeben drei Reiter langsam näherten. Es waren
zwei dürre, unendlich lange Kerle und ein kleiner, aber
außerordentlich dicker Mensch. Sie ritten auf kleinen,
hageren, burätischen Pferden, die wohl müde oder durstig
geworden waren. Darum hatten sie für einige Augenblicke
den Wagenzug verlassen, um den Fluß aufzusuchen und
dort ihre Pferde zu tränken.

"Paß auf, was sie thun werden!" lachte der Ritt=
meister.

Die drei Reiter erblickten jetzt die Schwimmerin,
stutzten einen Augenblick, schienen sich einige Worte zu
sagen und zogen sich dann zurück.

"Ah, die kennen das sechste Gebot!" höhnte der
Leutnant. — "Ja. Aber sie haben auch uns gesehen.
Schau, was der Dicke wollen mag?" — "Er winkt nach
uns herüber." — "Ich glaube gar, er meint, daß auch
wir uns entfernen sollen!" — "Jetzt droht er gar mit
der Faust!" — "Mag er!"

Der kleine dicke Reiter jenseits des Flusses hob
wirklich die Faust drohend empor. Dann winkte er aber=
mals, und als auch das keinen Erfolg hatte, sah man,
daß er aus dem Sattel stieg und einen langen Gegen=
stand von dem letzteren losschnallte.

"Donnerwetter! Eine Flinte!" sagte der Rittmeister.
— "Er wird doch nicht schießen wollen?" — "Er soll
es wagen!"

Aber der fremde Reiter schien das für gar kein
Wagnis zu halten, denn nachdem er noch einmal sehr
energisch gewinkt hatte, und auch das nichts half, legte
er das Gewehr an. Im nächsten Augenblicke krachte
der Schuß, und der Rittmeister fuhr, sich nach dem Kopfe
greifend, zusammen. Er hatte dort einen Ruck verspürt.

"Bei Gott, der Kerl schießt!" rief der Leutnant.
"Bist du verwundet?" — "Getroffen wurde ich irgend=

wo." — "Ah, hier in den Kalpak. Die Agraffe mit der Feder ist verschwunden."

Da ertönte es in sehr gebrochenem Russisch von drüben herüber:

"Der erste Schuß in die Mütze zur Warnung, der zweite aber sicher in den Kopf." — "Hund, wer bist du?" brüllte der Rittmeister voller Wut hinüber. — "Sam Barth ist mein Name. Lauf', mein Junge, sonst treffe ich dich!"

Der Dicke erhob das Gewehr zum zweiten Male.

"Komm', komm'!" warnte jetzt der Leutnant. "Er schießt ganz gewiß!" dann zog er den Rittmeister schleunigst mit sich fort zu den Pferden.

Sie drückten diesen die Sporen in die Weichen und jagten der Stadt entgegen.

Karpala war natürlich sehr erschrocken, als sie den Schuß hörte und aus demselben erkannte, daß sie sich nicht allein an dieser einsamen Stelle befand. Dann, als der Dicke seine Drohung herüber rief, hörte sie aus seinen Worten, daß sie vom linken Ufer aus belauscht worden sei. Und wer dieser freche Mensch gewesen war, das entnahm sie aus dem Rufe des Rittmeisters, dessen Stimme sie sofort erkannte.

Sie war gleich bei dem Schusse so weit untergetaucht, daß nur der Kopf aus dem Wasser hervorblickte. Jetzt war es ihr, als ob sie Pferdegetrappel höre, das sich entfernte. Und vom rechten Ufer herüber ertönte dieselbe Stimme, die sie vorher gehört hatte:

"Töchterchen, wir haben uns so gestellt, daß wir dich nicht sehen können. Hörst du uns?" — "Ja," rief Karpala beherzt zurück. — "Steig' in Gottes Namen aus. Sie sind fort." — "Aber ihr?" — "Wir sind drei fremde Männer und wollen unsere Pferde tränken. Wir sitzen mit dem Rücken gegen den Fluß und werden uns nicht eher umdrehen, als bis du es uns erlaubst." — "Ist das wahr?" — "Wir geben dir unser Ehrenwort."

M. E.

„Bei Gott, der Kerl schießt! Bist du verwundet?" fragte
der Leutnant. (Seite 35.)

M. E.

Der Fluß war nicht sehr breit, sodaß sich die Sprechenden leicht verstehen konnten.

„So haltet Wort!"

Im Vertrauen auf die Ehrlichkeit dieser Fremden, stieg Karpala nun an das Ufer. Ein schneller Blick hinüber überzeugte sie, daß der Mann in der That die Wahrheit gesagt hatte. Die drei Männer saßen unbeweglich, mit dem Rücken dem diesseitigen Ufer zugewandt. Sie kleidete sich nun schnell an. Dann rief sie:

„Jetzt könnt ihr euch umdrehen."

Die Fremden folgten dieser Aufforderung.

„Wer seid ihr?" fragte Karpala dieselben, nun auch ihren Schmuck mit mehr Muße anlegend. — „Ich bin ein Deutscher, meine Kameraden aber sind Amerikaner." — „Habt ihr denjenigen gesehen, der mich belauschte?" — „Ja; ich habe ihm dafür eine Kugel durch die Mütze geschossen. Es waren mehrere. Zwei Offiziere und ein Diener." — „Hat auch der Diener mich gesehen?" — „Nein. Er war so weit zurückgeblieben, daß dies unmöglich war." — „Der Brave! Aber euch wird es schlimm ergehen." — „Warum?" — „Der, nach welchem du geschossen hast, ist der Sohn des Kreishauptmannes." — „Welch ein vornehmer Kerl!" — „Ja. Er wird davon geritten sein, um euch sofort arretieren zu lassen." — „Wunderschön!" — „Spotte nicht! Er ist mächtig hier. Man wird euch wegen Mordes anklagen." — „Wegen des Mordes einer Mütze?" — „Du hast auf ihn geschossen; das ist genug. Ich aber will euch retten." — „Du? Wieso?" — „Tränkt eure Pferde nicht. Ihr dürft keine Zeit verlieren. Reitet im Galopp nach dem Jahrmarktslager und fragt nach dem Fürsten der Tungusen, der Bula heißt. Kommt ihr dort vor den Offizieren an, so wird er euch nicht ausliefern." — „Kennt er dich denn?" — „Ich bin seine Tochter." — „Ich danke dir! Du meinst es gut, aber wir fürchten uns nicht vor einem Kosaken." — „Ihr sollt euch aber fürchten, mir zuliebe!" — „Dir zuliebe? Alle Wetter, ja, dir zuliebe

M. E.

wollen wir uns gern einmal fürchten." — „So reitet also schnell! Ich komme gleich nach. Ich will versuchen, die Offiziere zu überholen." — „Gut, mein Töchterchen. Auf Wiedersehen!"

Die drei stiegen auf und trabten davon. Karpala war jetzt auch fertig. Sie setzte sich auf und jagte in Carriere an dem diesseitigen Ufer entlang, der Stadt entgegen. Ihr Tier war weit besser als die Pferde der Offiziere. Aus diesem Grunde holte sie die letzteren an der Furt ein, dann trieb sie ihr Pferd in einem weiten Sprunge in das Wasser und rief dem Rittmeister, an ihm vorüberschießend, sodaß seine ganze Gestalt mit Wasser bespritzt wurde, zu: „Plutja, Lejdak — Schuft, Schurke!"

Dieser antwortete nicht, trieb aber sein Pferd auf das äußerste an, ohne sie jedoch einholen zu können.

Als Karpala das Lager erreichte, waren die drei Fremden noch nicht da. Ihre Eltern aber waren bereits wieder von dem Isprawnik zurückgekehrt und befanden sich in ihrer großen, sehr geräumigen Jurte. Karpala stieg jedoch gar nicht erst ab, sondern rief ihnen nur einige erläuternde Worte zu und eilte weiter, den Erwarteten entgegen.

Sie fand dieselben schon nach wenigen Sekunden sich nach dem Zelte des Fürsten erkundigend und brachte sie zu demselben, noch ehe der Rittmeister eingetroffen war.

„Steigt schnell ab und geht hinein!" gebot sie.

Selbst auch abspringend, führte sie dann die drei Männer in das Innere des Zeltes. Kaum war dies geschehen, so kamen auch die Offiziere angeritten, warfen sich von den Pferden und betraten das Zelt. Der Rittmeister vergaß zu grüßen. Als er den Dicken erblickte, sagte er:

„Da ist er! Mensch, du bist mein Gefangener!" — „Oder du der meinige!" lachte Sam in seinem gebrochenen Russisch.

Wie er das erlernt hatte, wird man später hören.

M. E.

„Ich, der deinige?" rief der Offizier erstaunt. — „Ja, denn ich habe dich und du hast mich. Oder vielmehr, es hat noch keiner den anderen." — „Keine Frechheit! Ich dulde sie nicht! Ich bin der Sohn des Kreishauptmannes von Platowa!" — „Und ich der Sohn des Knopfmachers von Herlasgrün!" — „Ich bin der Befehlshaber der hiesigen Militärmacht!" — „Und ich bin der Oberstkommandierende dieser beiden Armeecorps!"

Sam deutete dabei auf Jim und Tim, die zu seiner Rechten und Linken standen.

„Du scheinst wahnsinnig zu sein!" — „Und du nicht recht gescheit! Ich befinde mich unter dem Schutze eines tungusischen Fürsten!" — „Aber auf russischem Boden! Er muß dich an uns ausliefern."

Da sagte Karpala in festem Tone:

„Dieser Mann ist mein Gast und wird nicht ausgeliefert." — „So hole ich meine Kosaken!" — „Hole sie. Es sind fünfmal mehr Tungusen bei uns. Sie werden es nicht dulden, daß du ihre Prinzessin entehrst und deren Beschützer beschimpfst und arretierst." — „So wird es zum Kampfe kommen!" — „Jawohl! Waffe gegen Waffe!" — „Bedenke, was du thust!" — „Hast du bedacht, was du thatest?" — „Du bist meine Braut und hast mir zu gehorchen."

Der Fürst und die Fürstin saßen auf ihren Polstern. Sie befanden sich in einer ziemlich heiklen Lage und hielten es für das beste, weder für ihre Tochter, noch für den Offizier Partei zu nehmen. Das lag so in ihrem friedlichen Charakter und langsamen Naturell.

Sam bemerkte das gar wohl. Er kannte die einschlagenden Verhältnisse gar nicht, aber sein Scharfblick brachte ihn auf das Alleinrichtige. Und da er den Kosaken nicht fürchtete und auch nicht die Absicht hatte, die braven Tungusen in Schaden zu bringen, sagte er:

„Zankt euch nicht, Kinder. Wir werden freiwillig mit zu dem Kreishauptmanne reiten." — „Freiwillig?" meinte der Rittmeister. „Ihr müßt. Ihr seid meine

M. E.

Gefangenen. Ich werde euch binden lassen und in das Gefängnis bringen." — „Nein," lachte Sam, „das wirst du bleiben lassen, mein Söhnchen." — „Wer will es mir verbieten?" — „Wir drei. Wir würden einen jeden erschießen, der es wagen sollte, uns anzurühren. Aber wir werden jetzt unsere Pferde besteigen und freiwillig dem Isprawnik, deinem Vater, unseren Besuch machen." — „Das klingt lustig!" — „Es ist auch lustig. Laß es ja dabei, sonst wird es Ernst! Siehe her!"

Sam zog zwei Revolver hervor, hielt sie drohend vor sich hin und schritt dem Zeltausgange zu. Jim und Tim folgten, ebenso bewaffnet. Die Offiziere wichen zur Seite.

„Ich verlasse euch nicht. Ich reite mit euch," sagte Karpala und stieg in den Sattel.

Es ging im Galopp der Stadt entgegen. Vor dem Regierungsgebäude wurde abgestiegen. Der Rittmeister flüsterte dem Leutnant einige Worte zu, und dieser ging, um die Ausgänge des Gebäudes von seinen Kosaken besetzen zu lassen.

Karpala mußte mit ihren drei Schützlingen im Vorzimmer warten. Der Rittmeister ging nämlich vorher allein zu seinem Vater, um diesem Bericht zu erstatten. Bald jedoch trat er unter die Thür, um auch die anderen herein zu rufen.

„Ich bleibe hier," sagte das Mädchen. „Ich habe mit euch nichts zu schaffen, ich will nur erfahren, was ihr mit diesen Männern thun werdet." — „Sie werden eingesteckt und nach Irkutsk transportiert, wo man ihnen zeigen wird, was es heißt, auf einen Offizier zu schießen."

— „Das wird sich finden, mein Liebling!" lachte Sam, indem er den Rittmeister zur Seite schob, um eintreten zu können.

Der gestrenge Herr Kreisrichter empfing die drei Delinquenten mit seinem finstersten Blicke.

„Du hast auf diesen Offizier geschossen?" herrschte er Sam an. — „Nein." — „Leugne nicht!" — „Ich sage die Wahrheit!" — „Er behauptet es!" — „So lügt er." — „Mensch, wahre deine Zunge, sonst lasse ich dir die Knute geben."

Da stellte sich Sam in Positur und antwortete:

„Du? Mir die Knute? Du wärest mir der richtige Kerl dazu. Wenn du es noch einmal wagst, die Knute zu erwähnen, so haue ich dir ein Dutzend Ohrfeigen herunter, daß du denken sollst, unter deinem alten Schädel ritten zehn Millionen Kirgisen spazieren! Ich weiß genau, was des Kaisers Rock bedeutet; ich würde mich nie an einem braven Offizier vergreifen, aber kann ich einen Menschen, der sich hinter die Büsche steckt, um ein Mädchen zu belauschen, für einen Offizier halten? Ein Flegel ist er, ein neugieriger Affe und unverschämter Bengel! Wenn du das nicht zugiebst, mögen der Generalgouverneur von Sibirien und der Zar darüber entscheiden!" — „Du hast hier zu schwei—" — „Halte das Maul!" brüllte Sam ihn nun erst recht an. „Jetzt rede ich, und dann kommst erst du daran! Du bist der Isprawnik von Platowa, ich aber bin Samuel Barth aus Herlasgrün! Kennst du das?" — „Nein," entfuhr es dem Eingeschüchterten. — „So rede auch nicht drein, wenn ich dir die Ehre gebe, mit dir zu reden! Wenn du deinem famosen Sohne helfen willst, so bist du noch famoser als er selbst, du — du — du Isprawnikel du! Du scheinst überhaupt nicht zu wissen, daß man sich erst erkundigt, was für Leute man vor sich hat. Der heilige Zar in Petersburg wird sich freuen, wenn er von mir erfährt, was es hier für Hornissen giebt. Da hast du meinen Paß. Siehe dir ihn an! Und kannst du nicht lesen, so will ich dir das ABC mit Kreide auf den Stuhl schreiben; wenn du dich darauf setzt, so hast du es an den Hosen kleben, und es wird dann gehen!"

Sam zog seine Brieftasche hervor, nahm den Paß heraus und legte denselben dem Isprawnik vor. Er hatte seine Rede so schnell und in einem solchen Kauderwelsch vorgebracht, daß der Beamte wohl nicht viel mehr als die Hälfte der Höflichkeiten, die sie enthielt, verstand. Es wäre dem guten Sam aber ebenso lieb gewesen, wenn alles verstanden worden wäre. Furcht kannte er nicht.

Der Isprawnik öffnete den Paß, las ihn langsam durch, rieb sich die Augen und begann wieder von vorn. Sein Gesicht wurde immer länger. Auf einen Wink Sams legten auch Jim und Tim ihre Legitimationen vor, die ebenfalls von dem Beamten geprüft wurden.

Dieser letztere begann zu schwitzen. Der Sohn, der seinen Zustand bemerkte, trat jetzt auch hinzu und nahm Einsicht in die Pässe. Da meinte Sam:

"Die Pässe sind eigentlich nicht ausgestellt, um von Leuten geprüft zu werden, die solche Jugendstreiche begehen. Ich befinde mich aber gegenwärtig in guter Stimmung und will es erlauben, daß vier Augen hinein sehen, anstatt nur zwei."

Weder Vater noch Sohn gaben eine Antwort. Der erstere legte die Dokumente sorgfältig zusammen und gab sie den Eigentümern zurück.

"Und nun?" fragte Sam. — "Ihr seid frei!" — "Frei? Das sind wir bis jetzt gewesen. Ich hoffe, eine andere Antwort zu erhalten." — "Was geschehen ist, beruht auf Mißverständnissen." — "Oho! Ich hoffe, daß der Rittmeister sich entschuldigt, sonst melde ich es dem Gouvernement, was mich veranlaßt hat, eine Kugel nach seiner Mütze zu senden."

Sam stand erwartungsvoll da. Vater und Sohn blickten einander an. Da drehte sich der letztere mit einem gewaltsamen Ruck zu dem Dicken um und sagte:

"Ich gebe zu, daß ich zu schnell handelte." — "Und? Weiter—" — "Und bitte um Entschuldigung!" — "So ist es recht, mein Söhnchen! Wer den Mut hat, Fehler zu begehen, muß auch den Mut haben, sie einzugestehen. Hoffentlich giebt es keine ferneren Mißverständnisse. Leb' wohl, Väterchen! Leb' wohl, Brüderchen! Wir wollen den Tag nicht vergessen, an dem wir uns so schön kennen gelernt haben!"

M. E.

Dann trat Sam mit Jim und Tim ab.

Die Zurückbleibenden blieben noch eine ganze Weile stumm. Darauf brach aber der Vater los: „Welch eine Blamage! Konnte man das wohl diesen drei Kerlen ansehen!" — „Ihrem Aeußeren nach war nichts davon zu entnehmen. Der Paß war eigenhändig vom Zaren unterzeichnet, ebenso von dem Großfürsten=Thronfolger als oberstem Hetmann der sibirischen Kosaken." — „Und es stand darin, ihnen auf Verlangen sogar militärische Hülfe zur Verfügung zu stellen!" — „Wenn es diesem dicken Barth beliebte, dich noch heute mit deinen Kosaken in die Sümpfe zu schicken —" — „So müßte ich gehorchen!" — „Also vorsichtiger in Zukunft sein! Es ist ja bei solchem Verhalten wohl gar möglich, daß du die reiche, schöne Braut verlierst. Und du kennst unsere finanziellen Kalamitäten." — „Pah! Die verlieren! Dazu sind ihre Alten zu gutmütig und pflichtgetreu. Die werden ihr Wort niemals brechen." —

---

### 4. Kapitel.

Es war eine Art Triumphzug, als Karpala mit ihren Gästen zurückkehrte. Als sie ihren Eltern erzählte, daß sich diese selbst verteidigt hätten, ohne eines anderen Schutzes zu bedürfen, wuchs die Achtung des dicken Fürstenpaares bis in das Unendliche.

Der Tungusenherrscher reichte den dreien seine Hände dar und sagte:

„Erst jetzt ist es mir vergönnt, euch bei mir willkommen zu heißen. Vorher war keine Zeit dazu. Sagt mir, bei welchem Namen ich euch nennen soll!" — „Ich heiße Sam Barth. Dieser ist Jim Snaker und jener Tim Snaker." — „Ich — dieser — jener! Samahrt — Jimscheker — Timscheker! Das ist zu schwer für meine alte Zunge, meine lieben Brüderchen. Erlaubt, daß ich euch mit bekannteren Worten nenne, wie es mir beliebt!" — "Thue es!" — "So wird dein Name Tjikwa sein." — "Sapperment! Das heißt Kürbis, wohl weil ich so ein rundes Bäuchlein habe?" — "Und die beiden anderen Brüderchen werde ich Planka und Rogatjina nennen." — "Was heißt das?" fragte Jim. — "Latte und Stange," erklärte Sam. — "Da bin ich nicht einverstanden!" — "Ich auch nicht," stimmte Tim bei.

Infolgedessen wurde es dem dicken Tungusen klar gemacht, daß er die Familiennamen weglassen könne und nur die drei einsilbigen Worte, Sam, Jim und Tim zu merken habe. Das leuchtete ihm mehr ein. Von Familiennamen ist bei jenen Völkern nämlich nicht die Rede.

Jetzt bewirtete der Fürst seine Gäste, wobei die schöne Tochter dieselben bediente. Sam ließ das Auge nur selten von ihr und flüsterte den beiden langen Brüdern wiederholt zu:

„Beinahe noch schöner als meine Auguste!"

Dann wurde ausgegangen, um den Markt zu besehen und Einkäufe zu machen. Dabei stieß Jim Sam plötzlich so kräftig an, daß der Dicke beinahe auf die Erde gekollert wäre.

„Was giebt es denn?" — „Bill Newton!" — „Unsinn!" — „Freilich, er war es." — „Wie sollte der hierher nach Sibirien kommen!" — „Wer kann das sagen? Komm' schnell!"

Jim zog Sam zwischen mehrere Zelte hindurch, blickte nach allen Seiten, konnte die betreffende Persönlichkeit aber nicht wieder entdecken.

„Es hat jemand dem früheren Derwisch ähnlich gesehen, das ist alles," meinte Sam. — „Und ich möchte fast darauf schwören, daß er es gewesen ist. Er hatte einen Vollbart; das war der einzige Unterschied."

Und er hatte recht. Bill Newton war es gewesen.

Als Bill oder vielmehr Peter Lomonow, wie er sich jetzt nannte, seine Paßangelegenheit in der Expedition des Kreishauptmannes erledigt hatte, begab er sich zunächst nach dem Gasthofe, wo er aß und dem Wirte einige Grobheiten dafür sagte, daß dieser ihn zu dem Kreishauptmann geschickt habe.

Dann eilte er nach dem Markte, wo er so glücklich war, den berühmten Jäger Nummer Fünf sehr bald anzutreffen. Dieser war, da Lomonow sehr gute Preise bot, auch bereit, auf den Vorschlag einzugehen und machte sich sogleich daran, Gefährten zu einer Gesellschaft zu vereinigen, was ihm bei dem Rufe, in dem er stand, in kürzester Frist gelang. Nun waren nur noch die nötigen Einkäufe zu machen.

Während dies geschah, spielte sich die Scene mit Sam ab. Da sich daselbst viele Neugierige versammelten, wurde Lomonow auch mit dorthin gezogen und erkannte zu seinem Erstaunen, oder vielmehr zu seinem Entsetzen,

M. E.

die drei Jäger, denen er in dem Thale des Todes mit so großer Mühe und noch größerem Glücke entgangen war. Er glaubte natürlich, daß sie von jenem Tage an auf seiner Spur geblieben seien, und beschloß die schleunigste Abreise.

Die Einkäufe waren gemacht und verpackt. Ein gutes Geldgeschenk machte den Jägern die schnelle Abreise plausibel, und so wurde aufgebrochen. Gerade, als Lomonow sich nach dem Versammlungsplatze begeben wollte, wurde er von Jim gesehen, den auch er glücklicher Weise erblickt hatte. Er wand sich nun schlau zwischen mehreren Zelten hindurch und entkam, herzlich froh, Platowa, wo er hatte länger verweilen wollen, so rasch hinter sich zu haben.

Bald darauf senkte sich die Dämmerung hernieder, und der Abend brach herein. In dem Tanzsaale der Schankwirtschaft wurden die wenigen Lampen angebrannt, denn es verstand sich von selbst, daß es heute, am ersten Tage des großen Marktes, einen Ball gab.

Im hinteren Teile des Saales wurde durch eine bretterne Scheidewand ein separater Raum abgeschlossen, der für die „Herrschaften" bestimmt war. Es herrschte der Brauch, daß die Honoratioren jeden zehnten Tanz für sich allein hatten.

Kaum hatte eine alte Trompete das Zeichen gegeben, so strömten die Tanzlustigen in Menge herbei, und der Ball begann. Die ersten „Herrschaftstänze" fielen aus, weil die „Herrschaften" noch nicht eingetroffen waren. Bald aber stellten sie sich ein.

Den obersten Platz nahm natürlich der Kreishauptmann mit seinem Sohne ein; dann folgten die anderen Offiziere, der Pope und die Unteroffiziere. Nach nicht gar langer Zeit gesellten sich angesehene Häuptlinge der umwohnenden Völker hinzu, und endlich kam auch der vornehmste derselben, Fürst Bula mit seiner Frau und seiner Tochter.

Sein Erscheinen erregte allgemeines Aufsehen, nicht

M. E.

allein der Schönheit seiner Tochter wegen, sondern, weil Sam, Jim und Tim sich bei ihm befanden. Sie waren die Helden des Tages geworden. Daß Sam nach dem Rittmeister geschossen hatte und doch die Freiheit genoß, verlieh ihm in den Augen der einfachen Leute außer= ordentlichen Respekt.

Der Rittmeister, sein Vater und die Offiziere er= hoben sich, um Karpala Platz zu machen. Als sie sich setzen wollten, machten sie die verblüfftesten Gesichter, die man sich nur denken kann. Ihre Sitze waren nämlich nicht mehr leer. Sam saß auf des Kreishauptmannes, Jim auf des Rittmeisters und Tim auf des Oberst= leutnants Platz und sie machten dabei Mienen, als ob dies so ganz und gar selbstverständlich sei.

„Unverschämt!" brummte der Isprawnik, und sein Sohn stimmte bei. Sam hörte es ziemlich deutlich, nickte dem ersteren aber freundlich zu und sagte gelassen:

„Nenne es nicht unverschämt, daß man uns keine Kissen hergelegt hat. Wir verzichten gern darauf und sind zufrieden, daß du uns unsere Plätze bis zu unserem Kommen bewahrt hast."

Der einstige Knopfmachergeselle machte dabei ein Gesicht, als ob er in seinem ganzen Leben nur Hof= rangslisten studirt habe. Innerlich thaten sich die drei Jäger freilich eine außerordentliche Güte.

Zu essen gab es nichts, zu trinken nur Thee, Schnaps, Mehltrank und saure Milch. Die Musik wurde erzeugt von einer Trompete, einer alten Guitarre mit nur drei Saiten und einer Posaune, deren einst so gerade und einfache Züge jetzt verwickelt waren wie ein Kalbsgekröse. Es war, wie der Dichter sagt, ein Konzert, das Steine erweichen und Menschen rasend machen konnte.

Den Vorzug hatten nationale Tänze, wie Balalaika und ähnliche. Trotz des schlechten Getränkes und der noch schlechteren Musik begann sich bald eine ausnehmende Fröhlichkeit zu entwickeln, selbst auf dem Herrschaftsplatze.

Der Rittmeister war finster und wortkarg. Er er=

hielt von Karpala nicht einen einzigen Blick. Da, während eines Herrentanzes, stand er auf und trat zu ihr, um sie zu engagieren. Sie aber schüttelte den Kopf, ohne ihn nur anzusehen.

„Du tanzt nicht?" fragte er. — „Nein." — „Heute gar nicht?" — „Weiß noch nicht." — „Oder nur mit mir nicht?" — „Niemals!"

Da wurde er bleich wie der Tod. Aller Blicke hatten an ihm gehangen; er war öffentlich blamiert.

„Etwa mit der Nummer Zehn?" zischelte er ihr ergrimmt in das Ohr. — „Vielleicht."

Natürlich nahm der Rittmeister diese Antwort des schönen Mädchens nicht für Ernst. Es schien ja eine Unmöglichkeit zu sein, daß die Tochter eines reichen An= führers mit einem armen Kosaken, der noch dazu ein Verbannter war, tanzen könne. Dennoch warf er einen wütenden Blick über die Schranken hinweg, dorthin, wo im niederen Range der Kosak an der Mauer lehnte und dem Tanze zuzusehen schien, heimlich aber mit seinen Blicken an Karpala hing.

Später verkündete ein Trompetenstoß wieder einen Herrschaftstanz. Da stand Karpala auf, ging hinaus in den vorderen Raum und reichte dem Kosaken die Hand.

„Komm', tanze mit mir!"

Der Angeredete fuhr bei diesen Worten zusammen, als ob ihn ein Hieb getroffen habe. Aber rasch richtete er sich hoch auf. Seine Augen leuchteten, und seine Wangen glühten. Er hatte gar wohl bemerkt, daß der Rittmeister von Karpala abgewiesen worden war. Jetzt kam sie, die Fürstin, zu ihm! Er machte sich auch augenblicklich die möglichen Folgen dieses ihres Schrittes klar; doch kümmerten ihn dieselben in diesem Moment sehr wenig, er legte ihr kleines, weißes Händchen auf seinen Arm und führte sie in die Mitte des Saales.

Ein allgemeines ‚Ah!' des Staunens war erschollen. Jetzt richteten sich aller Augen auf den Rittmeister. Die

Farbe seines Gesichtes glich derjenigen einer getünchten Wand.

Die Musik begann. Nur dieses eine Paar tanzte, denn die Untergeordneten durften nicht teilnehmen, und die ‚Herrschaften' wollten sich nicht blamieren, neben einem Deportierten sich zu drehen. Dieser aber schien an nichts zu denken, als an seine Tänzerin. Den Arm um ihre herrliche Taille geschlungen, dirigierte er sie in leichten, zierlichen Schwingungen hin und zurück. Sie aber gab sich ihm hin, den schönen Kopf leicht an seine Schulter gelehnt, und ihre Augen waren halb geschlossen, während ihr Gesicht einen innigen Ausdruck angenommen hatte.

Ihre Eltern schienen den Schritt, den sie gethan hatte, nicht übel zu deuten, denn sie blickten dem Paare fröhlich und unbefangen zu.

Jetzt war der Tanz zu Ende.

„Komm'!" sagte Karpala und wollte ihren Tänzer dorthin zurückführen, wo er gestanden hatte.

„Nein," flüsterte er jedoch, „du bist die Dame. Ich führe dich."

Sie waren während dieser leisen Reden langsam bis an die Scheidewand gekommen und traten nun in den abgegrenzten Raum. Der Rittmeister schnellte von seinem Sitze empor.

Hatten seine Augen vorher die Tanzenden mit glühendem Blicke verfolgt, so sprühten sie jetzt förmlich Feuer. Rasch trat er auf die beiden zu. Der Kosak aber that, als ob er ihn gar nicht bemerke. Da stellte sich ihm der Rittmeister in den Weg und rief so laut, daß seine Worte von allen im Saale Anwesenden deutlich verstanden werden konnten:

„Du wagst es, hierher zu kommen, Hund? Was willst du hier?"

Der Angeredete antwortete furchtlos und in ruhigem Tone:

„Meine Dame an ihren Platz führen. Dann aber gehe ich wieder!" — „Deine Dame? Welch eine un=

M. E.

Der Kosak dachte an nichts weiter, als an seine Tänzerin.
(Seite 50.)

erhörte Frechheit! Wie kann die Prinzessin die Dame eines gemeinen Verbrechers sein! Sie ist meine Verlobte. Packe dich! Sonst werfe ich dich hinaus und lasse dir die Knute geben und dich dann krumm schließen."

Bei diesen Worten griff der Rittmeister nach der Knute, die er, wie gewöhnlich, an seiner Seite hängen hatte.

Ein lautloses Schweigen herrschte rund umher. Alle waren gespannt, was der Kosak thun würde. Die meisten, natürlich gewöhnliche Leute, glaubten, er werde in tiefster Demut und Unterwürfigkeit dem an ihn gerichteten Befehle Gehorsam leisten. Niemand sprach vor Erwartung ein Wort. Nur einer, nämlich der dicke Sam, flüsterte Jim leise zu:

„Das ist stark. Wir werden uns des armen Teufels von Kosaken annehmen."

Letzterer aber, nämlich der Kosak, zeigte weder Demut noch Unterwürfigkeit. Aufrecht vor dem Offizier stehend, antwortete er, allerdings in einem gemessen höflichen Tone:

„Ich werde thun, was die Dame mir befiehlt!"

Dabei blickte er Karpala fragend an. Auch diese fürchtete ihrerseits den Rittmeister nicht. Sie glaubte, dem Kosaken eine Ehrenrettung schuldig zu sein. Darum legte sie ihren Arm fester in den seinigen und sagte:

„Du hast mit mir getanzt, darum mußt du mich nach meinem Platze bringen. Dann kannst du ja wieder zu deinem Orte zurückkehren." — „So komm'!"

Der Kosak wollte mit ihr weiter. Da aber hielt der Rittmeister ihn beim Arme fest und rief:

„Halt! Laß sie augenblicklich los!" — „Du siehst, daß meine Dame nicht will. Wenn sie wirklich deine Verlobte ist, so solltest du ihr deine Achtung dadurch beweisen, daß du sie nicht beleidigst, indem du mich blamierst!" — „Elender Hund! Gehorchst du oder nicht?"

Der Rittmeister erhob den Arm mit der Knute. Der Kosak entgegnete jedoch furchtlos:

„Ich bin weder ein Hund, noch ein gemeiner Verbrecher, wie du mich vorhin nanntest. Ich bin nur wegen eines politischen Verbrechens angeklagt und ohne Untersuchung nach Sibirien gesandt worden. Uebrigens bin ich ebenso wie du Offizier und außerdem ein Edelmann. Ich traue dir den Verstand zu, zu überlegen, ehe du handelst. Wage es nicht, mich hier zu schlagen!" — „Nicht? Ah, Schurke, da hast du sie!" rief jetzt der Rittmeister und holte mit dem bereits erhobenen Arme zum Schlage aus, konnte aber den Hieb nicht ausführen, denn Sam war herbeigetreten, hatte schnell seinen Arm ergriffen und sagte in freundlichem Tone:

„Beruhige dich, Brüderchen. Wir sind hier, um uns zu freuen, nicht aber, um Zank zu hören!"

Der wütende Rittmeister aber brüllte ihn an:

„Hast etwa du mir etwas zu befehlen?" — „Diese Frage will ich nicht beantworten; bisher habe ich nicht befohlen, sondern nur gebeten. Achte deine Verlobte, indem du es schweigend geschehen läßt, daß ihr Tänzer die Pflicht der Höflichkeit gegen sie erfüllt. Es kann dir ganz gleichgültig sein, daß er für einen Augenblick hierher kommt!" — „Nein, es ist mir nicht gleichgültig. Er darf nicht dahin, wo ich bin!" — „Schön! So darf er aber dahin, wo ich bin. Ich bin der Gast des Fürsten, und ich will sehen, ob du mich auch beleidigst, indem du mir versagst, was ich thun will!"

Und sich zu dem Kosaken wendend fuhr Sam fort:

„Brüderchen, führe deine Dame an ihren Platz und trinke mit mir ein Gläschen auf ihr Wohl. Dann kannst du wieder gehen!"

Damit trat er an den Tisch, um die Gläser zu füllen, mußte also den Arm des Offiziers wieder fahren lassen. Dieser letztere benutzte nun diese Gelegenheit und rief, abermals zum Hiebe ausholend:

„Zurück! Fort mit dir, Kerl! Sonst zeichne ich dich für das ganze Leben!"

Sam wollte schnell wieder Einrede erheben; aber der Anblick, den der Kosak jetzt bot, ließ ihn nicht zu Worte kommen. Stolz wie ein Fürst richtete sich nämlich der Verbannte vor dem Rittmeister empor, und sein Blick funkelte wie derjenige eines Löwen, den ein armseliger Schakal anzukläffen wagt, als er nur zwei Worte sagte:

„Versuche es!" — „Jawohl thue ich es! Da!" der Rittmeister wollte zuschlagen. Und schon sauste die Knute durch die Luft, da aber ließ der Verbannte Karpalas Arm, den er selbst jetzt noch festgehalten hatte, fahren und griff blitzschnell nach der Faust des Offiziers, in der dieser die Knute hielt. Ein Ruck, und er hatte sie ihm entrissen. Dann aber donnerte er ihm zu:

„So! Und nun laß es genug sein! Ich schone dich nicht mehr! Setze dich und gieb Ruhe!"

Da fuhr der Offizier einen Schritt zurück. Er fand für den Augenblick gar keine Worte für seinen Grimm. Endlich aber brüllte er pfeifend:

„Wie! Du gebietest mir Ruhe? Du entreißt mir die Peitsche? Her damit, daß ich dich schlage, bis die Fetzen fliegen!"

Mit diesen Worten sprang der Rittmeister auf den Verbannten zu; dieser aber trat schnell zur Seite und versetzte ihm eine so kräftige Ohrfeige, daß derselbe an die Barriere flog und, sie umreißend, mit ihr in den Saal stürzte. Freilich raffte er sich sofort wieder auf, um den Gegner zu fassen, dieser aber packte ihn noch schneller, hob ihn empor und schleuderte ihn gegen die Wand.

Das alles war so schnell geschehen, daß es keinem Menschen möglich gewesen war, es zu verhindern. Jetzt bot der Kosak der schönen Fürstentochter die Hand und sagte so ruhig, als ob gar nichts geschehen sei:

„Bitte, komm' zu deinem Platze!"

Dann führte er sie hin. Sie aber ließ sich nieder, wurde blaß wie eine Leiche und konnte kein Wort sagen, und auch alle anderen schwiegen. Nur der Verbannte wandte sich zu Sam:

„Brüderchen, wolltest du nicht ein Gläschen mit mir auf ihr Wohl trinken?" — „Ja, komm'! Bei Gott,
M. E.

du bist ein tüchtiger Kerl! Es ist mir ein Vergnügen, mit dir anzustoßen! Komm'!"

Sam goß ein, war aber noch nicht fertig damit, so ertönte des Rittmeisters Stimme durch den Saal:

"Auf! Hin! Arretiert ihn! Augenblicklich!"

Der so derb Gezüchtigte hatte sich wieder aufgerafft und bot nun ein Bild ungezügelten Grimmes. Sein Gesicht war dunkelrot, und die Adern seiner Stirn schienen zerspringen zu wollen. Natürlich war kein Mensch sitzen geblieben. Auch in dem Herrschaftsraume hatten alle sich erhoben. Die zahlreichen Kosaken aber befolgten sein Gebot, indem sie sich dem Verbannten, freilich nur langsam und zögernd, näherten.

„Schnell, schnell, ihr Canaillen!" donnerte sie der Rittmeister an.

Da tippte Jim dem dicken Sam in die Seite und fragte ihn in seinem amerikanischen Englisch:

„Wollen wir das dulden? Wollen wir nicht vielleicht diesen Rittmeister ein wenig lynchen?" — „Ja, wir wollen ihn teeren oder federn!" fügte Tim hinzu. — „Wartet es ab!" antwortete Sam.

Dann näherte er sich dem Verbannten. Dieser, der die wohlwollende Absicht Sams wohl erkannte, machte aber eine abwehrende Handbewegung und sagte:

„Keine Unvorsichtigkeit, Brüderchen! Es giebt hier Gesetze, die du als Ausländer doppelt respektieren mußt."

Das sah Sam freilich ein und flüsterte daher Jim zu:

„Wollen es einstweilen gehen lassen. Schleiche dich aber immer vorher hinaus, um zu erfahren, wohin sie ihn schaffen." — „Warum gehst du nicht?" — „Weil ich ein kleines Wörtchen mit diesem Herrn Offizier reden will." — „Ein Wörtchen? Pah! Mit solchen Leuten redet man am besten mit der Faust. Schreibe ihm mit den zehn Fingern das chinesische ABC in das Gesicht; das wird ihm besser bekommen als alle Worte!"

Jim ging, ohne daß seine Entfernung auffiel, da die Aufmerksamkeit aller auf den Kosaken gerichtet war, der die Knute, die er seinem Vorgesetzten abgenommen hatte, soeben von sich warf und dann seinen Kameraden entgegenging.

„Hier habt ihr mich," sagte er. „Euch leiste ich keinen Widerstand." — „Bindet ihn! Fesselt ihn! Legt ihn in Ketten!" gebot der Offizier.

Da rief der einzig anwesende Unteroffizier einem seiner Leute zu:

M. E.

„Lauf', Brüderchen, laß dir vom Wirte Stricke geben, etwa zwanzig oder dreißig! Wir wollen diesen Kerl fesseln, daß ihm das Blut aus allen Adern spritzt!"

Zu dem Arrestanten aber sagte er leise:

„Glaube es nicht! Habe keine Sorge! Ich binde dich so, daß du denken sollst, ich hätte dich in Watte eingeschlagen. Mach' aber ja ein recht schlimmes Gesicht dazu!"

Und laut fragte er wieder den Rittmeister:

„Wohin schaffen wir ihn?" — „Auf die Hauptwache, in das Verließ der allerschlimmsten Verbrecher."

Der fortgesandte Kosak kam bald mit Stricken zurück. Man umschlang nun den Verbannten so damit, daß er unmöglich entfliehen konnte. Dann wurde er fortgeführt.

Der Rittmeister war mit bis zur Saalthür gegangen, um sich zu überzeugen, daß die Arretur in gehöriger Weise vor sich gehe. Jetzt kehrte er an seinen Platz zurück, konnte aber, noch ehe er sich setzte, es nicht unterlassen, Sam einen wütenden Blick zuzuwerfen und dabei zu sagen:

„Der Kerl hat das Leben verwirkt. Ein Kriegsgericht wird ihm den Prozeß machen. Wie aber ein Fremder es wagen kann, ihn in Schutz zu nehmen, das begreife ich nicht; das ist nur dadurch zu erklären, daß dieser Fremde wahnsinnig ist." — „Meinst du mich, Brüderchen?" fragte Sam. „Bis jetzt ist es noch nicht erwiesen, daß ich wirklich wahnsinnig bin. Du wirst also die Güte haben, mich noch als einen Mann zu behandeln, der bei vollem Verstande ist. Ich habe vorhin mit dem Kosaken trinken wollen. Das hast du nicht zugegeben. Auch das ist ebenso wie die Erklärung, daß ich verrückt bin, eine Beleidigung. Weißt du vielleicht, wie man solche Beleidigungen beantwortet, mein Brüderchen?" — „Verklage mich!" — „Pah! Das fällt mir nicht ein. Ein Mann muß für das, was er sagt und thut, mit der Waffe einstehen können." — „Heiliger Andreas! Meinst du ein Duell?"

M. E.

Der Rittmeister stieß ein schallendes Gelächter aus.

„Schau, das ist der Beweis, daß du verrückt bist. Ich — und mich mit dir duellieren! Donnerwetter! Ich bin Offizier! Ich bin sogar Rittmeister! Verstanden?" — „Rittmeister, das ist auch etwas Rechtes!" — „Bist du etwa mehr?" — „Jedenfalls." — „Was denn?" — „Knopfmacher aus Herlasgrün!" — „Hole dich der Teufel!" — „Ich danke! Hoffentlich hält er dich für schmackhafter als mich."

Die Scene war sehr ernst geworden. Der Kreishauptmann hatte bisher geschwiegen, selbst zu der Züchtigung, die sein Sohn erhalten hatte. Innerlich aber kochte die Wut. Er war bereits willens, an dem Verbannten ein Exempel statuieren zu lassen. Sein Grimm wurde durch das Verhalten Sams noch gesteigert, und es war ihm unmöglich, länger zu schweigen. Darum wandte er sich an den Dicken und sagte:

„Ich befehle dir, zu schweigen! Du hast hier gar nicht zu sprechen!"

Sam aber lachte ihm ganz freundlich in das Gesicht und antwortete:

„Aber du wohl?" — „Ja. Ich bin der Kreishauptmann!" — „Na, da bist du nicht etwa ein großes Tier. Es giebt noch viel bedeutenderes Viehzeug." — „Was sagst du? Mit einem Tiere vergleichst du mich?" — „Ich bin bereit, dich mit jedem Viehzeug zu vergleichen, das dir gefällig ist. Du bist hier anwesend, ich bin es auch. Ich habe hier gerade so viel oder so wenig zu sprechen wie du. Du hast in deiner Amtsstube vor mir die Flagge gestrichen; hier im Saale, wo ein jeder gleiches Recht mit dem anderen hat, lasse ich mir von dir den Mund erst recht nicht schließen. Ich sage dir vielmehr, liebes Väterchen, du bist ein ganz bedeutender Dummkopf. Und dein Sohn ist ein rücksichtsloser, grober Flegel, dem es gar nichts schadet, wenn er tüchtige Hiebe bekommt!"

M. E.

Da fuhren die beiden Genannten von ihren Sitzen empor und die anwesenden Offiziere mit ihnen.

„Mensch!" rief der Kreishauptmann. „Aber lassen wir ihn! Er ist wirklich verrückt!" — „Höre, Väterchen, laß dich warnen! Ich bin ein ganz gemütlicher Kerl und kann wochenlang Sauerkraut mit dir essen, ohne daß ich dich dabei verschlinge. Wenn du es mir aber zu dumm treibst, so verschlinge ich dich mit Haut und Haar! Den Bauch habe ich dazu: Schau her! Dein Sohn hat mich beleidigt. Ich verlange Genugthuung. Und wenn er sie mir verweigert, so ist er ein Feigling. Verstanden?"

Einige blickten Sam vor Erstaunen steif an; den anderen wurde angst und bange. Im Saale war alles mäuschenstill. Die Musikanten hatten noch gar nicht wieder begonnen. Tim aber saß auf seinem Platze, lächelte vergnügt vor sich hin und streckte die langen, dürren Beine aus, um mit freundlichen Fußstößen Sam aufzumuntern, sich ja nichts gefallen zu lassen.

Was dieser letztere gesagt hatte, war dem Kreishauptmann noch nie gesagt worden. Darum gebot er in seinem strengsten Tone:

„Ich befehle dir, zu schweigen. Wenn du nicht gehorchst, so wirst auch du arretiert!" — „Ah! Von wem?" — „Von mir!" — „Hoffentlich hast du noch nicht vergessen, was in meinem Passe steht." — „Nein; ich weiß noch jedes Wort genau. Aber steht etwa darin, daß wir zu deinen Grobheiten schweigen sollen?" — „Nein, aber vielleicht, daß ich mich von dem ersten besten Kosakenrittmeister beleidigen lassen muß? Er hat mich zweimal beleidigt, und ich fordere ihn!" — „Er schlägt sich nicht mit dir. Und selbst wenn er es wollte, würde ich es ihm verbieten." — „Warum?" — „Du bist ihm nicht ebenbürtig und kein Offizier." — „Donnerwetter! Das ist stark. Denkst du denn, ich wisse nicht, welche Offiziere man hier bei euch anstellt? Frage an, ob man dein Söhnchen bei der Linie oder gar bei der Garde

M. E.

dulden würde. Keinen Augenblick. Ebenbürtig! Wenn er zur ebenen Erde geboren ist, so darf er sich gar nichts einbilden. Ich bin in einem Luftballon zur Welt gekommen, und der Chimborasso und der Dawalagiri haben bei mir Pate gestanden; der Mond ist mein Onkel und die Sonne meine Tante. Nun zeigt mir einmal eure Verwandtschaft! Uebrigens ist vor einigen Tagen ein kaiserlicher Kurier hier durchgekommen. Oder nicht?"

Der Kreishauptmann machte bei dieser letzteren Frage sofort ein ganz anderes Gesicht.

"Was weißt du von einem Kurier?" — "Alles, alles weiß ich!" — "Er war ja geheim!" — "Und doch redest du von ihm? Du giebst zu, daß er da war? Du verrätst sogar, daß er ein geheimer Kurier war? Das muß ich dem Zar erzählen, wenn ich mit ihm wieder einmal Kaffee trinke und Skat spiele."

Aller Augen richteten sich mit fragendem Ausdruck auf den Sprecher, der seine Worte im größten Ernste vorbrachte.

"Kaffee? Skat? Du mit dem Zar?" — "Ja, ich! Du freilich nicht! Und da sagst du, ich sei euch Preißelbeerkreaturen nicht ebenbürtig! Ist der Kurier nicht da gewesen, um dir zu melden, daß ein sehr vornehmer Herr kommen werde, der einstweilen nur bei dem Namen Steinbach genannt werden will?"

Da machte der Kreishauptmann eine Bewegung des größten Erstaunens.

"Ja, das ist so," stieß er stotternd hervor. — "Ihr sollt ihm die Ehre eines Ministers, eines Freundes des Zaren erweisen?" — "Herr, das weißt du?"

Der Beamte zeigte ein vollständig verblüfftes Gesicht, und die anderen Anwesenden beeilten sich, den Ausdruck der Hochachtung in ihre Mienen zu legen.

"Natürlich weiß ich es!" — "So kennst du ihn?" — "Ja. Ich bin sein Sekretär!" — "Mein Gott! Ist das wahr, Blagorodië?"

Dieses Wort bedeutet Ew. Hochwohlgeboren.

M. E.

„Oder vielmehr, ich bin eigentlich sein geheimer, sein ganz und gar geheimer Haus=, Hof= und Leibsekretär!" — „Warum hast du mir das denn nicht schon längst gesagt, Wasche Prewoskoditelstvo?"

Dieses russische Wort heißt so viel wie Ew. Excellenz. Während der Höflichkeitssteigerung hatte sich die Gestalt des Kreishauptmannes immer strammer emporgerichtet.
M. E.

Zuletzt machte er nun eine tiefe, tiefe Verneigung, als ob er ein gekröntes Haupt vor sich sehe.

„Warum ich es dir nicht gesagt habe?" fragte Sam. „Weil es mir so gefällig war. Unsereiner thut nur das, was einem beliebt, nicht aber das, was anderen erwünscht ist. Du wirst uns schon noch besser kennen lernen. Und nun frage ich dich, ob ich dir und deinem Sohne ebenbürtig bin?" — „O verzeihe! Du stehst hoch über uns." — „Jawohl! Es ist eine große Ehre für ihn, daß ich ihn fordere." — „Darum meine ich, daß du nicht auf deiner Forderung bestehen wirst." — „Warum nicht? Wohl weil er Angst hat?" — „O nein. Er ist sehr tapfer. Du könntest daher Schaden davon haben." — „Donnerwetter! Meinst du etwa, daß ich nicht auch tapfer bin?" — „O nein, o nein! Dir ist ja die größte Tapferkeit anzusehen. Aber einer Kugel gegenüber hilft alle Tapferkeit nichts." — „Pah! Auch ich verstehe es, mit Kugeln umzugehen. Das habe ich heute bewiesen, als ich ihm ein Loch in seine Pelzmütze schoß." — „Aber der Säbel ist noch gefährlicher!" — „Für mich nicht. Er ist hager; ich zerhaue ihm beim ersten Hiebe einige Knochen, die er dann nicht wieder zusammenbringt. Ich aber bin fett. Er kann mir höchstens eine Fleischwunde machen — ein bißchen Heftpflaster darauf, und es ist gut!"

Dem Beamten war es angst geworden. Er machte noch einen Versuch, Sam von dem Zweikampf abzubringen, indem er meinte:

„Könnte es dir nicht in deiner Stellung schaden, wenn du dich bei einem Duell beteiligtest?" — „Nein. Ich befinde mich doch im Auslande und kann also nicht bestraft werden. Uebrigens ist der hohe Herr, dessen Liebling ich bin, selbst ein sehr großer Freund des Duells. Er hat an jedem Monate wenigstens eins auszufechten und geht allemal als Sieger hervor. Nein, Schaden kann ich gar nicht haben; denn wenn ich deinen Sohn töte, so kräht kein Hahn nach ihm; wenn er aber mich auch nur leicht verwundet, so mag er sehen, wo er bleibt. Ich stehe unter dem ganz besonderen Schutze des Zaren."

Der Kreishauptmann blickte seinen Sohn an und dieser ihn. Die Offiziere sahen vor sich nieder. Keiner wollte in diese Angelegenheit verwickelt werden. Sie sehnten sich weit fort, um die Aufforderung, Sekundant zu sein, vermeiden zu können. Da hielt der Rittmeister es für geraten, ein Wort zu sagen:

„Ich hoffe demnach um deinetwillen, daß du nur Scherz gemacht hast." — „Warum?" — „Ich bin ein Meister im Gebrauche aller möglichen Waffen." — „Gerade das ist mir außerordentlich lieb. Mit einem Stümper duelliere ich mich nie. Es bleibt dabei. Ich fordere dich!"

Der Offizier antwortete nicht. Er war sehr blaß geworden.

„Nun? Weigerst du dich etwa?" — „Nein. Ich bin Offizier und muß es annehmen." — „Gut. Machen wir es kurz. Hier, mein Freund, der mich immer mit dem Fuße stößt, wird mein Sekundant sein. Er stößt mich, weil er darauf brennt, einige Maß Blut fließen zu sehen. Wer bestimmt die Waffen?" — „Der Beleidigte." — „Also ich. Schießen wir uns mit Büchse auf fünf= hundert Schritte!"

Der Rittmeister atmete ein wenig auf. Fünfhundert Schritte ist doch immerhin eine Entfernung. Sam be= merkte das und fügte schnell hinzu:

„Oder wollen wir sagen tausend Schritte? Ich schieße nämlich noch auf fünfzehnhundert Schritte ganz gut eine Fliege von der Nase weg." — „Wie du willst!" stieß der Geängstigte hervor. — „Lassen wir es bei fünfhundert. Der Schuß ist doch sicherer, und es ist besser, man ist gleich tot, als wenn man sich noch eine Stunde oder zwei mit dem Tode plagen muß. Morgen früh sechs Uhr draußen vor dem Jahrmarkts= platze auf der Grasebene." — „Herr, warum so öffent= lich?" — „Weil doch wohl ein jeder gern einmal ein

M. E.

Duell sehen will. Die guten Leute werden noch lange Zeit von uns erzählen; das giebt mir Spaß. So! Jetzt ist das geordnet. Und nun will ich nur noch bemerken, daß ich mich in sehr guter Stimmung befinde. Es sollte mich herzlich freuen, wenn ich noch einen oder einige für morgen früh fordern könnte. Vielleicht geben sich die Herren Offiziere Mühe, mir eine kleine Veranlassung dazu zu bieten; sie braucht nicht gar so groß zu sein. Also lustig! Die Musikanten mögen nun endlich wieder beginnen!"

Der Kreishauptmann gab das Zeichen, und der Tanz fing von neuem an. In der Herrschaftsabteilung wollte die Musik jedoch keine erheiternde Wirkung hervorbringen. Der Kreishauptmann sprach kein Wort. Verlegenheit, Angst um das Leben seines Sohnes und verborgener Grimm nagten in ihm. Auch der Rittmeister schwieg.

Nur Sam, Jim und Tim waren bei guter Laune. Jim war nämlich wieder zurückgekehrt. Er konnte nicht viel berichten und antwortete auf Sams Frage:

„Er ist in einem eigentümlichen Gebäude untergebracht worden, das hinter den Wohnungen der Kosaken liegt. Es ist auf sechs Pfählen errichtet und hat ein Dach aus Schilf. Ich konnte natürlich nicht nahe heran, und viele Menschen liefen mit, die mir die Aussicht nahmen." — „Wird er bewacht?" — „Ja; es stehen zwei Posten dort." — „Hoffentlich bleiben sie auch stehen, wenn er davonläuft. Unserer Karpala zu gefallen und diesem Rittmeister zuliebe müssen wir dem Kosaken zur Freiheit verhelfen. Oder habt ihr keine Lust? So thue ich es allein." — „Pah! Wir sind allemal dabei!"

Bereits nach kurzer Zeit brach der Kreishauptmann auf. Sein Sohn begleitete ihn natürlich, und auch seine Kameraden folgten bald. Nun konnten die anderen ungestört und unbeobachtet sprechen, brachen aber auch bald auf.

Der Kosakenunteroffizier, der den Verbannten Nummer

Zehn arretiert hatte, war indessen wiedergekommen. Er hatte Karpala mit den Augen fixiert, als ob er ihr etwas zu sagen hätte. Jetzt, als sie mit ihren Eltern und den drei Jägern den Tanzsaal verließ, ging er eine Strecke weit hinaus, wo es dunkel und einsam war, und wartete dort. Als sie kamen und an ihm vorüber wollten, trat er zu ihr heran und sagte:

„Verzeihe mir, Schwesterchen, daß ich dich störe! Ich habe dir etwas mitzuteilen! Einen Gruß von Nummer Zehn. Eigentlich darf ich das nicht, denn er ist Verbannter und Gefangener. Aber wir alle haben ihn lieb, und der Rittmeister ist ein böser Mann. Ich soll dir Dank sagen, daß du so gut mit ihm gewesen bist. Er würde noch tausendmal in das Wasser springen, wenn er dir damit einen Gefallen thun könnte. Auch bei dem guten, dicken Väterchen läßt er sich bedanken. Er bittet euch aber, euch seinetwegen nicht in Schaden zu bringen. Er ist nur Kosak, aber er würde es bedauern, wenn ihr die Absicht hättet, euch durch eine Fürbitte bei dem Ritt=meister zu erniedrigen." — „Kommst du wieder mit ihm zusammen?" — „Morgen am Vormittag. Ich habe ihn dann nach Irkutsk zu transportieren." — „So sage ihm, daß ich seinen Wunsch erfüllen will." — „Hast du vielleicht noch etwas auszurichten?" — „Nein." — „So schlafe wohl, Schwesterchen!"

Dann wollte sich der Kosakenunteroffizier entfernen, Sam aber hatte in die Tasche gegriffen und ein Geld=stück hervorgezogen, reichte es ihm hin und sagte:

„Hier hast du etwas zu Wodka."

In einem Lande, wo ein Pfund besten Rindfleisches drei Kopeken, also vier Pfennige kostet, ist das Bargeld sehr selten. Der Unteroffizier war daher über ein so rares Geschenk hoch erfreut.

„Väterchen," sagte er, „Du bist ein sehr nobler Herr. Man merkt es, daß du der Haus=, Hof=, Leib= und Geheimsekretär eines berühmten Mannes bist. Ich bin nun bereits achtzehn Jahre Soldat und habe noch kein Trinkgeld erhalten. Du aber bist noch nicht achtzehn Jahre lang hier, sondern erst einen halben Tag und giebst mir doch bereits etwas für Wodka. Der Himmel schenke dir dafür so viel Fässer voll Wodka, daß du täglich von früh bis abends trinken kannst, du und deine Nachkommen bis in das hundertste und tausendste Glied."

— „Da müßte der Himmel eine Schnapsbrennerei für meine Familie anlegen, zu der mehrere Millionen Rubel Anlagekapital erforderlich wären. Ich bin zufrieden mit täglich nur einem Faß. Der Gefangene hat wohl nichts zu trinken?" — „Welche Frage! Er bekommt weder zu essen, noch zu trinken." — „Und er steckt im schlimmsten Gefängnisse?" — „Ja, im allerschlimmsten, im Feuerwerkshaus!"

Sam forschte nun den Unteroffizier genau aus, und dann entfernten sie sich. Nachdem er Jim und Tim alles erklärt hatte, fragte der erstere:

„Nun, was meinst du?" — „Daß es gelingen wird." — „Ja, das denke ich auch." — „Trotz der scharfgeladenen Gewehre der beiden Wächter?" — „Pah! Auf solche Blasrohre gebe ich nicht das geringste. Mit einem Dutzend solcher Kerle würden wir fertig werden, und es sind doch nur zwei. Freilich wäre es weit besser, wenn wir List anwenden könnten. Unsere Gestalten verraten uns. Du bist zu dick, und wir sind zu lang."

— „Wir werden zunächst rekognoscieren und dann sehen, was zu machen ist."

Sie erreichten das Jahrmarkts-Zeltlager und traten in die Jurte des Tungusen. Es brannte rundum kein Feuer mehr, und da die Nacht stockfinster war, machte es den drei gewandten und erfahrenen Jägern gar keine Mühe, sich heimlich wieder aus dem Lager zu entfernen.

---

M. E.

## 5. Kapitel.

Jim machte den Führer, weil er wußte, wo das Feuerwerksgebäude lag.

Als die drei Freunde in die Nähe des Gebäudes gekommen waren, ließ Sam die beiden langen Brüder zurück, legte sich auf den Boden nieder und kroch auf das Gebäude zu. Es war so dunkel, daß man einen Menschen auf zehn Schritte hin kaum noch erkennen konnte.

Die beiden Wächter hatten es sich bequem gemacht. Sie saßen unter dem Gebäude und sprachen miteinander so laut, daß man sie bereits von weitem hören konnte. Und von wem sprachen sie? Von dem Gefangenen, obgleich dieser sich gerade über ihnen befand und jedes Wort verstehen mußte.

Sam kroch ganz nahe an sie heran. Unter dem Gebäude war es womöglich noch finsterer als im Freien. Dennoch bemerkte Sam, daß eine kurze Leiter angelegt war, denn er hatte eben die Augen eines nordamerikanischen Trappers.

Im Verlaufe des Gespräches der Wächter hatte Sam einige Male Mühe, das Lachen zu verbeißen. Zwar verstand er nicht ein jedes Wort, aber der Sinn war ihm vollständig begreiflich.

Man muß wissen, was für ein treuherziger, kindlicher, abergläubischer und auch — dummer Mensch der sibirische Kosak ist, um sich in seine Anschauungen hineindenken zu können.

„Ja, wenn es ihm gelänge, auszureißen, so würden wir jeder hundert Knutenhiebe erhalten," sagte der eine. Der andere langte mit der Hand nach hinten, um sich bei dem Gedanken an die Hiebe den Rücken zu reiben — vielleicht wußte er aus Erfahrung, wie so etwas schmeckt — und antwortete:

„Glücklicherweise kann er nicht fort. Er ist angebunden." — „Wenn er aber die Stricke zerreißt?" — „So erschießen wir ihn." — „Er sollte mir freilich leid thun." — „Mir auch. Ich würde vorher zu ihm sagen: Brüderchen, bleib' da und binde dich wieder an, wir müssen sonst auf dich feuern." — „Das denke ich auch. Er ist ja ein verständiger Kerl, der sich nicht um das Leben oder uns unter die Knute bringen wird. Machen wir uns also keine Sorgen. Ich bin überzeugt, daß alles sehr gut ablaufen wird." — „Warum?" — „Weil heute der glücklichste Tag im Jahre ist. Weißt du schon, daß es glückliche und unglückliche Tage giebt?" — „Das habe ich schon als Kind gewußt. Es giebt besondere Tage, an denen man nichts unternehmen darf, weder säen, noch ernten, keine Reise antreten, keinen Kauf abschließen, keinen Prozeß beginnen — gar nichts, gar nichts." — „Richtig! Die drei unglücklichsten Tage sind der erste März, weil da Sodom und Gomorrha untergegangen ist, der erste August, weil da der Teufel vom Himmel heruntergeworfen wurde, und der erste Dezember, weil an diesem Tage sich Judas Ischarioth erhängte. Ebenso giebt es drei glücklichste Tage; der allerglücklichste aber ist der heutige, der Tag des heiligen Iwan Wassiljewitsch, oder der Tag des Schatzhebens!" — „Was du sagst!" — „Ja, ich weiß es genau. Meine Großmutter hat einen gehoben. Es waren viele tausend Millionen Rubel." — „Und dennoch bist du ein so armer Kosak?" — „Dummkopf! Sie hat ihn nicht ganz heraus gebracht. Sie ist so unvorsichtig gewesen, zu sprechen. Es sind gewisse Worte vorgeschrieben. Etwas anderes darf man beileibe nicht sagen, sonst verschwindet alles wieder mit einem furchtbaren Donnerschlag." — „Kennst du diese Worte?" — „Ja, sehr genau. Meine Großmutter hat sie mir gesagt, und ich lernte sie auswendig. Aber nur Sonntagskinder sind imstande, Schätze zu heben." — „Ich bin an einem Sonntag geboren." — „Ich auch!" — „Du, wenn wir einen Schatz fänden!" — „O heilige Theodosia! Ich würde ihn nicht lange liegen lassen." — „Ich auch nicht." — „Wie aber geht es denn dabei her, wenn einem ein Schatz erscheint?" — „Das hat mir meine Großmutter deutlich beschrieben. Zuerst läßt sich ein Licht sehen —" — „Von welcher Farbe?" — „Das ist sehr verschieden. Je dunkler das Licht, also zum Beispiel dunkelgrün, desto weniger beträgt der Schatz. Ein helles, gelbes Licht ist das beste, weil gelb auf Gold deutet. Sodann erscheint der Geist." — „In welcher Gestalt?" — „Auch dies ist sehr verschieden. Meiner Großmutter ist er als Bjaguschka (Frosch) erschienen. Je größer das Tier ist, desto größer ist der Schatz. Der Bjaguschka meiner Großmutter war zweimal so groß wie meine Pelzmütze und hat gequakt, daß man es sehr weit hören konnte. Sie meint, daß mir der Geist auch einmal als Frosch erscheinen werde. Die Tierart pflegt nämlich bei Familiengliedern gleich zu bleiben." — „Ah! Wenn uns heute ein Bjaguschka erschiene!" — „Am liebsten ein recht großer!" — „Weiter!" — „Nun muß man dem Geiste langsam nachgehen, bis zur Stelle, an der er verschwindet." — „Aber sprechen darf man nicht?" — „Jetzt darf man noch reden. Man kann sogar den Geist nach verschiedenen Dingen fragen." — „Und er antwortet?" — „Ja, natürlich mit der Stimme desjenigen Tieres, in dessen Gestalt er erscheint. Zuweilen aber, wenn man nämlich ein recht glückliches Sonntagskind ist, spricht der Geist auch in menschlichen Worten. Auf der Stelle, wo er verschwindet, findet man die Erde bereits aufgegraben. Das hat der Geist gethan, zum Zeichen, daß hier der Schatz liegt." — „Und da muß man graben?" — „Sofort, weil mit Tagesanbruch der Schatz wieder verschwindet. Aber von dem Augenblick an, wo man zu graben anfängt, darf kein anderes Wort als nur allein die Beschwörungsformel gesagt werden, mag auch passieren, was da wolle, sonst geht der Schatz verloren. Bei meiner Großmutter war der Schatz bereits aus dem Erdboden heraus, da wurde sie gerufen, vergaß sich und antwortete; und im selben Moment versank der Schatz mit einem Gekrach, als ob die Erde auseinanderbräche." — „Also du kennst die Formel?" — „Ja." — „O, wenn ich sie hören könnte!" — „Ich habe darüber geschwiegen. Dir aber will ich sie mitteilen, denn es ist ja möglich, daß uns heute ein Geist erscheint. Man hat, während man hackt und schaufelt, immer halblaut vor sich hin zu sagen:

    An diesem Platz,
    Da liegt ein Schatz.

M. E.

Ich hol' ihn 'raus,
Schaff' ihn nach Haus.
Ihr lieben Geister, steht mir bei;
Ich halte euch mit Wodka frei!

Das hat man immerfort zu sagen, bis der Schatz heraus ist; dann fällt das Loch ganz von allein wieder zu, sodaß kein Mensch sehen kann, was hier geschehen ist. Von diesem Augenblicke an kann man wieder alles Mögliche sprechen." — „Trinken denn die Geister Wodka?" — „Natürlich!" — „Das habe ich noch gar nicht gewußt." — „Eben weil du ein so großer Dummkopf bist, Brüderchen. Die Geister stecken doch in der Erde, wo sie den Schatz bewachen. In der Erde ist es kalt und feucht. Ist es da ein Wunder, wenn sie sich erkälten und den Schnupfen kriegen?" — „Das ist wahr." — „Darum muß man ihnen den Schatz mit Wodka bezahlen." — „Wie bekommen sie ihn denn?" — „Man muß sieben mal sieben Tage lang gerade um Mitternacht ein Maß voll Schnaps auf die Stelle gießen, wo sich der Schatz befand." — „Ich wäre bereit, alle Nächte ein ganzes Faß des besten Wodka zu opfern, wenn mir heute ein Geist erschiene." — „So viel darf man nicht geben, denn auch die Geister werden betrunken, und zwar viel leichter als der Mensch, weil sie nicht so oft Branntwein bekommen. Im Rausche könnten sie dann allerlei Dummheiten machen, vielleicht gar den Schatz wieder holen, um abermals Wodka zu verdienen. Man muß sie also kurz halten und ihnen nur so viel geben, daß sie sich den Magen erwärmen."

Mehr wollte Sam nicht anhören. Sein Plan stand fest. Er kroch zu den Gefährten zurück und sagte:

„Laßt euch nicht stören, wenn ihr das Licht eines Streichholzes aufflammen seht und einen Frosch quaken hört!" — „Was ist es mit dem Frosche?" — „Ich habe keine Zeit zu einer langen Erklärung. Die beiden Wächter möchten einen Schatz graben. Sie sitzen unter dem Gebäude.

M. E.

Schleicht euch vorsichtig hin. Sobald sie fort sind, komme ich, und dann holen wir den Gefangenen heraus."

Sam ging fort und machte einen Bogen, bis er sich in einer Entfernung von ungefähr dreihundert Schritten, das Gesicht den Wächtern zugekehrt, dem Gebäude gegenüber befand. Dort zog er sein Messer und begann in der Erde ein ziemlich großes Loch zu graben. Dann kroch er auf das Gebäude zu, zog ein Streichholz hervor und nahm die Mütze ab. Wenn er die Mütze nahe an die Erde hielt und das Hölzchen unter ihr entzündete, konnte man ihn selbst nicht sehen, und es hatte den Anschein, als ob der Lichtschein aus der Erde emporbringe.

Inzwischen unterhielten sich die Kosaken weiter.

"Zu welcher Zeit pflegen denn die Geister zu erscheinen?" fragte der eine. — "Beinahe stets um Mitternacht." — "Du, das wäre jetzt so ziemlich die richtige Zeit. Ich glaube, es ist Mitternacht." — "Das meine ich auch. Du würdest dich nicht fürchten?" — "Keinen Augenblick!" — "Ich auch nicht. Ich würde dem Geiste nachgehen, wie man einem jungen, hübschen Mädchen nachläuft, das man küssen will. Darum wollte ich, daß — du, da — da — da — da — i—i—i—i—ist ein Li—li—li—li—licht!"

Der Kosak hatte den Arm des anderen ergriffen, hielt ihn krampfhaft fest und brachte die letzten Worte nur stotternd hervor. Trotz seiner Versicherung, daß er sich nicht fürchten würde, lief es ihm kalt wie Eis über den Rücken hinab.

Seinem Kameraden ging es ebenso. Er starrte erschrocken in den scheinbar unterirdischen Lichtschein und sagte, indem auch seine Stimme stockte:

"I—i—ist das et—et—etwa der Ge—gei—geist?" — "Wahr—sche—sche—schein—lich." — "Heiliger Iwan Wassiljewitsch! Dort hockt ein mächtiger Frosch!" — "Ein Fro—ro—ro—ro—rosch!" — "Der Fro—ro—ro—ro—rosch de—de—de—deiner Gro—ro—ro—ro—

M. E.

„Quaaak!" ertönte es da vor ihnen. (Seite 74.)
M. E.

roßmutter!" — „Ja, das i—i—i—ist er." — „Aber viel grö—rö—rö—rößer!" — „Er ist gewa—wa—wa— wachsen. Das sind nun fast achtzig Jahre her. Die Geisterfrö—rö—rösche wachsen doch a—a—auch!" — „Das ist mö—mö—mö—möglich." — „Quaaaaak!" ertönte es da vor ihnen. — „Horch! Hörst du es?" — „Ja." — „Er quakt." — „Er ruft uns." — „Sollen wir ihm folgen?" „Fürchtest du dich etwa?" — „Nein. Du?" — „Keine Spur!" — „So komm'!"

Sie standen auf. Jeder von ihnen bemerkte zwar, daß ihm die Kniee zitterten, hütete sich aber natürlich, es zu sagen.

Sie ergriffen einander bei den Händen.

„Du, du zitterst ja!" — „Unsinn! Du zitterst, und da denkst du, ich bin es. Warum sollte ich zittern? So ein Geist ist mir ganz Schnuppe, ist mir ganz Frosch. Vorwärts!"

Der Geist sprang mit froschähnlichen Bewegungen zurück. Sie folgten langsam.

„Quaaaak!" machte er dann und blieb halten.

Sofort hielten auch die Kosaken an.

„Schau, wie groß er ist und. wie dick!" — „Desto besser. So wird auch der Schatz ungeheuer sein! Wollen wir zu ihm sprechen?" — „Ja." — „Du natürlich!" — „Nein, versuche du es!" — „Nein, du! Es ist ja der Frosch deiner Großmutter!" — „Meinetwegen."

Und einen kleinen Schritt vortretend, fragte der Kosak mit bebender Stimme:

„Bist du ein Tier?" — „Quaaaak!" antwortete es, indem dieses gedehnte ‚Aaa' in die Höhe gezogen wurde, als ob einer nein sage und dabei den Kopf schüttele. — „Nicht. Wohl ein Geist?" — „Quack!" klang es kurz, wie ein festes Ja. — „Willst du uns einen Schatz zeigen?" — „Quack!" — „Sollen wir dir folgen?" — „Quack!" — „Wird es uns vielleicht schaden?" — „Quaaaak!" antwortete es verneinend.

Dann sprang die Erscheinung weiter, und die Kosaken

M. E.

folgten ihr. Endlich blieb sie wieder halten. Der Enkel der Großmutter hatte jetzt Mut gewonnen. Er fragte:

„Wo liegt der Schatz?" — „Quack!"

Das schien ein kategorisches „Hier' zu bedeuten. Und zur Bekräftigung that der Frosch einen hohen Satz in die Luft und dann einen sehr lauten Plumps auf die Erde zurück.

„Sollen wir da nachgraben?" — „Quack!" — „Und wir werden den Schatz finden?" — „Quaaaak— quak—quak—quak—quarrrrk!"

Das klang, als ob ein Frosch, der am Teichesrande sitzt, zum Abschied seine Stimme noch einmal hören läßt und dann in dem Wasser verschwindet. So auch hier: der Geisterfrosch verschwand im Dunkel der Nacht.

Die beiden Schatzgräber gingen langsam vorwärts. Ihre Pulse klopften fast hörbar. Als sie die Stelle erreichten, wo sie ihn zum letzten Male gesehen hatten, bückten sie sich nieder, um die Erde zu untersuchen.

„O, du heiliger Stanislaus Theophilus! Es ist ein Loch!" — „Graben wir?" — „Natürlich! Gleich da drüben ist das Gärtchen des jungen Alex Philippowitsch, in dessen hinterster Ecke Hacke und Schaufeln liegen, wie ich genau weiß. Ich gehe, sie zu holen." — „Wo bleibe ich? Hier?" — „Ja, du darfst nicht von der Stelle weichen, sonst fällt das Loch wieder zu. Bete, wenn ich fort bin, den Spruch. Und wenn ich zurückkehre, wird kein anderes Wort gesprochen, als eben nur dieser Spruch."

Der Kosak ging, und sein Kamerad begann, den Spruch zu murmeln. Bald kam der erstere zurück und brachte die erwähnten Werkzeuge, und nun begannen die beiden zu arbeiten, daß ihnen der Schweiß von der Stirne troff.

Bereits war das Loch einen Meter tief oder wohl gar noch tiefer, da bemerkten sie in der Richtung der Stadt einen Lichtschein, der sich ihnen näherte. Sie begannen nun bange zu werden. Das Licht kam näher und näher. Zwei Männer waren es, deren einer eine

Laterne trug. Da Glas dort selten ist, so war die Laterne aus geöltem Papier gemacht.

Unglücklicherweise kamen diese Männer gerade auf die Stelle des Schatzes zu und standen bald vor den beiden Arbeitenden, die nicht nur vor Anstrengung, sondern auch vor Angst schwitzten, denn die zwei Männer waren — der Kreishauptmann und sein Sohn, der Rittmeister!

„Donnerwetter!" rief der letztere. „Was geht hier vor?"

Keine Antwort.

„Was ihr hier macht, frage ich!" — „Ich hol' ihn 'raus!" murmelte es. — „Wen denn?" — „Ihr lieben Geister, steht mir bei!" — „Alle Teufel! Ich selbst werde euch beistehen!"

Damit zog der Rittmeister die Knute und begann die Rücken der in dem Loche Arbeitenden aus allen Kräften zu bläuen. Diese aber nahmen die Hiebe geduldig hin, hackten und schaufelten weiter und murmelten ihre Beschwörung dazu. So wehe ihnen die kräftigen Hiebe auch thaten, sie ertrugen die Schmerzen und hörten auch nicht auf, zu arbeiten, bis der Rittmeister müde wurde, den Arm sinken ließ und sie zornig andonnerte:

„Habt ihr denn kein Gefühl, ihr Halunken? Wollt ihr heraus aus dem Loche!" — „An diesem Platz —" sagte der eine. — „Kerl, was faselst du?" — „Da liegt ein Schatz," sprach der andere dem Spruche getreu. — „Ein Schatz? Ja, den sollt ihr bekommen, nämlich mit der Knute, vollwichtig ausgezahlt und dazu — ah! Beim heiligen Cyprianus, jetzt wird es mir klar, was sie thun. Einen Schatz wollen sie heben! Dazu graben sie hier ein Loch, anstatt auf ihrem Posten zu bleiben. Kerle, wer hat euch denn das weis gemacht? Ihr seid ja so dumm, daß es einen eigentlich erbarmen müßte!"

Das war dem einen der Schatzgräber denn doch zu viel. Für dumm wollte er nicht gelten. Er dachte nicht daran, daß er schweigen müsse, fiel aus der Rolle und antwortete:

M. E.

„Dumm? Nein, Väterchen, dumm sind wir nicht, sondern im Gegenteile sehr klug."

Da stieß sein Kamerad einen Laut des Schrecks aus und rief:

„O, heilige Veronika! Nun ist alles verloren. Dieser Mensch hat gesprochen."

Da erkannte auch der Schwätzer, welch einen Fehler er begangen hatte, ließ die Hacke, die er in der Hand hatte, sinken und meinte in jammerndem Tone:

„Mein Himmel! Was habe ich gethan?" — „Geplaudert hast du! Kannst du dein Maul denn nicht halten! Ich wollte, der Teufel käme und führte dich durch alle Lüfte! Heute war der richtige Tag. Jahrelang habe ich auf den Frosch meiner Großmutter vergeblich gewartet. Heute endlich erschien er uns, und wie groß, wie groß war er! Millionen liegen hier, ganz gewiß, ganz gewiß, denn je größer der Frosch, desto größer der Schatz. Ich habe mir den Rücken wund schlagen lassen, ohne zu mucksen, und nun war es doch vergeblich, denn du hast geschwatzt, und der Schatz ist wieder gesunken." — „Vielleicht kommt er übers Jahr wieder in die Höhe!" — „Er wird sich hüten. So bald erscheint mir der Frosch nicht wieder. Was bin ich doch für ein unglückseliger Mensch! Wäre ich allein gewesen, so hätte ich das viele, viele Geld erhalten, denn nichts auf der Welt hätte mich zum Reden gebracht." — „Vielleicht doch, Brüderchen." — „Nein, nein! Da aber mußt du Kamel bei mir sein, und nun ist alles, alles aus!"

Die beiden Vorgesetzten hatten dieses kurze Zwiegespräch nicht unterbrochen; jetzt aber sagte der Rittmeister:

„Du irrst dich! Es ist noch nicht alles aus, sondern die Hauptsache wird nun erst beginnen, nämlich die Strafe für euer Verhalten. Ich werde euch in Fesseln legen lassen. Spießruten müßt ihr laufen, ihr Halunken!"

Da sprangen die beiden Kosaken aus der Grube heraus und knieten vor dem Rittmeister nieder.

M. E.

„Väterchen, das wirst du nicht thun!" rief der unglückliche Enkel der ebenso unglücklich gewesenen Großmutter. „Du lieber Heiland! Das werden wir nicht aushalten, mein gutes Väterchen!" — „Das sollt ihr auch nicht. Ich lasse euch peitschen, bis ihr tot zusammenbrecht. Ihr seid Deserteure." — „Nein, das sind wir nicht. Wir sind noch da, wir sind nicht fort. Es ist uns gar nicht eingefallen, zu entweichen." — „Aber euren Posten habt ihr verlassen. Und wenn ich euch das aus übergroßer Barmherzigkeit verzeihen wollte, so müßte ich euch doch wegen eurer Dummheit bestrafen. Schatzheben wollen sie! Sollte man so etwas denken! Sie glauben an einen Schatz! Vielleicht sogar an Geister, die ihn bewachen!" — „Ja, daran glauben wir, Väterchen." — „So! Also wirklich! Ihr Strohköpfe ihr! Es giebt keine Geister und keine Schätze." — „Es giebt welche. Wir haben diesen Schatz brennen sehen, ganz deutlich." — „In eurem Hirn hat es gebrannt! Eure Dummheit ist in Flammen aufgegangen." — „O nein. Das kannst du glauben. Und den Geist haben wir nicht nur gesehen, sondern wir haben mit ihm gesprochen, und er antwortete uns auf unsere Fragen." — „Ah, einen Geist haben sie gesehen! Es wird immer toller! Und gesprochen haben sie mit ihm! Wie sah er denn aus?" — „Wie ein Frosch." — „Ein schöner Geist! Und was sagte er denn?" — „Er sagte Quaaaak." — „Natürlich konnte er als Frosch nichts anderes sagen. Wo habt ihr Kerle denn eure Gewehre?" — „Sie liegen dort, wo wir standen." — „Schön, sehr schön! Also auch die Waffen habt ihr von euch geworfen! Das macht den Fall doppelt strafbar. Ich werde euch prügeln lassen, bis ihr gerade auch so geistreich redet wie euer Geisterfrosch! Wir kommen, um uns zu überzeugen, daß der Gefangene sich in festem Gewahrsam befindet; ihr sollt das Gefängnis bewachen, und anstatt dies zu thun, grabt ihr nach einem Schatze. Indessen kann der Gefangene über alle Berge sein!" — „Das kann er nicht, mein gutes Väterchen. Er ist ja angebunden." — "Das wäre noch ein Glück für euch. Wir werden jetzt nach ihm sehen. Wehe euch, wenn nicht alles in Ordnung ist. Ihr bleibt hier stehen, bis wir wiederkommen.

Dann werde ich bestimmen, was mit euch zu geschehen hat. Also keinen Schritt weicht ihr von hier! Verstanden?" — "Keinen Schritt, Väterchen, bis du wiederkommst. Wir werden dir gehorchen."

M. E.

Der Rittmeister ging nunmehr mit seinem Vater nach dem Feuerwerkshause. Dort stiegen sie die Leiter empor, und ersterer befühlte, als er oben angekommen war, den Verschluß der Thür.

„Ist alles in Ordnung?" fragte der Kreishauptmann. — „Ja; aber das beweist noch nichts. Er kann trotzdem entflohen sein." — „So mach' auf."

Der Rittmeister zog den Vorstecker aus der Krampe, schob die Thür auf und trat hinein. Da erscholl ein kleines Geräusch, fast wie das unterdrückte Aufstöhnen eines Menschen.

„Was hast du? Was giebt es?" fragte rasch der Vater des Offiziers. — „Nichts. Komm' nur!" antwortete es von innen.

Der Kreishauptmann bemerkte nicht, daß es nicht die Stimme seines Sohnes sei, und folgte diesem.

---

### 6. Kapitel.

Während die beiden Wachtposten nach dem Schatze gegraben hatten, hatte der dicke Sam Barth sich auf einem Umwege zu seinen beiden Gefährten geschlichen, die nun unter dem Feuerwerkshause auf ihn warteten.

„Was spielst du denn für eine Komödie mit ihnen?" fragte ihn Jim, als er bei ihnen ankam. — „Eine höchst scherzhafte. Die Kerle glauben nämlich, ich sei ein Geist gewesen, noch dazu ein Geisterfrosch. Habt ihr das famose Quaken nicht gehört?" — „Freilich. Und das Licht haben wir auch gesehen." — „So dumm wie diese Menschen kann man wirklich nur in Sibirien sein. Wir haben vollkommen Zeit, den Gefangenen in aller Ruhe und Gemächlichkeit herauszuholen. Sie werden graben bis zum frühen Morgen. Sie werden Schweiß vergießen literweise und natürlich nichts finden. Indessen ist der eigentliche Schatz, den sie zu bewachen haben, verschwunden."

M. E.

Sam erzählte ihnen das Gespräch, das er belauscht hatte, und nun waren auch sie überzeugt, daß sie sich gar nicht zu beeilen brauchten.

„Steigen wir alle drei hinauf?" fragte Tim. — „Das ist nicht nötig," antwortete Sam. „Ihr bleibt unten und haltet Wache. Man weiß niemals, was geschehen kann. Ich bin ganz sicher, daß keine Störung eintreten wird, aber wenn der Teufel sein Spiel hat, so kann doch eine Ueberraschung über uns kommen. Also paßt scharf auf."

Damit stieg er empor, zog den Vorstecker heraus, machte die Thür auf und trat hinein.

„Nummer Zehn!" rief er halblaut. — „Hier," antwortete es aus ziemlicher Entfernung. — „Wo steckst du?" — „Hier an der Wand. Wer ist's?" — „Dein Freund. Weißt du, der kleine Dicke, der dich in Schutz genommen hat." — „Das ist eine große Ueberraschung. Ich bin hier an dem Balken festgebunden." — „Werde dich gleich losmachen. Aber es ist so dunkel hier, wie in einem Bärenmagen. Es liegt mir doch nichts im Wege, worüber ich stolpern und fallen könnte?" — „Nein. Der Weg ist frei." — „Schön. Ich komme."

Sam ging der Richtung nach, aus der er die Stimme des Kosaken gehört hatte, und hielt die Hände vor, bis er den Gesuchten fühlte.

„So, hier bin ich. Und nun will ich dich sogleich losbinden." — „Das ist äußerst lobenswert von dir, aber ich darf von dieser Güte keinen Gebrauch machen." — „Warum nicht?" — „Aus mehreren Gründen. Zunächst würde der Verdacht, mich befreit zu haben, auf dich fallen, und du hättest die Folgen zu tragen." — „Aus diesen Folgen würde ich mir gar nichts machen. Euer braver Kreishauptmann ist ein Schafskopf erster Ranges. Er kann mir nicht den mindesten Respekt einflößen. Uebrigens kann mir kein Mensch nachweisen, daß ich hier gewesen bin." — „Hm! Werden die beiden Posten nicht auf den Gedanken kommen?" — „Sapperment! So weißt du also, wie ich sie überlistet habe?" — „Ja. Sie sprachen doch so laut, daß ich ein jedes Wort verstand. Und als sie sich entfernt hatten, hörte ich es unter mir flüstern. Ich glaube, deine beiden Gefährten sind unten. Ich hörte einige Worte, die sie halblaut sagten, als die Wächter fort waren. Es war Englisch." — „Verstehst du denn das?" — „Ja." — „Alle Teufel! Ein sibirischer Kosak, der Englisch versteht! Alle Achtung vor dir!" — „Es ist kein Wunder. Ich bin kein Kosak, überhaupt kein Asiat und auch kein Russe." — „So? Was denn?" — „Ein Deutscher." — „Himmeltausend. Sollte man so etwas für möglich halten! Und ein Deportierter bist du? Wie kann man einen Deutschen nach Sibirien verbannen?" — „Ich war russischer Offizier." — „Das ist etwas anderes. Also Offizier! Da werde ich mir das Du sofort abgewöhnen. Und nun, da Sie mein Landsmann sind, müssen Sie los! Sie dürfen sich nicht weigern, jetzt mit mir zu gehen." — „Wie gern möchte ich, wie unendlich gern! Und doch giebt es etwas, was mich hier festhält." — „So? Sonderbar! Was ist das?" — „Fast schäme ich mich, es Ihnen zu sagen." — „So! Nun, so will ich es Ihnen ersparen, denn ich kann mir ohnedies denken, was Sie meinen." — „Wirklich?" — „Ja. Sie meinen nämlich — Karpala. Habe ich richtig geraten?" — „Ja. Lachen Sie mich aus." — „Fällt mir gar nicht ein. Auch ich habe so eine Karpala, nur daß sie einstweilen Auguste oder Gustel heißt. Fort also von hier."

Sam hielt inne, vom Eingange her ertönte es nämlich soeben leise in englischer Sprache:

„Pst! Macht doch rasch! Es kommen Leute. Keine Minute ist zu verlieren." — „Jim, du bist's?" antwortete Sam. „Warte."

Dann eilte er nach der Thür, wo Jim auf der Leiter stand, und sah in der Gegend, in der die beiden Posten bisher gehackt und geschaufelt hatten, den Schein der Laterne, während zugleich die laute, zornige Stimme des Rittmeisters ertönte.

„Sapperment, das ist der Rittmeister," sagte Sam. — „Ja. Er kommt jedenfalls, um nach dem Gefangenen zu sehen. Schnell also herab mit diesem." — „Fällt mir nicht ein. Das geht gar nicht an." — „Warum denn nicht?" — „Wenn seine Flucht schon jetzt entdeckt würde, so könnte man ihn sehr leicht ergreifen. Nein. Mir kommt ein prachtvoller Gedanke. Hole schnell Tim herauf!"

Jim stieg rasch hinab und kam dann mit Tim wieder herauf.

„So!" meinte Sam. „Schnell herein. Ich will die Thür verschließen."

Neben der Thür befand sich ein Loch, durch welches man hinausgreifen und den Vorstecker in die Haspe schieben konnte. Sam that dies. Dann lachte er leise vor sich hin und sagte:

„Welch eine Ueberraschung, wenn sich, anstatt daß der Gefangene fort ist, vier Kerle hier befinden! Das giebt einen Jux. Doch binden wir jetzt den Gefangenen los."

Während Jim Sams Befehl ausführte, hörte man deutlich die Knutenhiebe, mit denen der Rittmeister die beiden Posten regalierte. Sodann vernahm man seinen lauten Befehl:

„Ihr bleibt hier stehen, bis wir wiederkommen." — „Er sagt ‚wir'. So ist er also nicht allein!" meinte Sam. „Das ist fatal!"

Dann trat er an das Loch, blickte hinaus und wandte sich mit der Meldung zurück:

„Der Kreishauptmann ist mit dabei. Das freut mich ungeheuer. So bekommen wir sie alle beide. Aufgepaßt! Sie kommen."

Sam trat seitwärts. Der Vorstecker klirrte, die Thür wurde geöffnet, und dann stieg der Rittmeister herein. Und eben wollte er sich nach seinem Vater zurückdrehen, da legte ihm Sam die Hände um den Hals. Ein kraftvoller Druck, ein kurzes, halblautes Stöhnen, und der Offizier war besinnungslos.

Der Kreishauptmann hörte dieses leichte Stöhnen wohl und fragte von der Leiter her. Der geistesgegenwärtige Kosak gab darauf die bereits erwähnte Antwort, wobei er die Stimme des Rittmeisters nachzuahmen suchte. Und es gelang! Der Kreishauptmann trat herein. Sofort riß Jim ihm die Laterne aus der Hand. Das war höchst notwendig, denn wenn sie ihm entfallen wäre, so konnte leicht ein Unglück geschehen. Tim aber hatte ihn bei der Gurgel gefaßt und zwar so kräftig, daß der Beamte sofort die Arme herabfallen ließ, einmal aufröchelte und dann ebenso bewußtlos wie sein Sohn war.

Beide wurden nebeneinander auf den Fußboden gelegt. Sam aber ergriff die Laterne, leuchtete ihnen ins Gesicht und sagte:

"Sie werden wohl Taschentücher einstecken haben. Bindet ihnen diese vor allen Dingen über die Augen, daß sie uns nicht sehen können, wenn sie erwachen." — "Das ist nicht notwendig," antwortete Jim. "Wir werden uns doch nicht herstellen, bis sie erwachen. Das wäre eine Thorheit." — "Bist du wieder einmal klüger als ich? Ich habe große Lust, mich noch ein Viertelstündchen hier zu verweilen." — "Wozu aber?" — "Um dieser Angelegenheit einen lustigen Anstrich zu geben. Ihr kennt euren alten Sam Barth und müßt also wissen, daß er ein lustiger Kerl ist. Wir werden sie lynchen." — "Was fällt dir ein?" entgegnete Tim. — "Nun, nicht eigentlich lynchen, aber eine echt amerikanische Prozedur werden wir an ihnen vornehmen. Ihr seid doch schon öfters dabei gewesen, wenn einer geteert und gefedert wurde." — "Alle Teufel, dieser Gedanke ist freilich gar nicht übel." — "Nicht wahr? Ja, Sam Barth hat überhaupt keine üblen Ideen. Federn können wir sie nicht, denn hier giebt es keine Federn, dafür aber ist Werg genug vorhanden. Und dort steht ein Kübel

M. E.

voller Teer. Das paßt ganz vortrefflich. Schnell, zieht sie aus, bevor sie wieder zu sich kommen." — „Da bin ich gern dabei. Das soll morgen eine Lust sein." — „Diese Blamage! Die beiden stolzen, eingebildeten Kerle haben es reichlich verdient."

Sam hing die Laterne an einen Nagel, und nun waren acht Hände eifrig beschäftigt, die beiden ihrer Oberkleider zu entledigen. Das geschah sehr schnell. Dann erhielten sie aus Werg geformte Knebel in den Mund. Die Augen waren ihnen bereits zugebunden. Stricke gab es reichlich hier. Sie wurden mit denselben gefesselt. Dann tauchte man sie bis an den Hals in den Teerkübel, worauf sie in kurz gezupftes Werg gerollt wurden. Dieses letztere klebte infolge des Teeres sofort fest an, und nun wurden beide an den Balken festgebunden, an dem der Kosak vorher angefesselt gewesen war.

„Jetzt sind wir fertig," schmunzelte Sam. „Seht ihr es, daß der Rittmeister sich bewegt?" — „Ja, der Alte auch." — „Wir wollen uns überzeugen, daß sie genug atmen können, denn ersticken sollen sie nicht. Ein Mörder mag ich doch nicht sein."

„So!" flüsterte Sam. „Sie mögen sich abmühen an ihren Stricken. Ich möchte freilich nicht an ihrer Stelle sein. Eine ganze Nacht in diesem Zustande zuzubringen, das ist etwas, was man im ganzen Leben nie vergessen kann. Es mag ihnen eine Lehre sein. Kommt nun! Wir sind fertig."

Die drei Freunde und der Kosak stiegen hinab, nachdem die Laterne verlöscht worden war. Sam als der letzte verschloß die Thür. Sie verließen den Ort natürlich so, daß sie von den beiden Posten nicht bemerkt werden konnten. Dann schlugen sie die Richtung nach dem Lager ein, indem sie in einem Halbkreise um die Stadt gingen. — „Wohin führt ihr mich nun?" erkundigte sich der Kosak. „In das Lager darf ich ebenso wenig wie in die Stadt." — „Wir halten in der Nähe des Lagers an," antwortete Sam. „Von da aus benachrichtigen wir Bula, den Tungusenfürsten. Der wird dann bestimmen, was geschehen soll." — „Das ist freilich das allerbeste. Ich bin überzeugt, daß er mir einen Vorschlag machen wird, der genau mit meinen eigenen

Ansichten übereinstimmt. Er wird mir ein verborgenes und sicheres Asyl anweisen, in dem ich, ohne Furcht, entdeckt zu werden, den Anbruch des Winters erwarten kann." — „Vielleicht wird es auch noch anders. Ich
M. E.

habe so meine Gedanken." — „Welche?" — „Hm! Ich soll nicht davon sprechen. Aber da Sie ein Deutscher sind, so werde ich es wagen, mich Ihnen anzuvertrauen." — „Seien Sie überzeugt, daß ich Ihr Vertrauen nicht mißbrauchen werde." — „Ich hoffe das. Doch nicht jetzt werde ich reden, sondern dann, wenn wir an Ort und Stelle angekommen sind."

Es gelang den Männern, unbemerkt um die Stadt zu kommen. Dann schritten sie am Ufer des Flusses entlang noch eine Strecke vorwärts, bis sie an ein Buschwerk gelangten, wohin bis jetzt wohl kein anderer Mensch gekommen. — „Hier bleiben wir," sagte Sam. „Ihr beide, Jim und Tim, begebt euch nun in das Lager, doch möglichst so, daß ihr nicht bemerkt werdet, und macht dem Fürsten eure Meldung. Er mag dann thun, was ihm beliebt. Wir beide sind auf alle Fälle hier zu finden."

Das Brüderpaar entfernte sich, und die beiden Zurückbleibenden setzten sich nebeneinander nieder.

---

„So, da haben wir uns," meinte Sam Barth, als er mit dem Kosaken allein war. „Wir sind auf eine gar seltsame Weise zusammengetroffen. Zwei Deutsche finden sich hier im Inneren Sibiriens. Der eine ist ein Verbannter und der andere — hm!" — „Nun, bitte, sprechen Sie weiter. Was sind Sie? Es versteht sich von selbst, daß ich gern wissen möchte, wer der Mann ist, der mich aus der Gefangenschaft befreit, und sich dabei so unerwartet als ein Landsmann entpuppt hat. Sie glauben gar nicht, welches Entzücken es für mich ist, die Laute meiner Muttersprache zu hören." — „O, ich glaube es gern. Ich weiß auch, wie es ist, wenn man in der Fremde einen trifft, der aus der lieben Heimat stammt. Wer ich bin, das sollen Sie gleich erfahren. Freilich, einen wertvollen Fang haben Sie an mir nicht gemacht. Wofür halten Sie mich wohl?" — „Das weiß ich nicht. Sie sind mir ein Rätsel." — „Und zwar ein sehr dickes." — „Ja. Ihr Auftreten ist ein außerordentlich selbst-
M. E.

bewußtes und sicheres." — „Und mein Aeußeres stimmt damit ganz und gar überein. Nicht wahr, das wollten Sie doch wohl sagen?" — „So ähnlich, ja." — „Nun, das Rätsel soll gelöst werden. Ich bin weder von Adel, noch war ich Offizier. Eines schönen Tages wurde ich in Herlasgrün geboren. Das ist keine Metropole, aber es liegt in Sachsen, und darauf bin ich stolzer, als ob ich in Paris oder London das Licht der Welt erblickt hätte. Einige Zeit später widmete ich mich derjenigen Kunst, deren Jünger zu deutsch Knopfmacher genannt werden. Noch etwas später verliebte ich mich. So etwas kommt nämlich sogar auch in Sachsen vor. Die betreffende Auguste wurde mir untreu, und ich ging aus Gram und Aerger nach Amerika, wo ich Präriejäger wurde." — „Ah, das erkärt alles." — „Nicht wahr?" — „Ja. Ihr Auftreten ist das eines Mannes, der gelernt hat, alle Furcht und Angst zu vergessen." — „Fürchten kann ich mich freilich nicht, nicht einmal in Sibirien." — „Wie aber kommen Sie aus den Vereinigten Staaten hierher?" — „Als Jäger." — „Ah, Sie wollen Zobel fangen?" — „Nebenbei auch wohl mit, nämlich, wenn mir einer gerade so über den Weg läuft. Eigentlich befinde ich mich auf der Menschenjagd. Wir suchen — einen Verbannten." — „Sonderbar! Ein amerikanischer Jäger, ein geborener Sachse, kommt nach Sibirien, um einen Verbannten zu suchen. Was wollen Sie denn bei diesem Verbannten?" — „Das ist eine Frage, die sich eigentlich von selbst beantwortet. Befreien wollen wir ihn. Wir haben schon ganz andere Sachen glücklich ausgeführt. Ich möchte den sehen, der unseren Steinbach hindern wollte, das zu thun, was ihm beliebt." — „Steinbach? Sind Sie das?" — „Ich? Wo denken Sie hin? Ich heiße mit meinem Namen Samuel Barth, werde aber gewöhnlich kurzweg Sam genannt. Die beiden Kameraden, die ich bei mir habe, heißen Jim und Tim Snaker. Steinbach aber ist, so zu sagen, unser Anführer, unser Hauptheld, unser Oberst,

M. E.

der alle Abenteuer leitet, die wir bestehen wollen. Er ist es, der den betreffenden Gefangenen sucht." — „Was für ein Mann ist der Verbannte gewesen?" — „Das weiß ich nicht. Steinbach schweigt sehr beharrlich darüber. Vielleicht hängt es mit der Geschichte der Adlerhorst zusammen."

Der Kosak machte eine schnelle Bewegung.

„Adlerhorst?" fragte er. „Wer heißt so?" — „Eine adlige Familie, die unter höchst seltsamen und traurigen Schicksalen leidet. Steinbach interessiert sich für dieselbe so sehr, daß er bereits in Afrika und Amerika gewesen ist, um die verstreuten Mitglieder derselben zusammenzusuchen." — „Herr Barth, ich bin ganz —" — „Halt! Ich bin kein Herr Barth. Nennen Sie mich Sam und damit Punktum. Ich bin diesen Namen einmal gewöhnt. Nun sagen Sie mir, wie ich Sie rufen soll!" — „Mein hiesiger Name ist Nummer Zehn." — „Unsinn! Sie werden doch von mir nicht verlangen, daß ich Sie mit dieser Ziffer bezeichne. Sie müssen doch einen Namen gehabt haben." — „Ein Verbannter verliert denselben. Mein Vorname ist Georg. Nennen Sie mich bei diesem." — „Georg, gut. Uebrigens ist's gerade noch ein Georg, der uns fehlt und den wir suchen." — „Mit welchem Familiennamen?" — „Adlerhorst." — „Einen Georg von Adlerhorst suchen Sie? Sam, Sam, ist das wahr?"

Der Kosak war aufgesprungen und stand vor dem Dicken mit allen Zeichen einer plötzlichen und großen Aufregung.

„Was haben Sie? Warum fragen Sie so?" erkundigte sich Sam. — „Weil es mir so wunderbar vorkommt, daß Sie alle Erdteile durchstreifen, um die zerstreuten Glieder einer Familie zusammenzusuchen." — „Ja, unglaublich ist es fast, aber gelungen ist es bisher ausgezeichnet. Wir haben alle, alle, nur der Georg fehlt uns noch." — „Und Sie wissen, daß er sich hier befindet?" — „Nein. Wir haben nicht die mindeste Ahnung, wo er zu suchen ist." — „Aber weshalb sind

Sie denn da? Nicht seinetwegen?" — "Schwerlich. Es wird wohl ein ganz anderer sein, den Steinbach hier sucht. Aber sagen Sie mir doch, was Sie plötzlich so aufregt?" — "Das will ich Ihnen nachher offenbaren, wenn Sie mir mitgeteilt haben, wie Sie dazu kommen, nach jener Familie zu suchen." — "Das ist sehr einfach. Ich lernte drüben in Amerika diesen Steinbach kennen und durfte mich ihm anschließen. Warum er nach den Adlerhorsts sucht, das hat er mir nicht gesagt, aber gefunden haben wir sie." — "Wirklich? Wirklich? Welche Personen?" — "Die Mutter, eine nachgeborene Tochter, die Magdalene heißt, und dann einen Sohn Namens Martin. Eine andere Tochter hatte Steinbach bereits vorher in Konstantinopel entdeckt, wo sich ein Hermann Adlerhorst mit seinem englischen Vetter Lord Eagle=nest befand." — "Herr, mein Gott! Da ist ja die ganze Familie genannt, und nur der Vater fehlt!" — "Ja freilich, der Vater und jener Georg, dessen Aufenthalt nicht zu entdecken ist. Aber woher wissen Sie, daß dies die ganze Familie ist?" — "Ich — ich habe einmal einen Adlerhorst getroffen und glaube, daß sein Vorname Georg war." — "Sapperment! Welch ein Zufall! Jetzt entdecke ich eine Fährte. Sagen Sie mir schnell, wo Sie ihn getroffen haben!" — "Am Kaukasus. Er stand in russischen Diensten und bekleidete den Rang eines Hauptmannes." — "Wie lange Zeit ist das her?" — "Fünf Jahre." — "Thut nichts, thut nichts! Und wenn es zehn Jahre wären, die Spur ist nun da, und Steinbach wird ihn ganz sicher finden. Wer hätte das gedacht, hier in Sibirien auf die Fährte des Gesuchten zu geraten! Wie wird Steinbach sich freuen, wenn er es erfährt." — "Wo ist dieser Steinbach?" — "Er ist noch in Irkutsk, wird aber sehr bald nachkommen." — "Und wer ist er?" — "Das weiß der Kuckuck. Er nennt sich Steinbach, aber ich will gleich gelyncht sein, wenn er nicht ein ganz vornehmer Kerl ist. Und unermeßlich reich muß er auch sein. Wäre uns der ver=

dammte Derwisch nicht entschlüpft, so wären wir längst fertig." — "Welcher Derwisch?" — "Hm, ich vergesse, daß Sie ja von alledem gar nichts wissen. Dieser Derwisch hat sich nämlich unter den verschiedensten Namen in der Welt herumgedrückt. Er ist von Steinbach oft verfolgt worden, aber allemal glücklich entronnen. Er heißt eigentlich Florin und war Diener der Familie Adler=horst." — "Florin! Florin!"

Der Kosak rief diesen Namen laut in die Nacht hinaus, so aufgeregt war er.

"Leise, leise!" warnte Sam. "Bedenken Sie, daß Sie Flüchtling sind. Ist Ihnen denn dieser Name be=kannt?" — "O, nur zu gut." — "Woher?" — "Jener Georg Adlerhorst hat ihn mir genannt." — "Ah so! Sonderbarerweise glaubte heute mein alter Tim, den Kerl gesehen zu haben." — "Wo?" — "Hier zwischen den Zelten. Das ist aber doch gar nicht möglich." — "Warum nicht? Es giebt bei Gott keine Unmöglichkeit." — "Das ist wohl wahr. Aber was wollte der Kerl hier in Sibirien?" — "Was wollen Sie hier? Ebenso wie es zu verwundern ist, daß Sie sich hier befinden, kann sich seine Gegenwart auch erklären lassen." — "Freilich, freilich. Vielleicht ist er es doch gewesen. Das wäre eine ganz verteufelte Geschichte, wenn er uns ent=kommen wäre! In seinen Händen liegt nämlich der Schlüssel zu den Geheimnissen der Familie Adlerhorst. Wenn wir ihn ergreifen könnten, so wäre es mit aller Not zu Ende." — "So muß und soll er ergriffen werden. Er ist nämlich wirklich hier." — "Was? Was?" rief Sam, indem nun auch er aufsprang. — "Ja." — "Kennen Sie ihn denn?" — "Persönlich sogar." — "Sapperment! Sie — Sie —"

Sam hielt inne, trat nahe an den Kosaken heran, legte ihm die Hand auf die Achsel und sagte:

"Herr — Herr Georg, wollen Sie aufrichtig mit mir sein?" — "Was soll ich sagen?" — "Daß Sie — ja, daß Sie jener Georg von Adlerhorst sind!"

M. E.

Der Gefragte zögerte einige Augenblicke, dann antwortete er:

„Dieser Name sollte nie wieder über meine Lippen kommen. Da es aber so steht, wie Sie mir sagen, so sollen Sie die Wahrheit hören: Ja, ich bin es."

Da holte Sam tief, tief Atem und seufzte:

„Gott sei Dank! Wahrhaftig, es geschehen noch immer Zeichen und Wunder! Georg Adlerhorst als Verbannter in Sibirien! Und ich finde ihn, ich, Sam Barth aus Herlasgrün! Herr, hier, nehmen Sie meine Hand. Für Sie hat alle, alle Not ein Ende." — „Wenn mir die Flucht gelingt, ja." — „Auch ohne dies. Verstecken Sie sich nur so lange, bis Steinbach kommt. Dann brauchen Sie gar nicht zu fliehen." — „Sie denken viel zu sanguinisch. Ich bin ohne Untersuchung und Urteil, nur allein auf den Befehl des Kaisers verbannt worden. Das kann Ihr Steinbach nicht rückgängig machen, selbst wenn er ein so vornehmer Herr ist, wie Sie denken." — „Wessen waren Sie beschuldigt?" — „Davon später. Jetzt vor allen Dingen möchte ich von den Meinigen erfahren; das können Sie sich denken. Also erzählen Sie mir, aber nur ganz kurz und in Umrissen. Zu einem ausführlichen Berichte haben wir keine Zeit."

Der Kosak setzte sich wieder nieder. Sam that dasselbe und berichtete nun kurz, was er wußte. Er war damit noch nicht zu Ende, als sich Pferdegetrappel vernehmen ließ. Die Pferde wurden in der Nähe angehalten, und sodann kamen zwei menschliche Gestalten heran. Karpala war es mit einem Tungusen.

„Du bist frei," sagte sie, als der Kosak ihr entgegentrat. „Ich erfuhr es von den beiden fremden Männern. Vater sendet mich. Er will dir wohl, mag aber nicht selbst kommen, da der Kreishauptmann dies erfahren könnte. Dieser Tunguse hier ist der treueste unter unseren Männern. Er wird dich an einen Ort bringen, wo du von keinem Verfolger gefunden werden kannst.

M. E.

Später kommen wir nach und führen dich über die Grenze."

Der Kosak reichte ihr die Hand und antwortete: „Ich danke dir! Vielleicht mache ich Gebrauch von

deiner Güte, vielleicht auch nicht. Setze dich eine kurze Zeit zu uns her. Dieser Fremdling hat mir noch etwas zu erzählen. Wenn er fertig ist, werde ich dir sagen können, was ich thue."

M. E.

Karpala folgte schweigend seiner Aufforderung, nahm in einiger Entfernung von den Männern Platz, und Sam brachte nun, ohne von Karpala verstanden zu werden, seinen Bericht vollends zu Ende.

„Was werden Sie nun thun?" fragte er sodann. — „Fort gehe ich, in die Heimat, zu den Meinen. Etwas anderes giebt es nicht. Mein Herz treibt mich mit aller Macht zu ihnen." — „Aber Karpala?" — „Fragen Sie nicht! Die Liebe zu diesem Mädchen hält mich zwar mit allen Banden hier fest; aber die Meinen haben größere und heiligere Ansprüche auf mich. Und wenn auch sie mich liebte, müßte ich sie nicht dennoch aufgeben? Ich bin ein Flüchtling, geächtet und vogelfrei. Hier könnte ich auf keinen Fall bleiben." — „Sie haben recht. Nehmen Sie also das Anerbieten des Mädchens an. Bleiben Sie in dem Ihnen von ihr gebotenen Asyle, bis Steinbach kommt. Dieser wird diejenigen Maßregeln ergreifen, die am geeignetsten sind, Ihnen die Heimkehr zu ermöglichen." — „Und Florin, der Derwisch?" — „Er ist jedenfalls im Wirtshause abgestiegen. Dort bleibt man heute wegen des Marktes und Tanzes die ganze Nacht wach. Wir müssen uns sofort nach ihm erkundigen." — „Sie mögen recht haben; aber das darf doch an Ihrem Entschlusse nichts ändern." — „Vielleicht doch. Ich werde hier den Tungusen hinschicken. Er mag den Wirt fragen." — „Das ist mir nicht sicher genug. Lieber gehe ich selbst." — „Aber wissen Sie, wie er sich hier genannt hat?" — „Nein." — „Er war beim Kreishauptmanne, wo ich ihn mir genau betrachtet habe. Ich will Ihnen den Menschen beschreiben, und darnach kann Ihnen der Wirt Auskunft geben."

Der Kosak beschrieb den einstigen Derwisch jetzt ganz genau, und dann eilte Sam fort. Er hatte nur fünf Minuten bis an das Wirtshaus zu gehen.

Nun saß der Kosak mit Karpala beisammen. Der Tunguse hatte sich diskret zurückgezogen.

„Wo ist der Ort, nach dem du mich bringen lassen

willst?" fragte er. — „Er liegt am Mückenflusse zwischen Felsen, in die ein Unbekannter keinen Weg findet. Der Fluß heißt so wegen der vielen Mücken, die zur Zeit des Frühjahres dort so schrecklich sind, daß sich kein Renntier da aufzuhalten vermag. Jetzt aber zur Herbstzeit giebt es keine dort." — „Wie weit ist es bis dorthin?" — „Man reitet zwei Tage lang. In einigen Tagen kommen wir nach." — „Ich werde mich sehr freuen, dich dort zu sehen, und dennoch wird mich dein Anblick schmerzen." — „Warum?" — „Du wirst als die Braut des Rittmeisters kommen."

Karpala senkte das Köpfchen und antwortete nicht. Darum fragte er:

„Habe ich nicht recht?"

Anstatt ihm direkt mit Ja oder Nein zu antworten, sagte sie:

„Das würde dich also schmerzen?" — „Ja. Weil ich überzeugt bin, daß du an der Seite dieses Mannes sehr unglücklich sein würdest." — „Wer den Eltern gehorcht, wird stets glücklich." — „Nicht immer. Die Eltern haben nur dann Gehorsam zu verlangen, wenn sie für das Wohl ihres Kindes bedacht sind. Warum wünschen die deinigen, daß du die Frau dieses Russen werden sollst?" — „Weil der Schamane es ihnen geboten hat." — „Hast du denn den Rittmeister lieb?" — „O nein. Ich hasse ihn. Ich werde sein Weib sein, aber berühren dürfen wird er mich nie. Ich trage meine Waffen. Wollte er mich zwingen, so wäre es sein Tod. Berühren darf mich nur derjenige, den ich liebe." —
„Und wer ist das?"

Sie antwortete nicht, denn in diesem Augenblicke kehrte Sam zurück.

„Nun, haben Sie etwas erfahren?" fragte der Kosak. — „Ja. Er ist dort abgestiegen, aber er befindet sich nicht mehr hier in Platowa. Er nennt sich Peter Lomonow, Kaufmann aus Orenburg, und ist gekommen eines Jagdunternehmens wegen. Er hat eine Gesellschaft

Zobeljäger engagiert und ist bereits heute mit ihnen aufgebrochen." — "Wohin?" — "Der berühmte Zobeljäger Nummer Fünf ist der Anführer der Gesellschaft. Er ist kurz vor dem Aufbruche bei dem Wirte gewesen und hat diesem mitgeteilt, daß der Zug zunächst nach dem Mückenflusse gehe." — "Dorthin? Das ist mir ungeheuer lieb, denn dorthin führt auch mich mein Weg." — "Wirklich? Das wäre ja ein überaus günstiger Zufall. Der Derwisch kennt Sie natürlich?" — "Nein. Ich bin so viel älter geworden und habe mich so viel verändert, daß ich nicht glaube, daß er mich erkannt hat." — "Wenn das der Fall wäre, so könnten Sie sich und uns einen sehr großen Gefallen thun." — "Recht gern, natürlich. Welchen Gefallen meinen Sie?" — "Sie könnten jene Jagdgesellschaft unter irgend welchen Vorwänden verhindern, den Mückenfluß zu verlassen, damit Steinbach den Derwisch dort antrifft." — "Sie meinen, daß er hinkommen würde?" — "Unbedingt. Es muß ihm ja alles daran liegen, diesen gefährlichen Menschen zu ergreifen. Freilich, wenn nur eine Möglichkeit vorhanden wäre, daß der Derwisch weiß, wer Sie sind, so müßten Sie sich hüten, sich von ihm sehen zu lassen." — "Ich bin überzeugt, daß er nicht weiß, wer ich bin." — "Seien Sie trotzdem äußerst vorsichtig. Dieser Mensch hat sich ganz außerordentlich in der Gewalt. Er wird nur selten merken lassen, was er denkt!" — "Kommen Sie auch mit?" — "Auf alle Fälle. Ich würde gleich jetzt mit Ihnen reiten, aber ich habe die strengste Weisung von Steinbach, ihn hier zu erwarten." — "So wünsche ich, daß er bald hier eintreffen möge. Nur fragt es sich, ob er mich noch finden wird." — "Warum sollte er nicht?" — "Ich werde also am Mückenflusse sein. Das ist allerdings eine so allgemeine und unsichere Ortsbezeichnung, daß es fast unmöglich ist, mich auf dieselbe hin aufzusuchen."

Der Dicke stieß ein lustiges Lachen aus und antwortete:

"Mein lieber Freund, ich will Ihnen sagen, daß

Sie keine Ahnung von dem Spür= und Scharfsinne eines Präriejägers haben. Reiten Sie jetzt nach dem Mückenflusse und geben Sie sich Mühe, sich dort zu verstecken. Ich komme in einer Woche nach und werde Sie doch ganz sicher auffinden. Und Steinbach ist ein noch ganz anderer Kerl als ich. Uebrigens können Sie ja dazu beitragen, daß wir Ihre Spur leicht finden. Sie brauchen uns doch nur ein Zeichen zurückzulassen. Legen Sie heimlich, sodaß es von niemandem bemerkt wird, überall, wo Sie sich befinden und so oft es Ihnen paßt, zwei Steine übereinander und daneben einen dritten in derjenigen Richtung, in der Sie den Ritt fortsetzen. Haben Sie noch eine Frage, eine Erkundigung?" — „Nein." — „So brechen Sie auf. Mit allem, was wir heute gethan und gesprochen haben, ist die Nacht beinahe vergangen. Bald wird der Morgen grauen, und Sie müssen doch einen genügenden Vorsprung vor etwaigen Verfolgern haben." — „Die fürchte ich nicht. Der Fürst hat jedenfalls zwei der schnellsten Pferde für uns ausgesucht. Und meine Flucht wird wohl erst spät entdeckt werden. Ein einziger Umstand macht mir Bedenken. Ich bin nämlich ohne alle Waffen. Und deren bedarf ich doch auf alle Fälle."

Da sagte Karpala:

„Ich habe für alles gesorgt, denn ich wußte, daß du keine Waffen hattest und sie doch brauchen würdest. Dort am Sattel findest du eine gute Flinte, und in der Tasche steckt ein Messer und auch Munition. Mundvorrat für viele Tage liegt hinter dem Sattel quer über dem Pferde."

Sam verstand diese in russischer Sprache gesagten Worte. Er dachte sich, daß der Kosak vielleicht noch einen Augenblick mit dem schönen Mädchen allein zu sein wünsche, darum meinte er:

„So sind Sie ja mit allem Nötigen versehen, und wir können uns verabschieden. Also leben Sie wohl. Reiten Sie glücklich und seien Sie überzeugt, daß wir uns bald wiedersehen werden. Aber nehmen Sie sich vor diesem sogenannten Lomonow, dem angeblichen Kaufmanne aus Orenburg, in acht. Er ist nicht nur gewaltthätig, sondern auch schlau. Ihn zu täuschen, dazu gehört viel." — "Haben Sie keine Sorge! Ich fürchte ihn nicht!" — "Und noch eins, woran ich soeben denke. Machen Sie da ja keinen Fehler. Was sagen Sie, wenn er Sie fragt, was Sie bei ihm wollen?" — "Hm! Darüber muß ich vorher nachdenken." — "Nun, können Sie nicht zum Beispiel sagen, daß Sie mit anderen ausgeschickt worden seien, um den verborgenen Aufenthalt eines entflohenen Verbannten auszukundschaften?" — "Da haben Sie sehr recht. Das ist eine sehr gute Erklärung. Wenn ich das vorgebe, so ist ein jeder geradezu verpflichtet, mir alle mögliche Unterstützung angedeihen zu lassen." — "Freut mich, Sie bemerken also bereits jetzt, daß so ein alter Präriejäger kein übler Junge ist. Könnte ich bei Ihnen sein, so würde ich für Sie nicht das allermindeste befürchten. Nun jetzt ein Lebewohl!" — "Adieu, und auf baldiges Wiedersehen."

---

### 7. Kapitel.

Als Sam von dannen geschritten war, wandte sich der Kosak an Karpala:

"Wann werdet ihr nach dem Mückenflusse kommen?" — "Wir bleiben hier, bis der Markt zu Ende ist. Ich würde gern noch eher aufbrechen, aber das könnte auffallen. Man wird uns so schon im Verdacht haben, dir bei deiner Flucht behilflich gewesen zu sein." — "Hoffentlich bereitet man dir keine Unannehmlichkeiten. Ich würde das sehr beklagen." — "Ich fürchte mich nicht. Ich werde mir alle Mühe geben, die Verfolger irre zu leiten." — "So freue ich mich auf die Stunde, in der ich dich wiedersehen werde." — "Freust du dich wirklich auf dieselbe?" — „Du darfst nicht daran zweifeln." — „Aber dieses Wiedersehen wird ein sehr kurzes sein, denn sobald wir kommen, werden dich einige unserer Leute über die Grenze schaffen. Dann gehst du in deine Heimat und kehrst nie wieder."

Sie sagte das in traurigem Tone, sodaß er ihre Hand ergriff und sie fragte:

„Thut dir das Scheiden denn leid?" — „Ja, von ganzem Herzen. Du bist ja mein Retter. Den Ring, den ich dir gegeben habe, hat dir der Rittmeister abgenommen. Nun hast du nicht einmal ein Andenken an mich." — „Du ja auch keins an mich!" — „O doch. Ich werde immer an dich denken. Du hast mir das verlorene Leben zurückgegeben. Ist das nicht genug? Ist das nicht das wertvollste Andenken, was man sich zu geben vermag? Ich möchte dir gern einen anderen Ring geben, wenn ich wüßte, daß du ihn annehmen würdest." — „So sind zwei Ringe für dich verloren." — „Das ist mir gleich. Du weißt ja, daß wir reich sind. Darf ich?" — „Ja, aber unter einer Bedingung." — „Sage sie. Wenn ich kann, werde ich sie erfüllen." — „Laß dir den ersten Ring von dem Rittmeister zurückgeben." — „Das werde ich thun. Noch heute muß er ihn mir wiedergeben." — „Wird er es thun?" — „Er muß. Wenn ich es will, so setze ich es auch durch. Er soll einen Ring, den ich für dich bestimmt habe, nicht tragen dürfen. Und nun nimm diesen hier!"

Karpala zog einen Reif vom Finger und gab ihn dem Kosaken hin. Dieser steckte ihn an, zog ihre Hand an sein Herz und sagte:

„Karpala, es mag kommen, was da wolle, dieses Andenken werde ich so heilig halten wie kein zweites. Du sagst, daß du oft an mich denken wirst, und ich versichere, daß mein Sinnen gar nicht von dir lassen wird." — „So sagst du jetzt. Ich wohne auf der weiten, stillen einsamen Ebene, da stört mich nichts, an dich zu denken. Du aber gehst in ein Land, wo es ganz anders ist als hier. Da wirst du bald keine Zeit haben, dich an Karpala zu erinnern, und gar bald wird es geschehen sein, daß du mich vergessen hast." — "Nie, nie werde ich deiner vergessen." — "Wenn dein Heimatland doch nicht gar so weit von hier läge, sodaß man einmal hinreiten könnte!" — "Würdest du kommen?" — "Ganz gewiß. Wie lange müßte man reiten, um es zu erreichen?" — "Viele, viele Monate lang." — "Das ist traurig. So kann ich nicht zu dir, und du kannst nicht zu mir. Warum mußt du fort von hier?"

Sie sagte das in wirklich aufrichtiger Trauer. Es überwallte ihn heiß. Er antwortete:

"Was könnte es nützen, wenn ich länger hier bliebe?" — "Wir würden uns täglich sehen." — "Meinst du, daß uns das erfreuen könnte! Du wärest das Weib des Rittmeisters. So oft ich dich erblickte, würde mich der Grimm übermannen."

Sie entzog ihm ihre Hand, drückte dieselbe gegen ihr klopfendes Herz und sagte:

"Ich habe bis jetzt es für möglich gehalten, daß ich ihm angehören kann, in diesem Augenblicke aber fühle ich es, daß das ganz und gar unmöglich ist." — "Darf ich das glauben?" — "Ich sage es dir, und so ist es wahr. Ich werde lieber sterben, als daß ich ihm nur einen freundlichen Blick gebe."

Da beugte er sich zu ihr nieder und fragte:

"Warum merkst du es erst jetzt, in diesem Augenblicke?" — "Warum? Das weiß ich nicht. Ich fühle es deutlich, aber woher diese Erkenntnis kommt, das kann ich nicht sagen. Ich — ich möchte am liebsten —"

Karpala hielt inne. Es klang, als ob sie mit Thränen kämpfe.

"Was möchtest du? Sage es!" bat er in innigem Tone. — "Ich wollte sagen: Wenn der Vater nicht wäre und die Mutter nicht, so — so —" — "Nun? Weiter, bitte, bitte!" — "So möchte ich am allerliebsten mit dir fortgehen in deine Heimat."

M. E.

Sie sagte das langsam, traurig, er hörte es ihr an, daß es ihr Ernst mit diesen Worten sei.

„Mit mir gehen? Und dort bleiben?" — „Ja." — „Für immer? Nie wieder nach hier zurückkehren?" — „Nie wieder. Wo du wärest, da würde ich gern bleiben."

Da legte er seinen Arm um sie und zog sie leise, leise an sich.

„Wenn du wüßtest, wie glücklich du mich durch diese Worte machst!" flüsterte er. — „Freut es dich wirklich?" — „Unendlich. Es hat mich, so lange ich lebe, noch nichts so sehr gefreut wie das." — „So denke daran, wenn du daheim bist. Du wirst dir dann sagen können, wie traurig ich sein werde. Bleibe hier, so werde ich deine Frau." — „Ich bin ein Flüchtling." — „Ich fliehe mit dir an einen Ort, wo niemand dich findet." — „Du liebes, liebes Mädchen! Es treibt mich mit aller Gewalt, dir diesen Wunsch zu erfüllen. Welche Seligkeit wäre es, dich besitzen zu dürfen! Und doch ist es unmöglich." — „Warum?" — „Weil es ein Verbrechen an dir wäre, wenn ich dein ganzes, bisher so lichtes und ungetrübtes Dasein an das Leben eines Verfemten binden wollte, der sich vor niemandem sehen lassen darf. Mich würden bittere Vorwürfe peinigen, die ich dir verbergen müßte. Ich hätte dich um eine schöne Zukunft gebracht und die Sehnsucht nicht gestillt, welche die Meinigen nach mir empfinden." — „Hast du viele, die dich erwarten?" — „Eine Mutter und mehrere Brüder und Schwestern. Wir sind seit langen Jahren getrennt gewesen, und erst heute habe ich erfahren, daß die anderen nun vereinigt sind und heißes Verlangen nach mir empfinden." — „Dann darfst du sie nicht warten lassen, wenn diese Trennung auch eine so traurige für mich ist. Ich möchte nicht von meinen Eltern fort. Wie könnte ich da verlangen, daß du bei mir bleiben sollst!" — „Ja, wir müssen scheiden, auf ewig und auf immerdar. Aber nicht schon heute. Wir sehen uns erst noch wieder. Jetzt

M. E.

aber will ich aufsteigen. Mein Begleiter sitzt schon im Sattel. Damit will er mich mahnen." — „Ja, du mußt fort. Im Osten beginnt schon der Horizont sich zu lichten. Vertraue diesem Begleiter. Er ist ein Mann, auf den du dich verlassen kannst." — „Wie heißt er?" — „Gisa. Er gehört zu den Tapfersten und Klügsten unseres Stammes." — „So laß uns scheiden. Lebe wohl, meine liebe, liebe Karpala." — „Lebe wohl, mein lieber —"

Sie sagte das, indem sie ihr Köpfchen fest und innig an seine Brust drückte; nun aber blickte sie schnell zu ihm auf und fuhr fort:

„Wie soll ich dich nennen?" — „Du sollst mich so nennen, wie Vater und Mutter und Brüder und Schwestern mich genannt haben. Ich heiße Georg. Und jetzt leb' nochmals wohl, meine herrliche Karpala!"

Er zog sie an sich und küßte sie. Sie hielt ihm ihre frischen, vollen Lippen still entgegen und duldete es, daß er seinen Mund wieder und immer wieder auf sie legte. Dann aber ließ er sie plötzlich los, eilte zum Pferde und sprang in den Sattel.

„Auf Wiedersehen, mein Leben!"

Er wandte sein Pferd herum und jagte davon, dem vorausgerittenen Gisa nach.

„Auf Wiedersehen, mein Georgi, mein — lieber — lieber — Georgi!"

Karpala rief es laut und breitete dabei die Arme aus. Dann ließ sie dieselben sinken und blickte ihm nach, so lange es die beginnende Morgendämmerung gestattete.

Erst als der Kosak ihren Blicken entschwunden war, ritt Karpala davon und trieb, nachdem sie das Lager hinter sich hatte, ihr Tier zur größten Schnelligkeit an. Sie war eine echte Jakutin. Der inneren Erregung mußte durch etwas Aeußerliches das Gleichgewicht gehalten werden, und dazu war ein kühner Ritt am allertauglichsten.

Die ersten Strahlen der Sonne umfluteten den östlichen Horizont und kamen in glühenden Garben über die weite Ebene herbeigeschossen. Als sie die Reiterin mit klarem, warmen Golde umwebten, breitete diese die Arme aus und rief jubelnd:

„Georgi, mein Georgi — Georgi!"

Drüben, vom Süden her, näherten sich einige kleine Punkte. Karpala bemerkte dieselben und lenkte nach dieser Richtung hin. Je näher sie ihnen kam, desto deutlicher sah sie, daß es vier Wagen waren, die in

scharfem Trabe auf Platowa zuhielten. Die beiden vorderen waren Troikas, mit drei Pferden bespannt, deren mittelstes, zugleich das größte und kräftigste, einen Bogen über dem Kopfe trug, an dem ein Glöckchen hing. Die beiden anderen Wagen waren leichte Kibitken, nur mit zwei Pferden bespannt.

In der vorderen Troika saß ein Herr, in der zweiten eine verschleierte Dame. Die beiden Kibitken waren mit

M. E.

Gepäck gefüllt, das von einem Diener und einer Dienerin bewacht wurde.

Die Wagen flogen ganz eng hintereinander her. In ihrer rosiger Stimmung war Karpala zu einem Scherze geneigt, wie er eben nur einer Jakutin oder Tungusin in den Sinn kommen kann. Sie trieb ihr Pferd zu noch größerer Eile an, ritt rechtwinklig auf die Wagen zu und schoß in Carriere zwischen dem ersten und zweiten hindurch, obgleich der Zwischenraum zwischen der vorderen Troika und den Pferden des zweiten Wagens kaum einen Meter betrug.

Ein lauter Angstschrei erscholl aus dem Munde der Dame. Karpala hatte ihn gehört. Schnell riß sie ihr Pferd auf den Häcksen herum und dirigierte es zu der erschrockenen Reisenden, die ihre Troika hatte anhalten lassen.

„Bist du über mich erschrocken, mein Schwesterchen?" fragte sie, im ganzen Gesichte lachend und dabei ihre köstlichen Zähne zeigend. — „Sehr," ertönte die Antwort von einer sonoren Stimme. — „Verzeihe mir! Ich thue es nicht wieder." — „Das möchte ich dir raten. Du kannst doch einmal zu Falle kommen!" — „O nein; das ist ja ganz unmöglich! Wie sollte das geschehen?" — „Wenn du nun am Wagen oder an meinen Pferden hängen geblieben wärest!" — „Auch das war unmöglich. Ich sah doch, daß ich durchkommen konnte, sonst wäre ich über deine Pferde hinweggeritten." — „Hilf Himmel, bist du toll?" — „O nein! Wir reiten hier gern so!" — „Ich reite auch, aber so etwas würde ich doch niemals wagen." — „So bist du keine Tungusin?" — „Nein." — „Wo bist du her?" — „Ich komme aus weiter Ferne, aus Indien." — „Und wohin willst du?" — „Nach Irkutsk wollen wir. Vorher aber werden wir einen Tag in Platowa rasten." — „Hast du da Bekannte?" — „Nein." — „So bitte ich dich, bei uns abzusteigen. Du wirst uns sehr willkommen sein. Mein Vater ist Bula, der Fürst der Tungusen." — „Ich danke

M. E.

Karpala schoß in Carriere zwischen dem ersten und zweiten
Wagen hindurch. (Seite 104.)

M. E.

dir. Es ist bereits beschlossen, daß wir bei dem Kreishauptmanne bleiben." — „Schade, sehr schade! Aber wenn ihr bei diesem bleibt, so seid ihr wohl sehr vornehme Leute?" — „Der dort ist ein Graf."

Die Dame deutete dabei nach der vorderen Troika, die nicht angehalten, sondern ihren Weg fortgesetzt hatte. Dann befahl sie dem Kutscher, weiterzufahren. Als der Wagen wieder in den früheren scharfen Trab gekommen war, blieb Karpala an der Seite desselben, als ob sich das ganz von selbst verstehe.

Die im Wagen Sitzende schlug den Schleier zurück. Karpala machte eine ganz unwillkürliche Bewegung des Erstaunens. Ein Paar solcher Augen, wie ihr jetzt in diesem Moment entgegenstrahlten, so mild und doch so mächtig, hatte sie in ihrem ganzen Leben noch nicht gesehen.

„Wie schön bist du! Wie wunderbar schön!" entfuhr es ihr. — „Nun, du bist wohl nicht minder schön als ich. Das kannst du mir glauben. Wie glücklich wird derjenige sein, dem du dein Herz schenkst!" — „O, er hat es bereits!" antwortete die Tungusin, indem sie über das ganze Gesicht lachte. „Liebt er dich sehr?" — „Unendlich!" — „Das gönne ich dir. Bitte, wie ist dein Name?" — „Karpala." — „Das heißt die wie Schnee Glänzende. Du trägst ihn mit vollem Rechte. Du gleichst dem Schnee, auf dem das Morgenlicht seinen leisen, zarten Purpur wirft. Es ist oft wunderbar, wie genau der Name zur Person paßt." — „Wie ist der deinige?" — „Gökala." — „Das heißt die Himmelblaue. Auch du trägst ihn mit vollem Rechte. Ob es wohl noch ein zweites Paar so herrlich blauer Augen giebt, wie die deinigen sind? Ich glaube es nicht." — „Wie es scheint, finden wir Wohlgefallen aneinander," lächelte die Dame. — „Ja, ich habe dich bereits sehr lieb. Wenn du mich auch ein wenig leiden könntest, so hätte ich große Freude. Dann könntest du mich in unserem Lager besuchen, das vor der Stadt liegt." — „Oder du könntest auch zu mir kommen." — „Nein,

M. E.

das ist unmöglich." — "Warum?" — "Weil du beim Kreishauptmanne wohnen wirst. Zu diesem komme ich nicht." — "Warum nicht? Bist du ihm feindlich gesinnt? Hat er dich etwa beleidigt?" — "Ja, ganz entsetzlich! Denke dir, er will mich zwingen, seinen Sohn zu heiraten!" — "Und du magst ihn nicht?" — "Nein." — "So nehme ich es dir gar nicht übel, daß du ihn nicht lieben kannst und daß du dein Herz weiter verschenkt hast." — "Nicht wahr? Wir beide passen sehr gut zusammen. Schade, daß du nur einen Tag hier bleiben willst. Du solltest länger verweilen. Dann könnte ich dir vielleicht einmal meinen Georgi zeigen." — "Er ist wohl gerade das Gegenteil von dem Rittmeister?" — "Ganz und gar." — "Ist er hochgestellt und reich?" — "Beileibe nicht! Er ist ein — Verbannter."

Karpala sagte dieses letzte Wort mit gesenkter Stimme und nickte Gökala traurig zu.

"Ein Verbannter?" fragte diese. "Armes, armes Kind! Ist er denn wenigstens in einer guten Situation?" — "Gar nicht. Er ist auf der Flucht." — "So bist du ihm zur Flucht behilflich gewesen?" — "Ja, und ich werde ihn über die chinesische Grenze bringen." — "Um Gotteswillen, sage das keinem anderen! So aufrichtig darf man mit keiner unbekannten Person sein. Wie nun, wenn ich dir schaden wollte?" — "Du mir? Das kannst du ja gar nicht!" — "Meinst du? Du könntest dich da doch sehr leicht getäuscht haben." — "Gewiß nicht! In deinen Augen und deinen Zügen ist nicht eine Spur von Unwahrheit oder Hartherzigkeit zu lesen."

"Gut, ich danke dir! Aber wie nun, wenn ich die Frau eines Beamten wäre?" — "Um Gotteswillen! Das bist du doch nicht etwa?" — "Glücklicherweise nein. Hast du schon anderen davon erzählt?" — "Kein Wort." — "So schweig' auch fernerhin darüber. Du kannst sonst nicht nur dich und deine Familie, sondern deinen ganzen Stamm in Schaden bringen. Dein Schicksal interessiert

M. E.

mich sehr. Wir werden heute noch mehr miteinander sprechen. Eine unglückliche Liebe ist das Schlimmste und Schwerste, was dem Menschenherzen auferlegt werden kann."

Gökala zeigte während dieser Worte ein sehr ernsthaftes Gesicht. Karpala warf einen forschenden Blick auf sie und fragte:

„Hast du das selbst auch erfahren?" — „Zur Genüge, mein liebes Kind." — „Und bist die Frau eines Grafen! So bist du wohl unglücklich verheiratet?" — — „Nein. Ich bin nicht seine Frau. Ich reise nur unter seinem Schutze. Ich habe niemand auf der weiten Welt, der sich in Liebe meiner annehmen darf. Und diejenigen, mit denen zu verkehren ich gezwungen bin, sind meine ärgsten Feinde." — „So bist du ebenso unglücklich wie ich. Laß diesen Grafen allein weiterreisen und bleibe bei mir Wenn du das wolltest, so solltest du es sehr gut haben, und wir könnten den ganzen Tag von meinem Georgi reden. Das wäre doch schön! Nicht?" — „Ja," antwortete Gökala, indem sie ein Lächeln unterdrückte.

Sie waren unterdessen in die Nähe der Stadt gekommen, und der Graf hatte seinen Wagen langsamer fahren lassen, damit die drei anderen ihn einholen möchten.

„Soll ich euch führen?" fragte Karpala ihre neue Freundin. — „Ich danke dir! Der Graf wird die Wohnung des Kreishauptmannes schon selbst finden. Uebrigens gehst du doch nicht gern hin." — „Ja, freilich. Wie aber kommen wir da zusammen?" — „Ich komme zu euch oder sende dir, wenn ich verhindert sein sollte, einen Boten." — „Das ist mir lieb, sehr lieb. So laß uns nun scheiden. Ich freue mich außerordentlich, dich kennen gelernt zu haben, meine liebe, prächtige Gökala!" — „Und ich verschweige dir nicht, daß ich dich in den wenigen Minuten bereits recht lieb gewonnen habe, Karpala. Lebe wohl, wir sehen uns also wieder!"

Die Tungusin ritt nach rechts hinüber, wandte sich

aber einige Male um, um grüßend mit der Hand zu winken. Gökala dankte auf dieselbe Weise. Der Graf, der das bemerkte, machte ein sehr finsteres Gesicht dazu.

Er fragte keinen Menschen nach der Wohnung des Ortsoberhauptes, denn er war bereits früher in Platowa gewesen.

## 8. Kapitel.

Als der Graf vor dem Eingange der Wohnung des Kreishauptmannes halten ließ, kam ein Untergebener herbei.

„Wohnt der Kreishauptmann hier?" fragte er diesen in hochmütigem Tone. — „Wie du befiehlst, Väterchen." — „Ist er zu sprechen?" — „Er wird wohl noch schlafen." — „Wecke ihn und führe uns einstweilen nach der Expedition." — „Das darf ich nicht." — „Warum nicht?" — „Es ist mir verboten. Du mußt warten, bis er aufgestanden ist. Du wirst doch wohl im Gasthause wohnen. Fahre hin. Ich werde dich benachrichtigen, wenn er ausgeschlafen hat." — „So! Hat er Familie?" — „Ja. Eine Frau, unser Mütterchen, und einen Sohn, unseren Rittmeister." — „So ist der Rittmeister wenigstens zu sprechen, wie ich vermute?" — „Nein. Auch dieser schläft." — „Donnerwetter! So schläft ja die ganze Familie! Die Frau wohl auch?" — „Nein. Das Mütterchen ist wach. Ich habe ihr vorhin den Thee vorsetzen müssen." — „So laufe zu ihr und melde uns!" — „Das darf ich nicht." — „So! Nun werde auch ich dir bald mitteilen, was du darfst und was nicht. Wenn du nicht augenblicklich gehorchst, lasse ich dich peitschen! Sage diesem guten Mütterchen, der Graf Alexei Polikeff wünsche sich ihr vorzustellen und habe keine Zeit, lange auf Bescheid zu warten!"

Jetzt rannte der Diener davon. Der Graf reichte Gökala seinen Arm und führte sie in das Gebäude.

M. E.

Ein kurzer Blick über den Flur belehrte den Grafen, wo die Wohngemächer zu suchen seien. Sein Scharfsinn führte ihn ganz richtig, und eben, als er an der betreffenden Thür angekommen war, trat der Diener heraus und wandte sich sogleich wieder rückwärts, um ihn anzumelden.

Als die beiden eintraten, stand die Frau Kreishauptmann in der Mitte des Zimmers und empfing sie mit einer tiefen Verneigung. Dann aber, als sie das Gesicht wieder erhob, war es nicht etwa ein freudiger Blick, den sie auf die Ankömmlinge warf. Gökala machte eine sehr frostige Verneigung. Der Graf aber grüßte gar nicht, sondern fixierte die Frau mit einem scharfen, stechenden Blicke, und dann glitt ein Lächeln über sein Gesicht, dessen Bedeutung sehr schwer zu enträtseln war.

„Sie sind die Frau des Kreishauptmannes?" fragte er hochmütig. — „Zu Ihrem Befehl," antwortete sie, ihrerseits nun auch stolz. — „Ihr Name?" — „Rapnin." — „Jedenfalls früher in Irkutsk?" — „Allerdings." — „Wo ist Ihr Mann?" — „Er pflegt noch der Ruhe." — „Und Ihr Sohn?" — „Ebenso." — „Die Herren schlafen wohl immer so lange?" — „Sie schlafen, wenn es ihnen beliebt!" antwortete die Frau pikiert. — „Habe auch nichts dagegen. Ich wollte mir nur für heute Ihre Gastfreundschaft erbitten und morgen früh weiterfahren, habe mich indessen anders entschlossen und gedenke längere Zeit bei Ihnen zu wohnen."

Die Frau machte ein Gesicht, in dem der Ausdruck des Erstaunens sich mit demjenigen des Aergers stritt. Sie antwortete:

„Ich meine, daß dazu das Gasthaus vorhanden sei. Sind Sie in Ihrem Passe ermächtigt, Ihr Logis in den Regierungshäusern aufzuschlagen?" — „Nein, sondern ich thue das nur infolge einer langjährigen Gewohnheit." — „Auch wir haben unsere Gewohnheiten und Bequemlichkeiten, die einem Fremden zu opfern, wir nicht verpflichtet sind." — „Das ist unhöflich, Madame!" —

M. E.

„Ihr Auftreten und Ihre Ansprüche sind nicht nur un= höflich, sondern mehr als das! Sie sind geradezu un= verschämt." — „Das nehme ich Ihnen weiter nicht übel. Die Ansichten einer Frau Rapnin sind für mich nicht maßgebend." — „Ich nenne Sie Graf und bitte mir dafür meinen Titel auch aus. Uebrigens haben Sie sich noch nicht einmal als Graf legitimiert." — „Und Sie sich ebenso wenig als Frau Rapnin!" „Bei mir be= darf es keiner Legitimation. Wir wohnen hier. Sie aber sind fremd. Es ist leicht, sich für einen Grafen auszugeben und dabei die Ansprüche eines Kaisers zu machen." — „Vielleicht ist es ebenso leicht, sich für eine Frau Rapnin auszugeben und doch eigentlich — eine Frau Saltikoff zu sein."

Diese Worte waren mit einer geradezu beißenden Schärfe gesprochen, und die Wirkung, die der Graf augenscheinlich beabsichtigt hatte, trat augenblicklich ein. Die Frau fuhr zurück, maß den Grafen mit dem Blicke einer Schlange und fragte:

„Wie meinen Sie das? Ich verstehe Sie nicht." — „Ich meine, daß es sich baldigst als sehr notwendig erweisen könnte, daß Sie sich wieder Frau Saltikoff nennen."

Jetzt zog eine tiefe, leichenhafte Blässe über ihr Ge= sicht. Ihre Nase wurde zusehends spitz.

„Ich verstehe Sie noch immer nicht," stammelte sie. — „Desto besser wird mich der jetzige Herr Kreishaupt= mann verstehen. Ich bitte dringend, ihn zu wecken. Sie können jetzt wenigstens ahnen, daß ich Sie nicht nur zum Scherze besuche."

Die Frau knickte förmlich zusammen; doch raffte sie sich wieder auf, verbeugte sich und erwiderte:

„So nehmen Sie Platz! Mein Mann wird sogleich die Ehre haben, zu erscheinen."

Dann verließ sie das Zimmer.

Der Graf strich sich mit höhnischem Vergnügen den Schnurrbart.

M. E.

„Wie gefiel dir die Alte, Gökala?" fragte er seine Begleiterin.

Diese antwortete nicht.

„Willst du etwa auch Komödie mit mir spielen wie sie? Du würdest ganz denselben Mißerfolg haben. Also, wie gefiel sie dir?" — „Immer noch besser als Sie!" — „Sehr hübsch ausgedrückt!" lachte er. „In kurzer Zeit werde ich dir aber ausnehmend gut gefallen." — „Schande über Sie, Schande! Wer sich fremden Leuten in solcher Weise aufdrängen kann, ist nicht wert, daß man nur ein Wort mit ihm spricht!" — „So schweig'! Ganz nach Belieben." — „Und hier soll ich mit Ihnen wohnen! Als wen wollen Sie mich denn vorstellen?" — „Ich werde sehr rücksichtsvoll sein und dich meine Cousine nennen." — „Da muß ich doch bestens danken. Wenn einmal gelogen sein soll, so geben Sie mich wenigstens für Ihre Nichte aus." — „Gut, ich bin rücksichtsvoll wie immer. Du bist also meine Nichte, und ich junger Mensch bequeme mich, als dein Oheim zu gelten. Aber ich hoffe, daß du das dankbar anerkennst."

Gökala antwortete nicht, sondern trat an das Fenster und kehrte dem Grafen den Rücken zu. Dieser zog das Etui aus der Tasche und brannte sich ungeniert eine Cigarre an, ganz so, als ob er sich in seiner eigenen Behausung befände.

Wohl über zehn Minuten vergingen. Dann wurden laute Stimmen und hin= und hereilende Schritte hörbar. Endlich wurde die Thür aufgerissen, und die Frau trat herein. Sie hatte ein sehr echauffiertes, ja sogar erschrockenes Aussehen.

„Verzeihung!" sagte sie. „Soeben bemerken wir, daß weder mein Mann noch mein Sohn ihre Betten berührt haben. Sie sind nicht zu sehen und nicht zu finden." — „Eigentümlich!" entgegnete der Graf lächelnd. „Wollen Sie mir erlauben, einmal die Schlafzimmer zu betreten? Ich spreche diesen Wunsch in Ihrem eigenen Interesse aus."

M. E.

Diese Worte sagte der Graf in einem höflicheren Tone als vorher. Dennoch gab die Frau des Kreishauptmannes nicht sogleich die gewünschte Antwort. Darum fuhr er fort:

„Ich müßte sonst wirklich denken, daß hier eine Absicht vorliegt, mich zu täuschen."

Das nahm sie als eine Beleidigung auf und erwiderte:

„Ich bin natürlich bereit, mich einer jeden berechtigten, das heißt obrigkeitlichen Haussuchung zu unterwerfen. Sie aber sind mir leider vollständig fremd."

Der Graf machte eine ironische Verbeugung und erwiderte:

„Ganz wie Sie wollen. Ich kann mich natürlich nicht ohne Ihre gütige Erlaubnis in Ihre Gemächer drängen, bin also auch nicht im stande, den für Sie unangenehmen Ereignissen, vor denen wir stehen, eine friedliche Lösung zu geben. Sie stellen sich auf den Kriegsfuß zu mir; gut, so mag der Kampf beginnen. Der Sieg wird mir gehören, und Sie werden ihn mit der Absetzung des Herrn Hauptmannes bezahlen." — „Was sagen Sie?" fragte da die Frau erschreckt. „Mein Mann abgesetzt?" — „Ja, wenn nämlich Ihr Mann früher Saltikoff hieß und sich jetzt Rapnin nennt." — „Das ist allerdings der Fall." — „So habe ich mich also an die richtige Adresse gewandt. Dennoch bin ich galant genug, Ihnen meine Gegenwart nicht aufzuzwingen. Ich verzichte auf Ihre Gastfreundschaft und ziehe mich zurück. Im Gasthofe werde ich bereitwilligere Aufnahme finden als hier, und Sie werden dann auch keine Berechtigung besitzen, irgend eine Bereitwilligkeit von mir zu erwarten, der ich der einzige bin, der Ihren Mann retten kann!" — „Dann bitte ich Sie dringend, sich ja nicht nach dem Gasthofe zu begeben. Unser ganzes Haus steht Ihnen zur Verfügung, und Sie werden sehen, daß Sie uns höchst willkommen sind. Bemühen Sie sich mit mir nach den Gemächern, die ich Ihnen anweisen werde. Freilich befinden wir uns hier in Sibirien, und ich kann Ihnen also nicht den Komfort bieten, den Sie sicherlich gewöhnt sind."

Sie wollte aus der Thür schreiten, da wurde an dieselbe geklopft, und ein Leutnant trat so eilig ein, daß er den Gruß vergaß, und erkundigte sich:

„Der Herr Rittmeister?" — „Ist nicht hier," antwortete die Kreishauptmännin. — „Oder der Kreishaupt-

M. E.

mann?" — „Auch nicht anwesend." — „Alle Teufel! Da befinde ich mich in einer schauderhaften Verlegenheit. Draußen am Gefängnisse stehen zwei Posten, die ich nicht ablösen kann, ohne den Herrn Kreishauptmann und den Herrn Rittmeister um die Erlaubnis dazu gebeten zu haben. Die beiden Herren haben nämlich den Posten den strengen Befehl erteilt, nicht von der Stelle zu gehen, bis sie wiederkommen." — „Gott sei Dank! Das giebt eine Spur!" rief die Frau erleichtert. „Wann ist es denn gewesen, daß mein Mann und Sohn mit den Posten gesprochen haben?" — „Das weiß der Teufel! Ich habe die Kerle ausfragen wollen, aber keine Antwort erhalten. Haben Sie keine Ahnung, wohin sie sich begeben haben können?" — „Nicht die mindeste." — „So muß man suchen." — „Ich bitte sehr, dies sofort zu thun und mich über das Resultat schnell zu benachrichtigen."

Der Offizier entfernte sich, und die Frau führte den Grafen und Gölala nach den für sie bestimmten Gast= zimmern.

---

### 9. Kapitel.

Als der Leutnant unten aus dem Hause trat, waren drei Männer gerade im Begriffe, zur Thür herein zu kommen. Er machte ein finsteres Gesicht, denn es waren Sam, Jim und Tim. Er war ja gestern auch auf dem Tanzsaale gewesen und hatte also alles gesehen und ge= hört, was dort geschehen war.

„Was wollen Sie?" fuhr er die Eintretenden an.

Der dicke Sam blickte ihm lächelnd ins Gesicht und fragte nun seinerseits:

„Wohnen Sie in diesem Hause?" — „Nein. Ant= worten Sie!" — „Ich pflege nur solchen Leuten zu antworten, die eine Berechtigung zu der Frage haben oder wenigstens mich höflich fragen." — „Ich habe die

Berechtigung." — „Das bezweifle ich. Sie wohnen nicht hier, und so kann es Ihnen sehr gleichgültig sein, was wir hier wollen." — „Ich bin Offizier!" — „Ich auch." — „Dies ist das Regierungsgebäude!" — „Das weiß ich." — „Und ich bin Regierungsbeamter. Also habe ich zu fragen." — „So fragen Sie meinetwegen so viel Sie wollen! Thun Sie sich diese Güte; eine Antwort aber werden Sie nicht erhalten." — „Wissen Sie, daß ich sie mir erzwingen kann?" — „Hm! Sind hier die Offiziere zugleich Polizisten und Nacht- und Tagewächter?" — „Das geht Sie nichts an! Also ich verlange Antwort!"

Da machte Sam auch ein ernstes Gesicht und fuhr den Leutnant an:

„Mensch, denkst du vielleicht, wir seien gekommen, uns von einem Kosaken schulmeistern zu lassen? Das bilde dir ja nicht ein! Wenn du noch ein einziges unhöfliches Wort sagst, so schreibe ich meinem Freunde, dem Gouverneur von Ostsibirien. Der wird dann dafür sorgen, daß du höflicher wirst!"

Das war die richtige Art und Weise, sich in Respekt zu setzen, denn der sibirische Kosak will angeschnauzt sein.

„Verzeihung, Väterchen!" bat jetzt der Leutnant. „Ich habe nicht gewußt, daß der mächtige Gouverneur Ihr Freund ist." — „Sie sollen auch ohnedies höflich sein. Wir wollen zum Kreishauptmann." — „Den können Sie nicht antreffen, denn er ist verschwunden, und wir müssen ihn erst suchen." — „So gehen wir zu seinem Sohne, dem Rittmeister." — „Der ist bei seinem Vater." — „Also auch er ist verschwunden?" — „Ja." — „Wohin denn?" — „Das weiß kein Mensch." — „Hm! Vielleicht weiß ich, warum der Rittmeister verschwunden ist. Ein Fremder hat oft ein schärferes Auge als ein Einheimischer. Was sind denn das für zwei Kerle, die da drüben so steif stehen, als ob sie Spazierstöcke verschlungen hätten?" — „Das sind die Wachtposten vor dem Gefängnisse." — „Seit wann stehen sie

da?" — „Seit gestern abend." — „Wer hat sie hin=
gestellt?" — „Der Rittmeister selbst." — „Nun, so
wissen sie vielleicht, wohin er sich begeben hat. Sie
können ja ganz gut bis hierher sehen. Vielleicht haben
sie ihn bemerkt, als er das Regierungsgebäude verließ."
— „Ich habe sie bereits verhört. Sie wissen es nicht."
— „Wahrscheinlich haben Sie nicht richtig gefragt. Ich
war einst ein hochgestellter Gerichtsbeamter und habe ge=
lernt, die Fragen so zu stellen, daß die Antworten, die
ich haben will, unbedingt erfolgen müssen." — „So
wollen wir hingehen."

Der Respekt des Leutnants vor dem kleinen Dicken
war plötzlich außerordentlich gewachsen. Ein Freund des
Gouverneurs, und dazu ehemaliger hoher Gerichtsbeamter!
Das war sehr viel für das kleine sibirische Städtchen!
Er ließ also Sam, Tim und Jim vorausschreiten und
ging höflich hinter ihnen her. Als sie bei den Posten
ankamen, fragte Sam:

„Meine lieben Söhnchen, wißt ihr, wo der Herr
Rittmeister steckt?" — „Nein," antwortete der eine. —
„Das ist schlimm, denn wenn ihr es nicht sagen könnt,
werdet ihr die Knute bekommen. Ich rate euch also,
eure Köpfchen anzustrengen. Wer hat euch denn hierher=
gestellt?" — „Unser Väterchen, der Rittmeister." —
„Dann ging er fort?" — „Ja." — „Ist er wieder=
gekommen und brachte er jemanden mit?" — „Ja, unser
Väterchen, den Kreishauptmann." — „Was wollten sie
da?" — „Wir wissen es nicht." — „Sie müssen doch
irgend etwas gesagt haben, was ihr euch habt merken
können! Uebrigens, zeig' doch einmal her! Deine Jacke
hat eine Menge Striemen und Schwielen. Du hast also
Prügel erhalten. Von wem denn wohl?" — „Von dem
Väterchen, dem Rittmeister." — „Wann?" — „Gestern
abend." — „Also als er mit seinem Vater hier war?"
— „Ja." — „Gut! Warum haben sie denn die Knute
reden lassen?" — „Des Frosches wegen." — „Welchen
Frosches?" — „Des dicken." — „Kinderchen, so kommen

M. E.

— 118 —

wir nicht weiter. Ich muß euch ein jedes Wort abkaufen, und das erfordert doch gar zu viel Zeit und Geduld. Ich werde die Sache einmal anders anfangen."

Sam nahm nun die Peitsche, die er hier in Sibirien

bei sich trug, aus dem Gürtel, hob sie drohend empor und fragte:

„Was wollte der Frosch?" — „Er wollte uns den Schatz zeigen." — „Schön! Seht ihr, die Peitsche macht

M. E.

euch gesprächiger. Also einen Schatz hat er euch zeigen wollen. Der hat wohl hier an dieser Stelle gelegen, und als ihr ihn ausgraben wolltet, kamen wohl gar die beiden Väterchen dazu?" — „Ja, so ist es. Dann befahl uns das junge Väterchen, diesen Ort nicht eher zu verlassen, als bis er zurückgekehrt sei und es uns erlaubt habe. Deshalb stehen wir noch hier." — „Alle Teufel! Ihr müßt doch die Richtung kennen, nach der die beiden Väterchen gegangen sind. Habt ihr ihnen denn nicht nachgeblickt?" — „Nein. Wir mußten ja gerade so stehen bleiben, wie wir standen."

Da konnte Sam sich nicht mehr halten. Er brach in ein wieherndes Gelächter aus. Die dummen Gesichter dieser beiden Kerle, das nicht viel intelligentere des Leutnants, die ganze Situation, das war doch viel zu lächerlich, als daß man dabei hätte ernst bleiben können! Das waren echt russische Soldaten, reine Maschinen, die nicht denken können und gerade da stehen bleiben, wohin sie gestellt worden sind, und sich hier niederschießen lassen, ohne zu mucksen. Diese beiden Kerle hatten mit dem Rücken nach dem Gefängnisse gerichtet gestanden, als der Rittmeister mit seinem Vater von ihnen gegangen war, und weil sie den Befehl erhalten hatten, hier stehen zu bleiben, so hatten sie die ganze Nacht wie angenagelt ausgehalten, ohne sich zu bewegen, hatten sich nicht ein einziges Mal umgedreht und also gar nicht bemerkt, daß ihre Vorgesetzten zur Leiter emporgestiegen waren!

Jetzt sahen sie den Dicken in starrer Verwunderung an, denn sie konnten sich sein Lachen gar nicht erklären. Es war doch gar nichts Lustiges hier geschehen oder geredet worden. Ueber diese Gesichter aber mußte er wieder und wieder lachen, sodaß es eine ziemliche Weile dauerte, ehe er seine nächste Frage aussprechen konnte.

Uebrigens war der Platz nicht mehr leer. Es hatten sich viele Leute, zumeist Kosaken, eingefunden, die, neugierig, was hier verhandelt werde, einen Kreis um die kleine Gruppe bildeten.

M. E.

„Ihr wißt also nicht, wohin die Väterchen gegangen sind," fuhr Sam fort. „Aber vielleicht werdet ihr es uns doch sagen können, ohne daß ihr wollt. Spazieren sind sie nicht gegangen, so viel ist gewiß. Sie müssen also einen bestimmten Zweck verfolgt haben. Wer aber einen Zweck hat, der hat auch die Mittel. Hatten sie denn irgend etwas bei sich?" — „Ja, die Knuten." — „Weiter nichts?" — „Die Laterne." — „Ah, schön! Das ist von großer Wichtigkeit. Wer eine Laterne hat, der geht damit nicht über Land, sondern will sich in der Nähe umsehen, sicherlich in einem Gebäude. Welches Gebäude liegt hier in der Nähe?"

Diese Frage war an den Leutnant gerichtet. Dieser antwortete:

„Das Gefängnis." — „Sie haben also in das Gefängnis gewollt. Ist jemand drinnen?" — „Kosak Nummer Zehn." — „So haben sie zu ihm gewollt. Sie sind inspizieren gegangen, aber nicht zurückgekehrt. Also sind sie noch bei dem Gefangenen. Wer weiß, was geschehen ist! Wenn sie sich in Not und Gefahr befinden, und es kommt niemand zu ihrer Rettung, so können Sie, Herr Leutnant, sehr leicht eine Strafe erhalten. Wenn der Rittmeister abwesend ist, müssen Sie das Kommando übernehmen."

Dies leuchtete dem Leutnant ein. Aber er bequemte sich nur zögernd und widerwillig, einen Schritt zu thun.

„Allein gehe ich nicht hin," erklärte er. „Wollen Sie nicht lieber mit? Sie sind doch der Freund des Gouverneurs!" — „Ja, ich werde mitgehen, und meine beiden Kameraden auch."

Die Männer setzten sich nun in Bewegung, und die Menge der Zuschauer eilte hinter ihnen her. An dem Feuerwerksgebäude hielten sie an. Hier überlegte der Offizier es sich noch einmal, ob er es wagen dürfe, selbständig zu handeln, und erst als Sam ihm zuredete, stieg er langsam die Leiter empor.

Die Zuschauer standen in lautloser Erwartung von

M. E.

fern. Einmal interessierten sie sich alle außerordentlich für den Kosaken Nummer Zehn, den die fürstliche Prinzessin gestern so ausgezeichnet hatte, und der so mutig gegen den Rittmeister gewesen war. Und nun kam dazu das geheimnisvolle Verschwinden der beiden bedeutendsten Männer der Stadt. Man stand jetzt vor der Aufklärung dieses Geheimnisses und war begierig, Zeuge derselben zu sein.

Der Leutnant zog, als er die sechs oder sieben Sprossen hinaufgestiegen war, den Vorstecker heraus, öffnete höchst vorsichtig und langsam die Thür und blickte hinein. Dann aber schrie er auf:

„Alle Heiligen!" — „Was giebt's?" fragte Sam.

Anstatt der Antwort sprang der Offizier mit einem einzigen Satze von oben herunter. Sein Gesicht war kreideweiß geworden, und er zitterte am ganzen Körper.

„Nun, was ist denn los?"

Der Leutnant stammelte etwas Unverständliches, als ob der Schreck ihm die Sprache geraubt habe.

„Deutlicher, deutlicher!" rief Sam. — „De— de— der Teu—teu—teufel!" brüllte jetzt der Gefragte.

Sam that, als ob er ein solches Ereignis gar nicht für unmöglich halte.

„Ist's wahr?" fragte er. — „Ja, ja, ja! Da, da, da oben!"

Dabei deutete der tapfere Offizier mit zitternder Hand hinauf nach der offenstehenden Thür. Sofort drängte sich die Menge näher, um alles deutlich zu hören.

„Irren Sie sich nicht?" fragte der Dicke. — „Nein, nein! Ich sah es ganz deutlich. Es ist der Teufel, das Väterchen, mit dem Mütterchen, seiner Großmutter!" — „O Himmel! Es sind zwei!" — „Ja, er und sie." — „Der Teufel, das Väterchen, und das Mütterchen, seine Großmutter!" ertönte es im Halbkreise der neugierigen Zuschauer, und sofort zogen sie sich weit zurück.

„Fast möchte ich es nicht glauben," meinte Sam und kletterte empor. Der Anblick, der sich ihm bot, war allerdings ein derartiger, daß auch ein anderer, als ein ungebildeter und abergläubischer Kosak, sich über denselben hätte entsetzen können. Zu seiner Beruhigung bemerkte Sam jedoch, daß die beiden Gefangenen sich bewegten. Sie machten krampfhafte Anstrengungen, von den Stricken loszukommen, hatten also an Leib und Leben keinen Schaden genommen.

Der Dicke that natürlich auch, als ob er außerordentlich erschrocken sei, stieß einen lauten Schrei aus und sprang von der Leiter herab.

Auch Tim und Jim stiegen nacheinander hinauf und kamen mit allen Anzeichen eines heftigen Schreckes wieder herunter.

„Ihre Freunde sind ebenso mutig wie Sie und ich," meinte jetzt mit einer gewissen Befriedigung der Kosak. „Was sagen sie dazu?" — „Sie sind ebenfalls der Ansicht, daß es der Teufel mit seiner Großmutter ist." — „So lasse ich sofort den Popen kommen. Der ist der Geistliche und wird schon wissen, wie man dem Teufel einen Schreck einjagt."

Dieser Vorschlag wurde angenommen und auch sofort ausgeführt. Ein Kosakenunteroffizier mußte eiligst den Popen aufsuchen und ihm mitteilen, was geschehen war. Schon nach kurzer Zeit kehrte er zurück und meldete, daß der geistliche Herr sofort erscheinen werde.

Die Anwesenden erwarteten den Genannten mit ungeheurer Spannung. Sie waren wirklich davon überzeugt, daß es sich um den bösen Geist der Hölle handle, daß der leibhaftige Satanas sich mit seiner ebenso leibhaftigen Großmutter im Feuerwerksgebäude befinde.

Diese Kunde wurde mit ungeheurer Schnelligkeit weitergetragen. Sie verbreitete sich rasch auch draußen auf dem Jahrmarktsplatze, und so kam es, daß Russen, Kosaken, Ostjaken, Wogulen, Samojeden, Tungusen, Sojoten, Kalmüken, und wie die Völkerschaften, zu denen diese Leute gehörten, alle heißen mögen, in höchster Auf-

M. E.

regung nach dem Platze vor dem Feuerwerksgebäude strömten, um bei der Teufelsbannung zugegen zu sein.

Es kam eine solche Menge Volkes zusammen, daß diese Leute Brust an Rücken gedrängt eng zusammen standen und kein Apfel hätte zur Erde fallen können. Alle waren von einer heillosen Furcht erfüllt und teilten sich erregt ihre verschiedenen Ansichten mit, was der Teufel wohl thun werde. Höchst wahrscheinlich fuhr er in einen von ihnen. Auch stand mit Gewißheit zu erwarten, daß seine Großmutter in einer der anwesenden alten Frauen ihren Wohnsitz aufschlagen werde. Jeder aber dachte, daß er der betreffende nicht sein werde, und so wurde die Ankunft des Popen zwar mit scheuer Spannung, aber doch in frommer Ruhe erwartet.

Der geistliche Herr hatte es für notwendig gehalten, zu dem schwierigen Werke gewisse ebenso notwendige wie umfassende Vorbereitungen zu treffen. Er selbst hatte zwar während seiner ganzen langjährigen Amtsthätigkeit den Teufel noch nicht ein einziges Mal gesehen, aber in alten, vergilbten Büchern und Handschriften war er Anweisungen über das Austreiben und Bannen des Satanas begegnet. Jetzt schlug er nach und fand, was er suchte, eine kurze Anweisung, wie der Teufel zu zähmen sei.

Er las diesen Aufsatz einige Male durch, steckte dann das Buch in die Tasche seines geistlichen Gewandes, griff zu Bibel und Kruzifix und machte sich auf den Weg.

Gar sehr wohl zu Mute war ihm freilich nicht. Wer kann sich auf den Teufel verlassen, zumal wenn derselbe seine Großmutter bei sich hat, von der in dem Buche gar nichts stand! Man konnte dabei Leben und Seligkeit riskieren. Und darum nahm der Pope sich vor, mit der außerordentlichsten Vorsicht zu verfahren.

Als er auf dem Platze ankam und die Menschenmenge erblickte, die ihm ehrfurchtsvoll Platz machte, hatte er das Gefühl, als ob er die Seekrankheit habe. Und

M. E.

je weiter er sich dem Feuerwerkshause näherte, desto schlimmer wurde es ihm. Der Teufel hole den Teufel!

Seine Beine begannen zu zittern; es sauste ihm in den Ohren, und vor den Augen erblickte er lauter rote Wolken, durch die stechende Blitze zuckten.

So kam er bei der Gruppe an, die von dem Grafen, der auch gekommen war, dem Offizier und den drei Präriejägern gebildet wurde. Diese letzteren hatten sich in einer kleinen Entfernung von den Erstgenannten gehalten, denn der Graf kam ihnen so wenig sympathisch vor, daß sie es für besser hielten, nicht mit ihm in ein Gespräch verwickelt zu werden.

Dem Popen trat der Angstschweiß auf die Stirn. Er nahm die lange Mütze vom Kopfe, um sich den Schweiß vom kahlen Schädel zu trocknen, setzte sie dann wieder auf und schritt langsam und zagend auf die Leiter zu.

Leise Gebete murmelnd, trat er auf die erste Stufe, und es dauerte fast eine Minute, ehe er den Fuß auf die zweite setzte.

Seine Stirn befand sich jetzt in gleicher Höhe mit der unteren Thürlinie. Nun hob er die Bibel empor, um sie dem Teufel zu zeigen.

„Siehst du das heilige Buch?" fragte er.

Ein stöhnendes Röcheln antwortete.

„Es ist mein Schutz und Schirm. Denke nicht etwa, daß du mir etwas anhaben kannst, wenn ich die Bibel bei mir habe!"

Da grunzte es drinnen, was der Pope für eine zustimmende Antwort nahm. Das gab ihm so viel Mut, daß er noch eine Stufe höher stieg und nun in das Innere des Raumes blicken konnte. Aber kaum hatte er die beiden Gestalten erkannt, so ließ er mit dem lauten Angstschrei: „Helft mir, ihr Engel des Himmels, helft!" die Bibel fallen und rutschte von der Leiter herab, sodaß er mit breit ausgestreckten Beinen auf den Erdboden zu sitzen kam.

M. E.

Mit lautem Angstschrei ließ der Pope die Bibel fallen und
rutschte von der Leiter herunter.   (Seite 124.)

M. E.

Doch er raffte sich wieder auf, ergriff die neben ihm liegende Bibel, nahm sie unter den Arm und schlug dann das alte Zauberbuch auf. Halblaut aus demselben vorlesend, schritt er dreimal um das Haus und machte, so oft er an eine Ecke desselben kam, das Zeichen des Kreuzes. Gegenüber der offenen Thür aber schlug er drei Kreuze und begann, als er nach der dritten Runde wieder vor der Treppe stand, mit lauter Stimme die Beschwörungsformel zu sprechen.

Die anwesende Menge hörte mit frommem Schauder zu. Was würde nun geschehen? —

„Komm' heraus!" gebot endlich der Pope und wich vorsichtig eine ganze Strecke zurück. Aber der Teufel kam nicht, und seine Großmutter noch viel weniger.

„Ich befehle dir: Komme heraus!" wiederholte der Beschwörer.

Doch auch dieser Ruf blieb ohne Erfolg.

Da rief der Pope:

„Ich befehle dir zum dritten und letzten Male: Komme heraus!" um gleich darauf entsetzt aufzuschreien: „Herrgott! Er gehorcht! Er kommt!"

Die beiden Gefangenen hatten natürlich eine geradezu entsetzliche Nacht gehabt. Als es Tag wurde, hofften sie, aus ihrer Lage befreit zu werden, doch vergebens. Erst später hörten sie endlich Leute kommen und erblickten diejenigen, die die Thür öffneten, hereinschauten und, ohne Hilfe zu bringen, wieder verschwanden.

Da bemächtigte sich des Rittmeisters eine fürchterliche Wut, und er zerrte so lange an seinen Fesseln, daß seine Flechsen und Muskeln zu zerreißen drohten und die Stricke sich lockerten.

Gerade in diesem Moment blickte der Pope, die Bibel in der Hand, herein und stürzte vor Schreck von der Leiter herab. Jetzt wurde die Wut des Rittmeisters zu fast wahnsinnigem Grimme. Er zerrte und zog mit aller Gewalt — und es gelang, er bekam doch wenigstens einen Arm frei.

M. E.

Nun riß er sich vor allen Dingen den Knebel aus dem Munde, damit er freier atmen konnte, und brachte, als die frische Luft ihm neue Lebenskraft gegeben hatte, auch den anderen Arm frei, sodaß es nun nicht mehr schwer war, auch die anderen Stricke zu entfernen.

Er reckte und dehnte seine Glieder, die infolge der Fesselung wie gelähmt waren.

„Himmeldonnerwetter!" fluchte er. „Das war eine Nacht, eine — —"

Dann hielt er inne, denn ein lautes Stöhnen machte ihn darauf aufmerksam, daß auch sein Vater frei sein wollte.

„Gleich, gleich!" antwortete er und begann nun dem Kreishauptmanne die Fesseln zu lösen, nachdem er ihm den Knebel aus dem Munde gezogen hatte.

„Endlich, endlich!" stöhnte der Befreite. „Fast wäre ich erstickt!" — „Ich auch! Komm'!" entgegnete der Rittmeister und trat einige Schritte vor, um hinauszulugen, fuhr aber erschrocken zurück.

„Alle Millionen Teufel! Sämtliche Bewohner der Stadt und des Zeltdorfes stehen draußen. Ha, und dort steht der Leutnant neben den drei verfluchten Fremden, und — es ist noch ein Vierter dabei, der mir außerordentlich bekannt vorkommt. Alle Wetter! Ist's möglich! Sieh den Herrn, der neben dem Leutnant steht! Kennst du ihn?"

Der Kreishauptmann blickte in die angedeutete Richtung.

„Der Graf!" sagte er erschrocken. — „Ja, es ist Polikeff. Gerade heute, in diesem Augenblicke! Er darf uns in einer solchen Lage nicht sehen!" — „Unmöglich." — „Aber wie fortkommen? Durch diese Menschenmenge? Und keiner von den Halunken wird sich entfernen, bevor er erfahren hat, wer wir sind!" — „Hm, wir bleiben am besten hier, bis — — ah, wer kommt da?" — „Der Pope." — „Er bleibt stehen und macht drei Kreuze. Alle Teufel! Man hält uns für böse Geister!"

M. E.

— „Vielleicht gar für den Teufel selbst!" — „Natürlich! Daran ist gar kein Zweifel. Der Pope soll uns beschwören, also ist es gewiß, daß man uns für Höllengeister hält." — „Wir sehen allerdings auch ganz danach aus! Aber das bringt mich auf einen Gedanken. Wenn wir jetzt hinaussteigen und gerade auf das Volk losrennen, so reißt alles aus." — „Du, das ist möglich! Wollen wir?" — „Es bleibt uns nichts anderes übrig. Sind wir einmal daheim in unserem Hause, so können wir den Leuten ein X für ein U machen." — „Schön! Also vorwärts!"

Der Rittmeister trat vor, und sein Vater folgte ihm.

Beide hatten geglaubt, während der Beobachtung, die sie angestellt hatten, nicht bemerkt worden zu sein. Das war aber ein Irrtum. Der dicke Sam hatte doch den Teil des Gesichtes gesehen, den ein jeder, der um eine Ecke biegen will, bloßgeben muß.

Außerdem hatte er noch eine für ihn sehr wichtige Beobachtung gemacht. Als der Rittmeister den Namen des Grafen nannte, hatte Sam es wohl gehört und sofort seinen beiden Begleitern zugeflüstert:

„Der Kerl heißt Polikeff und ist ein Graf. Ist euch dieser Name bekannt?" — „Hm!" antwortete Jim. „Gehört habe ich diesen Namen schon." — „Ich auch," meinte Tim. — „Aber wo?" — „Ich glaube, Steinbach hat ihn erwähnt." — „Ja, ganz gewiß!" nickte Sam. „Ich erinnere mich, als er mit Herrn von Adlerhorst über Konstantinopel sprach, kam dieser Name vor." — „Ganz richtig! Polikeff! Der Kerl hatte eine Gefangene bei sich. Wie war doch nur ihr Name?" — „Gökala, wenn ich mich nicht irre." — „Ja, Gökala. Sie soll eine Herzogstochter sein, und Steinbach sucht ihren Vater hier. Donner und Doria! Wenn das dieser Graf wäre! Das wäre ja ein Fund, der gar nicht wertvoller sein könnte!" — „Natürlich! Lassen wir den Kerl also nicht aus den Augen!" — „Er soll mir nicht entgehen. Aber schaut! Ich glaube, der Teufel hat sich seiner Fesseln entledigt.

M. E.

Da oben guckt er heimlich herab." — „Wahrhaftig!" — „Ist mir lieb! Nun wird das Theater beginnen. Ich setze meinen Kopf zum Pfande, daß die beiden Kerle herabkommen. Dann reißt voraussichtlich alles aus. Hört, ich will euch etwas sagen: ich trolle mich fort ins Regierungsgebäude. Ich habe so meine eigenen Gedanken. Dort wird das Theater zum Abschlusse kommen, und ich möchte das Ende belauschen. Die Anwesenheit dieses Grafen giebt mir zu denken. Also, ich drücke mich."

Gerade als sich der Pope vor die Treppe hinstellte und dem Teufel gebot, zu erscheinen, schlich Sam sich fort, um die dicht zusammengedrängte Menge herum und ging schnell nach dem Regierungsgebäude, und da kein Mensch auf ihn achtete, gelangte er ganz unbemerkt an sein Ziel.

Wenn seine Vermutung richtig war, daß die beiden Teufel aus dem Feuerwerkshause kommen würden, so stand zu erwarten, daß sie ganz natürlich nach ihrer Wohnung laufen und dort die Thür hinter sich verschließen würden, damit kein Unberufener hereindringen könne. Also galt es für Sam zunächst, im Hause einen Ort zu finden, an dem er wenigstens vorerst nicht bemerkt werden konnte.

―――――

## 10. Kapitel.

Als Sam in das Regierungsgebäude eingetreten war, sah er sich um. Da bemerkte er ihm zur Rechten eine Thür, an der das russische Wort für den deutschen Ausdruck ‚Keller' zu lesen stand.

In diesem Augenblick aber erhob sich auch bereits ein fürchterliches Geschrei draußen.

„Ah!" schmunzelte der Dicke. „Sie kommen. Meine Ansicht war also doch richtig. Ich habe nicht einmal

Zeit, mich nach einem anderen Verstecke umzusehen. Ich muß in den Keller."

Es steckte glücklicherweise der Schlüssel im Schlosse. Rasch schloß er auf, trat hinein und blieb auf der ersten der hinabführenden Stufen stehen, um das Schloß zu untersuchen. Es bestand nur in einem eisernen Riegel, der durch den Schlüssel hin und her bewegt wurde, sodaß man auch von innen aufschließen konnte.

„Schön! Das ist beruhigend," nickte er, schob den Riegel vor und lauschte.

Das Geschrei schien sich zu nähern. Zugleich aber ertönten eilige Schritte, und die Hausthür wurde aufgerissen. Dann sagte eine keuchende Stimme:

„Schließ' zu! Es darf kein Mensch herein!"

Darauf knarrte der Riegel der Hausthür, und eine andere Stimme erwiderte:

„Aber hinauf in die Stube können wir doch auch nicht." — „Warum?" — „In diesem Aufzuge! Das Gesinde darf uns doch nicht sehen." — „Hast recht. Ich muß die Mutter rufen."

Gleich darauf ertönte der Ruf:

„Natalia, Natalia!"

Dieser mußte oben gehört worden sein, denn es antwortete von dorther:

„Was giebt's?" — „Schnell herab! Ich bin es. Aber kein Gesinde darf kommen!" — „Gleich, gleich!"

Trotz des Lärms, der draußen auf der Straße tobte, hörte Sam nun nach wenigen Minuten Schritte, die zur Treppe herab und nach dem Flur kamen. Dann ertönte ein Schrei des Schreckes.

„Alle heiligen Nothelfer! Der Teufel!" — „Unsinn! Ich bin es. Ich und Iwan!" — „Mein Heiland! Ihr! Was ist mit euch?" — „Wirst es nachher erfahren. Wir können uns so nicht sehen lassen. Wir müssen in den Keller." — „Kommt doch herauf!" — „Das geht nicht. Den Teer bringen wir nur mit Petroleum oder Kienöl weg, und beides befindet sich im

M. E.

Keller. Bring' zwei andere Anzüge herab und Wasser und Licht. Aber lasse keinen Menschen ins Haus!" — „Auch den Grafen nicht? Er sucht euch." — „Der Teufel soll ihn holen!" — „Was habt ihr mit ihm?

Er sprach davon, daß er dich absetzen lassen will." — „Der Hund!" — „Hat er denn irgendwelche Macht über euch?" — „Nein. Aber weißt du, es ist besser, du bist höflich gegen ihn und läßt ihn herein. Aber ja nicht zu uns in den Keller. Also Licht, Wasser und Anzüge! Schnell! Wir warten hier!" — „Ich komme gleich!" entgegnete die Kreishauptmännin, dann eilte sie wieder die Treppe empor. — „Alle Wetter!" dachte Sam. „Da sitze ich in der Patsche! Was thue ich? Na, vielleicht ist's gerade gut. Ich muß hinab. Ein Glück ist's nur für mich, daß sie da warten wollen, bis die Lady zurückkehrt."

Er tappte nun leise die Stufen des Kellers hinab und brannte, unten angekommen, einige Hölzchen nacheinander an, um sich zu orientieren.

Der Keller war nur klein. Er enthielt eine Anzahl Fässer von verschiedener Größe, mehrere andere Gegenstände, und vorn, der Thür gegenüber eine hölzerne Stellage, auf der Weinflaschen lagen.

Diese Stellage stand nicht direkt an der Mauer, sondern quer vor der Ecke, in der ein kleines Fäßchen lag.

„Dort hinein!" lachte Sam. „Besser kann es ja gar nicht passen."

Dann huschte er trotz seiner Dicke hinter die Stellage und setzte sich auf das kleine Faß. Er konnte dort gar nicht gesehen werden, außer wenn man geradezu in den Winkel kroch, um das Faß herauszuholen.

Kaum hatte er Platz genommen, so wurde oben die Thür geöffnet, und der Kreishauptmann und der Rittmeister wurden sichtbar und kamen, gefolgt von der Kreishauptmännin, die ihnen leuchtete, herab. Sie trug einen großen Wasserkrug, während die beiden Männer die verlangten Kleidungsstücke in den Armen hatten.

Die Frau setzte das Licht in eine Mauernische und den Krug auf den Boden. Dann fragte sie:

„Aber was habt ihr nur um Gotteswillen gemacht? Das ist ja fürchterlich!" — „Schweig'," gebot ihr Mann. „Du wirst es schon erfahren." — „Wo habt ihr seit gestern gesteckt?" — „Frag' jetzt nicht. Geh' lieber nach oben und sorge dafür, daß wir hier nicht gestört werden. Marsch fort!"

M. E.

Die Frau ging darauf jammernd die Treppe hinan und verschloß oben die Thür.

Sofort begannen jetzt die beiden Geteerten sich ihrer stinkenden Hüllen zu entledigen, wobei es freilich nicht an Flüchen und Schimpfreden fehlte.

Sie hatten sich vollständig ausgezogen und reinigten sich nun so gut wie möglich.

Da kam die Frau wieder herab, brachte einige Handtücher und meldete:

„Es steht eine ungeheure Menge Volk vor dem Hause. Sagt mir nur um Gotteswillen, was ich machen soll! Alles schreit, daß der Teufel bei uns sei!" — „Laß uns nur erst hier fertig sein, so will ich ihnen das Schreien schon verbieten." — „Und an die Thür klopft dieser Graf Polikeff und will herein." — „So mache ihm auf. Aber nur er allein darf herein, kein anderer." — „Es ist aber noch eine Dame hier, die er bei mir ließ, ehe er fort ging." — „Das fehlte gerade noch! Doch gehe jetzt hinauf und laß ihn herein. Nur zu uns herab darf er nicht! Auf keinen Fall!"

Die Frau stieg wieder nach oben und ging zur Hausthür, um diese zu öffnen. Sofort trat der Graf ein, schob andere, die sich mit hereindrängten, zurück und verschloß die Thür.

„Wo ist Ihr Mann?" fragte er. — „Ich weiß es noch nicht," antwortete sie. — „Und Ihr Sohn?" — „Auch das kann ich nicht sagen."

Da lächelte er sie überlegen an und erwiderte:

„Meinen Sie, daß ich ebenso dumm bin wie Ihre Jakuten und Ostjaken? Sagen Sie mir wenigstens, wo die beiden Teufel sind!"

Der Graf schritt dabei vorwärts, und die Frau des Kreishauptmannes folgte ihm in größter Verlegenheit. Als er an der Kellerthür vorüber kam, blieb er stehen und sog die Luft durch die Nase.

„Ah!" sagte er höhnisch. „Das riecht ja prächtig nach Teer und nach Petroleum! Wo befinden sich die beiden Herren?" — "Oben in ihren Zimmern." — "So? Hm!"

Er blickte sie scharf an, und als sie die Augen niederschlug, drehte er schnell den Schlüssel der Kellerthür auf und gewahrte den Lichtschein in der Tiefe, aus der leise sprechende Stimmen emportönten.

"Ah —! Hm —! Wer ist da unten?" fragte er flüsternd. — "Es ist — es ist —" — "Es sind die Teufel! Nicht?" — "Ja," antwortete sie, da es ihr nun unmöglich war, ihn zu täuschen. — "Lügnerin! Sie können nun gehen. Ich steige allein hinab."

Dann zog der Graf den Schlüssel ab, steckte ihn ein und schob die Frau zurück, um, auf die Kellertreppe tretend, die Thür von innen zuzumachen und sich so leise wie möglich die Stufen hinabzuschleichen. Nun hörte er, was die beiden Männer sprachen, die keine Ahnung davon hatten, daß er sie belauschte.

"Allemal, wenn er kommt, passiert uns ein Unglück," sagte soeben der Kreishauptmann. "Jetzt ist er da, und wir werden eingeteert." "Wäre doch er an unserer Stelle gewesen!" zürnte der Rittmeister. — "Was mag er heute wieder wollen?" — "Das wirst du schon erfahren. Er wird kein Geheimnis daraus machen. Wir sind von seiner Gnade und Barmherzigkeit abhängig. Wenn ich ein gutes Mittel wüßte, ihn für immer los zu werden, es käme mir nicht auf eine Dosis Gift oder einen guten Schuß Pulver an." — "Das wäre allerdings das allerbeste. Freilich ist er ein zu großer Schlaukopf, als daß wir ihm etwas anhaben könnten. Und daß er uns jetzt erkannt hat, das ist sicher." — "Aber trotz seiner Schlauheit ist er doch ein großer Esel. Er schleppt diese Gökala überall mit sich herum. Ich an seiner Stelle hätte sie längst gezwungen, meine Frau zu werden. Wenn ich — na, ich werde ja erfahren, was er will. Verlangt er zu viel, so bekommt er Fliegenschwamm."

Die Völkerschaften Sibiriens genießen nämlich den

Fliegenschwamm in verschiedener Gestalt als Reiz= und Betäubungsmittel. Ebenso wissen sie ein langsam aber sicher tötendes Mittel aus demselben zu bereiten. Auf

dieses Mittel spielte der Sprecher an. Er erschrak freilich fürchterlich, als jetzt von der Treppe her die Frage ertönte:

„Wird er denn auch so albern sein, euren Fliegen= schwamm zu fressen?"

M. E.

Die beiden schrieen laut auf, denn eben trat Polikeff von der letzten Stufe herab und auf sie zu.

„Der Graf!" stammelte der Kreishauptmann. — „Ja, ich bin es. Leider höre ich, daß ich euch nicht willkommen bin. Ihr seid zwei Schufte, wie sie größer gar nicht geboren werden können, und doch auch wieder so gewaltige Dummköpfe, daß man vor lauter Mitleid die bittersten Thränen vergießen möchte. Seht euch nur an! Wer da keine Thräne des Mitleids über euch vergießt, der ist gar kein Mensch. Was habt ihr denn gemacht, ihr albernen Kerle?"

Der Kreishauptmann und der Rittmeister hatten in diesem Augenblick nämlich nur die Hemden an, da sie in ihrer Toilette noch nicht weiter gediehen waren. Desto köstlicher nahm sich der Zorn aus, mit dem der Rittmeister, einen Schritt auf den Grafen zutretend, diesem antwortete:

„Herr, wer giebt Ihnen das Recht, uns in solcher Weise zu beleidigen? Ich bin Offizier, kaiserlich russischer Offizier, Herr, und mein Vater ist Kreishauptmann!" — „Ah, so! Und wer hat euch zu dem gemacht, was ihr seid?" — „Der Kaiser!" — „Pah, dem Grafen Polikeff, nämlich mir habt ihr es zu verdanken! Doch streiten wir uns nicht. Wir kennen einander doch zu gut, um nicht zu wissen, woran wir sind. Machen wir es uns lieber gemütlich und sprechen vernünftig miteinander."

Der Graf setzte sich mit diesen Worten auf eins der Fässer.

„Das können wir oben auch thun," bemerkte der Kreishauptmann. „Sie sehen doch, daß ich nicht in der Verfassung bin, eine Konferenz zu halten." — „O, geniert euch nicht. Wir sind ja Männer. Ich möchte hier bleiben, denn erstens können wir hier weniger beobachtet werden als oben, und zweitens gefällt mir die hiesige Atmosphäre. Ich liebe den Petroleumgeruch und beneide euch sogar um das Glück, euch mit dieser angenehmen

M. E.

Essenz gewaschen zu haben. Wollte Gott, mir könnte dieser Genuß auch einmal zuteil werden! Ist schon der Geruch belebend und erfrischend, wie wonnig muß es erst sein, wenn es einem erlaubt ist, den ganzen Körper in einem solchen Aether zu baden!" — "Gnädiger Herr, wir sind wirklich nicht hier, um Ihnen als Zielscheibe schlechter Witze zu dienen. Machen Sie lieber gar keine! Wir sind zwar in diesem Augenblick nicht gerade salonfähig, aber wir können es in einer Viertelstunde sein, wenn es uns beliebt. Einem jeden seine Ehre. Sie sind Graf, und so sage ich zu Ihnen ‚Sie'. Ich bin Kreishauptmann, und mein Sohn ist Rittmeister. Wir müssen dieses Sie auch für uns in Anspruch nehmen." — "Vergeßt nur nicht, wer und was ihr eigentlich seid!"

Bei diesen Worten sprang Polikeff von seinem Fasse auf und stand in drohender Haltung vor dem Kreishauptmanne. Dieser ließ sich jedoch keineswegs erschrecken; er fuhr gemächlich mit dem Beine in die Hosen und antwortete:

"Wir wissen das sehr genau. Ich habe es Ihnen ja bereits gesagt: Kreishauptmann und Rittmeister." — "Spitzbuben seid ihr!" — "Oho!" — "Ja. Oder habt ihr das vergessen?" — "Ich weiß wirklich nichts davon."

Der Kreishauptmann lachte bei diesen Worten dem Grafen höhnisch in das Gesicht. Da fragte jener, dadurch aufs höchste geärgert:

"Haben Sie etwa nicht einen gewissen Saltikoff gekannt?" — "Nein." — "Nicht? Schön! Dieser Saltikoff war ein zu lebenslänglicher Verbannung nach Sibirien verurteilter Verbrecher, der jedoch einen Freund oder vielmehr einen Gönner fand, der ihn errettete und ihm Legitimationspapiere besorgte, die auf einen ganz anderen Namen, nämlich auf den Namen Rapnin, lauteten. Mit Hilfe dieser Papiere entging Saltikoff nicht nur der lebenslänglichen Verbannung, sondern machte auch eine gute Carriere, sodaß er jetzt Kreishauptmann ist." — "Gerade wie ich!" — "Aller-

M. E.

dings. Sie selbst sind ja dieser Mann." — „Wirklich? Freut mich sehr! Es ist so selten, daß aus einem Verbannten ein Kreishauptmann wird." — „Sagen Sie lieber, es ist niemals vorgekommen, es ist ganz unmöglich, weil es gegen die Gesetze ist." — „Desto stolzer kann ich auf meine Stellung sein." — „Aber diese Stellung ist eine sehr prekäre. Es kostet mich nur ein Wort, und Sie werden abgesetzt. Sie befinden sich in meiner Hand. Ich brauche ja nur zu sagen, wer Sie sind!" — „Sie können das, was Sie sagen, nie beweisen." — „Wirklich? Ah, jetzt verstehe ich Sie! Ich habe jedoch gewisse Papiere von Ihnen in den Händen! Ich trage sie sogar in dieser Tasche bei mir."

Der Graf klopfte an die linke Seite der Brust, wo sich die Tasche befand. Der Kreishauptmann richtete seine Augen funkelnden Blickes auf die Stelle und entgegnete:

„Das können Sie zwar behaupten, aber nicht beweisen."

Jetzt lachte der Graf höhnisch auf, zog ein elegantes Doppelterzerol aus der Tasche, spannte beide Hähne und sagte:

„Sie kennen mich! Sie wissen, daß ich in solchen Dingen Wort halte. Ich werde Ihnen die Papiere von weitem zeigen. Aber sobald Sie nur die geringste Bewegung machen, sie mir zu entreißen, schieße ich Sie nieder." — „Vater!" sagte da der Rittmeister in warnendem Tone. „Keine Gewaltthat! Er schießt wirklich!" — „Das weiß ich. Es ist ihm zuzutrauen. Es fällt mir auch gar nicht ein, ihm eins der Papiere abzunehmen. Er mag sie behalten. Sie können mir nichts schaden." — „Nicht?" lachte der Graf höhnisch. „Nun, so sehen Sie einmal!"

Damit zog er eine Anzahl Papiere aus der Brusttasche und trat mit ihnen an das brennende Licht. Dann nahm er jedes einzelne und sagte, welches der Inhalt desselben sei, hielt aber dabei das Terzerol schußbereit.

M. E.

"Hier zum Beispiel ist Ihr Geburts= und auch Ihr Taufschein!" — "Der meinige? Pah!" — "Ich meine den Geburts= und Taufschein Saltikoffs. Hier die Legitimationen Ihrer Frau, einer geborenen Karanin, darunter der Trauschein. Hier der Geburts= und Taufschein von Iwan Saltikoff, Ihrem Sohne." — "Ist ja gar nicht mein Sohn! Ich heiße eben Rapnin." — "Diese Behauptung werden Sie nicht lange aufrecht erhalten. Hier ist ein Dokument, in dem Sie amtlich bescheinigen, daß Sie eigentlich Saltikoff heißen." — "Das wäre wunderbar!" — "So hören Sie!"

Der Graf faltete das Papier auseinander und las:

"Bekenntnis:

"Auf Verlangen des Herrn Grafen Alexei von Polikeff bescheinige und gestehe ich der Wahrheit gemäß, daß ich eigentlich jener Wassilij Saltikoff bin, der zur lebenslänglichen Deportation und Zobeljagd verurteilt worden ist. Meine auf den Namen Rapnin lautenden Legitimationen sind gefälscht.

Parankow, den 11. Oktober 18 . .

Wassilij Rapnin.

Kreishauptmann."

Dann legte er das Papier wieder zusammen, steckte es mit den übrigen in die Brusttasche zurück und fragte in triumphierendem Tone:

"Sind Sie nun zufrieden gestellt?" — "Ja," lachte der Kreishauptmann. — "Sie geben also zu, daß Sie sich ganz in meiner Hand befinden?" — "Das fällt mir nicht im Traume ein." — "Ich brauche nur diese Papiere bei der Behörde zu deponieren!" — "Sie würden sofort erfahren, wie ungeheuer Sie sich irren. Mit diesen Schreibereien haben Sie nicht die geringste Macht über mich." — "Das ist lächerlich." — "Ich kann es Ihnen beweisen." — "Beweisen Sie es!" — "Schön! Wer hat das Bekenntnis, das Sie soeben vorgelesen haben, geschrieben und auch untersiegelt?" — "Sie selbst." —

M. E.

„Wer hat es entworfen, ich meine, dem Wortlaute nach?" — „Sie!" — „Ja. Sie hätten auch eine große Dummheit begangen, wenn Sie es entworfen hätten. Aber ebenso dumm waren Sie, daß Sie sich mit diesem Wortlaute einverstanden erklärten." — „Ich möchte doch wissen, worin die Dummheit zu suchen sei." — „In den Anfangsworten. Sie lauten: ‚Auf Verlangen des Herrn Grafen Alexei von Polikeff'. Diesen Anfang habe ich sehr mit Berechnung niedergeschrieben. Wenn ich ‚auf Ihr Verlangen' meine Sünde bekenne, so müssen Sie doch von derselben gewußt haben und auch heute noch wissen. Sie sind also der Mitschuldige von mir."

Der Graf machte ein undefinierbares Gesicht.

„Donnerwetter!" fluchte er. — „Ja," lachte der andere. „Sie sind überlistet. Sehen Sie das ein?" — „Den Teufel sehe ich ein!" — „Uebrigens habe ich meine Handschrift verstellt." — „Das schadet nichts. Ich beschwöre, daß Sie es geschrieben haben." — „Damit beschwören Sie Ihre eigene Mitschuld. Und nun komme ich, nachdem Sie vorhin mit so viel Selbstbewußtsein mir meine Armseligkeit vorgeworfen haben. Ich kann Ihnen alle Ihre Trümpfe überstechen." — „Das bilden Sie sich wirklich ein?" — „Ja. Ich bilde es mir nicht nur ein, sondern es ist eine unumstößliche Gewißheit. Warum haben Sie mir die auf Rapnin lautenden Papiere verschafft?" — „Aus Mitleid, um Sie zu retten." — „Ja, Sie sind eine grundgütige, mitleidige Seele! Ihre Barmherzigkeit ist geradezu unendlich. Ist Ihnen nicht vielleicht ein kleines, indisches Ländchen Namens Nubrida bekannt?" — „Das geht Sie nichts an!" — „Vielleicht doch. Der Fürst dieses Landes hieß Banda. Er wurde von Ihnen über die Grenze gelockt und für mich ausgegeben, für Wassilij Saltikoff. Sie wollten seine Tochter haben, und darum mußte der Alte an meiner Stelle in die Wälder, um den Zobel zu jagen. Wenn es aber Saltikoff sein sollte, so mußte Saltikoff einen anderen Namen erhalten. Darum brachten Sie mir die auf Rapnin

M. E.

lautenden Papiere. Sie haben nur Ihre Pläne verfolgt, aber keineswegs aus Mitleid gehandelt." — „O, doch. Ich hätte den Maharadscha ja für einen jeden anderen Verbrecher ausgeben können. Ich wählte gerade Sie, weil ich mich für Sie interessierte." — „Nun, so wünsche ich, daß Sie sich nicht mehr für mich interessieren. Es würde jedenfalls für beide Teile empfehlenswert sein, wenn Sie so thäten, als hätten wir einander niemals gekannt." — „Ich würde darauf eingehen, wenn es mir möglich wäre." — „Warum sollte es nicht möglich sein?" — „Weil ich Sie vielleicht noch brauchen kann." — „Als Werkzeug Ihrer Pläne? Denken Sie nicht daran! Ich thue nicht wieder mit. Der Gebrannte scheut das Feuer. Was für einen Plan verfolgen Sie denn gegenwärtig?"

Die beiden Rapnin hatten ihre Anzüge inzwischen angelegt. Sie rochen nun zwar noch schrecklich nach Petroleum, sonst aber war ihnen keine Folge des nächtlichen Abenteuers mehr anzumerken. Der Graf schien ein ganz anderer geworden zu sein. Er sah ein, daß er überlistet worden war und sich im Nachteil gegen den Kreishauptmann befand, den er bisher für seine Kreatur gehalten hatte. Das machte ihn vorsichtig, seinen Gegner nicht noch mehr herauszufordern.

Still saß er wieder auf seinem Fasse, die Arme über die Brust verschränkt, und überlegte. Dann antwortete er nach einer kleinen Weile:

„Nun wohl, ich will aufrichtig mit Ihnen sein. Wir können auch in Frieden auseinander kommen." — „Das wäre ganz nach meinem Wunsche. Sie brauchen mir nur die Papiere herauszugeben, die Sie vorhin zeigten." — „Meinetwegen. Ich bin unter Umständen bereit, Ihnen dieselben auszuhändigen." — „Welche Umstände sind dies?" — „Zunächst die Mitteilung, daß ich Gökala bei mir habe —" — „Ich weiß es." — „Ah! Von wem?" — „Von meiner Frau. Sie sagte mir, daß sich eine Dame in Ihrer Begleitung befinde, und als ich mir dieselbe beschreiben ließ, erkannte ich aus dem Signalement natürlich sofort, wer sie ist." — „Das stellt mich zufrieden. Also nun die weitere Mitteilung, daß ich den Maharadscha, ihren Vater, suche, ich muß

ihn, falls er noch lebt, unbedingt haben." — „Sie müssen? Warum?" — „Hm! Das zu beantworten, hieße wohl, meine Aufrichtigkeit zu weit treiben." — „Nein, es wäre nur klug gehandelt. Vielleicht bin ich imstande, Ihnen

M. E.

irgendwelche Auskunft zu erteilen, mit deren Hülfe Sie den Gesuchten bald zu finden vermögen." — „So will ich reden. Der Maharadscha soll Gökala dazu bestimmen, meine Liebe zu erhören, denn Gökala ist starr wie Eis, und ich habe mir bisher vergebliche Mühe gegeben, sie nach= giebig zu stimmen. Aber ich habe noch andere Rück= sichten zu hegen als diejenigen, die mir die Liebe zu ihr gebietet. Also hören Sie: Ich will Maharadscha von Nubrida werden."

Der Kreishauptmann fuhr um einige Schritte zurück.

„Donnerwetter! Das wäre kühn!" rief er aus. — „Ja, kühn, aber doch erreichbar. Meinen Sie etwa, ich hätte nicht das Zeug dazu?" — „Ganz von dieser Frage abgesehen. Wie aber wollen Sie das anfangen?" — „Dadurch, daß ich Gökala zwinge, meine Frau zu werden. Werde ich kirchlich mit ihr, der einzigen Erbin ihres Vaters, verbunden, so muß ihr, also auch mir, die Herr= schaft zufallen. Ich will den Maharadscha aufsuchen, um mit ihm zu sprechen. Ich verheiße ihm Freiheit und Rettung, falls er einwilligt, mir seine Tochter zur Frau zu geben." „Sie denken, daß er ja sagen wird?" — „Unbedingt! Er wird jedenfalls die Freiheit, in der er wieder Herrscher ist und sein Kind bei sich hat, der Ver= bannung vorziehen. Und nun sagen Sie mir: Können Sie mir den Weg zu dem Maharadscha zeigen? Wissen Sie, wo er ist?" — „Ja." — „O! Sie haben ihn gesehen?" — „Ja." — „Wann? Wo? Schnell, schnell!" — „Nur Geduld! So augenblicklich, wie Sie meinen, ist die Angelegenheit doch nicht zu erledigen." — „Warum nicht? Sie brauchen mir doch nur seine Nummer zu nennen und seinen Aufenthaltsort zu sagen!" — „Glauben Sie, daß man sich zu einer solchen Mitteilung ohne eine entsprechende Gegenleistung versteht? Machen wir einen ehrlichen Tauschhandel, bei dem der Grundsatz gilt: Ware gegen Ware." — „Schön! Aber welche Waren sollen umgetauscht werden?" — „Die Papiere gegen meine Mitteilung, wo der Maharadscha zu finden. ist." —

M. E.

„Das ist für mich ein sehr schlechter Tausch. Sagen Sie mir nur das eine vorher: Habe ich mich weit von hier zu entfernen?" — „Werden wir jetzt gleich einig, so können Sie ihn in zwei Tagen einholen. Entschließen Sie sich aber nicht rasch, so schweige ich auch später. Dann können Sie ihn unten am Eismeere suchen." — „War er etwa hier?" „Ja." — „So mache ich den Handel mit! Sagen Sie mir, was ich wissen muß. Hier sind die Papiere dafür zurück."

Der Graf zog die Dokumente aus der Tasche und hielt sie dem Kreishauptmanne hin, mußte sich aber nicht wenig wundern, als dieser nicht schnell zugriff, sondern abwehrend sagte:

„Gemach, gemach! Noch sind wir nicht fertig." — „Sie verlangen wohl nicht nur die Papiere, sondern auch noch Geld?" — „Versteht sich!" — „Das ist unverschämt!" — „So brauchen Sie sich ja gar nicht mit mir zu unterhalten. Als unverschämt zu gelten, dazu habe ich keine Lust. Komm', Iwan!"

Der Kreishauptmann nahm seinen Sohn bei der Hand. Der Graf trat ihnen aber schnell in den Weg und sagte:

„Macht keine Dummheiten! Wir brauchen unsere Ausdrücke doch wahrlich nicht auf die Goldwage zu legen. Ich bin bereit, eine Summe zu bezahlen. Wieviel wollen Sie haben?" — „Bei fünftausend Rubel läßt sich die Sache überlegen." — „Bloß überlegen? Hole Sie der Teufel! Sie gehen nicht herab?" — „Nein, keine Kopeke." — „Spitzbube! Wissen Sie wirklich genau, daß ich den Maharadscha binnen zwei Tagen haben werde?" — „Ganz gewiß." — „Ich muß aber schleunigst aufbrechen?" — „Natürlich, denn er hat Eile, und je weiter er sich entfernt, desto später holen Sie ihn ein, vielleicht auch gar nicht." — „Das giebt also einen Parforceritt?" — „Allerdings." — „Da kann ich Gökala unmöglich mitnehmen." — „Das ist wahr. Lassen Sie sie hier. Sie können sie ja abholen." — „Ist sie mir

M. E.

aber auch bei Ihnen sicher?" — „Vielleicht sicherer als bei Ihnen." — „Sie lassen sie natürlich nicht aus dem Hause." — „Ganz nach Ihrem Wunsche." — „Und kein Mensch darf zu ihr, ausgenommen Sie, Ihre Frau und Ihr Sohn." — „Einverstanden." — „So breche ich gleich auf und gebe Ihnen die Papiere. Nach meiner Rückkehr erhalten Sie das Geld." — „Hm! Ich gehe auf Ihren Vorschlag ein. Aber zweitausend zahlen Sie jetzt, die anderen dreitausend nach Ihrer Rückkehr." — „Sie sollen Ihren Willen haben. Sie sehen, wie anständig ich bin. Ich hoffe, Sie werden sich ebenso gegen mich verhalten." — „Natürlich. Also bitte, zahlen Sie!" — „Nur nicht gleich. Erst will ich Ihre Mitteilung hören." — „Gut! Der Maharadscha hat die Nummer Fünf. Er war bis gestern zum Jahrmarkte hier und hat sich einer Jagdgesellschaft angeschlossen, die von einem Kaufmanne gegründet wurde, der aus Orenburg ist und Peter Lomonow heißt. Nummer Fünf ist als der beste Zobeljäger bekannt und wird infolgedessen als Anführer der Gesellschaft fungieren." — „Auf diese Mitteilung kann ich mich wirklich verlassen?" — „Ich beeide sie, wenn Sie wollen." — „Gut! Wohin hat sich die Gesellschaft gewandt?" — „Sie hat die Richtung nach dem Mückenflusse eingeschlagen. Er ist von hier aus in zwei Tagen zu erreichen." — „Werden sich die Leute dort verweilen?" — „Sie müssen auf alle Fälle einen Tag dort Rast halten." — „So reite ich sofort ab. Können Sie mir frische Pferde besorgen?" — „Wenn Sie gut zahlen, ja." — „Ich geize nicht. Eine Bedeckung muß ich aber auch haben." — „Ich gebe Ihnen zehn Kosaken mit, die Sie allerdings zu bezahlen und auch zu unterhalten haben." — „Einverstanden! Hoffentlich kennen diese Leute die Gegend, durch die wir kommen?" — „Ich gebe Ihnen einen mit, auf dessen Ortskenntnis Sie sich verlassen können." — „Wann kann ich da aufbrechen?" — „Bereits in einer Stunde, wenn es Ihnen so angenehm ist. Jetzt aber bitte ich um die Papiere und die zweitausend Rubel." — „Taugenichts! Damit könnten Sie doch auch warten, bis wir oben sind. Aber Sie sollen es auch hier haben. Da, nehmen Sie!"

Der Graf gab dem Kreishauptmanne die vielfach erwähnten Papiere und dann aus einer wohlgefüllten Brieftasche zwei Tausendrubelscheine. Letzterer prüfte alles genau, steckte dann das Empfangene in die Außentasche seines Rockes und sagte:

„Abgemacht! Jetzt sind wir beide unsere Sorge los und können hoffentlich in Zukunft in Freundschaft aneinander denken. Sapperment! Da ist das Licht verlöscht, gerade im letzten Augenblicke." — „Na, wir brauchen es glücklicherweise nicht mehr. Wir sind ja fertig."

Kein Umstand konnte dem verborgenen Lauscher so willkommen sein, wie das Auslöschen des Lichtes. Sam zitterte fast vor Begierde, die betreffenden Papiere an sich zu bringen. Er war mit sich zu Rate gegangen, auf welche Weise dies am besten zu erreichen sei, hatte aber keinen ausführbaren Gedanken finden können.

Von seinem Verstecke aus hatte er ganz deutlich gesehen, wohin die Papiere von dem Kreishauptmanne gesteckt worden waren. Jetzt, da das Licht verlöschte, kam ihm mit einem Male die richtige Idee.

Er huschte hinter der Flaschenstellage vor und stellte sich auf die Lauer.

„Ja, fertig sind wir," stimmte der Kreishauptmann bei. „Gehen wir also!" — „Vorher aber die Bemerkung, daß kein Mensch erfahren darf, was hier vorgegangen ist und was verhandelt wurde!" — „Diese Bemerkung ist sehr überflüssig." — „Ich machte sie wegen Gökala. Diese darf am wenigsten eine Ahnung davon haben." — „Verlassen Sie sich auf uns! Wir sind verschwiegen wie geräucherte Sardinen. Nun aber fort von hier. Werden Sie den Weg finden?" — „Ganz leicht." — „Iwan mag vorangehen, Sie in der Mitte, und ich hinterher."

Die drei Männer setzten sich in Bewegung. Sie

M. E.

Sam langte vorsichtig nach der Tasche. Es glückte prächtig.
(Seite 148.)

hatten sich jenseits der Treppe, Sam aber diesseits derselben befunden. Jetzt huschte er hin und streckte die Hand aus, aber nur so weit, wie die Mauer reichte, sodaß die Röcke der sich Entfernenden seine Finger streifen mußten.

Auf diese Weise fühlte Sam erst den Rittmeister, dann den Grafen und endlich auch den Kreishauptmann und stieg nun hinter dem letzteren leise mit empor. Da die drei stark auftraten, konnte man ihn nicht hören.

Vorsichtig, außerordentlich vorsichtig langte er nach der Tasche, und es glückte prächtig. Bereits auf der vierten Stufe hatte er den Inhalt der Tasche in seiner Hand. Nun fiel es ihm natürlich nicht ein, den Männern zu folgen, sondern er huschte zurück, wieder in den Keller hinab, und blieb dort unten an der Treppe lauschend stehen.

Die drei Kumpane öffneten unterdessen oben die Thür und blieben dort ebenfalls stehen. Dann hörte Sam den Kreishauptmann sagen:

"Das Volk da draußen habe ich ganz vergessen. Mache einmal die Thür ein wenig auf, Iwan, und schau nach, ob die Leute noch draußen sind."

Der Sohn folgte dieser Aufforderung und gab eine Antwort, die Sam nicht verstand.

"Habe es mir gedacht," meinte der Kreishauptmann. "Die gehen nicht eher fort, als bis sie Prügel bekommen. Was thun wir da?" — "Was hat es denn eigentlich gegeben?" fragte der Graf. "Wie sind Sie in die fatale Lage gekommen?"

Der Kreishauptmann erzählte in kurzen Worten das Vorkommnis. Als er geendet hatte, sagte der Graf:

"Das ist freilich ungeheuer geheimnisvoll. Der Kosak ist also fort?" — "Natürlich. Er ist entkommen." — "Wie hieß er?" — "Orjeltschafta."

Der Graf mochte nur gefragt haben, ohne eine besondere Absicht dabei zu hegen. Er interessierte sich für den jungen Mann, dem die Flucht auf eine so eigenartige Weise gelungen war. Als er aber diesen Namen hörte, ergriff er den Arm des Kreishauptmannes, zog ihn wieder auf die Kellertreppe zurück und sagte:

„Orjeltschasta! Wissen Sie das gewiß?" — „Ja." — „Sie irren sich wirklich nicht?" — „Nein. Sein Name ist ein so seltener, daß man ihn sich leicht einprägt. Nicht wahr, Iwan, er heißt so?" — „Ja," antwortete der Rittmeister, der von der Hausthür wieder herbeigekommen und zu ihnen getreten war. — „Alle Teufel, Orjeltschasta! Das ist doch wohl eigentlich gar kein russischer Name. Ich kenne eine deutsche Familie, eine ganz verdammte Sippe, der ich Tod und Rache geschworen habe. Ihr Name ist Adlerhorst. Das heißt auf russisch Orjeltschasta. Ein Sohn dieser Familie nennt sich Georg, also Jurji Orjeltschasta. Sollte das dieser Kerl sein?" — „Hm!" brummte der Rittmeister. „Was war dieser Georg?" — „Offizier." — „Das stimmt, das stimmt!" — „Wieso?" — „Als ich gestern mit ihm zusammengeriet, rühmte er sich, Offizier und Edelmann zu sein." — „Verflucht! Die Sache wird immer wahrscheinlicher. Seine Spur führte damals nach Rußland. Weshalb wurde er mit der Verbannung bestraft?" — „In der Liste steht, wegen Aufwiegelung." — „Das hat nichts zu sagen. Er wird sich bei einem seiner Oberen mißliebig gemacht haben. Da sind die Herren gleich mit der Verbannung da. Also wann ist er desertiert?" — „Heute nacht." — „Ah, wäre ich doch gestern schon gekommen! Ich hätte ihn erkannt." — „Kennen Sie ihn denn?" — „Ich habe ihn noch niemals gesehen. Aber die Glieder dieser Familie haben eine solche Aehnlichkeit untereinander, daß man sich gar nicht irren kann. Haben Sie eine Ahnung, wo er ist?" — „Nein." — „Aber Sie haben bereits Maßregeln zu seiner Ergreifung getroffen?" — „Auch nicht." — „Donnerwetter! Warum nicht? Das ist doch Ihre Pflicht. Ergreifen Sie ihn, und finde ich, daß er der betreffende Georg Adlerhorst ist, so zahle ich Ihnen freiwillig eine Prämie von tausend Rubeln." — „Heiliger

Baſtian! Wirklich?" — „Ja, ich halte Wort." — „Nun, ſo laſſe ich alle Minen ſpringen, und es iſt bereits jetzt ſo gut, als ob er ſchon wieder eingefangen ſei." — „Nur nicht zu ſanguiniſch!" — „Pah! Ich kenne mich und meine Leute. Aus Pflicht, aus Haß und Rache und um tauſend Rubel zu verdienen, werde ich alle Kräfte an= ſtrengen." — „So eilen Sie! Verſäumen Sie keine Minute. Selbſt eine Sekunde kann unter ſolchen Ver= hältniſſen koſtbar ſein." — „Das weiß ich gar wohl. Darum werde ich ſofort meine Maßregeln treffen. Aber draußen wartet das Volk noch. Nach der Anſicht dieſer Dummköpfe iſt der Teufel mit ſeiner Großmutter hier ins Haus hereingeflüchtet." — „Machen Sie ihnen doch etwas weis," lachte der Graf. „Brennen Sie in irgend einem Kamine oder vor einem Ofen Schwefel an, ſodaß es darnach ſtinkt. Dann ſagen Sie, der Satan ſei mit ſeiner Großmutter durch die Feuereſſe verſchwunden. Iſt vielleicht der Pope noch draußen?" — „Er ſteht ganz in der Nähe der Thür." — „Nun, ſo holen Sie den herein. Wenn er es riecht und glaubt, ſo glauben es die anderen auch. Alſo kommen Sie. Wir haben genug geſchwatzt und müſſen nun handeln. Ich will mit Gökala ſprechen, um ihr zu ſagen, wie ſie ſich nach meiner Ab= reiſe zu verhalten hat. Und dann treffe ich meine Reiſe= vorbereitungen. Sie aber mögen ſich zunächſt um Schwefel bekümmern." — „Der iſt droben in der Küche. Gehen wir hinauf." — „So kommen Sie!"

Die Männer verließen den Keller, traten in den Hausflur und ſchloſſen die Thür von draußen zu. Im Nu war Sam auf der oberſten Stufe und lauſchte. Er hörte deutlich, daß die hölzerne Treppe unter den Schritten der Fortgehenden knarrte.

Der Hausflur war leer. Schnell ſchob Sam den Riegel auf, trat hinaus und zog die Thür hinter ſich zu, ſodaß der Riegel wieder einſchnappte. Dann wandte er ſich zur Flucht.

Aber wohin nun? Zur Hausthür hinaus konnte

M. E.

er nicht, denn da sah man ihn. Also nach der Hinterthür! Sie sehen und öffnen war das Werk eines Augenblickes, und nun befand er sich in einem kleinen, schmalen, von Planken eingefaßten Hof. Schon dachte er daran, diesen Zaun zu überspringen oder einige Planken auszureißen, wobei er allerdings leicht gesehen oder gehört werden konnte, da bemerkte er glücklicherweise eine Pforte in dem Zaune, und zwar ganz am Hause liegend, sodaß er sich bis zu ihr an der Mauer hinschleichen konnte.

Das war ihm natürlich hoch willkommen. Rasch huschte er durch diese und befand sich nun auf einem größeren freien Platze, der als Küchengarten benutzt wurde.

Ein Rundblick zeigte ihm links eine zweite Pforte, die aus diesem Garten weiter führte. Wohin, das wußte er freilich nicht, aber es kam ihm vor allen Dingen darauf an, aus der Nähe des Hauses zu gelangen. Darum schlich er sich an der anderen Seite des Plankenzaunes nach dieser Pforte hin, die nur mit einem hölzernen Riegel verschlossen war, schob diesen zurück und lugte vorsichtig hinaus. Jetzt befand er sich in einer Art engen Gasse, die von ähnlichen Plankeneinfassungen gebildet wurde, und in der kein Mensch zu sehen war.

„Gott sei Dank!" seufzte er erleichtert auf. „Das Abenteuer hat ein glückliches Ende gefunden!"

---

## 11. Kapitel.

Sam eilte weiter, bog um mehrere Ecken und Häuser und gelangte nun von einer ganz anderen Seite auf den Platz, auf dem das Publikum versammelt war, um zu erfahren, welch ein Unheil der Teufel im Regierungsgebäude angerichtet habe.

Bemerkt muß werden, daß Sam sich nie von seiner alten Büchse zu trennen pflegte. Er hatte sie auch jetzt mitgehabt, und dadurch war ihm die Ausführung seines Vorhabens nicht wenig erschwert worden.

Seitwärts standen einige Pfähle, zu irgend einem Zwecke in die Erde gerammt. An zweien derselben lehnten Jim und Tim, die mit besorgten Mienen die Fronte des Regierungsgebäudes beobachteten. Sie wußten ihren Freund Sam im Inneren desselben und glaubten ihn in einer Lage, in der er wahrscheinlich ihrer Hülfe bedurfte. Darum heiterten sich ihre Mienen sofort auf, als sie ihn kommen sahen.

„Aber, alter Sam, wo kommst du her?" fragte Jim. „Wir meinen, du seiest dort links in dem alten Wigwam des hiesigen Regenten, und da kommst du von rechts her herbeigeschlichen! Wir haben beinahe Angst um dich gehabt." — „Angst? Was fällt euch ein! Bin ich denn ein Grünschnabel, daß ihr euch um mich ängstigen müßt?" — „Das nicht. Du hast ja da drüben in der Prärie so oft gezeigt, welch ein tüchtiger Junge du bist. Aber hier sind wir weder im Urwalde, noch in der Savanne, sondern in dem schönen Sibirien, wo man eine Sprache redet, die kein Teufel versteht, und alles so ganz anders ist. Wie ist es denn in dem Palaste?" — „Sehr gut! Sogar ausgezeichnet, sage ich euch!" — „Das läßt sich hören!" — „Es ist so gut gegangen, daß ich sogar zwei solche Zettel mitbringe."

Sam zeigte den Freunden seinen Raub.

„Was sind das für Liebesbriefe? Etwa gar Dollarnoten?" — „Beinahe. Es sind zwei Tausendrubelscheine." — „Heiliger Bimbam! Wie bist du zu diesem vielen Gelde gekommen?" — „Wie jeder Spitzbube." — „Alle Teufel! Hast du sie etwa gemaust?" — „Ja. Dem Herrn Kreishauptmann." — „Doch nicht etwa direkt aus seinem Geldkasten?" — „Nein, ein Einbrecher bin ich nicht, sondern ein grundehrlicher Kerl. Ich habe sie ihm nur aus der Tasche genommen." — „Tim, hörst du es? Und da nennt sich dieser Mensch einen grundehrlichen Kerl! Aber, Sam, eine besondere Bewandtnis hat es mit dem Gelde. Ein Spitzbube bist du nicht; also denke ich, daß diese Banknoten dir bei einer Gelegenheit an den Fingern kleben geblieben sind." — "Hast's erraten. Ich mauste etwas anderes, und da steckten sie mit dabei." — "Also dennoch gemaust!" — "Ja. Wenn ein ehrlicher Kerl einmal auf das Zuchthaus lossteuert, so greift er gleich mit vollen Händen zu. Ich will lieber wegen einer Million als wegen lumpiger zwei Dollars bestraft werden." — "Weiß Gott, der Kerl redet wie der reine Räuberhauptmann!" — "Bin es auch, und ihr beiden seid meine Räuberbande." — "Danke für die Ehre! Habe keinen Appetit, eines schönen Tages am Galgen vorüberzulaufen und mich zu meinem großen Schrecke daran baumeln zu sehen." — "So weit ist es noch nicht. Dazu sind wir zu klug. Erwischen lassen, das ist nicht unsere Gewohnheit. Freilich war ich jetzt nahe daran und bin froh, so heiler Haut davongekommen zu sein. Aber schaut, da wird die Thür geöffnet. Der Herr Rittmeister tritt heraus. Er hat wahrhaftig die Kosakenuniform an. Soeben war er noch in Civil." — "Du meinst in Teer und Werg?" — "Nein, das hatte er sich mit Petroleum weggewaschen; dann zog er ganz gewöhnliches Zeug an, Rock, Hose und Weste. Er hat sich also, seit er aus dem Keller ist, in einen anderen Gottfried Adam gesteckt." — "Keller? War er im Keller?" — "Ja, er, zwei andere und auch ich. Seht, er ruft den Popen hinein, diesen frommen Master Teufelsbanner. Er wird ihm eine famose Anekdote aufbinden." — "Das weißt du?" — "Ja. Ich habe alles gehört. Aber da schaut nur einmal! Jetzt kommt der Pope wieder. Er wird das Volk zerstreuen. Horcht!"

Wirklich erhob der Pope seine Stimme. Jim und Tim verstanden zu wenig Russisch, als daß sie hätten wissen können, was er sagte. Sie fragten also Sam. Er antwortete:

"Er sagt, der Teufel sei mit seiner Großmutter infolge der glücklichen Beschwörung in das Regierungs-

M. E.

gebäude geflohen und dort vor Angst zur Esse hinausgefahren, und alle Gefahr sei vorüber. Man solle sich nun ruhig und getrost nach Hause begeben. Seht, die Leute schlagen drei Kreuze und trollen sich von dannen. So wird es in Sibirien gemacht. In Amerika würde der Pope tot geschlagen oder an den nächsten Laternenpfahl aufgehängt." — „Gehen wir auch?" — „Nein. Der Herr Rittmeister wird gleich kommen. Wahrscheinlich geht er zunächst zu den beiden Posten. Ich möchte gern hören, was er sagt."

Sam hatte richtig gerechnet. Noch war die Menge nicht verlaufen, so trat der Rittmeister wieder aus dem Hause, und als er die drei Fremden erblickte, die ihm gestern abend so viel Anlaß zu Aerger gegeben hatten und ihm den verlangten Respekt schuldig geblieben waren, glaubte er, sich jetzt bei ihnen in Respekt setzen zu müssen, und bediente sich zu diesem Zwecke der beiden Posten.

Er erhob die Peitsche, die er als sibirischer Offizier bei sich führte, zog sie jedem der beiden Kosaken einige Male über den Rücken und schnauzte sie an:

„Da, ihr Hunde, habt ihr eine Abschlagszahlung! Anstatt eure Pflicht zu thun, habt ihr Allotria getrieben, und nun ist der Teufel mit seiner Großmutter gekommen und hat den Gefangenen befreit, der mit ihm im Bunde stand. Daran seid ihr ganz allein schuld, und so sollt ihr eure Strafe haben!"

Der eine der Kosaken wollte etwas zu seiner Entschuldigung sagen, aber der Rittmeister versetzte ihm einen neuen wuchtigen Hieb und schrie ihn an:

„Schweig, Bube! Willst du dein Maß noch voll machen? Eigentlich sollte ich euch in Eisen legen lassen, aber das ist noch viel zu wenig. Ihr habt die ganze Nacht hier gestanden, und ihr sollt noch bis gegen Abend hier stehen, ohne Essen und Trinken. Das ist schlimmer als Arrest. Und nachher erhält jeder vor der Front hundert Knutenhiebe auf den nackten Rücken." — „Väterchen, da müssen wir ja sterben," sagte der andere. „So lange stehen, und dann hundert Hiebe, das hält keiner aus." — „Ihr sollt es auch gar nicht aushalten. Ich werde euer Fleisch dann den Wölfen vorwerfen lassen."

— „Väterchen, übe Gnade! Fünfzig sind auch genug!" — „Schweig', sonst gebe ich euch noch extra eine Verschärfung und lasse euch eine Stunde vor der Exekution binden und Pfeffer in die Augen streuen."

M. E.

Die Kosaken schwiegen jetzt, und der Rittmeister schritt erhobenen Hauptes von dannen.

Als Sam den beiden anderen erklärte, was der Rittmeister gesagt hatte, meinte Tim empört:

„Hundert Knutenhiebe! Mein guter Sam, wie wäre es, wenn er sie selbst bekäme?" — „Wollen sehen!" — „Und Pfeffer in die Augen! Ich würde mich sehr freuen, wenn er einmal an sich selbst erführe, wie das thut." — „Vielleicht läßt es sich machen, wenigstens so ähnlich. Ich will einmal hin zu den beiden armen Kerlen."

Sam ging langsam auf die Kosaken zu und fragte:

„Hört, ihr guten Leute. Ich habe alles gehört, was der Rittmeister zu euch gesagt hat. Wird er das alles wahr machen?" — „Er wird es thun. Darauf kannst du dich verlassen." — „Alle Teufel! Das ist ja euer Tod!" — „Wir wissen das und müssen es uns doch gefallen lassen." — „Mensch, das sagst du so ruhig?" — „Soll ich etwa heulen? Das würde doch nichts ändern. Ich bin Soldat und weiß zu sterben." — „Giebt es denn keinen Menschen, der um euch weinen wird?"

Da nahm das Gesicht des Kosaken einen ganz anderen, einen sehr betrübten Ausdruck an, und er antwortete:

„Ich habe ein altes, gutes Mütterchen daheim, das wird sich tot weinen. Und meine Marianka wird sterben vor lauter Herzeleid." — „Marianka ist deine Geliebte?" — „Ja. Ich bin nun zwei Jahre Soldat im aktiven Dienst. Ich hätte noch volle acht Jahre aktiv zu dienen gehabt, und so lange wollte Marianka warten. Dann wäre sie mein gutes Weibchen geworden. Nun ist das alles aus. Ich werde erschlagen wie ein Wolf."

Auch der andere Kosak fuhr sich mit der Hand nach den Augen.

„Und du?" fragte ihn Sam. „Hast du auch ein Liebchen?" — „Ja," nickte er. „Sie heißt Ruschinka und wollte auch auf mich warten. Sie ist arm und ernährt meine zwei kleinen Geschwister, weil meine Eltern gestorben sind." — „So ist sie ein sehr braves und gutes Mädchen." — „Sie ist besser als eine Seele. Mein Kamerad kennt sie, denn wir sind aus einem und demselben Dorfe. Nun muß ich sterben, und sie wird den Waisen eine Mutter sein."

Es war rührend, die einfachen Menschen in dieser Weise reden zu hören, und ein heiliger Grimm erfaßte Sam. Er fragte:

„Aber warum wollt ihr die Ausführung dieses ungerechten, unmenschlichen Urteiles so widerstandslos über euch ergehen lassen? Ich an eurer Stelle würde fliehen." — „Desertieren? Väterchen, das verstehst du nicht. Man würde mich wieder einfangen, und dann wäre meine Lage schrecklicher noch als vorher." — „Ihr seid verdammt ehrliche und treue Kerle. Ich wollte, ich könnte euch helfen." — „Das ist unmöglich." — „Pah! Ich werde es doch versuchen."

Der Kosak betrachtete Sam vom Kopfe bis zu den Füßen. Ein schwaches Lächeln glitt über sein Angesicht, als er antwortete:

„Verzeihe mir, Väterchen! Du siehst nicht so aus, als ob du uns helfen könntest!" — „Meinst du? Hm! Wird denn ein jeder bei euch Soldat?" — „Nein. Nur derjenige, den das Los trifft. Und wer Geld besitzt, der kann einen Stellvertreter bezahlen." — „Wieviel würde euch denn jetzt ein Stellvertreter kosten?" — „Für zweihundert Rubel fänden wir welche, für dreihundert Rubel aber so viele, daß man die Wahl hätte." — „Wie fängt man es denn an, wenn man einen Stellvertreter sucht?" — „Man sagt es dem Polizisten. Wenn man dem Polizisten von Platowa hier fünf Rubel schenkt, so bringt er in einer halben Stunde gleich zehn Ratniki." — „Was sind das für Leute?" — „Das sind junge, militärtaugliche Männer, die sich aber freigelost haben." — „Und bei wem würde der Stellvertretungskontrakt abgeschlossen?" — „Beim Rittmeister." — „Wenn er

M. E.

nun die Ratniki zurückwiese?" — „Das kann er nicht, weil sie eben tauglich sind." — „So! Ich danke euch für die erteilte Auskunft. Nun sagt mir noch eure Namen. Ich will sie mir aufschreiben." — „Warum?" — „Das werdet ihr vor eurem Tode noch erfahren."

Die Kosaken erfüllten Sam seine Bitte. Er notierte sich die Namen und ging dann fort, während sie ihm kopfschüttelnd nachblickten. Eben als er bei den Gefährten anlangte, wurde der Seitenhof des Regierungsgebäudes geöffnet, und es kamen zwei gutbespannte Wagen hervor.

„Wer mag da verreisen?" fragte der lange Jim. — „Graf Polikeff." — „Der? Ich denke, der bleibt hier." — „Nein. Laßt uns beiseite treten, dort hinter jenen Plankenzaun. Ich will euch erzählen, was ich vorhin erlauscht habe."

Jim und Tim folgten Sam nach dem angegebenen Orte, und nachdem sie sich dort überzeugt hatten, daß sie unbeobachtet seien, erstattete er ihnen ausführlichen Bericht. Sie hörten ihm mit der größten Spannung zu. Als er geendet hatte, meinte Tim in ziemlicher Erregung:

„Also Kosak Nummer Zehn ist ein Adlerhorst; das wußten wir bereits. Aber der Vater von Gökala ist auch da, und der Graf will ihm nach! Das müssen wir natürlich verhüten. Lassen wir ihn arretieren." — „Etwa durch den Kreishauptmann?" — „Ja." — „Dumme Ansicht! Der ist ja sein Verbündeter. Der würde uns betrügen." — „So willst du dich also seiner Abreise gar nicht widersetzen?" — „Nicht im geringsten." — „Sam, das ist ein großer Fehler!" — „Ich glaube nicht." — „Weißt du denn, was geschehen kann, wenn er den Maharadscha erreicht? Sie sind Todfeinde, und er würde ihn im äußersten Falle töten." — „Pah! So schnell geht das nicht!" — „Und Nummer Zehn, nämlich Georg Adlerhorst, ist desselben Weges geritten. Er hat Gisa, den Tungusen, als einzigen Begleiter bei sich. Wie nun, wenn der Graf diesen erreicht?" — „Das kann ich nicht hindern." — „Es wird Mord und Tot=

schlag geben!" — „Schwerlich! Wir dürfen uns nicht von unseren augenblicklichen Gefühlen hinreißen lassen. Steinbach hat uns streng befohlen, nicht von Platowa fortzugehen, sondern ihn hier zu erwarten. Schon morgen trifft er ein. Das ist zeitig genug. Er mag dann selbst bestimmen, was geschehen soll."

Jim und Tim waren zunächst nicht mit Sam einverstanden. Aber als er sich ihnen näher erklärte, gaben sie ihm doch noch recht. Dann meinte der erstere:

„Also dieser famose Kreishauptmann ist selbst ein Verbannter! Den werden wir beim Schopf nehmen!" — „Natürlich! Auch das überlassen wir unserem Steinbach. Der hat so seine eigene Art und Weise, mit solchen Leuten umzuspringen. Wir haben das Geschick gar nicht dazu. Aber ich werde ihnen doch bereits heute einen kleinen Vorgeschmack beibringen." — „Was willst du thun?" — „Das werdet ihr gleich sehen. Dort kommt gerade derjenige, den ich dazu brauche." — „Wer ist das?" — „Ein Polizist, wie ich an der Kleidung sehe." — „Was hast du mit ihm?" — „Ihr werdet es hören. So viel Russisch habt ihr schon gelernt, um unser Gespräch leidlich zu verstehen."

Der Polizist war aus einem nahen Hause getreten und kam so herbei, daß er an ihnen vorüber mußte. Er hatte eine echt russische Physiognomie, einen mächtigen Vollbart und ein kleines Stumpfnäschen, das höchst naiv unter den beiden treuherzigen Augen hervorblickte. Dieses Näschen hatte eine intensive, blaurote Farbe, vielleicht weniger davon, daß es einmal erfroren war, sondern, daß der Besitzer einen guten Wodka liebte.

Er grüßte und wollte vorüber.

„Halt, Väterchen!" sagte Sam. „Hast du Zeit, um mir eine Frage zu beantworten?"

Der Mann blieb stehen, betrachtete den Dicken eine Weile, fühlte ihm dann an die Seitentaschen und antwortete:

M. E.

„Hast du ein Fläschchen bei dir, Väterchen?" — „Nein." — „So habe ich auch keine Zeit!"

Der Polizist wandte sich um und wollte weiter. Sam aber erwischte ihn noch am Arme und sagte:

„Du hast wohl Appetit auf einen Schluck?" — „Stets." — „Den sollst du haben." — „So komm' mit mir!"

Der Blaunasige wollte abermals fort, aber Sam hatte ihn fest, griff in die Tasche, hielt ihm einen Rubel entgegen und fragte:

„Wie viel Wodka wirst du wohl dafür bekommen?" — „Heilige Kathinka! Mehr als ich in einer ganzen Stunde zu trinken vermag." — „Hier! Er ist dein."

Der Wächter des Gesetzes griff schnell nach dem Geldstück, versenkte es in seine weite Hosentasche und sagte:

„Väterchen, du bist ein Prachtkerlchen. Womit kann ich dir ein Vergnügen machen?" — „Damit, daß du mir einen Auftrag ausrichtest. Sind hier Ratniki zu finden?"

„Genug. Es giebt viele, die sich freigelost haben, und ich kenne sie alle." — „Sind unter ihnen welche, die man als Stellvertreter ankaufen könnte?" — „Jawohl! Willst du fünf oder zehn oder zwanzig?" — „Nur zwei." — „Doch nicht etwa für dich oder diese beiden langen Väterchen?" — „Nein, sondern für zwei Bekannte von mir." — „Wie lange haben diese noch zu dienen?" — „Acht Jahre. Wieviel hätte ich da für die Stellvertretung zu bezahlen?" — „Wenn du sehr nobel sein willst, so zahlst du zweihundertundfünfzig Rubel." — „Die will ich gern bezahlen." — „So kann ich dir die zwei tüchtigsten aussuchen. Soll ich zu ihnen gehen?" — „Ich bitte dich darum." — „Gut. Aber soll ich auch gleich gehen?" — „Natürlich!" — „Das kann ich nicht." — „Warum? — „Weil du die Hauptsache vergessen hast."

Der Polizist machte ein sehr würdevolles Gesicht, zeigte mit dem Spitzfinger gegen sich selbst und fuhr fort:

M. E.

„Mich!" — „Ja, du hast recht," lachte Sam. „Du bist die Hauptsache oder vielmehr der Hauptkerl dabei. Wieviel verlangst du, vorausgesetzt, daß der Handel zu stande kommt?" — „Du bist ein nobles Väterchen, und

so will auch ich nobel sein. Du bezahlst mir für den Mann drei Rubel, zusammen also sechs." — „Die gebe ich nicht." — „Ist es dir zu viel? Du bist wohl aus weiter Ferne gekommen und kennst die Verhältnisse nicht." — „Nein, es ist mir nicht zu viel, sondern zu wenig. Ich gebe dir für den Mann fünf, zusammen also zehn Rubel."

Da ergriff der Polizist Sams Hand, küßte sie inbrünstig und rief:

„Ja, ja, Väterchen, ich dachte es gleich. Du bist ein nobler Herr. Ich werde dich fein bedienen." — „Und außerdem bezahle ich noch, was du mit den beiden Stellvertretern heute trinken wirst."

Der Mann sperrte das Maul weit auf, starrte dem Dicken eine Weile in das lächelnde Gesicht und fragte dann:

„Ist das dein Ernst?" — „Ja." — „Aber ich bin ein ehrlicher Mann und muß dich also fragen: Weißt du, wie viel drei solche Männer, wie ich bin, trinken können?" — „Ich kann es mir vorstellen. Ich denke, ihr trinkt so viel, bis ihr unter dem Tische liegt." — „Siehst du, daß du es nicht weißt! Wir trinken auch unter dem Tische noch." — „Das soll mich freuen." — „Und du willst das wirklich bezahlen?" — „Ja."

Da breitete der Polizist voller Entzücken seine Arme aus, zog den Dicken an seine Brust, schmatzte ihn, daß es laut klatschte, und schrie:

„Väterchen, Herzchen, Liebchen, du bist ein Engel unter den Menschen, ein Erlöser aus aller Trübsal, ein Tröster der Traurigen, ein Retter aller —" „Schon gut, schon gut!" beschwichtigte Sam den Wonnetrunkenen, indem er sich von ihm losriß. „Ich zahle, und damit Punktum! Aber ich mache eine Bedingung. Ihr trinkt nicht eher einen Schluck, als bis wir beim Rittmeister gewesen sind und den Vertrag zu Ende gebracht haben." — „O, das wird wohl kaum auszuhalten sein!" — „Ich muß aber darauf bestehen!" — „Wenn du es befiehlst, so müssen wir freilich gehorchen. Aber mir wirst du doch erlauben, vorher meinen Rubel zu vertrinken?" — „Nein. Du könntest mir betrunken werden."

Da zog der Polizist ein betrübtes Gesicht und klagte in vorwurfsvollem Tone:

M. E.

„Väterchen, wie beleidigst du mich! Für einen Rubel bekomme ich nur fünf Flaschen voll Wodka. Wie kann ich davon betrunken werden! Das ist ja kaum genug, den Durst eines Säuglings zu stillen." — „Donnerwetter! Ihr scheint ja allerliebste Säuglinge zu haben." — „Bekommen sie bei dir daheim keinen Schnaps?" — „Nein." — „Die armen Kinder." — „Es ist sogar gesetzlich verboten." — „Welch eine Regierung! Nicht wahr, der Zar regiert nicht bei euch?" — „Nein." — „Das kann ich mir denken. Er würde Mitleid mit den armen Würmchen haben, die ja massenhaft sterben müssen, wenn sie keinen Wodka bekommen. Also ich darf den Rubel vertrinken?" — „Nein. Du würdest die Zeit versäumen, die mir kostbar ist." — „Du irrst. Ich brauche nur eine Viertelstunde dazu." — „Herr meines Lebens! Fünf Flaschen Wodka in einer Viertelstunde! Mensch, bist du denn bei Troste?" — „Bei Trost? Dann noch lange nicht. Wenn ich ganz voll Trost sein soll, so mußt du verschiedene Rubel bezahlen." — „Bitte, zeig' mir mal den deinigen her." — „Hier ist er. Warum willst du ihn noch einmal sehen?"

Der Polizist zog den Rubel aus der Tasche und hielt ihn dem Dicken hin. Dieser nahm ihn schnell weg, steckte ihn ein und antwortete:

„Weil ich ihn doch lieber behalten will." — „Väterchen, was machst du! Willst du mich betrügen?" — „Nein, ich bin ein ehrlicher Mann, aber ich liebe Nüchternheit beim Geschäft. Bringe zwei Ratniki, und dann kannst du meinetwegen saufen, daß dir der Wodka aus allen Poren läuft." — „Ist das wahr? Wirst du mir dann den Rubel wiedergeben?" — „Natürlich. Ich halte Wort." — „So will ich dir glauben. Aber wohin soll ich die Ratniki bringen?" — „Bringe sie nach dem Gasthofe. Ich werde in einer halben Stunde dort sein." — „Gut, Väterchen, ich eile."

Der Polizist ging schnell fort, blieb aber dann stehen, wandte sich um, kam zurück und fragte:

M. E.

„Also nur ich und die beiden Ratniki dürfen trinken, so viel wir wollen?" — „Ja." — „Schön!"

Der Wächter des Gesetzes eilte davon, aber nur wenige Schritte weit, dann kehrte er abermals um und sagte:

„Verzeihe, Väterchen! Ich habe ein Weibchen, ein gutes, folgsames Weibchen. Sie liebt den Wodka sehr. Darf sie nicht mittrinken? Ich möchte sie gern mitbringen." — „Meinetwegen." — „So viel sie will?" — „Ja." — „Ich danke dir! Du bist die Sonne der Gnade und Freigebigkeit. Jetzt eile ich."

Aber er kam abermals zurück.

„Mein gutes Väterchen. Dein gutes Herz wird nicht wollen, daß eine Unschuldige leer ausgehe. Ich habe ein Töchterchen. Ihre Wangen sind wie Sirup, und ihre Augen wie wilde Schlehen so rund. Darf sie auch mittrinken?" — „Wie alt ist sie?" — „Fünfzehn Sommer und sechzehn Winter." — „Trinkt sie etwa für jeden Sommer eine Flasche und auch für jeden Winter eine?" — „Wenn sie Durst hat, mag sie es fertig bringen." — „Alle Wetter! Hast du etwa noch eine Person, die eine so durstige Leber hat?" — „Ja, dann weiter niemand." — „Wer ist diese einzige?" — „Meine Schwiegermutter, die Mutter meines Weibchens." — „Nicht übel! Kann sie auch trinken?" — „O, die trinkt mich unter den Tisch." — „Saubere Brut! Na, bring' die beiden mit, nämlich die Tochter und die Schwiegermutter. Für die Frau hast du meine Erlaubnis bereits." — „Väterchen, mir fehlt die Sprache, dir zu sagen, wie lieb ich dich habe." — „Schon gut." — „Meine Frau wird dich achten —" — „Sehr schön!" — „Meine Tochter dich lieben —" — „Noch schöner!" — „Und meine Schwiegermutter an deinem Halse hängen —" „Alle Wetter! Das will ich mir verbitten! Mach' dich von dannen! Wenn du noch einmal umkehrst, so ziehe ich meinen Auftrag zurück, und es wird aus der ganzen Sache nichts!" — „Das mögen alle achthundert Heiligen

M. E.

verhüten. Ich laufe, ich eile, ich renne! In einer halben Stunde ist alles besorgt."

Der Polizist rannte davon, als ob er um sein Leben zu laufen habe.

„Habt ihr's verstanden?" fragte Sam lachend die beiden Freunde. — „Ja, wenn auch nicht jedes Wort," antwortete Tim. „Donnerwetter, was ist das hier für eine Gesellschaft! Das geht ja über alle Begriffe!" — „Ja. Wir müssen uns den Spaß machen und die Sippschaft besuchen, wenn sie bei den Flaschen sitzt." — „Aber zahlen wirst du müssen!" — „Das kann ich. Ich habe ja Geld, sehr billiges Geld — zweitausend Rubel! Ich will diesen zwei Scheinen zwei rechtmäßige Herren verschaffen. Ahnt ihr denn nicht, was ich vorhabe?" — „Hm! Ich weiß, wer die Rubel erhalten soll," meinte Jim. „Der Sam ist ein Schlaukopf und ein seelensguter Kerl. Die beiden Posten dort am Feuerwerksgebäude sollen losgekauft werden. Habe ich recht, Dicker?" — „Hast's getroffen. Ich werde mit dem Herrn Rittmeister ein Wort sprechen, daß ihm die Haare zu Berge stehen sollen. Er wird mir — horch, Wagengerassel! Da müssen wir nachschauen!"

Sie traten um die Ecke, und zwar noch zur rechten Zeit, um zu sehen, daß der Graf mit zwei Wagen abfuhr, begleitet von zehn gut berittenen Kosaken. Die Wagen enthielten die Requisiten, die er zu dieser Reise für notwendig gehalten hatte.

„Da ist er also fort," sagte Jim. „Weißt du, wohin?" — „Ja," antwortete Sam. „Wir werden später noch darüber sprechen. Jetzt aber wollen wir zu diesem Herrn Rittmeister gehen." — „Wir alle drei?" — „Natürlich." — „Wohl wegen dieses famosen Duelles?" — „Ja. Ich werde es ihm natürlich nicht schenken. Also kommt!"

---

M. E.

## 12. Kapitel.

Die drei Männer schritten langsam und gravitätisch dem Regierungsgebäude zu. Waren sie schon anderwärts, drüben in Amerika, geeignet, die öffentliche Aufmerksamkeit auf sich zu ziehen, wieviel mehr erst hier im Osten von Sibirien. Der kleine Dicke und die zwei baumlangen, dünnen Brüder stachen von aller Welt so sehr ab, daß sie die Blicke aller ihnen Begegnenden auf sich zogen. Sie machten sich nicht nur nichts daraus, sondern fanden sogar ein sehr großes Vergnügen daran.

Als sie die Thür des Gebäudes erreicht hatten, trat ihnen ein Bediensteter entgegen und fragte nach ihrem Begehr.

„Ich möchte den Rittmeister sprechen," antwortete Sam. — „Den Herrn Rittmeister meinst du wohl?" — „Meinetwegen." — „Was willst du von ihm?" — „Etwas, was du nicht zu wissen brauchst, mein Brüderchen." — „So melde ich dich nicht." — „Das magst du machen, ganz wie es dir beliebt; aber ich werde doch zu ihm gehen." — „Unangemeldet darfst du das nicht." — „Wer will es mir verbieten?" — „Ich." — „So! Nun, so verbiete es mir doch einmal." — „Das will ich hiermit gethan haben." — „Schön! So kannst du nun abtreten."

Sam nahm den Diener und warf ihn zur Thür hinaus, sodaß er sich draußen niedersetzte. Dann ging er mit den beiden anderen nach der Treppe und stieg dieselbe empor.

Da wurde droben eine Thür aufgerissen, der Kreishauptmann trat heraus und fragte zornig:

„Was giebt's denn zu lärmen?" — „Diese Männer wollen zum Herrn Rittmeister," antwortete der Diener. — „Der ist nicht zu sprechen." — „Das habe ich den Herren auch schon gesagt. Sie aber haben mich dafür zur Thür hinausgeworfen." — „Donnerwetter! Das

M. E.

wagt man in meinem eigenen Hause?" — „Rede keinen
Unsinn, teures Väterchen!" lachte Sam. „Das ist gar nicht
dein Haus." — „So! Wessen denn?" — „Das gehört
dem guten Zaren, und wenn du deine Pflicht nicht thust,

so wirst du ganz ebenso an die Luft gesetzt, wie ich
diesen braven Mann hinausgesetzt habe. Also dein Sohn
ist nicht zu sprechen?" — „Nein." — „Warum nicht?"
— „Er hat keine Zeit." — „So werde ich ihm gleich

Zeit machen. Wo befindet er sich?" — „Das geht euch nichts an."

Sam hatte seine alte Präriebüchse im Arme. Jetzt ließ er sie fallen, daß ihr Kolben dröhnend auf den Fußboden schlug, und rief: „Mensch, ich frage, wo er ist."

Dabei sah er dem Kreishauptmann so drohend ins Gesicht, daß der Beamte ganz erschrocken zurückfuhr und antwortete:

„In seiner Stube." — „Zeige sie uns." — „Kommt!"

Der Kreishauptmann wagte nicht, noch einmal zu widersprechen, sondern öffnete eine Thür und trat mit ihnen ein. Hier saß der Rittmeister, eine Cigarre rauchend, behaglich auf dem Sofa.

„Ah!" sagte Sam. „Man sieht, daß er keine Zeit hat. Guten Morgen, Herr Rittmeister."

Der Genannte stand auf, musterte Sam mit zornigen Blicken und fragte, ohne den Gruß zu erwidern:

„Hat man euch nicht gesagt, daß ich keine Zeit habe? Warum drängt ihr euch trotzdem herein?" — „Weil auch wir keine Zeit haben. Wir müssen mit dir reden." — „Kommt später wieder." — „Das geht nicht, denn die Angelegenheit erleidet keinen Aufschub." — „Was ist's?" — „Das Duell." — „Donnerwetter! Geht zum Teufel!" — „Auch dazu haben wir keine Zeit. Aber wenn du meinst, daß der Teufel Gesellschaft braucht, so werde ich dich zu ihm senden." — „Ich duelliere mich nicht." — „So! Ist das dein Ernst?" — „Ja." — „So nimmst du die Beleidigung ruhig hin?" — „Ihr könnt mich nicht beleidigen." — „Bist du ein so vornehmer Herr? Das hätte ich dir wirklich nicht angesehen. Na, du magst es halten, wie du willst; aber du hast auch uns beleidigt, und das lassen wir nicht auf uns sitzen. Schau dich also nach einem Sekundanten um." — „Fällt mir nicht ein!" — „So zwinge ich dich. Wenn du mir Genugthuung verweigerst, so bist du ein ehrloser Kerl, und ich behandle dich als solchen. Wo und wann ich dich sehe, bekommst du Ohrfeigen."

M. E.

Der Rittmeister erbleichte.

"So lasse ich euch knuten!" rief er aus. — "Pah! Wir sind nicht Unterthanen des Zaren. Wir stehen unter dem Schutze des amerikanischen Gesandten und haben weder dich noch deine Knute zu fürchten. Also entschließe dich. Schießt du dich mit mir?" — "Nein." — "So bist du ein ehrloser Bube und mußt als ein solcher gezüchtigt werden. Da!"

Sam holte aus und gab dem Rittmeister eine solche Ohrfeige, daß der Getroffene gegen die Wand flog. Sein Vater wollte zur Thür hinaus, um nach Beistand zu rufen; aber Jim und Tim hielten ihn fest.

Der Rittmeister war zunächst wie sprachlos und hielt sich mit der Hand die getroffene Backe; dann aber stieß er einen Schrei der Wut aus, griff nach der Knute, die auf dem Tische lag und holte zum Schlage aus. Doch schon stieß Sam ihm den Kolben des Gewehres an den Leib, daß er zurücktaumelte, und sagte lachend:

"Laß die Peitsche, mein Brüderchen! Sobald du mich mit derselben zu berühren wagst, schieße ich dir eine Portion Blei ins Gehirn. Mir bist du nicht gewachsen." — "Vater, Vater, laß sie einsperren, und zwar sofort, sofort!" schrie der Rittmeister. — "Laß dich doch nicht auslachen," antwortete Sam. "Uns einsperren! Dazu seid ihr alle beide die Kerle nicht." — "Meinst du, daß wir euch nicht bändigen?" brüllte der Offizier. — "Ja, das meine ich." — "Vergiß nicht, daß ich der Kommandant der hiesigen Militärmacht bin." — "Na, diese Macht gleicht ganz ihrem Kommandanten. Versuche es doch einmal mit ihr gegen uns." — "Das soll sogleich geschehen."

Der Rittmeister trat an das Fenster.

"Halt!" gebot da Sam. "Sobald du das Fenster öffnest, schieße ich dir eine Kugel durch den Kopf."

Sam legte das Gewehr an. Jetzt fuhr der Rittmeister angstvoll zurück und rief:

"Bist du toll?" — "Nein. Aber bei mir heißt es:

M. E.

Wie es in den Wald schallt, so schallt es wieder heraus. Ich bin ganz so gegen euch, wie ihr es verdient." — "Poche ja nicht so viel auf deinen Konsul." — "Ein anderer Kerl ist er als du. Verstanden? Du hast keine Ehre. Wo ich dich sehe, werde ich dich durch Ohrfeigen zwingen, dich mit mir zu schießen. Das merke dir. Und dann sollen auch alle erfahren, wer vorhin der Teufel und wer seine Großmutter gewesen ist." — "Ah! Wer denn?" — "Ihr beide. Wir haben euch erkannt." — "Das ist unmöglich. Wir waren daheim." — "So! Und der Graf hat euch hier so ganz vergeblich gesucht?" — "Was weißt du von dem Grafen!" — "Mehr als ihr. Wer sich in Werg wickeln und mit Teer beschmieren läßt, mit dem machen wir kein langes Federlesen. Also merkt euch, was ich gesagt habe. Jetzt gehen wir; aber sobald du dich vor mir sehen läßt, erhältst du die versprochenen Ohrfeigen. Ich halte Wort." — "Und ich lasse dich einstecken und prügeln." — "Ihr habt unsere Legitimationen gesehen. Wagt es. Der Gouverneur soll es erfahren, was für einen Militärkommandanten er hier in Platowa hat."

Sam ging, und Jim und Tim folgten ihm. Die beiden Russen aber blickten sich an. Sie waren ganz ratlos.

"Schreckliche Kerle!" stieß der Vater hervor, indem er mit der Faust drohte. — "Was wollen sie eigentlich hier?" "Jenen geheimnisvollen Steinbach erwarten. Wenn der uns nur nicht auch noch Unannehmlichkeiten bringt!" — "Woher wissen sie, daß wir die Teufel gewesen sind? Sollten — sollten sie es sein, die die Nummer Zehn befreit haben?" — "Donnerwetter!" — "Zu vermuten ist es. Sie haben sich schon gestern seiner angenommen. Sie sind äußerst gewaltthätige Leute. Kennst du irgend einen hiesigen Menschen, dem es zuzutrauen ist, uns in dieser Weise zu behandeln?" — "Nein." — "Ich auch nicht. Und das Teeren eines Menschen ist eine ganz amerikanische Manipulation. Ich wette, sie sind es gewesen." — „Und wer ist schuld daran? Die Nummer Zehn und die beiden Kosaken, die Posten standen. Ich habe ihnen hundert Knutenhiebe versprochen. Sie sollen sie erhalten!" — „Auf alle Fälle. Jetzt aber laß mich in Ruhe. Ich muß ein wenig schlafen. Ich habe natürlich während der ganzen Nacht kein Auge zugethan." — „Ich ebensowenig. Auch ich lege mich nieder."

Beide sollten indes die gewünschte Ruhe nicht lange genießen.

Sam war nämlich mit den beiden Brüdern nach dem Wirtshause gegangen. Dort saß bereits der Polizist mit zwei jungen, kräftigen Kerlen. Zwei Frauen, eine jüngere und eine ältere waren auch da. Jedenfalls seine Frau und Tochter, die auf den versprochenen Schnaps warteten.

Als der Polizist die Eintretenden erblickte, stand er auf, kam ihnen entgegen und sagte:

„Väterchen, hier sind die beiden Männer, die ich dir besorgt habe. Du wirst mit ihnen und also auch mit mir sehr zufrieden sein." — „Wollen sehen. Haben sie ihre Freischeine mitgebracht?" — „Ja. Sie müssen dir doch beweisen, daß sie wirklich Ratniki sind." — „Zeigt einmal her!"

Die jungen Männer gaben Sam die Scheine, und als er sich überzeugt hatte, daß alles stimmte, wurden sie handelseins. Sam versprach ihnen einen anständigen Preis und forderte sie auf, sich sofort mit ihm zu dem Rittmeister zu verfügen.

„Aber Väterchen," meinte der Polizist. „Wie steht es denn mit dem Wodka, den du uns versprochen hast?" — „Den erhaltet ihr." — „Und auch mein Geld?" — „Zahlen werde ich erst dann, wenn die Sache in Ordnung ist." — „Du hast recht. Aber wir haben Durst. Sollen wir so lange warten? Das können wir nicht aushalten." — „So laßt euch einstweilen eine Flasche geben!" — „Eine — eine einzige? Soll mein Weib

M. E.

verdursten und meine Tochter mit ihr!" — „Ich denke, ihr habt genug, bis wir wiederkommen. Die Flaschen sind ja groß."

Sam deutete nach einem Tische, auf dem eine ganze Anzahl gefüllter Bouteillen stand.

„Groß!" rief der Polizist. „Soll ich dir einmal zeigen, wie groß sie sind?" — „Ja." — „Du bezahlst sie?" — „Natürlich."

Der Polizist nahm eine der drei Flaschen vom Tische, entkorkte sie, setzte sie an den Mund und trank sie vollständig leer. Dann schnalzte er mit der Zunge, verdrehte die Augen und rief:

„Das ist ein Trank! Zwanzig solcher Flaschen in einer Stunde! Das wäre gerade, als ob man sich im Himmel befände!" — „Ja, selig würdest du dann wohl sein. Aber ich will nicht grausam gegen euch sein. Nimm dir noch eine Flasche und gieb auch deiner Frau und Tochter jeder eine!"

Das ließ sich der Mann nicht zweimal sagen. Die Flaschen waren im Augenblick entkorkt. Er leerte seine zweite. Die beiden Frauen nahmen sich mehr Zeit; aber sie hatten auch ein solches Gefälle, daß sie voraussichtlich in fünf Minuten keinen Tropfen mehr hatten.

Sam machte sich mit den Ratniki und Jim und Tim auf den Weg.

Im Regierungsgebäude angekommen, sahen sie denselben Diener wieder. Er saß auf einer der Treppenstufen und aß Knoblauch. Als er sie erblickte, stand er auf und fragte, ihnen einen haßerfüllten Blick zuwerfend:

„Was wollt ihr schon wieder?" — „Dir eine Ohrfeige geben."

Bei diesen Worten holte Sam aus. Da that der Mann einige Sprünge und verschwand durch die Hinterthür. Er hatte ja erfahren, daß mit diesen fremden Männern nicht zu scherzen sei!

Das Kommen derselben wurde auch anderweit bemerkt. Die Frau des Kreishauptmannes trat eben zu-

„Das ist ein Trank! Zwanzig solcher Flaschen in einer Stunde, das wäre gerade, als ob man sich im Himmel befände."
(Seite 172.)

M. E.

fälligerweise aus ihrem Zimmer, sah die Männer und erfuhr auf ihre Frage von denselben, daß sie zu ihrem Sohne wollten.

„Der ist nicht zu sprechen," sagte sie. — „Ist er fort?" — „Nein. Er schläft." — „So muß ich sehr bitten, ihn sofort aus den Federn zu holen." — „Er liegt nicht im Bette, sondern auf dem Sofa. Dennoch aber darf ich es unmöglich wagen, ihn zu stören. Er würde mich —" — „Was denn!" donnerte Sam sie an. „Etwa fressen? Dazu siehst du mir doch nicht appetitlich genug aus."

So etwas war der Frau Kreishauptmännin denn doch noch niemals passiert! Das mußte gerächt werden. Sie stemmte daher beide Hände in die Hüften, pflanzte sich vor Sam auf und öffnete die Schleusen der Beredsamkeit. Ihre Strafrede floß so laut und ununterbrochen wie ein Platzregen. Die drei Männer aber lachten aus vollem Halse. Das verzehnfachte ihren Grimm und verwandelte den Platzregen in ein schauerliches Hagelwetter. Das prasselte, dröhnte, zischte, schnatterte, kreischte und donnerte so laut, daß es durch das ganze Haus zu hören war. Daher war es nicht zu verwundern, daß plötzlich die Thür aufgerissen wurde, und der Kreishauptmann ganz erschrocken hervorstürzte.

„Was ist denn los?" rief er. „Das ist ja ein — ah, diese drei wieder!"

Er machte Augen, als ob er die drei Freunde mit einem einzigen Blicke erstechen wollte. Der dicke Sam aber sagte, laut lachend:

„Höre, Väterchen, giebt es vielleicht einen tüchtigen Arzt hier in Platowa?" — „Warum?" — „Schicke sofort zu ihm. Es ist deinem Mütterchen auf die Sprache gefallen. Wenn du nicht schnell Hilfe holst, wird sie nie wieder reden können."

Das war zu viel. Die Schleusen öffneten sich abermals. Der Beamte aber unterbrach seine Frau, indem er ihr Ruhe gebot, und schrie voller Wut den Dicken an:

„Eine solche Frechheit ist geradezu unerhört! Was wollt ihr denn wieder bei mir?" — „Bei dir? O, auf dich haben wir es dieses Mal gar nicht abgesehen; das kommt später. Wir wollen zu deinem Sohne." — „Der ist für euch nicht zu sprechen. Er schläft." — „Na, wenn er bei diesem Skandale schlafen kann, so muß ihn die Teufelsgeschichte heute nacht sehr kaput gemacht haben. Er schläft dann so fest, daß zu befürchten ist, er werde nie wieder aufwachen. Darum muß er augenblicklich geweckt werden."

Sam schritt auf die betreffende Thür zu; aber der Kreishauptmann hielt ihn fest und rief:

„Halt! Keinen Schritt weiter. Ihr geht schleunigst fort, sonst —!" — „Sonst?" fuhr Sam ihn drohend an. „Was ist sonst?" — „Sonst weiß ich, was ich zu thun habe!" — „Gott sei Dank! Endlich weißt du einmal etwas. Du siehst nämlich so aus, als ob du nie etwas wüßtest. Und bisher habe ich gefunden, daß sich das bestätigt." — „Willst du mich beleidigen?" — „Dich? Du bist nicht der Kerl, mit dem ich mir die Mühe geben möchte, ihn eigens zu beleidigen! Mach', daß du mir aus dem Wege kommst!"

Sam ließ den Gewehrkolben auf den Boden fallen, daß es krachte. Jim und Tim stießen ebenso wie er ihre langen Büchsen nieder. Jim war dabei einen Schritt näher getreten und traf infolgedessen — wohl mehr absichtlich als zufällig — den Fuß des Kreishauptmannes so kräftig, daß dieser einen lauten Schmerzensschrei ausstieß und einen Luftsprung machte, den ein Bajazzo gar nicht besser hätte fertig bringen können.

Nun riß der Rittmeister seine Thür auf und stürzte hervor, grimmig fragend:

„Was ist denn das für ein Höllenspektakel? Hat man denn keine — — Donnerwetter! Wieder diese Kerle!" — „Ja, wir sind es wieder," lachte Sam. „Hoffentlich sind wir willkommen?" — „Ihr? Was wollt ihr abermals?" — „Dieses Mal kommen wir nicht wegen des Duells, sondern in einer rein militärischen Dienstangelegenheit." — "Dazu ist jetzt keine Zeit. Jetzt wird nichts expediert." — "So! Wann denn? Des Nachts steckst du im Feuerwerksgebäude und des Tages schläfst du. Wann soll man da seine Angelegenheit erledigen? Ich sage dir, wenn du uns nicht sofort anhörst, so geht ein Brief nach Irkutsk an den Gouverneur. Ich werde mir schon Gehör verschaffen! Machen wir es kurz. Hast du Zeit, oder soll ich den Brief schreiben?"

Das Auftreten des kleinen Dicken war so selbstbewußt und imponierend, daß der Rittmeister es nicht wagte, nein zu sagen.

"Kommt herein!" befahl er.

In diesem Augenblicke ging eine andere Thür auf, aus der Gökala trat. Sam blieb unwillkürlich stehen, um sie zu betrachten. Sie war so gekleidet, daß man ihr ansah, sie wolle ausgehen. Der Dicke sagte sich, daß er noch niemals ein so herrliches Mädchen gesehen habe. Er ahnte sogleich, wer sie sei.

"Was willst du, mein Töchterchen?" fragte sie der Kreishauptmann, dessen Gesicht noch immer schmerzlich verzogen war von dem Kolbenstoße, den er erhalten hatte. — "Ich will Karpala, die Prinzessin der Tungusen, besuchen. Wir trafen uns heute früh draußen auf der Steppe. Sie hat mich eingeladen." — "Du kannst nicht zu ihr. Der Graf hat es verboten. Du darfst das Haus nicht verlassen."

Gökala blickte dem Kreishauptmann hoheitsvoll in das Gesicht und antwortete:

"Mir hat niemand etwas zu befehlen, weder der Graf, noch du. Ich gehe."

Dann that sie einige Schritte vorwärts. Der Kreishauptmann aber stellte sich ihr in den Weg und antwortete:

"Ich bin gezwungen, die Befehle des Grafen auszuführen. Ich bitte dich, in dein Stübchen zurückzugehen, sonst muß ich Gewalt anwenden."

M. E.

Gökala erbleichte vor innerer Erregung.

"So bin ich eine Gefangene?" — "Ja." — "Dann bitte ich dich, zu Karpala zu senden. Sie mag die Güte haben, zu mir zu kommen." — "Auch das geht nicht an. Du darfst keine Besuche empfangen. Ich habe dich unter strenger Wacht zu halten und wundere mich, daß der Graf dir nichts darüber mitgeteilt hat. Handelst du unüberlegt, so hast du die Folgen zu tragen. Gehe jetzt wieder in dein Zimmer!"

Mit diesen Worten öffnete der Kreishauptmann eine Thür, und soeben wandte sich Gökala mit einer stolzen Bewegung derselben zu, um einzutreten, als auch schon Sam an ihrer Seite stand und sie in deutscher Sprache fragte, während bis jetzt natürlich nur russisch gesprochen worden war:

"Verzeihung! Ihr Name ist Gökala?"

Bei diesen Lauten machte das schöne Mädchen eine Bewegung des größten Erstaunens.

"Welche Ueberraschung!" sagte sie, ebenfalls deutsch. "Sie sind ein Deutscher und kennen meinen Namen?" — "Wie Sie hören." — "Woher?" — "Davon später! Bitte, gehen Sie einstweilen in Ihr Zimmer. Sie sollen Karpala sehen und auch sprechen."

Da rief der Kreishauptmann:

"Was ist das für eine Sprache? Was habt ihr miteinander zu verkehren und zu sprechen? Ich darf das nicht dulden." — "Das war die Hottentottensprache," lachte Sam. "Und die solltest du doch kennen, alter Kaffer! Uebrigens kannst du mit uns kommen. Es schadet nichts, wenn du anhörst, was wir mit deinem Sohne zu verhandeln haben."

Gökala war in ihr Zimmer getreten. Der Kreishauptmann schloß jetzt die Thür desselben hinter ihr zu und folgte dann den anderen.

Im Zimmer des Rittmeisters angekommen, setzte Sam sich sofort nieder, und Jim und Tim thaten dasselbe.

"Ihr habt zu warten, bis ich euch die Erlaubnis

zum Sitzen erteile," zürnte der Offizier. — „Bitte, mein Junge," antwortete Sam, „gieb dir kein höheres Ansehen, als du hast. Die Hosen, auf die ich mich setze, gehören mir, also habe ich ganz allein zu bestimmen, in welcher Weise ich sie strapazieren will." — „Und was wollen diese beiden Männer mit euch?" — „Es sind Ratniki. Sie wollen nämlich für zwei andere eintreten. Darum kommen wir jetzt zu dir." — „So! Wer bezahlt?" — „Ich. Ich bitte, die nötigen Formalitäten vorzunehmen." — „Wer sind diejenigen, für die diese zwei eintreten wollen?" — „Bitte, sieh erst zu, ob sie als Ersatzmänner angenommen werden können." — „Ich kenne sie. Sie sind tüchtig. Damit ihr seht, daß ich gefällig bin, will ich sie acceptieren, in der Hoffnung, daß auch ihr gefällig seid." — „Gern. Welche Gefälligkeit erwartest du von uns?" — „Schweigen über die Teufelsgeschichte." — „Wenn du nicht selbst uns Veranlassung zu reden giebst, werden wir gern schweigen." — „Gut! Wir sind einig. Nun wollen wir die Stellvertretungskontrakte ausfertigen. Sie sind von beiden Teilen zu unterschreiben und von mir zu bestätigen."

Der Rittmeister entnahm einem Kasten zwei Formulare, griff zum Schreibzeuge und begann die Rubriken auszufüllen. Dabei richtete er die dazu nötigen Fragen an die beiden Ratniki. Bei der Erkundigung, für wen sie eintreten wollten, zeigte der eine auf Sam und antwortete:

„Das wissen wir selbst noch nicht. Hier unser Väterchen wird es dir sagen." — „Schön! Also die Namen!"

Dabei schaute der Rittmeister auf den Dicken. Dieser antwortete:

„Die wirst du selbst wissen. Es sind die beiden Posten, die heute nacht am Feuerwerksgebäude gestanden haben."

Da sprang der Rittmeister schnell auf.

„Diese!" rief er. „Das geht nicht! Die kann ich

nicht losgeben! Wer konnte denken, daß du gerade diese beiden meinst!" — „Ganz wie du willst! Giebst du sie frei?" — „Nein." — „So soll ganz Platowa in einer halben Stunde wissen, wer die beiden Teufel gewesen sind, und auch der Gouverneur soll es erfahren!" — „Mensch, du bist selbst ein Teufel!" — „Aber ein sehr guter! Ob ein Mann, der sich in dieser Weise blamiert hat, fernerhin noch Offizier bleiben kann, das mag ein Ehrengericht entscheiden." — „Sie müssen aber bestraft werden." — „Ich habe gar nichts dagegen. Da behalte ich mein schönes Geld; du aber verlierst ganz gewiß deine Stelle!"

Der Rittmeister schritt erregt im Zimmer auf und ab. Er konnte lange zu keinem Entschlusse kommen, bis Sam endlich ungeduldig aufstand und in künstlichem Zorne sagte:

„So lange kann ich nicht warten. Entweder oder! Wozu bist du entschlossen?" — „Mag dich der Teufel holen! Mit dir ist nichts anzufangen!" — „Ganz recht! Darum wollen wir es lieber gleich beim richtigen Ende anfassen. Fertigst du die Kontrakte aus?" — „Ja." „Und den beiden Posten geschieht nicht das mindeste?" — „Nein." — „Sie können ungehindert in ihre Heimat gehen?" — „Wohin sie wollen, am liebsten gleich in die Hölle!" — „Da dürfte es ihnen zu heiß sein. Eine solche Hitze ist ein sibirischer Kosak nicht gewöhnt. Sei so gut und laß sie rufen." — „Das können wir kürzer haben. Sie stehen noch auf ihrem Posten und können mich sehen und hören."

Der Rittmeister öffnete das Fenster und rief die Kosaken herbei. Sie kamen mit Zittern und Zagen, denn sie waren überzeugt, daß sie jetzt ihre Strafe empfangen würden. Als sie eintraten und den Dicken erblickten, dämmerte eine Spur von Hoffnung in ihnen auf.

„Kommt her, ihr Hunde!" knurrte der Offizier sie grimmig an. „Ich habe euch die Knute versprochen, will aber Gnade für Recht ergehen lassen und sie euch schenken!" — „Dummheit!" rief Sam dazwischen. „Schmücke dich nicht mit fremden Federn! Dir haben sie die Straf=losigkeit nicht zu danken. Wenn es auf dich ankäme, so wären sie tote Männer. Mach', daß die Kontrakte fertig

werden, und sage nicht mehr, als was auf Wahrheit beruht!"

Der Rittmeister würgte einen Fluch hinab. Hätte er den Dicken zerreißen können, er würde es mit tausend

Freuden gethan haben. So aber war er gezwungen, seinen Grimm zu verbergen. Er griff daher wieder zur Feder und schrieb weiter, hier und da die notwendigen Fragen aussprechend.

Die beiden Kosaken hatten keine Ahnung, um was es sich handelte. Sie schwammen bereits in Seligkeit darüber, daß ihnen die Strafe erlassen war.

„So! Nun unterschreibt!" gebot der Offizier. „Hier ist die Feder. Und wer nicht schreiben kann, der macht ein Kreuz anstatt seines Namens."

Vom Schreibenkönnen war allerdings keine Rede, doch hatten die Kosaken unter großer Mühe gelernt, ihre Namen leidlich auf das Papier zu kritzeln. Sie thaten es, wobei ihnen vor Anstrengung der helle Schweiß auf die Stirnen trat. Der Rittmeister kontrasignierte darauf die beiden Dokumente und wandte sich dann an Sam:

„Fertig! Bist du nun endlich zufrieden?" — „Bis etzt, ja." — „Nur bis jetzt? Hoffentlich hast du weiter keine Schmerzen!" — „Gegenwärtig juckt mich noch nichts." — „Ich meine, wir sind für immer miteinander fertig," meinte der Rittmeister, dann wandte er sich an die Kosaken und fragte: „Ihr wißt natürlich, was ihr unterzeichnet habt?"

Sie schüttelten die Köpfe.

„Das ist stark! Ja, es ist wahr, den Dummen schickt es der liebe Gott im Schlafe! Kerle, ihr seid vom Militär frei. Ihr braucht nicht weiter zu dienen!" — „Heilige Mutter Gottes von Kasan, ist das auch wahr?" — „Ja. Ich sage es euch ja." — „Wem hätten wir das zu verdanken?" — „Hier diesem Manne."

Der Rittmeister zeigte dabei auf Sam.

Die beiden blickten Sam eine Weile starr und ungläubig an. Sein Habitus war freilich gar nicht derjenige eines reichen Mannes, der Geld genug übrig hat, zwei ihm stockfremde Leute vom Militär loszukaufen.

„Du, du bist es?" fragte der Enkel jener berühmten Großmutter, die den Geisterfrosch zum ersten Male gesehen hatte. — „Ja," lachte der Dicke. „Hier habt ihr eure Freischeine, und so lange ihr diese in den Händen haltet, könnt ihr nicht wieder zum Dienste eingezogen werden! Zeigt sie daheim eurem frommen Popen vor und fragt ihn um guten Rat, falls dieser Herr Rittmeister euch ja noch an den Kragen will. Der Pope wird euch dann gern sagen, was ihr zu thun habt. Wie weit habt ihr nach Hause?" — „Einige Tagesritte." — „Habt ihr Pferde?" „Leider nein. Und es geht durch ganz unbewohnte Gegenden." — „So müßt ihr euch Pferde kaufen und Fourage und Proviant, damit ihr glücklich nach Hause kommt." — „Väterchen, das kannst du wohl sagen, aber wir haben kein Geld." — „Das ist freilich schlimm. Könnt ihr denn keins bekommen? Sagt es doch hier dem guten Herrn Rittmeister. Der muß euch ja geben, was ihr braucht!" — „Ja, das werde ich," lachte dieser. „Sie werden laufen. In drei Tagen sind sie daheim, wenn sie sich beeilen. Darum will ich meiner Pflicht gemäß ihnen drei Tageslöhnungen und für drei Tage Kommißbrot geben lassen." — „Weiter nichts? Da ist es freilich gut, daß der Frosch mehr Verstand gehabt hat." — „Welcher Frosch?" — „Der Geist. Ihr wißt doch, wen ich meine?"

Diese Frage war an die beiden Kosaken gerichtet. Der eine antwortete:

„Sprichst du etwa von demjenigen Frosche, der den Schatz behütet?" — „Ja." — „Dann, Väterchen, rede schnell! Was weißt du von ihm?" — „Sehr wenig; aber das wenige, was ich weiß, das will ich euch sagen. Nämlich heute in der Nacht wurde es mir im Zelt zu warm und dunstig. Darum trat ich heraus und ging nach dem Flusse, wo eine bessere und frischere Luft war. Die Nacht war schön, und die Frösche quakten, indem sie die Köpfe aus dem Wasser steckten. Sobald ich aber einem nahe kam, tauchte er unter. Plötzlich aber vernahm ich ein so tiefes, kräftiges ‚Quaaaak', wie ich es noch nie in meinem Leben gehört habe, und als ich darauf zuschritt, gewahrte ich einen Frosch, der gerade so groß und dick war, wie ich selbst." — "Heilige Katinka! War das etwa der Geisterfrosch?" — "Ja. Das wußte ich freilich nicht, jetzt aber weiß ich es." — "Was that er?" — "Er glotzte mich zunächst mit großen Augen starr und steif an." — "Hast du dich nicht gefürchtet?" — "Nein. Ich dachte, wenn ich recht höflich wäre, er würde mir nichts thun. Darum entblößte ich mein Haupt, machte eine tiefe Verneigung und sagte: ‚Guten Abend, mein liebes Väterchen. Wie geht es dir?' Er meinte: ‚Guten Abend, mir geht es sehr schlecht.' Was nun weiter geschah, das ist so abenteuerlich, daß man es kaum glauben sollte. Ich muß es euch erzählen. Ich fragte ihn natürlich sogleich: ‚Warum geht es dir schlecht?' — ‚Weil ich mich geärgert habe.' Wenn man gern erlöst sein will, und immer kommt eine so verdammte Störung darein, da könnte man gleich aus der Haut fahren.' — ‚Erlöst? Bist du denn etwa gar ein verzauberter Frosch?' — ‚Natürlich,' antwortete er, indem er das breite Maul aufriß und einen Seufzer ausstieß, der klang, als ob die Räder eines Wagens nicht geschmiert sind. ‚Ich bin ein verwünschter Prinz.' — ‚Ja, das sieht man dir an. Wer hat dich denn verzaubert?' — ‚Des hiesigen Kreishauptmannes Urgroßmutter. Die war eine Hexe. Nun sitze ich Tag und Nacht unter der Erde und habe einen Schatz zu bewachen.' — ‚Sapperment! Sage mir, wo er liegt, so will ich ihn heben.' — ‚Oho! Das geht nicht so schnell und leicht, wie du denkst. Den Schatz, den ich bewache, dürfen nur Kosaken heben, und du bist ja keiner.' — ‚So will ich es einigen Kosaken sagen, damit du erlöst wirst.' — ‚Das thut auch nicht gut, denn die Nachkommen jener verfluchten Hexe kommen allemal dazu, um die Hebung des Schatzes zu hintertreiben. Vorhin haben sie es wieder gethan.' — ‚Wo denn?' — ‚Da drüben am Feuerwerkshause. Da liegt der Schatz. Es waren zwei brave Burschen da, die ihn heben wollten. Ich erschien ihnen, um ihnen denselben

M. E.

zu zeigen, und sie begannen auch zu graben. Da aber kamen eben jene Abkömmlinge der Hexe und störten sie. Der Schatz sank wieder nieder bis in den Mittelpunkt der Erde, und nun muß ich wieder hundert Jahre warten, ehe ich jemandem erscheinen darf. Ist das nicht geradezu zum Totärgern?' — ‚Freilich! Das glaube ich wohl. Trink' einen Wodka darauf!' — ‚Ja, wenn man einen hätte! Um meinen Aerger hinabzuspülen, sitze ich hier im Flusse und saufe Wasser. Die beiden guten Kosaken meinten es gut mit mir. Sie wollten mir einen Wodka bringen. Darum möchte ich ihnen gern eine Freude machen. Du scheinst mir ein guter Kerl zu sein. Willst du mir einen Gefallen thun?' — ‚Sehr gern, liebes Väterchen.' — ‚So warte einen Augenblick. Ich will nach dem Mittelpunkte der Erde hinabtauchen. Ich hole etwas. Es dauert gar nicht lange. Ich komme gleich wieder.' — Dann plumpste der Frosch in das Wasser und verschwand. Fünf Minuten lang stand ich allein und dachte darüber nach, was für eine Strafe so einer Hexe gehöre, die einen braven Geist als Frosch erscheinen läßt. Dann fuhr er wieder empor, indem er sich schüttelte wie ein Pudel, und sagte: ‚Pfui Teufel! Erst die glühende Hitze da drin in der Erde, und nun das kalte Flußwasser. Wer da nicht ganz fest auf den Nerven ist, der kann sich den allerschönsten Schnupfen holen. Hast du eine Prise?' — ‚Nein. Aber ein Prischen Schießpulver thut's vielleicht auch.' — ‚Ja, mußt es aber anbrennen.' — Ich schüttete ihm darauf den ganzen Inhalt meines Pulverhornes in die beiden Nasenlöcher, hielt ein Streichholz daran, und als das Pulver aufzischte, nieste er einige Male und sagte dann: ‚Ich danke dir! Jetzt wird mir wieder wohl. Man muß sich vorsehen, wenn man bei guter Gesundheit bleiben soll. Und nun komm' her! Siehst du, was ich da habe?' — ‚Das sind wohl Papiere?' — ‚Ja, aber was für welche! Ich bin unten beim Schatz gewesen und habe einen kleinen Griff hinein gethan, um den beiden Kosaken eine Freude zu machen.' — ‚Du, das freut mich von dir! Du hast ein sehr gutes Herz!' — ‚Ja, das habe ich. Wir Geister wissen auch, was ein gutes Gemüt zu bedeuten hat. Schau, das sind lauter Fünfzigrubelscheine. Ich hoffe, daß du ein ehrlicher Kerl bist.' — ‚Natürlich.' ‚So will ich sie dir anvertrauen. Aber du darfst mich nicht bemausen.' — ‚Fällt mir nicht ein!' ‚Ich würde dir jedoch alle Tage um Mitternacht erscheinen und dir keine Ruhe lassen!' — ‚Das ist nicht nötig. Eine solche Arbeit und Unbequemlichkeit will ich dir nicht bereiten. Ich bin ehrlich. Sage mir nur, was ich mit den Scheinen beginnen soll.' — ‚Du suchst zwei kräftige Ratniki, die für die Kosaken eintreten wollen, und bezahlst sie. Was dann übrig bleibt, das verteilst du unter die beiden guten Kerle, damit sie sich Pferde kaufen und heimreiten können, um dort ihre Mädel zu heiraten.' — ‚Prächtig! Das werde ich sehr gern thun. Hast du sonst noch etwas auszurichten?' — ‚Nein. Höchstens kannst du ihnen sagen, daß sie sparsam sein und nicht zu viel Wodka trinken sollen. Wenn sie etwa meinen, daß sie das schöne Geld vertrinken können, so irren sie sich. Ich würde kommen und es mir wieder holen. Es würde verschwinden, und sie wären so arm wie vorher.'"

Sam war mit seiner Fabel zu Ende. Er hatte sie im größten Ernste vorgetragen. Der Kreishauptmann und der Rittmeister hatten ihn nicht unterbrochen. Ihre Augen ruhten ungläubig auf ihm.

Die Ratniki und Kosaken aber hingen mit ihren Blicken an Sams Munde. Besonders die letzteren beiden waren ganz starr und unbeweglich vor Aufmerksamkeit. Jetzt, als Sam geendet hatte, sagte jener Enkel der mehrfach erwähnten Großmutter:

„O, ihr Heiligen alle! Sollte das wirklich unser Frosch gewesen sein? So hat er dir wirklich Geld für uns mitgegeben?" — „Lauter Fünfzigrubelscheine. Dann stieß er wieder einen Seufzer aus, sagte ‚gute Nacht'

M. E.

und tauchte in das Wasser zurück, um in das Innere der Erde niederzufahren." — „Mein Himmel! Wieviel ist es?" — „Das werden wir gleich sehen. Aber da fällt mir noch eins ein. Er machte nämlich eine Bedingung, die ich beinahe vergessen hätte." — „Welche?" — „Ich selbst soll euch die Pferde, den Proviant und die Fourage kaufen, damit ihr nicht betrogen werdet." — „Das ist ja sehr gut." — „Und sodann sollt ihr euch keinen Augenblick hier aufhalten, sondern sofort aufbrechen." — „O, wie gern werden wir das thun!" — „So kommt her an den Tisch und seht, wieviel ich euch aufzähle."

Sam legte zunächst so viel hin, wie der Betrag für die beiden Ratniki war. Diese steckten das Geld schmunzelnd ein.

„So," lachte Sam. „Ihr seid bezahlt. Euch hat der Frosch keine Bedingung gemacht. Ihr könnt also Wodka trinken und, wenn es euch beliebt, das ganze Geld versaufen."

Die Ratniki sahen sich an und dann ihn, blickten auf das Geld, lachten mit breit gezogenen Mäulern, und endlich sagte der eine:

„Heiliger Pablo! So ein Geld! Wie viel Wodka man dafür bekommt! Ganze Fässer voll! Willst du nicht mit uns gehen?" — „Nein." — „So gehen wir. Im Wirtshause sind wir zu finden."

Damit sprangen die beiden jungen Kerle schleunigst zur Thür hinaus. Wenn der Rittmeister sie nicht zur Einkleidung holen ließ, so hörten sie gewiß nicht eher auf zu trinken und dazwischen hinein die Räusche zu verschlafen, als bis das Geld verthan war.

Nun zählte Sam das weitere Geld in zwei gleichen Teilen auf, sodaß es in Summa gerade so viel machte, wie er aus der Tasche des Kreishauptmannes genommen hatte, und zwar in kleineren Scheinen, denn hätte er einen Tausendrubelschein sehen lassen, so würde der Kreishauptmann wahrscheinlich Verdacht geschöpft haben.

M. E.

Uebrigens hatte der letztere seinen Verlust noch gar nicht bemerkt.

„So. Hier liegt's," sagte er. „Das ist dein und

das ist dein. Nun zählt einmal nach! Jeder muß gleich viel haben."

Die beiden Kosaken hingen mit trunkenen Blicken an den Scheinen, sie fanden keine Worte für ihr Ent=

M. E.

zücken, sanken vor Sam in die Kniee und ergriffen seine Hände, um sie zu küssen.

Doch Sam sagte gerührt: „Unsinn! Wenn ihr danken wollt, so dankt mir dadurch, daß ihr jetzt aufsteht und euch verständig betragt. Steckt euer Geld ein!"

Die Kosaken ließen sich das nicht zweimal sagen, griffen zu, und im Nu waren die Scheine in ihren Taschen verschwunden.

„So!" nickte Sam. „Nun sind wir fertig. Lebt wohl!" — „Lebt wohl!" knirschte der Beamte. „Ich hoffe, daß ich euch nicht so bald wiedersehe." — „Und ich denke, wir kommen heute noch einmal."

Sam schritt hinaus. Die Kosaken folgten, und auch Jim und Tim standen langsam von ihren Stühlen auf.

„Good day, alter Schelm!" sagte der erstere, indem er dem Kreishauptmanne im Vorübergehen einen Rippenstoß versetzte. — „Fare well, Halunke!" grinste der letztere den Rittmeister an und fuhr ihm mit der Faust in die Seite.

Dann schloß die Thür sich hinter ihnen.

---

## 13. Kapitel.

Der Kreishauptmann und der Rittmeister befanden sich in einer unbeschreiblichen Stimmung. Sie, die den ganzen Kreis fast verantwortungslos beherrscht hatten, mußten jetzt plötzlich so fremden, hergelaufenen Leuten zu Diensten sein!

„Der Teufel soll mich holen, wenn ich diesem Kerl nicht noch eins anhänge!" zürnte der Rittmeister, indem er mit der Faust auf den Tisch schlug. — „Auf meine Beihilfe kannst du rechnen," stimmte sein Vater bei. — „Mich mit der Faust in die Seite zu stoßen! Welch eine Frechheit!" — „Der eine von den langen Kerlen stieß mich ebenfalls!" — „Und das schlimmste ist, daß

M. E.

wir uns nicht zu wehren vermögen." — „Eine verdammte Geschichte! Was sagst du zu dem Gelde?" — „Wie es mit demselben zugeht, das weiß der Teufel!" — „Ich meine, das Geld ist aus des Dicken Tasche." — „Er gab es doch nicht zu!" — „Natürlich! Er steckt mit den beiden Hunden von Kosaken unter einer Decke. Es ist nicht anders zu erklären." — „Und ich halte die beiden Kerle für zu dumm, als daß sie dem Dicken von Nutzen sein könnten." — „Pah! Es kommt nur darauf an, was von ihnen verlangt wird. Es giebt ja tausenderlei, was selbst der dümmste Mensch ganz leicht zustande bringt, zum Beispiel das Schweigen. Ich meine, daß der Dicke mit seinen beiden langen Zaunslatten die Nummer Zehn befreit hat. Und die beiden Kosaken haben geholfen. Sie haben das Versprechen erhalten, daß sie losgekauft werden und auch noch Geld dazu erhalten." — „Das glaube ich nicht. Ich bin überzeugt, daß der Amerikaner ihnen das Märchen von dem Schatze aufgebunden hat, um sie von dem Gefängnisse zu entfernen. Wir wollen uns nur vor ihm in acht nehmen. Er hat noch irgend etwas gegen uns, da er vorhin sagte, er werde wahrscheinlich wiederkommen." — „Daß ich diese zwei Kosaken frei lassen muß, das wurmt mich gewaltig. Es kann mich doch ärgern, daß sie anstatt der Strafe eine solche Summe Geldes erhalten haben. Ich möchte sie ihnen doch noch abnehmen." — „Wie und wo? Es giebt keinen rechtlichen Grund dazu." — „Was thue ich mit rechtlichen Gründen! Ich nehme ganz einfach ein paar meiner Leute mit, laure die beiden ab, wenn sie die Stadt verlassen und nehme ihnen alles weg, das Geld und auch die Papiere, die ich ihnen gezwungenerweise habe ausstellen müssen." — „Das geht nicht!" — „Sogar sehr leicht. Ich bin ihr Vorgesetzter und werde leicht Mittel finden, mein Verhalten beim Obersten zu rechtfertigen." — „O, das wäre das wenigste. Aber dieser dicke Mensch, wenn er erfährt, daß du seinen Schützlingen alles abgenommen hast, so kommt er uns wieder auf den Hals." — „Muß er es denn erfahren?" — „Hm! Ja! Notwendig ist es nicht." — „Ich muß ja doch alle meine Leute aussenden, um nach den Spuren von Nummer Zehn zu suchen!" — „Was! Das hast du noch nicht gethan?" — „Hatte ich bisher Zeit, um mich in eingehender Weise damit zu befassen? Ich war von heute nacht so kaputt, daß ich unbedingt schlafen mußte. Freilich ist's mit dem Schlafe auch nichts geworden. Ich denke, die beiden Leutnants werden an meiner Stelle bereits die nötigen Maßregeln getroffen haben. Zwei Pferde zu kaufen, das dauert nicht lange. Dann sollen die Kerle sofort aufbrechen. Also könnte das in allerhöchstens zwei Stunden sein. Den Weg, den sie einschlagen, kenne ich auch. Ich kann sie sehr leicht draußen an den Weidensteinen ablauern. Und das werde ich thun. Dort müssen sie vorüber." — „Es wäre freilich erwünscht, die Papiere zurückzuerhalten." — „Und das Geld dazu. Der Dicke denkt, sie sind fort, und bekümmert sich nicht weiter um sie. Sobald er dann Platowa verlassen hat, lasse ich sie wiederkommen, und sie erhalten die hundert Knutenhiebe, die ich ihnen versprochen habe. So wird von mir ganz dasselbe erreicht, was du mit dem Grafen erreicht hast." — „Ja. Ich habe meine Papiere wieder und auch das Geld dazu." — „Hast dir doch beides gut aufgehoben?" — „Ja. Eingeschlossen habe ich es nicht." — „Sapperment! Warum nicht? So muß es jetzt dein erstes sein, alles gut aufzubewahren, daß es in keine falschen Hände kommt." — „Unsinn, aufbewahren! Wozu soll ich die Papiere aufheben? Was können sie mir noch nützen? Sie können mir nur schaden, wenn sie von jemandem entdeckt werden. Ich muß sie einfach vernichten. Aber das Geld werde ich einschließen, denn wenn deine Mutter es bemerkte, so hätte sie sofort tausenderlei Bedürfnisse, sodaß es in einigen Tagen alle wäre." — „Wo hast du es denn? Etwas muß ich freilich auch davon bekommen." — „Du? Wozu denn? Ich hoffe, daß deine Forderung nicht allzu unbescheiden sein wird. Das Geld und die Papiere habe ich da in —"

Der Kreishauptmann schlug mit der Hand nach der Brusttasche seines Rockes und machte, als er da nichts fühlte, ein höchst erschrockenes Gesicht. — „Was hast du? Was ist's?" fragte sein Sohn. — „Alle — alle — Teu — Teufel!" — „Donnerwetter! Was machst du für ein Gesicht? Ich will doch nicht fürchten, daß du das Geld —" — „Es ist weg!" — „Unmöglich!" — „Weg, weg ist es!" — „So sieh doch nach!"

Der Kreishauptmann hatte voller Schreck beide Hände starr auf die Stelle seines Rockes gehalten, an der sich die Brusttasche befand. Er drückte und drückte darauf, aber er fühlte nichts darin.

„Hölle und Teufel! Es ist wirklich fort." — „So greife doch nur hinein." — „Ja — ja —!"

Jetzt öffnete der Kreishauptmann den Rock und steckte die Hand in die Tasche. Da wurde sein Gesicht länger und immer länger.

„Nun? So rede doch!" drängte ihn sein Sohn. — „Leer — leer!" — „Das ist doch unglaublich." — „Da — da, greife hinein!"

Der Rittmeister that dies mit gleichem Erfolge.

„Himmeldonnerwetter!" fluchte er. „Das ist doch ganz unmöglich. Du mußt dich irren." — „Nein, nein. Sapperment! Da fällt mir ein: Ich hatte doch den Rock gleich zugeknöpft. Also habe ich das Geld nicht in diese Tasche stecken können. Er legte es hin, ich nahm es, und — o, ich Esel, ich gewaltiger Esel!"

Der Kreishauptmann schlug sich mit der Hand vor die Stirn und sprach: „Erschrecke ich mich und dich so unnötiger Weise! Es ist nicht verloren; es ist ja da! Ich weiß es ganz genau. Ich nahm es und steckte es hier in diese Seitentasche. Da ist es noch." — „Gott sei Dank, daß — Himmelsakkerment! Etwa auch nicht?"

Der Alte war, vor Freude im ganzen Gesichte strahlend, mit der Hand in die Seitentasche gefahren.

M. E.

Jetzt ließ er die Hand darin und stierte dem Sohne ins Gesicht. Er war ein Bild des Schreckens. Er vergaß zu antworten.

„Nun! Rede doch!" rief der Rittmeister. — „Auch da ist's nicht!" stammelte der Kreishauptmann. — „Mensch! Vater! Du bist wohl toll?" — „Fort — fort — fort."

Der Alte zog auf beiden Seiten das Futter aus den Taschen. Beide waren leer.

„Oder hast du es in den Hosentaschen?" — „Nein. Will nachsehen."

Die Hände des Kreishauptmannes zitterten, so aufgeregt war er. Er suchte und suchte, fand aber nichts.

„Vater, es muß dennoch ein Irrtum vorliegen. Du hast das Geld wohl gar nicht eingesteckt! Es muß noch unten im Keller liegen. Sehen wir einmal nach." — „Ja, sehen wir nach."

Sie brannten eine Laterne an und gingen hinab. Trotz alles Suchens und trotzdem sie in jeden Winkel und hinter jedes Faß und Gefäß leuchteten, war keine Spur des Verlorenen zu finden.

„Bei Gott! Es ist alles weg!" rief der Rittmeister zornig. — „Ich — ich kann's — kann's nicht begreifen!" stammelte sein Vater. — „Ich noch viel weniger. Das schöne Geld und solche wichtigen Papiere hebt man doch heilig auf." — „Ich habe alles eingesteckt, alles. Jemand hat es mir aus der Tasche genommen. Es ist nicht anders möglich." — „Nun, so besinne dich! Wer könnte das gewesen sein?" — „Hm!" — „Wer hat so nahe und ganz allein bei dir gestanden?" — „Nur einer, ein einziger, du!" — „Ich?" rief der Offizier, indem er seinen Vater erstaunt ansah. — „Ja, du!" — „Was willst du damit sagen? Daß ich dich bestohlen habe?" — „Das denkst du nur, das böse Gewissen macht dich mißtrauisch." — „Vater!" brauste der Rittmeister auf. — „Iwan!" donnerte der Alte noch stärker. — „Ich, dich bestehlen! Das ist Wahnsinn!" — „Spiele nicht

M. E.

Komödie! Zwischen Vater und Sohn kann keine Beleidigung fallen. Bist du etwa ein solcher Engel, daß man dir so etwas nicht zutrauen dürfte?" — "Donner-

wetter! Mache mir es nicht zu bunt! Ich habe es nicht, und damit basta!"

Der Alte hatte wirklich Hoffnung gehabt, daß der Rittmeister das Geld heimlich zu sich gesteckt habe. Jetzt verschwand auch diese.

Der Rittmeister stand während dieser Unterredung am Fenster und warf einen Blick hinaus.

„Siehst du, wie recht ich habe!" sagte er. „Da vor dem Gasthofe stehen zwei Pferde. Kennst du sie?"

Der Alte trat herbei, blickte auch hinaus und antwortete:

„Die Schwarzen des Gastwirtes." — „Er hat sie den Kosaken verkauft. Schau! Da tritt der Dicke aus der Thür. Er betrachtet die Pferde. Es ist gewiß, daß sie jetzt den Kosaken gehören. Die werden bald aufbrechen, und ich muß ihnen doch zuvorkommen."

Damit eilte er fort, hinüber nach den Pferdeställen, ließ schnell satteln und ritt nach kaum einer Viertelstunde mit noch sechs Kosaken davon — unbemerkt, wie er meinte.

Aber er wurde nur gar zu wohl bemerkt. Der Dicke hatte scharfe Augen.

---

## 14. Kapitel.

Sam Barth war mit den beiden frei gewordenen Kosaken nach dem Gasthofe gegangen. Der Wirt desselben hatte, wie sie ihm sagten, zwei kleine, kräftige Steppenpferde zu verkaufen.

Die fünf Eintretenden wurden von den Anwesenden mit Jubel bewillkommt. Sie sollten sich gleich zu ihnen setzen. Sam aber schlug es ab, es gab mehr zu thun.

Vor allem mußten die beiden Kosaken fort. Kamen die einmal zum Schnapstrinken, so gab es sicher so bald kein Aufhören. Darum mußte der Wirt gleich seine Pferde vorführen. Sie gefielen und wurden billig gekauft.

Proviant und anderes, was nötig war, wurde auch sogleich vom Wirte besorgt. Als die Tiere dann vor den Gasthof geführt worden waren, trat Sam hinaus, um sie nochmals zu betrachten. Da gewahrte er den Rittmeister, der eiligen Schrittes aus dem Regierungs-

M. E.

gebäude kam und nach den Stallungen ging. Er warf dabei einen so eigentümlichen Blick nach den beiden Pferden, daß Sam aufmerksam wurde.

„Sapperment!" sagte er sich. „Das sah gefährlich aus! Fast, als ob es auf uns abgesehen sei. Werde mal aufpassen lassen."

Er ging wieder hinein und sandte die beiden Kosaken heraus. Sie sollten heimlich spähen, wohin der Rittmeister sich wenden werde.

Bereits nach ziemlich kurzer Zeit kamen sie wieder zurück. Der eine derselben meldete:

„Väterchen, der Rittmeister ist fort." — „Wohin?" — „Nach Westen, in die Steppe hinein." — „Wohin geht euer Weg?" — „Auch dorthin." — „So! Hm!"

Sam redete einige Worte in englischer Sprache mit Jim und Tim und fragte dann weiter:

„Kennt ihr die Gegend genau, in welche ihr reiten müßt? Wie ist sie? Bergig?" — „Nein, sondern ganz eben." — „Giebt es nicht eine Unterbrechung?" — „Keinen Wald und gar nichts. Nur eine gute Stunde von hier liegen viele Felsen wirr durcheinander. Es ist eine feuchte Gegend, darum wachsen zahlreiche Weiden dort. Aus diesem Grunde heißen die Steine die Weidensteine." — „Wie hoch sind sie?" — „Es sieht aus, als ob ein großes Gebäude, in dem Riesen gewohnt hätten, eingestürzt wäre. Es giebt Haufen, die hoch sind wie ein Turm." — „Wer sich dort befindet, kann einen jeden sehen, der von der Stadt her kommt?" — „Nein, wenn du dort bist, so kannst du mich nicht sehen, wenn ich hier durch die Furt reite und einen Bogen nach rechts schlage, sodaß ich dann anstatt von hier aus von Norden nach den Weidensteinen komme." — „Das ist sehr gut, sehr gut. Diese Richtung werde ich einschlagen." — „Wie? Willst du nach den Felsen hin, Väterchen?" — „Ja, mein Söhnchen, um euch zu beschützen." — „Gegen wen?" — „Gegen den Rittmeister." — „So denkst du wirklich, daß er uns aufhalten wird?" rief der Kosak erschreckt. — „Ja, und zwar dort bei den Weidensteinen. Er ist ja Offizier und muß als solcher wissen, daß sich dieser Ort zur Ausführung des Planes, den er sicher gegen euch gefaßt hat — um euch nämlich euer Geld und eure Papiere abzunehmen, damit ihr wieder eingezogen und geknutet werdet — am allerbesten eignet. Also ich schlage den erwähnten Bogen, und meine zwei Gefährten begleiten mich. Ihr beide aber reitet einige Minuten nach uns von hier fort und gerade auf die Weidensteine zu, aber langsam, nur im Schritt, wie man reitet, wenn man viel Zeit übrig hat. Ihr kommt sonst eher hin als wir und werdet dann vielleicht vom Rittmeister angehalten, ohne daß wir euch beistehen können. Wartet jetzt, bis ich unsere Pferde geholt habe."

Sam ging hinaus in das Zeltdorf, wo in der Nähe vom Zelte des Tungusenfürsten sein Pferd nebst den Tieren Jims und Tims weidete.

Karpala stand vor der Thür. Als sie Sam kommen sah, kam sie ihm entgegen und fragte ihn:

„Wirst du dich mit dem Rittmeister schießen?" — „Jetzt nicht und vielleicht gar nicht." — „O, das ist sehr gut. Du bist mein Freund, und ich müßte bitterlich weinen, wenn du verwundet würdest. Woher kommst du jetzt?" — „Vom Kreishauptmanne." — „Ach! Kannst du mir sagen, ob ein Besuch bei ihm ist?" — „Ja. Die Dame die du heute getroffen hast." — „Wer sagte das?" — „Sie selbst." — „Sie wollte zu mir kommen." — „Sie kommt nicht. Der Mann, mit dem sie angekommen ist, hat es ihr verboten." — „Sie braucht sich aber doch an dieses Gebot gar nicht zu kehren, denn er ist nicht mehr da." — „Das weißt du?" — „Ja. Er ist mit zehn Kosaken fort nach dem Mückenflusse. Sie mußten hier bei uns vorüber, und einer der Kosaken hat es einem unserer Leute gesagt." — „Sie muß ihm dennoch gehorchen, denn der Herr hat dem Kreishauptmanne den Befehl erteilt, sie in strenger Obhut zu halten." — „Nun gut! Wenn sie nicht zu mir

M. E.

darf, so gehe ich zu ihr. Wir haben das so miteinander verabredet." — „Auch das ist verboten. Es darf kein Mensch zu ihr." — „Sam, lieber Sam, was ist da zu thun? Ich habe sie nur ein einziges Mal gesehen, aber ich habe sie bereits so lieb gewonnen, als ob sie meine Schwester sei. Ich vermute, daß sie zu einem Manne in einem Verhältnisse steht, das sie sehr unglücklich macht." — „Das ist freilich der Fall." — „So muß ich ihr helfen."

Karpala sagte das mit sehr energischem Ausdrucke. Sam überflog das schöne Gesicht des Mädchens mit einem wohlgefälligen Blick und antwortete:

„Du? Du willst ihr Hilfe bringen? Wie willst du das anfangen?" — „Wie? Das weiß ich freilich noch nicht." — „Schau, da wirst du dich doch wieder einmal auf einen verlassen müssen, dem es ein großes Vergnügen ist, dir einen Gefallen zu erweisen." — „Wer ist denn das?" — „Der alte, gute, dicke Sam." — „Du, du also! Ja, du bist ein Mann, der alles fertig bringt, wie es scheint. Zu dir habe ich das allergrößte Vertrauen. Du hast gleich gestern, als du kamst und dann auch am Abende, gezeigt, daß du den Rittmeister und auch den Kreishauptmann nicht fürchtest. Du hast dann Nummer Zehn befreit. Ich glaube, dir müßte es auch gelingen, es möglich zu machen, daß ich Gökala besuchen darf." — „Wenn du es befiehlst, so werde ich es freilich möglich machen." — „Befehlen, befehlen werde ich es nicht, aber ich bitte dich recht dringend darum."

Karpala reichte Sam ihr kleines, volles Händchen hin.

Er drückte es an seine Lippen und antwortete:

„Na, diese Bitte soll ganz gewiß erfüllt werden, schon um dieses Händchens willen. Weißt du, liebe Karpala, es ist für so einen alten Esel, wie ich bin, eine wahre Wonne, so ein appetitliches Händchen küssen zu dürfen. Und weil du mir diese Seligkeit bereitet hast, so sollst du mit Gökala sprechen dürfen. Habe nur ein wenig Geduld. Ich muß erst einen Ritt machen, doch

M. E.

werde ich in zwei Stunden wieder hier sein." — „Wohin willst du?" — „Hinaus in die Steppe. Der Rittmeister hat, wie es scheint, eine Schlechtigkeit vor, und diese will ich verhüten." — „Sam, du bist wirklich ein Held, ein ganz gewaltiger Held." — „Na, es giebt noch ganz andere Helden! Morgen zum Beispiel kommt einer hier an, der ist noch ein ganz anderer Kerl wie ich. Gegen den bin ich, was ein dummer Ochse gegen ein Vollblut= pferd ist." — „Wer ist es?" — „Das wirst du später erfahren. Er kommt auch wegen Nummer Zehn." — „Wirklich?" — „Ja. Er will ihn befreien." — „Das ist gut! Das ist sehr schön! Ich habe solche Angst, Nummer Zehn will nach dem Mückenflusse. Jener Herr, mit dem Gökala gekommen ist, will auch hin, und denke dir, der Oberleutnant ist auch mit zwanzig Mann bereits nach dort unterwegs, nachdem ihm ein jakutischer Händler, der sehr oft hier ist und Nummer Zehn kennt, ge= meldet hat, daß der Flüchtling die Richtung nach dem Mückenflusse eingeschlagen habe. Du kannst dir also denken, welche Angst ich habe." — „Nun, beruhige dich, mein Kind. Ich erwarte nur die Ankunft jenes Helden, den ich vorhin erwähnte, dann gehen auch wir nach dem Mückenflusse. Also habe keine Angst um Nummer Zehn. Er ist so gut wie in Sicherheit." — „Du machst mir das Herz sehr leicht. Ich vertraue ganz auf dich." — „Du wirst dich sicherlich nicht täuschen." — „Ich glaube es, und nun sage mir einmal, wie du über die armen Verbannten denkst." — „Eben gerade so wie du!"

Karpala schüttelte ungeduldig den Kopf.

„Gerade so wie ich? Du weißt doch meine Ge= danken gar nicht." — „Hast du nicht gesagt, die ‚armen' Verbannten? Du bedauerst sie also, du fühlst Mitleid mit ihnen. Ist das nicht so?" — „Ja, wenn du so scharfsinnig bist, so habe ich dir allerdings meine Ansicht mitgeteilt. Du bemitleidest sie also auch?" — „Ja." — „Und nun sage mir, ob du vielleicht einmal von dem ‚Engel der Verbannten' gehört hast?" — „Ja, und zwar

Karpala, der Engel der Verbannten.

erst in den letzten Tagen. In Irkutsk wurde von ihm gesprochen und unterwegs auch." — "Weiß man, wer er ist?" — "Nein." — "Und wo er sich befindet?" — "Auch nicht. Man ergeht sich da in verschiedenen Vermutungen. Die Ungebildeten glauben, es sei wirklich ein Engel, der vom Himmel herabkommt, oder wenigstens ein guter Geist, eine Fee oder so etwas Aehnliches. Die Klügeren wissen natürlich, daß es ein Mensch ist, sind aber nicht einig darüber, ob er männlichen oder weiblichen Geschlechtes ist." — "So! Und was sagt man von ihm?" — "Daß er jeden Verbannten befreit, der in seine Nähe kommt, nämlich, wenn der Mann der Hilfe wert ist. Unwürdige liefert der Engel sogar an die Behörden zurück." — "Ja, das ist wahr." — "Das weißt auch du?" — "Ja," nickte sie. — "Woher?" — "Nun, man spricht doch überall davon."

Eine gewisse Röte der Verlegenheit hatte sich über

M. E.

ihr Gesicht verbreitet. Sam bemerkte dies, sagte aber kein Wort darüber, sondern meinte:

„Für gar manchen mag ein solcher Engel wirklich als ein Himmelsbote erscheinen. Es giebt wohl viele, viele Verbannte, die ihr trauriges Los nicht verdient haben." — „O, hunderte, tausende!" rief Karpala schnell und in begeistertem Tone. „Eben darum hat der Engel es sich zur Aufgabe gestellt, einen jeden Würdigen sicher über die Grenze zu geleiten." — „Man sagt, daß das Militär sehr dahinter ist, ihn einmal kennen zu lernen." — „O, das wird nie geschehen." — „Meinst du?" — „Ja. Nur die eigenen Leute kennen ihn und würden lieber sterben als ihn verraten." — „Nur die eigenen Leute? Hm! Ich weiß einen ganz fremden Menschen, der diesen Engel sehr genau kennt." — „Das ist unmöglich!" — „O doch!" — „Nun, so beweise es!" — „Schön! Er ist weiblichen Geschlechtes. Ist das richtig?" — „Ja." — „Er ist unverheiratet, also ein Mädchen?" — „Auch richtig." — „Er ist kein gewöhnliches Mädchen, sondern die Tochter eines sehr angesehenen Anführers." — „Ja." — „Er hat auch einen sehr hübschen Namen?" — „Wie lautet der?" — „Karpala."

Sie trat um einige Schritte zurück.

„Kar ——! Wen meinst du?" — „Dich natürlich." — „Mich? Du denkst, ich sei der Engel der Verbannten?" fragte sie im Tone des größten Erstaunens. — „Ja, mein Herzchen. Also sage mir, habe ich recht?"

Karpala antwortete nicht sogleich.

„Oder traust du mir nicht?" — „Sam, dir traue ich. Du wirst es nicht weiter sagen." — „Eher beiße ich mir den Kopf ab!" — „Ja, ich bin diejenige, die man so nennt." — „Siehst du, Kindchen! Na, hier nimm meine Hand. Dein Geheimnis ist bei mir sehr gut aufgehoben. Ich will dir ehrlich sagen, daß ich ganz erstaunt über dich bin." — „Warum?" — „Dieser Engel der Verbannten zu sein, dazu gehört ein außerordentlicher Mut. Und den habe ich dir nicht zugetraut."

M. E.

Sie nickte leise vor sich hin und antwortete:

„Ja, wir Frauen haben einen anderen Mut, als ihr Männer! Ihr habt den Mut der Vernichtung, und wir den Mut der Errettung, der Befreiung."

Ihr Gesicht hatte einen tiefernsten Ausdruck angenommen. Sie schien jetzt eine ganz andere geworden zu sein. Um den weichen, vollen Mund ging ein kurzes, energisches Zucken, und aus den Augen blitzte eine Entschlossenheit, der man schon etwas Ungewöhnliches zutrauen konnte.

„Karpala, ich erstaune nicht nur, sondern ich bewundere dich," sagte Sam. „Du kannst doch keinen Gefangenen befreien, ohne dich selbst in die größte Gefahr zu begeben!" — „Ja, gefährlich ist es," lächelte sie. „Aber du mußt wissen, daß ich viele, viele Verbündete habe. Alle Stämme der Tungusen helfen mir. Wir nehmen die entflohenen Verbannten bei uns auf, verbergen sie einzeln an verschiedenen Orten und holen sie dann zusammen, wenn wir nach der Grenze ziehen. Sie sind dann als Tungusen verkleidet und können nicht erkannt werden. Aber weißt du, so ganz leicht ist es dennoch nicht. Wir begegnen häufig Militär, das sich auf einem Streifzuge nach Geflohenen befindet. Da ist es oft sehr schwierig, der Entdeckung zu entgehen." — „So wissen auch deine Eltern um die Sache?" — „Natürlich. Das ganze Volk weiß es. Ich sollte ja gerade aus diesem Grunde die Frau des Rittmeisters werden. Mein Vater und der Schamane haben nämlich einst verschuldet, daß ein großer Trupp von Flüchtlingen, der sich bereits ganz nahe an der chinesischen Grenze befand, vom Militär umzingelt wurde. Die Aermsten beschlossen, sich nicht zu ergeben, sondern lieber zu sterben. Sie stürzten sich in das Wasser des Flusses und ertranken alle."
— „Schrecklich!" — „Ja. Dies hat einen solchen Eindruck auf die beiden gemacht, daß sie das Gelübde ablegten, fortan einen jeden würdigen Flüchtling zu retten. Seit jener Zeit sind von ihnen Hunderte glücklich über

die Grenze gebracht worden. Jetzt vor einiger Zeit kam der Schamane auf den Gedanken, daß das alles für uns leichter sein würde, wenn ich die Frau eines russischen Offiziers wäre, und so mußte mein Vater ihm versprechen, daß ich das Weib des Rittmeisters werden solle, um alles, was gegen die Verbannten unternommen wird, sofort zu erfahren." — „Wie kurzsichtig! Wenn es einmal entdeckt worden wäre, daß du die verächtliche Rolle einer Spionin, einer Verräterin gespielt hättest, was wäre dein Los und dasjenige deines Mannes geworden? Lebenslängliche, unterirdische Arbeit in den Bergwerken von Nertschinsk."

Karpala schauderte.

„Ich? Eine Fürstentochter?" — „Pah! Diese Würde gilt nichts mehr, sobald du die Frau eines russischen Soldaten wirst. Du wärest Frau Rittmeister gewesen, weiter nichts." — „So ist's wahrhaftig ein großes Glück, daß ich mich so gegen diesen Plan gesträubt habe." — „Ganz gewiß. Du wärest einem Elende verfallen, aus dem es keine Rettung gegeben hätte. Jetzt kannst du für die Unglücklichen viel mehr thun, als wenn du die Frau dieses brutalen, feigen, ordinären Menschen wärest." — „Ja, ich gebe dir recht. Gerade jetzt haben wir einen Zug nach der Grenze vor. Aber es fehlt uns etwas, was wir uns hier holen wollten, nämlich Waffen. Für die Flüchtlinge ist es ja die Hauptsache, daß sie bewaffnet sind. Sie müssen sich mit Hülfe der Waffen ihrer Verfolger erwehren und ihre Nahrung schießen. Ohne Waffen sind sie dem Hungertode preisgegeben. Wir brauchen also Flinten, Pulver und Blei für sie und auch uns." — „Könntet ihr das alles nicht im Kauf bekommen?" — „Man verweigert es uns." — „So wollt ihr es euch stehlen?" — „Ja." — „Nicht übel! Das Ding kann mir gefallen. Die Geschichte fängt an mich zu interessieren." — „Das freut mich, lieber Sam!" — „Natürlich, denn ich soll euch doch wohl mit mausen helfen." — „O, das ist's, was ich dir nicht gut sagen konnte. Nun hast du es selbst erraten." — „Prächtig! Höre, Karpala, habe ich denn wirklich so ein fürchterliches Spitzbubengesicht?" — „O nein, eben gar nicht! Du hast das ehrlichste Gesicht das mir je-

mals vorgekommen ist." — „Donnerwetter! Und dennoch mutet ihr mir zu, daß ich mit euch mausen soll!" — „Ja," lachte sie. — „Vielleicht gar einbrechen!" — „Einbrechen müssen wir, ganz richtig, sonst kommen wir

M. E.

nicht dazu." — „Na, ihr seid mir ein schönes Volk!" — „Ihr? Wen meinst du?" — „Euch Tungusen, euch alle, die ihr daran denkt, mich mit in diese famose Spitzbüberei zu verwickeln." — „O, kein Mensch weiß von meinem Plane etwas. Ich allein habe daran gedacht, und ich bin es auch, die sich an dich wendet, ohne daß ein anderer eine Ahnung davon hat. Also, bitte, bitte, willst du?" — „Kind, wie soll ich diese Frage beantworten? Ich weiß doch noch gar nicht, um was es sich handelt." — „Nicht? Habe ich es dir denn noch nicht gesagt?" — „Kein Wort." — „Nun, der Kreishauptmann hat Pulver und Blei in Menge und auch Gewehre mit passenden Formen zum Gießen der Kugeln." — „So! Wo befindet sich denn die Niederlage?" — „Im Regierungsgebäude, neben seiner Schlafstube." — „Sapperment! Da schläft er also neben dem Pulvermagazin! Wie gefährlich!" — „O nein! Es darf kein Mensch hinein, nicht einmal seine Frau. Und er geht natürlich nur am Tage hinein, nicht des Abends, wenn er Licht brauchen würde." — „Hm! Und du meinst, mein Liebchen, daß ich da in das Kabinett einbrechen soll? Sapperment! Ich muß doch ein verfluchter Einbrecher sein! Mir zuzumuten, ein ganzes Gewehrkabinett nebst Pulverkammer auszuräumen, woneben der Kreishauptmann schläft! Netter Kerl, der dicke Sam!" — „O, du bringst es fertig, du mit deinen beiden Freunden!" — „Also die haben auch solche Galgengesichter!" — „Scherze nicht! Willst du, Sam? Du rettest dadurch viele Verbannte vom Untergange." — „Wetterhexe! Ja, ich will für dich zum Spitzbuben werden. Ich will! Also heute noch wird im Regierungsgebäude eingebrochen! Aber Vorsicht ist nötig. Ja, wenn wir die Sachen durch List herausbrächten, ohne daß der Kreishauptmann es merkt! Wenn man die Schlüssel zum Beispiel hätte! Aber da fällt mir ein: ich habe gestern abend während des Konzertes gesehen, daß die Kreishauptmännin einen Pompadour bei sich hatte." — „Was ist das?" — „Ein

M. E.

kleiner Sack oder Beutel, mit Verzierungen versehen, den man am Arme oder in der Hand trägt, um allerlei Sachen darin aufzubewahren." — „O, diesen Beutel kenne ich. Sie hat, wenn sie des Abends fortgeht, immer auch die Schlüssel darin." — „Famos! Da könnte es sich machen! Weißt du, wir müssen das Volk aus dem Hause locken. Deine Eltern müssen den Kreishauptmann nebst Frau und Sohn einladen und sie heute abend möglichst lange festhalten. Wird das gehen?" — „Sehr leicht. Wenn ich mit dem Rittmeister ein wenig freundlich thue, so sind alle drei so entzückt, daß sie ganz sicher das Nachhausegehen vergessen." — „Gut. Während ihrer Abwesenheit wird der Einbruch ausgeführt. Wenn wir nur das Volk los werden könnten, das noch im Regierungsgebäude wohnt, die Diener!" — „Das sind nur drei. Das wird mir auch leicht werden. Ich sende zwei meiner Tungusen hin, die sie nach dem Wirtshause holen müssen. Die drei werden denken, daß sie auch einen Wodka trinken können, wenn ihre Herrschaften sich in unserem Lager lustig machen." — „Schön! So weit wäre alles recht günstig. Nun handelt es sich nur noch um die Schlüssel." — „Das ist das Schwierigste." — „Wir werden sie ihr heute abend herausnehmen." — „Aber wie? Das ist ungeheuer schwer!"

Beide berieten nun, wie das am besten zu erreichen sei, und bald war der Plan fertig. Auch Verabredungen wurden getroffen, wo die Tungusen die geraubten Gegenstände finden würden. Um jeden Verdacht von sich abzulenken, wollte Sam dann mit seinen beiden Genossen einen Ritt in die Steppe machen und später nach den Zelten der Tungusen zurückkehren. Als sie alles besprochen hatten, rief Sam jedoch plötzlich:

„Und doch bleibt noch jemand im Hause!" — „Wer?" fragte Karpala erstaunt. — „Gökala." — „Die wird dich nicht verraten." — „Nein, ganz gewiß nicht. Aber für mich und vor allen Dingen für sie selbst wäre es besser, wenn sie sich nicht im Hause befände." — „Ja, wenn sie eingeschlossen ist, so kann sie nicht fort." — „Hm! Sie wird dennoch fortgehen." — „So? Wohin?" — „Mit dem Kreishauptmanne zu euch." — „Das wäre herrlich, prächtig! Aber wie wolltest du das so weit bringen?" — „Das laß nur meine Sache sein! Du wirst es sehen. Jetzt, denke ich, ist alles besprochen. Hast du noch einen Wunsch oder eine Bemerkung?" — „Nein. Uebrigens, falls mir noch etwas einfällt, so sehen wir uns doch vorher noch einmal?" — „Natürlich. Jetzt reiten wir fort. Wenn wir zurückkehren, steigst du zu Pferde, reitest nach dem Regierungsgebäude, ladest den Kreishauptmann nebst Familie ein und begehrst Gökala zu sehen, um auch sie mit einzuladen." — „Das wird man mir verwehren." — „Ja. Ich bin indessen zu Fuße nachgekommen, und du trittst ganz wie zufällig an das Fenster, damit ich sehe, daß der Augenblick da ist, an dem man dir verweigert hat, Gökala zu sehen. Dann komme ich hinauf." — „Wozu?" — „Um sie zu zwingen, Gökala dir zu zeigen und abends mitzubringen." — „Mann, Sam, wie willst du sie zwingen? Welche Macht hast du über sie?" — „Hm! Auch davon später. Ich habe jetzt keine Zeit mehr. Man wartet auf mich, und ich habe hier bereits zu lange geplaudert."

Karpala trat in das Zelt, und Sam sattelte die drei Pferde.

Obgleich diese Unterredung ziemlich lange gewährt und vor den Augen so vieler Leute stattgefunden hatte, war sie doch niemandem aufgefallen. Der Fremde konnte natürlich mit der Tochter seines Gastfreundes reden, und beide thaten dabei, als ob es sich um etwas ganz Gewöhnliches und Unverfängliches handle.

---

M. E.

## 15. Kapitel.

Nach seiner Unterredung mit Karpala bestieg Sam sein Pferd, nahm die beiden anderen am Zügel und ritt nach dem Gasthofe, wo er längst schon mit Ungeduld erwartet worden war.

„Wo steckst du denn?" fragte Jim. „Schau uns an! Wir sind vor langer Weile noch einmal so lang geworden, als wir vorher waren. Da ist es kein Wunder, wenn wir dünner werden." — „Gebt euch nur zufrieden. Es gab etwas Wichtiges, was ich euch unterwegs erzählen werde. Steigt auf, damit wir vorwärts kommen!"

Sam befahl den beiden Kosaken, nun aufzubrechen, aber so langsam zu reiten, wie er ihnen bereits angeraten hatte. Dann brachen die drei auf.

Bis über die Furt hinüber ritten sie im Schritt, sodann gingen sie in Trab über und endlich in gestrecktem Galopp.

Die Gegend war eben und die Luft so rein und frei von Dunst, daß man sehr weit sehen konnte.

Nach der vorausgesehenen Zeit wurden zu ihrer Linken Dunstwolken sichtbar.

„Ob's dort ist?" fragte Jim. — „Jedenfalls," antwortete Sam. „Wo es Weiden giebt, da giebt es Feuchtigkeit, und wo es Feuchtigkeit giebt, da giebt es Dunst. Folglich haben wir nun die Weidensteine fast erreicht. Lenken wir darauf zu!" — „Dieser Dunst ist sehr vorteilhaft für uns, denn wir können von dem Rittmeister nicht gesehen werden." — „Dafür sehen aber auch wir ihn und seine Leute nicht." — „Hat nichts zu sagen. So alte Savannenmänner wie wir werden seine Fährte schon zu finden wissen."

Jetzt hatten sie die Weiden von Norden her erreicht. Es gab da Buschwerk und Bäume. Sie ritten ein Stück hinein und banden dann ihre Pferde an die Bäume.

M. E.

Abgestiegen, nahmen sie ihre Waffen zur Hand und schlichen sich leise vorwärts.

Vor ihnen türmten sich wirre Steinmassen in die Höhe. Weidengestrüpp und zahlreiche Wasserlachen hinderten sie am schnellen Vorwärtskommen. Endlich erreichten sie die zerbröckelte Felsmasse. Sie sahen, wie lang dieselbe war, und daß sie sich gerade in der Mitte der Ausdehnungslinie befanden.

„Das ist sehr gut," sagte Sam. „Jenseits hält der Rittmeister mit seinen Leuten, um den beiden Kosaken aufzulauern. Jedenfalls hat er sich hinter Felsen versteckt. Steigen wir hinauf und drüben wieder hinab. Aber nehmen wir uns in acht, daß wir nicht von ihm bemerkt werden können!"

Jetzt kletterten sie empor, doch nur in den Ruinen, die sich ihnen boten, und langten bald oben an. Sogleich bemerkten sie einen Kosaken, der drunten in der Steppe stand und die nach der Stadt sich erstreckende Ebene musterte.

„Das ist der Wachtposten," meinte Tim. „Da wird der Rittmeister nicht weit davon sein." — „Sehe ihn schon," sagte Sam. „Links da unten hinter dem großen, viereckigen Quader sitzt er mit den anderen. Seht ihr ihn?" — „Ja, deutlich. Die Pferde stehen dabei." — „Also habe ich mich doch nicht getäuscht. Er will den beiden armen Teufeln an den Leib, soll sich aber verrechnet haben!" — „Steigen wir auch hinab?" — „Natürlich. Hier rechts führt eine Rinne hinunter. Da können wir nicht gesehen werden und kommen doch so nahe, daß wir nachher wahrscheinlich jedes Wort hören werden. Und schaut! Seht ihr den Punkt da draußen?"

Sam deutete in der Richtung nach der Stadt.

„Ja," meinte Jim. „Das sind nun unsere Kosaken." — „In zwei Minuten werden aus diesem einen Punkte zwei, und in fünf Minuten sind die beiden da. Schaut, der Posten hat sie auch bereits bemerkt. Er kommt herbei, es zu melden, und nun steigen sie zu Pferde, um wie

„Seht ihr den Punkt da draußen?" (Seite 208.)

Strauchdiebe aus ihrem Hinterhalte hervorzubrechen. Famoses Land, dieses Sibirien, und allerliebste Verhältnisse! Aber nun rasch hinab. Je eher wir unten sind, desto besser ist es."

Sie kletterten und stiegen vorsichtig abwärts.

Endlich kamen sie unten an und stellten sich, eng aneinandergedrängt, an ein ganz dünnes Felsstück, das eine hohe Wand bildete, auf deren anderer Seite sich der Rittmeister mit seinen Leuten befand. Wie Sam vorausgesagt hatte, vermochte man jedes Wort zu hören.

Soeben war einer der Kosaken so weit vorgeritten, daß er, ohne selbst gesehen zu werden, die Ebene überblicken konnte, da fragte ihn der Rittmeister:

„Nun, wie weit sind sie noch?" — „Eine halbe Werft," lautete die Antwort. — „Schön. Ich steige wieder ab. Es ist besser, die Sache hier zu erledigen, als draußen auf der Ebene. Sobald sie da sind, umringt sie und bringt sie hierher zu mir. Und laßt sie ja nicht entkommen, sonst erwartet euch die Knute." — „Der Schuft!" flüsterte Sam. „Sogar gegen diese zwei harmlosen Kerle wagt er sich nicht selbst, sondern sendet nur seine Leute. Na, warte Bursche. Doch jetzt still! Es wird gleich losgehen!"

Es dauerte in der That kaum noch eine Minute, so ertönte jenseits des Steines Pferdegetrappel. Dann wurden einige Flüche laut und ein Schrei, und darauf kamen die Leute zurück.

„Sie haben sie!" flüsterte Tim. — „Pst, still! Wir müssen nun alles hören!" warnte Sam.

Im selben Augenblicke ertönte drüben die Stimme des Rittmeisters:

„Herunter von den Pferden, ihr Hunde, oder ich helfe nach!" — „Wir haben ja aber nichts begangen!" wagte einer der Angefallenen zu erwidern.

Gleich darauf vernahm man den Hieb einer Peitsche und die Worte:

„Da, das hast du für das Schwatzen, Kerl! Also, herab!"

Dann antwortete der Geschlagene:

„Ich bin jetzt nicht mehr im Dienste, und niemand hat mir etwas zu sagen." — „Schön! Ich werde dir zeigen, ob und wer dir etwas zu sagen hat. Zählt ihm zehn auf, aber kräftig!"

Man hörte darauf, daß der Mann ergriffen wurde.

„Wollen wir das dulden?" fragte Jim jetzt leise. — „Warum nicht?" meinte Sam. „Zehn Knutenhiebe thun einem Kosaken nichts. Desto hübscher sitzt er dann zu Pferde! Uebrigens bekommt der Rittmeister sie zurück. Horcht!"

Drüben erklang nämlich soeben die Stimme des Offiziers:

„Eins, zwei, drei, vier — sechs — acht — zehn! Gut für jetzt! Für jedes widersetzliche Wort aber setzt es abermals zehn!" — „Väterchen," entgegnete darauf der Geschlagene, „das sollte der Fremde wissen, er würde uns sicherlich in seinen Schutz nehmen." — „Meinst du? Für dieses Wort bekommst du nachher zwanzig. Jetzt aber gieb einmal die Papiere heraus, die ich dir heute ausgestellt habe, oder ich lasse dich nochmals schlagen." — „Hier sind sie." — „So! Und nun das Geld!" — „Väterchen, das habe ich doch geschenkt bekommen!" — „Ganz gleich! Heraus, oder —" — „Nun, wenn du mich zwingst, so muß ich es geben. Hier!"

Der Rittmeister schien zu zählen, denn erst nach einer Weile sagte er:

„So. Und nun zu dem anderen. Aber damit er gleich von vornherein gefügig ist, zählt ihm auch zehn auf."

Man hörte wiederum die Peitsche knallen und den Offizier bis zehn zählen, wie vorher. Dann sagte er:

„Also gieb auch du das Geld und die Papiere heraus!" — „Mein liebes Väterchen, aber wie soll ich denn leben und mir ein Weibchen nehmen, wenn ich kein Geld und keinen Freischein habe?" — „Heirate des

Teufels Großmutter. Dann kannst du Pech und Schwefel fressen. Her mit dem Gelde und den Papieren. Ich gebiete es dir zum letzten Male!"

Der Rittmeister sagte das in einem so drohenden Tone, daß der Bedrängte willig antwortete:

"So muß ich es schon geben. Hier, Väterchen, mag es dir mehr Segen bringen als mir. Mir hat es nur Prügel eingebracht." — "O, die sind noch nicht zu Ende. Na, da seid ihr also nun wieder leer. Ihr Canaillen freutet euch wohl gewaltig, als ich diesem fremden Schufte scheinbar nachgab? Nun müßt ihr einsehen, daß doch ich es bin, der zu befehlen hat. Jetzt sollt ihr heimreiten dürfen; aber zum Lohne für eure Freundschaft mit diesem dicken, fremden Fasse erhaltet ihr vorher ein Kommißbrot und zwanzig Knutenhiebe dazu, damit es besser schmeckt. Und in zwei Wochen werdet ihr wieder eingezogen, habt diese Pferde mitzubringen und erhaltet die hundert Hiebe, die ich euch heute früh zugesprochen habe. Werft sie nieder und zählt die Hiebe auf, zwanzig für jeden. Sie sollen vor Schmerz quaken wie der Riesenfrosch, der ihnen das Geld geschickt hat." — "Und du wirst es ihnen erst einmal vormachen!" erklang es in diesem Augenblicke hinter ihm.

Der Rittmeister fuhr herum. Da standen Sam, Jim und Tim, alle drei auf ihre Büchsen gestützt, und die gespannten Revolver in der Hand.

"Donnerwetter!" fluchte der Rittmeister, totenbleich werdend. — "Schau, schau!" höhnte Sam. "Das ist ja eine saubere Geschichte! Ganz so, wie der Geisterfrosch es mir heute nacht vorhergesagt hat. Dem trifft doch wirklich alles zu. Darum muß ich nun auch die Befehle ausführen, die er mir gegeben hat."

Die Kosaken wußten nicht, wie ihnen geschah und wie sie sich zu verhalten hatten. Sie richteten ihre Augen fragend auf den Rittmeister. Sam aber bedeutete sie:

"Steigt ab, Kinderchen, von den Pferden. Aber etwas rasch, sonst helfe ich!"

M. E.

Bei diesem Tone und dem Anblicke des Revolvers folgten sie sofort der Aufforderung.

„So, meine Lieblinge. Und nun setzt euch da auf den Stein."

Auch jetzt gehorchten sie augenblicklich.

„Schön, ich sehe, ihr seid gehorsam und gutwillig. Darum soll euch auch gar nichts geschehen, wenn ihr ruhig sitzen bleibt und kein Wort sprecht und kein Glied bewegt. Sonst aber erhaltet ihr sofort eine Kugel. Es wird euch wehe gethan haben, daß eure guten Kameraden so beraubt und noch dazu geprügelt worden sind. Nun sollt ihr dafür Zeuge sein, daß ihnen ihr Recht zugesprochen wird."

Der Rittmeister stand noch ganz fassungslos da. Er konnte es nicht begreifen, sondern hielt es geradezu für ein Wunder, daß diese drei Menschen sich hier befanden.

Er hatte den Säbel umgeschnallt und eine Pistole im Gurt, sonst weiter keine Waffen. Jetzt legte er die Hand an die Pistole und schrie:

„Was sucht ihr hier? Hier bin ich der Gebieter! Weg mit euch, oder —"

Doch da wurde er unterbrochen.

„Du," meinte Sam, „laß dieses Ding stecken, es könnte sonst losgehen, und ich dulde so etwas nicht." — „Frecher Hund! Ich schieße —" rief jetzt voller Wut der Rittmeister und zog die Pistole, erhielt aber von Sam einen so blitzschnellen Kolbenschlag auf den Arm, daß dieser herabsank und die Pistole seiner Hand entfiel.

Zu gleicher Zeit tönten folgende Worte an sein Ohr:

„Was willst du sein? Herr und Gebieter? Ein Lump und Schurke bist du! Ein Wegelagerer und Straßenräuber! Heraus mit dem Raube!" — „Das alles gehört mir!" schrie der Rittmeister erbost, um sich vor seinen Leuten gar zu sehr zu blamieren.

Doch Sam erwiderte voller Gleichmut:

„Wem es gehört, darüber werden wir jetzt beraten und uns dabei ganz nach deinem eigenen Verfahren richten. Du haſt jedem dieſer beiden guten Menſchen zehn Hiebe geben laſſen, um ſie von vornherein gefügig zu machen. Das Mittel iſt, wie wir gehört und geſehen haben, probat. Wir werden es nun bei dir verſuchen, und ehe wir die intereſſante Verhandlung beginnen, er= hältſt du gerade ſo viel Hiebe aufgezählt, wie du ſelbſt vorhin diktiert haſt, zweimal zehn macht zwanzig."

Der Rittmeiſter wurde bleich wie Kalk.

„Wagt es einmal!" knirſchte er. — „O, da giebt es nichts zu wagen." — „Ich trage den Rock des Zaren." — „Du biſt ein Räuber. Was geht mich dein Rock an! Schnalle den Säbel ab. Er könnte während der Exekution Schaden erleiden."

Der Offizier gehorchte nicht.

„Willſt du nicht? Nun, ſo müſſen wir nachhelfen. Jim! Tim!"

Sam hatte die beiden Namen kaum ausgeſprochen, ſo befand ſich der Rittmeiſter auch bereits zwiſchen den langen, muskulöſen Armen Jims, die ihn umſpannten wie ein Schraubſtock, ſodaß er ſich nicht rühren konnte. Tim ſchnallte ihm den Säbel ab und wickelte ihm dann den Laſſo ſo um die feſt an den Leib gedrückten Arme und die Beine, daß er ſich nicht zu bewegen vermochte.

„So recht, Kinderchen," lachte Sam. „Legt ihn herum, daß die Klaviatur, auf der wir ihm ſein Ständchen ſpielen wollen, nach oben kommt!"

Das wurde gethan. Dann zogen Jim und Tim ihre Knuten aus dem Gürtel, ſpuckten ſich in die Hände und ſtanden, Sams Kommando erwartend, rechts und links neben dem Gefeſſelten.

„Seht, Brüderchen," wandte Sam ſich an die Unter= gebenen des Offiziers, „ſo kommt jeder einmal an die Reihe. Ich würde ihn nicht knuten laſſen, aber er hat ſich aus Angſt nicht mit mir duelliert; er iſt alſo ehrlos, und ſo ſoll er fühlen, wie die Knute thut. Ihr alle habt das bereits gefühlt und werdet es ihm gönnen."

Der Rittmeiſter ſchrie und tobte wie ein Verrückter

M. E.

Er erging sich in allen Schimpfworten, die ihm geläufig waren, doch Sam rief:

„Mann, sei still! Sonst bekommst du vierzig anstatt zwanzig. Jetzt, Jim und Tim, wollen wir beginnen. Macht es ordentlich und gefühlvoll und legt die richtige Melodie hinein. Also eins —!"

Jims Hieb sauste nieder — da erscholl ein Schrei, dann nach Tims Hieb ein zweiter — und darauf war

es still. Der Rittmeister hatte die Zähne zusammen= gebissen und strengte alle seine Kräfte an, nicht mehr zu schreien.

Natürlich waren die Streiche der beiden Amerikaner von richtigem Gewicht. Erst, als der zwanzigste Hieb gefallen war, sagte Sam:

„So, nun nehmt ihm die Fesseln wieder ab und

schießt die Ladung aus seinem Pistol, damit er keinen Unfug mit demselben treiben kann."

Als das geschehen war, stand der Rittmeister starr vor Schmerz und Grimm und blickte auf keine der anwesenden Personen, sondern in die Weite hinaus.

Sam aber sagte: „Jetzt ist die Einleitung vorbei, und die Verhandlung kann beginnen. Vielleicht ist sie in kurzer Zeit vorüber. Das wäre nur gut für ihn. Zeig' mal das Geld und die Papiere her!"

Er trat an den Gezüchtigten heran, öffnete ihm die Knöpfe der Uniform und untersuchte die Taschen. Bald hatte er gefunden, was er suchte, und zählte das Geld durch, prüfte die Papiere und gab, da alles unbeschädigt war, den beiden Kosaken ihr Eigentum zurück.

„So!" lachte er, sich wieder an den Rittmeister wendend. „Wir sind nun fertig, und ich wünsche, daß dir der Spazierritt wohl bekommen möge. Schnalle den Säbel wieder um und stecke die Pistole ein. Du kannst nach Hause reiten."

Der Rittmeister that, als hörte er Sams Worte nicht.

Da zog der Dicke seine Knute, hieb sie ihm über den Rücken und sagte:

„Dich mache ich schon lebendig. Zur Bildsäule sollst du mir hier nicht werden!"

Nun bückte sich der Rittmeister nieder. Gedankenschnell riß er den Degen empor, schnallte ihn um, steckte die Pistole in den Gürtel, und nachdem er zu seinem Pferde geeilt und in den Sattel gesprungen war, drückte er dem Tiere die Sporen in die Weichen und sprengte wie ein Rasender davon.

„Der hat genug!" lachte Jim.

Die beiden Kosaken, die auf so ungewöhnliche Weise von und zu ihrem Eigentume gekommen waren, bedankten sich fast mit kriechender Demut bei den dreien und ritten sodann weiter. Die anderen erhielten von Sam ein Geldgeschenk für Wodka und kehrten heim.

Die Exekutoren aber eilten zu ihren Pferden zurück,

M. E.

und auf dem Heimwege teilte Sam ihnen mit, was er heute abend vor habe. Das war ihnen eben recht. Je mehr Abenteuer, desto besser. Sie erklärten sich mit Freuden bereit, die Pulverkammer auszuräumen.

Als sie im Lager ankamen, hatte Karpala schon längst auf Sams Rückkehr gewartet. Sie fragte ihn, wo er gewesen sei, und er erzählte ihr ganz aufrichtig und ausführlich das Abenteuer.

„Das ist recht!" belobte sie ihn. „Aber getraust du dich denn auch jetzt noch zum Kreishauptmanne?" — „Nun erst recht." — „Sein Sohn darf mir die Einladung nicht abschlagen. Er muß mitkommen. Da ist er gezwungen, mit seinen Schwielen stillzusitzen, und wird entsetzliche Schmerzen leiden, ohne sich dieselben merken lassen zu dürfen. Ich reite." — „Und ich komme gleich nach. Ich werde mich so stellen, daß ich dich am Fenster deutlich sehen kann."

---

## 16. Kapitel.

Die Prinzessin stieg in den Sattel und ritt nach der Stadt. Vor dem Regierungsgebäude sprang sie ab, band das Pferd an einen dazu angebrachten Pfahl und trat ins Haus.

Sie kannte das Innere desselben genau, stieg daher die Treppe rasch hinan und ging nach dem Wohnzimmer des Kreishauptmannes, in dem sich die drei Familienglieder befanden.

„Blutige Rache! Tod, Tod!" schrie soeben der Rittmeister. „Noch heute, spätestens morgen." — „Das ist entsetzlich! So ein Wagnis gegen uns!" erklang die Stimme seines Vaters.

Und seine Mutter klagte:

„Welche Schmerzen mußt du leiden! Geh' doch in dein Zimmer und entkleide dich. Ich will Salbe besorgen."

M. E.

Da klopfte Karpala laut an, sodaß man es drinnen gewahr werden mußte, und nun vernahm sie jenes Streichen, Rücken und Rascheln, das man gewöhnlich hört, wenn eine von einem Besuche überraschte Familie sich schnell zum Empfange desselben vorbereitet.

Sie klopfte abermals.

„Herein!" rief nun erst die Stimme des Kreishauptmannes.

Als Karpala eintrat, erregte ihr Kommen die größte Ueberraschung, die ganz gewiß keine freudige war.

Der Rittmeister wollte sich stramm von dem Sofa erheben, auf das er sich seitlich hingehaucht hatte, sank aber mit einem nur halb unterdrückten Schmerzenslaute wieder zurück. Er hatte nicht in Betracht gezogen, daß die Beinkleider an den Schwielen klebten.

„Karpala!" begrüßte dann der Kreishauptmann das junge Mädchen. „Wer hätte das vermuten können!"

Seine Frau aber rief:

„Karpala! Willkommen, tausendmal willkommen!"

Auch der Rittmeister stand jetzt langsam auf und ergriff ihre Hand, zog aber, da es ihm einen plötzlichen Stich in die Schwielen gab, eine schmerzliche Grimasse.

„Was hast du? Was fehlt dir?" fragte Karpala voller Teilnahme. „Hast du Schmerz?" — „O nichts, gar nichts, nur ein wenig Zahnschmerz," antwortete er.

Karpala setzte sich, ließ ihren lächelnden Blick heiter von einer Person auf die andere schweifen und sagte dann:

„Ich komme, euch einzuladen, um den Abend heute bei uns gesellig zu verbringen. Wir werden dieses Mal nicht so lange hier bleiben, wie wir uns eigentlich vorgenommen hatten, und wollen doch gern so viel, wie möglich, mit euch beisammen sein. Darum habe ich mich aufgemacht, um euch diese Einladung zu bringen."

Die Augen des Rittmeisters leuchteten vergnügt auf.

„Karpala!" rief er. „Von wem ist — o du Himmeldonnerwetter!"

Er hatte in seiner Freude eine schnelle, unvorsichtige

M. E.

Bewegung gemacht, was ihm einen solchen Schmerz bereitete, daß er seine Frage nicht ganz aussprechen und nur den Fluch ausstoßen konnte.

Karpala, die gar wohl den Grund dieses Verhaltens kannte, hätte beinahe aufgelacht; aber sie bezwang sich doch und fragte in ernstem, verwunderten Tone:

"Wie? Was wolltest du fragen? Und warum fluchtest du so?" — "O, meine — Zahnschmerzen! O Himmelelement!" antwortete er kläglich und zog ein höchst schmerzliches Gesicht. — "Zahnschmerzen?" lachte sie. "Das ist doch gar nichts! Man muß sich beherrschen. Ich halte es für unmännlich, zu jammern, besonders von einem Offizier, zu dessen Berufe es doch unbedingt gehört, Schmerzen ertragen zu können. Also, was wolltest du mich fragen?" — "Ich wollte gern wissen, von wem deine Einladung ausgeht." — "Nun, natürlich von uns allen." — "Und wer hat die eigentliche Veranlassung dazu gegeben?" — "Ich." — "So hast du uns also gern bei dir?" — "Natürlich!" — "Das — das kann mich ungeheuer freuen. Ich sage dir, ich möchte vor Freude dir gleich mitteilen, daß — alle Teufel! Diese — verdammten Zahnschmerzen!"

Der Rittmeister hielt die Hand an die Wange, um Karpala glaubhaft zu machen, daß ihn wirklich einer seiner Zähne schmerze.

"Mache dich doch nicht lächerlich!" sagte da das Mädchen. "So ein kräftiger Mann wie du, und noch dazu ein Rittmeister, wird sich doch nicht von einem Zahne bewältigen lassen! Ist's denn ein Backzahn?" — "Ja, da hier, auf der linken Seite." — "Zeig' doch mal her!"

Karpala stand auf und trat zu ihm. Doch der Rittmeister wich zurück und hielt ihr beide Hände abwehrend entgegen.

"Nein, nein! Ich kann ihn dir nicht zeigen." — "Ach Unsinn! Wir brauchen uns doch nicht in dieser Weise voreinander zu genieren! Wenn wir bald Frau und Mann sein wollen, so ist eine solche Zurückhaltung doch nicht am rechten Platze."

Da rief er ganz glücklich: „Karpala! Du gestehst also, daß auch in deinem Herzen ein — heiliges Donnerwetter!"

Im nächsten Augenblicke fuhr er sich mit beiden Händen nach dem betreffenden Körperteile und griff dann an die Wange, um sich nicht zu verraten.

Karpala machte ein sehr erstauntes Gesicht und schüttelte den Kopf.

„Was soll ich in meinem Herzen haben?" fragte sie verwundert. „Ein heiliges Donnerwetter?" — „Ach geh'! Es war eben wieder nur mein elendes Zahnweh." — „Zahnweh? Man denkt wirklich, daß du die Schmerzen gar nicht im Munde, sondern ganz wo anders hast. Setze dich doch!"

Damit ergriff Karpala seinen Arm und wollte ihn zu dem harten Holzstuhle ziehen, doch er wehrte ab:

„Bitte, nein! Ich setze mich lieber hier auf das Kanapee." Dann nahm er auf dem Sofa Platz. „Aber wir sind ganz von unserem ursprünglichen Thema abgekommen." — „Ja, richtig! Ihr kommt doch?" — „Gern, sehr gern! Ich freue mich — o, da denke ich aber doch daran, daß es wohl nicht gehen wird." — „Nicht? Warum?" — „Weil — hm — wegen dieser drei fremden Kerle. Du weißt ja, wie sie mich gestern beleidigt haben." — „Ganz recht. Es sollte doch ein Duell stattfinden. Ist das bereits ausgefochten?" — „Nein. Weil — weil — na, ich will es dir sagen — weil der dicke Kerl heute früh bei mir war. Er bat mich um Verzeihung und gab gute Worte, daß das Duell nicht stattfinden solle. Ich habe also dem Kerl großmütig vergeben und auch verzichtet, ihn zu bestrafen, aber daß ich wieder mit ihm zusammenkommen soll, das kann doch niemand von mir verlangen. Er wird doch heute abend zugegen sein." — „Nein. Er will mit seinen beiden Gefährten einen weiten Spazierritt machen, von dem sie erst spät abends, vielleicht gar erst in der Nacht, zurückkehren." — „Wenn das so ist, so komme ich." — „Und die Eltern natürlich mit?" — „Ja, ja, wir kommen ganz gewiß," nickte der Kreishauptmann eifrig. — „So verlasse ich mich darauf und kann nun wieder gehen." — „Willst du denn nicht noch ein Stündchen bleiben, liebes Kind?" — „Habe keine Zeit dazu. Ihr

wißt es ja, wenn man Gäste zu erwarten hat, so giebt es vorher gar mancherlei zu thun."

Es wurden noch einige höfliche Redensarten gewechselt, dann nahm Karpala einen beinahe herzlichen Abschied und wandte sich nach der Thür.

Der Rittmeister beeilte sich, ihr dieselbe zu öffnen. Dabei gab es wieder einige höchst schmerzhafte Bewegungen; er verbiß aber die Empfindung, die sie ihm verursachten.

M. E.

Bereits stand Karpala unter der Thür, da wandte sie sich wieder zurück und sagte:

„Da hätte ich beinahe eine Hauptsache vergessen. Ihr bringt heute abend doch auf alle Fälle Gökala, euren Gast, mit?"

Der Kreishauptmann erschrak.

„Gökala?" sagte er rasch. „Es ist ihr von dem Herrn, in dessen Begleitung sie gekommen ist, verboten, das Haus zu verlassen." — „Das ist hart. So werde ich also jetzt einmal zu ihr gehen." — „Auch das geht nicht. Sie darf auch keine Besuche empfangen." — „Aber warum denn nicht?"

Karpala trat bei diesen Worten an das Fenster und sah, daß Sam sich sofort in der Richtung nach der Hausthür in Bewegung setzte.

„Warum, das kann ich freilich nicht sagen," antwortete der Kreishauptmann. „Ihr Begleiter hat wohl alle Veranlassung, sie unter strenger Kontrolle zu halten. Vielleicht ist sie eine Verbannte. Jedenfalls darf ich keinen Menschen zu ihr lassen."

Da klopfte es an die Thür, und der Kreishauptmann ging hin, um nachzusehen, wer draußen sei. Aber als er öffnete, fuhr er sofort ganz erstaunt zurück, denn — Sam trat ein.

„Du wieder?" rief der Beamte zornig. — „Ja," lachte Sam. „Ich habe euch ja bereits gesagt, daß ich heute wohl noch einmal kommen werde."

Der Rittmeister streckte den Arm gebieterisch aus, zeigte nach der Thür und schrie:

„Hinaus!" — „Hinaus willst du?" fragte Sam freundlich. „Na, so gehe doch!" — „Nein, du!" — „Ich? Ich komme ja soeben erst herein." — „Aber du packst dich augenblicklich wieder hinaus." — „Nein, mein Brüderchen. Wenn ich einmal gekommen bin, so will ich auch sagen, weshalb ich komme. Ich dächte, ihr wüßtet es nun beinahe, daß ich **mich** nicht ins Bockshorn jagen lasse."

M. E.

Da es nicht in der Absicht des Kreishauptmannes lag, in Gegenwart Karpalas seinen Sohn blamieren zu lassen, wandte er sich nach der Thür und sagte zu Sam:

"Wenn du mit mir reden willst, so komme in mein Zimmer." — "Warum? Ich kann auch hier mit dir reden." — "Amtliche Angelegenheiten habe ich in meiner Expedition abzumachen." — "Wer hat denn gesagt, daß ich in einer amtlichen Angelegenheit hier bin? Ich komme einfach auf Besuch." — "Donnerwetter! Doch nicht etwa zu uns?" — "Nein, sondern zu Gökala."

Jetzt trat der Kreishauptmann einige Schritte zurück und fragte im Tone der Bestürzung:

"Kennst du sie?" — "Ja. Wo wohnt sie?" — "Bei mir." — "Das weiß ich natürlich. Ich will aber das Zimmer wissen." — "Das erfährst du nicht." — "Oho! Ist sie etwa deine Gefangene? Du hast kein Recht, irgend jemand der Freiheit zu berauben. Kein Richter hat sie verurteilt." — "So! Wer denn?" fragte der Kreishauptmann höhnisch. — "Nur allein der Graf Alexei von Polikeff." — "Donnerwetter!" entfuhr es dem bestürzten Beamten. — "Meinst du etwa, ich kenne ihn nicht?" lachte der Dicke. "Ich sage dir nur, daß dies der Fall ist, das genügt. Und was Gökala anbetrifft, so will und muß ich mit ihr sprechen. Jedenfalls bewohnt sie das Zimmer, aus dem ich sie treten sah, als ich vorhin zum letzten Male bei euch war. Dahin werde ich also jetzt gehen."

Sam wollte seine Absicht ausführen, doch der Kreishauptmann gebot ihm: "Du bleibst!" Dann fuhr er, als Sam ihn mit großen Augen geringschätzend anblickte, fort:

"Ich habe bisher deine Frechheiten mit Geduld ertragen, aber nun wird es mir denn doch zu toll! Du thust ja, als ob du hier bei uns zu gebieten hättest!" — "Zu gebieten habe ich nicht, aber erwarten darf ich, daß meine Wünsche erfüllt werden, wenn sie auf gesetzlichem Wege zu erfüllen sind, und das ist hier der Fall. Ich verlange, daß Gökala heute abend Karpala mit euch besuchen darf. Zwar werde ich abwesend sein und voraussichtlich nicht sehen, ob sie mitkommt, aber erfahren werde ich es. Wehe dann euch, wenn der Wunsch Karpalas nicht erfüllt wird."

Das war freilich stark. Der Kreishauptmann blickte seinen Sohn an und dieser ihn. Sollten sie sich denn wirklich gar so viel gefallen lassen?

Am meisten ergrimmt war der Rittmeister. Er erhob sich mühsam vom Kanapee und erwiderte:

"Wehe uns? Hältst du uns denn für gar so armselige Geschöpfe, daß du uns in dieser Weise zu drohen wagst? Du übertreibst deine Frechheit. Du meinst, daß wir uns alles gefallen lassen sollen aus Angst, daß du erzählen werdest, was heute nacht geschehen ist. Bisher haben wir auch wirklich darauf Rücksicht genommen, nun aber hört es auf. Jetzt sind wir fertig. Mache dich hinaus!" — "Du, nimm dich in acht! Wenn ich einmal hinausgehe, so folgt ihr auch bald nach." — "Was soll das heißen?" — "Daß dann eure Rolle hier ausgespielt ist." — "Hund, weißt du, mit wem du sprichst? Ich bin der Rittmeister Iwan Rapnin, Kommandant von Platowa."

Sam schüttelte den Kopf und antwortete:

"Iwan Rapnin? Ja, wenn du der wirklich wärest, so wäre das etwas ganz anderes. Rittmeister bist du und Kommandant auch. Aber Rapnin, Rapnin? Das stimmt nicht. Dein Name ist Iwan Saltikoff."

Die Kreishauptmännin stieß einen Schrei des Schreckens aus. Ihr Mann machte eine Bewegung des Entsetzens, und der Rittmeister fuhr auch erschrocken zurück. Doch war er schnell wieder gefaßt, er zwang sich zu einem lauten Lachen und sagte:

"Dieser Mensch träumt bei offenen Augen, und was er träumt, das hält er für Wahrheit und plaudert es aus!" — "Ja, wenn es nur ein Traum wäre, so würdet ihr froh sein, Rapnin. Das kenne ich besser." —

M. E.

„Nichts, gar nichts kennst du!" — „Oho! Ich kenne sogar Saltikoff." — „Nun, was ist er?" — „Nichts. Frage lieber, wer er war! Er war ein Verbrecher, ein Verbannter. Da kam Graf Polikeff und gab ihm den Rat, seinen Namen umzuändern und den Namen Saltikoff zu verschenken." — „Ah! Wahnsinn!" — „Nein, Wahrheit! Der Name Saltikoff ward verschenkt, oder vielmehr, er wurde einem aufgezwungen. Und weißt du vielleicht wem?" — „Nein," antwortete der Offizier, der leichenblaß geworden war und am ganzen Leibe zitterte.

„So will ich es dir sagen. Der Name Saltikoff wurde aufgezwungen dem Maharadscha Banda von Nubrida. Damals —" — „Halt!" gebot der Kreishauptmann, der sich in einer Verlegenheit befand wie noch niemals im ganzen Leben. „Halte ein! Wir wollen nichts weiter hören." — „Das glaube ich wohl! Aber wenn ich das nicht erzählen soll, so will ich wenigstens eine Frage aussprechen: Wird Gökala heute mit in das Zelt Karpalas kommen?" — „Ja," erklang es zögernd und gedrückt. — „Schön! Und zwar verlange ich, daß Karpala jetzt zu Gökala geht, um sie selbst einzuladen. Ich werde mich hier niedersetzen und warten, bis sie wiederkommt. Dann begleite ich sie heim."

Niemand widersprach ihm, und Karpala ging.

Sam hatte sich inzwischen auf einen Stuhl gesetzt, machte es sich bequem auf demselben, zog eine Cigarre heraus und brannte sie an.

„Gehe in die Küche!" befahl jetzt der Beamte seiner Frau, während der Rittmeister sich wieder auf das Sofa niedergelassen hatte und ganz fassungslos vor sich hinstarrte. Sein Geheimnis in den Händen dieses Mannes, dieses Menschen, der sich ihm bis jetzt nur gefährlich gezeigt hatte! Der Kreishauptmann schritt im Zimmer auf und ab. Er wußte nicht, was er denken und sagen sollte. Er war bisher immer der festen Ueberzeugung gewesen, daß außer ihm selbst und seinem Sohne nur der

May, Engel d. Verbannten. 15

Graf der Mitwisser sei, und nun trat dieser fremde Kerl hier auf und zeigte, daß er vollständig eingeweiht war!

Sam selbst that, als ob gar nichts vorgefallen sei, blies kunstvolle Ringel aus dem Munde und gab sich dieser Beschäftigung mit einem Eifer hin, als ob es gelte, bei derselben eine Million zu verdienen.

Da endlich blieb der Kreishauptmann vor ihm stehen, schlug die Hände über der Brust zusammen und fragte:

"Wer bist du eigentlich?"

Sam schnippte die Asche von der Cigarre und antwortete:

"Ein ehrlicher Kerl." — "Unsinn! Darnach habe ich nicht gefragt. Wie ist dein Name?" — "Samuel Barth. Höre, mein lieber Freund, schiebe mir nicht solche unnütze Fragen unter die Nase! Ich bin da sehr kitzlich und könnte dich etwas derb anniesen. Laß mich in Ruhe!" — "Aber ich muß wissen, wie du dazu kommst, uns von jenem Saltikoff zu erzählen." — "Ja, ein Unsinn ist es eigentlich von mir gewesen. Da du selbst jener Saltikoff bist, so hatte ich gar nicht nötig, eine Geschichte zu erzählen, die du doch auf alle Fälle viel besser weißt als ich." — "Du befindest dich in einem großen Irrtum. Ich bin nicht Saltikoff. Ich habe niemals einen Menschen dieses Namens gekannt." — "Wunderbar!" — "Dabei giebt es gar nichts Wunderbares." — "O doch! Ein Mensch, der sich selbst nicht kennt und niemals etwas von sich gehört hat, das ist doch wunderbar!" — "Beweise mir doch, daß ich Saltikoff bin!" — "Pah! Beweise es mir doch, daß du es nicht bist." — "Das kann ich dadurch, indem ich den Beweis führe, daß ich Rapnin bin." — "Sehr schön! Aber ich würde mir dann sofort das Vergnügen machen, zu beweisen, daß du Saltikoff bist." — "Wie wolltest du diesen Beweis führen?" — "Mündlich und auch schriftlich, ganz wie es verlangt wird."

Da lachte der Kreishauptmann laut auf und sagte:

"Jetzt hast du dich verraten. Ich weiß ganz genau,

daß über jene Angelegenheit gar nichts Schriftliches existiert. Wie willst du also einen schriftlichen Beweis bringen?"

Sam blickte ihm mit fast übermütig schlauem Ausdrucke in das Gesicht.

„So? Das ist eine Täuschung. Du selbst hast dich verraten, nicht ich. Wenn du so genau weißt, daß über jene Angelegenheit nichts Schriftliches existiert, so muß sie dir doch näher bekannt sein." — „Donnerwetter!"

Der Kreishauptmann schlug sich vor den Kopf.

„Na, zu ohrfeigen brauchst du dich deshalb nicht. Du wärest auch ohne dieses Zugeständnis gar nicht weit gekommen. Ich weiß sogar, daß du dem Grafen eine Unterschrift, sagen wir, einen Revers gegeben hast." — „Wer sagt das?" — „Der Graf." — „Er lügt. Er mag diesen Revers vorzeigen. Außerdem wirst du den Grafen nicht finden." — „Meinst du?" — „Ja. Wo ist er denn?" — „Am Mückenflusse, wo er Nummer Fünf, den Maharadscha, aufsuchen will." — „Alle Teufel! Woher weißt du das? Du bist falsch berichtet." — „So? In diesem Falle werde ich dennoch den Grafen finden. Ich brauche ja nur hier zu bleiben. Er kommt ja zurück, um Gökala zu holen."

Der Kreishauptmann sah ein, daß er nichts Stichhaltiges vorbringen konnte. Seine Verlegenheit wuchs von Sekunde zu Sekunde, und er begann, wieder im Zimmer hin- und herzulaufen.

Sam, der ihm mit den Augen und mit lächelndem Blicke folgte, fuhr fort:

„Nun wirst du wohl einsehen, daß es noch sehr fraglich erscheint, wer hier der Herr Kreishauptmann ist." — „Ich! Und ich bleibe es auch!" — „Und ebenso steht es mit dem Herrn Rittmeister und Kommandanten." — „Der bin und bleibe ich!" sagte der Offizier in stolzem Tone. „Und ich möchte den sehen, der das ändern will." — „Na, ich nicht. Mich geht ihr gar nichts an. Mir soll es ganz gleichgültig sein, ob hier zwei Saltikoffs oder zwei Rapnins ihr Wesen treiben. Aber wenn sie mir das Leben sauer machen, dann freilich haben sie es mit mir zu thun. Das mögt ihr euch gütigst hinter die Ohren schreiben. Wenn ihr einen Schützling von mir beleidigt, so ist es ganz genau so, als ob ihr mich selbst beleidigt hättet. Ich lasse mir das eben nicht gefallen." — „Du nimmst die Sache zu streng. Wenn du uns besser kenntest, so würdest du ganz anders von uns denken." — „Ich glaube das nicht." — „Ich will es dir beweisen. Du brauchst dich nur einigermaßen gutwillig zu zeigen, insofern, als du den Vorschlag annimmst, den ich dir machen werde." — „So laß ihn hören." — „Du kennst unser Geheimnis. Ich kaufe es dir ab. Wieviel willst du eigentlich haben?" — „Mehr, viel mehr, als du bietest, überhaupt wohl viel mehr, als du bezahlen kannst. Ich pflege mit ganz anderen Ziffern zu rechnen als ihr, denn ich bin sehr reich. Und sodann bin ich ja gezwungen, das Geld, das ich von euch erhalte, in drei Teile zu teilen, weil meine beiden Gefährten auch alles wissen. Sie wollen also ebenso bezahlt sein wie ich." — „Donnerwetter! Wer hat es ihnen denn gesagt?" — „Ich natürlich. Wenn mir diese beiden helfen sollten, so mußte ich ihnen natürlich sagen, was sie wissen müssen." — „Nun, wieviel verlangst du?" — „Für jeden fünftausend Rubel, in Summa also fünfzehntausend Rubel." — „Heiliges Wetter! Du bist verrückt!" schrie da der Rittmeister und fuhr vom Sofa empor, fiel aber stöhnend wieder zurück. Sein Vater aber zeigte sich keineswegs so erschrocken über die hohe Forderung und sagte in aller Ruhe:

„Billig seid ihr nicht. So ein Heidengeld habe ich freilich nicht daliegen. Nun, was mich betrifft, so bin ich gar nicht abgeneigt, euch diese Summe zu bezahlen, aber du wirst wohl zugeben, daß ich es nicht allein auf mich nehmen kann." — „Meinst du den Grafen?" — „Ja. Mit ihm muß ich natürlich erst sprechen. Du wirst also seine Rückkehr abwarten müssen." — "Ich bin bereit dazu." — "Schön! So sind wir also so weit einig?" — "Ja. Und nun will ich gehen, um Karpala zu holen."

Sam ging, und als er draußen die Nebenthür offen stehen fand, die diejenige der Schlafstube war, huschte er schnell hinein und zog sie hinter sich zu. In der Küche klirrte das Geschirr. Die Kreishauptmännin war also

beschäftigt. Von ihr hatte er wohl keine Störung zu erwarten.

Eine Seitenthür führte von hier aus nach der Wohnstube, in der sich Vater und Sohn befanden. Er hatte dieselbe schon vorhin von drüben aus bemerkt. Jetzt schlich er sich zu derselben hin und horchte. Da hörte er die Stimme des Rittmeisters:

"Und du erschrakst nicht einmal über diese Unver-

M. E.

schämtheit! Fünfzehntausend Rubel!" — „Der Graf zahlt das nicht. Und wenn er sich doch dazu bereit finden lassen sollte, so wird er uns das nicht geben, was er uns versprochen hat." — „Er wird uns bezahlen, und sie bekommen keinen Pfennig. Wir brauchen unser Geld selbst so notwendig, daß es mir gar nicht einfallen kann, auch nur eine einzige Kopeke für etwas auszugeben, was ich ganz umsonst erlangen kann." — „Umsonst erlangst du das Schweigen der drei Kerle aber keineswegs." — „Ganz umsonst. Wir nehmen Rache und richten diese derart ein, daß wir uns dabei ihres ewigen Schweigens versichern. Sie müssen sterben. Wir haben doch die Flasche mit dem Schnaps von Fliegenpilzen. Der wirkt in drei Minuten ganz sicher tödlich. Den müssen sie trinken." — „Aber wann und wo? Wir dürfen es natürlich nur so einrichten, daß wir nicht in Verdacht kommen." — „Versteht sich ganz von selbst. Der Dicke wird mit den beiden anderen ausreiten. Er hat noch nicht Abschied von uns genommen und kommt also, bevor er sich mit Karpala entfernt, jedenfalls noch einmal herein. Wir sind da sehr freundlich mit ihm und suchen zu erfahren, welche Richtung sie einschlagen werden. Dann begegnen wir ihnen draußen in der Steppe und reiten ein Stück mit ihnen. Da giebt es schon Gelegenheit zu einem Trunke." — „Sie werden sich aber hüten, allein zu trinken. Wir müssen auch einen Schluck nehmen." — „Natürlich. Wir nehmen noch eine andere, ganz gleiche Flasche mit, die guten Wodka enthält. Von dieser trinken wir beide. Ich stecke sie wieder ein. Das siehst du und machst mich darauf aufmerksam, daß ich ganz unhöflich gegen die drei gewesen sei, da ich ihnen nicht einen Schluck angeboten habe. Daraufhin nehme ich die Giftflasche heraus und gebe sie ihnen." — „Sapperment, so wird es gehen." — „Sobald sie getrunken haben, müssen wir uns natürlich schleunigst verabschieden. Denn wenn wir bei ihnen bleiben wollen, bis das Gift beginnt in ihren Eingeweiden zu wühlen, so bin ich gewiß, daß sie uns über den Haufen schießen werden." — „Natürlich! Das würden sie sicher thun. Aber wenn es ihnen nun gelänge, noch vor ihrem Tode im Galopp die Stadt zu erreichen und uns anzuzeigen!" — „Ich habe gar keine Sorge. Wir müssen uns mit den Fremden eben so weit von der Stadt entfernen, daß es unmöglich ist, sie in den drei Minuten, nach denen sie der sichere Tod erfaßt, zu erreichen."

Sam hatte genug gehört. Uebrigens war das Risiko, das er auf sich genommen hatte, als Lauscher ertappt zu werden, ein ziemlich großes gewesen. So brauchte er weiter nichts zu erfahren und konnte nun seinen Posten verlassen.

Daher ging er aus dem Schlafzimmer — aber doch nur bis zur Thür, denn ihm fiel ein, was er für heute vor hatte. Er blickte sich daher noch einmal genauer um. Dort links gab es eine Thür gleich neben dem Bette, das also voraussichtlich dasjenige des Kreishauptmanns war. Ueber demselben befand sich ein kleines Schränkchen. Es hing an einem Nagel und konnte abgenommen werden.

Sam huschte schnell hin. Das Schränkchen war nicht verschlossen. Er machte die Thür auf. Es enthielt verschiedene kleine, unwichtige Gegenstände, einige Fläschchen und dergleichen; aber dabei hing an einem Häkchen ein Schlüssel. War dies der gesuchte?

Sam nahm ihn und steckte ihn in das Schloß der Thür. Der Schlüssel paßte ganz genau, und Sam öffnete. Da sah er einen größeren, zweifenstrigen Raum vor sich. Die Fenster waren mit Läden verschlossen, doch drang durch die geöffnete Thür genug Licht hinein, um sehen zu können, was der Raum enthielt.

Eine nicht unbedeutende Anzahl kleiner Fässer barg jedenfalls das Pulver, und ungefähr ein Dutzend leicht gezimmerter Kisten schienen Patronen oder Patronenhülsen zu enthalten. Zündhütchenschachteln und Kugelformen waren ebenfalls vorhanden, und neue Gewehre, an der Zahl vielleicht zweihundert, füllten die Hälfte des ganzen Raumes.

Das war es, was Sam hatte sehen wollen. Er schloß nun die Thür wieder zu und hing den Schlüssel in das Schränkchen zurück. Selbst wenn dieses letztere heute abend von dem Kreishauptmanne geschlossen werden sollte, konnte es sehr leicht durch Aufsprengen geöffnet werden. Es war also nicht schwer, des Schlüssels habhaft zu werden.

Jetzt endlich konnte Sam die Schlafstube verlassen. Sein Lauschen hatte ihm mehr eingebracht, als er vorher hatte denken können. Erfreut wandte er sich nach der Thür, aus der er heute hatte Gökala treten sehen, denn er mußte natürlich annehmen, daß sich da ihre Wohnung befinde.

―――――

## 17. Kapitel.

Gökala war von dem, was sie durch den Kreishauptmann erfahren hatte, nämlich daß sie als eine Gefangene behandelt werden solle, sehr niedergeschlagen gewesen, wenn sie es sich auch nicht hatte merken lassen. Von den Worten Sams, die derselbe gegen den Willen des Hausherrn, und zwar in deutscher Sprache, an sie gerichtet hatte, war sie jedoch wieder einigermaßen getröstet und aufgerichtet worden.

Sam war ihr natürlich ein Rätsel. Ein Deutscher hier in Sibirien, und noch dazu einer, der ihren Namen kannte und auch noch weiteres von ihr zu wissen schien, das war ihr etwas ganz Unbegreifliches.

Er hatte ihr die Versicherung gegeben, daß sie noch mehr von ihm hören werde, und so war es kein Wunder, daß sie eine große Wißbegierde hegte, zu erfahren, wer dieser Mann sei und was er von ihr wolle.

Sie hatte die Zeit bisher ganz allein in ihrem
M. E.

Zimmer verbracht. Die Kreishauptmännin war zwar auf einige Minuten bei ihr gewesen, um ihr Thee und Gebäck zu bringen, aber von ihr so kurz und zurückhaltend behandelt worden, daß sie keine Lust gespürt hatte, länger, als unumgänglich nötig, zu verweilen.

Da klopfte es leise an ihre Thür, und als sie in ziemlich mürrischem Tone „Herein!" rief, da sie annehmen mußte, daß der Klopfende eine der zur Familie des Kreishauptmannes gehörige Person sei, ließ sich draußen eine weibliche Stimme vernehmen, die sagte:

„Ich kann ja nicht hinein." — „Wer ist denn draußen?" fragte nun Gökala. — „Ich bin es, Karpala."

Sofort eilte Gökala an die Thür und sagte:

„Ich bin eingeschlossen. Schließe auf; dann kannst du herein."

Jetzt schloß Karpala auf, zog von außen den Schlüssel ab, kam herein, und die beiden begrüßten sich auf das herzlichste. Sie hatten sich zwar nur erst einmal und auf kurze Zeit gesehen; aber sie fühlten bereits so freundschaftliche Gefühle für einander, als ob ihre Bekanntschaft bereits eine langjährige sei.

„Willkommen, herzlich willkommen!" begrüßte Gökala das schöne Mädchen und umarmte es herzlich. „Das hätte ich nicht erwartet."

Karpala küßte sie schwesterlich auf den Mund und antwortete:

„Weil man dich gefangen hält, nicht wahr, meine liebe Gökala?" — „Ja. Hast du das gewußt?" — „Gewiß." — „Auch daß niemand mich besuchen darf?" „Auch das hat man mir gesagt." — „Und dennoch bist du zu mir gekommen?" — „Ja, um dich und den Kreishauptmann mit den Seinen für heute abend zu uns einzuladen. Ich bat zuerst vergeblich, dich mitzubringen, aber da kam Sam dazu und brachte es schnell so weit, daß meine Bitte erfüllt werden mußte." — „Das ist herrlich, erstens schon deinetwegen, und zweitens bin ich so lange Zeit meiner Freiheit verlustig gewesen, daß ich

M. E.

mich ganz glücklich fühle, einmal über mich selbst verfügen zu können. Dieser Sam muß doch ein außerordentlicher Mann sein."

Jetzt berichtete Karpala ausführlich, was seit der Ankunft der drei Amerikaner geschehen war. Natürlich erwähnte sie dabei, daß sie eigentlich die Verlobte des Rittmeisters sei, daß er sie damals beinahe habe ertrinken lassen und daß der Kosak Nummer Zehn sie vom Tode errettet. Sie malte das in den ihr eigentümlichen Farben in einer Weise aus, daß ihr Abscheu gegen den Rittmeister und ihre Zuneigung zu dem verbannten Kosaken aus einem jeden ihrer Worte hervorleuchtete.

„Und so ist Jurgi also nach dem Mückenflusse?" fragte Gökala, als Karpala geendet hatte. — „Ja." — „Da wird ihn vielleicht der Graf treffen. Er sagte es mir kurz vor seinem Abschiede, daß auch er dorthin reise. Der Graf ist des Kreishauptmannes und des Rittmeisters Freund, und wenn er den Kosaken trifft und ihn als den Flüchtling erkennt, so dürfte er ihn sofort festnehmen." — „Ja, das ist wahr. Mein Gott, was ist da zu thun? Doch horch! Es hat geklopft."

Gökala begab sich sofort nach der Thür.

Da fragte die Stimme des Dicken von außen: „Ist Karpala noch da?" — „Ja," antwortete Gökala. — „Dann erlaube mir, einzutreten!" — „Wer bist du?" — „Sam ist's, Sam!" antwortete Karpala anstatt seiner. „Ich kenne seine Stimme. Laß ihn herein!"

Gökala entsprach diesem Wunsche, und der Dicke schritt über die Schwelle. Er sah auf den ersten Blick, daß der Schlüssel von innen in der Thür steckte und verschloß diese zunächst, bevor er noch grüßte. Sodann zog er seinen alten Hut vom Kopfe, lehnte das Gewehr an die Wand und sagte:

„Gott grüße dich, Gökala! Nimmst du es mir übel, daß ich hier eingetreten bin?" — „Nein, gar nicht. Du bist mir im Gegenteile sehr willkommen." — „Ja, du kommst eben gerade zur richtigen Zeit," fügte Karpala hinzu. „Ich wollte bereits zu dir. Ich wollte dir etwas sagen."

Karpala ergriff Sam beim Arme und führte ihn zu einem Stuhle. Und dann erst, als er sich niedergelassen hatte, fuhr sie fort:

„Jurgi befindet sich in der allergrößten Gefahr. Der Graf ist ihm nach." — „Das glaube ich nicht. Sie wissen vielleicht gar nichts voneinander. Der Graf ist aus einem ganz anderen Grunde nach dem Mücken= flusse, als um Jurgi zu finden." — „Aber wenn er Jurgi trifft, so ist dieser verloren." — „Da brauchst du keine Sorge zu haben. Selbst wenn man den Flüchtigen erwischt, kann man ihm doch nichts thun. Komme es, wie es wolle, so viel ist gewiß, daß sie ihm nichts thun werden. Einen Offizier knutet man nicht zu Tode!" — „Er ist keiner mehr!" — „Er war einer und ein Edel= mann dazu." — „Ein Edelmann? Weißt du das genau?" — „Sehr genau. Ich kenne sogar seine ganze Familie. Er nannte sich Orjeltschasta, war aber eigent= lich ein Deutscher und hieß Georg von Adlerhorst." — „Wie? Ein Deutscher ist dieser unglückliche Kosak? Und du kennst seine Familie?" fragte Gökala. — „Alle Glieder derselben. Es ist ein ganz eigenartiges Unglück, das auf dieser Familie ruht. Die Mutter war mit einem Bruder und einer Schwester dieses Edelmannes in Amerika gefangen, und die andere Schwester ward als Sklavin nach Konstantinopel an einen gewissen Ibrahim Pascha verkauft." — „Ibrahim Pascha! Ah! Kennst du diesen?" — „Nein." — „Aber du weißt von ihm?" — „Ja. Ich hatte einen Bekannten, der ihn gekannt hat und sie aus seinen Händen rettete."

Jetzt wurde Gökalas Gesicht bleich.

„Wie hieß dieser Bekannte?" fragte sie. — „Oskar Steinbach."

Da griff Gökala mit beiden Händen nach dem Herzen, als ob sie dort einen Stich, einen Schmerz empfunden hätte, und sagte:

M. E.

„Steinbach! Oskar Steinbach! Ich kannte einen Mann dieses Namens." — „Vielleicht ist's derselbe. War er ein Deutscher?" — „Ja. Kannst du mir seine Gestalt beschreiben?" — „Sehr gut."

Sam that es und fügte die Bemerkung hinzu:

„Steinbach war damals in Konstantinopel, um, glaube ich, mit einer Tochter des Sultans zu sprechen." — „Das stimmt. Das stimmt! Er ist es, er ist es!"

Gökala stand auf und that einige Schritte vorwärts. Sam aber machte ein überraschtes Gesicht und sagte:

„Es ist wirklich wunderbar, was für Menschen man in der Fremde trifft. Wer hätte denken sollen, daß ich hier im fernen Sibirien mit einer Dame zusammenkommen würde, die meinen Herrn Steinbach kennt! Und an die er stets, stets und immer denkt! Ich bin monatelang mit Herrn Steinbach beisammen gewesen und weiß, daß er eine Dame mit Namen Gökala kennen gelernt hat, die er in seinem Leben nie vergessen kann. Ich sah ihn zum ersten Male in Amerika. Er wollte dort jene drei Personen befreien, von denen ich vorhin sagte, daß sie in Amerika gefangen gewesen seien, und nachdem ihm dies gelungen, ging er nach Indien."

Gökala blickte schnell auf.

„Was wollte er dort?" fragte sie. — „Ich glaube, er wollte einen dortigen Fürsten suchen, der vor langer Zeit verschwunden sein soll. Er heißt Banda und war Maharadscha von Rubrida." — „Herrgott! Meinen — den, den will er suchen? Was kann er denn von ihm wissen? Wie kann er diesen Namen erfahren haben?" — „Von einem Diener jenes Maharadscha, Rena mit Namen."

Auf Gökalas Gesicht wechselte die glühendste Röte mit der tiefsten Blässe.

„Er hat ihn in Aegypten gefunden." — „Wunderbar, wunderbar!"

Sam schüttelte den Kopf, betrachtete sie mit erstauntem Blicke und sagte:

M. E.

„Verzeihe mir! Du selbst kommst mir wunderbar vor. Weißt du vielleicht etwas von jenem Nena und von seinem Herrn, dem Maharadscha?"

Gökala zwang sich, gleichgültig zu erscheinen, und antwortete:

„Ich habe einmal über das Schicksal des Maharadscha sprechen hören. Erzähle mir doch von jenem Steinbach."
— „Dazu giebt es leider jetzt keine Zeit. Aber heute abend, wenn du in dem Zelte des Tungusen bist, da werde ich dir erzählen. Nun aber ist unsere Zeit hier abgelaufen."

Damit erhob sich Sam von seinem Sitze.

„Bleibe noch!" bat Gökala. — „Es geht nicht. Wenn ich so lange Zeit hier verweile, wird der Kreishauptmann mißtrauisch, und das möchte ich verhüten. Wollen überhaupt einmal sehen, ob wir nicht vielleicht belauscht werden."

Sam schlich ganz leise zur Thür, drehte ebenso leise den Schlüssel um und schob dann die Thür mit aller Gewalt auf. Da gab es einen ganz gehörigen Prall, und „Au! Donnerwetter!" schrie draußen einer.

Sam trat hinaus. Im Hausflur stand der Kreishauptmann mit seinem Sohne, und letzterer war von der Thür getroffen worden und hielt sich mit beiden Händen den Kopf.

„Ah," lachte Sam. „So geht es, wenn man horcht!"
— „Wir haben nicht gehorcht," erklärte der Vater. „Wir gingen nur zufällig vorüber." — „Ach so! Warum hat da die Thür gerade bloß den Kopf getroffen! Uebrigens, wer Heimlichkeiten erlauschen will, der muß es gescheiter anfangen als ihr. Ihr habt kein Geschick dazu. Komm', Karpala, wir wollen gehen."

Die Tungusin verabschiedete sich nun von ihrer neuen Freundin und forderte sie auf, heute ja zu kommen. Gökala sagte bestimmt zu, und Sam bemerkte, um ganz sicher zu sein, daß sie kommen werde:

M. E.

„Wenn du nicht kommst, so hole ich dich. Und jetzt lebe wohl!"

Dann stieg er mit Karpala die Treppe hinab, während der Kreishauptmann that, als ob er sie aus

Höflichkeit begleite. Unten vor der Thür angekommen, war er sogar Karpala behülflich, in den Sattel zu steigen, und sagte dann, als sie fortritt, zu dem nun noch allein dastehenden Sam:

M. E.

„Also ihr seid heute abend nicht mit in dem Zelte?" — „Nein." — „Das ist schade!" — „Warum?" — „Ich hätte euch so gern dabei gesehen. Heute abend hättest du dich überzeugen können, daß wir dir nicht feindlich gesinnt sind." — „So! Dann thut es mir wirklich leid, daß wir nicht dabei sein können. Vielleicht aber seid ihr noch da, wenn wir zurückkehren." — „Wann werdet ihr kommen?" — „Vor Mitternacht nicht." — „Das ist zu spät. Da sind wir wohl nicht mehr da. Wo reitet ihr denn eigentlich hin?" — „Einmal gerade nach Osten in die Steppe hinein. Wir wollen die Abendeinsamkeit derselben genießen." — „Und wann brecht ihr auf?" — „Jetzt sogleich. Lebewohl."

Der Kreishauptmann teilte, nachdem Sam gegangen war, seinem Sohne das Ergebnis dieser Erkundigung mit. Sie ließen darauf satteln, steckten die beiden Flaschen ein und stiegen auf. Dann ritten sie heimlich aus dem Orte hinaus, um hinter einem Gebüsche den Reitern aufzulauern und ihnen zu folgen.

---

### 18. Kapitel.

Sam war inzwischen zu Fuße nach dem Lager zurückgekehrt und hatte den zwei Freunden zu ihrer Freude zunächst mitgeteilt, daß er den Kreishauptmann gezwungen habe, Karpala zu Willen zu sein.

Als Sam aber von der Vergiftung erzählte, die man gegen sie im Schilde führte, blickten die beiden Brüder einander ganz ernsthaft und mit großen Augen an und brachen sodann in ein lautes Gelächter aus.

„Uns vergiften!" — „Mit Fliegenpilzen! Als ob wir Fliegen oder Mücken wären!" — „Lacht nicht!" meinte Sam. „Ich habe nicht nur gehört, sondern auch gelesen, was für ein fürchterliches Gift das ist. Was thun wir mit den Schurken?" — „Lynchen!" sagte Tim kurz. „Ist hier nicht Mode," lachte Sam. — „Was dann? Geben wir ihnen eine Kugel?" — „Nein." — „Oder einen Messerstich? Oder hauen wir ihnen den Kolben über die Schädel?" — „Keins von dem allen." — „Willst du ihnen vielleicht gar eine Extragratifikation dafür geben, daß sie uns kalt machen wollen?" — „Ja, aber nicht von uns sollen sie dieselbe erhalten, sondern von Steinbach." — „Hm! Hast vielleicht auch recht." — „Auf alle Fälle. Wir drei alte Burschen sind zwar drüben in der Prärie an unserem richtigen Platze, hier aber können wir gerade dann, wenn wir am klügsten zu sein vermeinen, die allergrößten Dummheiten begehen. Hier können wir, ohne es zu ahnen, ins Zappeln geraten wie der Karpfen im Sirup, für den er doch nicht geschaffen ist. Darum ist es am allerbesten, der Nacht=wächter giebt sich gar nicht mit der Diplomatie ab." — „Ganz richtig, denn Nachtwächter sind wir jetzt hier. Aber eins sage ich dir: So ganz mit einem blauen Auge, wie du denkst, dürfen sie nicht davon kommen. Wir haben ja unsere Peitschen hier am Gürtel hängen. Wozu wären dieselben da? Als Zahnstocher können wir sie nicht gebrauchen. Der Rittmeister soll noch zehn Hiebe aus dem FF erhalten und dann sein Alter das gleiche Maß wie er, also dreißig. Wenn sie heute im Tungusen=zelte sitzen, sollen sie vor Wonne hin und her rutschen und Gesichter schneiden wie die Nußknacker. Uns ver=giften zu wollen! Dieser Gedanke ist so verrückt, daß man ihn gar nicht für möglich halten sollte. Wenn sich diese Kerle einbilden, wir seien so dumm, uns von ihnen wie Ratten vergiften zu lassen, so müssen sie eben be=straft werden, und zwar durch eine ganz gehörige Tracht Prügel. Nicht die Gerechtigkeit für ihren Mordversuch, sondern die Bestrafung für ihre Einbildung erfordert das." — „Ja," stimmte Sam bei. „Drei solche alte, erfahrene Präriegläufer, wie wir sind, noch dazu nach=dem ich ihnen in allen Stücken den Rang abgelaufen habe, wie räudige Hunde vom Leben zum Tode bringen zu wollen, ohne uns zuzutrauen, daß wir den vergifteten Köder riechen, das ist freilich stark!" — „Darum Prügel! Nicht wahr, alter Jim? Habe ich recht?" — „Ja, Haue müssen sie haben, daß die Schwarte knackt!" stimmte Jim bei. — „Nun gut! Das ist also abgemacht. Jetzt aber, Sam, wie packen wir sie eigentlich?" — „Das ist sehr einfach. Ich wette, daß sie schon jetzt zu Pferde sitzen und irgendwo stecken, um aufzupassen, wann wir aufbrechen. Wir reiten also fort, ohne uns um sie zu bekümmern. Sie werden uns schon folgen und draußen auf der ebenen Steppe zu uns stoßen. Da sind wir natürlich sehr freundlich mit ihnen. Bieten sie uns den Trunk an, so nehmen wir ihn. Das überlaßt nur mir. Dann aber machen wir kurzen Prozeß." — „Schön! Also steigen wir nun in den Sattel."

Die drei Freunde ritten fort. Als sie das Lager hinter sich hatten, ließ Sam seine scharfen, kleinen Aeuglein umher schweifen, und es war nicht vergeblich, denn bereits nach kurzer Zeit sagte er:

„Schaut ja nicht hinüber, damit sie nicht denken, daß wir sie bemerkt haben! Aber da rechts im Gebüsch stecken sie. Ich will mich erst fressen und dann auch noch räuchern und braten lassen, wenn ich mich irre."

Sam hatte ganz recht. Der Rittmeister und sein Vater hatten sich in der That in den Gebüschen verborgen. Die drei gaben nun ihren Pferden die Sporen und ließen sie zunächst derb ausgreifen. Aber bald fielen sie wieder in langsameren Gang, um den beiden Zeit zu lassen, ihnen nachzukommen.

„Sie kommen," meinte Sam. — „Ja," stimmte Tim bei. „Sie haben einen Umweg gemacht, ganz natürlich, damit wir nicht denken sollen, daß sie es auf uns abgesehen haben. Sie werden irgend eine Ausrede machen, irgend einen Grund sagen, dessentwegen sie so schnell, ohne es vorher zu wissen, ausreiten mußten."

Der Kreishauptmann kam mit seinem Sohne schnell näher, denn sie ritten Galopp. Als sie fast herangekommen waren, parierten sie ihre Pferde, und der erstere rief:

„Ah, ihr seid hier? Hier in unserer Richtung? Wer hätte das gedacht!" — „Habe ich dir nicht gesagt, daß wir gerade nach Osten reiten wollten?" antwortete Sam. — „Nein, nach Westen sagtest du!"

Das war eine Lüge; aber der Dicke entgegnete:

„So! Da habe ich mich freilich versprochen und das gerade Gegenteil gesagt." — „Kehrt ihr nicht mit in das Lager zurück?" — „Nein. Unser Ritt beginnt erst jetzt." — „Ist euch nicht zu verdenken. Die Luft ist mild, wie selten hier. Sie thut der Lunge ordentlich wohl. Erlaubt ihr uns, einige Minuten mit euch zu reiten?" — „Ich denke, ihr wollt nach der Stadt." — „Eine Minute Versäumnis ist ja wie nichts. Das holen wir rasch wieder ein." — „Aber ihr seid eingeladen!" — „Erst für später. Oder ist's euch nicht lieb, daß wir euch noch ein oder zwei Werst begleiten?" — „Nicht lieb? Warum? Wir sehen das im Gegenteile ganz gern. Wir können da probieren, wer bessere Pferde hat, wir oder ihr." — „Schön! Lassen wir sie laufen."

Das Rennen begann. Der dicke Sam gewann bald die Spitze und behielt dieselbe, bis er nach zehn Minuten freiwillig hielt und, zurück nach Westen deutend, sagte:

„Mit diesem Spaße verderben wir uns ein viel größeres Vergnügen. Da haben wir den Sonnenuntergang versäumt. Seht, das herrliche Abendrot!"

Die anderen hielten neben ihm und blickten ganz so wie er nach Westen. Verschiedene Fragen und Antworten wurden ausgesprochen. Da zog der Kreishauptmann die Flasche aus der Satteltasche und sagte:

„So ein Abendrot muß jetzt begossen werden, sonst bringt es später Regen. Prosit, Iwan!"

Dann trank er.

„Prosit!" antwortete sein Sohn und trank auch. Darauf gab er die Flasche zurück. — „Jetzt!" flüsterte Sam seinen beiden Gefährten zu.

M. E.

Der Alte steckte die Flasche wieder in die Sattel=
tasche. Da bemerkte der Junge in vorwurfsvollem Tone:

"Aber, Vater! Sind wir denn allein?" — "Was
denn?" fragte der erstere, als ob er nicht verstehe, was
sein Sohn wolle. — "Du bist doch sonst nicht so un=
höflich und rücksichtslos. Du trinkst allein!" — "Ach
so! Na, die Herren werden mir verzeihen, daß ich in
Gedanken vergaß, meine Pflicht zu thun. Ihr trinkt
doch auch einen Schluck Wodka mit?" — "Nein, danke!"
antworte Sam. "Wir sind Besseres gewöhnt." — "Was
denn?" — "Einen guten, tüchtigen Brandy, der Leib
und Seele beisammen hält." — "O, das thut dieser
Wodka auch." — "Wohl schwerlich!" — "Er ist wirklich
vortrefflich. Versucht es nur einmal!"

Der Kreishauptmann hatte natürlich nun die andere
Flasche hervorgezogen, die den Giftschnaps enthielt, und
streckte sie dem Dicken entgegen.

"Die Lassos los!" raunte Sam seinen Gefährten zu.

Diese gehorchten sofort und legten die bereitgehaltenen
Lassos in wurffertige Schlingen. Zum Kreishauptmann
aber sagte Sam laut:

"Du machst uns wirklich Appetit!" — "Ist mir
lieb, wenn ihr welchen bekommt. Besseren Wodka giebt's
im ganzen heiligen Rußland nicht. Also, trinkt in Gottes
Namen. Es ist kein Fusel."

"Na, so gieb mal her!" sagte Sam und nahm die
Flasche aus den Händen des Kreishauptmannes, der, auf
die Lassos zeigend, verwundert fragte:

"Was sind das für Riemen?" — "Sie werden
Lassos genannt." — "Wozu dienen sie?" — "Um wilde
Kanaillen zu fangen, Pferde, Ochsen, Wölfe, Giftmischer
und anderes Raubzeug." — "Giftmischer? Was für
Tiere sind das? Ich habe diesen Namen noch niemals
für ein Tier anwenden hören." — "Das glaube ich
wohl. Es ist auch nicht von Tieren, sondern von Menschen
die Rede. Ein Tier, selbst das grimmigste und wildeste,
besitzt nicht genug Schlechtigkeit, ein Nebengeschöpf durch

Gift aus der Welt zu bringen. Giftmischer können nur Menschen sein. Meist findet man sie unter Kreishauptmännern und Rittmeistern." — "Ich verstehe dich nicht." — "Desto besser habe ich dich verstanden. Gebt ihnen die Lassos!"

Kaum waren diese Worte ausgesprochen, so sausten die beiden Riemen der langen Brüder durch die Luft und schlangen sich um die zwei Russen. Ein Aufbäumen der Pferde Jims und Tims — und die von den Lassos Umschlungenen wurden von ihren Pferden gerissen und stießen laute Schreie des Schreckes aus.

Im gleichen Augenblicke standen Jim und Tim neben ihnen und schlangen die Lassos noch mehr und fester um sie, so daß sie sich nicht zu rühren vermochten.

Sam seinerseits stieg gemächlicher aus dem Sattel.

"So!" sagte er. "Die haben wir." — "Donnerwetter! Was fällt euch ein?" rief jetzt der Kreishauptmann. "Dürft ihr Männer, wie wir sind, in dieser Weise behandeln?" — "Ja, gerade so und nicht anders dürfen solche Leute behandelt werden." — "Wenn das etwa nur ein dummer Witz ist, so will ich ihn mir streng verbitten." — "Ein Witz ist es allerdings, aber ein so guter, daß wir uns ihn gar nicht verbitten lassen können. Ich hoffe, daß du noch lange Zeit recht herzlich über ihn lachen wirst." — "Laß uns augenblicklich los!" — "Nur Geduld, Brüderchen! So schnell geht das nicht. Los werdet ihr gelassen, aber erst dann, wenn ihr die Knute gekostet habt. Dein Söhnchen hat heute bereits zwanzig Hiebe erhalten. Er soll jetzt nur noch zehn bekommen. Es ist wegen Auffrischung der Schwielen, die sonst zu schnell verheilen würden." — "Hiebe! Weshalb?" — "Das fragst du noch? Nun, ich will höflich sein und es dir sagen, obgleich ich das gar nicht notwendig hätte. Was ist denn da in dieser Flasche?" — "Wodka." — "Solcher, wie du getrunken hast?" — "Ja." — "Natürlich hast du ganz aus derselben Flasche getrunken?" — "Das versteht sich doch von selbst. Aus welcher sonst?

M. E.

Ein Aufbäumen der Pferde Jims und Tims, und die von
den Lassos Umschlungenen wurden von den Pferden gerissen.
(Seite 244.)

M. E.

Denkt ihr denn, ich habe mehrere Bouteillen mit?" — "Ja." — "Ich bin kein Süffel." — "Aber ein Giftmischer, und solche Leute kommen zuweilen in die Lage, zwei verschiedene Bouteillen gebrauchen zu müssen."

Der Kreishauptmann erschrak. Das klang ja ganz so, als ob sein Anschlag verraten worden sei.

"Ich weiß nicht, was du meinst!" sagte er. — "Ich meine, daß du noch eine andere Flasche mit hast, in der sich wirklicher und unschädlicher Wodka befindet. Aus der habt ihr getrunken." — "Nein." — "So! Da paß mal auf!"

Sam trat zum Pferde, das der Kreishauptmann geritten hatte, griff in die Satteltasche und zog die Flasche heraus.

"Nun, habe ich recht?" fragte er. — "Ah! Von der habe ich gar nichts gewußt," erklärte der gefesselte Beamte. — "So! Sonderbar!" — "Die steckt noch vom vorigen Ritte drin." — "Und du hast sie nicht gefühlt, als du die andere vorhin heraus nahmst?" — "Nein. Sie steckte wohl tiefer, als die andere." — "Kann sein. Ich würde mich ärgern, wenn ich dich in einem unberechtigten Verdachte hätte. Also hier in dieser ist Wodka?" — "Ja." — "Wirklich? Bedenke deine Antwort wohl!" — "Was sollte sonst drin sein?" — "Gift." — "Was du da sagst, daß ist der reine Wahnsinn. Wir haben ja vorhin beide aus derselben getrunken." — "Nein, aus der anderen." — "Nein, aus dieser." — "Schön! Kannst du es mir beweisen?" — "Auf welche Weise könnte ich es?" — "Auf eine sehr einfache. Paß auf."

Sam kniete neben dem Kreishauptmann nieder, öffnete den Kork der Giftflasche, hielt ihm dieselbe nahe an den Mund und sagte:

"Trink', Brüderchen, trink'!"

Da antwortete der Gefesselte erschrocken:

"Was fällt dir ein?" — "Daß ich nicht eher trinken werde, als bis du vorher getrunken hast." — "Ich danke." — "Ah! Warum?" — "Weil ich schon getrunken habe.

Ich habe keinen Appetit mehr." — „Nun, versuchen wir es einmal bei deinem lieben Söhnchen."

Sam hielt auch dem Rittmeister die Flasche hin, der bis jetzt kein Wort gesprochen hatte. Jetzt aber schrie er auf:

„Fort! Komm' mir nicht zu nahe!" — „Warum nicht, mein Brüderchen?" — „Ich mag nicht mehr!" — „Sonderbar! Gestern abend im Saale habt ihr saufen können wie die Bürstenbinder, und heute bringt ihr keinen Schluck über die Lippen. Habt ihr etwa ein frommes Gelübde gethan?" — „Ja," antwortete der Kreishauptmann schnell. — „Und dennoch habt ihr vorhin getrunken!" — „Einen Schluck! Einmal des Tages zu trinken, ist uns erlaubt." — „Schön. So werdet ihr also morgen aus dieser Flasche trinken." — „Fällt uns gar nicht ein. Wir trinken, was und wann wir wollen." — „Ganz recht. Fliegenpilz zum Beispiel trinkt ihr nicht?" — „Kann uns nicht einfallen!" — „Wir aber sollen ihn trinken, ihr Himmelhunde!" — „Schimpfe nicht. Kein Mensch wird dich zwingen, Fliegenschwammthee zu trinken wie ein Jakute oder Ostjake." — „Ihr aber habt uns so lange zugeredet, bis ich die Flasche nahm." — „Das war die Wodkaflasche." — „Glaubt nur nicht, daß ihr uns täuschen könnt. Wir wissen alles ganz genau." — „Was könntet ihr wissen? Gar nichts." — „Oho! Was habt ihr denn heute miteinander gesprochen, als ich von euch fort und zu Gökala gegangen bin?" — „Wir haben von so durchaus gleichgültigen Dingen gesprochen, daß ich es ganz vergessen habe, was es eigentlich gewesen ist." — „Ist ein dreifacher Mord hier in eurer Gegend eine so gleichgültige Sache?" — „Ich weiß nicht, wie du von Mord sprechen kannst." — „Du bist wirklich sehr unwissend. Ich werde deiner Denkkraft ein wenig zu Hülfe kommen."

Damit zog Sam die Knute aus der Tasche.

„Schlagen willst du?" schrie der Kreishauptmann auf. — „Ja. Kannst du leugnen, daß du mit deinem

Sohne ausgemacht hast, uns zu vergiften?" — „Ich weiß kein Wort, keinen Laut davon." — „Nun, ich habe gar nicht die alberne Absicht, von euch ein Geständnis zu erlangen. Es versteht sich ja ganz von selbst, daß ihr leugnet, so lange und so weit ihr nur könnt. Darum werden wir mit euch gar nicht viel Federlesens machen und euch von der Strafe, die euch treffen wird, gleich jetzt eine kleine Abschlagszahlung geben. Jim und Tim, gebt einmal dem Herrn Rittmeister die richtige Lage. Er mag die Muttererde von vorn und den herrlichen Abendhimmel von hinten anschauen. Dann zeichne ich ihm die Astronomie so auf die Hosen, daß er alle Sterne flimmern sieht." — „Gnade!" stöhnte der Rittmeister. — „Unsinn! Gnade einem Mörder! Macht schnell, daß wir fertig werden!"

Die beiden Brüder drehten den Offizier so, wie Sam es geboten hatte. Dieser aber holte mit der Knute aus und meinte:

„So! Jetzt will ich ihn vorbereiten zu dem Schäferstündchen, daß er heute abend mit Karpala halten wird!"

Der Rittmeister biß die Zähne zusammen; aber als der erste Hieb niederfuhr, stieß er doch einen lauten Wehschrei aus. Während der übrigen neun aber gelang es ihm, ruhig zu bleiben.

Als dieser Teil der Exekution beendet war, sagte Sam:

„Der hat seine Geburtstagsgratulation. Nun zum Vater. Es soll niemand von uns sagen können, daß wir parteiisch seien und dem Vater weniger gönnen als seinem Sohne."

Und Jim meinte:

„Der Alte verdient wenigstens ebensoviel wie sein Junge. Halte du ihn, Sam. Wir beide wollen es ihm geben. Jeder fünfzehn. Das geht besser im Takte." — „Recht so! Also will ich ihn herumdrehen."

Als Sam den Kreishauptmann ergriff, um ihm die geeignete Lage zu geben, sah dieser ein, daß er auf die bisherige Weise keine Vorteile erzielen könne. Er schlug daher einen anderen Ton an:

„Halt!" sagte er. „Ich bin wirklich ebenso unschuldig wie die liebe Sonne. Ihr könnt mir's glauben!" — „Wir glauben es ja. Darum sollst du als Belohnung deines Wohlverhaltens zum Ritter der heiligen Knute geschlagen werden."

Sam faßte ihn fest an und drehte ihn um.

„O ihr guten Leute!" jammerte der Mensch, als er nun auf dem Bauche lag. „Habt doch Nachsicht mit einem armen, alten Manne." — „Die haben wir auch. Bloß aus reiner Nachsicht geben wir dir die Hiebe dahin, wo sie dir niemand wieder abnehmen kann." — „Nein, nein!" schrie der Kreishauptmann. „Erlaßt mir die Hiebe! Ich bezahle sie euch!" — „Hier wird keine Bezahlung angenommen. Das Vergnügen, das wir dabei empfinden, kann gar nicht bezahlt werden." — „Bedenkt, daß der Graf mich rächen wird!" — „Der wäre der Kerl dazu! Der ist uns ganz so schnuppe wie dein Fliegenpilz. Er bekommt ebenso gut seine Haue wie du. Wir prügeln hier alles. Deshalb sind wir hergekommen, und in diesem Vergnügen lassen wir uns nicht stören. Also los nun endlich!" — „Gut!" sagte Jim. „Die Musik kann also beginnen!"

Damit holte Jim aus, und die Knute fuhr mit einem förmlich pfeifenden Tone hernieder.

„O Himmel, o Hölle! O Gott, o Teufel!" schrie der Kreishauptmann. „War das aber ein Hieb!" — „Schau, ob ich auch so treffe!" lachte Tim, und auch der seinige pfiff herab. Da bäumte sich der Getroffene mit aller Kraft empor und brüllte, während er von Sam gehalten wurde: „Heilige Kathinka! Heiliger Severin! Laßt Feuer regnen auf diese Missethäter!" — „Und Hiebe auf diesen Schreihals!" lachte Sam. „Weiter!"

Und die Züchtigung wurde fortgesetzt. Der Kreishauptmann vermochte nicht zu schweigen. Er brüllte, jammerte, zeterte und wimmerte in einem fort, daß es weit, weit in die Steppenebene hineinschallte. Erst nach dem letzten Hiebe war er still.

„Nun, Brüderchen," fragte Sam. „Bist du zufrieden?"

Der Gezüchtigte antwortete nicht.

„Nein? Gebt ihm noch zwanzig, bis er zufrieden ist!" — „Gleich!" meinte Tim. „Ich habe wieder den ersten Hieb!" — „Halt, halt!" zeterte jetzt der Kreishauptmann. „Ich bin — bin zufrieden." — „So bedanke dich!" — „Himmeldonnerwetter! Auch noch bedanken! Das sollte mir — —" — „Gebt ihm noch zwanzig. Er bedankt sich nicht. Er hat also noch nicht genug!" — „Halt, halt! Ich habe ja genug, vollständig genug! Ich — ich — sage euch Dank! — Himmel und Hölle! Das halte der Teufel aus! Die Knute erhalten, und auch noch dafür sich bedanken!" — „Ist das bei dir noch nie vorgekommen? So merke es dir für später. Jetzt aber sind wir einstweilen miteinander fertig."

Jim und Tim wanden ihre Lassos wieder los, und die beiden Gekuuteten erhoben sich langsam von der Erde. Als sie aufrecht standen, war ihre erste Bewegung, die Hände schleunigst auf diejenige weiche Stelle zu legen, auf welche sie getroffen worden waren.

„Ffffffff!" machte dann der Rittmeister, und „Ffffffff!" machte auch sein Vater. Sam aber machte ebenfalls „Ffffffffff!" und sagte: „Ah, jetzt pfeifen sie aus F=dur. Nehmt euch fein in acht, daß ihr nicht wieder in unsere Hände geratet, sonst geht es euch so, daß ihr nachher in Fis=dur pfeift. Jetzt könnt ihr nach Hause!" — „Nach Hause!" seufzte der Vater. „Aber wie?" — „Zu Pferde natürlich. Also steigt auf!" — „Wird nicht gehen." — „Werde helfen, geehrter Herr Kreishauptmann, und zwar sofort!"

Sam hob die Peitsche empor.

„Sachte, sachte!" schrie der Bedrohte. „Ich steige ja schon auf," dann nahm er sein Pferd am Zügel, ergriff mit der Rechten den Sattelknopf und wollte den

Fuß in den Bügel setzen, ließ ihn aber sogleich wieder nieder und schrie: „Au!" — „Was giebt's?" fragte Sam. — „Es geht nicht!" — „Paß auf, es geht!"

Sam holte dabei aus und versetzte dem Kreishauptmanne einen solchen Hieb, daß derselbe mit einem einzigen schnellen Satze in den Sattel sprang.

„Alle Teufel!" schrie er auf. „Auch das noch!" —

M. E.

„Ja, und noch viel mehr, wenn ihr euch noch länger hier umherdrückt."

Dann versetzte er dem Pferde einen so kräftigen Hieb, daß es ausschlug, mit allen vieren in die Luft ging und in rasendem Laufe davonrannte.

Der Sohn versuchte dem Vater zu folgen und holte ihn erst in der Nähe der Stadt ein, wo der Gaul freiwillig ein langsameres Tempo einschlug.

Da ritten sie eine kurze Zeit schweigend nebeneinander her und rückten im Sattel nach hinten und vorn, nach rechts und links, denn ihre Schwielen brannten wie höllisches Feuer.

„Tausend Donnerwetter!" fluchte der Alte. „Thut's dir weh?" — „Meinst du, daß es gut thut?" stieß der Sohn hervor. — „Wahrhaftig nicht! Alle Teufel! Mir ist's, als säße ich auf Nadeln! Ich bin ganz kaputt! Mir zittern alle Glieder! Ich werde mich, wenn wir heimkommen, sofort mit Salbe einreiben und ins Bett legen." — „Das geht nicht. Wir müssen doch zu Karpala." — „O wehe! Das fehlt nur noch! Können wir nicht absagen?" — „Unmöglich! Karpala sagte, daß sie dieses Mal nicht so lange dableiben werde wie sonst. Vielleicht wollen sie sehr bald fort. Da dürfen wir keine Zeit verlieren, die Sache in Ordnung zu bringen." — „Hm! Was du sagst, ist sehr richtig. Aber wenn ich in meinem Zustande stundenlang im Zelte sitzen soll! Ich bin ganz wund. Ich glaube nicht, daß ich einen Fetzen Haut mehr habe." — „Geht mir ebenso." — „Hoffentlich legt man uns weiche Kissen unter. Auf einem harten Sitze könnte ich es gar nicht aushalten. Wie aber rächen wir uns an diesen drei Amerikanern?" — „Fürchterlich! Am klügsten ist es, man jagt ihnen eine Kugel durch den Kopf." — „Lassen wir das jetzt. Da ist die Stadt. Ueberlegen können wir später alles. Jetzt wollen wir uns lieber so vorbereiten, daß wir trotz unserer Schwielen den Abend bei Karpala zubringen können. Vielleicht ist es uns möglich, diese drei Teufel heute noch bei ihrer

Rückkehr abzulauern. Dann geben wir jedem eine Kugel, und kein Hahn wird nach ihnen krähen."

Das konnte ihnen freilich nicht gelingen, denn Sam befand sich mit Jim und Tim bereits jetzt auf dem Heimwege.

---

## 19. Kapitel.

Die drei Freunde hatten sich gleich nach dem Aufbruche der Gezüchtigten ebenfalls aufgemacht. Sie waren nur ein klein wenig von der geraden Richtung abgewichen, um ja nicht etwa auf ihre beiden Feinde zu stoßen.

Sie stiegen am Anfange des Lagers von ihren Pferden und gaben die letzteren in die Obhut eines Tungusen, der außerdem die Weisung erhielt, sie nicht bis an das Zelt des Fürsten kommen zu lassen.

Nun schickte Sam seinen Jim nach dem Regierungsgebäude, wo er rekognoscieren sollte. Er selbst aber begab sich mit Tim nach der hinteren Seite des erwähnten Zeltes, wo sie sich miteinander wartend in das Gras niedersetzten, da sie sich von den Bewohnern desselben nicht sehen lassen wollten.

Nach einiger Zeit kam Karpala zu ihnen, um sich zu überzeugen, ob Sam sich, wie besprochen, bereits auf seinem Posten befinde.

„Da bist du ja," sagte sie. „Das ist gut. Ich denke, daß die Gäste bald kommen werden."

Sam erzählte Karpala darauf die Episode. Als sie hörte, welche Hiebe die beiden erhalten hatten, sagte sie:

„Sie sind gar nicht zu bedauern. Sie haben es reichlich verdient. Es giebt nicht einen einzigen Armen hier, der nicht die Knute erhalten hätte, und die Wohlhabenden haben nun auch nichts mehr zu geben, weil ihnen bereits alles abgenommen worden ist. Bald wird also die Knute nun auch über sie kommen. Der Kreishauptmann hat seine Stellung nur dazu benutzt, sich Geld und immer wieder Geld zu verschaffen. Wer beim geringsten Vergehen nicht zahlen konnte, der erhielt die Knute. Jetzt weiß er selbst, wie es thut. Ihm ist also ganz recht geschehen. Und ich werde dafür sorgen, daß er die Strafe ordentlich empfindet. Ich werde ihn und seinen Sohn so hart setzen, daß sie denken sollen, sie sitzen auf glühendem Eisen. Wir haben heute einen Sack Kartoffeln gekauft. Da werde ich nun die beiden besten Kissen ein wenig öffnen und so viele Kartoffeln hineinstecken, daß derjenige, der darauf sitzt, selbst wenn er die Knute nicht erhalten hat, wünschen müßte, weit weg zu sein." — „Karpala, Kindchen! Du bist ein ganz famoses, allerliebstes Wesen! Nun aber mach', daß du wieder in das Zelt kommst und deine Vorbereitungen triffst, sonst bist du noch nicht fertig, wenn die guten Herrschaften kommen."

Karpala ging hinein, und bald sahen die Männer, daß von innen der untere Zeltrand da, wo sie saßen, so gelockert wurde, daß man leicht hineingreifen konnte, und zu ihrer Befriedigung ließ sich bald darauf Pferdegetrappel vernehmen, ein Zeichen, daß die Gäste kamen.

In jenen Gegenden, wo selbst der Aermste ein Pferd besitzt, gilt es für eine Schande, Besuche zu Fuß zu machen. Darum kam auch der Kreishauptmann trotz der kurzen Strecke Weges, den er zurückzulegen hatte, mit den Seinen zu Pferde angeritten.

Sie stiegen ab und wurden von dem dicken Fürsten Bula und seiner noch umfangreicheren Gattin Kalyna auf das freundlichste empfangen. Auch Karpala zeigte sich über den Besuch so erfreut, daß dem Rittmeister das Herz zu schwellen begann, trotzdem ein anderer Teil seines Leibes, der noch mehr als das Herz angeschwollen war, ihm die größten Schmerzen bereitete. Die Freude der schönen Tungusin galt natürlich nicht ihm, sondern

Gökala, die von Karpala schnell in das Zelt geführt wurde und dort den Ehrensitz erhielt.

Als dann auch die anderen eintraten, wies Karpala dem Kreishauptmanne und seinem Sohne die für sie bestimmten Plätze an. Beide waren innerlich erfreut, als sie bemerkten, daß sie auf sehr hohe, weich erscheinende Kissen placiert werden sollten.

Stühle gab es nach dortiger Sitte nicht.

Die Kreishauptmännin hatte wirklich, wie zu vermuten gewesen war, ihren Pompadour mit. Sie wollte, bevor sie sich setzte, ihn und ihr Tuch selbst ablegen, aber Karpala kam ihr zuvor, nahm ihr beides ab und legte es dorthin, wo sie der Verabredung gemäß die Lücke gemacht hatte, tief auf den Boden nieder. Dabei schüttelte sie den Beutel ein wenig und hörte zu ihrer Genugthuung Schlüssel in demselben klirren.

Nachdem auch ihre Eltern sich gesetzt hatten, begann Karpala den Thee herumzureichen und machte sich, als sie bemerkte, daß sämtliche Gäste sehr eingehend mit demselben beschäftigt waren, noch auf kurze Zeit beim Theekessel zu schaffen, indem sie dabei einige Strophen eines kleinen tungusischen Liedchens trällerte.

Sie hielt indessen den Blick auf den Beutel gerichtet und sah gar wohl Sams Hand erscheinen, die ihn hinauszog. Nach wenigen Augenblicken wurde er wieder hereingeschoben.

Nun war sie befriedigt und setzte sich zu Gökala.

Das Gespräch drehte sich um gleichgültige Dinge, und es wurde dabei sehr sorgfältig vermieden, die Verhältnisse Gökalas zur Sprache zu bringen.

Das Auge des Rittmeisters hing bewundernd an Karpala, und sie gab sich Mühe, ihm zuweilen einen freundlichen Blick zuzuwerfen, dann erglänzte sein Gesicht stets vor Freude. Leider aber hielt dieser freudige Ausdruck nie sehr lange an, sondern es machte sich allemal schnell darauf ein schmerzhaftes Zucken bemerklich.

„Was hast du denn?" fragte sie in scheinbarer

M. E.

Teilnahme. „Du ziehst so eigentümliche Gesichter." — „Ich? Davon weiß ich ja gar nichts." — „O doch! Und dein Vater macht es ganz ebenso."

Der Kreishauptmann zeigte ein sehr erstauntes Gesicht und meinte:

„Ich? Ich soll Gesichter schneiden? Fällt mir doch gar nicht ein!" — „Ich sehe es ja. Es sieht ganz so aus, als ob ihr von Zeit zu Zeit gestochen würdet!"

Der Rittmeister machte ein sehr verliebtes Gesicht und antwortete:

„Da müßten mich höchstens deine schönen Augen stechen, und zwar tief ins Herz hinein." — „O, mir scheint, daß die Stiche viel, viel tiefer treffen."

Und dann, als sich die Gelegenheit dazu bot und sie nicht bemerkt wurde, flüsterte die Tungusin Gökala zu:

„Beide haben wieder von Sam die Knute erhalten, und ich habe Kartoffeln in ihre Sitzkissen gesteckt."

Da hätte Gökala beinahe laut aufgelacht und mußte sich alle Mühe geben, ihre Heiterkeit zu verbergen. Die Sache war sowohl vom ästhetischen als auch vom sittlichen Standpunkte keinesfalls zu billigen; aber die beiden Gemarterten waren Leute, denen eine solche Züchtigung gegönnt werden konnte. Darum war die heimliche Schadenfreude der beiden Mädchen zwar nicht ganz zu billigen, aber doch wenigstens leicht zu begreifen.

Sie hatten im weiteren Verlaufe des Abends vielfach Gelegenheit, zu beobachten, daß die auf den Kartoffeln Sitzenden sich in einer keinesfalls angenehmen Situation befanden. Der Schweiß stand beiden auf der Stirn, und sie rückten fleißig hin und her und zogen Gesichter, wie sie kein Komiker hätte tragikomischer fertig bringen können.

Unterdessen war Sam mit Tim draußen verschwunden und nach dem Regierungsgebäude zugeschritten.

„Hast du die Schlüssel?" fragte Tim. — „Ja. Ich hoffe, daß es die richtigen sind. Karpala hat ihre Sache gut gemacht. Hier ist das Wirtshaus. Wir müssen einmal hineingehen." — „Um zu sehen, ob die Be-

M. E.

diensteten des Kreishauptmannes drin sind?" — "Ja, und auch um nach dem Polizisten zu schauen. Wenn ich diesen Leuten nicht Einhalt thue, muß ich gewärtig sein, sie trinken sich zu Tode." — "Na, dann komm'!"

Sie gingen also hinein. Da bot sich ihnen eine Scene, wie sie allerdings nur hier in Sibirien vorkommen konnte.

Unter dem Tische lag die Frau des Polizisten, so

vollständig betrunken, daß sie das Bewußtsein verloren hatte. Auf dem Leibe derselben aber saß ihre Tochter, ganz stieren Blickes, und lallte immer nur die drei Worte vor sich hin:

"Ich bin Braut, ich bin Braut!"

Sie hatte dabei ihre Jacke ausgezogen und sich dieselbe wie einen Mantel um die Achseln gelegt. Von dem Stroh aber, das wegen der übernachtenden Gäste auf dem Boden lag, hatte sie sich einen riesigen Kranz gewunden und auf den Kopf gesetzt.

Am Tische saß ihr Vater, das Gesicht in die Hände gestemmt und dabei immer nur mit sich selbst sprechend, während vor ihm nicht mehr und nicht weniger als siebzehn leere Schnapsflaschen standen.

An einem anderen Tische bemerkte man mehrere Tungusen mit einigen Kosaken, denen sie fleißig zutranken. Diese letzteren waren jedenfalls die Dienstleute des Kreishauptmannes, die von den ersteren in den Gasthof gelockt worden waren.

Der Polizist erkannte trotz seiner Betrunkenheit Sam sofort.

„Väterchen, Väterchen, liebes Väterchen!" lallte er. „Hier ist der Himmel!" — „Wo sind die Ratniki? Ich sehe sie nicht," entgegnete Sam. „Ich dachte, sie würden auch hier zu treffen sein." — „Die wollten ihren Wodka mit Bequemlichkeit trinken, sodaß sie nicht nach Hause getragen zu werden brauchen. Sie haben ihn sich mit heim genommen." — „Ganz gescheit. Wieviel denn wohl?" — „Jeder fünfzehn Flaschen, ach, könnte ich die doch auch noch trinken," lallte der Betrunkene. Dabei suchte er sich zu erheben, fiel aber unter den Tisch und rührte sich nicht mehr.

Sam berichtigte nunmehr seine nicht unbedeutende Zeche und ging mit Tim fort, begleitet von dem Wirte, der Komplimente machte, als ob er allen Ernstes die Absicht habe, sich das Genick zu brechen.

Bald gelangten sie zum Regierungshause, in dem keine Laterne brannte, sodaß im Dunkel des Abends sie kein Mensch sehen konnte. Vor der Thür des Hauses trat ihnen ein Mann entgegen. Es war Jim.

„Nun?" fragte Sam. „Wie steht es?" — „Gut. Es ist kein Mensch da." — „So wollen wir sehen, ob wir öffnen können."

Sam zog die Schlüssel hervor und probierte sie.

Einer derselben öffnete. Sie traten ein und schlossen hinter sich zu.

Die hintere Thür hatte kein Schloß, sondern nur einen Innenriegel, der zurückgeschoben wurde. Sam führte die beiden Freunde hinaus in den Garten, um sie mit dem Terrain vertraut zu machen. Dann postierte er Tim an die Hinterthür und Jim oben an die Treppe, während er selbst mit dem dazu passenden Schlüssel die Schlafstubenthür aufschloß.

Jim war einstweilen zu ihm getreten und ging auch mit hinein in die Stube.

„Aber nun den Schlüssel zur Vorratsthür her," sagte er. „Das ist die Hauptsache." — „Der steckt hier in dem Kästchen." — „Ah! Prachtvoll!" — „Das Kästchen ist auf. Ich habe den Schlüssel. Gehe jetzt an die Treppe. Ich trage dir zunächst das Pulver zu."

Sam schloß nunmehr die Thür auf, ergriff eins der Fäßchen und übergab es Jim. Dieser brachte es bis zu Tim an die Hinterthür herab, und jener trug es weiter bis hinaus in den Garten an die Plankenpforte.

Jeder kehrte dann schleunigst an seinen Platz zurück, und da die drei kraftvolle und gewandte Männer waren, so waren sie nach kaum einer halben Stunde mit dem Ausräumen vollständig zu Ende. Darauf wurden die Thüren verschlossen und der Schlüssel zum Lagerraume natürlich wieder in das Kästchen gehängt, und das schwierige Werk war sehr leicht und rasch vollbracht.

Am Lager angekommen, schlich sich Sam zunächst hinter das Zelt, zog den Strickbeutel heraus, steckte die Schlüssel hinein und schob ihn dann wieder in das Innere des Zeltes zurück, worauf er sich zu den Pferden begab, bei denen Jim und Tim seiner warteten. Wenige Augenblicke später stiegen sie auf und ritten bis vor das Zelt des Tungusenfürsten.

Da trat Karpala heraus, die in großer Spannung auf sie gewartet hatte und fragte:

„Ist's gelungen?" — „Ja." — „Prächtig! Ich

werde gleich meine Leute senden. Kommt aber erst herein, damit ich euch euer Mahl vorsetze."

Als sie eintraten, erschraken natürlich der Kreishauptmann und sein Sohn gewaltig.

Der Fürst aber reichte ihnen die fetten Hände und sagte: „Willkommen! Seid ihr weit fort gewesen?" — „Sehr weit." — „So werdet ihr hungrig sein. Setzt euch zu uns her!"

Die drei bekamen darauf Fleisch vorgelegt und aßen, ohne sich um die anderen zu bekümmern. Karpala aber hatte das Zelt wieder verlassen, um den betreffenden Leuten die erwähnte Weisung zu erteilen.

Als sie zurückkehrte, begann die Unterhaltung wieder; aber sie wurde nicht so lebhaft wie vorher, und bald stand der Kreishauptmann auf und sagte:

„Unsere Zeit ist verstrichen. Wir müssen nach Hause."

Der Wirt und die Wirtin baten, doch noch zu bleiben, doch das fruchtete nichts, denn auch die Kreishauptmännin stand auf, ließ sich Tuch und Pompadour geben und sagte:

„Komm', Gökala!"

Die Genannte schickte sich bereits an, ihren Platz zu verlassen, obwohl man es ihr ansah, daß sie dies nicht gern that und viel lieber noch geblieben wäre, da sagte Sam, der dies sehr wohl bemerkt hatte, in deutscher Sprache:

„Fräulein, Sie wünschen jedenfalls noch zu bleiben?" — „Ja," antwortete sie. „Sie wollten mir ja so viel erzählen." — „Ja. Also bleiben Sie ruhig da." — „Das wird der Kreishauptmann auf keinen Fall dulden." — „Wollen sehen."

Der genannte Beamte ärgerte sich natürlich darüber, daß die beiden in einer Sprache redeten, die er nicht verstand. Darum nahm er eine strenge Miene an und sagte:

„Gökala! Hast du gehört? Wir müssen jetzt fort!"
M. E.

Da antwortete an ihrer Statt Sam:

„Gökala bleibt da." — „Sie muß mit. Sie hat alle ihre Sachen noch bei mir." — „Muß? Das klingt wie Zwang." — „Den werde ich allerdings anwenden. Ich kann verlangen, daß sie mir gehorcht."

Der Kreishauptmann trat auf Gökala zu, um sie mit ausgestrecktem Arme zu umfassen.

Doch da rief Sam mit donnernder Stimme, daß jener sofort den bereits erhobenen Arm wieder sinken ließ: „Halt! Sobald du sie anrührst, bist du eine Leiche!" und zu gleicher Zeit zog er den Revolver heraus. — „Willst du an mir zum Mörder werden?" fragte jetzt der Beamte grimmig. — „Nein, aber der Rächer! Mörder könnt nur ihr sein. Wenn du dich nicht augenblicklich von dannen machst, so werde ich es laut erzählen, warum ich euch jetzt Mörder nenne." — „Du beleidigst uns. Wir sind Gäste des Fürsten. Er hat die Pflicht, jede uns zugefügte Beleidigung zu rächen." — „Macht euch nicht lächerlich. Ihr seid eingeladen, weil ich es so haben wollte. Ihr habt wohl gar gemeint, daß ihr aus Freundschaft herbeigerufen worden seid? Solchen dummen Kerlen ist es allerdings zuzutrauen, daß sie sich so etwas einbilden. Ich will euch einen Beweis von der Freundschaft geben, die ihr euch eingebildet habt."

Damit hob Sam die beiden Kissen empor und schüttelte sie so, daß die Kartoffeln herausfielen.

„Himmeldonnerwetter!" entfuhr es da dem Rittmeister und zu gleicher Zeit griff er nach der Körperstelle, wo es brannte, als ob er auf einem glühenden Roste säße.

„Alle tausend Teufel!" schrie auch der Alte, indem er ebenfalls unwillkürlich die gleiche Stelle mit beiden Händen hielt.

Und seiner Frau ging das gleiche Licht auf, und sie rief aus:

„Schrecklich, so betrogen zu werden! Kommt von hinnen. Bei solchen Leuten kann unseres Bleibens keine

Minute länger sein. Und du, du gehst natürlich mit uns!"

Diese letzteren Worte waren an Gökala gerichtet.

„Nein, sie bleibt da!" entgegnete Sam. „Und nun

packt euch fort. Morgen aber komme ich zu euch, um noch einiges mit euch zu besprechen." — „Wir werden dich hinauswerfen lassen," donnerte ihn der Rittmeister an.

Dann ging er fort. Die anderen beiden folgten

ihm, und nach wenigen Sekunden hörte man den Hufschlag ihrer sich entfernenden Pferde.

Jetzt richtete sich Fürst Bula von seinem Sitze auf und sagte zu Sam:

"Verzeihe mir. Ich glaube, du hast mich da in eine große Verlegenheit gebracht!" — "O nein. Du täuscht dich." — "Die Leute werden sich an mir rächen." — "Diese Leute werden sich morgen bereits im Gefängnisse befinden." — "Ich erschrecke!" — "Und ich sage doch die Wahrheit. Hättest du deine Tochter gezwungen, die Frau des Rittmeisters zu werden, so hättest du namenloses Elend über sie und euch gebracht. Ich werde es euch beweisen." — "Sie sind mir sofort als Leute erschienen, die nicht wert sind, Vertrauen zu besitzen," sagte Gökala. "Aber du hast dennoch etwas zu schnell gehandelt. Ich muß bei ihnen wohnen bleiben." — "Aus welchem Grunde?" — "Den kann ich dir erst später erklären." — "Ich kenne ihn bereits." — "Unmöglich!" — "Soll ich dir es beweisen?" — "Ja." — "Du heißt eigentlich nicht Gökala, sondern Semawa. Du bist die Tochter des Maharadscha von Nubrida." — "Woher weißt du das?" — "Davon später. Dein Vater ist der Verbannte Nummer Fünf. Der Graf ist aufgebrochen, ihn zu suchen. Du bist stets der Ueberzeugung gewesen, daß von deinem Verhalten zum Grafen das Leben deines Vaters abhänge. Darum meinst du, daß du auch jetzt nicht mit ihm brechen darfst." — "Du kennst ja alle, alle meine Geheimnisse! Was hat das zu bedeuten?" — "Das hat zu bedeuten, daß deine Leiden nun ein Ende haben werden." — "Das ist unmöglich." — "Ich sage dir die Wahrheit. Wenn Sam Barth so etwas sagt, ist es so gut, als ob ein anderer es mit tausend Eiden beschworen habe. Der morgende Tag wird dir die Beweise bringen. Jetzt bist du der Gast des Fürsten. Oder will unsere Karpala die Freundin von sich weisen?"

"Nein, nein!" rief Karpala entzückt, indem sie die

M. E.

Arme um Gökala schlang. „Sie ist uns willkommen, so willkommen, wie keine zweite Person der Erde. Komm', meine Freundin! Ich will dir mein Zelt zeigen, das ich ganz allein bewohne. Du sollst es mit mir teilen."

Sam ging darauf. Auch Jim und Tim wollten mit, er aber bedeutete sie, daß er sie jetzt nicht bei sich brauchen könne.

Er gelangte, ohne einem Menschen zu begegnen, an das Regierungsgebäude. Die beiden Fenster der Wohnstube waren erleuchtet, sonst keins, also war es sicher, daß man noch nicht in das Schlafzimmer gekommen war. Jedenfalls wurde der Diebstahl heute nicht entdeckt.

Nun begab er sich nach der hinteren Seite des Gartens, längs des Plankenzaunes hin. Die Pforte war zu. Er griff durch eine Lücke hinein und öffnete sie. Als er in den Garten trat, war da, wo die gestohlenen Gegenstände hingelegt worden waren, gar nichts mehr vorhanden. Die Tungusen hatten also schnelle Arbeit gemacht und waren dem heimkehrenden Kreishauptmann nicht begegnet. Es hatte also alles einen sehr günstigen Verlauf genommen.

## 20. Kapitel.

Sam wollte wieder nach dem Lager zurückkehren. Da hörte er, als er über den Platz ging und um das Gasthaus biegen wollte, die Huftritte zweier Pferde, die ihm entgegenkamen, und blieb stehen. Die beiden herannahenden Reiter sprachen miteinander, und zwar russisch.

„Nun geradeaus, am Gasthofe vorbei," sagte der eine. „Dann sind es nur wenige Schritte bis zum Regierungsgebäude." — „Ist es groß genug, um einen Gast zu beherbergen?" fragte der andere mit seiner kräftigen, wohl und sicher klingenden Stimme. — „Ja," antwortete der erstere. „Komm', Herr, dort nach links zu."

M. E.

Aber da hatte Sam sich ihnen schon in den Weg gestellt und sagte in deutscher Sprache:

"Halt! Nicht nach links, sondern nach rechts führt der richtige Weg, Herr Steinbach."

Auch dieser letztere hatte sofort die Stimme des Dicken erkannt.

"Sam, du?" fragte er erfreut. "Stehst du etwa auf Posten hier?" — "Nein. Ich kam nur zufällig vorüber und hörte den Hufschlag. Ich erwartete Sie natürlich erst morgen." — "Meine Geschäfte in Irkutsk waren einen halben Tag früher abgemacht, als ich vorher berechnen konnte. Darum komme ich schon heute abend, anstatt erst morgen früh." — "Und so allein in fremdem Lande, des Nachts?" — "Dieser Mann ist ein wegkundiger Kosak, den ich mir an der letzten Station mitgeben ließ." — "Lassen Sie den Kosaken mit den beiden Pferden hier im Gasthofe bleiben. Er ist noch auf. Sie sind da sehr gut aufgehoben." — "Meinst du? Du kennst den Wirt?" — "Ja. Seien Sie ohne Sorge. Wir gehen dann ein wenig allein spazieren, und ich erzähle Ihnen, was ich zu berichten habe." — "Gut, ich befolge deinen Rat."

Steinbach stieg darauf ab und begab sich mit Sam in den Gasthof. Als der Wirt die hohe, ehrfurchtgebietende Gestalt des Deutschen erblickte, sank er vor Höflichkeit fast in sich zusammen und beeilte sich, als er Steinbachs Befehle erhalten hatte, denselben augenblicklich nachzukommen.

Steinbach war noch immer der alte. Seine Züge hatten sich nicht verändert. Die erlebten Strapazen waren spurlos an ihm vorübergegangen. Anstatt des dunklen, langen Vollbartes, der in Konstantinopel und später sein Gesicht umrahmt hatte, trug er jetzt nur einen kräftigen Schnurrbart, der einen wirklichen Schmuck seines männlich schönen Gesichtes bildete.

Nun führte Sam ihn hinaus, seitwärts vom Lager

und der Stadt, und als sie langsam nebeneinander her=
schritten, sagte Steinbach:

"Jetzt kannst du anfangen." — "Ehe ich erzähle,
muß ich erst eine hochinteressante Neuigkeit melden.
Nämlich es hat einen Verbannten hier gegeben, dessen
Name Jurgi Orjeltschasta war." — "Alle Wetter!
Das heißt zu deutsch Georg Adlerhorst." — "Er ist der
letzte der Gesuchten." — "Weißt du das genau?"
— "Ja." — "Sam, diese Nachricht ist ja ein ganzes Ver=
mögen wert." — "Darum habe ich es Ihnen gleich ge=
sagt." — "Schon das allein verlohnte eine Reise nach
Sibirien. Wo ist er?" — "Entflohen." — "O weh! So
müssen wir ihm nach." — "Natürlich. Ich weiß, wo
er sich befindet. Er kann uns nicht entgehen. Er ist
nach ganz demselben Orte, nach dem auch die Nummer
Fünf ist." — "Wer ist das?" — "Der Maharadscha."
— "Sam!" rief Steinbach. — "Nicht wahr, das zieht?"
lachte der Dicke. "Und diese Nummer Fünf ist mit Peter
Lomonow auf die Zobeljagd gegangen." — "Wer ist
dieser Mann?" — "Ein Kaufmann aus Orenburg.
Früher aber war er Derwisch und hieß Osman. So=
dann nannte er sich in Amerika Bill Newton." —
"Sam, bist du des Teufels! Der wäre hier?" — "Ja.
Auch er ist nach demselben Orte, nämlich nach dem
Mückenflusse. Und noch ein anderer ist ebenfalls dahin."
— "Willst du mich auf die Folter spannen? Du hast
gewiß noch eine Neuigkeit in petto. Wer ist ebenfalls
hin?" — "Graf Alexei Polikeff."

Da hemmte Steinbach seine Schritte, erfaßte Sam
bei beiden Schultern, schüttelte ihn derb und sagte:

"Sam Barth, treibe keine Komödie. Der Graf ist
hier? Wirklich? Hast du ihn gesehen?" — "Ja." —
"Aber du kennst ihn ja nicht!" — "Er ist es dennoch.
Der Kreishauptmann ist sein Verbündeter." — "Sam,
Sam! Rede weiter! Wo der Graf ist, muß — muß
auch Gökala sein!" — "Leider dieses Mal nicht." —
"So muß er mir sagen, wo sie sich befindet. Er soll mir

nicht entgehen. Ich brenne vor Ungeduld." — „Der Graf sucht den Maharadscha." — „Ah! Er soll ihn finden, aber mich dazu. Jetzt erzähle. Nach dem, was du mir jetzt bereits gesagt hast, mußt du in der kurzen Zeit seit gestern höchst Merkwürdiges erlebt haben." — „Das ist wahr. Sie können den Gedanken segnen, mich mit Jim und Tim vorausgesandt zu haben. Kamen wir um einen Tag oder zwei Tage später, so waren wir ganz umsonst nach Sibirien gekommen." — „Nun, ich werde sehen. Also erzähle!" — „Das geht freilich nicht so rasch, wie Sie denken. Der Fürst der Tungusen, dessen Gast ich bin, erwartet mich. Ich war eben jetzt fort, um etwas für ihn auszurichten. Ich muß zu ihm. Gehen Sie mit, damit ich Ihnen den braven Kerl vorstelle."

Die beiden Männer richteten nunmehr ihre Schritte nach dem Lager, und Sam führte Steinbach absichtlich bis an das kleine Frauenzelt, das neben dem großen Zelt des Fürsten lag. Es war mit Renntierfell überzogen und inwendig mit schneeweißem Zeuge gefüttert. Uebereinandergelegte Teppiche bildeten zwei Ruhestätten. Von der Decke hing an einer messingenen Kette eine brennende Oellampe herab.

Steinbach hatte sich bücken müssen, um in das Innere des Zeltes zu gelangen. Er erwartete natürlich, den Fürsten der Tungusen zu sehen. Darum war er einigermaßen verwundert, als er bemerkte, daß sich nur eine weibliche Person in dem Zelte befand.

Bei seinem Eintritte erhob sich diese. Es war Gökala. Sie erkannte Steinbach auf der Stelle und wollte sprechen und ihrem freudigen Schreck Ausdruck geben, aber sie vermochte nicht, auch nur einen einzigen Laut hervorzubringen. Wie eine Bildsäule stand sie da, und nichts bewegte sich an ihr, selbst die Augen nicht, deren Blick starr auf Steinbach gerichtet war.

Und er? Auch er erkannte sie sofort und griff mit beiden Händen nach seinem Herzen. Es war ihm, als

M. E.

ob dasselbe still stehen wolle, gelähmt von der unendlichen Größe des Entzückens, das ihn durchbebte.

„Gö—ka—la!" hauchte er.

Er konnte nicht laut sprechen. Er hatte den lieben, süßen Namen laut hinaus schreien wollen vor Freude; aber die Stimme versagte ihm. Nur leise und abgerissen kamen die drei Silben über seine Lippen, dann trat er einen Schritt — zwei Schritte auf sie zu, erhob die Arme und fragte, kurz und hörbar atmend:

„Ist's möglich! Du — du!"

Da wich der Bann von ihr, und sie bewegte sich und erhob ebenso die Arme wie er. Dann that sie mit vorgebeugtem Oberkörper einen Schritt auf ihn zu, als ob sie sich in seine Arme werfen wolle, aber doch hielt der freudige Schreck ihren Fuß gefangen.

Sie wollte Oskar rufen, doch brachte sie nur die erste Silbe desselben hervor.

So standen sie einander gegenüber mit strahlenden Augen und leuchtenden Angesichtern. Endlich riß Steinbach sich von der Stelle los, an der sein Fuß wie festgebannt gewesen war, und preßte die Heißgeliebte, längst Gesuchte an sein Herz.

„Gökala, mein Leben, meine Seligkeit!" jauchzte er auf. „Ist's denn wahr, ist's überhaupt möglich?"

Sie wollte antworten, konnte aber nicht und brach in ein lautes, krampfhaftes Schluchzen aus, untermischt mit Lauten und einzelnen Silben, die nicht zu verstehen waren.

So standen sie nun eng umschlungen, Brust an Brust, ohne ein Wort zu wechseln, eine lange, lange Zeit. Und auch Steinbach weinte still, sodaß ihm die Thränen immer über die Wangen rannen und sich mit den ihrigen vereinten.

All das Herzeleid, welches das schöne Mädchen bisher im stillen ertragen hatte, aller Kummer und Gram, den sie tief in ihre Seele verschlossen, das ganze Elend, das sie, ohne es zu zeigen, gefühlt und erduldet hatte,

M. E.

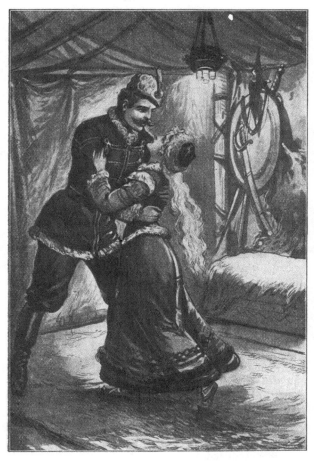

Sie wollte sich in Steinbachs Arme werfen, aber der freudige
Schreck hielt ihren Fuß gefangen. (Seite 268.)

M. E.

es stieg jetzt, in diesem Augenblicke empor, um sich in den rinnenden Thränen den endlichen Ausweg zu suchen.

Nach und nach aber milderte sich der Ausbruch dieser Empfindungen, und dann hing Gökala still und bewegungslos in Steinbachs starken Armen, als ob mit den heißen Thränen nicht nur ihr Schmerz, sondern auch ihr Leben entflohen sei.

Er aber preßte sie an sich, und ihre Lippen fanden sich und verschmolzen in einem langen, langen Kusse. Dann nahm er ihr Köpfchen zwischen beide Hände, hielt es von sich ab und sagte:

„Gökala, bist du es denn auch? Bist du es wirklich? Irre ich mich nicht?" — „Es ist kein Irrtum. Ich bin es," nickte sie, selig lächelnd. — „Fast kann ich es nicht glauben. Dieser böse, wunderliche Sam! Er hat mir verschwiegen, wen ich hier finden würde, und sagte, daß der Fürst der Tungusen mich hier sprechen wolle." — „Und nun zürnst du ihm wohl dafür?" — „Zürnen? O nein! Er hat ja nur beabsichtigt, uns beiden eine so große, glückliche Ueberraschung zu bereiten. Und seine Absicht ist ihm vortrefflich gelungen. Nicht wahr, meine Gökala?" — „Vielleicht besser, als er es erwartet hatte. Ist er ein Diener von dir?" — „Nein, sondern ein Freund." — „Wer ist er denn eigentlich?" — „Er ist nur ein einfacher Mann, ein geborener Deutscher, der später in Amerika Präriejäger wurde. Aber er hat mit mir gekämpft, mich durch manches gefährliche Abenteuer begleitet, und ich verdanke ihm mein Leben mehr als nur ein einziges Mal." — „Und mir ist er erschienen, wie ein sehr bedeutender Charakter. Sein ganzes Auftreten hier zeugte von einer Sicherheit, wie sie nur Leuten eigen ist, die sich in einer hervorragenden Stellung befinden und gewohnt sind, Befehle zu erteilen, denen man unbedingt zu gehorchen hat."

Steinbach lachte fröhlich auf.

„Ist er in dieser Weise aufgetreten? Ja, das traue ich ihm zu. Das hat er gelernt. Er ist in einer vor-

M. E.

trefflichen Schule gewesen." — „Wohl in der deinigen?" — „Nun, eigentlich ist das Leben ihm zur Schule geworden. Es hat ihn selbständig gemacht und ihm ein großes, unerschütterliches Selbstvertrauen gegeben. Den letzten Unterricht allerdings hat er von mir erhalten." — „Wo?" — „In Amerika." — „So warst du da drüben, mein Geliebter?" — „Ja, lange Monate, gleich nachdem ich von meinem Ritte in die Wüste zurückkehrte und deine Zeilen erhielt, die mich so unglücklich machten." — „Ich war gezwungen, sie zu schreiben." — „Wer zwang dich dazu? Der Graf?" — „Nein. Der Zwang war ein anderer. Er ging von meinem Inneren aus. Er war ganz derselbe, der mir in Konstantinopel die Bitte an dich diktierte, mich als eine Vergessene zu betrachten." — „Und diese Bitte konnte ich dir nicht erfüllen. Es war und ist mir ja eine Unmöglichkeit, dich zu vergessen." — „Und doch wirst du dazu gezwungen sein!" — „Du meinst, daß ich dich wieder verlassen soll?" — „Ja." — „Das thue ich nicht!" — „So werde ich dir gerade so entschlüpfen müssen, wie damals in Stambul." — „Und weshalb?" — „Mein Gott, das ist es ja, was ich dir nicht sagen durfte und auch jetzt nicht sagen darf!"

Ein Lächeln glitt über sein Angesicht.

„O, mein süßes Herz," sagte er in zuversichtlichem Tone, „ich bin überzeugt, daß du mir sogar noch heute, schon jetzt, hier an diesem Orte dieses traurige Geheimnis enthüllen wirst. Es ist mir ja bereits seit langer Zeit bekannt." — „Wirklich?" fragte sie beinahe erschrocken. — „Ja. Entsinnst du dich noch unseres Gespräches, das wir führten, als wir an jenem Abende in Konstantinopel so selig vereint unter dem Baume am Wasser saßen? Hättest du damals aufrichtig mit mir sein können, hättest du mir mitteilen dürfen, welcher Zweck, welche Absicht, welcher Zwang dich an den Grafen kettete, so wären diese Ketten längst zerrissen" — „Es mußte mein Geheimnis bleiben!" — „Du sagtest dies schon damals; ich aber antwortete dir, daß ich nicht eher ruhen

M. E.

würde, als bis es mir gelungen sei, dieses Rätsel zu lösen." — „Das erschien mir als unmöglich." — „Und doch ist's gelungen. Jetzt kenne ich dich." — „Oskar!" — „Erschrickst du darüber?" — „Sehr, denn ein teures Leben steht in großer Gefahr." — „Dasjenige deines Vaters?" — „Wie — du weißt —?"

Sie blickte ihm forschend und erschrocken in das Gesicht.

„Ich weiß alles!" nickte er. — „Mein Gott, so muß er sterben! Der Graf wird ihn töten, sobald er erfährt, daß noch ein anderer als er und ich um das Geheimnis weiß!" — „Beruhige dich! Ich bin vielmehr überzeugt, daß des Grafen letzte Stunde geschlagen hat. Ich bin gekommen, um mit ihm abzurechnen." — „Du wußtest, daß er sich hier befindet?" — „Ja. Das heißt, bis vor wenigen Minuten wußte ich es nicht genau, ich wollte es erfahren. Sam sagte es mir aber vorhin, er hat es ausgekundschaftet." — „Ah, nun erkläre ich mir die Reden deines wunderlichen Freundes!" — „Der Graf kennt aber den Aufenthalt deines Vaters auch." — „Ich weiß es." — „Er ist hin zu ihm." — „Auch das weiß ich." — „Wirklich? Weißt du auch, was er dort bei ihm will?" — „Ja. Er will ihn befreien." — „Fast möchte ich daran zweifeln. Wenn er deinen Vater befreien will, muß er sich selbst anklagen, denn er war es ja, der durch falsches Zeugnis und andere Verbrechen ihn zum Verbannten machte. Ich bin überzeugt, daß der Graf dich ebenso betrügen will, wie er andere betrogen hat." — „Das wäre schrecklich." — „Darum bitte ich dich, sei aufrichtig!" — „Gott, was soll ich thun!" — „Habe Vertrauen zu mir! Du wirst es nicht bereuen." — „Weißt du überhaupt, warum der Graf meinen Vater in das Verderben führte?" — „Ja. Er wollte dich besitzen. Du solltest sein Weib werden."

Sie senkte die Augen, während eine tiefe Glut ihr Angesicht bedeckte.

„Armes, armes Kind! Gelang es dir denn niemals,

M. E.

dich ihm zu entziehen?" — „Nein; ich konnte das nicht wagen. Er hatte mir gedroht, sobald ich ihn verließe, würde mein Vater sterben. So blieb ich also bei ihm, nur um den Vater am Leben zu erhalten. Was für elende Jahre das gewesen sind, das vermag ich nicht in Worte zu fassen."

Sie schlug die Hände vor das Gesicht und begann zu schluchzen. Steinbach blickte finster vor sich nieder. Es überkam ihn eine Regung des Unmutes gegen die Geliebte, doch schon nach wenigen Augenblicken siegte sein besseres Gefühl. Er zog Gökala an sich und sagte:

„Du hast ganz so gehandelt, wie es deine Schuldigkeit als Tochter war, meine Gökala. Doch ich fürchte, daß der Graf noch andere Hintergedanken gehabt hat. Hat er nicht noch mehr Bedingungen gestellt?" — „Ich sollte ein Dokument unterschreiben, in dem ich ihm alle Rechte abtrete, die mir, als dem einzigen Kinde des Maharadscha von Nubrida, zustehen." — „Ah, jetzt beginne ich seine Absicht zu durchschauen! Gökala, ich hatte recht, als ich vorhin sagte, dein Vater befinde sich in größter Gefahr, wenn du zögertest, dich mir anzuvertrauen. Der Graf will dir deinen Vater zeigen. Bei dem Anblicke des alten, unglücklichen Mannes soll dein Herz in Wehmut zerfließen, und du sollst bereit sein, dem Grafen deine Hand zu geben. Ist aber das geschehen, so stirbt dein Vater, dann braucht der Graf ihn ja nicht zu befreien, er ist seines Versprechens ledig, und du bist doch sein Weib. Du hättest dann das Recht der Thronfolge an den Grafen abgetreten, und folglich gehörte ihm die Regierung."

Gökala machte eine Miene des Erstaunens, holte seufzend tief Atem und sagte:

„Ja, jetzt begreife auch ich alles, alles!" — „Nicht wahr, der Graf handelt nicht nur aus wahnsinniger Liebe zu dir, sondern auch aus Eigennutz und Politik?"

Da ergriff sie seine Hand und bat:

„O Oskar, rette, rette meinen Vater!" — „Habe

keine Sorge. Ich werde ihn retten. Ich werde alle Kraft aufbieten, Polikeff zu besiegen. Aber dann —" — „Dann?" fragte sie. — „Dann, ja, was wird dann sein?" — „Das fragst du noch, Oskar? Dann mußt du mit nach Nubrida. Ich trachte nicht nach der Herrschaft meines Vaters; ich bin ein Weib, ich will weiter nichts, als dein Weib sein, und du sollst als mein Gebieter und als der Gebieter meines Volkes auf dem Throne meiner Väter sitzen. Du bist der erste und einzige, der sich meiner angenommen hat. Ohne dich giebt es für mich kein Glück, keinen Segen, kein Heil. Dein will ich sein. Nur von dir will ich die Seligkeit empfangen, nach der ich mich sehne. Alles andere achte ich nicht. Du hast bereits in Konstantinopel gehört, daß ich die Dichter deines Vaterlandes kenne. Euer Schiller sagt so treffend:

> „Raum ist in der kleinsten Hütte
> Für ein glücklich liebend Paar."

Eine solche Hütte wünsche ich mir und dich als den Herrn derselben und auch als meinen Herrn. Dann bin ich zufrieden. Mein Vater wird nicht mehr ein Verbannter, sondern ein freier Mann sein und nichts weiter wünschen, als sich an dem Glücke seines Kindes freuen zu können. Meinst du nicht, daß eine solche Zukunft wohl wert sei, sich auf sie zu freuen?"

Sie legte ihren Arm um ihn, preßte ihr Köpfchen liebevoll an seine Brust und blickte fragend zu ihm auf. Er küßte sie auf die reine, weiße Stirn und antwortete:

„Ja, meine Geliebte. Sie ist es wert, daß man mit allen Kräften nach ihr ringe." — „Nun, so wollen wir es thun!" — „Du hast recht. Thun wir es! Es ist zwar ein großes Opfer, das du, die Tochter eines Maharadscha, deiner Liebe zu mir bringen willst. Ich will es jedoch annehmen, falls auch dein Vater einwilligt, und ich hoffe, daß du nie bereuen wirst, es mir gebracht zu haben." — „Bereuen? Ich werde dich noch in meiner Todesstunde dafür segnen, daß du mir erlaubt hast, mein Schicksal an das deinige zu ketten. Nie werde ich es glauben können, daß ich dir ein Opfer gebracht habe. Ist es denn ein Opfer, ein so unendliches Glück am Herzen des Geliebten zu empfinden?" — „Gökala!" rief er aus, von seiner Liebe übermannt. — „Oskar, mein Oskar! Willst du mich nicht einmal bei meinem richtigen Namen nennen?" — „Semawa, meine herrliche Semawa!"

Sie blickte strahlenden Auges zu ihm auf und flüsterte:

„Ich danke dir. So hat meine Mutter mich genannt, und so sollst auch du mich fortan nennen. Es wird mir so klingen, als ob ihr Geist aus deinem lieben Munde zu mir spräche, als ob jedesmal, wenn du mich so nennst, dieser Name ein Segenswort sei, das sie mir aus der Wohnung der Seligen sendet. Sag' den Namen noch einmal, noch einmal!"

Er näherte seinen Mund ihren Lippen und antwortete:

„Meine heißgeliebte Semawa, ich bin namenlos glücklich, unaussprechlich glücklich. Es giebt auf Gottes weiter Erde keinen Menschen, mit dem ich tauschen möchte." — „Auch für mich giebt es keinen. Oskar, wir werden eine Seligkeit erleben, wie sie nur wenig Sterblichen beschieden ist."

Da wurde an den äußeren Zeltpfahl geklopft, und die Stimme des dicken Sam ließ sich vernehmen:

„Meine Herrschaften, ist die Konferenz noch nicht bald beendet? Es leben außer Ihnen auch noch andere Menschen in Sibirien und in Platowa." — „Komm' herein!" antwortete Steinbach.

Jetzt wurde das Thürtuch zurückgeschlagen, und der Dicke trat ein. Er betrachtete die beiden, die eng verschlungen vor ihm standen, lachenden Angesichtes und fragte:

„Nun, mein gnädigster Herr Steinbach, wie hat

Ihnen denn dieser alte, dicke Fürst der Tungusen ge=
fallen?" — „Ausgezeichnet!" lachte Steinbach. „Ich
habe nie geglaubt, daß ein Tunguse so schön und so
liebenswürdig sein kann. Mein Dank aber gehört dir
zeit meines ganzen Lebens, mein lieber, wackerer Kamerad."

Er reichte Sam die Hand. Dieser schlug ein und
erwiderte:

„Was einen so anhaltenden Dank betrifft, so habe
ich ihn gar nicht verdient. Die Dame ist ja von mir
nicht entdeckt worden, sondern mir gerade so über den
Weg gelaufen, daß ich sie gar nicht habe übersehen
können." — „Das diktiert dir deine Bescheidenheit, mein
guter Sam. Du hast bereits so viel für mich gethan,
daß ich es dir niemals recht vergelten kann."

Indem Semawa diese Worte sprach, streckte auch sie
ihm die Hand entgegen. Er ergriff dieselbe, zog sie
ritterlich und tief gerührt an seine Lippen und antwortete,
indem sein ehrliches Auge feucht zu glänzen begann:

„Mein guter Sam!' Wenn man aus einem solchen
Munde so genannt wird, so ist's einem zu Mute wie
einem Bären, der aus Versehen in ein Honigfaß gefallen
ist: man möchte sich den ganzen Körper ablecken, und
Haut und Haar dazu. Erst jetzt sehe ich ein, was für
ein bedeutender Kerl ich bin. Hätte ich das früher ge=
wußt, so wäre ich sicher nicht mit einer einfachen Herlas=
grüner Auguste zufrieden gewesen, sondern ich hätte mich
auch nach einer indischen oder chinesischen Prinzessin um=
gesehen. Aber nichts für ungut, daß mir da mein
dummes Naturell wieder einmal mit der Höflichkeit da=
von läuft. Ich freue mich von ganzem Herzen, daß der
liebe Herrgott Sie endlich einmal zusammengeführt hat.
Kein Teufel soll Sie wieder trennen, so lange ich noch
einen Arm und eine Waffe besitze. Aber verträumen
dürfen wir die Zeit doch nicht. Es giebt noch gar viel
zu thun und zu besprechen. Drüben im großen Zelte
sitzen die anderen und platzen fast vor Verlangen, Herrn
Steinbach zu sehen. Darum bin ich abgeschickt worden.

M. E.

Wenn ich als Gesandter dieser Leute Ihnen ungelegen komme, so bitte ich um Verzeihung und verspreche, es nicht wieder zu thun."

Er sprach so herzlich und dabei auch so drollig, daß

beide ihm abermals die Hände boten.

„Nein," sagte Steinbach, „ungelegen kommst du uns nicht, mein guter Sam. Du hast vielmehr sehr recht, wenn du sagtest, daß wir nicht allein oder nur für uns in der Welt da sind. Die Verhältnisse liegen so, daß wir handeln müssen und nicht träumen dürfen, und so ist es also ganz recht, wenn du uns an unsere Pflicht erinnerst. Wir werden dir sogleich folgen."

Die drei verließen das Zelt und gingen nach demjenigen, in dem sich der Fürst mit den Seinigen und seinen Gästen befand. Die guten Tungusen staunten nicht wenig, als sie die hohe, edle Gestalt des Deutschen erblickten.

Der Fürst und die Fürstin erhoben sich unwillkürlich respektvoll von ihren Sitzen, als ihr Auge auf ihn fiel. Ganz verwundert aber waren sie, als er sie höchst freundlich begrüßte, und zwar, was sie von so einem Fremden gar nicht hatten erwarten können, in der Sprache ihres Landes und Volkes. Sie reichten ihm die Hände und hießen ihn willkommen, und der Fürst überließ ihm seinen eigenen Platz.

„Rate einmal, wer das ist, meine liebe Karpala," sagte Semawa, indem ihr Angesicht vor Glück und Freude strahlte.

„Ich weiß es," antwortete diese, indem sie ihr herzlich die Hand drückte. „Ich brauche ja nur in dein glückstrahlendes Auge zu blicken. Er ist dein — Bräutigam."
— „Ja, ja, das ist er, das ist er. Und recht hast du. Ich bin sehr, sehr glücklich." — „Donnerwetter!" flüsterte Jim seinem Bruder zu. „Hast du es gehört? Ihr Bräutigam!" — „Möchte ich auch sein!" — „Ein verteufelt passables Weibsbild. Ich gäbe gleich einige tausend Dollars, wenn der Priester mir so eine famose Lady ankopulieren wollte!"

---

## 21. Kapitel.

Während Jim und Tim sich ihre Bemerkungen zuflüsterten, hatten die anderen im Zelte Anwesenden sich wieder niedergesetzt, Steinbach auf den Ehrenplatz, wie der Fürst es gar nicht anders zugegeben hatte.

„Jetzt, lieber Sam," sagte Steinbach in russischer Sprache, damit die anderen ihn alle verstehen könnten, „jetzt ist es vor allen Dingen notwendig, daß du mir erzählst, was du nach unserer Trennung mit Jim und Tim alles erlebt hast." — „Hm," meinte der Dicke. „Da kann ich sehr lange erzählen, denn das, was wir gethan und erfahren haben, könnte wohl beinahe ein ganzes Buch füllen." — „So beginne gleich, damit du desto eher fertig wirst."

Der dicke Jäger kam dieser Aufforderung nach, und der Fürst, die Fürstin, Karpala und Semawa, die erst jetzt den Zusammenhang alles Geschehenen erfuhren, unterbrachen den Redner oft mit lauten Ausrufen der Verwunderung.

Steinbach hingegen sagte kein Wort. Er hörte ruhig zu und gab nur hier und da durch ein Kopfnicken zu erkennen, daß der wackere Sam ganz nach seiner Ansicht, also sehr richtig gehandelt habe.

Diese schweigende Zustimmung gab dem Dicken den Mut, zuletzt sogar den Waffen= und Munitiondiebstahl zu erzählen. Da aber verfinsterte sich das Gesicht Steinbachs, und er sagte, noch bevor Sam geendet hatte:

„Halt! Ich mag es nicht bis zu Ende hören. Ich ahne, was geschehen ist. Ihr mögt eure guten Gründe dazu gehabt haben, aber wenn du es mir ausführlich erzähltest, so müßte ich alles aufbieten, das, was ihr gethan habt, ungeschehen zu machen." — „Sakferment! Schweigen wir also davon. Die Hauptsache ist, daß wir alle, die wir suchen, am Mückenflusse finden." — „Ja, wir müssen natürlich hin und dürfen keine Zeit verlieren. Am allerliebsten möchte ich, wie die Angelegenheit steht, gleich jetzt aufbrechen. Aber es ist notwendig, vorher noch gar manches zu besprechen und reiflich zu überlegen. Ferner scheint es mir, als ob ich auch noch einiges genauer kennen lernen müsse, und endlich habe ich meine

M. E.

Bagage noch nicht hier, deren Ankunft ich unbedingt abwarten muß. Also werde ich mich wohl wenigstens noch diese Nacht hier verweilen müssen."

Bei den Worten, daß er einiges näher kennen lernen müsse, fixierte Steinbach Karpala prüfend. Sie sah es und errötete.

In diesem Augenblicke wurde Steinbach von einem lauten Geräusch unterbrochen, das sich draußen hören ließ und von Pferdegetrappel, Räderrollen, Stimmengewirr, Willkommenrufen und Peitschengeknall herrührte.

„Da sind Fremde angekommen," meinte der Fürst. „Man wird mir gleich melden, wer es ist."

Er hatte ganz richtig vermutet, denn soeben trat einer seiner Tungusen ein und sagte:

„Der Kreissekretär ist von seiner Urlaubsreise angelangt und hat Begleitung mitgebracht. Er hat nach der Stadt gewollt, aber ehe er diese erreichte, von uns erfahren, daß der Fremde, mit dem er unterwegs ganz zufällig zusammengetroffen ist und den er dort wiederfinden will, hier bei uns weilt. Darum hat er die Pferde und Wagen hierher zu uns gelenkt." — „Ah, da kommen dann auch meine Sachen," rief Steinbach erfreut. „Ich hätte es nicht für möglich gehalten, daß der Sekretär, der gütigst die Aufsicht über mein mir nachfolgendes Gepäck übernommen hatte, mir so schnell dienen könnte."

Steinbach trat zum Zelte hinaus, und Sam und die beiden amerikanischen Brüder folgten ihm. Auch Semawa ging mit. Sie wollte ihn möglichst wenig verlassen, ihn, den sie so lange, lange Zeit hatte entbehren müssen.

Bula, der Fürst der Tungusen, wäre sehr gern auch mitgegangen, um zu sehen, wie die Reisebagage eines Europäers eingerichtet sei, doch verbot ihm dies seine fürstliche Würde. Da er jedoch zu sehr Naturmensch war, als daß er seine Wißbegierde hätte vollständig zu beherrschen vermocht, so trat auch er wenigstens vor sein

Zelt hinaus und gab den Befehl, die Lagerfeuer so hell wie möglich anzuschüren.

Bei dem jetzt erfolgenden Auflodern derselben erblickte man vier Kibitken, die mit den Effekten Steinbachs beladen waren. Dabei wurden von einigen Kosaken eine Anzahl Pferde gehalten, die ebenfalls Steinbach gehörten. Obgleich der Schein der Feuer nicht hinreichte, die Tiere vollständig tageshell zu beleuchten, standen doch bereits eine Menge Tungusen und andere sibirische Nomaden bei diesen edlen Tieren, um dieselben zu bewundern.

Steinbach überzeugte sich zunächst, daß er sein Eigentum vollständig beisammen habe, dann bezahlte er die begleitenden Reiter und Fahrer in einer Weise, daß sie höchst erstaunt über eine solche Freigebigkeit waren und sich nach ihrer Weise in den überschwenglichsten Ausdrücken bei ihm bedankten, und wandte sich auch an den Kreissekretär, um ihm für die Beaufsichtigung seines Eigentumes seine Anerkennung auszusprechen.

„Ich werde dir," sagte er zum Schlusse dem Beamten, „um dir meine Dankbarkeit zu beweisen, sobald ich zu dir komme, eine Freude bereiten, die größer sein wird, als du dir jetzt zu denken vermagst." — „So komm," entgegnete der Kreissekretär. „Ich bin am heutigen Tage für dich zu jeder Zeit zu sprechen, außer wenn ich mich beim Kreishauptmanne befinde, dem ich meine Rückkehr zu melden habe."

Der Beamte setzte sich nach diesen Worten auf sein Pferd und ritt nach der Stadt. Es wäre, trotzdem dieselbe so sehr nahe lag, gegen seine Würde gewesen, zu Fuß nach derselben zu gehen.

Jetzt ergriff Sam Steinbachs Arm, zog ihn ein wenig seitwärts und sagte:

„Ich habe gesehen, daß Sie vorhin Karpala so eigentümlich anguckten, als Sie sagten, daß Sie noch einiges erfahren müßten. Was meinten Sie damit? Jetzt hört der Fürst es nicht, und wir können also davon sprechen."
— „Als du von dem Kosaken Nummer Zehn sprachst," ent-

M. E.

gegnete Steinbach, „bemerkte ich, daß Karpala mit größtem Interesse bei deiner Rede war. Sie ist es auch gewesen, die euch gebeten hat, ihn zu befreien. Sollte er ihr etwa nicht ganz gleichgültig sein?" — „Hm! Sie haben weiß Gott ein Auge wie ein Adler. Ja, er hat sie einmal vom Tode des Ertrinkens gerettet, und nun ist sie ihm gut." — „Sind sie einig?" — „Es scheint so. Wenigstens habe ich noch nichts davon gehört, daß sie sich geprügelt hätten." — „Aber wie sollen die beiden Liebenden Mann und Frau werden? Der Kosak darf sich doch nirgends sehen lassen, ohne eingefangen und bestraft zu werden." — „Ich denke mir, daß der Fürst dennoch Mittel und Wege finden wird. Haben Sie von dem Engel der Verbannten gehört?" — „Ja, bereits in Irkutsk." — „Nun, Karpala ist dieser Engel." — „Wirklich?" fragte Steinbach im Tone der Ueberraschung. „Ja, wenn sie die Beschützerin so vieler entflohener Verbannter ist, so glaube ich schon, daß Kosak Nummer Zehn mit ihrer Hilfe entkommen wird. Und da halte ich es auch für möglich, daß sie den Gedanken hat, sich mit ihm zu verbinden, trotzdem er sich vor den Russen nicht sehen lassen darf. Doch da der Kosak kein anderer ist, als Georg Adlerhorst, so dürfte er jedenfalls nach Deutschland zurückkehren. Wird sie ihm dahin folgen?" — „Hm! Wohl kaum! Sie kommt da in ein arges Dilemma. Das arme Mädchen dauert mich, denn ich bin ihm wirklich gut. Nicht so, wie ein junger Bursche ein Mädchen lieb hat, sondern was ich für Karpala empfinde, ist eine mehr väterliche Regung, so ungefähr, als ob ich ein Verwandter von ihr sei." — „Na, es wird doch nicht etwa eine Cousine oder Nichte von dir sein?" scherzte Steinbach. „Das ist allerdings unmöglich, obgleich ich in Rußland wohl auch Verwandte habe. Ich war nämlich nicht der einzige Sohn meiner Eltern. Ich hatte noch einen Bruder. Karl wollte gleich mir sein Glück in der weiten Welt versuchen und wandte sich nach Osten, nach Rußland, während ich mich im Westen, in Amerika herumtummelte."

M. E.

— „Hast du denn niemals etwas von ihm gehört?" — „Er hat mir einige Male geschrieben, und ich antwortete ihm. Dann erhielt ich von der dortigen Behörde die Benachrichtigung, daß er nach der Ukraine gezogen sei, wohin, das wußte man nicht. Also, in Rußland kann ich ganz gut Verwandte haben." — „Unter diesen Verhältnissen, ja. Aber Karpala geht dich keineswegs etwas an?" — „Das versteht sich ganz von selbst. Und doch, wenn ich sie mir näher betrachte, so ist in ihrem Gesichte etwas, so etwas — etwas — wie sage ich doch gleich, so etwas, als ob ich sie früher schon einmal gesehen und gekannt haben müsse." — „Das kommt im Leben sehr oft vor. Mich freut es außerordentlich, daß sie der Engel der Verbannten ist, denn nun darf ich darauf rechnen, daß ihr Vater mir seine Unterstützung nicht versagen wird." — „Sie meinen also, daß wir die Tunguien brauchen werden?" — „Ganz gewiß. Um den Maharadscha und den Kosaken herauszubekommen, reicht zwar mein Einfluß aus. Aber wir wollen doch den Grafen und auch den früheren Derwisch ergreifen. Dazu bedürfen wir zunächst einer anderen als der russischen Hülfe." — „Die tungusische?" — „Ja. Ich habe freilich nicht genau wissen können, wo der Maharadscha sich befindet. Noch weniger konnte ich ahnen, daß der Graf und der Derwisch in Sibirien seien. Aber ich hatte doch eine Ahnung, daß ich des Beistandes einer hiesigen Völkerschaft bedürfe, und darum habe ich reichliche Geschenke mitgebracht, allerdings, ohne zu wissen, wer dieselben bekommen werde."

Steinbach wurde in diesem Augenblicke durch einen lauten Schrei unterbrochen, der sich in der Nähe hören ließ.

Semawa war, als sie bemerkt hatte, daß ihr Geliebter mit Sam unter vier Augen sprechen wolle, langsam beiseite gegangen und hatte sich die Pferde Steinbachs betrachtet. An einem derselben lehnte eine schlanke, hohe Gestalt, zwar in der Tracht des Landes gekleidet, aber doch etwas Fremdartiges in der ganzen Haltung zeigend.

M. E.

Das scharfgeschnittene Gesicht hatte eine braune, hier in Sibirien ganz seltene Farbe. Der Mann bewegte sich nicht und blickte in das Feuer, dessen Flamme ihn beschien. Er glich einer Statue.

Da kam Semawa langsam herbei, leisen Schrittes, sodaß sie kaum zu hören war. Dennoch bemerkte der Fremde ihr Nahen und wandte ihr das Gesicht zu.

Noch stand sie im Schatten, den der nächste Wagen warf. Nun aber trat sie aus demselben heraus, und ihr Gesicht war deutlich zu erkennen.

Da war es, als ob eine unsichtbare Hand den Mann um einen Schritt vom Wagen wegreiße, und er erhob die Arme und stieß jenen lauten Schrei aus, durch den Steinbach in seiner Rede unterbrochen worden war.

Semawa erschrak. Sie blieb stehen und heftete ihre Augen auf den Mann.

„Allah, il Allah!" schrie dieser auf, indem er sich der arabischen Sprache bediente, die auch die Bekenner des Islams in Hochasien sprechen und verstehen. „Ist es ein Wunder? Stehen die Toten auf?"

Der Mann ließ die Arme wieder sinken, behielt aber sonst die Stellung bei, die sein Entsetzen ausdrückte, und rief:

„Kalida!"

Semawa trat sofort einen Schritt näher, bohrte ihren Blick in sein Gesicht und fragte:

„Kalida? Kanntest du sie?" — „Ob ich sie — ob ich dich kannte! Du bist es ja selbst! O, Allah ist groß, Allah ist allmächtig! Die Toten stehen auf, um sich zu rächen!"

Dann sank er langsam in die Kniee.

„Ich lebe, ich bin keine Tote," sagte Semawa. — „Nein, du bist keine Lebende. Du kommst aus dem Jenseits, um dich zu rächen. Gnade, o Gnade!" — „Wie heißt du?" — „Weißt du das nicht mehr? Ist mein Name dir in den Herrlichkeiten jenes Lebens verloren gegangen?"

M. E.

Semawa trat jetzt ganz nahe zu dem Manne heran und beugte sich nieder zu ihm. Dann nahm sie ihm die Mütze vom Kopfe und erblickte sein geschorenes Haupt; den Kopf, den sie in ihrer Kindheit so oft gesehen hatte.

Ja, er war alt geworden, sehr alt, dieser einstige Diener ihres Vaters, aber seine Züge waren so charakteristisch, daß sie dieselben sofort erkannte.

"Nena!" rief sie aus, indem sie seine Mütze aus

M. E.

der Hand fallen ließ. — "Du kennst mich, o, du kennst mich!" stieß er hervor. — "Verräter!" — "Gnade, Gnade!" bat er, die Arme zu ihr erhebend. "Du bist eine Selige, Kalida. Du kannst mich nicht verdammen. Bitte Allah, daß er sich meiner erbarmen möge!" — "Ich bin nicht Kalida," antwortete sie. — "Nicht Kalida, das Weib meines Maharadscha? Wer wärest du sonst?" — "Ich bin Semawa, ihre Tochter."

Da sprang er, wie von einer Spannfeder geschnellt, vom Boden auf und schrie laut:

"Semawa, Semawa! Allah ist groß! Semawa ist da! Semawa ist gefunden! Sidi, Sidi, öffne deine Ohren und vernimm die Botschaft, daß —" — "Still, ich weiß es bereits," sagte Steinbach, der herbeigetreten war und ihm nun beruhigend die Hand auf den Arm legte. — "Du weißt es? Du weißt es?" fragte der Indier. "Und du jubelst nicht laut auf, daß alle Welt es hört? Du springst nicht vor Freude und Wonne? Semawa ist gefunden, und du stehst hier bei ihr, als ob sie nie verloren gewesen wäre!"

Es war Rena anzusehen, daß sein Entzücken ein wirklich aus dem Herzen kommendes sei. Semawa war gerührt davon, obgleich sie ihm so viel Böses zu verdanken hatte.

"Du lebst! Du bist hier!" fuhr er fort. "Wo du bist, muß auch derjenige sein, der mir so viel zu verzeihen hat, dein Vater, der Maharadscha. Weißt du von ihm?" — "Ja," antwortete sie. "Er lebt als Verbannter. Du weißt es ja. Du bist es ja gewesen, auf dessen falsches Zeugnis hin er fortgeschleppt und verurteilt worden ist." — "Ich habe es bereut, längst bereut und werde alles, alles wieder gut machen. Ich werde beschwören, daß er nicht Saltikoff heißt, sondern daß er der verschwundene Maharadscha von Rubrida ist."

Da antwortete Semawa in mildem Tone:

"So sei dir vergeben! Möge Allah dir verzeihen, wie ich dir verzeihe! Stehe auf."

M. E.

Nena ergriff ihr Gewand und zog es an seine Lippen.

Steinbach aber nahm jetzt die Geliebte bei der Hand, um sie nach dem Zelte zu führen.

„Ich danke dir!" flüsterte er ihr liebevoll zu. „Fast glaubte ich, du würdest ihm die erbetene Gnade versagen."

Als sie an das Zelt gelangten, trat von der anderen Seite ein Tunguse heran, um mit dem Fürsten Bula, der noch immer vor dem Eingange stand, zu sprechen. Steinbach wollte sich rasch zurückziehen, aber Bula sagte:

„Bleibt hier! Was dieser Mann mir zu sagen hat, das dürft ihr hören."

Aber der Tunguse kam doch in Verlegenheit, denn er schüttelte den Kopf und meinte:

„Väterchen, nur du darfst es erfahren, du und Karpala, die Prinzessin der Tungusen."

Da sagte Karpala, die mit ihrer Mutter dabei stand, zu dem Manne:

„Was ich wissen darf, dürfen diese beiden auch erfahren. Sie sind so gut wie meine Schwester und mein Bruder." — „Nun, so höre denn. Gestern kam die Botschaft, daß es einer ganzen Anzahl armer Leute, das ist Verbannter, gelungen ist, aus den gräßlichen Bergwerken von Nertschinsk zu entfliehen. Sie haben der guten Mila Dobronitsch das Zeichen gegeben, und diese hat mich schleunigst zu dir gesandt, dich um Hülfe zu bitten."

— „Wenn Mila Dobronitsch dich sendet, so muß ich helfen. Vater, gieb sogleich den Befehl zum Aufbruche. Wir dürfen nicht zögern!" — „Kindchen, Töchterchen, was fällt dir ein!" antwortete er. „Wir müssen noch hier bleiben. Hast du vergessen, daß wir Gäste bei uns haben?" — „Ich habe es nicht vergessen, ich weiß es sogar sehr genau. Eben weil wir diese Gäste haben, müssen wir baldigst aufbrechen, denn diejenigen Personen, denen sie nachstreben, befinden sich ja gerade dort, wohin wir auch ziehen müssen, wenn wir den ‚armen Leuten' Hülfe bringen wollen." — „Wie?" fragte Steinbach. „Meinst du etwa den Mückenfluß, Karpala? Dorthin

M. E.

werden die Flüchtigen kommen?" — "Ja, und darum müssen wir auch hin." — "Ihr alle, der ganze Stamm?" — "Alle Tungusen, die meinem Vater zu gehorchen haben. Von den anderen Stämmen der Tungusen ist natürlich nicht die Rede." — "So bitte ich allerdings um den schleunigsten Aufbruch." — "Du willigst jetzt also ein, daß wir so schnell wie möglich hier fortreiten? Und vorhin warst du doch dagegen!" — "Jetzt steht es anders, als vor noch einer halben Stunde. Ich habe nun erfahren, was ich noch wissen wollte; außerdem sind meine Sachen angekommen, und ich habe hier weiter nichts mehr zu thun, als dem Herrn Kreishauptmann einen Besuch abzustatten. Ich bitte, euch fertig zu machen. Ihr sollt mit mir kommen. Ich werde mich nur für wenige Augenblicke entfernen und euch dann abholen!"

Steinbach ging hinaus zu einer der Kibitken, stieg auf den Wagen, öffnete einen darauf befindlichen Koffer, entnahm demselben verschiedene Sachen und sprang dann wieder ab, um sich damit nach dem Zelte zu begeben, in dem er vorhin sein Wiedersehen mit Semawa gefeiert hatte. Dort band er den Eingang von innen zu, um nicht überrascht zu werden.

Das Zelt war noch von vorhin erleuchtet. Die Sachen, die er aus dem Wagen geholt hatte, bildeten einen vollständigen Militäranzug mit Säbel und allem Zubehör. Steinbach legte seine bisherigen Kleider ab und zog die Uniform an.

Hierauf setzte er anstatt des Hutes, den er vorher getragen hatte, eine hohe Lamafellmütze auf, die aber mit einem Ueberzuge versehen war, den er darüber ließ. Dann zog er einen langen, weiten Ueberrock aus grauem Stoffe über, der ihm bis herab auf die Sporen reichte, und koppelte den Degen so an, daß auch dieser nicht zu sehen war.

Nun verließ er das Zelt wieder, die abgelegten Sachen in demselben zurücklassend.

Die anderen warteten bereits auf ihn. Da sie vor

dem Zelte des Fürsten standen, und die Lagerfeuer nur noch notdürftig glimmten, so fiel die Veränderung, die mit Steinbachs Aeußerem vorgegangen war, gar nicht auf. Alle die vorhin genannten Personen bestiegen jetzt die Pferde und ritten nach dem Regierungsgebäude.

---

## 22. Kapitel.

Als die kleine Gesellschaft am Regierungsgebäude angekommen war, sah sie noch Licht in dem Wohnzimmer. Der Hufschlag ihrer Pferde war gehört worden, denn es trat eine männliche Gestalt an das erleuchtete Fenster, um herabzuschauen.

„Der Kreissekretär," meinte Steinbach. „Er ist noch beim Kreishauptmanne, bei dem er sich jedenfalls gemeldet hat. Das ist mir sehr lieb, denn da brauche ich ihn nicht holen zu lassen. Es sind nun alle Personen beisammen, deren Anwesenheit ich wünsche."

In diesem Augenblick öffnete der Kreissekretär das Fenster.

„Will jemand herein?" fragte er. — „Ja," antwortete Steinbach. — „Wer ist's?" — „Steinbach." — „Ah, du! Ist's so notwendig, daß du noch in der Nacht kommst?" rief nun barsch der Beamte, denn sein Vorgesetzter hatte ihn durch die Erzählung der unliebsamen Erlebnisse, die ihm und seinem Sohne in den letzten Stunden beschieden gewesen waren, sehr gegen die Fremden eingenommen. — „Ich habe morgen keine Zeit dazu," antwortete Steinbach.

Der Sekretär wandte sich jetzt vom Fenster ab und sprach in das Innere der Stube hinein. Dann rief er herab:

„Und der Herr Kreishauptmann hat augenblicklich auch keine Zeit. Das soll ich dir sagen." — „Das geht mich nichts an. Ich bitte, zu öffnen." — „Er will nicht."

— „So ersuche ich dich, es zu thun. Ich bringe dir die frohe Botschaft, die ich dir versprochen habe. Morgen früh könnte es bereits zu spät dazu sein."

Dies schien zu wirken, denn der Sekretär wandte sich abermals in die Stube zurück, sprach eine Weile mit den in derselben befindlichen Personen und meldete dann herab:

„Auf meine besondere Fürsprache will der Herr Kreishauptmann es ausnahmsweise erlauben. Ich werde also hinabkommen, um dir zu öffnen."

Der Kreissekretär wunderte sich nicht wenig, als er nun beim Oeffnen anstatt einer volle sieben Personen vor der Thür stehen sah, darunter sogar drei weiblichen Geschlechtes.

„Hoffentlich wollen doch nicht diese alle herein?" fragte er erstaunt. — „Alle," antwortete Steinbach, der voran stand und vorsichtig den Fuß auf die Schwelle setzte, damit die Thür nicht zugemacht werden könne. — „Das geht nicht. Ich habe nur die Erlaubnis für dich allein erhalten."

Der Kreissekretär wollte die Thür schließen, was jedoch nicht ging, weil Steinbach mit dem Fuße dazwischen stand.

„Geh' weg!" gebot er. „Oder willst du dir den Eingang mit Gewalt erzwingen?" — „Unter Umständen, ja." — „Also Haus- oder Landfriedensbruch! Weißt du, was darauf folgt?" — „Ja, nichts." — „Oho! Du würdest sofort erfahren — —" — „Unsinn!" rief da der dicke Sam. „Wir wollen von dir gar nichts erfahren, sondern vielmehr du sollst von uns hören. Meinst du etwa, wir hätten große Lust, hier unter der Thür mit dir einige Dutzend Strümpfe zu stricken? Dazu giebt es keine Zeit. Mach' Platz!" — „Nicht einen Schritt! Wer will es wagen, hier einzudringen?"

Der Sekretär rief diese Frage in drohendem Tone und stellte sich mitten in die Thüröffnung, damit niemand eintreten könne.

M. E.

„Ich," antwortete Sam. „Geh' zur Seite!" — „Nur über mich hinweg geht der Weg in das Haus." — „Unsinn! Ueber dich hinweg! Das fällt uns gar nicht ein. Wir machen uns schon auf andere Weise Platz. Gieb also Raum, liebes Brüderchen! Komm', hopp dich! Da, hier stehst du! Nun schau zu, wie hübsch wir hinein gehen."

Der Dicke hatte den Kreissekretär bei den Hüften hüben und drüben erfaßt, hoch emporgehoben, sich schnell umgedreht und ihn sodann draußen vor dem Gebäude niedergelassen. Dort stand nun der Beamte und sah allerdings, daß die sieben Personen nunmehr ungehindert in das Haus traten.

„Donnerwetter!" fluchte er ergrimmt. „Das war der Dicke, von dem mir der Kreishauptmann vorhin erzählt hat. Also so treibt er es! Jetzt kann ich fast begreifen, daß es ihm gelingt, die Leute einzuschüchtern. Aber in mir soll er sich im höchsten Grade geirrt haben. Ich arretiere die ganze Gesellschaft, sperre sie ein und lasse sie am Morgen auspeitschen."

Gesagt, gethan! Schon im nächsten Augenblicke rannte er über den Platz hinüber nach dem Gebäude, das als Kaserne diente. Im Wachtzimmer waren die Leute munter. Schnell gebot er ihnen die Waffen zu ergreifen, und noch waren nicht zwei Minuten vergangen, seit Sam sich an ihm vergriffen hatte, als auch bereits der Kreissekretär die Treppe des Regierungsgebäudes wieder emporstieg, um die Arretur auszuführen.

Der wackere Sam war, den anderen voran, in das Wohnzimmer des Kreishauptmannes eingetreten. Steinbach hatte den Beschluß gemacht, innerlich höchst belustigt über das resolute Vorgehen des dicken Sachsen.

Als diese sieben Personen eintraten, wollte der Kreishauptmann vor Schreck oder wohl auch vor Zorn aufspringen. Er besann sich aber noch rechtzeitig, daß er vorhin mit seinem Sohne übereingekommen sei, sitzen zu bleiben. Darum behielt er seinen Platz, machte aber die grimmigste Miene, die ihm möglich war.

„Was wollt ihr?" fragte er. — „Dich besuchen," antwortete Sam mit größter Freundlichkeit. — „Das werde ich mir verbitten!" — „O nein. Du wirst berücksichtigen, daß ich dir hier diesen Herrn vorzustellen habe."

Sam deutete dabei auf Steinbach.

„Wie heißt der Mann?" — „Sein Name ist Steinbach." — „Ach so! Was will er von mir?"

Steinbach trat vor. Er hatte seine Mütze nicht abgenommen.

„Was ich von dir will?" sagte er langsam und mit schwerer Betonung. „Zunächst will ich, daß du höflichst aufstehst, wenn du von Leuten besucht wirst. Ich gehöre zu den Personen, die gewöhnt sind, höflich empfangen zu werden, folglich wirst du dich erheben."

Steinbach trat dann näher auf den Kreishauptmann zu, blitzte ihn aus seinen sprühenden Augen an und gebot:

„Auf!"

Es war nur dieses eine Wort, das donnernd erklang, aber jetzt konnte der Beamte nicht widerstehen und fuhr blitzschnell vom Stuhle in die Höhe.

„Kreuzdonnerwetter!" knirschte sein Sohn, indem er Steinbach mit wütenden Blicken musterte.

Dieser aber wandte sich ihm zu und fragte:

„Und wer ist der Laffe, der hier noch sitzen bleibt?" — „Laffe?" schrie der Rittmeister. „Das sollst du mir entgelten. Ich bin Offizier, ich bin der Sohn des Kreishauptmannes, Rittmeister im Dienste des Zaren und Militärkommandant von Platowa." — „So stehe auf!"

Diese drei Worte waren in einem Tone gesprochen, wie der Rittmeister ihn noch nie gehört hatte. Ohne es eigentlich zu wollen, fuhr er ebenso schnell vom Stuhle auf wie sein Vater.

Da ertönten draußen Schritte. Man hörte Gewehrkolben auf den Boden stoßen. Dann wurde die Thür geöffnet, und der Kreissekretär trat ein.

Er warf einen zornigen Blick in der Stube umher, trat auf Sam zu, legte ihm die Hand auf die Achsel und sagte:

„Mann, du bist arretiert!" — „Von wem?" fragte der Dicke. — „Von mir."

Sam machte das eine Auge zu und fixierte den Sekretär mit dem anderen vom Kopfe bis zu den Füßen herab, dann brach er in ein lautes, schallendes Gelächter aus.

„Mensch, was lachst du?" rief der Kreissekretär. „Bist du verrückt!"

Sam aber drehte sich zu den beiden langen Jägern um und fragte lachend:

„Tim, ‚arretiert'! Hast du es gehört?" — „Well!" lachte der Gefragte mit. — „Und Jim, wie kommt dir das vor?" — „Wundervoll," antwortete Jim, indem er in das Lachen der beiden anderen mit voller Kehle einstimmte. — „Und zwar von dem da!" rief Sam, mit dem Finger auf den Sekretär zeigend. — „Von dem da!" sekundierte Jim. — „Von dem da!" stimmte auch Tim ein.

So standen alle drei, mit den Zeigefingern auf den Kreissekretär deutend und dabei so lachend, daß der dicke Fürst auch mit angesteckt wurde. Infolgedessen begann seine noch dickere Kalyna auch zu lachen, daß ihr der Bauch noch mehr wackelte, als ihm der seinige. Da konnte Karpala sich nicht zurückhalten; sie lachte mit, und ihre Lustigkeit ging nun auch auf die neben ihr stehende Semawa über, die sich vergeblich bemühte, ernsthaft zu bleiben.

Draußen vor der offenen Thür standen, die Gewehre bei Fuß, zehn Kosaken, die die ganze Stube übersehen konnten. Als diese den ihnen so wohl bekannten Tungusenfürsten und dessen Gemahlin, die beide sehr gut bei ihnen angeschrieben waren, erblickten und sahen, daß die zwei

dicken Personen lachten, daß ihnen die Thränen in großen
Tropfen über die Wangen liefen, da begann erst einer
von ihnen zu lachen, dann folgte der zweite, sodann der
dritte, der vierte, fünfte und sechste, und endlich brüllten
alle zehn aus vollen Hälsen.

So gab es eine Lachsalve, wie sie hier noch nie
gehört worden war. Wenn einer einmal alle Kraft zu=
sammen nahm, um aufzuhören, so wurde er im nächsten
Augenblicke wieder in diese Epidemie hineingerissen.

Der Kreishauptmann, sein Sohn und seine Frau
standen da, als ob sie der Donner gerührt habe, und
machten wahre Schafsgesichter.

Der Kreissekretär wußte nicht, wie ihm geschah.

Endlich rang es sich keuchend von seinen Lippen:

„Ich arretiere diesen Mann hier und erhalte als
Antwort ein Gelächter! Das ist die gröbste Beleidigung
der Staatsgewalt! Ich werde euch dafür nach Noten
fuchteln lassen!" — „Fuchteln! Fuchteln! Habt ihr's
gehört?" fragte Sam, indem er sich Mühe gab, nicht
abermals in ein lautes Gelächter auszubrechen. — „Ja,
gefuchtelt wirst du, geknutet!" drohte der Sekretär. „Und
je lustiger dir das vorkommt, desto mehr Hiebe wirst du
erhalten. Du hast dich an mir vergriffen. Nehmt ihn
hinaus zu euch!"

Dieser Befehl war an die Kosaken gerichtet. Keiner
derselben bewegte sich jedoch. Sam war ja derjenige,
der ihren Kameraden Nummer Zehn gegen den Ritt=
meister in Schutz genommen hatte. Jetzt sollten sie ihn
arretieren? Hatte überhaupt der Kreissekretär ihnen etwas
zu befehlen?

„Vorwärts!" schrie er sie an.

Sie bewegten dennoch kein Glied.

„Siehst du, Brüderchen," lachte Sam, „daß es nicht
so leicht ist, Leute zu arretieren, die gekommen sind, euch
selbst zu arretieren?"

Als jetzt der Sekretär Steinbach fragend anblickte,

M. C.

Es gab eine Lachsalve, wie sie hier noch nicht gehört worden war. (Seite 294.)

M. E.

trat dieser, der bis dahin hinter den anderen gestanden hatte, hervor und sagte in sehr ernstem Tone:

„Mein guter Sam hat allerdings recht. Wir sind in Wirklichkeit gekommen, eine Arretur vorzunehmen!" — „So sage, wen du arretieren willst!" forderte der Kreissekretär, und es war ein halb ironischer und halb bedenklicher Blick, den er dabei auf Steinbach warf. Dieser antwortete, auf die drei Betreffenden zeigend:

„Den Kreishauptmann, seinen Sohn und seine Frau." — „Was! Die ganze Familie? Weshalb?" — „Wegen verschiedener Verbrechen und Vergehen!" — „Wer bist du denn, daß du davon redest, einen Kreishauptmann und einen Offizier des Kaisers arretieren zu wollen? Bist du Polizist oder Justizbeamter?" — „Nein, aber das bin ich," erwidrte Steinbach und zog schnell den Ueberzug von seiner Mütze.

Der Kreissekretär wich bestürzt einen Schritt zurück, denn das Lammfell war mit goldig glänzenden, militärischen Insignien geschmückt.

Als aber Steinbach gleich darauf auch den Ueberrock abwarf, so war keiner der Anwesenden mächtig, einen Ruf des Schrecks, der Angst und der freudigen Ueberraschung zu unterdrücken, denn er stand da in der brillanten Uniform eines russischen Generals der Kavallerie, die breite, mächtige Brust mit zahlreichen, funkelnden Orden geschmückt.

„Alle Teufel!" schrie der Rittmeister und retirierte in den äußersten Winkel der Stube, während die Kosaken unter der Thür und draußen vor derselben sich demütig auf ihre Kniee niederließen.

Auch der Kreishauptmann konnte sich nicht aufrecht halten und sank ebenso wie seine Frau auf den Stuhl nieder. Beide ließen ein angstvolles Stöhnen hören.

„Sakkerment!" stieß Sam hervor.

Sein Auge suchte Semawa, aber er fand bei ihr nicht die mindeste Beachtung, denn ihre Augen waren

förmlich strahlend auf die glänzende Erscheinung des Ge=
liebten gerichtet.

Der Kreissekretär starrte Steinbach an, als ob dieser
eine ganz überirdische Erscheinung sei. Doch war er ein zu
routinierter Beamter, als daß es ihm nicht rasch gelungen
wäre, seine Fassung wieder zu erlangen.

„Herr, verzeihe deinem demütigen Diener!" bat er.
„Das habe ich nicht gewußt!"

Indem er diese Bitte und Entschuldigung aussprach,
kreuzte er die Arme über der Brust und bückte sich so
tief, daß sein Kopf fast den Boden berührte.

„Stühle für uns!" befahl Steinbach.

Sofort riß der Sekretär alle vorhandenen Stühle
herbei, und als dieselben nicht reichten, herrschte er die
Kosaken an:

„Ihr Hunde, habt ihr es nicht gehört? Lauft in
die anderen Zimmer und holt Sessel herbei! Schnell,
schnell, sonst helfe ich nach!"

Sie sprangen von den Knieen auf und rannten
davon. Schon nach einigen Sekunden waren sämtliche
Stühle des Hauses herbeigeschleppt.

Steinbach setzte sich nieder, und sein Auge ruhte,
während die Seinen hinter ihm Platz nahmen, ernst und
schwer auf dem Kreishauptmanne und dessen Sohne, die
mit tiefgebeugten Köpfen dastanden, als ob das Welt=
gericht über sie hereinbrechen sollte. Er stellte darauf
ein strenges Verhör mit ihnen an. Doch setzten sie
und auch die Kreishauptmännin seiner wiederholten Auf=
forderung, reumütig zu gestehen, daß sie den Namen
Rapnin mit Unrecht führten, und daß der Kreishauptmann
eigentlich identisch sei mit dem Verbrecher Saltikoff, dem
Spießgesellen des Grafen Polikeff, beharrliches Leugnen
entgegen.

Als das Verhör beendet war, wandte Steinbach sich
in erklärendem Tone an den Kreissekretär:

„Du hast natürlich keine Ahnung, um was es sich
handelt?" — „Nicht die mindeste." — „So muß ich

M. E.

dir eine kurze Erklärung geben. Der erwähnte Polikeff wollte Banda, den Maharadscha von Nubrida, verderben, weshalb, das ist jetzt gleichgültig. Er lockte ihn auf einer Wallfahrt auf russisches Gebiet. Damals wurde ein großer Verbrecher, Namens Saltikoff, verfolgt. Durch List und falsche Zeugen brachte der Graf es dahin, daß der Maharadscha für jenen Saltikoff gehalten und in kurzer, summarischer Weise zu ewiger Verbannung in die Urwälder Sibiriens verurteilt wurde. Der echte Saltikoff aber erhielt von dem Grafen Legitimationspapiere auf den Namen Rapnin und wurde dafür, daß er seinen berüchtigten Namen und die ihm geltende Strafe dem unschuldigen Herrscher von Nubrida überlassen hatte, auf die Räder der Beamtenlaufbahn gesetzt, auf der er jetzt bei der Station eines Kreishauptmannes angekommen ist. Kannst du dir vielleicht denken, wo dieser Kreishauptmann zu suchen ist?"

Der Kreissekretär hatte der Erzählung mit einer Miene und einer Aufmerksamkeit zugehört, die nicht nur sein größtes Interesse für diese Sache, sondern auch eine ebenso große Bestürzung kund gaben. Er antwortete jetzt mit stockender Stimme:

"Excellenz, ich bin vor ungeheurer Ueberraschung fast außer stande, aus dem, was ich bisher hörte, einen Schluß zu ziehen. Es kommt mir fast wie ein Frevel vor, meinen nächsten Vorgesetzten einer so ungeheuren Schuld zu zeihen, und doch ist es mir unmöglich, anders zu denken, als daß er es ist, von dem du gesprochen hast." — "Natürlich ist er es, und ich übergebe dir ihn und seine beiden Mitschuldigen hiermit definitiv als Gefangene." — "Herr —!" — "Ja, du bist von dem gegenwärtigen Augenblick an Kreishauptmann von Platowa." — "Ich kann das nicht annehmen. Nur ein direkter Vorgesetzter ist berechtigt, mir eine solche Verfügung mitzuteilen." — "Nun, dann muß ich allerdings meine Mitteilung zurücknehmen, denn derjenige Beamte, der mich beauftragt hat, dir dieses Amt zu übergeben, ist

der indirekteste und entfernteste, den es nur geben kann."
— „Wer ist es?" — „Dieser hier!"

Steinbach zog ein Papier aus der Tasche, faltete es auseinander und überreichte es dem Sekretär. Dieser nahm es mit einer tiefen Verneigung in Empfang. Kaum aber hatte er einen Blick darauf geworfen, so drückte er es nach orientalischer Weise an sein Herz, verbeugte sich noch viel tiefer als vorher und sagte im Tone der größtmöglichsten Ehrerbietung:

„Mein Gott! Herr, das ist ja ein Ukas imennoj!"

Ein Ukas imennoj ist nämlich ein von dem russischen Kaiser höchst eigenhändig ausgestellter, von ihm selbst unterschriebener und besiegelter Befehl. Solche Ukase sind eine hohe Seltenheit; sie gelangen nur in die Hände der hervorragendsten, von der kaiserlichen Gunst getragenen Persönlichkeiten. Daher der Ton des Erstaunens oder vielmehr des Schrecks, in dem der Kreissekretär die letzten Worte ausrief.

„Lies ihn nur!" befahl Steinbach kurz.

Der Ukas war auf den Inhaber ausgestellt, ohne daß der Name desselben genannt wurde. Der Sekretär konnte also aus ihm nicht erfahren, wer Steinbach eigentlich sei. Daß dieser aber nicht ein Privatmann war, bewies zunächst seine Generalsuniform und sodann der Inhalt des Ukas, denn in demselben wurde gesagt, daß alle Befehle und Anordnungen Steinbachs, möchten sie lauten, wie sie nur wollten, gerade so zu befolgen seien, als ob sie von dem Zaren selbst ausgingen.

Der Kreissekretär trat zu Steinbach heran, beugte sein Knie, reichte ihm den Ukas hin und sagte:

„Excellenz, nimm meinen Respekt in Gnaden an. Ich bin dein gehorsamster Sklave und werde alles thun, was du mir befiehlst."

Steinbach steckte das Papier wieder zu sich und antwortete:

„Das erwarte ich allerdings von dir. Zunächst ernenne ich dich, da du, wie ich mich überzeugt habe, dich durch nichts verleiten läßt, gegen Pflicht und Gewissen zu handeln, zum Kreishauptmann von Platowa und werde dafür sorgen, daß die schriftliche Installierung dir vom Gouverneur baldigst zugehe. Dein erstes Thun im neuen

Amte soll die Arretierung dieser beiden Verbrecher sein." — „Herr, wenn du es wünschst, werde ich sie in Ketten legen lassen!"

Der Eifer, mit dem der Mann diese Worte sprach,

M. E.

ließ erkennen, welchen großen Eindruck der Ukas auf ihn gemacht hatte.

„Ich muß allerdings die größte Vorsicht anraten, und da es hier kein Gefängnisgebäude giebt, das die nötige Sicherheit für solche Gefangenen bietet, wirst du sie gefesselt und unter gehöriger Bedeckung nach Irkutsk schaffen lassen. Das Begleitschreiben verfasse ich sofort und werde es dir noch vor Anbruch des Morgens zustellen. Du haftest mir für die sichere Ablieferung der Gefangenen." — „Excellenz, ich werde sie selbst hinschaffen." — „Gut. Und noch eins: Ich reise früh ab, um den Grafen Polikeff zu ergreifen. Sollte ich ihn verfehlen, sodaß er vor mir hier wieder anlangt, so arretierst du ihn sofort und transportierst ihn ebenfalls nach Irkutsk." — „Ich werde diesem Befehle auf das allerstrengste nachkommen." — „Aber nimm dich in acht mit ihm! Er ist ein gefährlicher und wagehalsiger Mensch, der alles daransetzen würde, dir zu entkommen. Er wird seine ganze Schlauheit anwenden, diesen Zweck zu erreichen." — „Und wenn er schlauer wäre, als ein Fuchs, mich soll er nicht überlisten." — „Ich hoffe es. Was das Eigentum dieser beiden Gefangenen betrifft, so vertraue ich es deinen Händen an. Das über sie zu fällende Urteil wird bald gesprochen werden, und dann wird auch bestimmt werden, was mit ihren Sachen geschieht. Und damit du erkennst, daß ich gegen unschuldige Leute nicht so streng verfahre, will ich dir die Beweise ihrer Schuld zeigen. Diese Menschen irren sich gewaltig, wenn sie denken, daß sie sich durch ihr Leugnen zu retten vermögen."

Steinbach gab Sam einen Wink, und dieser zog nun den Schein hervor, den er dem Kreishauptmanne unten im Keller abgenommen hatte. Als der Sekretär denselben gelesen hatte, rief er erstaunt:

„Das ist freilich ein ganz unumstößlicher Beweis ihrer Schuld. Jetzt können sie leugnen, wie sie wollen, so wird das Leugnen ihre Lage nur verschlimmern." —
M. E.

„Nun denn, so übergebe ich dir hiermit die Gefangenen. Thue deine Pflicht!" sagte Steinbach darauf und zog den Ueberrock wieder an, um sich zu entfernen; da trat die Frau des Kreishauptmannes zu ihm, um für ihren Mann und Sohn zu bitten. Er hörte sie geduldig an und gab ihr den Bescheid:

„Ich will annehmen, daß du ihre Verbrechen nicht kanntest, aber von der Aenderung eures Namens hast du gewußt. Das genügt eigentlich, um auch dich mit anzuklagen. Dennoch will ich davon absehen, denn du thust mir leid. Du sollst deine Freiheit behalten, und es mag auf dich ankommen, ob du hier in Platowa bleiben oder die Deinen nach Irkutsk begleiten willst. Frei werden sie aber niemals werden."

Diese Bemerkung verfehlte ihre Wirkung auf die beiden Gefangenen nicht; aber letztere war eine verschiedene. Der Kreishauptmann sank mit einem dumpfen Weherufe in sich zusammen, sein Sohn jedoch wagte es, zornig zu rufen:

„Ich werde wieder frei sein, ja, ich werde mich gar nicht gefangen geben. Ich bin unschuldig. Und wenn alle es bezweifeln, so giebt es doch ganz gewiß eine Person, die für mich eintreten wird." — „Wer sollte das sein?" fragte der Sekretär. — „Hier, Karpala, meine Braut. Sie soll in kurzem meine Frau werden, und mein Schwiegervater, der Fürst der Tungusen ist, wird nicht zugeben, daß ich wie ein Verbrecher behandelt werde. Karpala, ich verlange von dir, daß du mich gegen die Willkür verteidigst, der ich unterliegen soll. Es ist deine Pflicht."

Der Rittmeister hatte sich bei diesen Worten direkt an Karpala gewandt und war ihr mehrere Schritte näher getreten.

Doch sie wehrte ihn ab und entgegnete:

„Weiche von mir! Ich mag nichts von dir wissen. Ich habe dich gehaßt und verabscheut, so lange ich dich nur kenne. Es ist nie ein Wort davon, daß ich dein

Weib werden will, über meine Lippen gekommen. Und selbst wenn ich dazu hätte gezwungen werden sollen, so hätte ich mich gesträubt. Von dir auch nur angerührt zu werden, ist mir stets eine Pein gewesen. Was dir geschieht, hast du mehr als reichlich verdient. Ich habe nichts mit dir zu schaffen."

Karpala hatte ganz anders gesprochen, als es sonst ihre Weise war. Ihre Augen hatten geblitzt, und auf ihre Wangen war die dunkle Röte des Zornes getreten. Es war, als ob ihre Züge ein ganz neues Gepräge bekommen hätten, als ob sie plötzlich eine ganz andere geworden sei.

War bereits vorher von der charakteristischen Gesichtsbildung der Tungusen bei ihr nichts zu bemerken gewesen, so trat jetzt dieser Umstand auf das entschiedenste und auffälligste hervor. Die schief geschlitzten Augen und hervortretenden Backenknochen der sibirischen Nationalitäten fehlten ihr ganz. Ihr Gesicht hatte vollständig europäischen Schnitt.

Das fiel jetzt allen, besonders aber Steinbach auf, der ja gewöhnt war, stets selbst das Kleinste zu beachten. Sein Blick glitt von ihr auf ihre Eltern; er ruhte still prüfend auf denselben und kehrte darauf wieder zu dem schönen Mädchen zurück. Dann flog es hell über sein Gesicht, als ob er irgend einen Entschluß gefaßt habe, doch sagte er nichts.

Es gab überhaupt nichts mehr zu sagen; die anwesenden Kosaken mußten sich ihrer beiden bisherigen Vorgesetzten bemächtigen und sie hinab in den Keller führen, um sie dort bis zum Aufbruche nach Irkutsk zu bewachen, während Steinbach mit seinen Begleitern nach dem Lager vor der Stadt zurückkehrte.

---

M. E.

## 23. Kapitel.

Unterwegs waren alle still geworden, denn sie beschäftigten sich nur mit dem einen Gedanken, daß Steinbach ein so hochstehender Offizier sei und doch endlich einmal sein Inkognito ein wenig gelüftet hatte.

Als er vom Pferde steigen wollte, warf Sam sich schnell aus dem Sattel, hielt ihm demütig den Steigbügel und sagte:

„Excellenz, der Teufel soll mich holen, wenn ich geahnt habe, daß Sie ein russischer General der Kavallerie sind. Mir steht der Verstand still. Geben Sie mir eine tüchtige Backpfeife, daß er wieder in Bewegung kommt." — „Still!" lachte Steinbach, indem er abstieg. „Laß die Excellenz beiseite! Ich bleibe Steinbach nach wie vor."

Jetzt trat Semawa zu ihm. Darum zog Sam sich schnell zurück. Als folge er einer plötzlichen Eingebung, bat Steinbach nun die Geliebte, Karpala zu benachrichtigen, daß er sie ungestört einige Augenblicke sprechen wolle.

Karpala hatte, während die anderen sich bereits im Zelte befanden, am Eingange desselben gewartet. Jetzt schritt sie, als Semawa ihr den Wunsch Steinbachs mitteilte, auf letzteren zu und sagte:

„Du hast mich rufen lassen. Ist es etwas so Geheimnisvolles, was du mir zu sagen hast?" — „Nein, aber doch etwas, was kein anderer zu hören braucht. Es betrifft nur dich allein — ganz allein allerdings auch nicht, sondern einen anderen mit — den Kosaken Nummer Zehn." — „Ihn? Was hast du mir von ihm zu sagen?" — „Nichts. Vielmehr sollst du mir etwas von ihm erzählen. Ich habe gehört, daß du ihn lieb hast. Erlaubst du mir, davon zu sprechen?" — „Du bist unser Gast, unser Freund; du kannst mit uns von allem sprechen, was dir beliebt." — „So sage mir einmal aufrichtig, ob du ihn wirklich lieb hast." — „Sehr, sehr lieb!" — „Wohl so lieb, daß du ihm gehören möchtest?" — „Ja, das will ich dir gern gestehen." — „Hast du denn auch daran gedacht, daß dies nicht gut möglich ist?" — „Ja, ich habe sogar mit ihm davon gesprochen. Wir werden nie glücklich sein."

Karpala sagte das in so traurigem Tone, daß es Steinbach wehe that. Er ergriff ihr Händchen und meinte in tröstendem Tone:

„Nun, es ist mir vielleicht möglich, seine Begnadigung zu erlangen. Dann könnte er ja unangefochten bei euch bleiben." — „Herr, ich wäre unendlich glücklich und wollte es dir zeit meines Lebens danken, wenn du es so weit brächtest, daß der Zar ihn begnadigte; aber sein Weib könnte ich doch nicht werden, weil er in diesem Falle nicht hier bleiben würde." — „Wo will er denn hin?" — „Nach seiner Heimat. Er hat daheim seine Familie und eine alte Mutter, die sich nach ihm sehnt." — „So hat er dich ganz recht berichtet. Seine Familie ist auseinander gerissen worden. Die Glieder derselben haben sich seit langen Jahren nicht sehen können, und falls es ihm gelingt, frei zu werden, so ist es allerdings seine Pflicht, in die Heimat zurückzukehren, um sich mit den Seinigen zu vereinigen. Aber das ist doch noch kein Grund für dich, unglücklich zu sein. Du kannst doch mit ihm gehen!" — „Das kann ich nicht. Auch ihm habe ich das bereits gesagt. So wie sein Herz und seine Pflicht ihn nach der Heimat rufen, so gebieten mir meine Pflicht und mein Herz, hier bei den Eltern zurückzubleiben. Ich bin ihr einziges Kind." — „So hast du sie lieber als ihn?" — „Nein, ebenso wie auch er mich nicht weniger liebt als die Seinen. Er weiß, daß wir uns trennen müssen. Ich werde ihn nur befreien, damit er heimkehren kann, und dann sehr unglücklich sein; ich werde nie einem Manne gehören und mich nur mit dem Gedanken trösten, daß ich es dem Geliebten ermöglicht habe, seine Heimat wieder zu sehen."

Karpala sagte das so einfach, und doch lag eine tiefe Innigkeit in ihrem Tone. Sie empfand, daß sie unglücklich sein werde, und doch wollte sie dem Geliebten den Weg nach der Heimat öffnen. Steinbach fühlte sich auf das herzlichste zu dem einfachen, schönen und so braven Mädchen hingezogen. Er fragte weiter:

„So ist es also fest beschlossen, daß ihr euch trennen werdet?" — „Ganz fest." — „Vielleicht würde es dir, wenn du nicht das einzige Kind deiner Eltern wärest, leichter, dich von ihnen zu trennen und mit ihm zu gehen?" — „Ich weiß das nicht, denn das Gefühl, wie es ist, wenn man Geschwister hat, ist mir unbekannt. Doch warum willst du das von mir wissen, Excellenz?" — „Sage nicht Excellenz; ich heiße Steinbach und will nicht anders genannt werden. Warum ich dir diese Fragen vorgelegt habe, das kann ich dir jetzt noch nicht offenbaren. Vielleicht teile ich es dir ein anderes Mal mit. Morgen werden wir aufbrechen. Jetzt ist es bereits sehr spät, und da Semawa uns vielleicht begleiten wird, so bedarf sie der Ruhe. Ich bitte dich also, sie in dein Zelt zu führen."

Karpala gehorchte der Aufforderung, indem sie sich, nachdem Semawa von Steinbach Abschied genommen hatte, mit derselben in das Frauenzelt zurückzog.

Nun erst begab sich Steinbach in das Familienzelt, wo der Fürst mit seiner Gemahlin und den drei Jägern saß. Das gute, dicke, tungusische Ehepaar hatte gar keine Ahnung von dem Blitze, der wie aus heiterem Himmel jetzt in ihr so friedliches Familienleben fahren sollte.

Der Fürst wollte soeben davon sprechen, daß Steinbach ein so vornehmer Herr sei, als dieser mit einer kurzen Bemerkung von dem Thema ablenkte und sagte:

„Lassen wir das! Wir haben jetzt Wichtigeres zu besprechen und wollen uns dann zu einer kurzen Ruhe begeben, die wir alle sehr notwendig brauchen." — „Recht hast du," stimmte der Fürst, der sehr gern schlief, ihm bei. „Wir müssen beizeiten aufbrechen und haben einen weiten

Ritt vor uns." — „Also bist du wirklich fest entschlossen, mit deinen Tungusen mit nach dem Mückenflusse zu reiten?" — „Ja, ich muß, denn Mila Dobronitsch hat gesandt, und wenn diese uns eine Botschaft schickt, so ist es immer dringend." — „Wer ist diese Frau?" — „Sie ist keine Frau, sondern ein junges Mädchen, eine Freundin von Karpala." — „Ah, wohl ihre Verbündete? Nicht wahr, sie unterstützt den Engel der Verbannten dabei, den Flüchtlingen über die Grenze zu helfen?" — „Ja, so ist es." — „Dann kann sie kein gewöhnliches Mädchen sein." — „Das ist sie freilich nicht. Sie ist reich, schön und so mutig wie selten ein Mann." — „Was ist ihr Vater? Dem Namen Dobronitsch nach scheint er ein Russe zu sein?" — „Er ist ein sehr reicher Herdenbesitzer, dessen Wohnung am Ufer des Baikalsees liegt, da, wo der Mückenfluß sich in den See ergießt, einige Werst nördlich von Werchne Udinsk. Er ist ein alter Bekannter von mir und freut sich immer, wenn ich ihn besuche." — „Auf welche Weise trägt er denn zur Befreiung der Gefangenen bei?" — „Hm! Das ist ein Geheimnis, das ich eigentlich nicht verraten darf. Zu dir aber will ich davon sprechen. Er hat am Ufer des Sees in den steilen Felsen ein sehr vorzügliches Versteck, wo er die Flüchtlinge verbirgt, bis sich eine gute Gelegenheit für sie findet, über die Grenze zu gelangen. Leider werde ich ihn verlieren. Er ist als armer Mann nach Sibirien gekommen und hier reich geworden und will nun wieder in die Gegend von Warschau, aus der er stammt, zurückkehren. So werden wir uns bald trennen müssen, und ich bekomme ihn vielleicht nie wieder zu sehen." — „Das ist das Schicksal aller Menschen. Sie kommen und gehen. Oft ist man gezwungen, sich vom Allerliebsten, was man besitzt, zu trennen. Vielleicht wirst du das auch noch erfahren." — „Ich? Wieso?" — „Nun, ich denke, daß du dich einmal von deiner Karpala wirst trennen müssen." — „Niemals!" — „Vielleicht doch. Die Bestimmung des Weibes ist, dem

Manne anzugehören." — „Wenn Karpala einmal einen Mann nimmt, wird sie dennoch bei uns bleiben." — „Ich habe gehört, daß sie den flüchtigen Kosaken liebt. Wenn sie ihm angehören will, wird sie ihm in seine Heimat folgen müssen."

Steinbach ließ mit Fleiß eine Pause eintreten, während der er seinen Blick scharf und forschend auf das Gesicht des Fürsten gerichtet hielt. Dann fragte er mit schwerer Betonung:

„Gehört sie wirklich zu euch?" — „Das vermagst du zu fragen? Natürlich gehört sie zu uns, weil sie unsere Tochter ist." — „So! Ist — sie — das — wirklich?"

Steinbach sprach jedes Wort dieser Frage langsam und einzeln aus. Der Fürst schien zu erschrecken. Er blickte Steinbach lange in das Gesicht und fragte:

„Wie kommst du zu dieser Erkundigung?" — „Ich weiß, daß sie eure Tochter nicht ist."

Da sprang der Fürst trotz der Schwere seiner Gestalt blitzschnell von seinem Sitze auf, und die Fürstin, die neben Steinbach saß, stieß einen Schrei des Schreckes aus, ergriff seinen Arm und rief:

„Herr, schweig', schweig'! Das soll ja niemand wissen. Sie ist trotzdem unser Kind, obgleich ich sie nicht geboren habe."

Steinbach fühlte eine innige Teilnahme für die beiden braven Menschen; aber wenn er es auch nicht gerade für seine Pflicht gehalten hätte, diesen Fall aufzuklären, so gebot ihm doch die Rücksicht auf Georg Adlerhorst, den Kosaken, nach der Abstammung Karpalas zu forschen.

„Warum erschreckt ihr?" begann er wiederum. „Niemand will euch die Tochter nehmen." — „O doch, doch!" rief die Fürstin. „Wenn Karpala erfährt, daß sie nicht unser wirkliches Kind ist, so folgt sie dem Kosaken in seine Heimat, denn diese Heimat ist ja auch die ihrige." — „Wie? Was? Karpala ist eine Deutsche?" — „Ja." — „Nein, das

ist nicht wahr," fiel der Fürst ein. „Sie ist eine Russin."
— „Ihr Vater war ja aus Deutschland," entgegnete seine Frau. — „Aber ihre Mutter war eine Russin, und überdies ist sie in Rußland geboren."

Das war für Steinbach freilich höchst interessant, und da die beiden Eheleute sich in einer bedeutenden Erregung befanden, so beschloß er, dieselbe zu benutzen, um von ihnen ein Geständnis zu erlangen.

„Bleibt ruhig, bleibt ruhig!" bat er. „Ihr werdet so gut sein, mir zu erzählen, wie Karpala eure Tochter geworden ist." — „Nein, das werden wir nicht thun," antwortete der Fürst, indem er sich langsam niedersetzte. — „Ihr seid es mir schuldig." — „Nein, nein. Ich spreche von dieser Sache nicht. Karpala ist unsere Tochter, und das ist genug. Wie sie es geworden ist, das braucht niemand zu erfahren."

Da machte Steinbach mit Absicht ein möglichst enttäuschtes Gesicht und stieß in sehr bedenklichem Tone hervor: „Schade, jammerschade! Ich habe euch bisher für brave, ehrliche Leute gehalten. Jetzt weiß ich gar nicht, was ich von euch halten soll. Da ihr mir alles verschweigen wollt, kann ich eigentlich nichts Gutes, sondern nur Böses von euch denken." — „Ich erschrecke! Wer kann uns etwas nachsagen!" — „Bis jetzt niemand. Aber was werden die Leute dann sagen, wenn ihr vor die Polizei und vor das Gericht gefordert werdet." — „Vor die Polizei? Wir? Herrgott! Dazu giebt es doch gar keinen Grund." — „O doch! Einen sehr triftigen. Ihr habt ein fremdes Kind bei euch und haltet es seinen Eltern vor. Ihr sagt nicht, wem es gehört. Es ist also sicher, daß ihr ein Verbrechen auf dem Gewissen habt, und gerade ich muß es sein, der es entdeckt und euch der Polizei überliefert, ich, den ihr als euren Gast hier aufgenommen habt! Das thut mir sehr leid und ist traurig für mich, aber ich kann es nicht ändern; ich muß leider meine Schuldigkeit thun. Ich bin als Beauftragter der Kriminaljustiz gekommen und muß

M. E.

alles, was ich auch nur zufällig entdecke, bestrafen lassen. Doch ich bin gern bereit, noch alles zum besten zu kehren; aber wissen muß ich natürlich zuvor, wie es zugegangen ist." — "Nun, dann will ich reden, Herr. Es war im Winter, in einem schweren, harten Winter, in dem uns selbst die Renntiere erfroren, weil sich so starkes Eis gebildet hatte, daß sie nicht durch dasselbe zu dem Moose gelangen konnten, das ihnen zur Nahrung dient. Wir hatten unsere Zelte an der großen Straße aufgeschlagen, auf der die Verbannten nach dem Osten geschafft werden. Der Sturm pfiff schrecklich und wehte den Schnee in dichten Wolken vor sich her. Da kam ein Zug Gefangener und hielt bei uns an, um zu rasten —" — "Waren sie in Schlitten?" — "Nein. Damals gab es für sie diese Erleichterung noch nicht. Sie mußten laufen, selbst im Winter. Es waren über sechzig Personen, Verbannte und deren Familienmitglieder, die ihnen freiwillig gefolgt waren. Sie trugen ihre wenigen Habseligkeiten bei sich. Ein Mann hatte einen Knaben auf dem Arme, den er kaum gegen die grimmige Kälte schützen konnte. Sein Weib trug ein ganz kleines Mädchen, das noch nicht ein Jahr alt sein mochte. Die Frau hatte ihre Kleidung vorne geöffnet und hielt das Kind an den nackten Leib, damit es von demselben erwärmt werde. Aber es war doch unnütz gewesen, denn als ich aus Mitleid sie in mein Zelt führte und sie das Kind von ihrem Herzen nahm, war es tot!" — "Ja, tot, ganz starr und tot!" bekräftigte die gutherzige Kalyna, indem sie in der Erinnerung an jene Stunde in ein lautes Weinen ausbrach. Der Fürst fuhr fort:

"Das Herz thut mir weh, wenn ich mir das Weib vergegenwärtige. Es stand ganz starr da, den Blick auf die kleine Leiche gerichtet. Dann stieß es einen Schrei aus, den ich nie vergessen werde, und sank auf den Boden nieder." — "Habt ihr nicht versucht, das Kind wieder ins Leben zurückzubringen?" fragte Steinbach. — "Ja, natürlich haben wir es gethan." — "Und ist es wieder

Die Frau hielt das Kind an den Leib, damit es erwärmt werde. (Seite 310.)

M. E.

erwacht? War es nicht ganz tot?" — "Nein. Könnte es denn sonst noch leben? Es war ja unsere Karpala." — "Ach so! Doch erzähle weiter!" — "Wir waren freilich zuerst alle überzeugt, daß es tot sei. Der Vater war ganz untröstlich, und die Mutter hatte vor Jammer fast den Verstand verloren. Sie sagte nichts und ließ mit sich machen, was man wollte. Die Leute konnten nicht bleiben, denn die Stationen waren ihnen ganz genau vorgeschrieben, und die Kosaken trieben bald zum Aufbruche. Der Mann wollte die Leiche seines erfrorenen Kindes mit sich nehmen; aber der Anführer litt es nicht; er verbot es ihm." — "Welch eine Grausamkeit!" — "So dachte ich auch. Aber man kann eine Leiche doch nicht stets bei sich führen. Sie muß begraben werden. Darum hatte der Anführer doch vielleicht recht. Er war auch nicht ganz so grausam, wie es scheinen mochte, denn er erlaubte dem Vater, das Kind noch schnell zu begraben. Es wurde nun der harte Schnee gar nicht weit von meinem Zelte entfernt. Aber der Erdboden war so fest gefroren, daß man mit den vorhandenen Werkzeugen kein Grab machen konnte. So begrub man also die Leiche einstweilen nur in dem Schnee, und ich versprach, sie später der Erde zu übergeben. Dann sprachen die Kosaken und Verbannten ein Gebet und zogen weiter." — "Wie verhielt sich die Mutter des Kindes dabei?" — "Um sie war es mir eigentlich angst; aber sie war ganz still; sie that gar nicht so, als ob die Sache sie etwas angehe, hielt die Arme immer so, als ob sie ihr Kind noch darauf trage, und sang leise vor sich hin, wie Mütter zu thun pflegen, wenn sie ein Kind einschläfern wollen." — "Mein Gott! Sie ist wahnsinnig gewesen." — "Das dachten wir auch. Aber konnten wir die Sache ändern? Also sie zogen fort, in den Schneesturm hinein. Es wurde kurze Zeit darauf Abend. Wir saßen um das Feuer und tranken heißen Thee und sprachen natürlich von den ‚armen Leuten' die wir von ganzem Herzen bedauerten, da — hörten wir plötzlich ein sonderbares Geräusch. Erst dachte

M. E.

ich, es heule in der Ferne ein Hund, der sich verlaufen habe und nicht weiter könne; aber bald bemerkten wir, daß die Töne aus der Nähe kamen. Nun ging ich vor das Zelt, und woher denkst du wohl, daß die Töne stammten?" — „Jetzt errate ich es — von der Stelle, an der das Kind begraben worden." — „Ja, so war es. Ich eilte also hin, scharrte den Schnee gleich mit den Händen fort und sah dann, daß das Kind lebendig war. Es strampelte mit Armen und Beinen und schrie aus Leibeskräften. Sollte man so etwas für möglich halten! Es war ein Wunder!" — „Nein, es war kein Wunder. Es läßt sich das sogar sehr leicht erklären. Denn, nach= dem es in den Schnee verscharrt worden war, that dieser seine Schuldigkeit gerade so, wie wenn ihr euch die Nase mit demselben einreibt — und das Kind erwachte. Erzähle jedoch weiter!" — „Ich habe nichts weiter zu berichten. Das Kindchen war Karpala." — „Ich meine im Gegen= teile, daß du nun erst noch die Hauptsache zu erzählen hast. Was thatest du, als du das Kind in das Zelt brachtest?" — „Ich gab es meinem guten Weibe Kalyna. Die nahm es an ihr Herz und gab ihm Thee zu trinken und Fleisch zu essen. Das Kindchen aß und trank wie ein Alter. Es sah erst ganz blaurot am ganzen Körper. Bald aber färbte sich die Haut wieder weiß, und als nachher auch noch die schönen, hellglänzenden Haare wuchsen, nannten wir das Mädchen Karpala — die wie Schnee Glänzende." — „Aber die Eltern desselben? An diese mußtet ihr doch denken. Ihr waret verpflichtet, ihnen das Mädchen nachzuschaffen oder nachzusenden." — „Wir konnten nicht, denn während der Nacht stieg der Sturm zum Orkane, der mehrere Tage wütete. Und als er endlich aufhörte, lag der Schnee viele, viele Werste weit so hoch, daß es ganz unmöglich war, fortzukommen. Wir waren Wochen lang eingeschneit, und erst dann konnten wir reiten und nach jenem Gefangenentransport suchen. Jedoch wir erfuhren nichts. So behielten wir denn das Kind bei uns und haben es wie unser eigenes

M. E.

gehalten. Nun sage uns, ob wir ein Verbrechen begangen haben." — „Ein Verbrechen allerdings nicht, vielleicht aber eine Unterlassungssünde. Habt ihr euch später keine Mühe gegeben, die Eltern zu entdecken? Ihr mußtet die Sache doch bei der Behörde melden; die hätte die Eltern sicher gefunden." — „Daran haben wir freilich nicht gedacht." — „Wie hieß denn der Vater?" — „Das weiß ich nicht." — „Du weißt aber doch, daß er ein Deutscher gewesen ist?" — „Das hörte ich freilich von zwei Kosaken, die von ihm sprachen. Er war verurteilt worden, und die Frau war ihm mit den Kindern freiwillig gefolgt." — „War er alt?" — „Nein." — „Wie alt war der Knabe?" — „Er konnte drei oder vier Jahre zählen." — „Und wo geschah das, was du mir jetzt erzählt hast?" — „In der Tundra der kriechenden Birken. Sie ist weit bekannt unter allen Stämmen des Landes." — „So könnte das wohl einen Anhaltspunkt geben." — „Willst du etwa nach den Eltern forschen?" — „Nein. Aber oft spielt der Zufall wunderbar, oder vielmehr Gottes Schickungen machen oft das Unmögliche möglich. Ich habe einen weiten Ritt zu machen, und es läßt sich keineswegs denken, daß ich mit einem Verwandten von Karpala zusammentreffe, aber ich bin einmal gewohnt, einer jeden Sache möglichst auf den Grund zu gehen, und so will ich mir auch diese einzelnen Daten merken. Wer weiß, wozu es gut ist."

---

## 24. Kapitel.

Mehrere der halbwilden asiatischen Stämme, die in der Nähe des Baikalsees wohnen, sind militärisch organisiert und müssen unter dem Namen der Baikalkosaken den Grenzdienst versehen. Sie haben die Aufgabe, den Schmuggel zwischen Rußland und China zu verhindern, ganz besonders aber haben sie ihr Augenmerk darauf zu richten, daß die zur Deportation nach Sibirien Verurteilten sich nicht über die chinesische Grenze flüchten können.

Diese Kosaken sind teils Kavalleristen, teils unberittene Schützen, teils Artilleristen. Insbesondere ist ihnen der Schutz der reichen Erzgruben von Nertschinsk und die Bewachung der großen Karawanenstraße übertragen, die von Peking aus durch die Mongolenwüste über Kiachta nach dem russischen Gebiete führt.

Der eigentliche Grenzkordon besteht aus befestigten Dörfern, zwischen denen kleinere Schanzen errichtet sind. Von Schanze zu Schanze wird die Verbindung durch berittene Piketts aufrecht erhalten.

In der Nähe eines jeden Dorfes und einer jeden Schanze befindet sich eine sogenannte Wischka. Das ist eine aus drei Baumstämmen errichtete hohe Pyramide, zu der eine Stufenleiter emporführt. Oben ist ein Fanal angebracht, aus Werg und Teer oder Reisig hergestellt. Stets sitzt dort oben ein Posten, der die ganze Gegend überblicken kann. Sobald er bemerkt, daß ein Flüchtling die Grenze überschreitet, brennt er das Fanal an, dessen Feuerschein bei Nacht weithin leuchtet und dessen Rauch bei Tag viele Werste weit zu sehen ist. Dadurch wird die Grenze alarmiert. Außerdem wird dieselbe an jedem Morgen beritten, um die Spuren etwaiger Flüchtlinge zu finden.

Jedem dieser russischen Posten gegenüber befindet sich ein chinesischer. Sie sind einander zu gegenseitiger Hülfe verpflichtet, und es ist also für einen flüchtigen Verbannten, selbst wenn es ihm gelungen sein sollte, aus seiner schweren Gefangenschaft im Inneren des Landes zu entkommen, keineswegs leicht, den letzten, erlösenden Schritt zu thun und über die doppelt besetzte und scharf bewachte Grenze zu gelangen.

Und selbst wenn ihm dies mit Aufbietung allen Fleißes, aller List und allen Mutes glückt, so steht er allein und ohne alle Hülfsmittel da, hinter sich ein Land,

M. E.

in dem ihn eine fürchterliche Strafe erwartet, falls er zurückkehrt, und vor sich eine unendliche Wüste, deren Schrecknisse und Gefahren nicht geringer sind als diejenigen der berüchtigten Sahara in Afrika.

Daher können Männer, die aus Sibirien glücklich entkommen, leicht an den Fingern hergezählt werden.

Aber in Sibirien selbst giebt es viele, viele, die entflohen sind, ohne daß es ihnen gelingen will, aus dem Lande zu entkommen. Ihr einziger Schutz ist die Oede des Landes, wo sie tausend Verstecke finden können. Sie führen ein armseliges, elendes Leben und gehen meist, in die tiefen Sümpfe gehetzt, von Hunger und Durst gequält, von den fürchterlichen Mückenschwärmen bis auf den Tod gepeinigt, auf ganz unbeschreibliche Weise zu Grunde.

Und doch sind auch sie nicht ohne allen Schutz. Wenn schon der Russe gutmütig ist, so besitzen die sibirischen Völkerschaften diese lobenswerte Tugend in noch weit höherem Grade. Es fällt diesen Leuten nicht ein, den Verbannten zu verurteilen. Sie wissen recht gut, daß bei der Weise, in der das unendliche Reich regiert und verwaltet wird, gar mancher völlig unschuldig oder wohl nur wegen einer sehr zu entschuldigenden Ursache nach Sibirien verbannt wird. Der freie Bewohner schenkt sein Mitleid gern diesen Menschen und nennt die Verurteilten nicht anders als ‚arme Leute'. Er darf sie zwar nicht direkt beschützen, darf ihnen keine augenfällige Hülfe gewähren, desto mehr aber thut er dies indirekt und heimlich.

In unzähligen Häusern giebt es ein gewisses Fenster, das niemals durch einen Laden verschlossen wird. Es ist so eingerichtet, daß es sowohl von innen als auch von außen geöffnet werden kann, und des Nachts brennt stets ein kleines Lichtchen hinter demselben. Auf dieses Fenster setzt man Speise und Trank, auch anderes, was der Flüchtige in seiner Lage gebrauchen kann. Dieser kommt dann heimlich herbeigeschlichen und nimmt weg,

M. E.

was er findet. Sind am anderen Morgen die Gaben fort, so flüstern sich die Bewohner des Hauses erfreut zu: "Die ‚armen Leute' waren da, sie haben es geholt."

Es kommt oft auch vor, daß man ihnen in dem kleinen Gemache, zu dem dieses Fenster führt, ein Lager bereitet, besonders im Winter, wenn der Schneesturm über die Ebenen heult. Findet man nun am Morgen, daß so ein ‚Armer' dagewesen ist und einmal unter Dach und Fach geschlafen hat, so ist man ganz glücklich darüber.

Freilich müssen die Flüchtlinge gar vorsichtig sein, denn es passiert auch, daß schlechte Menschen sie durch dieses Fenster anlocken und sodann festhalten, um sie der Polizei zu übergeben. Ein solcher Verräter wird aber so allgemein verachtet, daß es ihm in Zukunft nicht leicht wird, sich unter anderen Menschen sehen zu lassen.

―――

Da, wo der Mückenfluß, von Osten kommend, sich in den Baikalsee ergießt, treten die den See umgebenden Berge weit auseinander und bilden eine Ebene, die, rings von Höhen eingeschlossen, vor den verderblichen Stürmen geschützt ist. Darum ist sie sehr fruchtbar, und es gedeihen da Pflanzen, die sogar in südlicheren Gegenden nicht vorkommen.

Die Ebene bildet ein Dreieck, dessen Grundlinie nach dem Inneren des Landes gerichtet ist, während die Spitze als enger Felsenpaß nach dem See führt.

Ungefähr eine halbe Werst, also zehn Minuten weit vom Ufer entfernt, lag ein ansehnlicher Komplex von meist aus Holz gebauten und nur aus dem Erdgeschosse bestehenden Häusern. Diese Gebäude hätte man in Deutschland als einen bedeutenden Meierhof bezeichnet. Ringsum breiteten sich Felder und saftige Grasflächen aus, auf denen Pferde, Rinder und Schafe weideten. Alles hatte den Anstrich einer in dieser Gegend seltenen Wohlhabenheit.

Das schmuckste der Gebäude war das Wohnhaus, dessen Fenster sogar mit Glasscheiben versehen waren.

M. E.

Einige hohe, dicht belaubte Bäume beschatteten das niedrige Dach.

Unter diesen Bäumen, im Schatten derselben, saßen mehrere Mädchen, fleißig die Räder drehend, um das landesübliche Gespinnst zu fertigen.

Blickte man sie aufmerksamer an, so kam man sehr bald zu der Ansicht, daß die eine von ihnen, die hübscheste, die Herrin sei, während die anderen jedenfalls zum Gesinde gehörten.

Das hübsche Kind, dessen Züge auf eine westliche Abstammung deuteten, war Mila Dobronitsch, die Freundin Karpalas.

Hätte sie gestanden, so hätte man ihre hohe, schlanke und doch volle Gestalt besser betrachten können. Ihr rosiges Gesichtchen war von einer Fülle hellblonder Flechten umrahmt, wie man sie in dieser Färbung am häufigsten in Esthland findet. Sie trug einen roten, kurzen Rock und ein schwarzes, mit Stahlschnallen versehenes Mieder, aus dem der Brustteil und die kurzen Aermel des Hemdes schneeig hervorblickten.

Trotz der Emsigkeit, mit der diese Mädchen arbeiteten, war eine sehr angeregte Unterhaltung im Gange. Es schien, als ob die roten Lippen sich ebenso fleißig bewegten wie die Spinnräder.

Mila saß etwas seitwärts von den anderen. Sie als Herrin beteiligte sich an dem Gespräche nur in der Weise, daß sie hier und da eine an sie gerichtete Frage freundlich beantwortete, denn sie war innerlich wohl ernster angelegt, als die anderen. Da hörte sie in einem Augenblicke, in dem ganz zufällig das Summen der Räder verstummte, zwei von den Mägden flüstern. Die eine sagte:

„Bitte sie nur: sie wird es thun. Es ist ihr Lieblingslied, und wir singen mit."

Mila hatte das wohl gehört, sie wandte sich den beiden zu.

„Ja," sagte sie. „Beim Spinnen soll man singen.

M. E.

weil da die Arbeit doppelt schnell von statten geht. Also hört!"

Und sie sang mit einer schönen, schmelzenden Altstimme:

> „Auf, tanze, mein Rädchen!
> Noch fehlt im Gespinnst
> Manch seidenes Fädchen
> Zum vollen Gewinnst.
> Noch fehlt es an Linnen
> In Mütterleins Schrein;
> Drum mußt du, lieb' Rädchen,
> Recht lustig heut' sein."

Die anderen wiederholten zweistimmig die letzten vier Zeilen, und dann fuhr Mila fort:

> „Dich drehet behende
> Mein flüchtiger Tritt;
> Gedanken ohn' Ende,
> Sie drehen sich mit.
> Und lustige Liedchen
> Verkürzen die Zeit —
> So spinn ich mein Fädchen,
> Mein linnenes Kleid.

Auch hier wurden die letzten vier Zeilen wiederholt. Die nächste Strophe lautete:

> „Ohn' Unterlaß gleiten
> Die Fädchen geschwind;
> So eilen die Zeiten;
> Die Sanduhr verrinnt.
> Das Leben entschwindet
> Im Fluge dahin,
> Und nur für den Fleißigen
> Bringt es Gewinn."

Gerade als die Wiederholung hier eintreten sollte, schrie eine der Mägde laut auf und deutete vorwärts

M. E.

nach dem Brunnen, der von drei Seiten von einer schattigen Buchenhecke umgeben war.

„Was giebt es denn da zu erschrecken?" sagte Mila. „Am hellen Tage! Es wird ein Vogel gewesen sein. Laß uns das Lied zu Ende singen."

Sie begann darauf die letzte Strophe:

> Und zög' auch manch' Mädchen
> Ein höhnend Gesicht
> Und spräche: Ans Rädchen
> Da setz' ich mich nicht,
> Mag immer sie spotten,
> Doch treib' ich es so,
> Ich spinne und singe,
> Bin lustig und froh."

Der Refrain fiel jetzt wieder ein. Da, als das letzte Wort gesungen war, erschallte ein beifälliges Klatschen hinter der Hecke hervor.

„Hört ihr's?" sagte die Magd. „Ich hatte doch recht. Es ist jemand dort." — „So mag er herkommen," meinte Mila.

Ihr Blick war gespannt auf die Hecke gerichtet. Wer mochte die Person sein, die da applaudiert hatte? Der Vater war fortgeritten, die Mutter befand sich im Hause, und die Knechte hüteten die Herden. Nur ein Fremder konnte sich so heimlich herbeigeschlichen haben.

Bei diesem Gedanken fühlte sie eine Art von Unmut darüber, daß man es gewagt hatte, sie zu belauschen. Sie stand auf und machte Miene, nach dem Brunnen zu gehen. Da aber trat der Störenfried hinter den Buchen hervor. Als sie ihn erblickte, schwand der Ausdruck des Unmutes aus ihrem Gesichte. Es war ein Bild schöner, voller Manneskraft, das ihr gegenüberstand. Dem konnte man nicht zürnen.

Der unberufene Lauscher war ein junger Mann im Alter von ungefähr zweiundzwanzig Jahren. Er trug einen linnenen Rock, ebensolche Weste und dergleichen

Hosen, die in den hohen Schäften der Stiefel steckten. Seine Mütze war alt und sehr abgegriffen. Dem Anzuge nach zu urteilen, hätte er also ein Arbeiter sein können.

Aber diese hohe, ebenmäßige, stolze Gestalt, dieses Gesicht mit den großen, scharfen, dunklen Augen! Wer in dieses Gesicht und in diese Augen blickte, der mußte ahnen, daß er keinen gewöhnlichen Menschen vor sich habe.

Man sah keinen Stock und auch keinerlei Waffen an ihm. Aber auf dem Rücken hing eine Leinwandhülle, und ihre Form ließ erraten, daß sie ein Instrument umschließe.

„Ein Sänger!" rief eine der Mägde. — „Ein Sänger, ein Sänger!" fielen die anderen ein, vor Freude in die Hände klatschend.

Gleich den alten Barden und den späteren Troubadours ziehen fahrende Sänger durch die bewohnten Gegenden Sibiriens. Sie sind hochwillkommen, teils wegen ihrer Lieder, denn der Russe singt außerordentlich gern, teils auch wegen der Neuigkeiten, die sie von Ort zu Ort tragen.

Sind sie es doch fast allein, durch die einsame Gehöfte mit der übrigen Welt in Verbindung stehen, und so ist es sehr erklärlich, daß ihre Ankunft überall Freude hervorruft.

„Verzeiht, daß ich euch störte!" bat er. „Ich kam dort aus dem Walde. Die Hecke war schuld, daß ihr mich nicht kommen saht, und weil euer Lied mir so sehr gefiel, wollte ich euch nicht unterbrechen. Darum blieb ich im Verborgenen stehen, bis ihr fertig waret." — „Du brauchst nicht um Verzeihung zu bitten," antwortete Mila. „Du bist uns willkommen. Wie ist dein Name? Nenne ihn, damit wir wissen, wie wir dich anreden sollen."

Sie reichte ihm ihre Hand. Er drückte dieselbe und antwortete:

„Ich heiße Alexius. Und wie heißt du?" — „Mila." — „So bist du Mila Dobronitsch, von der man mir so viel erzählt hat?" — „Ja."

Sein Auge flog mit bewunderndem Blicke über ihre Gestalt, sodaß sie errötete und ihm hätte zürnen mögen, daß er sie gar so aufmerksam betrachtete, und doch brachte sie es zu keinem Zorne, als sie an dem Glanze seiner Augen erkannte, daß sie ihm gefallen hatte.

„Kommst du weit her?" erkundigte sie sich. — „Aus weiter Ferne." — „Darum habe ich dich nie gesehen.

Du warst wohl noch niemals hier?" — „Ich war noch nicht bei dir, und doch habe ich dich längst gekannt."

Es war ein eigentümlicher, höflicher und doch zugleich inniger Ton, in dem er diese Worte sagte.

„Wie ist das möglich?" fragte sie, die Augen niederschlagend. — „Auch ich weiß es nicht. Der Vogel, der noch nie im Süden gewesen ist, träumt von prächtigen Blumen, von goldenem Sonnenglanz. Er kennt das alles nicht; er war noch niemals dort, doch er sehnt sich hin, er träumt davon, und wenn die Zeit gekommen ist, so rüstet er das Gefieder und eilt ohne Weg und Steg dem Ziele seiner Heimat entgegen. So, gerade so bin ich zu dir gekommen."

Mila fühlte sich in diesem Augenblick so verlegen wie noch niemals in ihrem Leben. Halb im Scherz und halb ärgerlich entgegnete sie:

„Das klingt ja ganz so, als ob du dich nach mir gesehnt hättest." — „Das habe ich auch," nickte er ernst. „Ich hörte so viel von dir, daß ich wünschte, dich einmal zu sehen." — „Und was hast du gehört?" — „Daß du — — —"

Er beugte sich zu ihr vor und flüsterte ihr in das Ohr:

„Daß du der Engel der Verbannten seist."

Mila veränderte die Farbe ihres Gesichts und legte, mit dem Rücken gegen die Mägde gewandt, sodaß diese es nicht sahen, den Finger an den Mund, zum Zeichen, daß er vorsichtig sein solle. Dann antwortete sie laut:

„Da hat man sich geirrt. Der, den du mir nanntest, ist ein ganz anderer." — „Aber du kennst ihn?" — „Ja. Bedarfst du seiner?" — „Bald, sehr bald." — „So sei mir abermals willkommen! Willst du mit herein ins Haus?"

Bei diesen Worten blickte er sich um, und es lag fast wie Besorgnis auf seinem Gesicht.

„Nein, nicht hinein!" bat eine Magd. „Wenigstens nicht sogleich. Erst muß er uns ein Lied singen." — „Ja, ein Lied, ein Lied," stimmte eine zweite bei.

Alexius wurde jetzt von allen dermaßen bestürmt, daß er das Instrument herabnahm, und kaum hatte er die Hülle geöffnet, so ertönte es froh aus dem Munde der Mädchen:

„Eine Balalaika, eine Balalaika! Das ist herrlich, herrlich!"

Nun stimmte er die Saiten und blickte dabei Mila ernst und forschend an. Sie verstand die stille Frage, die in seinem Blicke lag, und beantwortete dieselbe, indem sie nahe zu ihm herantrat und ihm unbemerkt zuflüsterte:

„Du bist sicher."

Da erheiterte sich sein Gesicht. Er schaute im Kreise umher und fragte:

„Nun, welches Lied wollt ihr haben?" — „Vielleicht dasjenige, das dir am liebsten ist." — „Also mein Lieblingslied? Warum, Mila?" — „Um dich kennen zu lernen. Wenn man das Lieblingslied eines Menschen kennt, so kennt man auch sein Herz."

Er senkte zustimmend lächelnd den Kopf und entgegnete halblaut:

„Ich danke dir, daß ich dir bekannt werden darf. Wer dich einmal gesehen hat, für den ist es eine Pein, dir fremd bleiben zu müssen."

Ihr Gesicht glühte. Sie merkte es jetzt, daß sie ihn etwas hatte wissen lassen, was er nicht wissen sollte — daß sie Wohlgefallen an ihm gefunden hatte.

Man bot ihm einen Sitz. Er lehnte denselben ab und trat zu dem nächsten Baume, stützte die Schultern leicht gegen denselben, ergriff die Balalaika und begann, nachdem er eine Zeit lang wie träumend vor sich hingeschaut hatte:

„Weit, ach weit in der Ferne
  Liegt das Thal und der Hain,
Wo ich möchte so gerne
  Heimisch und fröhlich sein.

M. E.

Schaue sehnend hinüber
  Ueber den Berg und das Thal.
Heimat, ach dürft' ich dich grüßen,
  Ach, nur ein einziges Mal!"

Die Balalaika der Russen hat einen ganz eigenartigen, elegisch weichen Ton. Zu derselben paßte der Text des Liedes und auch die Stimme des Sängers. Es war ihr gar wohl anzuhören, daß es ihr möglich sei, voll und kräftig aufzusteigen; jetzt aber besaß sie eine Zartheit, einen Schmelz, als ob sie, geläutert durch ein heiliges Weh, aus dem tiefsten Herzen emporklinge. So sang er auch die zweite Strophe:

"Kann das Plätzchen nicht finden
  In dem unendlichen Raum,
Nimmer die Wehmut ergründen,
  Nimmer den sehnenden Traum.
Und doch deucht mir, ich habe —
  Täuscht mich kein trügendes Bild —
Ehemals schon als Knabe
  An diesem Plätzchen gespielt."

Die letzten Worte klangen leiser und leiser, und die Begleitung der Saiten schien sich in einen tiefen, schmerzlichen Seufzer aufzulösen.

Er hatte geendet. Niemand sagte ein Wort. Kein Laut des Beifalls wurde hörbar. Da blieb er noch einige Sekunden stehen und wandte sich dann mit einer raschen Bewegung den Zuhörerinnen zu.

"Nicht wahr, so ein Lied kann nicht gefallen?"

Aber das Gegenteil stand allen in den Gesichtern geschrieben.

"Wie schön, wie sehr schön!" sagte Mila. "Also das ist dein Lieblingslied?" — "Ja." — "Und wie ist der Titel desselben?" — "Verlorene Jugendzeit."

Mila sah ihm forschend in die Augen, dann fragte sie:

"Hast du etwa die deinige verloren gehabt?" —

M. E.

„Leider. Ich habe weder Jugend noch Glück gekannt. Sie wurde mir geraubt, gewaltsam geraubt, o, wie gewaltsam!" — „So wird der gute Gott dir dafür eine frohe Zukunft geben." — „Ich bete darum. Möge dieses Gebet erhört werden, denn ich bitte nicht für mich, sondern —"

Der Sänger brach ab, denn unter der Thür des Wohnhauses erschien soeben eine behäbige Frauengestalt, die nach den Mägden rief. Diese eilten ihr gehorsam zu, sodaß Mila sich mit dem Fremden allein befand.

„Jetzt haben wir keinen Lauscher," sagte sie. „Du suchst also den Engel der Verbannten?" — „Ja." — „Für dich?" — „Für mich und andere." — „Bist du selbst ein Flüchtling?" — „Eigentlich nicht. Mein Vater ist ein Verbannter. Er hat lange Jahre hinten in Jakutzk geschmachtet. Die Mutter und ich, wir sind ihm freiwillig gefolgt. Ein Schwesterlein erfror auf der fürchterlichen Reise. Endlich, nach langen, langen Jahren ist es mir gelungen, den Vater zu befreien. Wir haben Monate gebraucht von Jakutzk bis hierher. Ich erfuhr von dem Engel der Verbannten und hörte, daß du es seiest. Darum komme ich zu dir. Was man mir sagte, ist nicht zu viel. Du bist ein Engel!"

Mila senkte das Auge und antwortete:

„Ich habe dir bereits gesagt, daß ich der Engel nicht bin. Ich habe dein Lob nicht verdient." — „O doch. Ein Engel muß schön sein." — „Das ist wahr. Aber gerade darum auch bin ich kein Engel. Ich bitte dich — o weh! Da kommt — verbirg dich schnell!"

Eben jetzt war der Hufschlag eines Pferdes hörbar geworden. Hinter einem der Nebengebäude erschien der Reiter. Er kam im Galopp angesprengt, und bald sah man, daß ihm noch zwei andere folgten.

Es war ein Kosakenwachtmeister von der Grenzmannschaft. Seine zwei Begleiter waren Gemeine. Er sprengte herbei bis hart vor Mila, wo er sein Pferd parierte und es so tief in die Hessen riß, daß die Hinterhufe sich in den Boden gruben.

Mila hatte dem Sänger zugerufen, zu fliehen; aber es war dazu zu spät gewesen. Der Kosak hätte ihn gesehen. Gerade durch die Flucht wäre der Verdacht des Wachtmeisters erregt worden. Darum war Alexius ruhig stehen geblieben.

Der Kosak warf ihm einen raschen, finsteren Blick zu.

„Gott grüße dich, Liebchen!" wandte er sich an das schöne Mädchen. „Ich konnte unmöglich vorüber, ohne dich gesehen zu haben. Wie geht es dem Väterchen?" — „Er ist in die Stadt geritten." — „Das Mütterchen?" — „Sie befindet sich in der Küche." — „Und du, mein Täubchen, wie geht es dir?" — „Sehr gut, am allerbesten aber dann, wenn niemand sich um mich bekümmert." — „Ach! Gilt das mir?" — „Allen."

Mila sprach jetzt außerordentlich kurz und abweisend. Der Wachtmeister war allerdings keine sympathische Erscheinung. Ein struppiger Vollbart bedeckte sein Gesicht so, daß nur die Augen zu sehen waren, und sein ruhelos und scharf umherschweifender Blick hatte nichts Vertrauen erweckendes. Er schien alles bemerken und alles durchdringen zu wollen.

„Allen?" lachte er. „Das glaube ich nicht. Warum sprachst du denn mit diesem Burschen hier so freundlich? Ah, da sehe ich ja noch etwas, etwas höchst Interessantes!"

Mit diesen Worten trieb der Kosak sein Pferd mit einigen Sätzen an das Gebäude und unter ein einzelnes Fenster, das offen stand, blickte aufmerksam hinein und kam dann wieder herbei.

„Gestern ritt ich hier vorüber," sagte er. „Es war spät am Abende, und alles schlief. Darum konnte ich euch nicht mehr begrüßen. Aber dort hinter den Scheiben brannte ein Licht, und als ich hineinschaute, sah ich ein Brot, einen Käse und auch Wurst, ein Stück Rolltabak und Streichhölzer. Wem gehörte das?" — „Da mußt du den Vater fragen," antwortete Mila. „Ich

M. E.

rauche nicht Tabak." — „Donnerwetter!" fluchte der Kosak. „Meint ihr etwa, ich wisse nicht, für wen das alles bestimmt ist? Wenn ich nun zum Beispiel ins Meldebuch eintrüge: ‚Bei Peter Dobronitsch werden des

Nachts ‚die armen Leute' nicht nur gespeist, sondern sie bekommen auch Tabak geschenkt'. Was sagst du dazu?" — „Gar nichts. Hast du vielleicht die armen Leute gesehen, die wir speisen?" — „Nein, noch nicht, denn ich
M. E.

habe nur dir zuliebe ein Auge zugedrückt. Nun aber, da ich dir in allem so gleichgültig bin, werde ich die Augen desto besser aufmachen und dann vielleicht noch ganz andere Meldungen eintragen können." — „Schwerlich." — „O gewiß. Vielleicht werde ich da schreiben: Mila Dobronitsch ist der berüchtigte Engel der Verbannten."

Das war natürlich nur ein Hohn, denn der Kosak konnte keine Ahnung haben von dem Verhältnisse Milas zu Karpala, aber dennoch war es dem schönen Mädchen gar nicht wohl zu Mute — um des Sängers willen, der scheinbar gleichgültig am Baume lehnte und ganz so that, als ob außer ihm gar niemand vorhanden sei. Sie gab sich Mühe, ein heiteres Lachen hören zu lassen, und antwortete:

„Ich wollte, ich wäre dieser Engel. Wer wollte nicht gern ein Engel sein?" — „Dieser Engel aber handelt gegen das Gesetz. Wenn er in unsere Hände gerät, so wird es ihm schlecht ergehen. Vielleicht hält auch dieser Bursche da dich für einen Engel. Wenigstens standet ihr vorhin, als ich kam, so eng bei einander, als ob ihr schon im Himmel wäret. Was ist er denn?" — „Ein Sänger. Du siehst ja, daß er die Balalaika mit sich hat. Er ist eben hier angekommen." — „So, so! Den muß ich mir doch etwas genauer betrachten. Ich kenne alle Sänger fünfhundert Werst in der Runde, aber diesen habe ich noch nicht ein einziges Mal gesehen."

Der Kosak wandte sich dem Genannten zu und nahm ihn mit einem langen, forschenden Blick in Augenschein.

Der Sänger hielt denselben ruhig und gleichmütig aus. Er lehnte still an dem Baume und that gar nicht, als ob er wisse, daß er einer so scharfen, eingehenden Prüfung unterzogen werde.

Mila hingegen fühlte sich in diesem Augenblick von schwerer, innerer Sorge bedrückt.

Er war ja ein Flüchtling; er war gekommen, um

die Hülfe des Engels der Verbannten anzurufen. Und dennoch, als sie ihn so ruhig, so gleichgültig dastehen sah, als ob die Rede des Wachtmeisters ihn gar nichts angehe, da war es ihr, als ob alle Sorge um ihn doch nur unnütz sei.

„Nun," sagte der Kosak in strengem Tone zu ihm, „hörst du nicht, daß ich von dir rede? Kannst du nicht antworten?"

Der Sänger warf ihm einen Blick zu, in dem ebensowohl Erstaunen wie auch Geringschätzung lag. Er antwortete nur dadurch, daß er leicht die Achsel zuckte.

„Nun, bist du taub?" rief der Wachtmeister zornig.

Jetzt hielt der Sänger es für geraten, zu antworten:

„Man pflegt doch erst dann eine Antwort zu geben, wenn man gefragt wird."

Das klang so stolz, so zurückweisend, als ob Alexius mit einem Untergebenen gesprochen habe. Der Wachtmeister fixierte ihn daher erstaunt und entgegnete in zornigem Tone:

„Ich habe dich ja gefragt!" — „Nein. Du hast selbst gesagt, daß du nur von mir gesprochen hast, hörst du, von mir, aber nicht mit mir. Es ist nicht meine Eigentümlichkeit, etwas dazu zu sagen, wenn der erste beste Mensch von mir redet." — „Oho! Ich der erste beste Mensch! Schau mich nur an, so wirst du gleich sehen, wer und was ich bin!"

Der Sänger that so, als ob er dem Kosaken erst jetzt einen Blick gönne, betrachtete ihn noch schärfer und forschender als vorher und antwortete:

„Ja, das sehe ich freilich. Du bist ein Kosak. Aber was ist das weiter? Wir Sänger sind freie Leute. Uns hat kein Mensch etwas zu befehlen." — „Demjenigen freilich nicht, der wirklich ein Sänger ist. Wer sich aber nur für einen ausgiebt, dem kann es leicht schlecht ergehen. Wir müssen hier eine strenge Wache halten. Wo bist du eigentlich her?" — „Aus Witinska." — „Das ist sehr weit oben im Norden. Da bin ich freilich nicht

M. E.

bekannt. Du wirst mir also sagen müssen, ob du eine Legitimation bei dir führst." — „Warum? Komme ich dir etwa verdächtig vor?" — „Sogar sehr. Du siehst einem Manne ähnlich, den wir mit Schmerzen suchen. Du siehst genau so aus wie Alexius Boroda, der berüchtigte Zobeljäger, der so viele Gefangene befreit hat."

Fast hätte Mila einen Ruf des Schrecks ausgestoßen. Dieser Alexius Boroda war allerdings seit einiger Zeit in aller Munde. Er war hoch oben im Norden thätig gewesen. Man erzählte sich, daß er Verwandte in Jakutzk besessen habe, denen er ein kühner Retter geworden sei. Nachher sollte er auch eine ganze Anzahl Gefangener aus Nertschinsk befreit haben und sich nun mit all diesen Leuten auf dem Wege nach der Grenze befinden.

Wenn der Sänger wirklich dieser kühne Zobeljäger war, so stand jetzt alles für ihn zu befürchten, denn der Wachtmeister war als ein strenger, schlauer und rücksichtsloser Mann bekannt.

Freilich, dem Gesichte nach, das der Sänger zeigte, konnte er der Gesuchte nicht sein, denn er lachte sehr fröhlich und sagte:

„Brüderchen, da thust du mir viel zu viel Ehre an. Ich wollte mich stolz fühlen, wenn ich ein so berühmter Mann wäre. Wir Dichter sind alle gern ein wenig berühmt; aber leider bin ich nur ein armer, unbekannter Sängersmann. Mein Name ist Peter Saltewitsch."

Als Alexius diesen Namen nannte, bemerkte er wohl, daß einer der beiden anderen Kosaken ein sehr erstauntes Gesicht machte und sich im Sattel höher emporrichtete, als ob er ihn schärfer beobachten wolle.

Auch der Wachtmeister hatte das gesehen. Er beachtete es aber jetzt noch nicht, sondern forderte den Sänger auf:

„So beweise es mir! Zeige mir einmal den Paß und auch die Bescheinigung, daß du die Erlaubnis hast, als Sänger im Lande umherzureisen." — „Hier hast du sie."

Alexius zog die beiden Papiere aus der Tasche und übergab sie dem Kosaken. Dieser untersuchte sie sehr genau und schüttelte den Kopf.

„Sie sind richtig!" meinte er enttäuscht. „Also kann ich dich nicht hindern, deine Kunst auszuüben; aber, hm — — was hast du denn? Was willst du sagen?"

Diese Frage war an den bereits erwähnten Kosaken gerichtet, der ungeduldig im Sattel umhergerutscht war und dem man ansah, daß er gar zu gern eine Bemerkung gemacht hätte. Jetzt antwortete er auf die Frage seines Vorgesetzten:

„Brüderchen, ich will wetten, daß der Mann nicht Peter Saltewitsch ist. Jener hatte lichtes Haar; dieser hier aber ist dunkel. Auch war er kleiner und untersetzter und hatte ganz die russischen Gesichtszüge. Dieser jedoch sieht gar nicht wie ein Russe aus." — „Hm!" brummte der Wachtmeister wichtig. „Das ist freilich auffällig. Hier im Passe steht: Zähne gut, Gesicht gewöhnlich; dagegen ist gar nichts zu sagen, und auch das andere stimmt. Aber deine Rede darf auch nicht überhört werden. Wir müssen einmal diesen — — hm!"

Er betrachtete den Sänger abermals sehr genau. Dieser aber lachte laut auf und sagte:

„Was giebt es da zu überlegen? Die Sache ist ja außerordentlich einfach! Dieser Kosak irrt sich und irrt sich auch nicht. Wir sind nämlich zwei Brüder; ich heiße Peter, und mein Bruder heißt Paul Saltewitsch. Ihn hat er gesehen und mich nicht. Er verwechselt die Vornamen." — „O nein," meinte der betreffende Kosak. „Ich habe viel von dem Peter sprechen hören; er hat keinen Bruder; er besitzt überhaupt keine Verwandten. Er ist ganz allein."

Da nickte der Wachtmeister leise vor sich hin, zog ein sehr pfiffiges Gesicht und sagte, nachdem er die beiden

Legitimationspapiere zusammen gelegt und in die Sattel=
tasche gesteckt hatte:

„Die Sache kommt mir verdächtig vor. Ich werde
sie genauer untersuchen."

Der Sänger aber zog die Brauen finster zusammen,
trat ihm einen Schritt näher und antwortete:

„Dazu hast du kein Recht! Meine Legitimationen
sind richtig. Sie stimmen ganz genau; also mußt du sie
mir zurückgeben und darfst mich nicht in meiner Freiheit
hindern." — „Aber die Aussage meines Kameraden
muß berücksichtigt werden. Er behauptet, daß derjenige
Saltewitsch, der du sein willst, gar keinen Bruder habe.
Ich muß also den Paß und den Schein von meinem
Offizier prüfen lassen. Du wirst uns nach der Station
begleiten müssen." — „Das fällt mir nicht ein." —
„Brüderchen, es ist gar nicht so schlimm, wie du denkst.
Du wirst uns auf der Station etwas singen und dafür
viel Wodka trinken und auch noch Geld erhalten." —
„Ich trinke keinen Wodka, und ich weiß auch, daß ihr
Soldaten niemals Geld übrig habt. Ich will mein Recht,
weiter nichts."

Die Art und Weise, in der Alexius sprach, verfehlte
nicht, den beabsichtigten Eindruck auf den Wachtmeister
hervorzubringen. Er langte bereits mit der Hand wieder
nach der Tasche, um die Legitimationspapiere aus der=
selben zu nehmen; da aber trieb der erwähnte Kosak sein
Pferd ganz nahe an ihn heran und sagte leise:

„Brüderchen, laß dich nicht irre machen. Er ist
kein Sänger. Ich glaube vielmehr, daß er der Zobel=
jäger ist; ich möchte darauf schwören. Gestern, als du
ausgeritten warst, las uns der Sotnik vor, daß der ge=
suchte Zobeljäger ein ganz besonderes Kennzeichen habe.
Es ist ihm nämlich einmal der linke Arm in eine Zobel=
falle geraten. Davon sieht man gleich unter der Hand
noch die Spur. Fordere ihn auf, zu singen. Wenn er
die Balalaika spielt, hält er den Hals derselben mit dem
linken Arme empor, und da wird der Aermel so weit

M. E.

niederrutschen, daß es sichtbar wird. Das ist das beste; meinst du nicht auch?" — "Brüderchen, du bist ein Schlaukopf!"

Das Flüstern der beiden Kosaken hatte nicht so lange gedauert, als Zeit zur Beschreibung nötig ist. Sie hatten sehr schnell und eilig gesprochen, und nun wandte sich der Wachtmeister wieder an den Sänger:

"Ich habe mit meinem Kameraden hier gesprochen. Er sagt noch immer, daß du nicht Peter Saltewitsch seiest. Ich sollte dich eigentlich arretieren; aber ich will mich in anderer Weise überzeugen, ob du mich belogen hast oder nicht. Du kannst mir nur dadurch, daß du uns etwas vorsingst, beweisen, daß du der bist, für den du dich ausgegeben hast. Wenn du wirklich Sänger bist, so muß dir das schöne Sängerlied von der Laute bekannt sein. Singe es!"

Der Sänger tauchte den Blick tief forschend in das Auge des Wachtmeisters und bemerkte deutlich die Heimtücke, die in der Tiefe desselben lauerte. Er ahnte, daß man ihn aus einer ganz besonderen Absicht zum Gesange auffordere, konnte jedoch dieselbe nicht erraten.

Scheinbar unbefangen lehnte er sich wieder an den Baum, aber so, daß er keinen der drei Kosaken hinter sich hatte, und that, als ob er nur mit der ihm zugestellten Aufgabe beschäftigt sei, war aber trotzdem darauf gefaßt, sich in jedem Augenblicke gegen eine etwaige Ueberrumpelung zu wehren.

Nun erhob er die Balalaika, schlug einige Accorde an und begann, während die Blicke der Kosaken nach seiner linken Hand gerichtet waren, folgendes Lied:

> "Meine Laute ist mein höchstes Gut;
> Meine Laute ist mein Stolz, mein Mut,
>   Und sie laß' ich nicht,
>   Denn ihr Klingen spricht
> Wie ein Engel aus vergangnen Zeiten.
> M. E.

„Meine Laute sah des Jünglings Glück,
Meine Laute seinen Thränenblick,
 Sah ihn singend stehn,
 Stolz wie Götter gehn
Durch des Lebens Frühlingsauen.

„Meine Laute sah des Mannes Schmerz,
Sah auch schwellen das zufriedene Herz,
 Und des Herzens Schlag
 Sprach die Saite nach,
Laut verkündend Schmerz und Lustgefühle."

So weit war er mit dem in Rußland sehr beliebten Liede gekommen, als er durch die vorsichtig nieder=geschlagenen Wimpern bemerkte, daß der Wachtmeister den beiden Kosaken verstohlen zunickte.

Was meinte dieser Mann? Das war nicht das Nicken des Wohlgefallens über das Lied, sondern das war vielmehr das Zeichen der Uebereinstimmung; es sah aus, wie ein Befehl, den der Wachtmeister seinen Untergebenen erteilte. Dennoch that der Sänger so, als ob er gar nichts bemerkt habe, und fuhr fort:

„Meine Laute ziere noch den Greis
Mit dem Haupte zitternd einst und weiß!
 Von des Lebens Harm,
 Mit der Laut' im Arm
Will ich auf zu reinern Chören schweben."

Während dieser fünf gesungenen Zeilen hatte der Wachtmeister nach dem Griffe seiner Wolfspeitsche gelangt und dieselbe unter dem Halsriemen des Pferdes hervor=gezogen. Er hielt sie jetzt so in der Hand, als ob er bereit sei, mit derselben zuzuschlagen. Dessenungeachtet sang der junge Mann auch die letze Strophe:

„Meine Laute gebt mir in das Grab;
Meine Laute senkt mit mir hinab.
 Denn der Klang verdirbt,
 Wenn der Sänger stirbt,
Und der Fremde weiß sie nicht zu spielen."

M. E.

Jetzt sollte eigentlich noch das Nachspiel kommen, aber der Sänger wurde daran verhindert. Er hatte wohl bemerkt, daß die drei Kosaken nur seine linke Hand fixierten; aber er hatte nicht geahnt, was ihre Blicke dort suchten. Jetzt aber, gerade noch zur richtigen Zeit sah er, daß ihm der Aermel zurückgerutscht war. Da war ganz deutlich eine dunkel gefärbte Stelle an der Handwurzel zu erkennen. Das war die Spur, die die Zobelfalle zurückgelassen hatte. Er war also unbedingt erkannt und entdeckt worden.

Kaum hatte er die letzten Worte gesungen und wollte eben das Nachspiel beginnen, so erhob auch schon der Wachtmeister die Peitsche und rief in befehlendem Tone:

„Drauf! Er ist's, Alexius Boroda!"

Die beiden Kosaken warfen sich aus dem Sattel und drangen auf den Sänger ein.

Mila stieß einen Schrei aus. Sie war überzeugt, daß der Mutige verloren sei, er, der Unbewaffnete, gegen drei bis an die Zähne bewaffnete Kosaken. Er aber hatte ganz und gar nicht das Aussehen eines Mannes, der sich verloren giebt, denn seine Wangen röteten sich; seine Augen blitzten hell auf, und seine Gestalt schien zu wachsen, als er jetzt lachend antwortete:

„So! So! Also ich bin Boroda! Nun, ich will nichts dagegen haben. Ihr habt jetzt den berühmten Zobeljäger gesehen und könnt damit zufrieden sein. Reitet also ganz ruhig heim und sagt den Kameraden, wie schön ich singen kann." — „Ja," antwortete der Wachtmeister zornig. „Wir werden heimreiten, aber nicht ohne dich!" — „Drauf!" erklang dann abermals der donnernde Befehl.

Nun gab es für die gehorsamen Kosaken freilich kein Zögern mehr. Sie drangen auf Boroda ein. Dieser aber, der noch immer am Baume lehnte, sodaß er im Rücken gedeckt war, erhob seine Balalaika und schlug sie dem einen so an den Kopf, daß sie krachend in Splitter flog. Dem anderen versetzte er einen Faustschlag in die Magengrube, und das so schnell, daß beide auf dem

M. E.

Boden lagen, ehe der Wachtmeister noch Zeit gefunden hatte, ihnen beizustehen.

„Hund!" brüllte dieser auf. „Das will ich dir bezahlen!"

Dann spornte er sein Pferd nach dem Baume und erhob die Peitsche zu einem Schlage, der immerhin tödlich sein konnte, da die sibirischen Völkerschaften sich dieser Peitschen zu bedienen pflegen, um die Wölfe mit einem einzigen Hiebe zu erschlagen.

„Mach' dich nicht lächerlich, Knabe!" lachte jedoch Boroda auf, sprang blitzschnell zur Seite, sodaß der Schlag fehl ging, ergriff den Wachtmeister beim Arme und riß ihn mit einem gewaltigen Rucke vom Pferde, sodaß der Mann in einem weiten Bogen zur Erde flog. Nun entriß er ihm die Peitsche, sprang in den Sattel, ergriff die Zügel und rief in lustigem Tone:

„So! Jetzt wißt ihr, wie Boroda zu handeln versteht. Erzählt es weiter und lebt wohl, meine guten Brüderchen!"

Er versetzte den beiden anderen Pferden noch ein paar kräftige Hiebe, sodaß sie, vor Schmerz laut aufwiehernd, im Galopp davon sprangen, dann jagte auch er davon, schnell um die Ecke des Gebäudes herum, um rasch Deckung gegen etwaige Schüsse zu haben.

Die drei Kosaken lagen noch am Boden. Es war alles so blitzschnell gegangen, daß sie noch gar keine Zeit gefunden hatten, sich aufzuraffen.

Mila hatte beide Hände auf ihre erst vor Angst und nun vor Freude hochklopfende Brust gelegt.

„Gott sei Dank!" seufzte sie auf, indem sie Alexius nachblickte, bis er hinter dem Hause verschwunden war. „Er ist gerettet! Wie stark, wie kühn und stolz er ist! Und zugenickt hat er mir auch noch einmal und mich angelacht, als ob — als ob — als ob ich hoffen solle, daß er wiederkommen werde. Das also, das war Boroda!"

Jetzt endlich bekam der Wachtmeister seine Stimme wieder, die er vor Schreck verloren hatte, und rief:

„Heilige Petrowna Paulowitschina! Wo bin ich denn?" — „So möchte ich auch fragen, Brüderchen," entgegnete einer der Kosaken, der seinen Kopf hielt, während der andere seine Magengegend betastete. — „Mein Leib, mein Leib! Meine Rippen!" — „Und mein Kopf, mein Kopf! Diese verdammte Balalaika! Da liegt sie neben mir in lauter Stücken und Splittern!"

Indem die beiden Kosaken das sagten, setzten sie sich neben ihrem Wachtmeister nieder und bildeten mit ihm zusammen eine so jammervolle Gruppe, daß ein jeder über dieselbe in laut schallendes Gelächter hätte ausbrechen müssen. Die einzige Zeugin, die nahe gewesen war, Mila, hatte sich schleunigst in das Innere des Hauses entfernt, damit sie vor Anforderungen an ihre Hülfsbereitschaft bewahrt sein möge, und nun stand drinnen an den Fenstern die Bäuerin mit ihrer schönen Tochter und sämtlichen Mägden, und alle lachten herzlich über die jammervolle Gruppe da draußen vor dem Hause.

---

## 25. Kapitel.

In diesem Augenblicke kam ein Reiter um die Ecke gesprengt. Es war Milas Vater, der Bauer Peter Dobronitsch. Als er die Gruppe erblickte, hielt er erstaunt sein Pferd an.

„Was ist denn das?" fragte er. „Was thut ihr hier?" — „Wir sind verwundet," antwortete der Wachtmeister im allerkläglichsten Tone. — „Sapperment! Von wem denn? Etwa vom Teufel?" — „Ja, denn ein Teufel ist er, dieser verdammte Alexius Boroda. Er war als Sänger da und hat seine Balalaika diesem hier auf dem Kopfe zerschlagen; den anderen da schlug er mit der Faust zu Boden, und mich riß er vom Pferde, sodaß ich alle zweiundsechzig Rippen gebrochen habe."

Der Bauer gab sich Mühe, ernsthaft zu bleiben.

M. E.

„So, jetzt wißt ihr, wie Boroda zu handeln versteht. Lebt wohl, meine guten Brüderchen." (Seite 337.)

„O wehe!" sagte er in bedauerndem Tone. „Das ist freilich schlimm! Wo ist er denn hin?" — „Wissen wir es?" — „Und wo sind eure Pferde?" — „Zwei hat er mit der Peitsche fortgejagt, damit wir ihn nicht verfolgen konnten, und auf dem meinigen ist er davongeritten. Hast du nicht einen Schluck Wodka da?" — „Den habe ich wohl, aber er wird euch wohl schwerlich dienlich sein." — „O doch! Er hilft ja gegen alle Schmerzen, also auch gegen die unsrigen." — „Zunächst wird es nötiger sein, zu untersuchen, welchen Schaden ihr genommen habt. Du weißt, daß ich mich auch ein wenig auf die Behandlung von Wunden verstehe. Also zeig' einmal deinen Kopf her!"

Der Bauer stieg vom Pferde und trat zunächst zu dem von der Balalaika Verwundeten, um ihm die Hand auf den Kopf zu legen und denselben zu untersuchen. Aber da schrie der Mann sofort auf:

„Halt, halt! Nicht anrühren! Ich kann es vor Schmerzen nicht aushalten!"

Der Bauer war ein hochgewachsener Mann mit ernsten, energischen aber doch wohlwollenden Gesichtszügen. Sein kluges Gesicht blieb auch jetzt ernst, als er antwortete:

„Da steht es allerdings schlimm mit dir. Du wirst's nicht mehr lange machen. Dein Kopf ist ganz zerschmettert. In einer Viertelstunde bist du tot. Deine Nase wird schon spitz und weiß."

Da griff sich der Mann schnell mit den Händen an die Nase, befühlte sie sorgfältig und seufzte mit brechender Stimme:

„Ja, sie ist schon spitz, fast so spitz wie eine Stecknadel. Mit mir geht's zu Ende; mit mir ist's aus. O heilige Kathinka!"

Darauf faltete er die Hände und senkte das Haupt. Der Bauer war unterdessen zu dem zweiten Kosaken getreten und hatte nach dessen Magen gegriffen.

„Nein, nein!" schrie derselbe auf. „Das kann ich

M. E.

nicht aushalten!" — „Hm! Das läßt sich wohl denken. Du hast ja unter der Haut ein so großes Loch, daß man mit der Faust hineinfahren kann. Da giebt es keine Reparatur! Einen Magen, der ein Loch hat, kann man nicht ausbessern, wie eine alte Pauke." — „So muß ich auch sterben?" — „Unbedingt! Innerhalb einer Viertelstunde. Gehe in dich; bereue deine Sünden, und bereite dich auf den letzten Gang vor!"

Der Mann streckte sich auf dem Boden aus und gab keinen Laut mehr von sich. Er war zu erschrocken, als daß er hätte viele Worte machen können.

„Nun zu mir!" gebot der Wachtmeister. „Ich werde wohl mit dem Leben davonkommen. Mein Kopf ist gesund. Die Rippen liegen ja nicht im Kopfe." — „Warte nur erst, bis ich dich untersucht habe. Jetzt kannst du noch jubilieren. Zeige einmal her!"

Damit kniete Dobronitsch zu dem Wachtmeister nieder und legte ihm die Hände an beide Seiten der Brust, um diese letztere kräftig zu drücken.

„Donnerwetter!" brüllte der Wachtmeister. „Was fällt dir denn eigentlich ein? Das kann ich unmöglich aushalten. Du mußt doch bedenken, daß mir sämtliche Rippen gebrochen sind!" — „Hm, ja. Ich wollte es nicht glauben, jetzt aber fühle ich, daß du recht hast. So viel verstehe ich von solchen Sachen, daß ich dir keine Hoffnung mehr geben kann. Was hilft es, wenn ich dich tröste! In einer halben Stunde bist auch du tot."

Der Wachtmeister sah den Sprecher mit großen, erschrockenen Augen an.

„In — einer — halben — Stunde — tot?" stieß er langsam hervor. — „Ganz gewiß!" nickte der Bauer sehr ernst. „Deine Rippen sind so spitz abgebrochen, daß sie in zehn Minuten dir alle aus dem Leibe heraus stehen werden. Mache deine Rechnung mit dem Leben quitt! In kurzer Zeit wirst du eine Leiche sein. Du darfst keinen Augenblick verlieren." — „O, ihr Seligen alle! Wer hätte das gedacht! Ich sterben! Der Teufel hole

M. E.

diesen verfluchten Boroda! Bauer, bringe mir Wodka, Wodka, Wodka!" — „Der ist zu nichts nutze. Da hilft Wasser viel besser." — „Soll ich im Sterben Wasser trinken?" — „Trinken? Nein, trinken sollst du es nicht. Das mute ich keinem sterbenden Kosaken zu. Aeußerlich sollst du es bekommen." — „So mach' schnell! Dann aber bringst du mir Wodka!" — „Mir auch!" bat der eine Kosak. — „Und ich will auch welchen!" winselte der andere. — „Ihr sollt ein jeder haben, was euch gehört. Wartet nur wenige Augenblicke."

Dobronitsch trat zum Brunnen, an dem eine Vorrichtung angebracht war, die man im südlichen Sibirien sehr oft findet.

Da es dort nämlich verhältnismäßig warm ist, die Häuser meist nur aus Holz bestehen, und somit Feuersgefahr sehr im Bereiche der Möglichkeit liegt, errichtet man, wo nur irgend ein Hochquell durch Röhren nach einem dieser völlig isolierten und auf Selbsthülfe angewiesenen Güter geleitet werden kann, am Röhrtroge ein hohes Holzgestell, auf das sich zwei Röhren stützen, in denen das Wasser haushoch emporgeführt wird. In der einen Röhre steigt es empor, in der anderen wieder nieder. Dadurch erhält es einen starken Druck, sodaß es, wenn man ein Mundstück unten anschraubt, oder gar einen Schlauch anbringt, wie aus einer wirklichen Feuerspritze bis auf die Dächer der Gebäude geleitet werden kann. Der Strahl steigt dann bis zu derjenigen Höhe auf, die die beiden Röhren besitzen.

Peter Dobronitsch hatte auch eine solche Vorrichtung am Brunnen stehen, und der Schlauch nebst Mundstück lag stets daneben im Wasser, damit er nicht austrocknen solle.

Jetzt ging der Bauer zum Brunnen und schraubte den Schlauch an.

„Mach' schnell! Schaff' Wasser herbei!" gebot der Wachtmeister. „Ich brauche Kühlung." — „Gleich, gleich! Paß auf!" antwortete der Bauer, dann richtete er das Mundstück auf die drei Kosaken und schraubte den Hahn

M. E.

auf. Sofort schoß nun ein starker, kalter Wasserstrahl mit
großer Wucht auf sie ein, sodaß sie im Verlaufe zweier
Sekunden fadennaß waren. — "Himmeldonnerwetter!"
kreischte da der Wachtmeister und sprang ebenso wie die
beiden Kosaken auf. "Hund, was fällt dir ein? Halt
auf, halt doch auf, infamer Kerl!"

Aber der Bauer hielt nicht auf, sondern ließ auch
fernerhin den Strahl auf die Kosaken treffen, und zwar
mit einer solchen Gewalt, daß sie fast nicht zu stehen
vermochten.

"Reißt aus!" rief endlich der von der Balalaika
Getroffene und eilte fort, auch die beiden anderen folgten
und rannten nach der Hausthür zu. Aber der Bauer
hielt den Schlauch höher und überschüttete sie auch jetzt,
fast noch schlimmer als vorher, mit einer prasselnden
Wasserflut.

"Bleibt stehen! So geht es nicht," gebot der Wacht=
meister. Dann schrie er, die Hände vor das Gesicht
haltend, dem Bauer zu: "Willst du wohl aufhalten?
Wir können ja nicht weiter." — "Kühlung, Kühlung!"
antwortete Peter Dobronitsch herzlich lachend, dem es
gar nicht einfiel, innezuhalten. Das steigerte die Wut
der drei Kosaken auf das äußerste, zumal da gerade
jetzt aus den Fenstern das Gelächter der Frauenzimmer
stärker, denn je, ertönte. — "Er gehorcht nicht!" brüllte
der Wachtmeister. "Der Kerl ist toll geworden. Drauf,
auf ihn!"

Nun wandten sich die Kosaken zurück und stürmten
auf den Brunnen zu.

Doch nur einen Augenblick lang gönnte der Bauer
ihnen Atem. Dann hielt er das Loch des Mundstückes
mit dem Finger zu und ließ, gerade nach ihren Köpfen
zielend, den Strahl mit verdoppelter Schärfe auf sie los.

Da war jeder Widerstand unmöglich, und es gab
nur eins, was die Kosaken thun konnten. Sie warfen
sich, mit den Gesichtern der Erde zugekehrt, auf den

M. E.

Boden nieder und ließen die Flut in scheinbarer Geduld über sich ergehen.

Aber diese Ergebung war eben nur eine scheinbare, wie sich bald zeigen sollte. Als der Bauer nämlich glaubte, dieselben sattsam gekühlt zu haben, und soeben den Finger wieder vor die Oeffnung hielt, da er es nicht riskieren konnte, ganz zuzuschrauben und den Schlauch wegzulegen, sprang plötzlich der Wachtmeister vom Boden auf, und seine beiden Kameraden folgten ihm mit erhobenen Fäusten, um auf Dobronitsch zuzuschlagen.

Da nahm er wieder den Finger von der Oeffnung weg, und nun wurden die drei von dem abermals auf sie eindringenden Strahle förmlich zurückgeschleudert. Sie schnappten laut nach Atem und warfen sich zur Erde nieder. Jetzt erst schloß der Bauer das Ventil.

Nun schritt Dobronitsch langsam nach der Stelle zu, wo die Kosaken lagen. Diese standen auf und sahen ihn mit wutblitzenden Augen an. Der Wachtmeister aber sagte:

„Peter Dobronitsch, das werde ich dir gedenken!" — „Meinst du etwa, wir wüßten es nicht, daß du stets ein Beschützer der ‚armen Leute' gewesen bist? Wo kommen die Speisen, die Getränke und der Tabak hin, die du dort an der Ecke auf das Fenster setzt, wenn es Nacht geworden ist?" — „Das stelle ich hin, damit es kühl bleibt. Des Morgens nehme ich es wieder weg." — „So, so! Leere Ausflüchte! Wir wissen gar wohl, daß du den Engel der Verbannten kennst. Nimm dich in acht!"

Da zog der Bauer die Brauen finster zusammen und antwortete drohend:

„Höre Wachtmeister, in diesem Tone lasse ich nicht mit mir reden! Ich heiße Peter Dobronitsch, und kein Mensch hat bisher vermocht, mir eine Gesetzeswidrigkeit nachzuweisen. Wenn du höflich bist, so will ich dich nicht hindern, bist du aber unhöflich, so hast du bei mir hier nichts zu suchen. Das merke dir! Und jetzt habe

M. E.

ich keine Zeit mehr für euch. Macht, daß ihr fort=
kommt!" — „Oho! So schnell geht das nicht!" —
„Schneller vielleicht, als du denkst!" — „Ich habe dich um
Pferde zu bitten." — „Wozu?" — „Die unsrigen sind

fort. Wir müssen sie wieder einfangen, wenigstens zwei
von ihnen, denn das dritte hat Boroda jedenfalls ge=
stohlen. Du wirst uns also augenblicklich drei gesattelte
Pferde geben."

M. E.

Der Wachtmeister sagte das in einem befehlenden, sehr selbstbewußten Tone. Der Bauer aber antwortete ruhig:

„Nein, die werde ich euch nicht geben. Also fort mit euch, und zwar augenblicklich." — „Fällt uns nicht ein!" — „Wollen sehen! Paßt auf, wie ihr sogleich davonlaufen werdet!"

Dobronitsch sprang schnell um sechs, sieben Schritte zurück nach dem Brunnen, drehte den Hahn des Rohres auf und richtete den Schlauch auf den Wachtmeister. Im nächsten Moment schoß ein gewaltiger Strahl mit mehr als dreifacher Manneskraft auf die Kosaken. Sie taumelten, wollten sich halten, rissen sich aber nieder, sprangen wieder auf, stolperten und stürzten abermals übereinander weg. Sie schrieen, brüllten, fluchten und skandalierten dabei in einer Weise, daß die Frauen aus der Thür gesprungen kamen.

„Laßt sie nicht ins Haus!" gebot der Bauer ihnen und hielt den Strahl so lange auf die drei gerichtet, bis dieser sie nicht mehr zu erreichen vermochte. Nun erst blieben sie stehen, und der Wachtmeister erhob drohend die Faust und rief:

„Merke dir das, Hund! Wir werden dich noch weit mehr einweichen, als du jetzt uns!"

Der Bauer wich nicht von dem Spritzenschlauche, um die ungebetenen Gäste gleich wieder empfangen zu können, falls es ihnen ja einfallen sollte, zurückzukehren. Aber sie gingen jetzt räsonnierend und oft nach dem Hause zurückblickend davon, bis sie hinter einem Buschwerke verschwanden.

Nun erst verließ der Bauer den Brunnen und schritt nach dem Hause, wo an der Thür noch immer seine Frau und Tochter standen, nachdem die Mägde bereits wieder nach der Küche gegangen waren.

Die Frau war eine behäbige Gestalt mit freundlichem Gesichte und mildem Blicke. Es war ihr leicht

M. E.

anzusehen, daß es ihr, wie man zu sagen pflegt, nicht möglich sei, ein Wässerlein zu trüben.

„Aber, Väterchen, bist du nicht zu streng mit ihnen gewesen?" fragte sie. „Sie werden nun Feindschaft hegen."

— „Pah, diese Kerle sind niemals Freunde zu nennen. Und nun, Mila, du hast mir nur kurz sagen können, was geschehen ist. Erzähle es mir doch einmal ausführlich."

Mila gehorchte, und die Eltern hörten ihr aufmerksam zu. Als sie geendet hatte, sagte der Bauer:

„Also das, das war Alexius Boroda! So habe ich ihn mir gedacht, jung, kühn, umsichtig, klug und verwegen, und dabei stark wie ein Bär! Wie war denn seine Gestalt, sein Aussehen?"

Mila beschrieb den Sänger, so gut sie es vermochte, — oder vielleicht noch besser, denn ihr Vater sagte lächelnd:

„Er scheint also ein sehr hübscher, junger Mann zu sein? Hat er dir gefallen?" — „Ja." — „So, so! Weiter, als was du erzähltest, hat er dir nichts mitgeteilt?" — „Kein Wort." — „Hm! So wissen wir leider nichts Genaues." — „Väterchen, er wird wiederkommen." — „Das glaube ich nicht. Dazu wird er wohl zu vorsichtig sein, da er hier erkannt worden ist. Man würde ja alle Vorkehrungen treffen, ihn zu fangen, falls er zurückkehrt." — „Mein Gott! Denkst du das wirklich?" — „Natürlich denke ich es. Vielleicht umstellt man meine ganze Besitzung mit Wachtposten." — „So ist er verloren!"

Mila verriet eine innere Angst und eine Teilnahme, wie sie dieselbe noch bei keinem der vielen Leute geäußert, denen sie zur Freiheit verholfen hatte. Ihr Vater bemerkte dies gar wohl, sagte aber nichts, sondern fuhr fort:

„Um ihn habe ich keine Sorge. Er hat sich noch in ganz anderen Fährlichkeiten befunden, als diejenigen sind, die ihm hier bei uns drohen. Aber um andere ist es mir bange. Wie leicht kann gerade heute irgend ein Hülfsbedürftiger zu uns wollen, der dann anstelle Borodas ergriffen würde! Und sodann steht alle Tage die Ankunft der großen Anzahl von Flüchtlingen zu erwarten, deretwegen wir zu Karpala gesandt haben. Ich wollte, die Tungusen wären schon da. Da hätten wir reichlichen Schutz." — "Karpala wird sofort aufgebrochen sein," meinte Mila. — "Natürlich. Aber in so bedeutender Anzahl reitet man nicht so schnell als allein. Unser Bote wird auch erst heute bei ihr in Platowa ankommen. Es ist zwei Tagereisen her zu uns. Wenn nur nicht indessen etwas geschieht. Man scheint so nach und nach hinter unser Geheimnis zu kommen. Nun, es ist nur gut, daß wir nicht länger hier bleiben."

Die Bäuerin hatte sich bis jetzt nicht an dem Gespräche beteiligt, nun aber fragte sie schnell:

"Nicht länger? Also gelingt es? Wirst du verkaufen?" — "Ja," nickte ihr Gatte. — "Und wohl bald?" — "Schneller als ihr denkt," antwortete Dobronitsch lächelnd. "Seht euch einmal das Pferd an."

Er deutete auf das Tier, von dem er vorher abgestiegen war, als er ankam. Es stand noch so fromm dort, wie er es stehen gelassen hatte. Zu beiden Seiten des Sattels hingen verheißungsvoll große Ledertaschen.

Dobronitsch nahm die beiden Taschen von dem Pferde, die ziemlich schwer zu sein schienen, und öffnete eine derselben. Sie enthielt kleine, viereckige Papierpakete und längliche Rollen, die versiegelt waren.

"Was ist das?" fragte er. — "Das ist Geld!" antwortete die Bäuerin. — "Ja, liebes Frauchen, das ist Geld, sehr viel Geld." — "Von wem hast du es denn?" — "Von dem Käufer. Er hat mir rund hunderttausend Rubel für unsere Besitzung bezahlt." — "Hunderttausend Rubel!" riefen die Frauen erstaunt. — "Ja, hunderttausend Rubel!" entgegnete der Bauer im Tone selbstbewußter Befriedigung. "Wir kehren in die liebe Heimat zurück und können dort nun ohne schwere Arbeit und ohne alle Sorge leben. Wißt ihr, wer sich am allermeisten darüber wundern und ärgern wird?" — "Nun, wer?" — "Unser nächster Nachbar, Sergius Propow." — "Ja, weil er nicht hat ahnen können, daß wir so reich sind." — "O, da irrst du dich gar sehr! Es ist ihm wohl bekannt, daß mein Gut eigentlich viel mehr wert ist als hunderttausend, denn er will es haben." — "Kaufen?" — "O nein. Dazu ist er zu geizig und auch viel zu klug. Man kann sich so ein Gut auch erheiraten." — "Erhei — — —"

Der Bäuerin blieb das Wort im Munde stecken.

"Vater!" rief Mila erschrocken. — "Nun, was meinst du?" — "Dieser Sergius Propow sollte — sollte — sollte mich zur Frau haben wollen?" — "Ja, das ist sein Wunsch. Ich habe es erst heute erfahren." — "In der Stadt?" — "Ja. Vom Schneider, bei dem er sich einen neuen Rock hat machen lassen. Er hat diesem Manne unter dem Siegel der Verschwiegenheit mitgeteilt, daß er diesen Rock braucht, um dir einen Heiratsantrag zu stellen." — "Heilige Maria!" — "Heute früh hat der Rock fertig werden müssen, und Sergius hat ihn sich geholt. Daraus schließe ich, daß er seinen Antrag baldigst machen will." — "Etwa gar heute noch? Aber Vater, was wirst du dazu sagen? Du wirst ihm doch nicht etwa deine Einwilligung geben?" — "Wie könnte ich das beabsichtigen! Ich habe doch verkauft. Wir ziehen ja fort. Daraus geht hervor, daß ich nichts von diesem Menschen wissen will. Kommt herein!"

Damit ergriff Peter Dobronitsch die beiden Taschen und ging in das Haus, um sein Vermögen in sichere Verwahrung zu bringen. Mutter und Tochter blieben jedoch noch für einige Minuten stehen.

Da deutete Mila plötzlich nach rechts, über das offene Feld hinaus, von woher man in sehr bedächtiger Eile einen Reiter nahen sah, und rief:

"Mütterchen, dieser Reiter ist unser Nachbar Sergius Propow. Er kommt, mich von euch zu verlangen. Ich lasse mich gar nicht sehen. Dieser steife, ungelenke und dabei so heuchlerische Mensch ist mir so zuwider, daß ich eine Kröte lieber sehe als ihn. Komm' herein! Wenigstens will ich nicht gleich die erste sein, die er erblickt."

Damit verschwanden die Frauen im Inneren des Einganges, und wenige Minuten später machte der Betreffende vor diesem Halt.

---

## 26. Kapitel.

Der herannahende Mann war spindeldürr. Sein Kopf hatte eine melonenartige, langrunde Form, sodaß der hohe, schwarze, rauhhaarige Cylinderhut ganz eigenartig auf demselben saß. Unter einer schmalen Stirn trat zwischen zwei kleinen, grünlich gefärbten Aeuglein eine scharfe, fast sichelförmig gebogene Nase hervor, deren Löcher sich so weit aufblähten, daß man ziemlich weit Einsicht in sie nehmen konnte. Das Gesicht war bartlos, wie bei den meisten Frömmlern, die Lippen breit und der Mund voll schwarzer, modriger Zähne.

Die langen, dürren Arme trugen Hände, aus denen man sechs andere hätte schnitzen können, und die krummen Beine endeten in Füßen, die für einen vorweltlichen Sohlengänger zugereicht hätten.

Diese Gestalt steckte in einem engen, schwarztuchenen Rock, dessen Taille oben zwischen den Schultern saß, während die faltenreichen Schöße bis zu den Knöcheln hinabreichten. Der Hals war in eine so hohe, weiße Halsbinde eingeschnürt, daß der Mann das Kinn genau wagerecht halten mußte. An den Füßen trug er halblange, mit Talg eingeriebene Stiefel, an denen ein paar mächtige, pfundschwere, eiserne Sporen befestigt waren.

Ueber die Hände hatte er schwarzlederne Handschuhe gezogen, die elegant sein sollten und daher so eng gewählt worden waren, daß er seine Finger nur nach stundenlanger Anstrengung hatte hineinarbeiten können.

M. E.

Nun aber mußten alle zehn Finger steif geradeaus stehen, denn wenn dieser Mann die Hände hätte zumachen wollen, so wären ihm sämtliche Teile und Zwickel der Handschuhe zerplatzt.

Also dieser Adonis hielt sein Pferd vor der Thür an, stieg sehr, sehr langsam und sehr, sehr gravitätisch aus dem Sattel, band sein Pferd sehr vorsichtig an einen dazu in die Erde gerammten Pfahl und stieg dann die Stufen hinan, die zur Thür führten. Dieses Steigen geschah so, wie es etwa ein Storch gemacht hätte, falls er verhindert gewesen wäre, mit beiden Füßen zugleich von Stufe zu Stufe zu springen.

An der Thür blieb er stehen.

„Sonderbar!" murmelte er. „Kein Mensch ist da! Man muß doch durch die Fenster gesehen haben, daß ich heute in meinem besten Staate komme! Der Rock, zum Donnerwetter, ist geradezu direkt vom Schneider!"

Es geschah nämlich dem frommen Mann zu seinem eigenen Leidwesen zuweilen, daß ihm mitten in der salbungsvollsten Rede ein Fluch entfuhr. War er allein, so nahm er es nicht so genau.

Daß dieser Mann der nächste Nachbar von Peter Dobronitsch sei, das hieß hier nichts anderes, als daß er vielleicht zwölf Werst von ihm entfernt wohnte. Als Nachbar aber hatte er nach seiner Meinung ein für allemal das Recht, bereits an der Hausthür auf das freundlichste bewillkommt zu werden. Daß dies heute nicht geschehen, ärgerte ihn. Er schritt also mißmutig und gravitätisch in das Haus hinein, aber so langsam, als ob er für einen jeden Schritt einen Rubel zu bezahlen habe, und klopfte an die Thür des Wohnzimmers.

Man antwortete nicht, und zwar aus dem einfachen Grunde, weil Mutter und Tochter schnell in die hintere Stube geeilt waren, um wegen dieses Besuches ihren Anzügen noch irgend eine Kleinigkeit hinzuzufügen, während der Bauer von demselben gar nichts wußte und oben in seinem abgelegenen Giebelstübchen saß, um sein Geld

M. E.

in die Truhe zu zählen und dann fest zu verschließen. Die Mägde aber waren in der Küche und die Knechte bei den Herden auf der Weide.

„Man antwortet nicht," brummte der Besucher nun noch mißmutiger als vorher. „Ich will es zum zweiten Male versuchen."

Er klopfte wieder, natürlich aber mit ganz demselben Mißerfolge.

„Kreuzhimmeldonnerwetter!" fluchte er da. „Was ist denn das für eine hochsträfliche Unachtsamkeit! Ein Mann wie ich ist natürlich einen ganz anderen Empfang gewöhnt! Ich werde das diesen Leuten deutlich erklären!"

Zum dritten Male klopfte er, und als auch da sich keine Stimme vernehmen ließ, die ihn zum Eintreten aufforderte, so sagte er höchst zornig zu sich selbst:

„Nun, so lasse auch ich jede Rücksicht beiseite und gehe hinein!" Er öffnete und trat ein.

„Ah! Kein Mensch da!" brummte er. „Es ist höchst ungezogen, gar nicht zu merken, daß ich komme. Ich werde, wenn Mila meine Frau ist, ein strengeres Regiment einführen. Zucht und Ordnung, Aufmerksamkeit und Sorgfalt muß sein. Ich werde es ihr angewöhnen, jedem meiner Wünsche zu gehorchen. Was thue ich nun?"

Er blickte sich noch einmal aufmerksam im Zimmer um. Dabei hörte er in der Nebenstube Geräusch.

„Ah, da drinnen sind sie! Von dort gehen auch Fenster nach der Front des Hauses hinaus. Man muß mich also unbedingt gesehen haben. Ich werde diesen Leuten einen Verweis geben."

Er griff dabei in die Schoßtasche seines Rockes, zog eine riesige, aus Birkenrinde gefertigte Schnupfdose hervor, öffnete sie, roch lüstern hinein und fütterte dann seine Stichelnase mit einem Geräusch, das mit dem Zischen einer Lokomotive zu vergleichen war. Als die beiden Frauen das hörten, öffnete die Mutter die Thür und trat herein.

M. E.

„Ach, Sergius Propow!" sagte sie. „Willkommen bei uns!"

Dabei reichte sie ihm die Hand.

Er steckte sehr langsam seine Dose ein, sog den Tabak schnaubend in das hinterste Heiligtum seiner Nase und verbeugte sich schweigend, ohne ihre Hand zu ergreifen.

„Willkommen, Nachbarchen!" wiederholte sie.

Er verbeugte sich abermals ohne Antwort und ohne ihre Hand anzurühren.

„Ich habe gar nicht gewußt, daß du da bist!"

Die Frau zog während dieser Worte ihre ausgestreckte Hand zurück. Jetzt endlich ließ Propow seine Stimme hören:

„Maria Petrowna Dobronitscha, erlaube, daß ich erst den Heiligen begrüße, ehe ich mit dir spreche. Du solltest wissen, daß ich das zu thun habe."

Sergius Propow näherte sich bei diesen Worten dem eingerahmten Bilde des Hausheiligen, das in jeder griechisch-katholischen, also auch russischen, Familie in der Ecke der Stube stand, machte drei sehr langsame und möglichst tiefe Knixe, bekreuzigte sich und nahm dann einige Tropfen geweihten Wassers, um dieselben sich mit den Fingerspitzen auf die Brust zu spritzen. Erst dann wandte er sich wieder zu der Frau.

„Nun," sagte diese freundlich. „Jetzt wirst du wohl Zeit haben, mir die Hand zu reichen?"

Er schüttelte sehr streng den Kopf.

„Du verdienst diese löbliche Auszeichnung nicht mehr von mir, Maria Petrowna. Du hast mich beleidigt, gröblich beleidigt, ja, so sehr beleidigt, daß ich es dir gar nie vergeben könnte, wenn mir nicht die ewige Liebe geböte, Barmherzigkeit zu üben. Du hast mich nicht empfangen." — „Ich konnte nicht. Wir hatten viel zu thun und haben deine Ankunft nicht bemerkt." — „So etwas sieht man ganz unwillkürlich. Ich bin ein sehr treuer Freund von euch, aber wenn solche Dinge geschehen, dann schüttelt man den Staub von den Füßen und geht weiter." — „Du bist sehr streng, Sergius Propow! Wir können unmöglich wissen, wann es dir beliebt, zu uns zu kommen. Wie kannst du von uns verlangen, daß wir uns aufs Geratewohl an das Fenster stellen sollen, um aufzupassen, wenn du uns deinen Besuch machen wirst. Dazu haben wir keine Zeit. Wir müßten täglich von früh bis spät am Fenster stehen, und du mußt ja wissen, daß wir mehr zu thun haben."

Diese Worte waren in einem ziemlich unwilligen Tone gesprochen. Anstatt aber zuzugeben, daß sie recht habe, nahm Propow den Einwurf übel, zog seine Dose hervor, nahm höchst geräuschvoll eine gewaltige Prise, zog die Stirn in tiefe Falten und erwiderte:

„Maria Petrowna, es ziemt sich nicht für ein Weib, zu einem Manne in dieser Weise zu sprechen. Ein Weib muß stets bescheiden und höflich sein, aber beides bist du jetzt nicht gewesen. Ich habe also große Ursache, mich über dich zu beklagen." — „So kann ich es nicht ändern und bin wirklich neugierig, zu erfahren, bei wem du dich über mich beklagen willst." — „Bei deinem Manne natürlich." — „Daran will ich dich nicht hindern. Hier kommt mein Mann, du kannst also deine Beschwerde gleich anbringen."

Dobronitsch war eingetreten. Er sagte dem Besuche einen freundlichen Gruß und bot ihm die Hand. Propow aber ergriff dieselbe nicht, machte eine sehr gemessene Verbeugung und antwortete auf die freundliche Anrede des Bauers in strengem Tone:

„Peter Dobronitsch, du kennst mich. Du weißt, daß ich einer der wohlhabendsten und geachtetsten Bewohner dieser Gegend bin; außerdem bin ich dein nächster Nachbar. Ich habe also zu verlangen, daß ich mit Achtung behandelt werde. Warum ist das nicht geschehen?" — „Hat man dich denn mißachtet?" fragte der Bauer ruhig. — „Ja. Ich habe geklopft, und niemand war in der Stube, um mich zu empfangen. Man muß Achtung geben, wenn ich komme!"

M. E.

Da war es mit dem Gleichmute des Bauern zu Ende, und er sagte:

„Du thust ganz so, als ob du Generalgouverneur von Sibirien wärst. Selbst der Zar wird nicht verlangen, daß wir für ihn bereit stehen. Wir sind nicht nur für dich allein vorhanden. Dein Verhalten ist nicht höflich, sondern grob und rücksichtslos. Ich hoffe, daß du das in Zukunft ändern wirst."

Propow machte ein Gesicht, als ob er etwas ganz Unbegreifliches vernommen habe, starrte den Bauer mit großen Augen an und fragte:

„Das — das ist — dein Ernst? So hast du gar keine Ahnung, was ich eigentlich bei dir will?" — „Wie könnte ich das wissen!" — „Die Angelegenheit, in der ich komme, ist eine sehr glückbringende für euch."

— „So! Das soll mich freuen. Darf ich also erfahren, was dich zu uns führt?"

Propow setzte sich langsam und gravitätisch nieder, allerdings nur auf die äußerste Ecke des Stuhles, um dadurch anzudeuten, daß er sich beleidigt fühle und eigentlich mit solchen Leuten keine innige Freundschaft zu hegen brauche.

Dann zog er seine Dose heraus, wirbelte dieselbe zwischen seinen steifen Fingern, machte eine sehr feierliche Miene und begann:

„Weißt du, was im ersten Buche Mosis zu lesen ist?" — „Die Schöpfungsgeschichte." „Richtig. Man kann da lesen, daß Gott den Menschen erschaffen hat, den Mann natürlich zuerst. Dann sah Gott ein, daß es nicht gut sei, daß der Mensch allein sei; er schuf auch die Frau, nachträglich nur, woraus eine jede Frau deutlich ersehen kann, daß der Mann weit höher steht, als sie. Trotzdem ist es wirklich wahr, daß der Mann, bei Licht besehen, eine Frau braucht. Meinst du nicht auch?" — „Einverstanden!" — „Ich habe das auch eingesehen und bin entschlossen, mir ein Weib zu nehmen." — „Daran thust du sehr recht." — „Ich habe nun meine Wahl nicht etwa aus Rücksichten getroffen, wie man sie bei den Kindern der Welt findet. Ich will ein gottseliges Leben führen und mit meiner Frau den Herrn loben mit Harfen, Zimbeln und Psalter. Aber dennoch will ich auch meine Augenweide an ihr haben. Darum bin ich besorgt gewesen, mir eine zu suchen, die nicht häßlich ist." — „Daran hast du sehr wohl gethan." — „Auch soll sie nicht arm sein, damit sie wohlthun kann, wenn jemand sie bittet." — „Auch das ist löblich von dir gehandelt." — „Und ferner soll sie wirtschaftlich sein. Und diejenige, die ich meine, ist es." — „So gratuliere ich dir!" — „Ich danke! Gieb mir deine Hand!" — „Hier hast du sie."

Die Männer schüttelten sich die Hände, und dann
M. E.

reichte Propow auch der Bäuerin die Hand, indem er freundlich bemerkte:

„Die Frau hat zwar keineswegs das Recht, in solchen Angelegenheiten mitzureden, aber ich habe meine Bildung und will darum fragen, ob du dich auch freust." — „Natürlich freue ich mich darüber, daß du eine solche Frau bekommst," antwortete die Bäuerin. „Ich gratuliere dir ebenfalls. Wann wirst du denn die Verlobung feiern?" — „Natürlich heute!" — „Schön! Und die Hochzeit?" — „Sobald wie möglich." — „Aber ist es denn ein so großes Geheimnis, wen du erwählt hast? Sage es uns doch!"

Da ließ Propow seinen Hut fallen, schlug die Hände zusammen und rief:

„Herr, vergieb ihnen, denn sie wissen nicht, was sie thun!" — „Was soll das heißen, Nachbar? Ich verstehe dich nicht." — „Du selbst sollst ja mein Schwieger= vater sein!"

Der Bauer machte ein erstauntes Gesicht.

„Ich? Dein Schwiegervater? Davon hast du ja kein einziges Wort gesagt." — „War es denn notwendig, daß ich deinen Namen nannte? Es verstand sich ja ganz von selbst, daß ich dich meinte. Glaubst du, ich kaufe mir einen neuen Rock, nur um dich einzuladen?" — „Also so ist's, so! Du hast unsere Tochter Mila ge= meint! Die soll deine Frau werden!" — „Ja. Sie hat zwar ihre Fehler, ihre großen Fehler, aber mit Gottes Hülfe werde ich ihr dieselben sehr bald austreiben. Ich werde, wie es in der heiligen Schrift steht, den Stab über sie schwingen, und sie wird durch Trübsal geläutert werden und an meiner Seite zur ewigen Seligkeit ge= langen." — „Weißt du denn, ob sie gerade an deiner Seite selig werden will?" — „Ob ich es weiß? Darüber giebt es ja gar keine Frage und gar keinen Zweifel! Oder könntest du denken, daß sie sich einen anderen Mann wünscht?" — „Warum nicht?" — „Wa—wa—was? So verrückt wird sie doch nicht sein! Einen Mann wie mich — nicht mögen! Undenkbar! Und wenn sie nicht wollte, so müßte sie. Man würde sie schon zu zwingen wissen! Gieb mir nur dein Jawort, das übrige thue ich selbst." — „Mein Jawort werde ich nur dann geben, wenn Mila denjenigen, der sie zur Frau begehrt, auch wirklich lieb hat." — „Peter Dobronitsch, du bist kein Vater, kein Mann."

Da stand der Bauer von dem Kanapee auf, legte die Hände auf den Rücken und ging langsam in der Stube auf und ab, um seines Aergers Herr zu werden.

Auch die Bäuerin, die eine außerordentlich sanfte und gutmütige Frau war, hatte kaum mehr die Kraft, ihren Zorn zurückzuhalten. Ihr Gesicht war gerötet, und ihr Atem flog. Peter Dobronitsch bemerkte das wohl und sagte in beruhigendem Tone:

„Sei still, Mütterchen. Ich werde schon noch mit dem Nachbar sprechen. Hole zunächst Mila herein. Er mag ihr selbst sagen, was er von ihr begehrt, und sie soll ihm ihre Antwort geben."

Die Frau ging hinaus und holte die Tochter herein. Die Thür zu der Nebenstube war nur angelehnt gewesen, sodaß Mila alles gehört hatte, was gesprochen worden war. Sie ließ sich das aber nicht merken.

„Willkommen, Sergius Propow," sagte sie bei ihrem Eintritt kalt, ohne ihm die Hand zu bieten.

Er betrachtete einige Sekunden lang das schöne Mädchen schweigend, dann entgegnete er:

„Mila, du wirst den heutigen Tag noch im späten Alter segnen, denn er ist ein sehr glücklicher für dich."

In Milas Gesichte lag ein Ausdruck, den Propow nicht zu deuten verstand. Es war Zorn, der sich mit einer gewissen unüberwindlichen Schalkhaftigkeit paarte.

„Inwiefern ist er glücklich?" fragte sie. — „Weil er der Tag deiner Verlobung ist." — „Davon weiß ich nichts." — „Es ist ja eben eine herrliche Ueberraschung für dich, mein Täubchen. Ich werde dich heiraten, ohne daß du dies geahnt hast." — „Nein, mein gutes Nach=

barchen, du wirst mich nicht heiraten." — "Wieso?" — "Weil ich dich nicht mag." — "Das ist nur ein Scherz von dir! Höre, mein Kindchen, es handelt sich um eine sehr wichtige und sehr ernste Sache, da darf man keinen Scherz treiben." — "Wer sagt dir, daß ich scherze? Ich mag dich nicht, wie ich dir ja bereits gesagt habe." — "Donnerwetter! Sollte es wirklich dein Ernst sein, Mädchen! Und warum denn nicht?"

Statt aller Antwort nahm Mila den Freier beim Arme und schob ihn zu dem Spiegel, der an der Wand hing. Er blickte hinein und schüttelte den Kopf.

"Was soll ich mich denn ansehen?" fragte er. — "Um mir zu sagen, wie du dir gefällst." — "Ganz gut natürlich." — "So hast du einen sehr schlechten Geschmack. Du hast ein Gesicht, als ob es zehn Jahre lang in Sauerkraut gelegen hätte. Deine Gestalt ist wie gemacht, um die Krähen zu vertreiben. Deine Stimme klingt wie das Knarren eines Wagenrades, und deine — Hände! Da, schau sie nur einmal an! Das sind wahre Bärentatzen. Ohren hast du wie ein Elefant, dafür aber keine Zähne. Du bist der häßlichste Kerl, den ich nur kenne. Wie kannst du da denken, daß ich dich zum Manne haben will! Geh', und laß dich nicht auslachen! Da sieht doch ein jeder Tunguse hübscher aus als du!"

So etwas hatte noch niemand dem biederen Propow gesagt. Er war daher ganz steif vor Schreck und Entrüstung. Er wollte sprechen, brachte aber zunächst gar nichts hervor:

"Maria Petrowna, hört ihr es, was eure Tochter sagt?" fragte er endlich. — "Wir hören es," antwortete der Bauer. — "Und ihr duldet das?" — "Ich erlaube gern jedermann, ungescheut seine Meinung zu sagen. Ich habe es auch geduldet, als du uns vorhin die deinige mitteiltest." — "Das ist etwas anderes! Das, was eure Tochter sagt, ist aber eine fürchterliche Beleidigung für mich, eine Beleidigung, die bestraft werden muß!" — "So!" antwortete das Mädchen. "Und was haben denn

M. E.

deine Worte enthalten? Du glaubst, schön zu sein, und bist häßlich. Du hältst dich für fromm und bist doch ein Heuchler! Du thust, als ob du Gottes bester Diener seist, und hast doch alle Fehler an dir, die ein Mensch nur haben kann. Du verlangst, daß man dich fast wie ein höheres Wesen behandle, und bist doch ein ganz ordinärer Kerl. So stolz du bist, so dumm bist du auch. Wie kannst du dir einbilden, daß ich dich zum Manne haben möchte! Lieber würde ich mich töten. Du würdest nur der Henker deines Weibes sein. Der ärmste Mensch ist mir tausendmal lieber, als du. Wie du jetzt so vor mir stehst, wundert es mich eigentlich, daß man dich für einen Mann halten kann! Du siehst gerade aus wie ein Pavian. Gehe hin und heirate eine Meerkatze. Die paßt für dich. Aber ein junges, sauberes Mädchen, das bilde dir ja nicht ein! So, da hast du meine Antwort! Nun bin ich mit dir fertig. Lebe wohl, Dummkopf!"

Mila ging hinaus in die Nebenstube und riegelte die Thür hinter sich zu. Er aber machte ein Gesicht, das die Bezeichnung Dummkopf vollständig rechtfertigte.

Der abgewiesene Freier rang nach Atem und verdrehte die kleinen Augen, als ob er ermordet werden solle.

„O — heiliges — Himmeldonn —!" stieß er hervor. „Mir das! Mir das! Habt ihr es gehört?" — „Natürlich haben wir's gehört," antwortete der Bauer. — „Und ihr, ihr steht so ruhig dabei?" — „Was sollen wir denn sonst thun?" — „Sie bestrafen mit der Rute. Die Bibel sagt, daß ein Vater die Rute nicht schonen soll, wenn er sein Kind lieb hat!" — „Dazu ist hier keine Veranlassung!" — „Was? Keine Veranlassung? Hat sie mich nicht einen Pavian, einen Dummkopf genannt?" — „Dem guten Kinde ist wohl nicht gleich ein besseres Wort eingefallen. Du kannst es ihr nicht übel nehmen, denn dein Gesicht hat in der That eine große Aehnlichkeit mit dem eines Pavians." — „Wie? Was? Wo befinde ich mich denn? Etwa in Sodom und Gomorrha? Dann werde ich sofort Feuer vom Himmel

M. E.

regnen lassen. Haſt du ſchon einmal einen Pavian geſehen?" — „Nein." — „Wie kannſt du da wiſſen, daß ich einem ſolchen ähnlich ſehe?" — „Ich kann mir nicht denken, daß ein ſolcher Kerl ein anderes Geſicht hat als du!" — „Menſch! Und du willſt mein Nachbar ſein! Ich habe euch für fromme und gottſelige Menſchen gehalten, aber — der Antichriſt biſt du, die Schlange, der ich den Kopf zertreten werde. Ihr habt mich beleidigt; aber ihr kennt mich noch nicht! Ich werde mich fürchterlich rächen!" — „Das iſt wohl deine Frömmigkeit? Das iſt wohl die Liebe, die du ſtets im Munde führſt? Du biſt ein Dummkopf ſondergleichen! Aber trotzdem habe ich es nicht für möglich gehalten, daß du dir einbilden konnteſt, meine Tochter zu bekommen. Daß du aber ſogar gemeint haſt, ſie ſoll das als eine große Ehre, ja, als ein Himmelsglück betrachten, das läßt mich vermuten, daß du nahe daran biſt, verrückt zu werden. Eine größere Borniertheit iſt doch gar nicht zu denken!" — „So, ſo, ah, ah! Ich könnte die ganze Welt zerreißen! Aber ich bin ein Chriſt und will mich in Geduld faſſen. Ich werde meine Stunde erwarten, und ſie wird kommen, viel eher noch, als ihr denkt. Jetzt verlaſſe ich euch. Ich ſchüttele den Staub von meinen Füßen. Ihr ſeid ein Anteil des Teufels. Ich mag mit euch nichts mehr zu ſchaffen haben." — „Ja, gehe! Auch uns wird es lieb ſein, gar nichts mehr von dir zu ſehen und zu hören." — „O, ihr werdet mich ſehen, und ihr werdet von mir hören, wenn ich Gericht über euch halten werde. Ich kenne bereits den Strick, an dem ich euch aufhängen werde. Denkt nur an die ‚armen Leute', denen ihr gegen das Geſetz euren Beiſtand gewährt! Ich werde es ſo weit bringen, daß ihr ſelbſt nach Nertſchinsk verbannt werdet, um in den unterirdiſchen Bergwerken zu arbeiten, bis der Tod euch in die Hölle ſendet!"

Propow eilte hinaus, ſo ſchnell es ſeine Gravität und fromme Würde erlaubte, die er auch jetzt noch möglichſt beibehielt.

M. E.

Jetzt kam Mila herein.

„Gott sei Dank, daß er fort ist!" sagte sie. „Väterchen, Mütterchen, habe ich recht gehandelt?" — „Ja, mein Kind," antwortete der Bauer. „Es war ganz recht, daß du ihm endlich einmal die Augen geöffnet hast. So einem Menschen muß man die volle Wahrheit sagen. Er hatte uns beleidigt, und so verdiente er diese kräftige Zurechtweisung vollständig." — „Und du fürchtest seine Rache nicht?" — „Nein. Ich hoffe, daß er uns nichts wird anhaben können."

Der abgewiesene Freier freilich dachte ganz anders. Er brütete, indem er langsam von dannen ritt, darüber, wie er wohl am besten und sichersten Rache nehmen könne. Und zufälliger Weise schien sich ihm sehr schnell eine vortreffliche Gelegenheit dazu zu bieten.

---

## 27. Kapitel.

Propow hatte das Gut bereits weit hinter sich, und sein Pferd trabte auf grasigem Boden dahin, während rechts und links Büsche standen, die sich hinab nach dem Mückenflusse zogen, da hörte er von der Seite her das Schnauben eines Pferdes, und gleich darauf kam ein Reiter zwischen den Büschen hervor. Es war der Kosakenwachtmeister.

Beide, Propow und der Kosak, kannten natürlich einander, aber sie liebten sich nicht. Sie hatten noch niemals ein Wort über Mila verloren, aber sie wußten, daß sie Rivalen seien — beide trachteten nach ihrer Hand.

Daher machte der Wachtmeister keineswegs ein sehr freundliches Gesicht, als er seinem Nebenbuhler begegnete. Er ergriff vielmehr sofort die Gelegenheit, ihn zu ärgern, und parierte sein Pferd gerade vor demjenigen Propows, sodaß dieser nicht vorüber konnte.

„Was soll das?" fragte der Russe. „Du stellst

dich mir in den Weg?" — "Wo ist hier ein Weg? Jeder kann reiten und anhalten, wo es ihm beliebt. Mit einem so guten Freunde von Peter Dobronitsch mache ich kein Federlesen."

Diese letztere Bemerkung kam dem Russen sehr gelegen.

"Was?" fragte er. "Was soll ich sein? Ein Freund von Peter Dobronitsch?" — "Kannst du es leugnen?" — "Ich leugne es. Ich möchte den sehen, der es mir beweisen kann, daß ich der Freund dieses Menschen bin!" — "So! Aber seine Tochter möchtest du!" — "Mann, wer hat dir das weis gemacht?"

Der Wachtmeister betrachtete Propow mit mißtrauisch forschenden Blicken. Ein schadenfrohes Lächeln glitt über sein Gesicht.

"Das braucht mir niemand weis zu machen. Das sehe ich ja. Denkst du, ich habe die Blicke nicht bemerkt, mit denen du das Mädchen verschlingst, wenn du bei ihm bist?" — "Das hast du dir nur eingebildet. Es fällt mir gar nicht ein, an diese Dirne zu denken. Ihr Vater könnte sie mir anbieten, ich möchte sie doch nicht!"

Propow sagte das in zornigem Tone, und seine Miene war dabei so aufrichtig grimmig, daß der Wachtmeister erkannte, daß der Mann jetzt die Wahrheit sprach. Er nickte leise vor sich hin, betrachtete ihn abermals lächelnd und versetzte:

"Sergius Propow, du hast ja einen neuen Rock an! Und Handschuhe dazu! Es scheint heute ein sehr feierlicher Tag für dich zu sein, ich glaube gar, du bist auf der Brautschau gewesen! Nicht wahr, du hast die Mila haben wollen und hast sie nicht bekommen?" — "Was geht es dich an! Wenn du mir nicht Platz machen kannst, suche ich mir einen anderen Weg."

Propow wollte den Wachtmeister umreiten, dieser aber ergriff ihn beim Arme und hielt ihn fest.

"Halt! So schnell kommst du nicht fort von mir! Wo willst du hin?" — "Ueber den Fluß hinüber, nach

M. E.

Hause." — „Ich reite mit und begleite dich bis zum Flusse."

Jetzt ritten beide Männer nebeneinander in der Richtung, die Propow ursprünglich verfolgt hatte. Der Wachtmeister beobachtete diesen eine Weile verstohlen von der Seite, dann fragte er:

„Hatte ich recht? Du warst bei Peter Dobronitsch, und er hat dir seine Tochter abgeschlagen?" — „Was soll ich es leugnen! Er wird es ja allüberall erzählen." — „Also doch! Was hat er denn eigentlich für Gründe, dich abzuweisen, angegeben? Du bist doch ein reicher, und noch dazu ein reputierlicher und angesehener Mann." — „Ich möchte allerdings wissen, wer gegen meinen guten Ruf etwas einzuwenden hätte." — „Auch von Gestalt und Ansehen gut und sehr wohl erhalten."

Der Russe warf einen mißtrauischen Blick auf den Kosaken, antwortete aber, als dieser letztere eine sehr ernste Miene zeigte:

„Wenigstens denke ich, daß ich kein Scheusal bin." — „Nein, das bist du nicht. Du kannst mit deinem Aeußeren vollkommen zufrieden sein. Und was dein Gemüt und deinen Verstand betrifft, so kannst du dich getrost mit einem jeden vergleichen. Ein Dummkopf bist du nicht." — „Aber gerade einen Dummkopf hat mich der Peter Dobronitsch genannt." — „Ah! Wirklich? Einen Mann von den Geistesgaben, die du besitzt! Hält er sich etwa für gescheiter und klüger als du? Der Esel!"

Propow glaubte wirklich, daß der Kosak es aufrichtig meine. Darum gestand er in seinem Grimme:

„Ich könnte dir noch viel mehr sagen. Wenn ich nicht ein treuer Sohn der Kirche wäre, dem Demut und Vergebung als schöne Tugenden gelten, so hätte ich alle Veranlassung, diesem Menschen Rache zu schwören. Jetzt könnte er mir sein Mädchen an den Hals werfen, ich möchte es nicht. Ich bereue es überhaupt, um die Hand dieses eingebildeten Dinges angehalten zu haben. Ich weiß, daß du ihr auch gut bist, und stehe dir nicht mehr

M. E.

im Wege. Ich will sie dir überlassen. Du kannst nun um sie anhalten." — „Das werde ich freilich bleiben lassen." — „So! Warum?" — „Weil — nun, weil sie mir gesagt hat, daß sie mich nicht mag." — „Donnerwetter!" rief Propow mit schlecht verhehlter Schadenfreude. „Ist das wahr?" — „Würde ich es sonst erzählen? Es ist ja eine Schande für mich! Wir sind also beide abgewiesen worden und sollten uns verbinden, um gemeinschaftlich Rache zu nehmen." — „Rache? Nein, die will ich nicht. Ein guter Christ ist nicht rachsüchtig; aber er wird der Gerechtigkeit Gottes auch nichts in den Weg legen. Das kann ich sagen." — „Nun, das ist ganz dasselbe. Streiten wir uns nicht über leere Worte! Hier hast du meine Hand. Wollen von heute an Freunde sein und fleißig nachdenken, wie wir uns rächen können!"

Der Wachtmeister hielt dem Russen die Hand hin. Dieser schlug ein und entgegnete:

„Recht hast du. Nachsicht wäre hier nur eine Sünde. Wir wollen uns verbinden, und es müßte doch mit dem Teufel zugehen, wenn wir nicht einen Weg entdeckten, auf dem wir zum Ziele gelangen." — „Ich glaube, daß dir ein solcher Weg bereits bekannt sein wird. Hat Peter Dobronitsch dich niemals bezüglich der armen Leute zu seinem Vertrauten gemacht? Ich dachte immer, daß du ein heimlicher Helfershelfer von Peter seist." — „Das ist mir niemals eingefallen." — „So weißt du in dieser Beziehung wirklich nichts, gar nichts von ihm?" — „Nichts. Ich ahne zwar, daß er den Flüchtlingen Hülfe gewährt, etwas Sicheres darüber aber habe ich niemals erfahren können." — „So, so! Nun, es soll nicht lange dauern, so werde ich den Kerl fangen. Heute zum Beispiel war Alexius Boroda, der berüchtigte Zobeljäger, bei ihm."

Der Kosak erzählte Propow jetzt den Vorgang im Gehöft des Bauern Dobronitsch, natürlich so, daß kein schlechtes Licht auf ihn selbst fiel. — „Er ist," fuhr er dann fort, „nachdem er mir entwischte, gar nicht weit geritten, denn ich fand mein Pferd bereits nach einer Viertelstunde. Das kluge Tier war ganz einfach dahin zurückgelaufen, wo es mich verlassen hatte." — „Hm! Da kommt mir ein Gedanke, der vielleicht nicht übel ist.

Der Boroda hat dein Pferd nur so weit benutzt, als es nötig war, aus deiner Nähe zu kommen, und ist noch hier. Willst du ihn nicht fangen?" — „Welche Frage! Es sind tausend Rubel auf sein Ergreifen gesetzt." —

M. E.

„Die kannst du dir verdienen." — „Ich will es versuchen. Mein Plan ist bereits fertig." — „Darf ich ihn erfahren?" — „Ich habe nun einmal Vertrauen zu dir gefaßt; darum will ich nicht hinter dem Berge halten. Ich weiß, daß Boroda bei Peter Dobronitsch zu finden ist. Er ist gekommen, um sich von dem Bauer Hülfe zu holen, und kommt, da du ihn dabei erwischt und vertrieben hast, wieder." — „Ganz gewiß!" — „Aber nicht am Tage." — „Das wird ihm einfallen! Er schleicht sich in der Nacht herbei; das ist sicher." — „Richtig! Und das giebt eine vortreffliche Gelegenheit, auch Dobronitsch zu bestrafen." — „Wir haben die gleiche Ansicht, und so denke ich, daß unsere Vermutung uns nicht täuschen wird. Er soll nur kommen. Ich werde ihn empfangen. Meine Maßregeln werden gut getroffen sein. Ich lege meine Kosaken in den Hof. Wenn er dann erscheint, ergreifen wir ihn." — „Wenn du dich mit zwanzig oder dreißig Kosaken in das Gut legtest und Posten ausstelltest, denkst du, daß er das nicht merken würde? Nein, sobald du den Hof förmlich besetzt, wirst du ihn nicht fangen." — „Wie soll ich es aber dann thun?" — „Heimlich, mit größter Vorsicht. Peter Dobronitsch würde ihm sonst sicherlich ein Zeichen geben, daß Gefahr vorhanden ist. Dobronitsch darf also selbst nicht wissen, daß sein Hof bewacht ist." — „Du, dieser Einfall ist nicht übel!" — „Siehst du! Ich denke mir, daß Boroda heimlich sich herbeischleichen wird. Kennst du die kleine Kammer, hinter deren Fenster das Licht zu brennen pflegt?" — „Ja. Dobronitsch stellt dort Essen und Trinken hin." — „Natürlich wird Boroda mit Dobronitsch reden wollen. Wie aber gelangt er zu ihm?" — „Hm! Vielleicht durch eine offene Thür?" — „O nein, sondern eben durch das offene Fenster. Boroda steigt durch dieses in das Kämmerchen. Befindet er sich dann einmal im Inneren des Hauses, so ist es ihm leicht, Dobronitsch zu wecken und mit ihm zu sprechen." — „Ah, dabei sollte ich sie erwischen! Aber wie dies anfangen?" — „Da laß mich nur sorgen! Ich kenne das Haus. Neben dem Kämmerchen, auf dessen Fenster die Nahrung für die ‚armen Leute' gestellt wird, liegt die Räucherkammer, in der alles Fleisch und die Fischvorräte für den Winter geräuchert werden. Da hinein stecken wir uns." — „Uns? Du willst auch mit?" — „Natürlich. Du mußt bedenken, daß du den Boroda nicht allein bezwingen kannst." — „Ich würde einige Kosaken mit hinein in das Räucherkämmerchen nehmen." — „Es ist nur für zwei Personen Platz, und du müßtest mit ihnen teilen. Wir zwei aber sind Mannes genug, Boroda zu überwältigen; wir werden uns gut bewaffnen, und dann gehört die ganze Summe dir." — „Wenn es so ist, so bin ich vollständig einverstanden. Ich sehe ein, daß du ein tüchtiger Kerl bist, und freue mich, Vertrauen zu dir gefaßt zu haben!" — „O, du wirst mich noch viel besser kennen lernen, Wachtmeister! Vor allen Dingen müssen wir uns besprechen, wann und wo wir uns treffen." — „Wann? Natürlich heute abend." — „Das versteht sich ganz von selbst, denn bereits heute abend, nicht aber später, wird dieser Boroda zurückkehren." — „Ja, und zwar denke ich, daß er nicht warten wird, bis die Nacht vergangen ist. Darum dürfen auch wir uns nicht zu spät einstellen." — „Ich bin kurz nach Eintritt der Dunkelheit bereit." — „Ich auch." — „Aber wo finden wir uns?" — „Hm, natürlich an einem Orte wo wir nicht gesehen werden können, also nicht zu nahe an der Wohnung des Bauers." — „Das denke ich auch. Es muß an einer Stelle sein, die leicht zu finden ist, die aber auch ein gutes Versteck bietet." — „Die riesige Pechtanne, die am Felsen steht, wenn man von hier hinab nach dem See geht, würde sich am besten dazu eignen. Kennst du sie?" — „Natürlich! Es ist der größte Baum wohl hundert Werst in der Runde." — „Also dort, eine Stunde nach Einbruch der Dunkelheit, das wird ungefähr neun Uhr sein, wollen wir uns treffen." — „So laß uns scheiden. Da ist der Fluß. Ich will hinüber. Ich habe zu Hause noch mehreres zu besorgen und muß mich sputen, wenn ich zur rechten Zeit bei der Tanne sein will." — "Laß mich nicht warten! Und bringe dein Pferd nicht mit zur Tanne, sondern binde es vorher irgendwo an. Es könnte uns verraten."

Die beiden Männer waren am Ufer des Mücken=flusses angekommen, der hier, kurz vor seiner Vereinigung mit dem Baikalsee, eine ziemliche Tiefe und Breite besaß. Ein Sibirier fürchtet sich zwar keineswegs, durch einen Fluß zu reiten, immerhin aber wird man naß dabei und sucht dies möglicherweise zu vermeiden, und deshalb hatte Peter Dobronitsch, dem der Grund und Boden gehörte, da hier in dieser wenig belebten Gegend eine Brücke nicht anzubringen war, eine Fähre gebaut, die aus einem kräftigen, fest zusammengezimmerten Flosse bestand, das an einem Seile von einem Ufer zum anderen lief. Dieses Seil war hüben und drüben an dem hohen, felsigen Ufer befestigt.

Propow ritt auf dieses Floß und stieg dann vom Pferde, um sich am Seile hinüberzuziehen. Doch er hatte die Mitte des Stromes noch nicht erreicht, da wurden drüben zwei Reiter sichtbar, die, wie es schien, ebenfalls die Fähre benutzen wollten, um herüber zu kommen.

Der Kosak war nicht umgekehrt, sondern hielt am linken Ufer des Flusses, um Achtung zu geben, wie sein Verbündeter das rechte Ufer erreichen werde. Als er die beiden Reiter sah — als Grenzwächter hatte er die Ver=pflichtung, auf alles zu achten — beschloß er, da das Mißtrauen ihm zur zweiten Natur geworden war, sofort, zu warten, bis dieselben herüberkommen würden.

Jetzt langte Sergius Propow drüben an. Er kannte den einen der Reiter sehr gut.

"Gisa, du bist es?" begrüßte er ihn. "Wie kommst du hierher?"

Es war wirklich Gisa, der alte Tunguse, den Kar=pala ihrem Geliebten als Führer nach dem Mückenflusse mitgegeben hatte. Der andere war Georg Adlerhorst.

der flüchtige Kosak Nummer Zehn. Er trug jetzt nicht die Uniform, sondern ein tungusisches Gewand, das Gisa ihm unterwegs verschafft hatte.

„Ja, ich bin es," antwortete letzterer. „Wie geht es dir, Sergius?" — „Sehr gut. Doch was willst du so allein oder vielmehr nur zu zweien hier am Mücken= flusse?" — „Ich will zu Peter Dobronitsch. Ich führe diesen Herrn zu ihm." — „So, so! Was will er denn bei Dobronitsch?" — „Brüderchen, wir haben nicht viel Zeit zum Plaudern. Du wirst es noch erfahren, wenn du zu Peter Dobronitsch kommst. Du bist ja ein guter Freund von ihm." — „Gewesen!" — „Brüderchen, Brüderchen! So hast du dich mit ihm vereinigt? Weshalb denn?" — „Das wirst du erfahren, wenn du zu ihm kommst. Auch ich habe keine Zeit zum Schwatzen übrig. Lebewohl!" — „Sage mir erst, wer da drüben am anderen Ufer hält! Meine alten Augen sind schwach. Es ist ein Reiter. Er sieht aus wie ein Kosak." — „Er ist auch einer, und zwar der Wachtmeister Wassilij von der oberen Stanitza. Fürchtest du dich vor ihm?"

Die Frage war in mißtrauischem Tone ausgesprochen worden, denn Gisa hatte sein Gesicht nicht in der Gewalt gehabt, und es war, als er den Namen des Wacht= meisters gehört, ein leiser Schreck über seine Züge ge= gangen, was Propow wohl bemerkt hatte.

„Fürchten?" fragte jetzt Gisa. „Warum soll ich mich vor diesem Wachtmeister fürchten?" — „Weiß ich es? Es war mir ganz so, als ob es dir nicht lieb sei, daß er sich da drüben befindet." — „O, es ist mir sogar sehr lieb." — „Bist du etwa ein Freund von ihm?" — „Du weißt, daß ich überhaupt keines Menschen Feind bin." — „Ja, aber der allerbeste Freund bist du wohl den ‚armen Leuten', Brüderchen." — „Wer hat das gesagt?" — „Jedermann spricht davon." — „Da irrt man sich sehr." — „O nein, dein Herz ist eben zu weich und zu gut. Nimm dich ja in acht, und jetzt lebe wohl!"

Mit diesen Worten schwang Propow sich auf sein

Der Kosak betrachtete die Ankommenden mit argwöhnischen Blicken. (Seite 372.)

Pferd und ritt davon, aber nicht ohne vorher Georg Adlerhorst noch einmal genau betrachtet zu haben.

„Ein gefährlicher Mensch!" sagte Gisa zu letzterem. „Aber er macht mir keine Sorgen. Wenn ich Bedenken hege, so ist es nur wegen des Kosaken da drüben. Er ist ein tüchtiger Grenzer, Tag und Nacht im Sattel, unermüdlich, listig, falsch, heimtückisch und dabei sehr freundlich ins Gesicht." — „Wollen wir etwa so lange warten, bis er da drüben fort ist?" — „Wie du denkst." — „Ich halte es nicht für gut. Wenn wir hier warten, glaubt er, wir haben Veranlassung, ihn zu fürchten. Da wird er gerade erst recht nicht weichen." — „Das ist wahr. Aber er wird mit dir sprechen und dich ausfragen, mein Söhnchen. Was willst du antworten?" — „Daß ich ein Bauer aus der Gegend von Jekaterinburg bin und mich hier ankaufen will." — „Hast du denn eine Reise-Erlaubnis?" — „Das laß nur meine Sorge sein." — „Ganz wie du willst! Also du meinst, daß wir hinüberfahren?" — „Auf alle Fälle."

Die Männer stiegen nun von ihren Pferden und führten dieselben auf das Fährfloß, mit dem sie sich an Seilen nach dem jenseitigen Ufer zogen. Dort hielt der Kosak noch immer und betrachtete die beiden Ankommenden mit argwöhnischen Augen.

---

## 28. Kapitel.

Gisa hatte zu Propow gesagt, daß seine Augen schwach geworden seien.

Das war nicht wahr. Er sah sehr scharf. Er hatte den Wachtmeister sofort erkannt und sich durch die Erkundigung nur überzeugen wollen, ob er wirklich richtig gesehen habe. Als sie jetzt die Fähre angebunden und ihre Pferde wieder bestiegen hatten, um die jenseitige Uferböschung hinanzureiten, nahm er eine möglichst unbefangene Miene

M. E.

an. Auch Georg von Adlerhorst zeigte nicht die mindeste Spur von Besorgnis oder gar Angst in seinem Gesicht. Selbst wenn entdeckt wurde, daß er ein entflohener Gefangener sei, befürchtete er nicht, ergriffen zu werden, denn er getraute sich, es mit einer ganzen Zahl von Verfolgern aufzunehmen. Vor dem einen, dem Wachtmeister, war ihm aber gar nicht bange.

Das Gesicht dieses letzteren schien freilich nichts Gutes verheißen zu wollen. Der Blick, den er auf Georg richtete, war so scharf und forschend, daß kein gutes Resultat dieser Betrachtung zu erwarten war.

„Du hier?" wandte er sich an Gisa. „Was suchst du schon wieder hier am Mückenflusse?" — „Was ich hier suche?" antwortete der Gefragte in scherzhaftem Tone. „Mücken natürlich. Was soll man sonst am Mückenflusse suchen!" — „Hm! Vielleicht befinden sich die Mücken, die du finden willst, nur in deinem Kopfe." — „So? Na, ein jeder hat einige Mücken in seinem Kopfe. Dir wird es auch nicht daran fehlen." — „Schweig'," herrschte der Wachtmeister ihn an. „Mit einem Kosakenunteroffizier Seiner Majestät des Zaren von Rußland spricht man nicht in einem solchen Tone. Ich frage dich also nochmals, was du am Mückenflusse willst. So viel ich weiß, lagert ihr jetzt in Platowa." — „Meine Stammesgenossen sind allerdings dort; ich aber befinde mich hier, wie du siehst. Oder bin ich etwa kein freier Mann? Darf ich nicht dahin reiten, wohin es mir beliebt?" — „Das darfst du, allerdings für deine eigene Person. Aber andere sind nicht frei. Sie dürfen nicht thun, was ihnen beliebt." — „Das geht mich nichts an!" — „Es geht dich doch etwas an. Wer mit verdächtigen Menschen reitet, macht sich selbst verdächtig." — „Davon weiß ich nichts. Es befindet sich doch nur dieser Herr bei mir. Ist er verdächtig?" — „Herr? Ein Herr soll er sein?" lachte der Wachtmeister höhnisch. „Willst du mich täuschen?" — „Fällt mir nicht ein!" — „Nun, so hat er dich selbst getäuscht."

M. E.

Der Wachtmeister drängte mit diesen Worten sein Pferd an dasjenige Georgs heran, sodaß dieser sich nur nach dem Flusse zu wenden konnte, schnitt ihm also den Fluchtweg nach dem Land ab und fragte ihn:

„Darf ich vielleicht erfahren, wer du bist?" — „Warum nicht? Ich bin Kaufmann und Ackerbauer." — „Woher?" — „Von Jekaterinburg." — „Wie ist dein Name?" — „Skobeleff." — „Donnerwetter! Da hast du ja einen sehr berühmten Namen! Aber wenn du meinst, daß ich dich nicht kenne, da täuscht du dich." — „Es ist möglich, daß du mich einmal in Jekaterinburg gesehen hast." — „Dort? O nein. Ich wurde vor einiger Zeit von meinem Sotnik nach Platowa gesandt, um dem Rittmeister dort einen Brief zu überbringen. Da habe ich dich gesehen. Ich saß in der Schenke, und du gingst vorüber. Man zeigte dich mir und erzählte mir, daß du Karpala, die Tochter des Fürsten der Tungusen, errettet hättest. Du bist ein Kosak." — „Ich — ein — Kosak!" rief Georg im Tone des größten Erstaunens. „Habe ich denn die Gesichtszüge eines sibirischen Kosaken? Meine Züge sind europäisch, und Europäer werden bei euch nur als Offiziere eingereiht. Wäre ich ein Kosak, so müßte ich also Offizier sein, und dann würde ich mich nicht so geduldig von dir verhören und einen Lügner nennen lassen." — „Brüderchen, ereifere dich nicht. Es giebt noch andere Leute, die Europäer sind, ohne Offizier zu sein, nämlich die Verbannten, die zum Dienste eingereiht werden. So einer bist du." — „Darüber möchte ich fast lachen!" — „Das Lachen wird dir schnell vergehen. Du trägst nicht einmal einen Namen, sondern hast nur eine Nummer. Du bist niemand anders, als Nummer Zehn."

Bis jetzt hatte Georg in gleichgültigem Tone gesprochen. Jetzt aber brauste er auf:

„Ich habe geglaubt, daß du dir einen Scherz machen willst. Nun aber sehe ich, daß es wirklich dein Ernst ist. Das verbitte ich mir!" — „Oho! Verbitten!

M. E.

Was fällt dir ein! Wenn du mir so kommst, so spreche ich in einem anderen Tone. Du bist mein Gefangener. Ich arretiere dich, und du wirst mich nach der Staniza begleiten."

Staniza werden die befestigten Dörfer der Grenz= kosaken genannt. War Georg einmal dort, so war eine Fortsetzung seiner Flucht unmöglich. Er griff also nach seiner Waffe in die Tasche. Da sagte Gisa, der Tunguse, der das bemerkte und den Versuch machen wollte, den ihm anvertrauten Mann lieber durch List als durch eine Gewaltthätigkeit frei zu machen, zu dem Kosaken:

„Brüderchen, du irrst dich wirklich. Ich kann es versichern." — „Du? Auf deine Versicherung kann ich gar nichts geben." — „Nicht? Nun so will ich dir einen anderen Mann nennen, dessen Wort mehr gelten wird, Peter Dobronitsch. Er kennt diesen Herrn. Frage meinen jungen Begleiter selbst. Er hat es mir gesagt."

Das war ein Fingerzeig, den Gisa Georg gab. Dieser sah sofort ein, daß er sich auf Peter Dobronitsch berufen müsse. Was aber würde der Bauer dazu sagen, der ja von gar nichts wußte? —

Der Kosak lachte höhnisch auf.

„Dieser Peter Dobronitsch kann ihn freilich kennen," erwiderte er. „Jedenfalls hat er ihn in Platowa ge= sehen und wird aussagen müssen, daß er der Kosak Nummer Zehn ist." — „Er wird mich legitimieren als den Kaufmann Skobeleff aus Jekaterinburg." — „Schweig'! Was geht mich Dobronitsch an! Ich habe keine Zeit. Du reitest mit mir direkt nach der Staniza."

Da richtete Georg sich im Sattel auf, blickte den Kosaken drohend an und fragte:

„Kennst du die Gesetze und deine Instruktionen? Wenn ich dir sage, daß Peter Dobronitsch mich legitimieren wird, so hast du mich zu ihm zu begleiten. Verstanden?" — „Wenn es mir gefällig ist. Da es mir aber nicht beliebt, so werde ich es nicht thun. Vorwärts!"

Der Wachtmeister ergriff die Zügel von Georgs Pferd.

M. E.

„Weg mit der Hand!" gebot nun dieser. — „Oho, Bürschchen! Wenn du mir so kommst, werde ich dich fesseln." — „Versuche es! Siehe hier!"

Georg zog eine Pistole aus der Tasche und hielt sie dem Kosaken entgegen. Der Wachtmeister ließ sofort die Zügel los und wollte nach seinem Gewehre greifen, da aber donnerte Georg ihn an:

„Halt! Keine Bewegung, sonst schieße ich!"

Da ließ der Kosak die erhobene Hand schnell wieder sinken und rief erschrocken:

„Mensch, was fällt dir ein? Du hast die Waffe gegen mich erhoben! Weißt du, was das heißt?" — „Jawohl! Das heißt, daß ich dich sofort niederschießen werde, wenn du es wagst, nochmals nach deinem Gewehre zu greifen."

Das imponierte dem Kosaken. Er fluchte:

„Himmeldonnerwetter! Das kann dich den Kopf kosten." — „Meinetwegen! Also vorwärts, zu Dobronitsch!"

Die drei Männer setzten sich in Bewegung, der Kosak neben Georg vorneweg und der Tunguse hinterher. Dieser letztere blieb absichtlich immer mehr zurück. Da rief der Wachtmeister ihm zu:

„So beeile dich doch, wenn du mit uns fortkommen willst. Ich habe keine Zeit." — „Ich kann nicht so schnell fort. Mein Pferd ist lahm." — „So komm' langsam nach. Ich habe keine Lust, auf dich zu warten."

Das hatte Gisa beabsichtigt. Seine List war ihm gelungen. Er ließ die beiden Voranreitenden hinter einem Buschwerk verschwinden und wandte sich dann schnell zur Seite, von der bisherigen Richtung ab.

Nun zeigte es sich, daß sein Pferd keineswegs lahm war, denn in gestrecktem Galopp ritt er einen Bogen und jagte sodann auf das Gut zu, bei dem er vor den beiden ankam.

Als Peter Dobronitsch, der vor dem Wohnhause stand, den Reiter erblickte, rief er:

„Gisa, du? Willkommen! Was führt dich schon

so bald wieder zurück? Was giebt es denn?" — „Ich bringe dir einen Flüchtling, den Kosaken Nummer Zehn aus Platowa. Karpala sendet ihn. Am Flusse hat der Wachtmeister Wassilij ihn arretiert, da hat der Kosak sich für einen Kaufmann und Ackerbauer aus der Umgegend von Jekaterinburg ausgegeben und gesagt, daß du ihn kennst." — „Schön! Wie soll er denn heißen?" — „Skobeleff, ein Verwandter des Generals." — „Und sein Vorname?" — „Den hat er gar nicht genannt." — „Ich werde ihn Iwan nennen." — „Wie es dir gefällt. Nun aber muß ich wieder fort." — „Wie kommt es, daß du nicht mit arretiert bist?" — „Ich habe gesagt, mein Pferd geht lahm; darum blieb ich zurück. Nun reite ich wieder fort und komme später nach. Aber, fast hätte ich es vergessen. Der Flüchtling ist Edelmann, und Karpala liebt ihn."

Damit jagte Gisa wieder von dannen. Als nun der Bauer schnell in das Haus treten wollte, stand plötzlich Mila hinter ihm. Sie hatte die letzten Worte gehört.

„Karpala liebt ihn?" fragte sie verwundert. „Wen denn?" — „Einen Gefangenen, den der Wachtmeister jetzt bringen wird!" — „Mein Gott! Ist das möglich! Väterchen, liebes Väterchen, da müssen wir ihn retten!" — „Natürlich! Komm' schnell herein! Ich muß dich und die Mutter instruieren."

Nach kurzer Zeit kam der Wachtmeister mit Georg angesprengt, der noch immer das gespannte Pistol in der Hand hielt, denn wenn er es eingesteckt hätte, so wäre der Kosak sicher so klug gewesen, nun seinerseits zur Waffe zu greifen und ihm zuvorzukommen.

„Heda!" rief der Wachtmeister. „Peter Dobronitsch! Heraus mit dir!"

Anstatt des Genannten aber kam Mila, seine Tochter.

„Was willst du?" fragte sie. — „Ist dein Vater daheim?" — „Ja, er ist in seiner Stube." — „So rufe ihn! Ich habe mit ihm zu reden." — „Gleich! Aber heilige Antonia! Ist's möglich? Sehe ich recht? Das

M. E.

ist ja unser guter Iwan Skobeleff. Oder irre ich mich?"

Georg war ganz erstaunt, Mila in dieser Weise sprechen zu hören. Doch ließ er seine Verwunderung nicht merken, sprang vom Pferde, eilte auf sie zu, reichte ihr beide Hände und antwortete:

„Natürlich bin ich es, liebes Schwesterchen, natürlich! Du kennst mich also noch?" — „Ja. Wie könnte ich dich vergessen haben! Und auch du erkennst mich sogleich?" — „Das versteht sich. Wer das schöne Gesichtchen von Mila Dobronitsch einmal gesehen hat, der kann es nie vergessen."

Georg kannte zum Glück ihren Namen, da Gisa von ihr gesprochen hatte. Auch hatte er es ihr sofort angesehen, daß sie die Tochter sei, und ferner hatte der Kosak nach ihrem Vater gefragt, also war kein Irrtum möglich.

„So komm' nur gleich herein, komm'!" entgegnete sie und wollte ihn mit sich fortziehen.

Da aber sagte der Wachtmeister, der mit finsterem Blicke zugesehen hatte:

„Halt! So schnell geht das nicht. Dieser Mann ist mein Gefangener. Er ist ein Flüchtling." — „Was fällt dir ein? Ich kenne ihn viel besser! Er ist unser liebes Freundchen Iwan Skobeleff. Das weiß ich ganz genau." — „Beweise es!" — „Beweisen? Wie soll ich das beweisen? Komm' her, Mütterchen. Kennst du ihn?"

Jetzt war die Bäuerin aus der Thür getreten. Auch sie spielte ihre Rolle sehr gut. Sie streckte Georg die Hände entgegen und sagte, indem ihr gutes Gesicht vor Freude glänzte:

„Iwan Skobeleff, mein Herzchen, mein Söhnchen. Du hier? Welch eine Ueberraschung! So etwas konnte kein Mensch vermuten! Wo ist denn mein Väterchen, mein Männchen? Ich muß ihn sofort holen!"

Damit eilte sie in das Haus zurück, und als sie
M. E.

nach wenigen Augenblicken mit dem Bauer wiedergekehrt war, den sie hinter sich herzog, sagte sie:

„Da ist er, da! Nun wirst du es wohl glauben, mein Peterchen!"

Der Bauer machte ein freudig erstauntes Gesicht.

„Bei Gott, er ist es!" rief er. „Ich wollte es nicht glauben. Iwan Iwanowitsch, mein Söhnchen, komm' in meine Arme, komm'!"

Darauf umarmte er Georg, küßte ihm nach der dortigen Sitte Stirn und Wangen und fragte dabei in stürmischer Weise:

„Wie geht es denn deinem Väterchen?" — „Gut!" — „Und dem Mütterchen?" — „Sehr gut. Sie wollen den Jahrmarkt in Platowa abwarten, um manches einzukaufen. Mich aber haben sie vorausgesandt, um euch über ihre Ankunft zu benachrichtigen." — „Was sagst du, Herzchen! Welche Freude, welche Freude das ist! Da sind sie also alle zusammen aufgebrochen, um uns zu besuchen?" — „Nicht eigentlich, Väterchen will sich hier niederlassen." — „Wie herrlich! Will er sich ein Gut kaufen, eine Besitzung erwerben?" — „Ja. Er meint, daß du ihm dabei mit Rat und That beistehen wirst." — „Natürlich, natürlich! Wie mich das freut! Wir sind entzückt, ganz entzückt. Komm' aber nur herein!" — „Ich darf nicht. Der dort hat es mir verboten." — „Der?" fragte der Bauer, indem er nach dem Kosaken hinblickte, auf den Georg gezeigt hatte, und so that, als ob er diesen erst jetzt bemerkte. „Warum nicht?" — „Ich bin sein Gefangener. Er hat mich arretiert. Ich soll ein Flüchtling sein, ein entflohener Kosak Nummer Zehn aus Platowa." — „Wer hat ihm denn das weis gemacht? Sapperment! Bist du toll, Wachtmeister?"

Der Wachtmeister wußte nicht, was er antworten sollte, denn die Art und Weise, in der der angebliche Skobeleff empfangen worden war, bewies zur Evidenz, daß er wirklich derjenige war, für den er sich ausgegeben hatte. Es war klar, daß hier nur eine Aehnlichkeit ob-

M. E.

waltete. Aber auslachen lassen wollte er sich doch nicht. Es gab noch immer einen Grund, den Mann festzuhalten. Darum sagte er, indem er die Brauen finster zusammenzog:

„Von einer Tollheit ist keine Rede. Solche Reden muß ich mir verbitten!" — „Pah! Nimm es mir nicht übel, mein Freundchen, Iwan Skobeleff für einen Flüchtigen zu halten, das ist mir denn doch zu viel!" — „Kannst du mir das Gegenteil beweisen? Ich werde ihn arretieren. Wenn ich es auch aus purer Freundlichkeit einmal gelten lasse, daß er dein Verwandter ist und daß ich mich geirrt habe, so hat er doch die Waffe gegen mich gezogen und gedroht, auf mich zu schießen, auf mich, den Vertreter der kaiserlichen Polizeigewalt. Da muß ich ihn arretieren, und er wird seine Strafe erleiden."

In diesem Augenblick kam Gisa, der zu Fuß war und sein Pferd hinter sich herzog. Auch jetzt spielte der Bauer seine Rolle gut. Er that einige Schritte auf den Nahenden zu und fragte:

„Was ist das? Wer kommt denn da? Ist das nicht Gisa, unser Freundchen? Aber ihr seid erst so kurze Zeit fort von hier. Wie kommt es, daß du bereits wieder hier am Mückenflusse bist?"

Damit reichte Peter Dobronitsch dem Tungusen die Hand und drückte sie herzlich, und auch Frau und Tochter bewillkommneten Gisa freundlich.

„Frage den da," entgegnete dieser, indem er auf Georg von Adlerhorst deutete. „Mit ihm bin ich gekommen. Ich bin sein Wegweiser gewesen." — „Ah, so ist es! Das freut mich sehr! Dafür muß ich dir dankbar sein. Kommt nun herein in das Haus, damit ich euch Speise und Trank vorsetzen kann."

Sie folgten ihm alle. Nur der Wachtmeister blieb, der natürlich wußte, daß die Einladung ihm nicht mit gegolten habe. Ingrimmig gab er seinem Pferde die Sporen, ritt von dannen und brummte unterwegs:

„Verdammtes Volk! Da habe ich mich wieder

M. E.

blamiert! Aber wartet nur! Heute abend werde ich euch alle mit dem Boroda erwischen."

Peter Dobronitsch hatte inzwischen seine Gäste in die Stube geführt und bot ihnen den Willkommentrunk. Dann erzählte er Georg lachend, auf welche verschmitzte Weise Gisa ihn über seinen Begleiter instruiert und ihn selbst und seine Familie zu der gelungenen Komödie veranlaßt habe, mit der sie den Wachtmeister so gründlich getäuscht hatten.

Auch Georg berichtete nun in kurzen Umrissen, was sich bis zu seinem Fortritte in Platowa ereignet hatte. Die Anwesenden hörten ihm aufmerksam zu und erkannten, daß er ein mutiger, hochbegabter Mann sein müsse, da er es gewagt hatte, in dieser Weise mit dem Rittmeister und dem Kreishauptmanne anzubinden.

Als Georg seine Erzählung beendet hatte und er auch mit dem Essen fertig war, reichte Peter Dobronitsch ihm nochmals die Hand und sagte:

„Ich verspreche dir, daß du sicher über die Grenze kommen wirst, so viel an uns liegt. Du wirst dich dabei in zahlreicher Gesellschaft befinden, und der Anführer, dem ihr zu folgen habt, ist ein berühmter Mann, Alexius Boroda, der Zobeljäger." — „Von dem habe ich gehört. Er soll ein so berühmter Jäger sein wie unsere Nummer Fünf. Wann wird er kommen?" — „Er ist bereits da und befindet sich ganz in der Nähe. Doch heute erwarte ich ihn noch nicht. Er wird sich wahrscheinlich bis morgen oder übermorgen verstecken, da er annehmen kann, daß der Wachtmeister heute seine Augen hier offen hält."

Dobronitsch schilderte darauf kurz das Renkontre, das Alexius Boroda und er selbst vorhin mit dem Wachtmeister und dessen Kosaken gehabt hatten, und schloß seinen Bericht mit den Worten:

„Nun aber wirst du mir verzeihen, wenn ich dich bitte, dich in dein Versteck zu begeben. Es sind fast zwei Stunden vergangen, seit der Wachtmeister fort ist.

M. E.

Er könnte doch Anzeige gemacht haben und mit Kosaken zurückkommen, um dich zu holen."

Als Georg nun begann, sich von den Anwesenden zu verabschieden, sagte Mila in bittendem Tone:

„Liebes Väterchen, willst du mir nicht erlauben, daß ich den Herrn führe?" — „Warum du?"

Da flüsterte sie ihm in das Ohr:

„Karpala liebt ihn, und ich möchte so gern mit ihm von ihr sprechen." — „So gehe mit ihm. Du weißt ja alles so genau wie ich."

Natürlich verabschiedete sich Georg mit ganz besonderer Herzlichkeit von seinem Führer Gisa, dem er so sehr zu Dank verpflichtet war, und erhielt von diesem die Zusicherung, daß er ihn in seinem Verstecke besuchen werde. Dann brach Georg mit Mila auf.

---

### 29. Kapitel.

Georg und Mila gingen miteinander an dem Brunnen vorüber und dann zwischen Büschen immer weiter, dem See entgegen. Hier stiegen die Berge höher an, und nach und nach traten sie immer enger zusammen. Sodann gab es eine Art von Schlucht, deren Wände kaum mehr als fünfzig bis sechzig Fuß auseinander steil emporstiegen.

Hier blieb Mila stehen und sagte:

„Wir sind am Ziele." — „Hier? Hier ist das Versteck?" — „Ja. Versuche, ob du es erblickst!"

Georg schaute sich auf das aufmerksamste um; aber es war nichts zu bemerken, was einem Verstecke ähnlich sah. Rechts und links ragten die senkrechten Felsenwände himmelan. An der einen, links, stand eine Tanne, wie Georg kaum jemals eine in seinem Leben gesehen hatte. Sie war ganz gewiß über hundert Fuß hoch, eine sogenannte Pechtanne, und von ungeheurem Umfange. Ihre

M. E.

unteren Aeste waren nur fünf Fuß vom Boden entfernt. Ueberhaupt war sie so dicht beästet, daß man den Stamm gar nicht sehen konnte.

„Nun," sagte Mila, „siehst du etwas?" — „Nein." — „So komm'!"

Mila blickte sich vorsichtig um, um zu sehen, ob vielleicht ein heimlicher Beobachter sich in der Nähe befinde, dann trat sie, als sie sich überzeugt hatte, daß dies nicht der Fall sei, zum Baume, wies nach dessen Wipfel und sagte: „Wir müssen dort hinauf!" — „Aber du, du wirst doch nicht auch da hinaufklettern wollen!" fragte Georg. — „Warum nicht?" entgegnete sie unbefangen, indem sie mit den beiden Händen nach einem der untersten Aeste emporgriff. „Meinst du etwa, daß ich nicht die Kraft dazu habe? Paß' auf!"

Jetzt fiel es Georg ein, daß die Frauen jener Gegend da sie sehr viel reiten und gerade so wie die Männer im Sattel sitzen, unter ihren Röcken stets Männerhosen tragen. Daran hatte er nicht gedacht und mit seiner Frage also eine Dummheit ausgesprochen.

Mit einem kräftigen Rucke hatte sich Mila inzwischen wie ein Turner auf den Ast geschwungen, und Georg folgte ihr.

Man konnte auf dem engen Gezweig wie auf Stufen oder Leitersprossen emporsteigen. In der Nähe des Stammes hatten die Aeste keine Nadeln, sodaß es also auch in dieser Beziehung keine Hindernisse gab. Die Tanne war mit einem riesigen, grün ausgeschlagenen Turm zu vergleichen, in dessen Innerem es anstatt der Treppe unzählige übereinander gefügte und sich vielfach durchkreuzende Aeste gab.

So stieg Mila voran, und Georg folgte ihr, höher und immer höher. Einige Male ruhten sie, denn der Aufstieg war freilich nicht so bequem wie auf einer Treppe.

Sie mochten wohl gegen siebzig Fuß emporgestiegen sein, da hielt Mila an und sagte:

„Jetzt sind wir fast da. Nun schau dich einmal um!"

M. E.

Georg entsprach dieser Aufforderung. Doch er sah nichts als den Stamm der Tanne, aus dem die Aeste in zahlreichen Quirlen standen, und dann rundum das dichte, undurchdringlich erscheinende Nadelgrün des Baumes.

„So folge mir weiter!" gebot Mila und schritt auf einem starken Aste von dem Stamme rechtwinklig ab nach außen hin. Das war nicht gefährlich, denn in Schulterhöhe gab es einen zweiten Ast, an dem man

M. E.

sich halten konnte, und beide Aeste waren trotz der Höhe noch immer stark genug, um die Last zweier Menschen zu tragen.

Plötzlich kniete Mila nieder, balancierte auf dem Aste, steckte beide Arme in die grüne, dichte Nadelwand und schob dieselbe auseinander.

„Nun, siehst du es nun?" fragte sie. — „Nein."

Georg sah wirklich nichts als eine dunkle Stelle und wußte nicht, was aus derselben zu machen sei.

„So folge mir noch weiter, aber vorsichtig!"

Mila schlüpfte nun durch das mit Nadeln dicht besetzte Gezweig hindurch, während Georg noch drei Schritte auf dem Aste vorwärts schritt und dann ebenfalls in die Nadeln eindrang.

Es war vollständig dunkel um ihn. Schritt er doch gerade vom Stamme des Baumes ab auf dem Aste fort, immer weiter und weiter hinaus, durch Tannengezweig, das ihm in das Gesicht schlug. Jeden Augenblick konnte der Ast zu Ende sein, und er stürzte in die grausige Tiefe hinab.

Da fühlte er sich von Milas Hand ergriffen.

„Halt!" sagte sie. „Jetzt ist's genug. Ich will Licht machen. Warte ein wenig!"

Georg hörte darauf ein Streichholz anstreichen. Dann flackerte ein Flämmchen auf, und dann brannte ein Talglicht, das in einem Leuchter steckte, den Mila in der Hand hielt, und ihr hübsches, rosiges Gesicht blickte ihm lachend entgegen!

Er stand noch immer auf dem unteren Aste, der allerdings schwächer geworden war, hielt sich mit den Händen an dem oberen fest, und als er rechts und links, über sich und unter sich die Zweige der Tanne erblickte, rief er:

„Mein Gott! Worauf stehst du denn?"

Mila befand sich nämlich seitwärts von ihm, und es sah aus, als ob sie in der Luft schwebe.

„Auf festem Boden," antwortete sie. „Versuche es

nur auch! Taste einmal mit den Füßen! Du brauchst dich nicht mehr festzuhalten."

Georg kam ihrer Aufforderung nach und fühlte steinigen Boden.

„Was ist denn das?" fragte er. „Hat man denn auf die Aeste Treppenstufen gelegt?" — „O nein! Von Treppenstufen ist keine Rede. Du bist in unserem Verstecke. In der senkrechten Felsenwand, an die sich die Tanne dicht und fest anlehnt, befindet sich hier oben eine Höhle. Zwei Aeste des Baumes sind in dieselbe hineingewachsen, derjenige, auf dem du stehst, und derjenige, an dem du dich festgehalten hast. Mit Hülfe dieser beiden Aeste bist du in die Höhle gekommen und kannst dich jetzt ruhig auf den steinigen Grund stellen!" — „Ach, das ist allerdings einzig! Das ist wirklich hochinteressant!" — „Nicht wahr? Nun sage mir, ob ein Mensch, der nach unserem Versteck suchen wird, es finden kann?" — „Niemals! Aber wie habt ihr denn diese Höhle kennen gelernt? Natürlich durch einen Zufall?" — „Ja. Ein Tunguse hat sie entdeckt, als er einen Bären verfolgte. Das Tier kletterte auf die Tanne und verschwand hier in der Höhle. Aber komm' weiter!"

Mila schritt mit dem Licht voran, und Georg folgte ihr. Der Gang, in dem sie sich befanden, war vielleicht eine drei Meter lange Felsenspalte, die sich nach oben immer mehr zuspitzte. Sie schien mehr als doppelte Manneshöhe zu haben.

Plötzlich blieb Mila stehen und setzte sich auf einen Stuhl, auf einen wirklichen Stuhl.

Sie hatte bisher die Hand so vor das Licht gehalten, daß er zwar hinten sehen konnte, aber nicht bemerkte, was sich vorn befand. Jetzt gewahrte er, daß die Spalte plötzlich weiter wurde, und als er sich umschaute, sah er, daß er sich in einem Felsengemache befand, in dem ein Tisch mit fünf oder sechs Stühlen stand!

„Nun, wie gefällt es dir hier?" fragte sie. — „Wunderbar," antwortete er. „Wer hätte das gedacht!"

M. E.

— „Du wirst noch mehr sehen. Jetzt aber vor allen Dingen muß ich wissen, wer du bist."

Mila griff in eine Nische, nahm ein Buch, ein Tintenfaß und ein Gestell für Stahlfederhalter heraus und stellte oder legte diese Gegenstände auf den Tisch. Dann sagte sie:

„So! Bitte, schreibe deinen Namen ein!" — „Gern, zeig' her!"

Georg setzte sich auf den Stuhl, öffnete das Buch, zog das Licht näher herbei und begann, in dem Buche zu blättern. Welche Namen standen da! Fürsten und Grafen, Gelehrte und Ungelehrte, Künstler und Handwerker hatten sich hier eingetragen, und daneben waren Bemerkungen und Reime in den verschiedensten Sprachen aufgezeichnet.

Auch der junge Mann trug unter den letzten der Namen den seinen ein.

Wie erstaunte er, als Mila jetzt das Buch nahm und, nachdem sie kaum hineingeblickt hatte, laut und deutlich las: „Georg von Adlerhorst!" — „Wie? Du kannst Deutsch lesen?" fragte er. „Wer hat es dich gelehrt?" — „Meine Mutter. Sie ist eine Deutsche, bei Königsberg geboren. Sie wird sich wundern und herzlich freuen, wenn sie erfährt, daß du ein Landsmann von ihr bist. Aber jetzt sind wir hier fertig. Folge mir weiter!"

Damit ergriff Mila das Licht, führte den Flüchtling weiter in den Gang hinein, der sich nach einer kleinen Weile abermals verbreiterte und ein bedeutend größeres Gelaß zu bilden schien, und sagte:

„Ich werde die Lampe anbrennen. Bitte, mache einmal die Augen zu!"

Er that ihr den Willen und sah nun, daß er sich in einer Bibliothek befand! Ja, wirklich in einer Bibliothek! Der Raum war ziemlich genau viereckig. An den vier Seiten ragten gefüllte Büchergestelle fast bis zur hohen Decke empor, und mehrere Tische und Bänke boten zahl=

reichen Lesern bequemen Raum zur Benutzung der Bücher. In der Mitte aber hing eine große Petroleumlampe von der Decke hernieder, deren Licht den Raum so erleuchtete, daß man überall lesen konnte.

„Aber Mila!" rief Georg. „Ist denn so etwas möglich! Oder träume ich?" — „Ja, du siehst, daß wir uns Mühe geben, es unseren heimlichen Gästen so angenehm wie möglich zu machen. Väterchen hat das alles zusammengezimmert und in den einzelnen Teilen vorher heraufgeschleppt. Es kommt vor, daß so ein armer Mann Monate lang hier verbringen muß, bevor sich eine sichere Gelegenheit zum Entkommen findet. Da kannst du dir denken, welchen Wert diese Bücher für ihn haben." — „Natürlich kann ich mir das denken. Aber wer ernährt einen solchen Flüchtling?" — „Wir natürlich! Er erhält täglich mehrere Male Besuch von uns. Wenn aber die Tungusen sich in der Nähe befinden, ist Karpala die Königin dieser Höhle. O, die ist klug! Die hat viel gelernt von den gelehrten Herren, die bereits hier gewesen sind!" — „Mir ist's, als ob ich mich in einem Traume befände!" — „So will ich dir gleich beweisen, daß du wachst. Komm'! Wir wollen weiter gehen!" — „Löschst du nicht das Licht aus?" — „Die Lampe? Nein, die bleibt brennen, denn wir kehren wieder hierher zurück. Folge mir jetzt weiter."

Mila führte darauf Georg noch mehr in den Gang hinein, indem sie ihm mit dem Lichte leuchtete, und nur wenige Schritte hatten sie zu gehen, so gelangten sie abermals in einen Raum, dessen Größe zwar nicht bedeutend, aber desto interessanter für jemand war, der hier längere Zeit im Verborgenen verweilen mußte.

Es roch hier sehr nach Rauchfleisch, und als Mila nun an den Wänden herumleuchtete, sah Georg, daß diese alle ebenso wie die Decke voller Würste, Schinken, Fleisch und geräucherter Fischwaren hingen. Unter letzteren bemerkte man besonders viel riesige Lachse, eine Fischsorte, die sich im Baikalsee sehr häufig findet.

M. E.

Unten standen Fässer, die mit Mehl und anderen zur Speise verwendbaren Dingen gefüllt waren.

„Du siehst, daß unsere Gäste keineswegs gezwungen sind, Hunger zu leiden," sagte Mila. „Ein jeder kann sich nehmen, was ihm beliebt. Doch weiter!"

Sie kamen nunmehr von hier aus in einen weiten, breiten und hohen Raum, dessen ganzer Boden mit Lagerstätten bedeckt war, die aus trockenem Laub bestanden, worauf Felle ausgebreitet waren.

„Ach," sagte Georg, „das ist ja ein wirklicher und gut eingerichteter Schlafsaal!" — „Allerdings. Hier können viele Flüchtlinge schlafen. Die Temperatur ist im Sommer kühl und im Winter warm genug." — „Das ist ja alles ganz vortrefflich! Jetzt fehlt nur noch eine Küche." — „Auch diese ist da, doch sie wird nur benützt, wenn so viele Gäste hier vorhanden sind, daß es für uns beschwerlich sein würde, sie vom Hause her mit warmen Speisen zu versehen." — „Und wie bringt ihr die Speisen herauf?" — „Das will ich dir nachher zeigen. Jetzt werden wir in das Freie kommen."

Mila schritt wieder voran in den Gang hinein, und bald sah Georg Tageslicht schimmern, und dann öffnete sich eine Spalte auf einen ziemlich großen und freien Platz.

Dieser Platz hatte ganz die trichterförmige Gestalt eines vulkanischen Kraters. Die Wände, die mit Bäumen und Sträuchern dicht bestanden waren, gingen steil an, waren jedoch ersteigbar.

Unten am Boden kam links ein kleiner, klarer Quell aus dem Felsen heraus und verschwand dann rechts wieder in dem porösen Gestein.

„Wunderbar!" rief Georg. „Es ist, als ob Gott diesen Ort gerade nur zum verborgenen Aufenthalt für Flüchtige geschaffen hätte." — „So ist es. Besser könnte es gar nicht passen. Es giebt keinen zweiten Ein- oder Ausgang, als nur denjenigen, durch den wir gekommen sind, und ich glaube nicht, daß ein unberufenes Auge

M. E.

ihn so leicht entdecken wird." — „Sicherlich nicht!" — „Von außen sieht man keine Spur von diesem Verstecke. Aber wer hier wohnt, der kann die ganze Umgegend überblicken. Wenn du hier emporsteigst und dich oben im Gesträuch verbirgst, siehst du weit in das Land hinein. Unten am Berge liegt unser Haus, und in der Ferne erblickst du die Stadt. Auf der anderen Seite aber schaust du weit in den See hinein, den man von der großen Tanne aus in fünf Minuten erreichen kann. Du bist also imstande, jeden Feind zu sehen, der sich deinem Aufenthaltsorte nähert."

Nun wies Mila auf ein niedriges Steingemäuer und erklärte:

„Hier ist der Herd, auf dem du kochen, braten und backen kannst. Das Geschirr steht hinter demselben." — „Da ist doch alles vorhanden, was man braucht!" rief Georg, auf das angenehmste erstaunt. „Wie bringt ihr das alles nur herauf?" — „Komm', ich zeige es dir."

Sie waren inzwischen wieder am Eingange angelangt. Dort wies Mila Georg auf eine Seitennische des Ganges. In dieser stand ein Korb, der an einem festen Stricke angebunden war, der um eine Art hölzerne Rolle lief.

„Man hat den Korb hier hinaus zu lassen und dreht dann die Rolle ab," erklärte Mila. „Den Strick behält man, wenn er abgeleiert ist, in der Hand, um fühlen zu können, wenn von unten an demselben gezogen wird. Das ist das Zeichen, daß man den Korb wieder heraufwinden soll. Im Falle aber, daß eines von uns in die Höhle kommt, so steigen wir am Baume herauf und ziehen hier an dem Klingeldraht. Dann hört derjenige, der hier verborgen ist, das Klingeln und kann über unser Erscheinen, da es ihm auf diese Weise angekündigt worden ist, nicht erschrecken." — „Schwesterchen, ich muß dir eingestehen, daß ihr alles auf das vortrefflichste eingerichtet habt!" — „Sicher bist du hier jedenfalls, ganz sicher. Auf alle Fälle wird Väterchen

M. E.

dir heute noch einen Besuch machen, um zu sehen, wie
du dich befindest. Dem kannst du sagen, wenn du noch
einen Wunsch hast. Du bist uns von Karpala empfohlen,
und so werden wir dir so viele Bequemlichkeiten bieten,
wie uns nur irgend möglich ist." — „Thut ihr das
nicht bei einem jeden?" — „Nein, das wäre zu viel
verlangt." — „Warum macht ihr dann gerade bei mir
eine Ausnahme, mein gutes Schwesterchen?" — „Weil
ich durch Gisa weiß, daß sie dich liebt," entgegnete Mila lächelnd. — „Ach, wirklich? Sie liebt
mich?" rief Georg erregt aus. „Wer hat ihm das mitgeteilt?" — „Vielleicht hat sie es ihm selbst gesagt, als
sie dich ihm anvertraute. Jedenfalls hat er dich uns
empfohlen, weil Karpala dich liebt, und weil du sogar ein
Edelmann bist. Nicht wahr, auch du liebst sie von ganzem
Herzen?" — „Ja, von ganzer Seele!" gestand Georg
mit Feuer. — „Hat Karpala dir nicht gesagt, wann sie
hier sein wird?" forschte Mila. „Nein. Aber sie kommt."
— „Auf ihre Ankunft freue ich mich ungeheuer. Doch
lebe wohl, Freundchen, lebe wohl für heute! Morgen sehen
wir uns wieder." — „Ja, behüte dich Gott!"

Sie reichten einander die Hand, und dann gab
Mila Georg das Licht und verschwand draußen im dunklen,
dichten Geäst des Baumes.

Georg aber kehrte in das Innere zurück und hielt
hier genaue Inspektion über alle Räume. Da fand er
noch vieles, was Mila ihm nicht gezeigt hatte. Es war
wirklich für jedes Bedürfnis nach Kräften auf das
trefflichste gesorgt.

Im Lesezimmer löschte er die noch immer brennende
Lampe aus, um das Oel zu sparen, und begab sich hierauf
hinaus in den Krater, in dessen steiler Wand er emporstieg. Die Höhe betrug weit über hundert Fuß.

Als er oben angekommen war, befand er sich auf
der Zinne des Felsens. Niemand konnte von außen
ahnen, daß sich hier im Inneren des Felsens ein so ge-

M. E.

räumiges und vortreffliches Versteck befand. Unter den Sträuchern verborgen, hielt er Umschau in die Ferne.

Er konnte links bis hinüber zum Flusse sehen. Rechts lag in weiter Entfernung die Stadt. Weiterhin schlossen sich Stanitzen an dieselbe an, befestigte kleine Kosakendörfer, zwischen denen die einzelnen Wachtposten mit ihren Feuerzeichen sich befanden.

Georg ging langsam oben auf dem Kamme des Kraters weiter und rund um denselben herum.

Er sah das Baikalgebirge und konnte zwischen den Lücken desselben erkennen, wie die mongolische Wüste sich starr und leer nach Süden zog. Weiter westlich lag der See. Seine Wasser schimmerten wie flüssiges Silber im Sonnenstrahle, und aus dieser silberglänzenden Flut stiegen grüne, bewachsene Inseln auf.

Dort im Westen, aber weit — weit lag die Heimat, das liebe, herrliche, deutsche Vaterland!

Sein Auge wurde feucht. Wie lange, o, wie so lange war er demselben fern gewesen, ein Flüchtling, ein Verbannter!

Er setzte sich nieder, lehnte sein Haupt an einen Felsen und versenkte sich in wehmütige Erinnerungen. Er gedachte seiner Flucht aus der Heimat, des wilden, gefahrvollen Soldatenlebens im Kaukasus, des Herzeleids, das er dort ertragen hatte, und — des einzigen Sternes, der ihm dort erschienen war! —

Ja, er hatte sie geliebt, Zykyma, die Herrliche, und sie ihn auch. Dann aber war ihm plötzlich ein neuer Stern aufgegangen — Karpala, die Liebliche, die wie Schnee Glänzende!

Die Sonne hatte niedergehend die Spitzen des Gebirges erreicht und versank hinter dasselbe. Die Berge begannen lange, tiefe Schatten auf den See zu werfen. Es war Zeit, sich zurückzuziehen.

Da stieg Georg hinab, trank von dem frischen Quell und begab sich nach der Bibliothek. Hier brannte er die Lampe wieder an, suchte sich ein Buch und begann zu lesen.

M. E.

Doch noch nicht lange hatte er dagesessen, so ertönte die Klingel. Rasch erhob er sich von der Bank. Wer mochte es sein? — Jedenfalls Peter Dobronitsch.

Georg hatte sich nicht geirrt.

Der Bauer kam, um ihn nochmals über seine augenblickliche Lage zu beruhigen, ihn wiederholt seines Beistandes zu versichern und ihn zu bitten, heute nacht draußen auf der Tanne sorgsam Wacht zu halten und

M. E.

ihn zu benachrichtigen, falls der Kosakenwachtmeister mit der Schar seiner Leute, wie sicher anzunehmen sei, auf dem Gehöft erscheinen würde, um Boroda abzufangen.

Georg erklärte sich natürlich bereit, den Wunsch seines gütigen Gastgebers und Beschützers zu erfüllen.

"Sage mir nur," bat er den Bauer, "wohin ich mich stellen soll." — "Stellen sollst du dich gar nicht," entgegnete Dobronitsch. "Kommt der Wachtmeister mit seinen Leuten vom See her, so muß er hier am Baume vorüber. Du steigst dann hinab auf die untersten Aeste. Da kannst du alles sehen, ohne selbst bemerkt zu werden, und nachher steigst du wieder auf, um an dem Klingeldrahte zu ziehen." — "Wann soll ich meinen Posten antreten?" — "Sogleich. Die Dämmerung ist da, und ich vermute, daß die Kosaken zeitig erscheinen werden." — "Schön. Brechen wir also auf!"

Sie verlöschten die Lampe und begaben sich zur Höhle hinaus. Dann zeigte Peter Dobronitsch Georg den Klingelzug und auch den Nagel, den er zur leichteren Auffindung des Einganges in einen Ast geschlagen hatte, darauf stiegen beide hinab.

Es war im Geäst der Tanne stockdunkel.

Die Männer mußten sich beim Hinabklettern ganz auf ihren Tastsinn verlassen. Aber dennoch gelangten sie ohne Unfall unten an.

"So," sagte jetzt Peter Dobronitsch, "hier bleibst du auf dem vorletzten Aste sitzen. Da kann dich niemand sehen."

Dann sprang er von dem Ast zur Erde hinab und entfernte sich. Georg aber machte es sich auf seinem Sitze so bequem wie möglich.

Er war überzeugt, daß er seinen Posten ganz vergeblich eingenommen habe. Er hatte ja keine Ahnung, daß gerade die Pechtanne, auf der er saß, das Rendezvous war, wo sich der Wachtmeister und Sergius Propow treffen wollten.

M. E.

## 30. Kapitel.

Es war nun vollständig Abend geworden. Rings herrschte tiefe Stille. Da war es Georg, als ob er leise Schritte höre. Er lauschte.

Unter der Tanne hielten die Schritte an. Georg erkannte eine hohe, dünne Gestalt.

"Donnerwetter," brummte der Unbekannte. "Noch nicht da! Wenn er mich nur nicht ewig warten läßt!"

Dann setzte sich derselbe nieder und lehnte sich mit dem Rücken an den riesigen Stamm des Baumes.

Bereits nach kurzer Zeit kam ein zweiter Mann herbei, und während der erstere aufstand, blieb der zweite in der Nähe der Tanne stehen.

"Pst!" machte er. — "Pst!" antwortete der andere. — "Ah, du bist schon da, Sergius." — "Ja, komm' her, Wachtmeister!"

Georg wußte nun ganz genau, mit wem er es zu thun hatte. Die Männer standen gerade unter ihm, und wenn sie auch nicht laut sprachen, konnte er doch alles ganz gut verstehen.

"Wo hast du dein Pferd?" fragte der Kosak. — "Unter Bäumen versteckt. Kommst du allein, oder hast du dich anders besonnen und Leute mitgebracht?" — "Ich bin allein. Die tausend Rubel, die auf Boroda gesetzt sind, will ich allein verdienen. Warst du bereits beim Hause?" — "Nein. Warst du dort?" — "Auch nicht! Aber ich werde einmal hingehen, um zu sehen, ob die Luft rein ist, und ob der Kerl etwa wieder Essen auf das Fenster gestellt hat."

Der Wachtmeister schlich sich fort. Es dauerte lange, ehe er zurückkehrte. Und schon wurde Propow ungeduldig, da kam endlich der Kosak geschlichen und sagte:

"Das Fenster ist offen, und es steht dort auch das Essen für die Flüchtlinge." — "Sehr gut! So klappt also alles!" — "Dobronitsch geht heute ganz sicher zeitig schlafen. Warten wir, bis er zu Bett ist, und steigen dann ein!" — „Ganz, wie du willst."

Es trat nun eine Pause ein, während welcher Georg sich überlegte, was er thun solle. Aus dem Gespräche der beiden Männer hatte er vernommen, daß sie ganz allein da waren und es allerdings darauf abgesehen hatten, Peter Dobronitsch mit dem Zobeljäger Boroda zu erwischen. Kosaken hatte der Wachtmeister nicht mitgebracht.

War es nicht besser, den Bauer zu benachrichtigen, als ihn im Ungewissen zu lassen? Georg beschloß, es zu thun.

Er begann daher, emporzuklettern, so langsam und leise, daß seine Bewegungen von den beiden Verbündeten nicht gehört werden konnten. So gelangte er an den betreffenden Ast.

Nun schlüpfte er auf demselben nach dem Eingange des Versteckes hinüber, suchte dort im Finstern mit der Hand nach dem Drahte und zog einige Male stark an demselben. Als er dann lauschte, war es ihm, als ob er aus der Ferne den hellen, silbernen Ton einer Klingel höre. Das Zeichen war also gegeben.

Darauf kehrte er wieder zurück, und je tiefer er hinabkletterte, desto leiser und langsamer wurden seine Bewegungen. Dennoch vernahm er, als er auf den untersten Aesten ankam, wie der Kosake fragte:

„Hast du nichts gehört? Es war etwas über uns in den Zweigen." — „Jedenfalls ein Eichhörnchen." — „Mag sein. Ich möchte nur wissen, was das Klingeln zu bedeuten gehabt hat." — „Vielleicht war es ein Zeichen für das Gesinde, nun in das Haus zu kommen und sich schlafen zu legen. Warten wir noch eine kurze Zeit, und dann will ich mich noch einmal hinschleichen, um nachzusehen, ob die Leute zu Bette sind."

Wieder verging vielleicht eine Viertelstunde, während der sich die beiden Männer unter dem Baume still verhielten. Dann entfernte sich der Wachtmeister, und als er zurückkehrte, meldete er:

M. E.

„Sie sind wirklich zu Bette. Alle Lichter mit Ausnahme desjenigen in dem Kämmerchen, auf dessen Fenster das Essen und Trinken steht, sind ausgelöscht." — „So scheint es, daß der Fang uns gelingen wird. Wollen wir jetzt aufbrechen?" — „Warten wir noch einige Augenblicke, bis sie eingeschlafen sind!" — „Ich denke mir, daß Peter Dobronitsch sich gar nicht niederlegen, sondern auf Boroda warten wird." — „Schon möglich. Ich habe ganz vergessen, nachzusehen, ob er droben in seiner Giebelstube Licht hat." — „Davon können wir uns nachher überzeugen."

Es vergingen nun noch einige Minuten, dann verließen die beiden Spione die Pechtanne, indem sie sich hart an dem Felsen hielten, damit sie von einem vielleicht doch anwesenden Lauscher nicht gesehen werden konnten.

Schnell schwang sich jetzt Georg aus den Aesten zur Erde nieder und folgte ihnen, indem er in tief gebückter Haltung hinter ihnen herhuschte und sich Mühe gab, die Männer nicht aus dem Auge zu lassen.

Diese waren so vorsichtig, jede Deckung zu benutzen, und hielten hinter jedem Busche an, um zu überlegen, ob der freie Raum vor demselben nicht beobachtet werde.

So gelangten sie ganz in die Nähe des Hauses, wo sie sich zunächst nach der Giebelseite desselben begaben, um zu sehen, ob der Bauer Licht habe. Georg that dasselbe, hielt sich jedoch so fern von ihnen, daß sie ihn in keinem Falle sehen konnten. Das Giebelfenster war dunkel.

Nun schlüpften Propow und der Kosak nach dem betreffenden Fenster, das erleuchtet war.

Der Kosakenwachtmeister stieß einen der nur angelehnten Flügel desselben auf. Dann stieg er ein.

Sergius folgte. Als sich beide im Kämmerchen befanden, schoben sie die Fensterflügel wieder aneinander.

Nun huschte Georg hinzu, stellte sich aber so, daß der Schein des Lichtes seine Gestalt nicht treffen konnte, und vermochte nun, den kleinen Raum ganz zu überblicken.

M. E.

Auf einem Tischchen stand eine kleine Oellampe, die das Kämmerchen zur Genüge erleuchtete. Auf dem Fensterbrette lagen ein halbes Brot und ein Stück Speck, daneben stand ein Fläschchen voll Branntwein. Links gab es eine Thür, die jedenfalls nach dem Hausflur führte, und gegenüber dem Fenster war eine zweite, die, schmäler und viel niedriger als die vorige, mit starkem Eisenblech beschlagen war.

Zu dieser Thür traten die beiden Männer, öffneten sie und huschten hinein.

„Aha!" dachte Georg. „Das ist die erwähnte Räucherkammer, und sie verstecken sich darin, um Boroda zu ergreifen, wenn er einsteigt, um den Bauer zu suchen. Was beginne ich? Nichts. Ich habe meine Schuldigkeit gethan und ziehe mich zurück."

Damit schlich er sich wieder von dannen, um sich nach der Pechtanne zu begeben, und eben wollte er unter das weite Dach derselben treten, da wurde er von einer barschen Stimme angerufen:

„Halt! Keinen Schritt weiter!"

Georg erschrak. Er kannte zwar keine Furcht, aber wenn man des Nachts so plötzlich angedonnert wird, erschrickt man doch ein wenig.

Er hob den Fuß, um einen Schritt vorwärts zu gehen. Da knackten zwei Hähne.

Jetzt durchdrang Georgs Auge das Dunkel, und er sah eine hohe Gestalt am Stamme des Baumes stehen, die ihm mit ausgestrecktem Arme etwas entgegenhielt, jedenfalls eine Pistole.

Ein Gedanke schoß Georg durch den Kopf.

„Donnerwetter!" rief er dem Unbekannten zu. „Bist du etwa Alexius Boroda, der berühmte Zobeljäger?" — „Hm!" — „Du kannst es getrost gestehen, denn wenn du Boroda bist, so bin ich dein Freund und Leidensgefährte und will dich vor einer Gefahr warnen. Der Wachtmeister ist hier, um dich zu fangen. Er lauert dir auf." — „Oder ich ihm. Doch wer bist du?" — „Ein flüchtiger Kosak mit der Nummer Zehn, den Peter Dobronitsch bei sich aufgenommen hat." — "So sind wir freilich Leidensgefährten. Ich will eingestehen, daß ich Alexius Boroda bin. Hier meine Hand. Wollen

wir Freunde sein?" — "Sehr gern. Ich habe dich erwartet, der Bauer hat mir von dir erzählt. Mir ahnte, daß du kommen würdest, aber Dobronitsch glaubte es nicht. Er dachte, daß du dich vor dem Wachtmeister fürchten und dich also heute fern halten würdest." — „Ich muß noch heute mit ihm reden und fürchte mich vor keinem Wachtmeister. Selbst wenn dieser den Hof mit seinen Kosaken ganz umzingelt hätte, würde ich mich doch hineinschleichen." — „Das hast du nicht nötig, denn es sind keine Kosaken da, der Wachtmeister ist nur in der Begleitung eines Mannes hier erschienen, eines gewissen Propow, den Dobronitsch und seine Tochter als Freier abgewiesen haben, und der sich nun an ihnen rächen will." — „Weißt du, wo sie sich befinden?" — „Ja. Sie warten in der Räucherei auf dich." — „Donnerwetter! Meinen sie vielleicht, daß ich komme, mich von ihnen räuchern zu lassen?" — „Das nicht. Aber sie denken, daß du, um zu dem Bauer zu gelangen, durch das Fenster, das für die ‚armen Leute' geöffnet ist, einsteigen wirst. Ich werde es dir zeigen. Willst du mit mir gehen?" — „Ja! Ich denke, daß ich mich dir anvertrauen kann." — „Habe keine Sorge. Ich bin sogar gewillt, auf der Flucht mich dir anzuschließen." — „Dann beantworte mir erst eine Frage. Was warst du früher?" — „Offizier." — „Ah, das fordert mich allerdings zum Vertrauen auf. Bist du ein Russe?" — „Nein. Ich bin ein Deutscher." — „Sapperment. Da können wir uns ja der deutschen Sprache bedienen. Mein Vater ist ein Deutscher. Er hat sich erst später, nachdem er nach Rußland ausgewandert war, Boroda genannt." — „Was höre ich? So ist also Barth dein eigentlicher Name? Denn Boroda heißt ja Bart auf deutsch." — „Ja. Wir sind Landsleute. Und da es so steht, will ich dir mein unbedingtes Vertrauen schenken. Ein Landsmann wird den anderen nie verraten. Schlag' ein! Wir wollen gute Freunde sein und uns gegenseitig unterstützen, damit wir glücklich aus diesem vermaledeiten Lande hinauskommen."

Sie schüttelten sich herzhaft die Hände, dann gingen beide still nebeneinander nach dem Hause. Boroda behielt aber trotz alledem die Pistole in der Hand.

M. E.

Bald gelangten sie auf den Vorplatz des Wohngebäudes. Hier gab Georg Boroda eine Stellung, von der aus er in das erleuchtete Stübchen blicken konnte.

„Schau!" sagte er leise. „Dort befindet sich Brot, Speck und Schnaps für die ‚armen Leute'. Da sind die beiden Kerle eingestiegen." — „Ah, jetzt sehe ich, daß sich die niedrige Thür dort bewegt. Ja, es stecken Leute dahinter. Du hast recht." — „Was wirst du nun thun?" — „Hm! Ich möchte ihnen einen Streich spielen, so toll, wie sie ihn verdient haben. Wüßte ich nur, wo Peter Dobronitsch schläft." — „In dem Giebelstübchen da rechts." — „Ich werde ihn wecken. Wenn wir eine Leiter hätten, könnten wir an sein Fenster emporsteigen." — „Eine Leiter wird wohl zu finden sein. Ich weiß, daß es hier Gebrauch ist, die Leiter an die Hinterwand des Hauses zu hängen. Komm! Wollen einmal suchen."

Sie begaben sich leise nach der hinteren Wand des Hauses. Da hing, wie Boroda vermutet hatte, in der That eine Leiter an der Mauer. Rasch trugen sie dieselbe nach der Giebelseite und legten sie dort an. Sie reichte bis an den First des Gebäudes. Boroda, der Georg nach vorn geschickt hatte, um Wache zu stehen, stieg hinan und klopfte an das Fenster.

Nach zweimaligem, leisem Klopfen öffnete Dobronitsch dasselbe und erkannte den Frager.

„Sapperment, Boroda, du? Welch eine Unvorsichtigkeit! Ich wette um meinen Kopf, daß der Wachtmeister heimlich mit seinen Kosaken da ist." — „Er ist da! Aber er hat keine Kosaken mit."

Jetzt erklärte Boroda dem Bauer alles, was er gesehen und von Georg gehört hatte.

„Donnerwetter!" meinte dieser darauf. „Das soll den beiden Burschen schlecht bekommen. Doch ich komme gleich hinab und werde durch die Hausthür gehen. Erwarte mich unten."

Dobronitsch schloß darauf sein Fenster, und Boroda begab sich wieder nach vorn zu Georg von Adlerhorst.

Nach wenigen Minuten kam der Bauer aus dem Hause, trat zu ihnen und stellte sich so, daß er in das erleuchtete Kämmerchen blicken konnte.

„Ja," sagte er nach einer kurzen Weile. „Sie sind eingestiegen. Die Thür zur Räucherkammer steht offen, und das Brot und der Speck liegen ganz anders, als ich sie gelegt habe. Na, paßt einmal auf, was ich mit den Kerlen anfangen werde. Ihr könnt ja von hier aus alles genau sehen."

Mit diesen Worten ging der Bauer, und nach einer kurzen Weile sahen Georg und Boroda ihn in die Kammer treten und ausrufen:

„Sapperment! Da hat jemand die Thür zur Räucher= kammer aufgelassen, und der Wind treibt mir den ganzen Ruß herein."

Dann schob er klirrend den schweren, eisernen Riegel vor, sodaß der Kosak und Propow fest eingeschlossen waren, und begab sich wieder hinaus zu den beiden Lauschern.

„Sie sind nun selbst gefangen," lachte er, „und mögen in der Räucherkammer stecken bleiben bis morgen. Diese Schufte wollten mich in Schaden bringen, nun sollen sie dafür wenigstens gehörig ausgelacht werden. Ich freue mich königlich darauf, wenn ich sie am Tage vor allen Leuten herauslasse. Na, die werden ja schön aussehen, jedenfalls wie die Essenkehrer. Oh, da kommt mir ein köstlicher Gedanke! Wißt ihr, was wir jetzt thun? Wir wässern sie ein!" — „Ah, das wäre wunder= schön!" lachte Boroda. „Aber wie willst du das an= fangen?" — „Sehr einfach, durch die Feuereffe. Ich habe ja meine Lederschläuche, die stets für den Fall be= reit liegen, daß einmal Feuer ausbricht. Wir schrauben sie an." — „Reichen sie denn bis hinauf zur Effe?" — „Vollständig." — „Aber dann läuft dir das Wasser aus der Räucherei herein in das Kämmerchen." — „Kein Tropfen kann herein. Die Thür schließt wasserdicht, weil sonst der Rauch beim Räuchern auch hereindringen würde. Also wollen wir?" — "Ich bin dabei." — "Ich auch," stimmte Georg ein. — "So kommt mit an den Brunnen."

Sie traten nun zunächst ganz nahe an das Fenster heran und lauschten. Es ließ sich aber nichts hören, denn die beiden Eingeschlossenen verhielten sich ganz ruhig. Sie schienen die Hoffnung zu hegen, daß irgend ein Zufall sie aus ihrer Lage befreien werde, ohne daß sie sich zu blamieren hätten.

Nun begaben sich die drei nach dem bereits erwähnten Brunnen und machten die Schläuche zurecht. Hierauf sagte der Bauer zu Georg:

"Bleib' du einstweilen hier, wenn ich pfeife, drehst du den Hahn auf und kannst dann nachkommen."

Er selbst nahm mit Boroda die lange Leitung auf und legte sie bis an das Wohngebäude. Hinauf stiegen sie vermittelst einer bereits angelegten Leiter auf das Dach und setzten sich rittlings auf den First, der eine hüben, der andere drüben, sodaß sie die Esse zwischen sich hatten. Den Schlauch hielten sie in den Händen.

Nun stieß der Bauer einen leisen Pfiff aus, und sofort kam Georg herbei, stieg ebenfalls auf der Leiter hinan und blieb auf einer der oberen Sprossen stehen, von wo er dem Werke in aller Gemütlichkeit zuschauen konnte.

"Jetzt scheint das Wasser zu kommen," flüsterte der Bauer. "Der Schlauch wird schon schwer." — "Ja, es ist bereits da," stimmte Boroda bei. "Halte die Mündung in die Esse!"

Der Druck trieb das Wasser wirklich bis zur Esse empor, und als der Bauer den Finger von der Mündung entfernte und diese letztere in die Esse hielt, hörte man es unten auftreffen.

"Donnerwetter!" ertönte gleich darauf aus der Räucherkammer die Stimme des frommen Nachbars. "Alle Teufel! Was ist das?"

Der Kosakenwachtmeister aber rief laut:

„Ich will doch einmal — — heiliges Pech!"

Er war unter die Esse getreten und hatte den starken, kalten Wasserstrahl gerade auf den Kopf bekommen.

„Weiß Gott, es ist Wasser!" — „Wirklich? Das ist doch gar nicht möglich! Wo soll es denn herkommen?" — „Von oben natürlich, Dummkopf!" — „Schafskopf! Das weiß ich auch. Ich will doch 'mal sehen, woher — — Kreuzmillionenhagelwetter! Das läuft ja armstark! Sollte es denn angefangen haben, zu regnen?" — „Das läßt sich schwer denken. Der Himmel war ja ganz sternenhell." — „Es ändert sich zuweilen in wenigen Minuten." — „Aber so stark gießt es doch nicht!" — „Esel! Natürlich regnet es nicht solche Schiffsseile; aber die Tropfen laufen in der Feueresse zusammen, und das giebt so einen Strahl." — „Schimpfe nicht. Die Esse ist doch sehr eng. Wie kann da so viel hineinregnen! Es ist wirklich so, als ob ein Wolkenbruch niederginge." — „Du, ob es ein Gewitter ist?" — „Nein, da würde es doch donnern, und das müßten wir hören." — „Es giebt auch Gewittergüsse ohne Donner." — „Mag sein; aber mir ist das ganz unbegreiflich. Mir steigt das Wasser, weiß Gott, bereits über die Füße!" — „Mir auch." — „Es wird euch schon noch höher steigen," lachte Dobronitsch leise.

Jetzt blieb es eine Weile still. Dann hörte man den Kosakenwachtmeister sagen:

„Du, messe einmal! Wie hoch geht dir das Wasser?" — „Herrgott! Bis an die Kniee! Eine verdammte Geschichte! Wenn es nur wenigstens bald aufhören wollte!" — „O, das macht weiter fort!" — „Das ist ein schöner Trost! Wenn es nach deiner Ansicht geht, so sind wir längst ersoffen, ehe es sich abgewittert hat." — „Das wolle Gott verhüten!" — „Ja. Möge er mir gnädig aus dieser Patsche helfen. Dich kann er meinetwegen ertrinken lassen!" — „Treibe keinen Spott! Bei so einem Wetter muß man andächtige Gedanken hegen!" — „Bleibe mir mit deiner Andacht vom Leibe! Sage mir lieber, wie wir uns aus dieser Schwemme befreien können!" — „Weiß ich es?" — „Hm! Ein Fenster ist nicht da!" — „Leider!" — „Und die Thür hat dieser Kerl verriegelt." — „Wir müssen klopfen." — „Wir blamieren uns da aber auf eine schreckliche Weise. Wenn man uns zu sehen bekommt!" — „So klopfen wir lieber nicht." „Aber hier bleiben können wir doch auch nicht. Wenn das so fort geht, kann ich in zwei Minuten schwimmen!" — „Ich kann gar nicht schwimmen!" — „Da stirbst du schneller. Ich beneide dich." — „Sei still! Um Gotteswillen, sei still! Ich mag um keinen Preis ersaufen!" — „Ich auch nicht. Das kannst du dir denken. Giebt es denn keine Rettung aus diesem fürchterlichen Regenwetter? Hm! Wenn wir zur Esse hinaus könnten! Wollen es versuchen. Du bist dürrer als ich. Ich will mich bücken. Steig' mir einmal auf den Rücken. Dann kannst du in das Loch hinauflangen."

Als Dobronitsch diese Worte hörte, hielt er das Mundstück des Schlauches mit dem Finger zu und wartete.

Ein Aechzen und Krächzen ließ sich hören.

„Na, steige!" sagte der Kosak. — „Ja, gleich! Jetzt, jetzt!" — „Kannst du die Esse erreichen?" — „Ja, ich habe sie." — „Kannst du hinein?" — „Nein. Sie ist zu eng, und — ja, was ist denn das? Ich kann jetzt hinaussehen, ganz deutlich. Es ist ein ganz schöner Sternenhimmel." — „Unmöglich! So schnell hört kein Regen auf." — „Und doch ist dies der Fall. Ich sehe alle Sterne am Himmel leuch— — — Oh! Ach! Auh! Puh! Himmelsakrament!"

Sergius brach plötzlich ab, denn Dobronitsch hatte dem Emporblickenden den Strahl gerade ins Gesicht gelassen. Im nächsten Augenblicke hörte man unten einen derben Plumps und dann ein anhaltendes Glitschen und Plätschern.

„Was giebt's denn?" fragte der Kosak. — „Ich bin in das Wasser gestürzt, von deinem Rücken herab." — „Daran bist du selber schuld. Warum steigst du nicht langsam herunter?" — "Es warf mich herab. Es hat wieder angefangen. Hörst du es denn nicht?" — "Hm! Das läuft allerdings wie aus einem Röhrbrunnen. Und da redest du von einem heiteren Sternenhimmel!" — "Ich habe ihn doch gesehen." — "Unsinn! Aber das Wasser steigt immer höher und höher. So etwas ist doch kaum denkbar. Regen kann das nicht sein. Das ist unmöglich. Ein Wolkenbruch ist es. Du, ich warte nicht länger. Ich klopfe." — "Ja, vielleicht ist es das allerbeste."

Die drei Lauscher vernahmen ein lautes Klopfen.

"Jetzt wecken sie deine Leute auf," flüsterte Boroda. — "O nein. Das Gesinde schläft im anderen Gebäude, und Frau und Tochter schlafen zwar im Hause, aber auf der anderen Seite. Die Kerle mögen nur klopfen. Kein Mensch wird sie hören."

Nachdem die beiden Eingesperrten eine Zeitlang an die Thür gedonnert hatten, warteten sie, ob man sie gehört habe, dann sagte nach einer längeren Weile Sergius:

"Es kommt kein Mensch! Wir müssen noch einmal klopfen."

Sie pochten abermals, und zwar aus Leibeskräften, aber ebenso vergebens. Dabei hatten sie weniger auf das Steigen des Wassers acht gegeben, bis plötzlich Sergius erschrocken rief:

"Sapperment, Wachtmeister! Mir geht das Wasser schon bis an die Brust!" — "Weiß Gott, es ist wahr! Das ist zu toll! Das ist wirklich kein Regen. Das kann kein Regen sein. Ein Regen von solcher Stärke ist ganz und gar unmöglich. Das ist ein wirklicher Wasserstrahl, kein natürlicher allerdings, sondern ein künstlicher. Es ist mir schon vorhin der Gedanke gekommen, daß das Wasser aus der verdammten Feuerspritze des Peter Dobronitsch kommt. Er hat ja Schläuche, die von dem Brunnen an bis hierher reichen, und muß gesehen haben, daß wir eingestiegen sind." — "Wenn diese Vermutung richtig wäre, so müßte er droben auf dem Dache sitzen." —

M. C.

„Jedenfalls." — „Donnerwetter! So weiß er, daß wir ihn mit dem Boroda fangen wollen, und beabsichtigt nun, sich an uns zu rächen!" — „Das ist ihm zuzutrauen." — „Wachtmeister, der Kerl will uns töten! Er beabsichtigt, uns hier zu ersäufen!" — „Eine schöne Aussicht. Könnten wir denn nicht ein Loch durch die Mauer brechen, um hinauszukommen?" — „Womit denn?" — „Herrgott, ja! Wir haben keine Hacke, kein Brecheisen, nicht einmal einen armseligen Hammer!" — „Und selbst wenn wir so ein Handwerkszeug hätten, steigt doch das Wasser so rapid, daß wir ersoffen wären, ehe wir ein Loch, das groß genug ist, fertig bringen." — „Was ist da zu thun, was ist da zu thun?" rief Sergius in einem Tone, den nur die Todesangst eingeben konnte.

Es wurde jetzt auf kurze Zeit ruhig unten; dann hörte man Sergius Propow in kläglichem Tone rufen:

„Peter Dobronitsch!" — „Soll ich antworten?" flüsterte der Genannte den beiden anderen Dachgenossen zu. — „Nein, auf keinen Fall," antwortete Boroda, „Du würdest dich in eine große Gefahr begeben." — „Das ist richtig. Also schweigen wir!" — „Dobronitsch!" rief es abermals. „Peterchen! Nachbarchen! Hörst du nicht?"

Keine Antwort erfolgte.

„Nachbarchen, mein Seelchen, mein Freundchen!"

Die beiden Geängsteten lauschten angestrengt, aber keine Antwort ließ sich hören.

„Mein Engelchen, willst du uns, deine besten Freunde, elend ersaufen lassen?"

Auch dieser Ruf war vergeblich.

„So sprich doch, rede doch! Laß dich hören! Wir werden dir niemals etwas zuleide thun!"

Aber dieses Versprechen half auch nichts.

„Gott, er ist nicht da! Wir haben uns doch getäuscht und müssen elend umkommen! Warum bin ich so albern gewesen, mich von dir gegen ihn aufhetzen zu lassen!" — „Schweig! Ich habe dich nicht aufgehetzt.

M. E.

Es war dein eigener Wille, dich zu rächen!" — „Nein, du hast mich verführt!" — „Kerl, bringe mich nicht noch in Wut, sonst erwürge ich dich, noch ehe du ersoffen bist! Mir ist alles egal." — „Welch eine Nacht, welch eine Nacht! Hier den langsamen, sicheren Tod vor Augen zu haben! Das Wasser geht mir schon bis unter die Arme. Es hebt mich. Ich schwimme bereits!" — „Vorhin sagtest du, daß du nicht schwimmen könntest. Schau, wie schnell du es gelernt hast. — Sapperment! Wer stößt mich denn da? Bist du das gewesen? Aber es kann ja niemand hier sein. Es war da links von der Wand her. Will einmal fühlen."

Der Wachtmeister schien um sich zu tasten und sagte dann:

„Da, da habe ich es erwischt, ein großes, dickes Bündel, das auf dem Wasser schwimmt. Es sind die Stangen, an denen die Fische beim Räuchern aufgehängt werden. Vielleicht können sie uns zur Rettung dienen. Wenigstens können wir durch sie den Tod noch hinausschieben. Wir stecken sie in die für sie bestimmten Mauerlöcher und setzen uns darauf. Komm', hilf mir, das Bündel aufmachen! Knüpfen wir die Schnuren auf!"

Die drei Männer oben auf dem Dache hielten die Ohren an die Feueresse. Sie hörten alles und vernahmen jetzt ein vermehrtes Plätschern. Die Lage der beiden Menschen da unten war eine keineswegs beneidenswerte.

„Wollen wir nicht aufhören?" fragte Georg. — „Noch nicht," antwortete Dobronitsch. „Sie stehen zwar Todesangst aus, aber sie haben es verdient und werden sich das merken. An die Stangen habe ich nicht gedacht. Sie mögen sich darauf setzen und bis zum Morgen warten. Bequem werden sie es nicht haben. Ich werde erst aufhören, wenn sie festsitzen."

Unten hatten die beiden Leidensgefährten inzwischen still gearbeitet. Jetzt sagte der Kosakenwachtmeister:

„So! Endlich ist das Bündel auf. Fühle nur

M. E.

„Dobronitsch!" rief es von innen. „Hörst du nicht?"
(Seite 407.)

M. E.

nach den Löchern. Wir stecken mehrere Stangen nebeneinander. Das giebt einen bequemeren Sitz. Aber mach' rasch! Das Wasser steigt wahrhaftig noch immer."

Man hörte das Anstoßen der Stangen an die Mauer.

„So!" versetzte dann der Wachtmeister. „Wie auf Polstern werden wir freilich nicht sitzen, aber wir befinden uns doch wenigstens nicht mehr im Wasser. Klettere hinauf!"

Jetzt zog Peter Dobronitsch den Schlauch zurück.

„Ja, aber nun scheint es wirklich zu Ende zu sein. Hörst du etwas?" — „Ja. Es war mir, als ob oben etwas gerauscht hätte." — „Mir auch." — „Was mag es gewesen sein?" — „Vielleicht dieser verdammte Dobronitsch. Er hat uns nicht töten wollen und steigt nun wieder herab."

Dann kletterten die drei Rächer vom Dache hinab. Dobronitsch schraubte das Mundstück zu, und dann wurde der Hahn am Brunnen zugedreht. Jetzt standen sie bei dem letzteren. Der Bauer war höchst befriedigt über den Streich, den er seinen beiden Feinden gespielt hatte. Aber Georg von Adlerhorst fühlte Mitleid mit ihnen.

„Jetzt wird es nahe an Mitternacht sein," sagte er. „Willst du sie wirklich bis zum Morgen sitzen lassen? Sie könnten müde werden, in das Wasser stürzen und ertrinken. Ja, wenn wir es ablaufen lassen könnten, ohne daß sie es bemerken, so wollte ich es mir gefallen lassen." — „Hm, das wäre allerdings ein Spaß! Das Wasser wäre fort, und sie säßen noch immer oben auf den Stangen, weil sie denken, daß es noch da ist."

Dieser Vorschlag ließ sich leicht ausführen, und während dies geschah, brachte Boroda seine Wünsche bezüglich der Verbannten vor.

Er erzählte, daß er mit ungefähr zweihundert flüchtigen Verbannten glücklich bis zu einem großen

Dickicht am Mückenflusse gelangt wäre, das ihnen jedoch auf längere Zeit nicht genügenden Schutz gewähre. Er fragte den Bauern, ob er ihm nicht ein anderes Versteck nennen könne, wo die Flüchtlinge sicherer wären.

„O, ich habe ein sehr gutes," entgegnete Peter Dobronitsch, „und zwar auf der hohen Pechtanne, unter der du hier unseren Freund getroffen hast. Es ist dort vollständig Raum genug für deine zweihundert. Ich werde dir nachher dieses prächtige Versteck zeigen, und du wirst dich außerordentlich darüber wundern. Es kann wirklich kein besseres geben." — „Da bin ich wirklich neugierig. Und du meinst, daß es uns dann mit eurer Hülfe gelingen wird, über die Grenze zu kommen?" — „Ich hoffe es zuversichtlich. Was wir thun können, das werden wir thun. Hier hast du meine Hand darauf."

Peter Dobronitsch gab Boroda die Hand, die dieser herzlich drückte. Dann sagte letzterer:

„Hinüber müssen wir. Geht es nicht auf eine andere Weise, so führe ich mein Vorhaben aus, das mir gleich von allem Anfang an im Sinne gelegen hat. Wir suchen uns eine Stanitza, ein befestigtes Lager, in dem Uniformvorräte aufbewahrt werden, und überfallen es. In diese Uniformen kleiden wir uns und bemächtigen uns der vorhandenen Pferde. Sodann gelten wir für kaiserliche Kosaken und können in aller Gemütlichkeit bis in das Gouvernement Orenburg gelangen. Von da geht es durch Turkestan nach Persien, wo wir dann gerettet sind." — „Da müßtet ihr allerdings einen schneidigen Anführer wählen." — „Den haben wir bereits. Es ist ein Verbannter bei uns, Major Sendewitsch, der in der kaiserlichen Garde gestanden hat. Er spricht persisch und turkmenisch und ist ein kühner und umsichtiger Mann. Ihm würden wir das Kommando anvertrauen." — „Dennoch will diese Sache sehr überlegt werden. Sie ist äußerst gefahrvoll und wird sich vielleicht ohne die Hülfe des Engels der Verbannten, ohne die Tochter des

M. E.

Tungusenfürsten Bula nicht ausführen lassen. Nun, ich hoffe, daß sie mit ihren Tungusen sofort von Platowa hierher aufbrechen wird. Ich habe einen sicheren Boten zu ihr geschickt." — "Es soll mich freuen, wenn sich vielleicht mit Hülfe dieses Engels der Verbannten ein leichterer Weg ausfindig machen läßt und wir uns hier meinem lieben Landsmanne anschließen können." — "Meine Tochter hat mir erzählt, daß er ein Deutscher ist. Doch weshalb nennst du ihn deinen Landsmann?" — "Weil mein Vater auch ein Deutscher ist." — "Ah, das freut mich außerordentlich, denn meine Frau ist ebenfalls eine Deutsche. Das ist ein Grund mehr für mich, aus allen Kräften für euch zu sorgen. Nun laßt uns aber das Versteck aufsuchen."

So weiter plaudernd, langten die drei bei der Pechtanne an und begannen emporzusteigen.

Es braucht wohl nicht erst gesagt zu werden, daß Borodas Verwunderung, als er in der Höhle herumgeführt wurde, ebenso groß war wie diejenige Georgs. Er fand fast keine Worte, sein Erstaunen auszudrücken, und erklärte, daß das Versteck allerdings seiner ganzen Schar hinreichenden Platz biete.

"So bin ich zufrieden, wenn es dir genügt," meinte der Bauer. "Wann aber gedenkst du, deine Leute herzubringen?" — "In der nächsten Nacht. Ich werde sie bis in die Nähe führen und mich zunächst allein herbeischleichen, um zu rekognoscieren. Dann kann ich, je nach den gegebenen Umständen, handeln." — "Nun gut, so wollen wir jetzt gehen. Ich nehme natürlich an, daß auch du noch während der Dunkelheit aufbrechen wirst, um von niemandem gesehen zu werden." — "Ja. Aber dazu habe ich noch genügend Zeit. Laß mich jetzt noch eine kurze Zeit hier. Ich möchte mich mit meinem Landsmanne noch ein wenig unterhalten. Es ist so lange her, daß ich keinen Deutschen getroffen habe." — "Ganz wie du willst. Ich weiß den Weg genau und brauche keine Laterne. Ich werde sie dir hier lassen, damit du dich später beim Abstiege ihrer bedienen kannst."

---

## 31. Kapitel.

Als Peter Dobronitsch ging, blieben die beiden anderen miteinander noch in der Bibliothek sitzen. Sie sprachen zunächst über das wunderbare Versteck, in dem sie sich befanden, und über das Erlebnis des heutigen Abends.

Dann erzählte Boroda von seinen Familienverhältnissen, und als er nun berichtete, daß der einzige Bruder seines Vaters, namens Samuel, vor Jahren einer unglücklichen Liebschaft wegen nach Amerika ausgewandert sei, um dort Präriejäger zu werden, da wurde die Vermutung Georgs, daß Sam Barth ein Onkel des Zobeljägers sei, zur Gewißheit. Es ließ Georg nun keine Ruhe. Sein gutes Herz, der Wunsch, Alexius eine Freude zu bereiten, zwangen ihn, dem jungen Manne zu offenbaren, daß er den Onkel von ihm kenne, und daß Sam Barth mit seinen Freunden Jim und Tim Snaker schon in nächster Zeit nach dem Mückenflusse kommen werde.

„Mein Oheim, mein Oheim! Mein Gott, welche Freude! Welch ein großes Glück!" rief da Boroda und schritt entzückt in der Bibliothek hin und her. Dann ergriff er Georgs beide Hände und fragte: „Und Sie wissen ganz genau, daß er hierher nach dem Mückenflusse kommen wird?" — „Er hat es mir versprochen." — „So bringt mich keine Macht der Erde von hier fort, bis er eingetroffen ist. Mein Oheim hier, mein Oheim! Welch ein Ereignis! Wie werden mein Vater und meine Mutter sich freuen!" — „Sie sind beide hier?" — „Ja. Als mein Vater verbannt worden war, ist ihm meine Mutter mit mir freiwillig gefolgt, und als ich dann groß wurde und mich für die Zobeljägerei entschieden und mir genug verdient hatte, um die Reisekosten bestreiten zu können, befreite ich den Vater und entfloh mit ihm und der Mutter. Viele Flüchtlinge, die wir trafen, schlossen sich uns an. Viele wurden unterwegs von uns befreit, und jetzt sind wir hier. Das ist, in kurzen Worten erzählt, mein Lebenslauf. Wir wollen nun nach Deutschland. Ob wir es erreichen werden, das weiß Gott der Herr allein. Aber daß ich meinen Oheim finde, hier in Sibirien finde, das scheint mir ein Fingerzeig zu sein, daß unsere Flucht gelingen wird. Aber, Herr, eins müssen Sie mir versprechen. Sagen Sie meinem Onkel nicht, daß Sie seinen Neffen getroffen haben." — „Sehr gern. Sie wollen wohl sehen, ob die Stimme des Herzens bei ihm nicht ganz von selbst zu sprechen anfängt?" — „Ja." — „Nun, dann müssen Sie auch mir ein ähnliches Versprechen geben. Sie dürfen auch Ihren Eltern nichts sagen, daß Sie erwarten, Ihren Oheim zu treffen. Ihre Hand darauf!" — „Hier! Topp!"

Sie schlugen ein, und es schien sich ganz von selbst zu verstehen, daß sie sich noch weiter von dem erzählten, was Georg von Sam Barth wußte und mit ihm gesprochen hatte.

Sie saßen noch längere Zeit beisammen, bis Boroda in allem Ernste daran dachte, sich endlich auf den Weg zu machen. Georg begleitete ihn hinaus, und da bemerkten sie zu ihrer Ueberraschung, daß der Tag bereits angebrochen war.

Sie nahmen bis auf Wiedersehen in der nächsten Nacht herzlichen Abschied voneinander, dann trat Georg in die Höhle zurück, und Boroda stieg an der Pechtanne hinab.

Als er unten anlangte und unter dem Schutze des Baumes hervortrat, bemerkte er erst, wie hell es bereits geworden. Es mochte eine halbe Stunde nach Tagesanbruch sein.

Boroda schlich sich vorwärts, nach dem Hofe zu. Er wollte nicht eher von hier fortgehen, als bis er wußte,

M. E.

ob sich die Folgen des nächtlichen Abenteuers bereits bemerkbar gemacht hätten.

Als er am Brunnen angelangt war, sah er nirgends eine Spur, daß die Spritze und der Schlauch hier in Thätigkeit gewesen seien. Die beiden Fensterflügel des Stübchens waren noch angelehnt. Brot und Speck lagen noch da, und der Branntwein stand dabei. Es war klar, daß noch alles schlief und daß der fromme Nachbar und der Kosakenwachtmeister sich noch in der Räucherkammer befanden.

Aber wo war der Bauer?

Boroda huschte nach der Giebelseite, um nach dem Fenster von Peter Dobronitsch zu blicken. Es war zu. Der Bauer hatte sich nach seinem Stübchen begeben und war ganz gegen seine Absicht eingeschlafen.

Da hörte Boroda eine wunderliebliche Frauenstimme. Sie erklang hinter dem Hause, und er verstand ganz deutlich die gesungenen Strophen:

"O komm', Geliebter, kehre wieder!
  Was that ich dir, daß du entfloh'n?
O komm', dich rufen meine Lieder;
  Gieb mir nicht Tod zum Minnelohn!
Noch gestern kämpft' in Ahnungsbangen
  Mein Herz; es bangte ihm nach dir.
Du sahest nicht die feuchten Wangen.
  O komm' zurück, o komm' zu mir!"

Er kannte diese Stimme. Er hatte sie ja gestern gehört, als er lauschend hinter dem Gesträuch des Brunnens stand. Behutsam schlüpfte er bis zur Ecke hin und blickte um dieselbe.

Mila stand im Gärtchen hinter dem Hause, pflückte sich einen Morgenstrauß und sang dazu:

"Ich möchte deinen Worten lauschen,
  Der holden Liebe süßem Ton.
Wir werden nie sie kosend tauschen,
  Sie sind auf immer hingefloh'n.

M. E.

O möcht' ich dich noch lächelnd schauen;
   Ich fühle mich so wohl bei dir.
Dir weiht' ich Liebe und Vertrauen;
   O komm' zurück, o komm zu mir!"

Sie betrachtete die Blumen mit schwermütigem Blicke. An wen dachte sie? Wer war es, den sie mit diesem sehnsuchtsvollen Liede meinte? Sie war so schön, so morgenfrisch wie die Blumen, die sie in den Händen hielt. Aber auf ihrem lieben Gesichtchen lag es wie Trauer und ungestilltes Verlangen, als sie in ihrem Gesange fortfuhr:

„O komm'! Die seligsten der Tage,
   Sie strahlen dann im Morgenlicht.
Weiht' ich nicht meine Liebe, sage,
   Weiht' ich dir meine Seele nicht?
Wenn Kummer deinen Blick getrübet,
   Teil' ich gern deinen Schmerz mit dir.
Kein Herz so treu wie meins dich liebet.
   O komm' zurück, o komm' zu mir!"

Mila schlang den Arm um den Stamm eines Baumes, lehnte das Köpfchen an denselben und blickte nach Osten, wo eine bleiche Röte verkündete, daß die Sonne zum Horizonte emporsteigen wolle. Wen suchte sie dort? Wollte sie nur das Gestirn des Tages schauen? Galt nur diesem der Ruf: ‚O komm' zurück, o komm' zu mir!' Oder dachte sie an etwas anderes, an jemand, der — ja, der sich nicht dort im Osten befand, sondern ganz in ihrer Nähe stand?

Boroda that einige schnelle Schritte und trat hinter ein Strauchwerk, das ihn vor ihren und auch vor jeden anderen Blicken verbarg. Er wollte ihr antworten. Aber durfte er das? Befand er sich nicht in größter Gefahr? Doch die beiden Feinde waren ja in der Räucherkammer eingesperrt, und weiter ja niemand zu fürchten. Boroda

M. E.

erhob also seine Stimme und sang in jenen schmelzenden Tönen, die nur wenigen Kehlen verliehen sind:

„Wenn dich in wehmutsvollem Sehnen
　Getrennter Liebe Gram besiegt
Und dir in hoffnungslosem Wähnen
　Dein Glück in weiter Ferne liegt,
Was ist's, was dann des Herzens Sehnsucht heilt?
　Ein Blick dorthin, wo der Geliebte weilt.

May, Engel d. Verbannten.　　　　　　　27

Boroda sah, daß Mila beim Klange der ersten Worte erschrocken zusammenzuckte. Dann aber ging ein Schimmer der Freude über ihr rosiges Angesicht, als er weiter sang:

"Wenn dich der Taumelkelch der Freude,
    Geleert beim lärmevollen Fest,
Die Heiligkeit geschworner Eide
    Sekundenlang vergessen läßt,
Was ist's, was ferne Herzen dann vereint?
Ein Blick dorthin, wo der Geliebte weint."

Ihr Gesicht nahm jetzt einen ganz anderen Ausdruck an. Der Zug der Freude verschwand aus demselben. Sie schien daran zu denken, was derjenige, den sie sogleich an seiner Stimme erkannte, wagte, wenn er hier sang. Er aber fuhr unbeirrt fort:

"Wenn finstre Stunden ohne Segen
    Dir ungegrüßt vorübergehn,
Und auf des Lebens Dornenwegen
    Dir keine Freudenblumen stehn,
Was ist's, was mächtig deinen Busen hebt?
Ein Blick dorthin, wo der Geliebte lebt."

Boroda besaß eine prachtvolle Stimme. Er dämpfte ihre Mächtigkeit zu süßem, leisem Wohllaute und schloß jetzt mit der letzten Strophe:

"Wenn deiner Liebe Wonneblüten
    Des Lebens grauser Sturm verweht,
Und da, wo tausend Sonnen glühten,
    Der letzte Schimmer untergeht,
Was tröstet dich, wenn hier dein Glück zerfällt?
**Der frohe Blick in eine bessere Welt.**"

Und nun trat er unter den Sträuchern hervor auf Mila zu. Eine glühende Röte bedeckte ihre Wangen, als sie ihn kommen sah.

M. E.

„Mila, bist du über mich erschrocken?" fragte er. „Bin ich denn ein so schlimmer Gesell, daß man über mich erschrecken muß?" — „O nein, nicht darüber, daß du es bist, bin ich erschrocken, sondern darüber, daß du dich hier befindest. Ahnst du denn nicht die Gefahr, die hier auf dich lauert?" — „O, die kenne ich so gut, daß ich ganz genau weiß, daß ich sie nicht zu fürchten brauche." — „Nein; da kennst du sie nicht. Der Wachtmeister ist schrecklich!"

Boroda lachte fröhlich auf.

„Mila, du hast recht, er ist schrecklich. Wenn du ihn nachher erblickst, wirst du sehen, daß er noch schrecklicher ist, als du gedacht hast." — „Weißt du denn, daß ich ihn erblicken werde?" — „Ja, denn er befindet sich ganz in der Nähe! Frage deinen Vater, der wird ihn dir zeigen!" — „Das klingt wie eine Heimlichkeit!" — „Es ist auch eine, und zwar eine sehr köstliche, mein liebes Schwesterchen!" — „Und es scheint, daß du mit meinem Väterchen gesprochen hast?" — „Ja, und zwar heute nacht. Du wirst aber davon keinem Menschen etwas sagen. Nicht wahr, Mila?" — „Kein Wort. Hätte ich gewußt, daß du hier warst, so hätte ich keinen Augenblick schlafen können." — „So besorgt bist du um mich?"

Boroda blickte Mila mit einem eigentümlichen Ausdrucke an, sodaß sie verlegen die Wimpern senkte.

In diesem Augenblicke trat um die Ecke des Hauses Peter Dobronitsch. Als er die beiden erblickte, drohte er mit dem Finger und sagte in ernstem Tone:

„Um Gotteswillen, was fällt euch ein! Ich denke, du bist längst fort. Nun es so hell geworden ist, möchte ich dich gar nicht fort lassen. Man wird dich unterwegs sehen." — „Ich werde dafür sorgen, daß dies nicht geschieht."

Da legte Mila ihr Händchen auf Borodas Arm und bat:

„Bleibe hier! Da bist du in Sicherheit." —

„Liebes Schwesterchen, ich darf nicht," entgegnete er. „Es warten viele auf mich, die sich sehr um mich sorgen würden, wenn ich nicht käme."

Und dem Bauer die Hand gebend, fuhr Boroda fort:

„Wo kann ich dich heute um Mitternacht sehen?" — „An der Pechtanne." — „Gut! Da kannst du mich erwarten. Lebe wohl, Väterchen; lebe wohl, Schwesterchen!"

Boroda ging und verschwand hinter der Hecke, die den kleinen Garten einfaßte.

„War er schon lange bei dir?" fragte jetzt der Bauer seine Tochter. — „Nein. Er war soeben erst zu mir getreten." — „Er ist zu verwegen, hier am hellen Morgen zu singen! Wenn das ein Kosak gehört hätte, so wäre es um ihn geschehen gewesen." — „Aber der Wachtmeister ist ja da!" — „Hat er dir das gesagt, und weißt du auch, wo er sich befindet?" — „Nein. Er hat mich an dich gewiesen, als ich fragte." — „Das war recht. Höre, Kindchen, du darfst nichts wissen, gar nichts, weder jetzt noch später. Du wirst den Wacht=meister sehen und noch einen; aber du darfst nicht ahnen, durch wessen Schuld sie — — ah, horch! Ich höre Pferde kommen. Laß sehen, wer es ist."

---

### 32. Kapitel.

Peter Dobronitsch eilte nach der vorderen Front des Hauses und erblickte zwölf Reiter, die mehrere hoch be=ladene Packpferde bei sich hatten. Einer derselben, der abseits von den anderen hielt, schien der Anführer zu sein.

„Wem gehört dieses Haus?" fragte dieser. — „Mir," antwortete der Bauer. — „Wie ist dein Name?" — „Peter Dobronitsch." — „So sind wir an unserem Ziele. Du bist mir empfohlen. Wirst du uns erlauben, bei dir ein wenig auszuruhen? Wir sind die ganze Nacht ge=

M. E.

ritten." — „In Gottes Namen. Sagt, was ihr essen und trinken wollt, so werdet ihr es bekommen, falls ich es habe." — „Hafer für unsere Pferde, Fleisch und Brot für uns. Das ist alles." — „Aber sage mir vorerst deinen Namen! Den meinigen weißt du." — „Ich bin Peter Lomonow aus Orenburg. Ich denke, du wirst meinen Namen kennen?" — „Ich habe ihn noch nie gehört." — „Ich bin einer der reichsten Kaufleute in Orenburg und will auf die Zobeljagd. Darum habe ich mir diese Diener angeschafft, die mich begleiten."

Der Bauer ließ seinen Blick über die anderen Reiter gleiten, blieb mit diesem Blicke besonders an einem haften und entgegnete lächelnd:

„Das sind die Diener? Du hast dich wohl versprochen? Wenigstens diesen Mann da kenne ich so genau, daß ich weiß, er wird sich niemals den Diener eines Kaufmannes nennen lassen." — „So! Wer ist er denn?" — „Er ist der berühmte Zobelfänger Nummer Fünf. Er war oft bei mir, wir sind sehr gute Freunde, und du magst ihn nur um Verzeihung bitten, daß du ihn mit dem Worte Diener beleidigt hast."

Dieser Kaufmann Lomonow war der einstige Derwisch, und Nummer Fünf war der verbannte Maharadscha, der Vater Semawas.

Der Maharadscha hatte still und bewegungslos auf seinem Pferde gesessen und bei dem Worte Diener mit keiner Miene gezuckt; aber sein Auge hatte zornig aufgeleuchtet. Er sagte auch jetzt noch nichts und that so, als ob die Worte ihn gar nichts angingen.

„Pah!" lachte der Kaufmann auf. „Ich bezahle sie, folglich sind sie meine Diener. Das können sie mir gar nicht übel nehmen. Sie mögen sich hier lagern. Bringe ihnen heraus, was du zu essen hast, auch Schnaps dazu. Für mich aber wirst du ein Zimmer bereiten, daß ich mich ausruhen kann."

Der Bauer machte ein sehr erstauntes Gesicht.

„Ein Zimmer bereiten?" entgegnete er unwillig.

„Mein Haus ist kein Gasthof, Peter Lomonow. Befehlen lasse ich mir nichts! Willst du dich ausruhen, so ist hier im Grase bei deinen Kameraden Platz genug. Da setze dich nieder; da ist's weich!"

Dann ging Dobronitsch in das Haus. Aber als er sich bereits unter der Thür befand, kam ihm ein Gedanke, und er drehte sich um, und sagte:

„Hier habe ich ein kleines Stübchen, das ich dir geben kann, wenn es dir behagt. Ein anderes aber habe ich nicht." — „Wo ist es?" — „Hier, neben dem Hausflur. Komm' und sieh' es dir an!"

Der Kaufmann folgte dieser Aufforderung, während seine Begleiter sich in einem Kreise in das Gras setzten.

Die Last der Packpferde bestand meist aus Fallen für Zobel und andere jagdbare Pelztiere, die man nicht schießt, sondern in Fallen fängt, um ihre Felle zu schonen. Auch diesen Pferden wurden ihre Lasten abgenommen, ein sicheres Zeichen, daß der Kaufmann beabsichtigte, hier nicht nur für eine Viertel- oder halbe Stunde der Ruhe zu pflegen.

Dieser Umstand mußte befremdlich erscheinen, da das Haus ja ein Privat- und nicht ein offenes Einkehrhaus war und der Besitzer den Kaufmann keineswegs zum Kommen oder gar zum längeren Verweilen eingeladen hatte.

Dieser letztere war, wie bereits erwähnt, mit Peter Dobronitsch in das Haus gegangen. Dort öffnete der Bauer das Parterrestübchen, an das die Räucherkammer stieß.

Als der Derwisch es in Augenschein genommen hatte, schien er sehr unzufrieden zu sein.

„Hier soll ich bleiben, hier?" fragte er mürrisch. — „Wer redet denn vom Bleiben?" entgegnete Dobronitsch, indem er Lomonow mit einem Blicke betrachtete, der deutlich sagte, daß er an ihm kein großes Wohlgefallen finde. „Ich habe dir bereits mitgeteilt, daß mein Haus ein Privathaus ist. Ich halte keine Herberge für jedermann. Du brauchst nur einige Werst weiter zu reiten, so kommst du zur Stadt, wo du Häuser findest, die für jeden offen sind." — „Nach der Stadt will ich aber nicht: deshalb erlaube mir wenigstens, daß ich mich für kurze Zeit hier ausruhen kann! Aber hast du denn keine andere Stube für mich?" — „Leider nein. Du wirst vorlieb nehmen müssen." — „Hm! Ein Tisch und zwei hölzerne Stühle! Das ist wirklich ein sehr frugales Möblement. Was ist aber denn da drin?"

Der Derwisch zeigte auf die kleine, eisenbeschlagene Thür.

„Die Räucherkammer," antwortete Peter. — „Darf man einmal hineinschauen?" — „Warum nicht!"

Der Derwisch schob nun den Riegel zurück, machte die Thür auf und sah hinein. Sofort fuhr er zurück.

„Alle guten Geister!" schrie er. „Es sind zwei Teufel drin!" — „Unsinn! Woher sollen denn die Teufel kommen? Mache mir nichts weis!" — „Oho! Meinen Augen kann ich trauen! Kohlschwarz sehen sie aus und hocken wie die Affen auf der Stange!"

Peter Dobronitsch lachte laut auf.

„Zwei Teufel, die wie Affen auf Stangen hocken! So etwas hat mir in meinem ganzen Leben noch niemand gesagt!" — „So guck' doch hinein!" — „Fällt mir nicht ein!" — „Dann will ich selbst noch einmal aufmachen, um sie dir zu zeigen. Paß' einmal auf."

Der Derwisch öffnete die Thür nochmals. Jetzt trat auch Peter hin und schaute hinein. Da saßen die beiden Menschen in der That oben auf den Stangen und boten einen schauderhaften Anblick. Das Wasser hatte sich mit Ruß vermischt und denselben auf die beiden Gestalten abgesetzt, wo er fest kleben geblieben war. Ihre Kleider, Hände und Gesichter sahen schwarz aus. Dazu zogen sie ganz unbeschreibliche Grimassen. Man konnte unmöglich sehen, ob das aus Schmerz, Angst, Zorn oder Hohn geschah, aber schrecklich sah es aus. Sie bewegten sich nicht von der Stelle.

Dem Derwisch war es keineswegs ganz wohl beim

Anblicke der beiden Gestalten. Er wußte nicht, was er aus ihnen machen sollte.

„Nun, siehst du sie?" fragte er.

Peter machte ein höchst entsetztes Gesicht, schlug drei Kreuze und schrie aus vollem Halse:

„Zwei Teufel, ja, es sind zwei Teufel!"

Damit warf er die Thüre zu, schob den Riegel vor und eilte zur Stube hinaus. Der Derwisch aber, der nun auch Angst bekommen hatte, weil die beiden Fratzen zu schrecklich ausgesehen, rannte hinter ihm her und rief, als er hinaus vor das Haus kam:

„Helft, helft! Der Teufel ist da!"

Die Zobeljäger sprangen alle auf.

„Der Teufel, der Teufel!" schrieen sie wirr durcheinander.

Und alle schlugen Kreuze.

„Ja," rief Peter Dobronitsch, „auch ich habe die Teufel gesehen. Helft mir! Helft mir, sie auszutreiben!"

Aber den Leuten fiel es gar nicht ein, hineinzugehen. Mit Teufeln wollten sie nichts zu thun haben.

Da, in diesem Augenblicke ließ sich lautes Pferdegetrappel vernehmen. Eine Schar von Kosaken kam von der Gegend des Flusses her angesprengt. Es waren dreißig Mann mit einem Oberleutnant und einem Civilisten. Sie ritten bis beinahe an die Thür, und als sie da halten blieben, fragte der Civilist:

„Wer wohnt hier?" — „Peter Dobronitsch," antwortete der Bauer. — „Ich bin der Graf Alexei Polikeff. Verstanden? Wir suchen einen Kosaken, einen Verbannten, der aus Platowa entflohen ist. Ist vielleicht so ein Kerl hier vorübergekommen?" — „Nein."

Als der Graf seinen Namen nannte, waren zwei der Anwesenden überrascht zusammengefahren, nämlich der Derwisch und der Zobeljäger Nummer Fünf. Der Graf bemerkte das nicht. Er achtete gar nicht auf beide.

Der Zobeljäger, nämlich der Maharadscha, der ruhig am Boden gesessen hatte, machte eine Bewegung zur Seite und warf einen scharfen, musternden Blick auf den Grafen. Sodann drehte er sich wieder um, damit sein Gesicht nicht erkannt werde.

„Wirklich nicht?" fragte der Graf. „Wenn du die Wahrheit verschweigst, wirst du die Knute bekommen, Bauer!" — „Was ich sage, ist wahr!" — „Wir werden bei dir haussuchen!" — „Wer? Etwa du?" fragte

Dobronitsch, indem er seine Brauen finster zusammenzog. „Versuche es einmal, jedoch nur dann, wenn du riskieren willst, von mir hinausgeworfen zu werden."

Da sprang der Graf vom Pferde, trat hart an Dobronitsch heran und sagte in drohendem Tone:

„Halunke! Was fällt dir ein?"

Nun erhob Peter die Hand und antwortete mit Donnerstimme, sodaß der Graf zurückfuhr:

„Wie nennst du mich? Einen Halunken? Sage noch ein einziges solches Wort, so ohrfeige ich dich, daß dir alle deine Gedanken vergehen. Mit so einem unverschämten Flegel wird hier bei uns keine Sache gemacht. Fort von mir, Kerl!"

Damit gab er dem Grafen einen Fauststoß, daß dieser einige Schritte weit fortflog.

„Hund!" schrie da der Getroffene. „Das sollst du mir büßen! Drauf auf ihn."

Diese Aufforderung war an die Kosaken gerichtet. Sie stiegen ab, folgten aber dem Befehle nicht sofort, sondern hielten ihre Blicke fragend auf den Oberleutnant gerichtet.

Peter Dobronitsch aber fürchtete sich nicht. Er eilte an die Hausthür nnd rief zu derselben hinein:

„Knechte herbei! Zu den Waffen! Mila, meine Gewehre!" — „Hört ihr es?" fragte der Graf die Kosaken. „Er will sich uns bewaffnet entgegenstellen! Ergreift und bindet ihn! Die Knute soll ihn lehren, daß er zu gehorchen hat!"

Der Oberleutnant hatte sich jetzt entschlossen, der Aufforderung des Grafen Folge zu leisten. Er zog den Säbel und befahl:

„Folgt mir!"

Die Kosaken wandten sich nach der Thür, unter der der Bauer stand, das geladene Doppelgewehr in der Hand, das Mila ihm schnell gebracht hatte. Hinter ihm hielten seine männlichen Dienstboten, die bewaffnet herbei geeilt waren.

M. E.

Der Graf hatte sich an die Seite des Offiziers gestellt. Seine Augen blitzten vor Grimm über die Abweisung, die ihm von Peter Dobronitsch geworden war.

„Schießt den Menschen nieder!" gebot er. Und sich

zu Dobronitsch wendend, sagte er: „Ergieb dich, sonst bist du binnen einer Sekunde eine Leiche!"

Der Bauer antwortete lachend:

„So schnell geht das nicht! Ich bin Besitzer dieses

Hauses und kann jeden unberufenen Eindringling, nötigenfalls mit der Waffe in der Hand, abwehren. Du wirst bald sehen, daß ein Halunke ein noch ganz anderer Kerl ist, als du bist." — „Ich bin der Graf Polikeff, wie ich dir bereits gesagt habe!" — „Was geht das mich an! Ob du ein Stromer bist, oder ein Graf, das ist mir ganz gleich. Du hast mir nichts zu befehlen. Packe dich fort!"

Da trat der frühere Derwisch, der bis jetzt von dem Angekommenen gar nicht beachtet worden war, heran und sagte:

„Haut den Kerl in Stücke! Er ist ein Ungehorsamer, ein Empörer! Auch gegen mich hat er sich obstinat betragen!"

Der Graf sah den Sprecher an und erkannte ihn. Erstaunt trat er einen Schritt zurück und rief:

„Alle Teufel! Du hier, du!" — „Ja, ich bin Peter Lomonow, Kaufmann aus Orenburg. Ich begebe mich unter deinen Schutz gegen diesen aufrührerischen Menschen."

Der Derwisch nannte seinen Namen, natürlich nur zu dem Zwecke, daß der Graf sogleich erfahre, für wen und was er sich hier ausgegeben habe.

„Ich werde dich beschützen," antwortete Polikeff. „Später sprechen wir weiter miteinander. Also fort von der Thür!"

Diese Aufforderung war an den Bauer gerichtet, dem er sich bei diesen Worten drohend näherte. Dobronitsch aber legte das Gewehr an und antwortete:

„Keinen Schritt weiter, sonst schieße ich dich nieder wie einen Räuber, der mich überfallen und bestehlen will. Weg also von hier! Eins — zwei — —!"

Der Graf, der glauben mußte, daß der Bauer Ernst machen werde, versteckte sich jetzt sofort hinter die Kosaken. Da richtete deren Anführer die stolzen Worte an den Bauer:

„Mensch, bist du denn toll? Siehst du denn nicht,

M. E.

wer wir sind! Mache uns Platz!" — „Ihr gingt mich bis jetzt noch gar nichts an! Ich hatte es nur mit dem Menschen zu thun, der sich einen Grafen nennt und sich doch wie ein Flegel beträgt," entgegnete ihm Peter Dobronitsch. „Ich brauche nicht einen jeden Lump zu mir zu lassen. Oder sprich, ob mir dieser Kerl etwas zu befehlen hat!" — „Das wollen wir jetzt nicht näher erörtern, denn ich sage dir allen Ernstes, er ist ein Graf!" — „Ich glaube es nicht. Sein Betragen ist nicht dasjenige eines so vornehmen Herrn!" — „So! Aber daß ich Offizier bin, das glaubst du doch wohl auf alle Fälle?" — „Ja. Du bist Kosakenoberleutnant. Aber wo stehst du in Garnison?" — „In Platowa." — „So gehe dorthin, wenn du Gehorsam fordern willst. Hier hast du nichts zu befehlen!" — „Mensch! Du bist wirklich nicht bei Sinnen!" — „Ich bin so sehr bei Sinnen, daß ich ganz genau weiß, daß ich nach Werchnei Udinsk, aber nicht nach Platowa gehöre. Nun weißt du, woran du mit mir bist." — „Ah! So willst du auch mir den Eintritt in dein Haus verwehren, mir und meinen Leuten?" — „Ja." — „Und wenn ich ihn erzwinge?" — „Du wirst ihn nicht erzwingen! Ich verteidige mein Haus gegen jeden unberechtigten Angriff. Ich bin nur ein Bauer, aber ich kenne meine Rechte!"

Jetzt wandte sich der Leutnant zu dem Grafen zurück und flüsterte ihm zu:

„Der Kerl ist allerdings in seinem Rechte. Hätte ich nur einen einzigen Mann der hiesigen Besatzung da, so müßte er diesem gehorchen. Wir sind blamiert, und daran ist kein anderer schuld als du. Du hättest nicht als Gebieter auftreten sollen. Peter Dobronitsch ist Herr seiner Besitzung. Hättest du höflicher mit ihm gesprochen, so wären wir nicht blamiert worden." — „Soll ich etwa so einem Kerl gute Worte geben? Sein ganzes Verhalten beweist, daß sich der flüchtige Kosak bei ihm befindet." — „Und ich glaube, gerade weil er seine Ehre in dieser Weise wahrt, hat er mit dem Entflohenen nichts zu schaffen. Ich werde sein Haus genau durchsuchen. Paß auf!"

Der Oberleutnant wandte sich jetzt wieder an Dobronitsch, dieses Mal jedoch in ruhigem Tone:

„Ich bin überzeugt, daß du den Flüchtling, den wir suchen, in deinem Hause versteckt hast!" — „Da irrst du dich sehr." — „Nun gut, so lasse uns ein!" — „Erkläre mir vorher bestimmt und deutlich, ob dieser Graf mir auch nur ein einziges Wort zu befehlen hat." — „Nein." — „Und ob ich deinen Befehlen zu gehorchen habe!" — „Auch nicht." — „So bin ich befriedigt und erlaube euch, nach dem Flüchtlinge bei mir zu suchen."

Dobronitsch wandte sich darauf an seine Leute zurück und befahl ihnen:

„Laßt die Soldaten eintreten. Mila und das Mütterchen mögen den Herrn Offizier überall umherführen. Ich aber bleibe hier, um dafür zu sorgen, daß kein Ungeziefer hereinkommt. Aber das sage ich: Wenn die Haussuchung nur das Geringste in meinem Hause zu Schaden bringt, so werde ich es bestrafen, gleichviel, wer der Betreffende gewesen ist. Ich heiße Peter Dobronitsch und verstehe in solchen Dingen keinen Spaß!"

Der Offizier mochte dem Ordnungssinne seiner Kosaken doch nicht recht trauen und war besorgt, daß sie Unordnungen anrichten würden, für die er dann verantwortlich sein müsse, darum erklärte er:

„Ich werde mit dem Korporal allein eintreten. Wir brauchen keinen anderen. Die Leute aber mögen hier einen Halbkreis schließen, daß die Thür und der Platz vor dem Hause gut besetzt ist. Auf diese Weise kann uns niemand entkommen."

Das geschah.

Die Kosaken zogen darauf von einer Ecke des Hauses bis zur anderen einen Bogen, innerhalb dessen sich nun alle Anwesenden befanden. Durch die Thür hätte also niemand entkommen können. Der Oberleutnant trat dann mit dem Unteroffizier ein.

Der Graf, der sich vom Eingange zurückgezogen hatte, befand sich, wie ihm anzusehen war, in größtem Zorne. Jetzt näherte sich ihm der Derwisch und sagte:

„Herr, ist es nicht eine Schande, daß ein Mann, wie du bist, sich von einem dummen Bauer in dieser Weise behandeln lassen muß?" — „Schweig'!" schnauzte der Graf ihn an. „Ich habe jetzt keine Lust zu unnützen Reden." — „Aber wir müssen uns doch über unser Zusammentreffen aussprechen!" — „Jetzt nicht! Später! Meinst du etwa, daß ich über dein Erscheinen hier so sehr entzückt bin?" — „Wenn du wüßtest, was für Neuigkeiten ich dir zu berichten habe, würdest du mir nicht den Mund verbieten." — „Es wird nichts Gescheites sein!"

Der Graf wandte sich zornig ab, und der Derwisch folgte ihm mit einem Blicke, in dem nichts von Liebe und Zuneigung zu lesen war.

Indessen hatte sich der Oberleutnant im Hausflur umgesehen und nach der Thür zur linken Hand gezeigt.

„Was liegt hier?" fragte er. — „Die Wohnstube und die Nebenstube," entgegnete Mila höflich, weil auch er in einem leidlich höflichen Tone gefragt hatte.

„Dürfen wir hinein?"

Statt aller Antwort öffnete Mila die Thür, und die vier, nämlich sie, ihre Mutter und die beiden Soldaten traten ein. Sofort untersuchten die letzteren die beiden Räume ganz genau, konnten aber keine Spur von dem Gesuchten finden. Nicht das mindeste deutete an, daß er hier gewesen sei.

„Weiter!" gebot darauf der Offizier, indem er sich wieder auf den Flur zurückbegab und sich erkundigte, was für ein Raum gegenüber liege.

„Ein kleines Stübchen, neben dem sich die Räucherkammer befindet," entgegnete Mila.

Die Räucherkammer! Das Wort klang dem Offizier

verlockend in die Ohren. So ein Ort kann ja sehr leicht als Versteck benutzt werden. Rasch trat er daher mit den drei anderen in das Stübchen und fragte, indem er nach dem eisernen Thürchen deutete:

„Da drinnen wird geräuchert?" — „Ja."

Nun schob er den Riegel zurück und öffnete die Thür so weit, daß das Tageslicht in das feuchte, rußige Gelaß drang. Er sah, als er hineinschaute, zunächst nichts; aber als er emporblickte, erkannte er zwei zusammengekrümmte, affenartige Gestalten, die nebeneinander oben auf den Stangen hockten.

„Donnerwetter!" rief er. „Hier werden wohl gar, wie es scheint, Menschen geräuchert!" — „Menschen?" fragte Mila erstaunt. — „Schau' einmal hinauf!"

Als die beiden Frauen die Gestalten Propows und des Wachtmeisters gewahrten, die kein Wort sprachen und nur daran als lebende Wesen zu erkennen waren, daß sie die Arme und Beine bewegten, stießen sie laute Schreckensrufe aus und fuhren voller Angst zurück. Der Offizier mußte es ihnen ansehen, daß sie von dem Vorhandensein der beiden Gestalten nichts gewußt hatten. Er trat, indem er sich bückte, ganz hinein in die Räucherkammer und fragte:

„Wer seid ihr?" — „Ah! Au! Ffffffff, meine Beine!" war die Antwort, und während der eine sich Mühe gab, seine Beine gerade zu machen, richtete der andere seinen Rücken aus der gekrümmten Lage auf und seufzte dabei vor Schmerzen, als ob er am Spieße stecke.

„Zum Donnerwetter! Könnt ihr nicht reden, ihr Halunken!" — „O ja, reden können wir," antwortete der fromme Nachbar. „Au, mein Kreuz!" — „Nun, so antworte! Wer bist du?" — „Sergius Propow ist mein Name. Mein Grund und Boden liegt ganz in der Nähe. O Himmel, meine Knochen! Es ist, als ob sie alle zusammengewickelt wären. O Jemineh! Mein Leib, mein Rücken, meine Gelenke!" — „Mensch, du kommst mir höchst verdächtig vor! Wer ist denn der andere?"

M. E.

Die beiden Ausgewässerten befanden sich in einem schauderhaften Zustande. Sie hatten während der ganzen Nacht auf den paar knorrigen Stangen gesessen, die kaum zureichten, um ihrem ‚Sitzpunkte' einen Halt zu gewähren. Bis unter die Arme durchnäßt, hatten sie so gefroren, als ob sie ganz von Eis umgeben seien. Ihr Gefühl war ihnen verloren gegangen. Sie vermochten nicht, die Beine auszustrecken, und jede Bewegung verursachte dem betreffenden Gliede Schmerzen.

Auch in ihren Köpfen sah es nicht absonderlich gut aus. Es war wüst und leer darin und beinahe so, als ob sie das Gehirn erfroren hätten. Der Ruß, der sich an ihren ganzen Körper angesetzt hatte, war ihnen in alle Oeffnungen, in die Augen und Ohren, in den Mund und in die Nase gedrungen, und der penetrante Geruch desselben umgab sie mit einer Atmosphäre, die geradezu unausstehlich war.

Dazu kam sodann der moralische Katzenjammer, in dem sie sich befanden. Sie hatten sich rächen wollen und mit ihrer Rache nur sich selbst getroffen. Sie hatten beabsichtigt, Boroda zu ergreifen, und waren doch selbst eingeschlossen und — eingewässert worden!

Nun waren sie entdeckt. Welch eine Blamage! Und zwar von einem Offizier! Der Wachtmeister hätte sich am liebsten selbst ohrfeigen mögen, so wild war er auf sich. Wenn ihn auch nicht gerade eine direkte Strafe erwartete, so sah er doch einem sehr ernsten, demütigenden Verweise entgegen und einem — Gelächter, das jedenfalls noch in ferne Zeiten nachhallte. Denn es verstand sich ganz von selbst, daß man ihm die jetzt erlittene Schlappe niemals vergessen, sondern ihn bei jeder Gelegenheit mit derselben aufziehen und foppen werde.

Darum hatte er bis jetzt zu allen Fragen des Offiziers geschwiegen, und auch, als derselbe sich direkt nach ihm erkundigte und es eigentlich seine Pflicht war, selbst zu antworten, waren Aerger und Scham in ihm so groß, daß er es doch nicht that.

„Es ist mein Freund, der Kosakenwachtmeister Wassilij von der nächstliegenden Staniza," antwortete Propow an seiner Stelle.

„Was! Ein Soldat! Ein Kosak! Und noch dazu ein Wachtmeister! Alle tausend Teufel!"

Der Anzug des Unglücksgefährten Propows war vor Ruß allerdings nicht mehr als Uniform zu erkennen. Er sah schrecklich aus.

„Ist das wahr?" fuhr der Oberleutnant fort. „Rede doch, Kerl! Hast du die Sprache verloren?" — „Beinahe!" stöhnte der Kosak. „O! O!" — „Also wirklich ein Kosakenwachtmeister und nicht ein Flüchtling, den man hier versteckt hat?" — „O nein." — „Wie kommt ihr Esel denn hier herein?" — „Wir wollten den Zobeljäger fangen." — „Alle Wetter! Ist er denn jetzt in der hiesigen Gegend? Sucht man ihn schon hier?" — „Ja. Ich habe ihn hier im Hofe gesehen." — „Ah! Also ist dieser Peter Dobronitsch doch ein Lügner, ein Heuchler! Aber anstatt den Boroda zu fangen, hast du dich hier einsperren lassen! Schön! Das wird dir manche Suppe versalzen! Kerl, so etwas ist doch gar nicht denkbar! Was fällt dir denn eigentlich ein, dich da hinauf zu setzen und fest zu kleben wie ein alter, blinder Hahn auf seiner Stange?" — „Ich wollte nicht ersaufen." — „Ersaufen? Wo denn? Etwa hier? Jetzt hört alles auf! Ist denn Wasser hier in diesem Loche gewesen? Man merkt doch gar nichts davon!"

„Na, wir haben es freilich merken müssen," behauptete der Wachtmeister. „Wir haben bis unter den Armen in der Flut gestanden." — „So hoch soll das Wasser gewesen sein? Unmöglich! Wie soll denn eine solche Menge hier hereingekommen sein?" — „Durch die Feueresse. Dieser verdammte Dobronitsch hat es durch seinen Spritzenschlauch hereinlaufen lassen." — „So! Ah! Ich beginne zu erraten. Der Bauer hat euch einen Streich gespielt. Aber warum seid ihr nicht fortgegangen? Warum seid ihr hier in der Falle geblieben?" — „Wir

konnten nicht fort. Die Thür war hinter uns von
Dobronitsch zugeriegelt worden." — „Ah! Ihr habt es
gesehen und geduldet!" — „Nur um den Boroda ab=
zufangen, blieben wir still." — „Nun, ich begreife noch
Verschiedenes nicht. Du wirst es mir später erklären.
Kommt herab!"

Dieser Befehl war viel leichter gegeben als aus=
geführt. Der Wachtmeister machte zwar einen Versuch,
erklärte aber dann:

„Ich kann nicht, ich bin ganz steif. Ich vermag
kein Glied auszustrecken und gerade zu machen. Wie
ich sitze, so sitze ich." — „Und du wohl auch, Propow?"
— „Ja. Ich hänge fest," antwortete der Fromme.
— „Nun, so werde ich nachhelfen," sagte der Offizier, nahm
die stets bereite Peitsche von seiner Seite und versetzte
dem Wachtmeister einen gelinden Hieb. — „Nun, vor=
wärts." — „Es geht nicht," erklärte dieser trotz des
Hiebes. — „Also stärker."

Damit holte der Offizier noch kräftiger aus und
knallte dem Wachtmeister so lange um die Beine, daß
dieser vor Schmerz aufschrie und nun den ernsten Ver=
such machte, sich von den Stangen herabzulassen. Da
ihm aber sämtliche Gelenke den Dienst versagten, fiel er
herab wie ein Apfel vom Baume und blieb unten be=
wegungslos sitzen.

„Schau, wie es geht!" lachte der Offizier. „So
werden wir nun auch den Propow herunterbringen."

Und schon holte er aus. Und der fromme Nachbar
wartete nur den ersten Hieb ab, dann ließ er sich schnell
herabfallen und blieb neben dem Wachtmeister in der
Asche sitzen, wo beide aus Leibeskräften ächzten und
stöhnten.

„Nun kommt heraus!" befahl der Offizier, und da
sie nicht sofort gehorchten, so schlug er wieder zu. In=
folge dieser freundlichen Unterstützung gelang es ihnen
endlich, sich halb und halb aufzurichten und die Räucher=

kammer zu verlassen, von der sie dann mit der Peitsche zur Hausthür hinausgetrieben wurden.

Sie konnten sich nicht aufrichten. Es sah aus, als ob jemand zwei Paviane, die nur notdürftig auf den Hinterbeinen gehen können, exerzieren lasse. Draußen setzten sie sich sogleich in das Gras nieder.

Es läßt sich denken, daß das Erscheinen zweier solcher Gestalten bei den Anwesenden ein ungeheures Aufsehen erregte.

"Peter Dobronitsch," wandte sich der Offizier jetzt an den Bauer, "kennst du diese beiden?"

Der Gefragte trat nahe heran und betrachtete mit scheuer Miene die mit Ruß dick beklebten Gesichter eine ganze Weile, dann schüttelte er verwundert den Kopf und antwortete:

"Nein, die kenne ich nicht." — "Sie waren ja in deinem Hause!" — "Das habe ich freilich bemerkt. Da du sie herausbringst, müssen sie ja auch drin gewesen sein. Aber ich kenne sie nicht und weiß auch nicht, wie sie hineingekommen sind." — "Du hast sie doch eingeschlossen." — "Ich? Das ist nicht wahr." — "O doch! In deine Räucherkammer." — "Ah, da drin waren sie? Drum sehen sie auch so schwarz aus! Was haben sie denn da gewollt?" — "Das wirst du wohl selbst am besten wissen." — "Hm! Die haben sich gewiß eingeschlichen, um zu stehlen, um die Räucherei auszuräumen. Aber es ist glücklicherweise nichts mehr drin."

Peter Dobronitsch machte ein so ehrliches Gesicht, daß es sehr schwer war, ihm zu mißtrauen.

"Sie behaupten aber, daß du sie eingeschlossen hast," fuhr der Oberleutnant fort. — "Da lügen sie." — "Nein, wir lügen nicht, es ist wahr," rief der Wachtmeister in zornigem Tone. "Bist du gestern abend nicht in das Vorderstübchen gekommen, wo das Licht brannte?" — "Ja. Ich pflege vor dem Zubettegehen erst nochmals das ganze Haus zu untersuchen, ob alles in Ordnung ist." — "Hast du da nicht die Thür zur Räucherkammer

M. E.

Das Erscheinen der beiden schwarzen Kerle erregte allgemeines Aufsehen. (Seite 436.)

M. E.

zugemacht?" — „Die? Ja, jetzt fällt es mir ein! Die habe ich zugeriegelt, weil sie offen stand. Es muß sie jemand von meinen Leuten offen gelassen haben. Das kann ich nicht leiden, und so habe ich sie zugemacht." — „Aber uns hast du dabei eingeschlossen!" — „Euch? Wart ihr denn in der Räucherei?" — „Ja." — „Ohne mein Wissen und meine Erlaubnis?"

Der Wachtmeister schwieg.

„Was habt ihr denn da drin gewollt?" — „Das brauchst du nicht zu wissen." — „Oho! Ich brauche es nicht zu wissen, wenn zwei fremde Kerle des Nachts in mein Haus schleichen? Das kann nur einer sagen, der den Verstand verloren hat. Und wenn ich dann gekommen bin und die Thür zugemacht habe, warum habt ihr euch still verhalten? Warum seid ihr nicht laut geworden? Warum habt ihr euch nicht gemeldet und mir gesagt, daß ihr drin waret? Weil ihr kein gutes Gewissen hattet und euch nicht erwischen lassen wolltet. Ihr seid Spitzbuben und habt mich bestehlen wollen." — „Schweig! Es kann mir nicht einfallen, dich zu bestehlen, ich, der Wachtmeister Wassilij." — „Wie? Was? Du bist der Wachtmeister?" — „Ja." — „Die Stimme ist's, das ist richtig. Aber wer ist denn der andere?" — „Dein Nachbar Sergius Propow." — „Der, der! Welch eine Dummheit! Was habt ihr denn eigentlich bei mir gewollt?" — „Nun, ich kann es dir ja sagen. Wir wollten den Zobeljäger Boroda ergreifen." — „Bei mir?" — „Ja. Wir glaubten, daß er wiederkommen werde." — „Ach so! Ja, Kinderchen, da habt ihr einen großen Fehler begangen. Wenn man jemand fangen will, darf man sich nicht selbst einschließen lassen. Ich habe natürlich das Recht, meine Thüren zu verschließen, ihr aber dürft euch nicht ohne meine Erlaubnis bei mir einschleichen. Ihr habt nichts bei mir zu suchen. Nur um eine Ausrede zu haben, habt ihr die Geschichte mit dem Boroda ersonnen, und wenn ihr nicht habt stehlen wollen, so seid ihr aus einem noch schlimmeren Grunde gekommen

Jeder von euch beiden hat es auf Mila, meine Tochter, abgesehen gehabt, und als ihr abgewiesen worden seid, habt ihr drohende Reden fallen lassen. Vielleicht habt ihr euch vereint, um diese Drohungen auszuführen. Wer weiß, was geschehen wäre, wenn ich nicht den Riegel vorgeschoben hätte. Leuten, die sich nächtlicherweise einschleichen, ist alles zuzutrauen. Ich werde die Angelegenheit von dem Richter untersuchen lassen."

Diese Ausführung verfehlte nicht, den beabsichtigten Eindruck auf den Oberleutnant zu machen. Er wandte sich daher in zürnendem Tone an den Wachtmeister:

„Kerl, du hast die Knute verdient. Es ist dein Glück, daß ich nicht dein Vorgesetzter bin. Ich will die Sache nicht untersuchen. Dein Sotnik wird das thun, und ich werde ihm meine Meldung darüber zugehen lassen. Ein Soldat, noch dazu Wachtmeister, der sich in einem solchen Aufzuge ertappen läßt, hat eine exemplarische Strafe verdient. Geh' zum Brunnen und wasche dich. Dann meldest du dich wieder bei mir."

Der Kosak wollte sich erheben, aber mit den steifen Gliedern ging das nicht so schnell.

„Nun vorwärts! Wird es bald!"

Bei diesen Worten versetzte der Offizier dem Kosaken einige so kräftige Hiebe, daß dieser schnell auffuhr und davonsprang.

„Und du, Schuft, mache dich schleunigst von dannen," schrie der Oberleutnant Propow an, indem er tüchtig auf ihn einschlug.

Der Bauer brüllte vor Schmerz laut auf und wollte fort. Da aber ergriff Dobronitsch ihn am Arme und sagte:

„Halt, Nachbarchen! Der Herr Offizier hat dich zwar aufgefordert, zu gehen, aber ich kann es dir nicht erlauben. Ich habe dich in meiner Wohnung ertappt, in die du des Nachts heimlich eingedrungen bist. Ich habe keine Lust, dich so gemütlich nach Hause gehen zu lassen. Du bleibst hier. Ich werde dich dem Gericht übergeben und deshalb sogleich nach der Stadt schicken.

M. E.

Ich kann mich ja meines Lebens gar nicht mehr sicher fühlen und werde dir, bis die Polizei kommt, dasselbe Logis anweisen, das du selbst dir gestern auserwählt hast."

Der Fromme erschrak auf das höchste. Das hatte er sich freilich nicht gedacht.

„Wie, Nachbar, du willst mich anzeigen?" stammelte er. „Ich habe dir ja gar nichts gethan. Und in die Räucherkammer willst du mich stecken? Herrgott! Mir das! Dem frommen, Gott wohlgefälligen Sergius Propow!" — „Du nennst dich fromm? Nun wohl, ich werde dir in der Räucherkammer Gelegenheit geben, recht ungestört andächtige Betrachtungen anzustellen. Steckt ihn hinein und vergeßt es nicht, den Riegel vorzuschieben."

Doch erst als der Offizier ihm einige tüchtige Hiebe übergezogen hatte, ließ sich der Gott Wohlgefällige abführen und in die Räucherkammer schließen.

Nachdem diese Angelegenheit beendet war, dachte der Offizier wieder an die seinige, nämlich an die Durchsuchung des Bauerngutes nach dem entflohenen Kosaken Nummer Zehn und wandte sich an den Besitzer:

„Peter Dobronitsch, jetzt möchte ich einmal die oberen Räume und die Keller deines Hauses sehen, vielleicht befindet sich der Gesuchte dort." — „Ich werde dir alles aufschließen lassen." — „Am besten ist es schon, daß du selbst mitgehst." — „Ich muß hier bleiben, damit kein Unwillkommener Zutritt nimmt." — „Das ist nicht notwendig. Du siehst ja, daß sich alles günstig für dich gestaltet hat, und ich gebe dir mein Wort, daß niemand, dem du es verboten hast, in dein Haus treten wird." — „Wenn du es sagst, so vertraue ich dir."

Sie traten nun miteinander ein, und der Korporal folgte ihnen. Der Oberleutnant durchsuchte die genannten Räume alle sehr genau, doch vergeblich, und dann ging es an die Nebengebäude, die der Bauer ihm ebenfalls alle getrost öffnen konnte.

---

M. E.

## 33. Kapitel.

Während der letzten, im vorigen Kapitel geschilderten Vorgänge, hatte der Graf sich mit dem einstigen Derwisch leise und heimlich unterhalten. Der Inhalt ihres Gespräches mußte wohl kein freundlicher sein, denn ihre Gesichter waren sehr ernst, und es schien, daß sie sich gegenseitige Vorwürfe machten.

Der Graf zürnte dem Derwisch, daß er nach Sibirien gekommen war.

"Als du von Amerika zurückkehrtest," sagte er zu ihm, "wo du nur mit genauer Not jenem Steinbach entkommen warst, wandtest du dich an mich, und ich gab dir Geld. Ich knüpfte an diese Gabe die Bedingung, daß du fortan mir fernbleiben solltest, und du verspracht mir auch, dich an einen abgelegenen Ort zurückzuziehen. Hier nun trittst du mir wieder in den Weg." — "Kann ich dafür? Ich habe mein Wort gehalten. Ist Sibirien nicht abgelegen genug?" — "Ja, aber du wußtest, daß ich hierher gehen wollte, und bist mir nachgereist." — "Hm!"

Indem der Derwisch so vor sich hinbrummte, zeigte sein Gesicht den Ausdruck eines verschlagenen, beutegierigen Raubtieres.

"Kannst du es leugnen?" fragte der Graf. — "Soll ich aufrichtig sein?" — "Ich verlange das sogar von dir." — "So will ich gestehen, daß ich hierhergekommen bin, um dich zu treffen." — "Donnerwetter! So habe ich also richtig vermutet. Du bist mir in voller Absicht nachgereist. Und welches ist deine Absicht?" — "Ich brauche Geld." — "Dachte es mir. Du wirst aber diese Absicht dieses Mal bei mir keineswegs erreichen. Du bekommst keinen Rubel." — "Das wäre sehr unklug von dir. Wenn du nicht zahlst, verrate ich alles." — "Und wenn ich zahle, so kommst du immer wieder. Du saugst mich aus wie ein Blutegel. Wieviel brauchst du? Sage die Summe." — „Du wirst über sie erschrecken. Fünfzigtausend Rubel." — „Du bist fünfzigtausendmal verrückt." — „Ich glaube nicht. Wir brauchen uns ja gar nicht aufzuregen. Sage mir kurz, ob du willst oder nicht. Dann sind wir fertig." — „Und wenn ich nicht will?" — „So sage ich es Steinbach, wo du bist." — „Steinbach? Ah! Ehe du diesen findest, habe ich dieses gelobte Sibirien längst verlassen." — „Täusche dich nicht. Er ist an einem Orte, an dem du ihn jedenfalls nicht vermutest. Meinst du, er wisse nicht auch, daß du nach Sibirien gegangen bist?" — „Wer soll es ihm gesagt haben?" — „Das weiß ich nicht, aber er hat deine Spur." — „Männchen, mache mir nichts weis. Mich bringst du nicht so schnell zum Fürchten. Ich weiß, woran ich bin. Du willst nur einen gelinden Druck auf meinen Beutel ausüben." — „Das beabsichtige ich allerdings, wie ich offen gestehen will, aber das, was ich von Steinbach sage, ist wahr. Ich weiß, daß er sich ganz in der Nähe befindet. Vielleicht trifft er schon heute hier ein." — „Meinst du, daß ich das glaube? Ich lasse mich nicht in das Bockshorn jagen." — „Nun, so ist es unnütz, weiter mit dir zu reden. Du glaubst mir nicht, und so will ich mir weiter keine Mühe geben."

Der Derwisch that, als ob er sich abwenden wolle. Da fühlte der Graf doch eine kleine Besorgnis, er faßte ihn am Arme, hielt ihn zurück und fragte:

„Sage mir, wo er sein soll! Vielleicht halte ich es für wahr." — „Nun, er ist in Platowa." — „Unsinn!" rief der Graf laut auflachend. „Wie kann er in Platowa sein?" — „Ich weiß es, obwohl ich ihn weder gesehen, noch von anderen gehört habe, daß er dort ist. Ich habe Personen bemerkt, die sich stets in seiner Nähe befinden. Ich sah mehrere Kameraden von ihm, die ich genau kenne. Hast du jemals den Namen Sam Barth gehört?" — „Ja." — „Jim und Tim Snaker?" — „Auch. Das sind ja die drei Kerle, die dir in Amerika so viel zu schaffen gemacht haben." — "Ja, wo sie sind, da ist auch er." — "Sind sie etwa in Platowa?" — "Ja." — "Mensch, für wie dumm hältst du mich denn, daß du glaubst, mir einen so ungeheuren Bären aufbinden zu können! Es ist doch geradezu unglaublich, daß dieser Steinbach in Sibirien sein kann. So ein Deutscher, der —" — "Pah!" unterbrach der Derwisch den Grafen. "Soll er etwa, weil er ein Deutscher ist, nicht hierher kommen? Gerade diese verfluchten Deutschen sind es, denen man auf Schritt und Tritt und an allen Ecken und Enden begegnet."

Dann lachte er höhnisch auf und fuhr fort:

"Graf Polikeff, du bist wirklich nicht so klug, wie ich dachte. Hast du vergessen, daß Steinbach den Diener Nena damals in der Wüste gerettet hat? Er hat alles erzählt, um sich Steinbach dankbar zu erweisen." — "Ich glaube es nicht." — "Nun, ich bin gewöhnt, mit allen Ziffern zu rechnen. Ich weiß, daß Nena ursprünglich ein guter Kerl war. Nur dein Geld hat ihn verführt. Dann hast du es ihm schlecht gelohnt und ihn an die Araber verkauft —" — "Um ihn los zu werden." — "Natürlich. Das aber hat er dir natürlich übel genommen und dir dafür Rache geschworen. Da wurde er von Steinbach, deinem Todfeinde, errettet. Was ist einfacher, als daß er aus Dankbarkeit für ihn und aus Rache gegen dich ihm alles verraten hat?" — "Mensch, so wie du es darstellst, ist die Sache freilich plausibel. Nena weiß allerdings, daß der Maharadscha sich als Verbannter hier in Sibirien befindet." — "Ja. Was ist die Folge? Steinbach wird nach Sibirien kommen, um ihn zu befreien und um Gökala zu heiraten!" — "Lieber töte ich sie! Der Gedanke, daß Steinbach sie findet, könnte mich wahnsinnig machen. Ich möchte am allerliebsten gleich wieder zurück, um sie von dem Kreishauptmanne, wo ich sie untergebracht habe, nachzuholen." — "Schau! Erst glaubtest du mir kein Wort, und jetzt bist du ganz Feuer und Flamme! Was willst du denn eigentlich hier am Mückenflusse? Was könntest du in Sibirien zu thun haben? Wen könntest du suchen? Es ist kein anderer Mensch hier, für den du dich interessierst, als der Maharadscha." — "Du bist wirklich scharfsinnig," lachte der Graf.

Er wollte nicht zugeben, daß der Derwisch recht hatte. Aber sein Lachen klang so gepreßt, daß dieser sogleich bemerkte, daß er sehr richtig geraten hatte.

Beide waren so in ihr Gespräch vertieft, daß sie auf weiter nichts achteten, als daß sie weit genug von den übrigen standen. So hatten sie auch nicht bemerkt, daß der Zobeljäger Nummer Fünf sich erhoben hatte, um das Haus herumgegangen war und an der Ecke stehen blieb, an deren anderen Seite sie sich befanden.

Dort lehnte er sich scheinbar gleichgültig an die

Wand und nahm eine Miene an, als ob er ganz in sich versunken sei.

Der Graf und der Derwisch, die nicht wußten, daß jemand dastand, sprachen so laut, daß er alles hörte.

„Nun, habe ich das Richtige getroffen?" fragte der Derwisch. — „Nein, du irrst dich. Ich habe hier noch ganz andere Dinge zu thun. Was geht mich der Maharadscha an! Der ist abgethan. Ich weiß ja gar nicht einmal, wo er sich befindet." — „So kann man ihn suchen." — „Ich kenne keinen, der mir Auskunft geben könnte." — „Mich täuscht du nicht. Nimm dich in acht, daß dir Steinbach nicht auf den Pelz kommt!" — „Er sollte es wagen! Ich würde ihn vernichten." — „Warum hast du ihn da nicht schon längst vernichtet? Du hast ihn ja oft getroffen." — „Streiten wir uns nicht! Ich vermute stark, daß wir uns ganz vergeblich seinetwegen ängstigen. Es fragt sich immerhin, ob er da ist." — „Ich möchte darauf schwören. Was wollten jene Amerikaner hier, wenn er nicht bei ihnen wäre?" — „Vielleicht hast du sie verkannt." — „Nein; das weiß ich ganz bestimmt." — „Wo hast du sie denn gesehen?" — „Auf dem Jahrmarkte. Ich erblickte sie alle drei und hatte kaum Zeit, hinter einigen Zelten zu verschwinden und mich schleunigst davonzumachen." — „Sie waren es wirklich?" — „Ja. Sie trugen sogar die Kleidung, in der ich sie drüben kennen gelernt habe." — „Sapperment! So ist es freilich wahrscheinlich, daß er sich auch in Platowa befindet. Hoffentlich bist du nicht von ihnen gesehen worden?" — „Ich möchte im Gegenteile behaupten, daß sie mich gesehen haben." — „Das wäre dumm. So kannst du nur schleunigst aufbrechen, sonst erwischen sie dich!" — „Dasselbe ist auch mit dir der Fall. Ich habe mich, wie ich bereits sagte, sofort aus dem Staube gemacht, und es war nur ein Glück, daß ich mir einen tüchtigen Führer engagiert hatte." — „Was beabsichtigst du denn eigentlich hier in Sibirien?" — „Zobel zu fangen. Die Hauptsache aber ist, daß ich wußte, daß du nach Sibirien gegangen warst. Ich wollte dich finden." — „Diesen Zweck hast du allerdings erreicht; aber einen Nutzen hast du freilich nicht davon. Geld bekommst du nicht." — „So bleibe ich sicher hier, warte, bis Steinbach kommt, und verrate ihm alles. Warum hast du mir gesagt, wo Gökala sich befindet? Ich brauche ja nun bloß die Ankunft Steinbachs zu erwarten und ihm zu sagen, wo sie ist." — „Mensch, du bist ein Schuft!" — „Richtig! Jeder Mensch ist mehr oder weniger Schuft. Du bist nicht der kleinste." — „Kerl, mäßige dich!" — „Pah! Wir kennen uns. Ich brauche Geld, und du wirst mir welches geben." — „Den Teufel werde ich! Fällt mir gar nicht ein! Ich brauche mein Geld selbst." — „Und wenn ich bereit bin, dir auch jetzt noch Dienste zu leisten?" — „Ich danke! Ich brauche dich nicht mehr." — „Nun, vielleicht kommt noch die Zeit, in der du mich sehr gut brauchen könntest, mich aber nicht mehr haben wirst." — „Das glaube ich nicht." — „Nun, ich setze zum Beispiel den Fall, daß Steinbach dich verfolgt. Wie dann?" — „Da kannst du mir nicht helfen." — „Du würdest natürlich fliehen?" — „Ja." — „Dazu brauchtest du doch einen tüchtigen Führer, einen Mann, der Steinbach gewachsen ist." — „Willst etwa du der sein?" — „Nein. Aber ich könnte dir einen Dienst erweisen, indem ich dir meinen Führer abtrete."

„Ist der Mann so ausgezeichnet?" — „Ja. Er ist der berühmteste Zobeljäger, den es giebt." — „Wie heißt er?" — „Er hat keinen Namen, er trägt nur die Nummer Fünf." — „Donnerwetter!"

Indem der Graf diesen Fluch ausstieß, fuhr er um zwei Schritte zurück und machte ein Gesicht, als ob er etwas ganz Erstaunliches und zugleich Erfreuliches gehört habe. Der Derwisch sah das natürlich und fragte:

„Kennst du ihn?" — „Nein," antwortete der Graf, indem er sich ein ruhiges Aussehen gab. — „Es sah aber gerade so aus. Schau, dort kommt er."

M. E.

Der Derwisch wies auf den Mann, von dem er und der Graf soeben gesprochen hatten.

Sobald nämlich Nummer Fünf hörte, daß von ihm die Rede sei und daß man sein Verschwinden bemerken könne, hatte er seinen Lauscherposten verlassen. Es konnte ja nach ihm gesucht und dabei leicht entdeckt werden, daß er gehorcht und Dinge gehört hatte, die für ihn von der allergrößten Wichtigkeit waren. Nur eins blieb ihm ein Rätsel, nämlich der Name Gökala. Wer hieß so? Seine Tochter hatte Semawa geheißen. Er ahnte ja nicht, daß Gökala ganz dieselbe Bedeutung hatte, daß das arabische Semawa und das türkische Gökala so viel wie himmel= blau bedeute.

Jetzt nahm er seinen Sitz wieder ein und versank in tiefes Nachdenken.

Bald darauf trat der Derwisch zu ihm und fragte: „Hast du gesehen, wo sich der Graf befindet?" — „Ja, Herr." — „Er scheint mit dir sprechen zu wollen. Ich wünsche, daß du zu ihm gehst. Doch er darf nicht wissen, daß ich seinen Wink gesehen und dich auf den= selben aufmerksam gemacht habe. Du wirst ihm das also nicht sagen." — „Ich werde es verschweigen." — „Gut also, so gehe!"

Der Jäger ging und suchte den Grafen, der am Brunnen stand, auf.

Kaum aber war er hinter den dort stehenden Sträuchern verschwunden, so schlich sich der Derwisch ebenfalls schleunigst dorthin und wurde so Zeuge fast des ganzen Gespräches zwischen den beiden Männern.

Es war ein höchst eigentümliches Gefühl, mit dem der Graf das Nahen des Jägers erwartete. Das war freilich auch sehr leicht erklärlich.

Er hatte den Maharadscha um den Thron, die Hei= mat, das Kind, um sein Eigentum, seine Freiheit, kurz um alles, alles gebracht und war ihm seit jener Zeit nicht wieder begegnet. Jetzt sollte er ihn zum ersten Male wiedersehen. Wie würde der Unglückliche sich gegen ihn verhalten? Diese Frage lag ihm schwer auf dem Herzen.

Der Graf nahm sich natürlich vor, ganz so zu thun, als ob er ihn nicht für den Maharadscha halte, als ob er das damalige Urteil des Gerichtes auch heute noch für gerecht erachte. Nach dem Verhalten des Verbannten sollte sich dann das seinige richten. Er wollte ihm die Freiheit wieder verschaffen und beabsichtigte, dafür Gökala zur Frau und dann die Thronfolge für sich zu fordern.

Jetzt hörte er langsame, nahende Schritte, und der Verbannte trat zu ihm.

Dieser wußte ganz genau, wen er vor sich hatte. Er hatte ihn sofort erkannt, außerdem hatte der Graf ja auch, als er kam, dem Bauer seinen Namen genannt.

Welche Gefühle mußte der einstige Herrscher eines indischen Königreiches empfinden, als er jetzt den Mann vor sich sah, dem er all sein Elend zu verdanken hatte! Aber er ließ sich davon nichts merken. Sein Gesicht war ruhig und unbewegt. Ihm waren die stürmischen Regungen nicht anzusehen, die ihm im tiefsten Herzen tobten.

„Hattest du mir gewinkt, Herr?" fragte er. — „Ja. Ich möchte mit dir reden. Es ist nichts Gewöhnliches, was ich dir zu sagen habe." — „Gewöhnlich oder ungewöhnlich, es ist mir alles gleich. Dem Verbannten kann nichts mehr lieb oder unlieb sein." — „Auch Weib und Kind nicht?" — „Auch diese nicht. Er hat keine Heimat und keinen Namen, kein Recht, keine Seele, kein Gefühl. Er ist eine Ziffer, eine Null." — „Ja, es muß schrecklich sein, ein Verbannter zu sein!" — „Schrecklich? Dieses Wort ist noch viel zu schön. Es giebt gar kein Wort, welches das Unglück des Verbannten bezeichnen könnte!"

Der Jäger sagte das so ruhig hin, als ob es ihn gar nichts angehe. Nicht einmal sein Auge bekam dabei einen anderen Glanz.

M. E.

Da fragte der Graf plötzlich:

„Also du kennst mich nicht?" — „Nein." — „Schau mich einmal schärfer an!"

Nummer Fünf betrachtete den Sprecher mit einem halb verwunderten Blicke.

„Ich habe dich noch nie gesehen," entgegnete er gelassen. — „Du täuschst dich. Ich bin der Graf Alexei Polkkeff."

Der Graf hielt während der letzten Worte den Blick fest auf den Verbannten gerichtet. Er erwartete, daß dieser in Rufe des Erstaunens, des Grimmes, der höchsten Entrüstung ausbrechen werde. Aber er hatte sich sehr, sehr getäuscht.

„So!" sagte Nummer Fünf nämlich im Tone der äußersten Gleichgültigkeit. „Ich habe diesen Namen nie vernommen und weiß auch nicht, weshalb ich ihn jetzt hören soll." — „Mein Name steht mit den wichtigsten Ereignissen deines Lebens in Verbindung." — „Davon weiß ich nichts." — „Wer warst du früher?" — „Ich bin Verbannter. Was ich früher war, das hat keinen Wert mehr für mich." — „Wie hießest du?" — „Ich heiße Nummer Fünf. Mein früherer Name ist dahin, wie ein Blatt verweht wird." — „Aber, Mann, ist denn dein Herz ganz versteinert und dein Gemüt verknöchert! Hattest du Kinder?" — „Was nützte es mir heute, wenn ich wirklich Kinder gehabt hätte? Nichts, gar nichts." — „Ich dachte, daß du eine Tochter hattest. Hieß sie nicht Semawa?" — „Semawa bedeutet himmelblau. Mein Leben hat keine Farbe mehr. Es ist schwarz und finster." — „Du mußt sie doch lieb gehabt haben!" — „Lieb? Weißt etwa du, was Liebe ist? Liebe ist — — ach, es ist besser, ich spreche kein Wort von ihr." — „Hattest du nicht einen Diener, der Nena genannt wurde?" — „Bin ich etwa früher bedient worden? Wenn du so sprichst, dann ist's mir, als ob ich dich im Traume sprechen hörte." — „Es ist kein Traum. Du warst ein großer und vornehmer Herr."

Der Verbannte hatte sich mit dem Rücken an den Stamm einer Erle gelehnt und die Arme über der Brust gekreuzt. Sein Gesicht war starr und unbeweglich wie dasjenige einer Statue. Seine Stimme klang, als ob er bei vollem Leben leblos sei.

„Das müßte eine lange, lange Zeit her sein," sagte er. „Ich weiß nichts davon." — „Kannst du dich denn gar nicht auf deinen Namen besinnen?" — „O ja. Besinnen kann ich mich auf ihn. Ich wurde Saltikoff genannt, Wassilei Saltikoff." — „Das ist nicht wahr!" — „Nicht? Oho! Ich bin in der That Saltikoff. Willst du es bestreiten?" — „Ja, ich bestreite es, denn ich kenne dich. Ich bin ja in Nubrida bei dir gewesen. Ich sah dich täglich und auch Semawa, deine schöne Tochter, die Rose von Nubrida. Ach, ich liebte sie, aber du versagtest sie mir! Da entbrannte ich in Rache gegen dich, da lockte ich dich auf russisches Gebiet und gab vor, du seiest jener Wassilei Saltikoff, den man verfolgte, und Nena, dein Diener, beschwor, daß du nicht der Maharadscha seiest." — „Da hatte er ja recht! Ich muß es doch am besten wissen! Man verurteilte mich zu hundert Knutenhieben und zu ewiger Verbannung. Ich bekam die Hiebe und wurde in die Wälder abgeführt. Ich hatte es verdient." — „Nein, du hattest es nicht verdient. Du bist unschuldig verurteilt worden. Ich kann es beweisen. Sage nur ein Wort, ein kleines, kleines Ja zu meiner Verbindung mit Semawa, so wirst du wieder der anerkannte Herrscher von Nubrida." — „Mit Semawa, meiner Tochter? Ist jene Semawa noch nicht dein Weib geworden?" — „Nein." — „So haßt sie dich?" — „Wie den Tod!"

Es war seit langen Jahren das erste Mal, daß der Maharadscha von seinem Kinde hörte. Was mußte dabei in ihm vorgehen! Aber er hatte eine fast übermenschliche Selbstbeherrschung.

Noch immer war sein Gesicht starr und unbewegt; seine Stimme klang kalt und trocken, und sein Auge hatte

M. E.

den Ausdruck der Gleichgültigkeit. Aber seine Schläfen hatten sich gerötet, ein Zeichen, daß das Blut ihm nach dem Kopfe stieg. Das hatte er freilich nicht verhindern können. So weit reicht die Kraft keines Menschen.

Als der Graf jetzt eingestand, daß Semawa ihn hasse, flog es wie ein Blitz über das Gesicht des Inders.

"Also sie haßt dich!" sagte er bewegt. "Und warum hast du sie da bei dir behalten?" — "Weil ich sie liebe!" — "Reiße diese Liebe aus dem Herzen. Bedenke, daß es eine Höllenqual ist, ein Weib um sich zu haben, das einen haßt, während man es liebt. Das muß eine fürchterliche Hölle sein!" — "Das ist es, ja, das ist es! Aus dieser Hölle sollst du mich erlösen, und ich will dir dafür die Freiheit wieder verschaffen." — "Kann ich Semawa gebieten, dich zu lieben?" — "Nein. Du kannst sie aber veranlassen, mein Weib zu werden. Mehr verlange ich nicht von dir."

Der Maharadscha blickte still vor sich nieder, wohl aus dem Grunde, daß er einige Zeit brauchte, seine Gefühle niederzudrücken. Dann sagte er:

"Ich möchte dir gern den Willen thun, aber ich kann es leider nicht. Semawa ist nicht meine Tochter, denn ich bin Wassilei Saltikoff, der verbannte Verbrecher, und will und werde es bleiben."

Der Graf war ganz außer sich geraten. Der Maharadscha aber durchbohrte ihn mit seinen Blicken. Er stand noch immer so vor ihm, wie vorher, mit verschränkten Armen und an den Stamm der Erle gelehnt. Jetzt aber nahm sein Gesicht einen ganz anderen Ausdruck an. Es ging ein triumphierendes Leuchten über dasselbe.

"Höre mich doch, höre mich!" bat der Graf. "Ich bitte dich, ich flehe dich an, auf meinen Vorschlag einzugehen! Ich befreie dich aus einer Hölle und führe dich in den Himmel ein." — "Nur um deiner selbst willen! Du willst deine eigenen Höllenqualen los werden, die dir der Haß und die Verachtung Semawas ver=

ursachen. Der Himmel, von dem du sprichst, soll dein eigener sein. Es giebt noch einen anderen Menschen, der mich frei machen kann, und dieser heißt — Steinbach."

Der Graf machte beinahe einen Luftsprung vor Schreck. Er stand eine ganze Weile mit offenem Munde und weit aufgerissenen Augen da und starrte den Maharadscha an. Er hatte ja keine Ahnung, daß dieser ihn vorher belauscht hatte.

„Stein—bach — —!" stotterte er. „Den, den, den kennst du auch?" — „Du hörst es ja, daß ich ihn kennen muß. Ich weiß, er liebt Semawa. Und sie wird sein Weib werden. Du aber wirst in kurzer Zeit selbst die Kleidung der Verbannten tragen." — „Kerl, was fällt dir ein!" schrie da der Graf wütend. „Weißt du, daß du die elende Nummer Fünf bist? Wirf dich nieder und krieche in Demut vor mir im Staube, sonst erhältst du die Knute!"

Der Graf griff nach seiner Peitsche.

Der Maharadscha machte kein Zeichen der Verachtung oder des Hohnes. Dazu war er zu edel, dazu stand er zu hoch. Er sagte nur in ruhigem Tone:

„Laß deine Peitsche. Solltest du mich ja mit ihr berühren, so kostet es dir das Leben. Das sage ich dir! Ein Raubwild vertilgt man von der Erde, wenn es gar zu großen Schaden macht." — „Ich, ein Raubwild!" brüllte Polikeff laut auf. Da fiel ihm der Maharadscha schnell in die Rede und sagte:

„Halt! Schrei' nicht so! Meinst du, daß unser Gespräch für andere Leute sei? Glaubst du, daß der berühmte Zobeljäger Nummer Fünf keine Augen und Ohren habe? Ich habe den Kerl schon längst bemerkt, der uns belauscht hat."

Mit diesen Worten that der Maharadscha einen raschen, unerwarteten Sprung in die Büsche hinein und brachte den — ehemaligen Derwisch, im Genick gepackt, herbeigezogen.

„Du! Ah, du!" rief der Graf. „Du hast gehorcht?

M. E.

Du hast uns belauscht?" — „Nein," versicherte der Gefragte. — „Lüge nicht!" rief da der Zobeljäger. „Du stehst schon längst hier! Und es freut mich, daß unser Gespräch einen Zeugen hatte. Jetzt giebt es doch einen dritten, der weiß, wer ich bin. Nun, ich lasse euch bei einander. Unterhaltet euch gut und laßt euch die Zeit nicht lang werden."

Damit ging der verbannte Fürst von Rubrida.

Die beiden zurückgebliebenen Männer aber starrten einander einige Sekunden lang wortlos an; dann lachte der Derwisch spöttisch auf.

„Verdammt komische Situation," rief er, „als Lauscher ertappt und herbeigezogen zu werden! Aber die Hauptsache ist, daß ich nun weiß, weshalb du nach dem Mückenflusse gekommen bist. Du hast den Maharadscha ausfindig machen wollen. Gestehst du das ein?" — „Ja.

M. E.

Es ist eine ganz verfluchte Geschichte, daß er nicht auf meinen Vorschlag eingehen will. Das macht mir einen gewaltigen Strich durch die Rechnung." — "Nun, auf einen Hieb fällt kein Baum. Ich werde den Nummer Fünf bearbeiten. Und daß Steinbach ihn nicht findet, das habe ich jetzt in meiner Hand. Ich darf mich nur mit ihm schnell und weit in die Urwälder begeben. Da mag dieser Deutsche sehen, ob er ihn entdeckt. Nun wirst du wohl zugeben, daß dein Interesse ziemlich eng mit dem meinigen zusammenhängt?" — "Hm! Willst du wieder beginnen, von dem Gelde zu sprechen?" — "Das kannst du dir doch denken. Zahle, so bist du mich los!" — "Ich will dir einen lukrativen Vorschlag machen. Hilf mir, den Maharadscha so weit zu bringen, daß er die Freiheit aus meiner Hand nimmt und mir seine Tochter giebt!" — "Darauf gehe ich ein." — "Schön! Ich weiß, daß deine Bemühungen nicht ohne Erfolg sein werden." — "Will es hoffen." — "Zur Erreichung dieses Zweckes ist es natürlich erforderlich, daß dieser Steinbach aus dem Wege geräumt wird." — "Dazu bin ich gern behülflich. Du weißt ja, daß ihm meine Liebe nicht gehört." — "Die drei Amerikaner können meinetwegen auch den Weg alles Fleisches gehen. "Wenn ich ihnen denselben zeigen kann, soll es mich wirklich von ganzem Herzen freuen." — "Das denke ich auch. Du hast eine ziemlich lange Rechnung mit ihnen quitt zu machen." — "Bis hierher sind wir einig. Wir beide handeln vereint. Aber nun weiter. Was bekomme ich für meine Bemühungen?" — "Ich gebe dir dreißig= tausend Rubel!" — "Und dafür soll ich dir zur Thron= folge eines indischen Herzogtumes und zum Erbe eines Maharadscha, bestehend aus ungezählten Millionen, ver= helfen? Nein, jeder Arbeiter ist seines Lohnes wert. Und wenn du Millionen bekommst, will auch ich so ein kleines, einsames, einzelnes Milliönchen haben." — "Eine Million! Auf dieser Grundlage ist es überhaupt un= möglich, weiter mit dir zu verhandeln." — "Nun, was

M. E.

bietest du denn?" — „Nichts mehr." — „Dann wäre es schade um deine hübschen Pläne. Maharadscha würdest du nicht." — „Vielleicht kann ich es ganz gut auch ohne deine Hülfe werden." — „Versuche es! Jetzt aber haben wir lange genug hier beisammen gesteckt. Hast du noch etwas zu fragen oder zu bemerken?"

Bei dieser Frage löste sich die geschmeidige Gestalt des Maharadscha von dem Busche los. Als er vorhin die beiden allein gelassen hatte, war er nicht etwa gegangen, sondern hatte sich sogleich neben der Stelle, wo sie standen, hinter einen Strauch niedergeduckt, um zu hören, was sie noch miteinander sprechen würden.

Jetzt, als er hörte, daß das Gespräch zu Ende gehen werde, eilte er fort und saß, als der Graf und der Derwisch vor dem Hause anlangten, in großer Ruhe und Unbefangenheit bei den anderen Zobeljägern.

---

## 34. Kapitel.

Indessen hatte der Oberleutnant sämtliche Gebäude durchsucht und keine Spur des Kosaken Nummer Zehn gefunden.

Eben als er wieder vor dem Wohnhause anlangte, kehrten der Graf und der einstige Derwisch vom Brunnen zurück. Da rief der Oberleutnant dem ersteren zu:

„Fertig!" — „Keine Spur von Nummer Zehn?" fragte der Graf. — „Nein. Ist nicht hier und wohl auch nicht in der Gegend gewesen. Wir werden an anderen Orten suchen müssen."

Der Kosakenwachtmeister war unterdessen schon längst mit der Reinigung seines Gesichtes fertig. Nun stand er vor der Thür, um sich gebotenermaßen bei dem Oberleutnant zu melden.

Er hörte die Worte, die dieser dem Grafen zurief, und natürlich auch den Kosaken Nummer Zehn nennen.

M. E.

Das fiel ihm auf. Er schritt schnell auf den Offizier zu, meldete sich und sagte dann:

„Ich habe gehört, daß du nach dem entflohenen Nummer Zehn suchst, Väterchen. Ist er wirklich desertiert?" — „Ja. Warum fragst du?" — „Weil ich ihn gesehen habe." — „Wann?" — „Gestern nachmittags." — „Du hast ihn doch gleich ergriffen?" — „Ja. Ich habe ihn arretiert." — „Donnerwetter! Er ist also bereits seit gestern arretiert, und ich krieche hier in allen Löchern und Winkeln herum, ihn zu suchen! Kerl, warum hast du mir das nicht gesagt? Du konntest dir doch denken, daß ich seinetwegen da war! Wo steckt er denn?" — „Ich weiß es nicht." — „Was? Du weißt es nicht? Und hast ihn doch arretiert!" — „Ich habe ihn wieder freilassen müssen." — „Warum?" — „Weil Peter Dobronitsch sagte, es sei sein Vetter aus Jekaterinburg." — „Ach so! Da hast du also einen ganz und gar schuldlosen Menschen arretiert? Du bist ein Kerl, der lauter Dummheiten zu machen scheint. Schere dich zum Teufel! Reite heim und sei ein anderes Mal gescheiter!"

Wer war froher als der Wachtmeister! Er trollte schleunigst ab und nahm sich im stillen vor, sich doch noch an dem Bauer zu rächen, und zwar ganz gehörig.

Der Offizier begab sich zu dem Grafen, um sich mit demselben über die weitere Verfolgung der flüchtigen Nummer Zehn zu besprechen.

Nach wenigen Augenblicken sah man den frommen Nachbar, den Dobronitsch endlich aus der Räucherkammer freigelassen hatte, aus dem Hause treten. Er bildete eine wahre Jammergestalt und hatte ein Rußgesicht, schwarz wie ein Mohr. Er huschte, so schnell es ihm seine malträtierten Glieder erlaubten, am Hause hin und verschwand um die Ecke. Er hatte eine Lehre empfangen, die zu vergessen wohl nicht leicht war.

Kaum war er nach der einen Seite fort, so kamen von der anderen neue Ankömmlinge — ein Leutnant mit einem Detachement Kosaken, in Summa vielleicht dreißig Mann.

Als der Anführer den Oberleutnant aus Platowa erblickte, ließ er einen Ruf der Ueberraschung und der Freude hören und ritt schnell auf ihn zu.

„Du hier, Kameradchen?" fragte er. „Wer hätte das gedacht! Was führt dich her?" — „Ich suche einen Deserteur, Kosak Nummer Zehn! Hast du vielleicht von ihm gehört, Freundchen?" — „Nein." — „Ist auch sonst niemand eingefangen worden bei euch?" — „Kein Mensch. Es hat seit Tagen an unserer Grenze nichts Neues gegeben, als nur erst heute. Du hast doch auch von dem Boroda gehört?" — „Dem flüchtigen Zobel=jäger? Ja." — „Nun, wir stehen eben im Begriffe, ihn zu fangen und die tausend Rubel zu verdienen, die auf ihn gesetzt sind." — „Gratuliere! Wißt ihr denn, wo er zu finden ist?" — „Ja, ganz genau. Er und seine Bande." — „Wie? Ihr habt das Versteck seiner Ge=nossen entdeckt?" — „Nicht wir, sondern ein Mann aus der Staniza. Dieser ist des Nachts nach dem Flusse gegangen, um mit Hülfe einer Fackel Krebse zu fangen. Da hat er einen leichten Feuerschein bemerkt, ist auf den=selben zugegangen und hat gesehen, daß ‚arme Leute' da=liegen, wohl gegen zweihundert Mann, auch einige Leute mehr. Er hat sich dann möglichst weit hinangewagt und da das Gespräch zweier Männer belauscht, aus dem er ver=nommen hat, daß Boroda, der Anführer, während der Nacht fortgegangen ist." — „Welch eine Entdeckung! Wo liegen sie?" — „Nur einige Werst von hier im Dickicht an einer großen Krümmung des Flusses. Der Mann ist erst vor kurzer Zeit wieder heimgekehrt, denn es sind dann Schildwachen ausgestellt worden, durch die er sich nicht hat schleichen können. Beim Anbruche des Tages sind dieselben eingezogen worden, und nun hat er erst wieder zurück gekonnt." — „Und ihr hier wollt euch der ganzen Gesellschaft bemächtigen?" — „Wir allein? Dreißig Mann? O nein. Das dürften wir nicht wagen.

M. E.

Diese Leute werden sich ganz verzweifelt ihrer Haut wehren." — „Welches Arrangement ist dann getroffen worden?" — „Ein sehr einfaches. Wir haben hundert Mann Fußkosaken und sechzig Reiter zur Verfügung. Die Fußkosaken marschieren auf die Stelle zu. Die Reiterei ist halbiert worden, je dreißig Mann auf den Flügel, sodaß die Kavallerie die beiden Endpunkte des Halbkreises bildet, mit dem die ‚armen Leute‘ eingeschlossen werden. Wenn es gelingt, uns unbemerkt zu nähern, wird uns kein einziger Mann entgehen." — „Ach, erlaubst du mir, mit meinen Leuten den Ritt mitzumachen? Wir sind auch zwanzig Mann." — „Sehr gern, Brüderchen! Komm' mit." — „Und darf ich mich auch anschließen?" fragte der Graf. „Ich bin nämlich Graf Alexei Polikeff, und hier mein Freund Lomonow aus Orenburg wird sich auch gern die Freude machen, die Halunken fangen zu helfen." — „Alle sind willkommen, alle," antwortete der Leutnant höflich. „Vorausgesetzt natürlich, daß keine Ansprüche auf die Prämie gemacht werden."

Das wurde acceptiert, und bald ritt der nun vergrößerte Trupp von dannen, während die Zobeljäger unter Anführung von Nummer Fünf sitzen blieben.

Peter Dobronitsch war gerade wieder aus dem Hause getreten, als die Kosaken angekommen waren. Seine Tochter stand bei ihm. Als sie hörte, um was es sich handelte, wurde sie totenbleich.

„Um Gotteswillen, Vater," flüsterte sie ihm leise zu. „Wir müssen sie retten. Wir müssen Boroda durch einen Boten benachrichtigen." — „Das ist aber höchst gefährlich!" — „Leider. Es wird sich nicht leicht jemand dazu hergeben wollen. Ich werde selbst reiten müssen." — „Aber hast du gehört, daß die Armen eingeschlossen werden sollen? Da wirst du nun nicht mehr zu ihnen gelangen können." — „Es muß eben gewagt werden. Vielleicht komme ich, noch bevor die Linie der Angreifer geschlossen worden ist, durch." — „Dann kannst du

M. E.

später aber nicht wieder zurück." — "Das ist eben das große Bedenken, das ich habe. Schau, da reiten sie ab!"

Die Häscher hatten den Hof noch nicht alle verlassen, so kam der Zobeljäger Nummer Fünf zu Peter Dobronitsch geeilt und flüsterte ihm zu:

"Du willst die Armen retten?" — "Ja." — "Hast du einen tüchtigen Mann dazu?" — "Nein. Ich reite selbst." — "Ich werde reiten, hast du vielleicht etwas an Boroda auszurichten?" — "Sage ihm, was du hier gesehen hast. Das reicht aus. Ich würde den Dienst von dir nicht annehmen, wenn ich nicht dächte, daß ich möglicherweise hier sehr nötig gebraucht werden kann. Auch weiß ich, wer du bist. Einen besseren Mann kann ich gar nicht senden."

Nummer Fünf stieg zu Pferde, legte seine Doppelbüchse quer über die Kniee und wollte schon dem Pferde die Sporen geben, als er sich noch auf etwas besann und sich an seine Gefährten, die Zobeljäger, wandte:

"Brüder, werdet ihr unter Umständen an dem Kampfe für die armen Leute mit teilnehmen?" — "Ja," lautete die Antwort. — "Für wen?" — "Für die armen Leute natürlich." — "Schön! Ich verlasse mich auf euch. Reitet jetzt nach dem Flusse und wartet an der Fähre. Vielleicht hole ich euch."

Nach diesen Worten ritt Nummer Fünf davon, erst langsam und dann, als er das Gehöft hinter sich hatte, im Trabe.

Als er sich nach den Kosaken umblickte, sah er sie rechter Hand vor sich gerade nach Osten reiten. Sie bildeten noch keine Kette, sondern ritten in einem zusammengedrängten Trupp.

Das war ihm ungeheuer lieb, denn so konnte er zwischen ihnen und dem Flusse unbemerkt hindurchkommen.

Er gab daher seinem Pferde die Sporen, legte sich weit vorn über und sprengte nun in sausender Carriere in der eingeschlagenen Richtung weiter.

M. E.

Bald hatte er die Kosaken, ohne von ihnen gesehen worden zu sein, überholt.

So war er kaum eine halbe Stunde unterwegs, als der Fluß eine Biegung nach links machte, und nach rechts wieder zurückkehrte. Dadurch entstand ein Bogen, der eine Halbinsel einschloß, die mit dichtem Gestrüpp und einzelnen Bäumen bestanden war und den Ort bildete, an dem die ‚armen Leute‘ sich versteckt hielten.

Nummer Fünf sprengte in vollem Galopp mitten in das Gestrüpp hinein, bis vor ihm einige Männergestalten auseinander fuhren.

„Wo ist Boroda?" fragte er, sein Pferd anhaltend. — „Boroda? Wir kennen keinen Boroda," antwortete einer. — „Um Gotteswillen, sagt die Wahrheit! Ihr seid ‚arme Leute‘ und lagert hier. Die Kosaken haben euch entdeckt und sind schon unterwegs, euch zu fangen. Wenn ihr mich nicht schnell zu Boroda führt, seid ihr alle verloren." — „Um Gotteswillen! Ist's wahr?" — „Ja, schnell, schnell!" — „Ich vertraue dir. Siehst du die dicklaubige Esche da drüben links? Dort befindet er sich."

Der Zobeljäger folgte der Weisung. Je weiter er vorwärts kam, desto mehr Menschen erblickte er, und allen rief er seine Warnung zu. Laute Rufe erschollen, und als der Maharadscha an der Esche anlangte, war fast schon das ganze Lager alarmiert.

Unter dem Baume standen vier oder fünf bewaffnete Männer.

„Wer von euch ist Boroda?" fragte der Reiter. — „Ich bin es," antwortete der Jüngste. „Wer bist du? Was willst du?" — „Ich komme von Peter Dobronitsch, bei dem soeben sechzig Kosaken abgeritten sind; von der anderen Seite kommen dreißig, und hier von gerade aus sollt ihr von hundert Fußkosaken angegriffen werden. Alle sind bereits unterwegs." — „Alle Teufel, so sind wir verraten? Da giebt es nur einen einzigen Rettungsweg: Wir ziehen uns kämpfend nach dem Hofe von

M. E.

Dobronitsch hin, wo wir sofort in dem Verstecke, das ich euch beschrieben habe, verschwinden. Oder hat einer von euch einen besseren Plan?" — „Nein, nein." — „Verzeihe," sagte der Maharadscha. „Du willst dich nach

dem Hofe des Peter Dobronitsch hinziehen. Wird das gelingen?" — „Es muß gelingen!" — „Auf dieser Seite stehen dir sechzig Reiter gegenüber, alle wohlbewaffnet. Durch diese mußt du dich schlagen, und zu

M. E.

deiner linken Seite hast du hundert Linienkosaken und hinter dir wieder dreißig Reiter." — „Es ist eine verzweifelte Lage; aber wir sterben lieber, als daß wir uns ergeben." — „Ich will dir einen Vorschlag machen. Suche die Angreifenden durch Parlamentäre hinzuhalten. Ich kehre natürlich jetzt zurück, um Dobronitsch zu benachrichtigen, daß die Warnung gelungen ist. Dort an der Fähre habe ich elf tapfere Kameraden, die euch helfen wollen. Wenn ich die in den Rücken der sechzig Reiter bringe, so kommen diese dadurch zwischen zwei Feuer und werden fliehen. Aber dann wird für euch der Weg nach dem Hofe offen. Das übrige muß der Augenblick ergeben." — „Schön! Ein prächtiger Gedanke! Wann können wir die Feinde erwarten?" — „In kürzester Frist. Aber wenn ihr klug sein wollt, so schont die Menschenleben. Schießt lieber die Pferde tot. Das giebt eine größere Panik, als wenn die Reiter fallen." — „Wenn es möglich ist, werden wir menschlich sein; aber ergeben wird sich von uns keiner. Doch wann triffst du mit deinen Freunden ein?" — „In längstens einer halben Stunde. Lebt wohl bis dahin!" — „Lebe wohl, Brüderchen!"

Der Maharadscha drehte sein Roß um und sprengte davon.

Es war die höchste Zeit gewesen, wenn er noch durchkommen wollte. Er hatte kaum einen Werst zurückgelegt, als er zu seiner Linken die sechzig Kosaken bemerkte, die eben im Begriffe standen, eine Linie zu bilden, die bis hinüber an den Fluß stoßen sollte.

Er legte sich nun ganz auf den Rücken des Pferdes nieder, um ja nicht beachtet zu werden. Und doch wurde er gesehen, wenn auch nicht erkannt.

Mehrere Kosaken stießen von der Truppe ab, um ihn zu verfolgen. Da er aber sein Pferd zur höchsten Eile antrieb und sie die Ueberzeugung gewannen, daß sie ihn nicht einholen konnten, kehrten sie zurück.

Als der Zobeljäger wiederum zwei Werst hinter

sich hatte, sah er eine Reiterin auf sich zukommen. Es war Mila, die Tochter des Peter Dobronitsch.

Die Angst hatte ihr keine Ruhe gelassen. Sie jagte auf ihn zu und fragte:

„Wie steht es? Hast du ihn getroffen?" — „Ja, er ist gewarnt." — „Und wird er kämpfen?" — „Gewiß! Reite schnell nach Hause und sage deinem Vater, er solle das Versteck bereit machen, Boroda will sich mit seinen Leuten nach dem Hofe zurückziehen und in dem Verstecke verschwinden." — „Das ist klug! Das ist gut! Ich eile! Hast du noch eine Botschaft?" — „Ja, sage deinem Vater, daß auch ich mit kämpfen will. Meine Kameraden werden sofort mit mir aufbrechen. Ich hole sie."

Dann trennten sie sich. Mila ritt nach dem Hofe und der Zobeljäger nach der Fähre.

## 35. Kapitel.

Als der Zobeljäger an der Fähre ankam, standen seine elf Leute bereit. Sie hielten aber ihre Blicke auf das andere Ufer gerichtet, wo soeben drei Reiter auf die Fähre zukamen und sich dann am Seile herüberzogen.

Es waren zwei hagere, außerordentlich lange Kerle und ein kleiner dicker Mensch. Alle drei trugen Kleidungs=stücke, die hier zu Lande fremd waren, und bildeten einen Anblick, der den Maharadscha vergessen ließ, daß er Eile habe. Er blieb also mit den Seinen halten, bis die drei herüber waren.

Langsam kamen sie die Steilung herangeritten und beobachteten, als sie oben anlangten, die zwölf Sibirier eine Zeit lang mit forschenden Blicken. Dann legte der kleine Dicke die Hand an die Krempe seines Hutes, lüftete denselben ein wenig und sagte:

„Guten Tag, ihr Männer! Seid ihr hier bekannt?"

M. E.

— „So leiblich," antwortete der Maharadscha. — „So bitten wir euch, uns Auskunft zu geben. Wir suchen einen Mann, der Peter Dobronitsch heißt." — „Der wohnt auf seinem Gute hier ganz in der Nähe." — „Kennt ihr ihn?" — „Ja. Wir sind Freunde von ihm." — „Freut mich. Wir wollen auch Freunde von ihm werden." — „Sendet euch jemand zu ihm?" — „Ja. Bula, der Tungusenfürst, und Karpala, seine Tochter." — „Dann seid ihr ihm jedenfalls willkommen. Reitet gerade aus, so werdet ihr bald dort sein." — „Danke, danke!"

Die drei wollten weiter, blieben aber doch noch halten, als der Maharadscha die Bemerkung machte:

„Ihr habt freilich die Zeit eurer Ankunft schlecht gewählt." — „Wieso?" — „Es ist — es wird — Nun, es wird in Dobronitschens Hofe in vielleicht einer halben Stunde einen blutigen Kampf geben." — „Sakkerment! Und wir kommen dazu? Besser konnten wir es doch gar nicht treffen!" — „Freust du dich etwa darüber?" — „Nun, die Augen weine ich mir nicht aus dem Kopfe, wenn sich einige verständige und gescheite Leute einander gegenseitig die Hälse brechen." — „Du scheinst ein sonderbarer Mann zu sein!" — „Hm! Dem Menschen ist alles Fremde sonderbar." — „Ihr seid fremd? Nicht aus dem Lande?" — „Von weit her sogar, aus Amerika."

Da dachte der Maharadscha an das, was er vorher zwischen dem Grafen und dem Derwisch erlauscht hatte.

„Aus Amerika?" fragte er schnell. „Seid ihr etwa Präriejäger? Mein Gott! Kennt ihr vielleicht einen Mann, der Steinbach heißt?" — „Natürlich! Aber wie kommst du darauf, diesen Namen zu nennen? Woher kennst du ihn?" — „Ich habe ihn erst vorhin von einem Manne nennen hören, der sich Graf Polikeff nennt." — „Polikeff! Donnerwetter! Ist der Lump also da! Na, warte, Bursche, wenn wir dich beim Fell erwischen, so sollst du jauchzen wie ein Pudel, der geschunden wird." — „Ich weiß, daß ihr ihn sucht, und

M. E.

ihr sollt ihn bekommen, heute noch!" — „Wo ist er denn?" — „Da oben am Flusse. Er hilft den Kosaken gegen den — mein Gott, da stehe ich und schwatze, anstatt meine Pflicht zu thun!" — „Männchen, warte nur noch einen Augenblick! Du redest von einem Kampfe und von dem Grafen, der den Kosaken hilft. Gegen wen ziehen denn diese Kerle vom Leder?" — „Gegen eine Schar von ‚armen Leuten', die gern über die Grenze wollen." — „So! Wie viele Kosaken sind es denn?"

Der Maharadscha machte die drei Fremden mit wenigen Worten mit der Lage der Sache bekannt.

„So, so!" meinte der Dicke. „Also der Graf hilft den Kosaken. Wem helft denn ihr?" — „Den Flüchtigen." — „Das freut mich. Wir werden ihnen auch helfen." — „Ihr? Ihr seid doch fremd. Was gehen euch diese ‚armen Leute' an?" — „Donnerwetter, was gehen denn überhaupt einen guten Kerl seine Mitmenschen an. Keile kriegen die Kosaken, riesige Keile. Ihr nehmt uns mit. Und wenn ihr das nicht wollt, nun so führen wir Krieg auf unsere eigene Faust. Bin doch begierig, zu sehen, was diese Herren Kosaken für Gesichter machen werden, wenn unsere amerikanischen Schlüsselbüchsen zu knallen beginnen." — „Ist das dein Ernst, Brüderchen?" fragte der Maharadscha. — „Wenn du mich etwa für einen Schafskopf hältst, der mit solchen Sachen seinen Scherz treibt, so kannst du gerade ebensolche Keile kriegen wie die Kosaken! Willst du uns mitnehmen oder nicht?"

Der Maharadscha wußte noch immer nicht, woran er war. Er antwortete:

„Wir wollen es versuchen." — „Ja, Freundchen, versuche es einmal," lachte der Dicke. „Ich bin überzeugt, daß ihr diesen Versuch nicht bereuen werdet. Und damit ihr wißt, mit wem ihr es zu thun habt, so ist mein Name alleweil Sam Barth aus Herlasgrün in Sachsen, und diese beiden braven Herren heißen Jim Snaker und Tim Snaker. Wer bist du?" — „Ich bin ein Zobeljäger und heiße nur Nummer Fünf." — „Also ein

Verbannter! Freut mich daß ich so einen braven Kerl kennen lerne. Gieb mir deine Hand, Alter! Wir wollen zusammenhalten. Und nun vorwärts!"

Die Männer reichten sich die Hände, und dann ging es im Galopp den Fluß hinauf.

Das derbe, gutmütige Auftreten des Dicken hatte doch einen günstigen Eindruck auf Nummer Fünf gemacht. Er hielt sich an seiner Seite und erklärte ihm im Reiten den Feldzugsplan der Kosaken und den Gegenplan der Bedrängten.

„So," meinte Sam. „Hier durch wollen die wackeren Kerle? Da werden wir ihnen hübsch Luft machen müssen, sonst bleiben sie stecken und müssen in das Gras beißen oder sich ergeben. Ich schieße den Kosaken die Pferde zwischen den Beinen fort. Dann laufen sie davon. Das giebt ein Hauptvergnügen."

Sie jagten nun in gestrecktem Galopp fort am Flußufer hin, Sam mit Jim und Tim voran. Sie schauten aufmerksam nach vorn und bemerkten nach und nach menschliche Gestalten, die eine lange, mehrgliederige Linie bildeten und über die nicht sehr hohen Büsche hervorragten.

„Das sind Reiter," sagte Sam. „Die Pferde werden durch die Sträucher verdeckt, während die im Sattel Sitzen=den über dieselben herausgucken. Jedenfalls haben wir da die feindliche Kavallerie vor uns. Das freut mich, denn nun geht der Walzer los." — „Well!" lachte Jim. „Ein Kampf mit Kosaken. Habe ich auch noch nicht erlebt." — „Besser wäre es freilich, wenn sie uns nicht genau sehen könnten, damit sie später nicht wissen, daß wir es gewesen sind. Zum Glück erwarten die Kerle keinen Feind von hinten, sondern kehren uns voller Ver=achtung und Unhöflichkeit die Rücken zu. Ich hoffe, daß sie das bald bleiben lassen werden. Reitet alle in einer einfachen Linie hinter mir und legt euch auf die Pferde nieder, damit wir nicht gesehen werden, wenn sich ja einer dieser guten Gentlemen umdrehen sollte."

M. E.

Die anderen folgten dieser Aufforderung, und so ging es noch eine ziemliche Strecke an dem mit Büschen eingesäumten Ufer hin.

So kamen sie, was sie kaum für möglich gehalten hatten, bis auf ungefähr dreihundert Schritte an die berittenen Kosaken heran.

„Halt!" gebot nun Sam. „Steigt ab, und bindet die Pferde an. Die stehen dann hinter den Büschen so, daß sie nicht gesehen werden können. Wir aber schleichen uns noch ein wenig weiter, bis wir gut auf die feindlichen Tiere zielen können."

Dieser Befehl wurde ausgeführt. Es war eigentümlich, daß die Zobeljäger sofort stillschweigend den Dicken als ihren Anführer anerkannten. Das war die Folge seines kurzen, entschlossenen und dabei umsichtigen Auftretens.

Als die Pferde angebunden waren, schlichen die fünfzehn Männer in einer eng geschlossenen Linie zwischen den Büschen vorwärts, bis Sam mit leiser Stimme Halt gebot.

Sie waren jetzt nur noch zweihundert Schritte von den Reitern entfernt. Zwischen beiden Parteien war das Gebüsch hier viel niedriger, sodaß die Körper der Pferde zur Genüge aus demselben hervorblickten.

Geschossen wurde noch nicht. Die Kosaken saßen still und bewegungslos in ihren Sätteln.

„Boroda hat meinen Rat befolgt," sagte der Maharadscha. „Er unterhandelt noch, um Zeit zu gewinnen." — „Ist nicht mehr nötig," meinte Sam. „Wir sind ja nun da."

Als ob die Flüchtlinge diese Worte gehört hätten, ließ sich jetzt ein einzelner, scharfer Knall vernehmen, dem mehrere folgten.

„Es beginnt!" sagte Sam. „Wir warten noch. Aber dann, wenn wir uns dreinlegen, so verschwendet eure Kugeln nicht nutzlos! Es dürfen nicht zwei auf ein und dasselbe Pferd schießen. Wir sind fünfzehn.

Wir schießen in zwei Abteilungen, nämlich acht und sieben. Während die eine Abteilung ladet, schießt die andere und zählt da drüben acht oder sieben Pferde ab. Jeder weiß, wo er sich befindet und also auch genau, auf welches Pferd er zu zielen hat. Schont aber die Reiter. Die reißen ganz von selber aus."

Das Schießen wurde jetzt allgemeiner, und die Flüchtlinge schienen sich im Nachteile zu befinden, denn die Reiter legten jetzt ihre Lanzen ein und schienen zum Angriffe vorgehen zu wollen.

„Jetzt wird's Zeit," rief Sam. „Meine Abteilung, acht Mann hier, Feuer!"

Acht Schüsse krachten fast zu gleicher Zeit, und einen Augenblick später bäumten sich drüben acht Pferde, und einige brachen unter ihren Reitern zusammen. Das waren wohl diejenigen, auf die Sam, Jim und Tim gezielt hatten. Die übrigen waren nur verwundet und stürmten davon, mitten unter die ihrigen hinein.

Die Kosaken waren von diesem so unerwarteten Angriffe ganz erschrocken und drehten sich nach den verborgenen Feinden um.

„Zweite Abteilung, Feuer!" kommandierte Sam.

Sieben Gewehre krachten, und zwar mit demselben guten Erfolge wie vorhin. Jetzt schrieen die Kosaken laut auf, und man hörte ihren Anführer fluchen und wettern. Er gab sich Mühe, seine Leute in Ordnung zu halten, aber der Kosak ist eben ein Kosak, kein gut gedrillter, regulärer Soldat. Als die fünfzehn Mann noch zwei Salven abgegeben hatten, ballten sich die Reiter zu einem wirren, heulenden Knäuel zusammen und jagten davon, mitten unter die hundert Mann Infanterie hinein.

„Vorwärts!" gebot darauf Sam. „Aber langsam und gebückt. Die Lücke, die wir brechen wollten, ist da. Nun müssen wir sie offen halten. Lassen wir nicht sehen, daß wir nur so wenige sind, dann haben sie desto größere Angst vor uns. Ach, siehe da! Schaut hin!"

Der Sotnik hatte, als er die Kavallerie seines linken

„Schont die Reiter, aber tötet die Pferde," befahl Sam.
„Gebt Feuer!" (Seite 470.)

M. E.

Flügels fliehen sah, diejenige des rechten Flügels, dreißig Mann, herbei befohlen. Sie kamen in guter Ordnung angeritten, und da sie keinen Feind erblickten, ritten sie den unter den Büschen versteckten fünfzehn Männern gerade vor die Mündungen ihrer Gewehre. Sam Barth versäumte es natürlich nicht, diesen Umstand auszunutzen.

"Schont die Reiter, aber tötet die Pferde," befahl er. "Gebt Feuer!"

Die Schüsse krachten, erst sieben und dann acht. Die Fünfzehn hatten nur zu gut zielen können. Alle ihre Kugeln trafen. Mehr als zwanzig Pferde waren gestürzt und hatten dabei die Reiter abgeworfen, die unter dem wilden Angstgeschrei die Flucht ergriffen. Die ganze Kavallerieabteilung geriet in Unordnung, kam erst ins Stocken und wandte sich dann, um dem gefährlichen Feinde zu entgehen.

"Das war brav!" lachte Sam. "Das hat geholfen! Diese Kerle haben einen so heilsamen Schreck davongetragen, daß sie ganz sicher das Wiederkommen vergessen werden. Nun muß sich auch ihre Infanterie zurückziehen, und es fragt sich nur, ob sie den Flüchtlingen überlegen ist." — "Ganz bedeutend," erhielt er zur Antwort. — "Sapperment! Da ist es freilich geraten, daß die Flüchtlinge an ihre Sicherheit denken. Giebt es einen Ort, den sie aufsuchen können?" — "Ja, den Hof des Peter Dobronitsch da hinter uns. Er hat ein sehr gutes Versteck für sie." — "Schön! So ziehen wir uns auf diesen Hof zurück. Auf der einen Seite sind wir durch den Fluß gedeckt, und auf der anderen Seite werden wir fünfzehn den Flügel bilden, weil wir die besten Schützen sind. Ich werde das dem Anführer der Flüchtigen mitteilen und bei dieser Gelegenheit gleich einmal rekognoscieren."

Sam ging zu seinem Pferde und stieg auf. Aber er setzte sich nicht aufrecht in den Sattel, denn da wäre er von den Kosaken gesehen und später wieder erkannt worden, sondern er hing sich nach der Weise der Indianer mit dem rechten Beine in den Sattel und mit dem linken Arme in den Halsriemen des Pferdes, sodaß er sich hinter dem Körper des Pferdes versteckte. Auf diese Weise konnte er nicht gesehen werden, während es ihm möglich war, alles genau zu beobachten.

Nun ritt er fort, in langsamem Schritte, um Alexius Boroda aufzusuchen, nach der Flußbiegung zu, an der sich das Lager der Flüchtlinge befunden hatte. Hier kam ihm ein junger Mann entgegengeritten, betrachtete ihn mit prüfendem Blicke und fragte dann, sein Pferd anhaltend:

„Wen suchst du?" — „Alexius Boroda." — „Der bin ich."

Sam warf einen erstaunten Blick auf den Jüngling.

„Einen so berühmten Zobeljäger habe ich mir allerdings anders gedacht." — „Wer aber bist du? Ich kenne dich nicht. Wer sind die Schützen, die uns so kräftig beigestanden haben? Du kommst aus der Richtung, in der geschossen wurde, und wirst mir also Auskunft geben können." — „Das kann ich. Geschossen haben die Zobeljäger, angeführt von Nummer Fünf." — „Aha! Dachte es mir. Aber du? Wer bist du?" — „Ich bin ein fremder Reisender und kam mit zwei Kameraden des Weges daher. Wir hörten, daß arme Leute sich in Gefahr befanden, und beschlossen, ihnen zu helfen. Das ist alles. Jetzt habe ich dich aufgesucht, um dir zu sagen, daß es für euch das beste ist, ein sicheres Versteck aufzusuchen. Ich höre, daß der Bauer Peter Dobronitsch—" „Weiß schon, weiß schon!" unterbrach ihn der Zobeljäger. „Ja, wir ziehen uns nach dem Gute des Peter Dobronitsch zurück. Dort giebt es ein Versteck, das für uns alle ausreicht. Niemand kann es finden. Die Hauptsache ist, daß wir uns den Weg dorthin offen halten." — „Das werde ich besorgen. Wir sind fünfzehn Personen. Ich habe den anderen bereits den Befehl erteilt, den linken Flügel beim Rückzuge zu bilden. Du kannst dich also ruhig an die Spitze deiner Leute stellen und den Marsch beginnen. Wir werden dir die Kosaken vom Leibe halten."

Boroda lenkte sein Pferd nun wieder rückwärts und stieß bald zu seinem Trupp. Der besprochene Plan wurde ausgeführt und ging außerordentlich regelrecht von statten. Die Kosaken legten kein Hindernis in den Weg. Sie folgten den Flüchtlingen langsam und vorsichtig nach. Sie befanden sich ja in der festen Ueberzeugung, dieselben in ihren Händen zu haben, denn diese konnten nicht über den Fluß, und auf der anderen Seite lag der Baikalsee, nach dessen Ufer man sie nur zu treiben brauchte, um sie dann in aller Gemächlichkeit gefangen zu nehmen.

So gestaltete sich der Rückzug folgendermaßen: Voran die Flüchtlinge, ihre Weiber und Kinder an der Spitze, kommandiert von Alexius Boroda. Nach ihnen die fünfzehn Jäger unter dem Kommando von Sam Barth, und hinterher die Kosaken.

Der schlaue Sam zog sich nur äußerst langsam zurück, damit die Flüchtlinge genug Zeit finden konnten, sich in Sicherheit zu bringen. Letztere hatten den Hof des Bauers längst erreicht, als Sam noch fast eine Viertelstunde von demselben entfernt hielt und durch einzelne, auf die Pferde sehr wohl gezielte Schüsse die Kosaken bedeutete, sich mehr Zeit zu nehmen.

Was nun Peter Dobronitsch betraf, so verhielt er sich möglichst klug bei der ganzen Angelegenheit.

Denjenigen Knechten, denen er nicht ganz traute, befahl er, sich in der Wohnstube zu sammeln, da es nicht geraten sei, in solchen Fällen Augenzeuge zu sein. Er selbst aber setzte sich zu ihnen, blieb in ihrer Nähe und that ganz so, als ob er sich gar nicht um das draußen Geschehene bekümmere.

Auch die sämtlichen Mägde waren mit in der Stube versammelt.

Während der Bauer so dafür sorgte, daß er später nicht der Teilnahme beschuldigt werden könne, war seine

Tochter mit denjenigen Knechten, denen sie vertrauen konnte, draußen mit der Rettung der Flüchtlinge beschäftigt.

Einige Knechte nahmen die Pferde in Empfang, um sie augenblicklich abzusatteln und nach dem Weideplatze zu bringen, denn es mußte ja dafür gesorgt werden, daß es den Kosaken unmöglich war, die Pferde der Flüchtigen aufzufinden.

Die Höhle war von Mila schnell zum Empfange so vieler vorbereitet worden. Es brannten oben alle Lampen. Die Flüchtlinge kannten das Versteck zwar noch nicht, aber so wie sie an dem Baume anlangten, stiegen sie an demselben empor, einer hinter dem anderen. Mila brauchte nur den vordersten zu führen.

Wer beritten gewesen war, nahm sein Sattelzeug mit hinauf, während die ledigen Pferde schnell verschwanden.

Alexius Boroda, der Anführer der Flüchtigen, machte den Beschluß. Wie ein Seekapitän, der sein Schiff nicht eher verläßt, als bis alle seine Leute gerettet sind, wollte auch er erst alle seine Gefährten in Sicherheit wissen.

Als nun der letzte von ihnen auf dem Baume verschwunden war, gedachte er zu Sam zurückzukehren, um auch dafür zu sorgen, daß dieser letztere keine Gefahr laufen könne. Aber Mila entgegnete ihm energisch:

„Das ist nicht nötig. Mit diesem Manne werde ich selbst sprechen. Steige du nur immer hinauf. Die Hauptsache ist, daß ihr spurlos verschwunden seid, wenn die Kosaken kommen."

Die fünfzehn Jäger hielten noch immer die sämtlichen Kosaken in Schach, als Mila bei ihnen anlangte.

Gern folgte Sam der Einladung der hübschen Russin, ihr mit seiner kleinen Schar nach dem Hofe ihres Vaters zu folgen.

„Kommt, ihr Brüderchen!" wandte er sich an die Jäger. „Wollen doch sehen, ob diese Herren Kosaken es wagen werden, uns etwas am Zeuge zu flicken."

Sie eilten nach dem Hofe, wo sich der einstige Maharadscha soeben mit seinen Leuten wieder dahin setzte,

M. E.

wo er vorhin gesessen hatte. Auch Sam nahm nun mit Jim und Tim bei ihnen Platz, und sie alle machten die unschuldigsten Mienen von der Welt.

Als die Kosaken nach einiger Zeit merkten, daß sie keinen Widerstand mehr fanden, setzte sich die Spitze derselben vorsichtig in Bewegung und gelangte, ohne Widerstand zu finden, bis in den Hof des Peter Dobronitsch, wo keine Spur der Flüchtlinge zu finden war.

Die fünfzehn Jäger aber saßen mit vergnügten Gesichtern bei einander und thaten, als ob sie die anrückenden Kosaken gar nicht bemerkten.

Der Offizier, der die Vorhut derselben führte, war derselbe, der bereits heute früh hier gewesen war und mit dem Wachtmeister Wassilij verhandelt hatte. An seiner Seite ritt der Oberstleutnant aus Platowa. Diese beiden Offiziere blieben bei den Jägern halten, und der Anführer erkundigte sich bei ihnen in barscher Weise nach dem Verbleib der Flüchtlinge. Jedoch er mußte sich bald überzeugen, daß von ihnen nichts zu erfahren sei, und that nun weiter, was ihm seine Pflicht vorschrieb. Er sandte nämlich einige Fußkosaken zur Aufklärung voran, die sehen sollten, ob der Engpaß, der sich an der Pechtanne vorüber nach dem See zog, besetzt sei.

Nach kurzer Zeit wurde er zu seinem Erstaunen benachrichtigt, daß kein einziger Feind sich dort befinde. Er rückte also mit seiner Vorhut in den Paß ein. Vorher aber ließ er den Major diesen Umstand wissen.

Unterdessen war dem dicken Sam ein Gedanke gekommen. Er wandte sich an den Maharadscha und sagte:

„Du erwähntest vorhin den Grafen Polikeff. Bist du sicher, daß er sich wirklich hier befindet?" — „Ich weiß es gewiß. Er ritt fort, um sich den Kosaken anzuschließen." — „Nun, so kehrt er wohl auch mit ihnen zurück. Heda, Jim, Tim, kommt mit herein in das Haus. Wir wollen uns diesem braven Peter Dobronitsch vorstellen. Ich denke, es ist besser, wenn der Graf uns nicht sogleich bemerkt."

M. E.

Die beiden Brüder gaben Sam recht und gingen mit ihm in die Wohnstube, in der sich jetzt auch Mila bei ihrem Vater befand. Peter Dobronitsch begrüßte sie auf das freundlichste.

„Ihr seid mir herzlich willkommen, meine lieben Brüder," sagte er. „Setzt euch nieder!"

Dann reichte er ihnen die Hände und führte sie zu den Stühlen, die für sie noch übrig waren.

„Wir kommen, dir zu melden," wandte sich Sam an ihn, „daß Karpala bereits unterwegs ist. Sie wird mit ihrem Stamme baldigst, vielleicht noch heute, hier eintreffen. Sodann aber muß ich dich gleich nach einer Person fragen, die wir bei dir suchen. Der Mann nennt sich Peter Lomonow und giebt vor, ein Kaufmann aus Orenburg zu sein. Wo befindet er sich?" — „Bei den Kosaken, denen er sich anschloß, als es sich darum handelte, die ‚armen Leute' zu fangen. Er will hier ausruhen. Er begehrte ein Zimmer von mir, hat aber kein passendes gefunden." — „Hm! Er soll einen Aufenthalt bekommen, wo es ihm gefallen muß, mag er nun wollen oder nicht. Wir sind nämlich gekommen, ihn gefangen zu nehmen. Doch schau, da kommt die Hauptschar der Kosaken."

Sam trat an das Fenster. Soeben kam der Major in den Hof getrabt.

„Sapperment!" meinte der Dicke. „Er ist's. Jim, Tim, kommt her und schaut euch den Kerl an!"

Die beiden eilten zu ihm und erkannten sofort den einstigen Derwisch.

„Well!" lachte Jim. „Der Kerl wird eine unaussprechliche Freude haben, wenn er uns so unerwartet hier trifft." — „Ja, er wird ganz außer sich vor Entzücken sein, wenn wir ihn daran erinnern, was damals drüben in Amerika, besonders im Thale des Todes, geschehen ist. Ich wollte, er käme herein zu uns."

Der Major hielt draußen vor dem Hause und betrachtete die Umgegend aufmerksam. Auch er hatte die Ansicht, daß die zwölf Zobeljäger sich mit seiner Angelegenheit nicht befaßt hätten; darum beachtete er sie gar nicht.

Da kam der die Vorhut befehligende Offizier selbst herangesprengt und meldete:

„Kein Flüchtling ist zu sehen, Herr Major." — „Unsinn! Sie können nicht fort sein. Sie müssen da sein." — „Aber es ist wirklich keine Menschenseele zu sehen." — „Unglaublich! Es ist doch nicht zu denken,

daß sie auf den Booten von Peter Dobronitsch über den See entkommen sind! Der hat nur einige, und die sind so klein, daß kaum der fünfte Teil der Flüchtigen darin hätte Platz finden können. Was sagen Sie dazu, meine Herren?" wandte sich der Major jetzt an seine um ihn versammelten Offiziere.

Ein allgemeines Achselzucken war die Antwort.

„Aber, zum Teufel! Die Kerle haben doch keine

Flügel!" rief er zornig aus. — "Pah!" entgegnete da der Graf. "Die Zeiten der Wunder sind vorbei. Selbst was einem zuerst als ganz und gar mirakulös vorkommt, läßt sich, wenn man der Sache mit nüchternem Auge näher tritt, sehr leicht erklären. Es giebt meines Erachtens hier nur zwei Möglichkeiten. Entweder können diese Menschen fliegen, oder sie befinden sich in einem Verstecke. Welches von beiden wahrscheinlicher ist, das lehrt der gesunde Menschenverstand."

Als sie vor dem Hause anlangten, trat der Bauer eben aus der Thür.

"Dobronitsch, hierher!" gebot der Major, mit dem Finger auf die Bodenstelle deutend, die sich vor seinem Pferde befand. "Weißt du, was geschehen ist?" — "Nein," antwortete der Gefragte ruhig. — "Nicht? Du willst also behaupten, daß du mit keinem Flüchtlinge gesprochen habest?" — "Ja." — "Du bist ein Freund der armen Leute. Ich weiß es! Dein Fenster ist des Nachts stets offen. Du beschützt sie und wirst ihnen auch jetzt geholfen haben, uns zu entkommen." — "Ich habe mit keinem von ihnen gesprochen!" — "Zum Scheine, ja. Aber ich habe die Meldung erhalten, daß Boroda gestern bei dir gewesen ist. Willst du das leugnen?" — "Nein; aber ich kannte ihn nicht." — "So hat er sich dir zu erkennen gegeben, und ihr habt euch über das, was heute geschehen soll, besprochen." — "Herr, er ist ja entflohen, und ich bin gar nicht daheim gewesen." — "Schweig! Euch kennt man schon! Ich weiß auch, auf welche Weise du dich seiner und seiner Leute angenommen hast. Du hast sie vor uns versteckt."

Der Bauer gab sich alle Mühe, um nicht bemerken zu lassen, daß er erschrak. Er machte ein echt russisches, dummdreistes Gesicht und antwortete dem Offizier:

"Versteckt? Heiliger Iwan! Wohin denn?" — "Das wirst du wohl wissen. Verschwinden können so viele Leute nicht. Sie müssen hier einen Ort gefunden haben, den wir nicht entdecken können." — "Ich weiß

M. E.

nichts davon." — "Ich werde dir beweisen, daß du es weißt. Du wirst die Knute erhalten, und zwar so lange, bis du gestehst." — "Und wenn du mich totschlagen läßt, so kann ich nichts gestehen, denn ich weiß von nichts." — "Werden sehen! Bindet ihn!"

Dieser Befehl war an einige Soldaten der Nachhut gerichtet. Sie wollten sich des Bauers sogleich bemächtigen.

"Herr!" rief da dieser. "Du hast nicht das Recht, mich schlagen zu lassen! Ich bin nicht dein Untergebener, ich bin ein freier Unterthan des Zaren. Ich kann nur auf ein gerichtliches Erkenntnis hin bestraft werden." — "Nun, so bin jetzt ich das Gericht, und mein Erkenntnis hast du gehört." — "Ich protestiere!" — "Und ich höre nicht auf dich!" — "So werde ich mich beschweren!" — "Hund! Drohst du mir sogar! Du wirst nun doppelte Hiebe erhalten. Bindet ihn!"

Dobronitsch mochte die Absicht haben, sich zur Wehr zu setzen, denn er überflog die Anzahl der Soldaten, die ihn ergreifen wollten. Da aber fiel sein Blick zufälligerweise durch das Fenster in die Stube. Er sah den dicken Sam für einen Augenblick am Fenster erscheinen. Dieser gab ihm einen Wink, sich alles ruhig gefallen zu lassen. Darum verzichtete der Bauer auf den geplanten Widerstand.

Die Fenster des Wohnzimmers standen offen. Die dort Befindlichen hatten alles ganz deutlich gehört.

"Herrgott, sie wollen ihm die Knute geben!" sagte die Bäuerin erschrocken, als sie den Befehl des Majors vernahm. — "Keine Sorge! Sie werden ihn nicht schlagen," tröstete Sam. "Habe nur keine Angst, mein gutes Schwesterchen."

Draußen wurde unterdessen der Bauer gebunden und mit dem Bauch auf die Erde gelegt, während rechts und links von ihm sich je ein Kosak, mit der Knute in der Hand, aufstellte.

"Nun," fragte der Major, "willst du offen gestehen,

M. E.

Peter Dobronitsch?" — "Ich weiß nichts," antwortete dieser. — "Ah! Du denkst, ich mache mit der Knute nur Spaß? Du sollst sofort erkennen, wie ernst es mir damit ist."

Plötzlich ertönte ein lautes „Halt!" von der Haus= thür her. Aller Augen richteten sich natürlich dorthin. Sam, Jim und Tim traten heraus, ihre Büchsen in der Hand.

M. E.

„Alle Teufel!" flüsterte der einstige Derwisch ganz erschrocken dem Grafen zu. „Das sind die drei Amerikaner! Habe ich es nicht gesagt? Sie befinden sich auf meiner Fährte." — „Pah! Es ist nichts zu befürchten. Ich bin ja da." — „O, darnach fragen diese Menschen nicht!" — „Ich werde sie wohl lehren, darnach zu fragen! Was wollen sie jetzt? Ah!"

Sam war nämlich in aller Gemütlichkeit zu dem an der Erde liegenden Bauer getreten, hatte den ihm im Wege stehenden Kosaken zur Seite geschoben, zog sein Messer, zerschnitt die beiden Leinen, mit denen Dobronitsch gebunden worden war, und sagte:

„Peter Dobronitsch, stehe auf! Es versteht sich ganz von selbst, daß der Oberstwachtmeister nur Spaß macht."

Der Bauer sprang natürlich vom Boden auf.

Der Major zog ein Gesicht, als ob er seinen Augen nicht traue.

„Kerl! Was fällt dir ein!" rief er. — „O, nichts Besonderes," lachte Sam. „Ich mache mir den Spaß, auf dein Spiel einzugehen. Du läßt die Leute fesseln, und ich erlöse sie." — „Unverschämter! Wer bist du?" — „Frage den da!"

Sam deutete auf den einstigen Derwisch. Der Major blickte also diesen an und fragte:

„Kennst du diesen Mann?" — „Nein," antwortete der Gefragte. — „Nicht?" lachte Sam. „Das glaube ich gar wohl, denn sobald du zugiebst, uns zu kennen, ist's um dich geschehen. Er ist der größte Halunke, den es auf Erden giebt. Nicht wahr, jetzt bist du der Kaufmann Peter Lomonow aus Orenburg?" — „Der bin ich freilich." — „Und wer warst du vorher? Warst du nicht in Amerika, wo du dich Bill Newton nanntest?" — „Nein." — „Nanntest du dich nicht vorher in Konstantinopel Derwisch Osman?" — „Ist mir niemals eingefallen!" — „Und ist nicht Florin dein eigentlicher Name? Wenigstens hast du ihn als Kammerdiener ge=

M. E.

führt." — „Ich weiß nichts davon. Ich habe nichts mit dir zu schaffen. Laß mich in Ruhe!" — „Schön! Ganz wie du willst. Du sollst sehr bald deine Ruhe haben."

Der Major hatte vor Erstaunen versäumt, etwas zu sagen. Jetzt ergriff er das Wort und sagte zu Sam:

„Wie kannst du es wagen, dich in meine Angelegenheit zu mischen? Wie ist dein Name?" — „Ich heiße Samuel Barth." — „Ah, du bist ein Ausländer und wagst es, dich hier der Exekution zu widersetzen! Weißt du, daß ich dich selbst auch knuten lassen werde?" — „Pah! Du bist nicht der Mann dazu, mir mit der Knute zu drohen! Hier, siehe dir einmal meine Legitimation an!"

Sam zog diese aus der Tasche und reichte sie dem Major hin. Dieser las sie, blickte den Dicken und dessen beide Kameraden erstaunt an, zog die Stirn in Falten und erwiderte:

„Nun, was ist das weiter? Du heißt Samuel Barth, und deine beiden Begleiter heißen Snaker. Die Behörden werden aufgefordert, euch allen möglichen Vorschub zu leisten." — „So ist es. Du siehst also, daß ich auf deine Hülfe rechnen kann!" — „Hm, nicht so ganz. Es steht allerdings hier, daß alle Civil- und Militärbehörden dich, wenn du es verlangst, unterstützen sollen. Aber davon ist nichts zu lesen, daß du diesen Behörden Hindernisse in den Weg legen darfst. Was ich thue, das weiß ich zu vertreten. Peter Dobronitsch erhält die Knute!" — „Nein, er erhält sie nicht, so lange ich mich hier befinde." — „Mann, was wagst du? Ich bin Major!" — „Und ich bin Samuel Barth; das ist weit mehr als Major! Verstanden?" — „Ich lasse dich arretieren. Ich brauche nur einen Wink zu geben." — „So winke." — „Gut. Nehmt ihn gefangen!"

Dieser Befehl war an die beiden Kosaken gerichtet. Da erhob Sam die Büchse und drohte:

„Wer nur eine Miene macht, sich mir zu nähern, den schieße ich nieder!"

Auch seine beiden Gefährten legten wie er die Gewehre an.

„Donnerwetter!" schrie jetzt der Major. „Mir das! Wollt ihr sie augenblicklich ergreifen!"

Die beiden Kosaken, die zwischen ihrem Vorgesetzten und den Mündungen der drei auf sie gerichteten Gewehre standen, zogen es vor, den letzteren zu gehorchen und traten ängstlich zurück.

Da sprang der Major vom Pferde und rief:

„Also der offene Ungehorsam! Ihr sollt eure Strafe erleiden! Ich werde die Arretur jetzt selbst vornehmen."

Und sich an Sam, Jim und Tim wendend, sagte er in befehlendem Tone:

„Ihr seid meine Gefangenen!" — „Schön!" lachte Sam. — „Folgt mir!" — „Gieb dir keine Mühe! Wir machen doch, was wir wollen. Hat jemand das Recht, hier eine Arretur vorzunehmen, so sind wir es. Das werden wir dir sogleich zeigen."

Damit trat Sam an das Pferd heran, auf dem der einstige Derwisch saß, und sagte:

„Bill Newton, ich klage dich an des Mordes, des Raubes, des Betruges, der Fälschung und einer ganzen Zahl anderer Verbrechen. Du bist mein Gefangener."

— „Der deinige? Ha, greif' zu!" lachte Bill und gab seinem Pferde die Sporen, indem er es, in der Absicht, davonzujagen, herumriß. Aber er hatte sich in dem Dicken verrechnet. Dieser that einen schnellen Griff, faßte das Bein des Reiters und riß ihm den Fuß aus dem Bügel — ein Ruck, Bill flog aus dem Sattel, stürzte zur Erde, und das Pferd jagte reiterlos davon.

„Nehmt ihn auf und schafft ihn in die kleine Stube rechts vom Hausflur!" gebot Sam seinen beiden Kameraden.

Es hätte dieses Befehles eigentlich gar nicht bedurft, denn kaum berührte Bill Newton den Boden, so hatten

M. E.

die beiden Jäger ihn auch bereits ergriffen und emporgerissen.

Der Derwisch brüllte laut auf vor Wut, und der Major war ebenso ergrimmt wie er.

„Halt!" schrie er. „Das dulde ich nicht!" — „Wirst es wohl dulden müssen," antwortete Sam. „Ich mache dich auf den Inhalt meines Passes aufmerksam. Schafft ihn fort!"

Das sagte Sam zu Jim und Tim. Der Bauer hatte, seit er wieder aufgestanden war, dem Vorgange still zugeschaut. Jetzt rief er den beiden Jägern zu:

„In der Stube ist er euch nicht sicher. Schafft ihn lieber in die Räucherei. Ich will sie euch zeigen."

Dann ging er voran, und die beiden anderen folgten mit Bill, der sich vergeblich gegen sie sträubte.

Der Major fluchte das Blaue vom Himmel herab; aber Sam stand ihm so selbstbewußt und ruhig gegenüber, daß er es nicht wagte, sich an ihm zu vergreifen. Da hielt der Graf es an der Zeit, ein Wort zu sprechen. Sam war ja auch sein Gegner. Wenn dieser unschädlich gemacht wurde, so war das Spiel fast gewonnen.

„Major," sagte er, „lassen Sie sich so etwas bieten? Von einem obskuren Menschen, der ohne allen Rang und Stand ist?" — „Sie haben recht," antwortete der Offizier. „Der Kerl soll es büßen, Oberleutnant, bitte, holen Sie meine Kosaken herbei."

Der Oberleutnant aus Platowa, dem die letzten Worte galten, zuckte die Achseln.

„Herr Major," antwortete er, „es thut mir leid, mich in dieser heiklen Angelegenheit nicht beteiligen zu können. Ich gehöre jetzt nach Platowa. Wenn Sie des Gehorsams bedürfen, so wenden Sie sich gütigst an die hiesigen Kameraden!" — „Alle Teufel! Soll ich etwa auch Sie wegen Insubordination einsperren lassen?" — „Das ist Ihnen unbenommen. Nur mache ich Sie darauf aufmerksam, daß Sie sich darüber zu verantworten haben werden. Ich kam hierher, einen Flüchtling zu fangen. Er ist entkommen, und ich habe nichts mehr hier zu suchen. Ich kehre nach Platowa zurück."

Damit entfernte sich der Oberleutnant, um seine Kosaken aufzusuchen und mit denselben abzureiten. Der Major warf ihm einen wütenden Blick zu und schickte nun einen anderen Offizier fort, um die Kosaken, die sich noch am Ufer des Sees befanden, herbeizuholen.

Dieser hatte sich kaum entfernt, so erschien der Platowaer Oberleutnant an der Spitze von dreißig Kosaken, um sich von dem Major zu verabschieden.

„Was ist das?" fragte ihn da der Graf. „Sie erhielten doch nur zwanzig Mann mit?" — „Allerdings, antwortete der Oberleutnant. — „Und ich zehn. Wollen Sie mir die etwa entführen? Ich bedarf ihrer noch." — „Wenn Sie militärische Kräfte nötig haben, so wenden Sie sich an den Herrn Major, der Ihnen sehr gern zu Diensten sein wird."

Der Graf zeigte sich freilich damit nicht einverstanden. Er fragte:

„Herr Oberleutnant, steht es denn in Ihrem Belieben, mir die Truppen zu entziehen, die mir auf Befehl des Kreishauptmannes mitgegeben worden sind?" — „Allerdings, denn ich bin hier Kommandierender aller nach Platowa gehörigen Soldaten. Herr Major, melde mich mit dreißig Mann ab nach Platowa. Wünsche viel Vergnügen!"

Damit trabte der Oberleutnant mit seinen Leuten von dannen.

Sam hatte das alles zu seinem größten und heimlichen Vergnügen mit angesehen und angehört und machte infolgedessen ein Gesicht, das sowohl den Grafen als auch den Major herzlich ärgerte. Darum rief der erstere dem letzteren zornig zu:

„Herr Major, ich bitte nochmals, diesen Menschen arretieren zu lassen! Ich verantworte es." — „Du hörst es!" sagte der Major zu Sam. „Also leiste keinen Widerstand." — „Fällt mir nicht ein!" antwortete Sam.

M. E.

„Ich werde doch gegen die Arretur des Mannes dort keinen Widerstand leisten. Herr Major, ich fordere Sie auf, den Herrn Grafen zu arretieren!"

Der Major fluchte laut auf. Er hielt zwischen zwei Männern, von denen der eine den anderen arretiert wissen wollte. Wem sollte er da den Willen thun!

„Also bitte!" drängte der Graf. „Da kommen ja Ihre Leute."

In der That kam der Offizier in diesem Augenblicke mit den herbeigeholten Kosaken. Da schien es sehr leicht zu sein, sich der Person Sams zu bemächtigen. Dieser aber lachte lustig auf und sagte:

„Herr Major, ich bitte nochmals, diesen Mann zu arretieren, und zwar schnell, damit er nicht etwa noch Zeit zur Flucht findet." — „Hole euch der Teufel! Ich werde mich hüten, irgend jemand zu arretieren! Habt ihr etwas gegeneinander, so macht's gefälligst selber ab. Mich geht eure Geschichte gar nichts an. Dir aber, Peter Dobronitsch, werde ich einen Hemmschuh anlegen. Verstanden? Du sollst mich nicht betrügen. Es ist ganz sicher, daß du die Flüchtlinge versteckt hast. Willst du mir gehorchen, wenn ich dir zum letzten Male befehle, mir zu sagen, wo das Versteck sich befindet?" — „Ich weiß kein Versteck," antwortete der Bauer, der mit Jim und Tim wieder zurückgekommen war. „Suche, ob du ein Versteck finden kannst, das gar nicht vorhanden ist." — „Ich werde nicht suchen. Du sollst es nicht fertig bringen, mir eine Nase zu drehen. Ich werde deine Besitzung einschließen lassen, sodaß keine Maus entkommen kann. Dann wird es sich finden, wo die Kerle, die mir die Pferde erschossen haben, hingekommen sind. Kommen Sie, Graf, Sie sind mein Gast." — „Sogleich!"

Der Graf warf einen forschenden Blick auf den noch immer an seiner Stelle sitzenden Maharadscha und ritt davon. Die Kosaken folgten den beiden. Als nach einiger Zeit der Bauer seine Knechte auf Rekognition aussandte, meldeten sie ihm bei ihrer Rückkehr, daß allerdings seine

M. E.

ganze Besitzung von Kosaken umgeben sei. Vom See bis wieder zum See war ein Halbkreis gebildet worden. Die Soldaten thaten Fußdienst und standen in leichter Anrufsweite auseinander. Auch an dem Ufer des Sees war eine starke Wache aufgestellt, um das etwaige Entkommen der Flüchtlinge über das Wasser zu verhindern.

„Das ist nun freilich schlimm," sagte Peter Dobronitsch. „Nun können sie nicht fort." — „Pah," lachte der Dicke. „Wenn ich will, so jage ich die sämtlichen Kosaken zum Teufel. Man hat ja nur die Umgebung besetzt, hier aber sind wir unbeobachtet und können mit den ‚armen Leuten' ganz ungehindert verkehren. Willst du mir nicht einmal das Versteck zeigen?" — „Ja, du sollst es sogleich sehen. Komm' mit mir!"

Peter Dobronitsch führte darauf Sam, Jim und Tim zur Pechtanne. Die drei Jäger waren natürlich vorsichtig genug, sich zu überzeugen, daß kein Unberufener sie dabei beobachte. Sie zeigten sich erstaunt, als sie aufgefordert wurden, die Höhe des Riesenbaumes zu ersteigen. Noch mehr aber wuchs ihr Erstaunen, als sie dann auf dem betreffenden Aste in das Innere der Höhle gelangten.

Diese war vollständig erleuchtet; und in allen Räumen herrschte ein außerordentlich reges Leben.

Die Verbannten fühlten sich ganz glücklich, ein solches Versteck gefunden zu haben.

Der Bauer und seine drei Begleiter wurden mit Jubel empfangen. Und als die Verbannten nun hörten, daß sie den glücklichen Ausgang des Ueberfalles zumeist dem energischen Eingreifen der drei fremden Jäger zu verdanken hätten, wollten die Händedrücke gar kein Ende nehmen.

Die meisten der Leute befanden sich natürlich in dem hinteren freien Raum, da, wo die Quelle sprudelte. Dort traf Sam auch den Kosaken Nummer Zehn.

Als dieser den Dicken und dessen zwei lange Be=

gleiter erblickte, kam er erfreut herbeigeeilt und streckte ihnen die Hände entgegen.

„Da seid ihr ja!" rief er. „Ich habe bereits von eurer Ankunft gehört und von dem, was man euch zu verdanken hat. Kommt her und setzt euch mit zu uns! Ich hoffe, daß ihr euch hier sehr gut unterhalten werdet."

---

### 36. Kapitel.

Auf der Felsenplatte, wohin der Kosak Nummer Zehn Sam und Jim und Tim jetzt führte, saßen zwei alte, grauköpfige Personen, ein Mann und eine Frau von sehr ehrwürdigem Aussehen. Bei ihnen hatte der Anführer der Verbannten, Alexius Boroda, Platz genommen. Er erhob sich sofort und begrüßte die drei aufs freundlichste. Als sie sich zu den beiden Alten niedergesetzt hatten, gab Nummer Zehn Alexius einen Wink und entfernte sich mit ihm an eine Stelle, an der sie nicht beobachtet werden konnten.

„Was giebt es?" fragte Boroda. — „Wie gefallen dir diese drei Personen?" — „Außerordentlich. Sie scheinen wirkliche Originale zu sein." — „Das sind sie auch. Ich meine aber besonders den Dicken." — „Was ist mit ihm?" — „Ahnst du es nicht?" — „Was soll ich ahnen?" — „Hm! Ich habe absichtlich noch nichts gesagt; aber gleich, als ich hörte, daß ein dicker und zwei lange Menschen sich so gewichtig dreingelegt hätten, so wußte ich sofort, woran ich war. Diese drei Männer sind nämlich — nun, so rate doch!" — „Doch nicht etwa die drei Jäger aus Platowa, von denen du mir erzählt hast?" fiel der berühmte Zobeljäger schnell ein. — „Ja, sie sind es." — „Mein Gott, so wäre dieser Dicke kein anderer, als Sam Barth, mein Onkel?" — „Er ist es." — „Herr Jesus! So muß ich gleich —"

M. E.

Alexius wollte eiligst fort. Der andere aber hielt ihn kräftig zurück und bat:

„Ueberstürze die Sache nicht! Es muß doch gar zu schön sein, wenn der Dicke und deine Eltern selbst darauf kommen, wer sie gegenseitig sind. Hast du zu den Eltern schon von Sam gesprochen?" — „Nein. Du hattest mich ja gebeten, es nicht zu thun." — „Dann schön! Setzen wir uns also zu ihnen und lassen wir der Sache ihren eigenen Verlauf!"

Sie kehrten darauf zurück und beteiligten sich in möglichst unbefangener Weise an der Unterredung, die natürlich in russischer Sprache geführt wurde.

Der Gegenstand der Unterhaltung bestand ganz selbstverständlich in dem heutigen Ereignisse. Dann kam die Rede auf die Zukunft, der sie alle hoffnungsvoll entgegenblickten, und jeder glaubte, daß die Flucht nun nach Ueberwindung der bedeutendsten Anstrengungen gelingen werde. Man befand sich ja so nahe an der Grenze.

„Nun fragt es sich nur noch, wohin wir uns zu wenden haben, wenn die Grenze hinter uns liegt," meinte der alte Vater Boroda. „Es giebt da so verschiedene Wege, aber alle haben den Fehler, daß sie unendlich weit sind. Ueber China, nach Indien, Persien, Afghanistan, durch die Kirgisensteppe." — „Ueber die Richtung läßt sich jetzt noch nichts bestimmen. Warten wir, bis mein Gebieter kommt. Dem wollen wir alles vortragen, und er wird das beste wählen," sagte Sam. — „Gebieter? Hast du einen Herrn? Bist du ein Diener? Es schien mir nicht so zu sein." — „Nun, das Verhältnis zwischen uns und ihm ist allerdings ein ganz anderes als zwischen Herr und Diener. Wir sind Gefährten, nur daß er ein sehr vornehmer Herr ist." — „Was ist er denn?" — „Ja, wer das wüßte! Wir kennen nicht einmal seinen wirklichen Namen." — „Und wie nennt er sich?" — „Steinbach." — „Das ist ja ein deutscher Name!" — „Allerdings." — „Und wir werden ihn hier sehen?" — „Ja, er kommt. Es ist sogar möglich, daß er bereits heute hier eintrifft." — "Welch eine Freude! Welch ein Glück, daß man wieder einmal mit einem Deutschen, mit einem Landsmanne reden kann!"

Sam machte ein betroffenes Gesicht.

"Oho!" rief er aus. "Landsmann? Seid ihr denn Deutsche?" — "Ja." — "Sakkerment! Ist das möglich? Aus welchem Lande denn?" — "Aus Sachsen." — "Himmel! Ist's wahr?" — "Ja. Warum erschrickst du darüber?" — "Donnerwetter, warum? Weil ich selbst ein ganz echter und richtiger Sachse bin." — "Ist das möglich!" — "Ja, wirklich."

Sam war aufgesprungen und die anderen auch.

"So können wir ja deutsch reden!" rief der alte Boroda freudig. — "Natürlich! Aber wie kommt es denn, daß Ihr als Sachse einen russischen Namen habt?" — "Unser Name ist ein gut deutscher. Wir haben ihn nur in das Russische übersetzt." — "Uebersetzt! Alle Teufel! Boroda heißt im Deutschen doch — doch — doch —"

Sam sprach den Satz nicht aus. Er wich langsam Schritt um Schritt zurück und fixierte den alten Boroda mit ungewissem Blicke. Dieser letztere aber ergänzte Sams Rede:

"Boroda heißt Barth." — "Barth — Barth —" wiederholte Sam wie im Traume. "Mann, sage mir einmal, wo du geboren bist!" — "In Herlasgrün!" — "Mein Himmel! Gott, o Gott! Daß ich noch so etwas erleben darf! So ein Glück!" — "Was denn? Was hast du?"

Sam war ganz bleich geworden. Er konnte sich kaum auf den Beinen halten.

"Was ich habe?" fragte er. "Ich habe weiter nichts, als daß ich auch in Herlasgrün geboren bin und auch Barth heiße." — "Herrgott! Auch Barth!" — "Ja, ich heiße Samuel und du bist Karl — — mein Bruder! Ich könnte gleich sterben vor Freude!"

Sam wankte und breitete die Arme aus. Im

M. E.

nächsten Augenblicke lagen die beiden einander am Herzen. Die nun folgende Scene läßt sich unmöglich beschreiben, denn es giebt weder Worte noch Farben, das Entzücken eines Mannesherzens treffend darzustellen.

Natürlich flog auch Alexius in die Arme Sams, der rief:

"Und was meine Freude verdoppelt, daß ist der Umstand, daß euer Junge, mein Neffe, so ein berühmter

M. E.

Zobeljäger geworden ist. Der Kerl hat eine Ader von mir. Bube, hättest du es für möglich gehalten, daß du hier in Sibirien deinen Oheim finden würdest?" — "Nein. Aber seit heute nacht habe ich es gewußt." — "Von wem?" — "Von diesem da."

Alexius deutete auf Nummer Zehn.

"Ja, dem habe ich von mir erzählt. Du hast ihm auch von dir erzählt, und so konnte er es sich sehr leicht zusammenreimen, daß ich dein Verwandter oder gar dein Oheim bin. Doch, Bruder, erinnerst du dich noch meiner Gustel?" — "Welche dir untreu wurde, sodaß du vor Wut nach Amerika gingst? Ja, ich erinnere mich ihrer noch ganz gut. Was ist mit ihr?" — "Sie wird doch noch deine Schwägerin." — "Ja, du bist zu aller Zeit so ein seelensguter Kerl gewesen. So hast du also Herlasgrün besucht?" — "Nein." — "Aber, woher weißt du denn, daß sie Witwe ist?" — "Sie hat es mir selber gesagt, freilich nicht in Herlasgrün, sondern in Amerika, wo ich sie getroffen habe." — "Das klingt ja außerordentlich abenteuerlich, Sam!" — "Ist es auch! Warte nur, wenn ich dir meine Erlebnisse erzähle! Dann wirst du gar nicht aufhören, dich zu wundern. Ist es dir wirklich viel, daß Brüder sich nach langen Jahren hier in Sibirien treffen?" — "Ja, unser Herrgott thut noch Zeichen und Wunder, das ist wahr!" — "Wie aber bist du denn unter die Verbannten gekommen?" — "Davon später, lieber Sam. Ich will nichts Bitteres fallen lassen in das Glück, das ich jetzt empfinde. Gott, mein Gott, wenn ich daran denke, daß ich meinen Bruder wieder habe, und daß ich meine Heimat wiedersehen werde, so möchte ich in die Knie sinken und Gott laut preisen und lobsingen. O wollte doch nach so vielen Leiden und Trübsalen der Herr es geben, daß wir unser Vaterland wiedersehen dürfen!" — "Karl, ich verspreche dir, daß ihr es wirklich wiedersehet!" — "Das kannst du nicht!" — "O doch! Sam Barth hat noch ganz andere Dinge fertig gebracht. Vor dem

M. E.

Zaren und seinen Kosaken fürchten wir uns nicht!" — "Sei nicht allzu vermessen!" — "Nein. Wollen demütig sein. Ich vertraue auf Gott, auf mich und auf — Steinbach. Lernt diesen Mann erst kennen, dann werdet ihr sagen, daß ihr in eurem ganzen Leben zum ersten Male einen wirklichen Mann gesehen habt!"

Peter Dobronitsch hatte die Höhle wieder verlassen, weil seine Anwesenheit auf dem Hofe heute mehr als sonst notwendig war.

Aber die zahlreichen Insassen des Versteckes hatten viele Bedürfnisse, für die gesorgt werden mußte. Da war die Anwesenheit Milas notwendig, und darum stieg sie, sobald sie es unbemerkt bewerkstelligen konnte, zum Versteck hinauf.

Die Flüchtlinge, von denen sie für den Engel der Verbannten gehalten wurde, empfingen sie mit lebhafter Freude und mit Worten des herzlichsten Dankes.

Hinten in dem offenen Kraterkessel saß die Familie Barth noch beisammen. Mila erfuhr mit innigster Teilname, daß hier ein so außergewöhnliches Wiedersehen stattgefunden habe, und versprach, zur Feier desselben einige Flaschen Wein zu bringen oder zu senden. Sie blieb eine ganze Weile bei ihnen und wurde dann, als sie sich endlich entfernte, von Sam begleitet, der mit Dobronitsch verschiedenes besprechen wollte.

Der Bauer war jedoch gerade jetzt nicht daheim, denn er hatte sich auf die Weide zu den Herden begeben. Das benutzte nun Sam, um nach dem einstigen Derwisch zu sehen. Darum begab er sich nach der Räucherkammer, vor der in dem Stübchen Jim und Tim saßen.

„Wie hat er sich verhalten?" fragte Sam. — „Sehr ruhig," antwortete Tim. — „Das ist verdächtig. Wenn er schriee und allerlei Lärm und Unfug verübte, wäre es mir viel lieber. Wer sich still in ein solches Schicksal ergiebt, der hat heimliche Gedanken! Ich weiß nicht, ob die Räucherkammer so fest ist, daß er sich nicht einen Ausweg bahnen könnte. Und was er nicht durch Gewalt zu vollbringen vermag, das wird er versuchen, durch List auszuführen. Ich werde mir diese Räucherei doch einmal genau ansehen."

Sam schob den Riegel zurück und öffnete die Thür. Der Verbrecher hatte sich auf den feuchten Boden niedergelassen und mit dem Rücken an die Mauer gelehnt. Er warf einen grimmigen, haßerfüllten Blick auf Sam.

"Ah, du machst es dir bequem!" sagte Sam. "Schade, daß ich dir keinen Samtstuhl und keine Gasbeleuchtung anbieten kann. Solcher Luxus ist leider hier gar nicht vorhanden." — "Hund, elender!" knirschte der Gefangene. — "Wie war das? Du möchtest doch ein wenig höflicher sein. Es könnte mir sonst in den Sinn kommen, dir meine Antwort mit der Knute zu erteilen." — "Wage es!" rief der andere, indem er aufsprang.

"Ja, ich wage es!" antwortete Sam, und im Nu hatte er die Knute vom Gürtel losgerissen und hieb nun mit solcher Schnelligkeit und Vehemenz auf den Kerl ein, daß dieser gar keine Zeit fand, eine abwehrende oder gar angreifende Bewegung zu machen.

"Da!" lachte der Dicke, als er aufhörte, da sein Arm ermüdet war; "jetzt siehst du, ob es ein Wagnis ist, dich durchzuprügeln. Wer bist du denn eigentlich? Ein Zuchthäusler, dem wohl gar der Galgen winkt. Und wer warst du vorher? Eine armselige Bedientenseele, die die ganze Familie ihres Herrn ins Unglück gestürzt hat. Zu einem solchen Kerl kann man natürlich nur mit der Pitsche reden." — "Frecher Verleumder!" brüllte der Gezüchtigte. "Beweise mir die Wahrheit deiner Behauptung!" — "Das werde ich thun, und ich hoffe sehr, daß es mir nicht schwer fallen soll! Jetzt aber will ich mich einmal unterrichten, ob ein Vogel, der in diesem Käfig steckt, zu entfliehen vermag."

Sam untersuchte darauf die Räucherkammer sehr genau und überzeugte sich, daß Florin nicht entkommen konnte. Dann wurde der letztere wieder eingeschlossen.

"Sollen wir den Kerl denn fortgesetzt bewachen?"

M. E.

fragte Jim. — „Das versteht sich. Es ist nicht zu ändern. Dieser Mensch ist zu wichtig, als daß wir ihn außer acht lassen sollten. Er hat schon mehrmals das Glück gehabt, Steinbach zu entkommen. Dieses Mal aber darf es ihm nicht gelingen. Wir können uns ja ablösen. Jetzt allerdings habe ich mit dem Bauer zu reden."

Peter Dobronitsch war inzwischen heimgekommen. Sam fand ihn in der Wohnstube.

„Nun, wie hat dir das Versteck der Verbannten gefallen?"

Mit dieser Frage empfing ihn Dobronitsch.

„Außerordentlich gut. Einen besseren Ort zur Unterbringung von Leuten, die von der Polizei gesucht werden, kann es gar nicht geben. Aber sag' doch einmal, wie lange du sie hier behalten willst!" — „Bis sich die Gelegenheit zum Entkommen findet." — „Nun, wie denkst du dir ihre Flucht?" — „Wir müssen die Kosaken einschläfern und sie sicher machen. Dann führe ich die ‚armen Leute' durch die Grenzposten hindurch." — „Und dann?" — „Befinden sie sich auf chinesischem Gebiet." — „Wo sie festgenommen und zurückgeliefert werden!" — „Sie werden sich wehren. Ich habe dem ‚Engel' gesagt, daß für sie Waffen besorgt werden sollen, und hoffe, daß dies geschehen ist." — „Es ist geschehen. Ich selbst habe dem Kreishauptmann von Platowa den ganzen dortigen Waffenvorrat entwendet. Die Tungusen bringen genug Flinten und Munition mit." — „Gott sei Dank! So muß die Flucht gelingen!" — „Das denke ich auch. Unter Umständen ist es gar nicht nötig, List anzuwenden. Wenigstens, ich würde mich sofort anheischig machen, sämtliche Flüchtlinge sogar bei hellem Tage über die Grenze zu bringen. Wir könnten uns recht gut durchschlagen; das haben wir ja heute den Kosaken bewiesen. Aber wie stünde es dann, wenn sich die Flüchtigen auf jenseitigem Gebiete befinden? Müßten sie dann nicht Hungers sterben?" — „An Proviant würde es ihnen freilich fehlen. Mitnehmen können sie keinen, da sie nur langsam fortzukommen ver-

M. E.

mögen. Also müßten sie unterwegs requirieren. Das ist aber für sie unmöglich." — "Nun, wie steht es denn, wenn ein Kosakenvolk eine weite Wanderung zu machen hat, wenn zum Beispiel eine Kosakenabteilung nach einem weit entfernten Orte versetzt wird?" — "O, die leiden keine Not. Sie müssen an jedem Orte, den sie berühren, alles erhalten, was sie brauchen." — "So! Das ist gut, sehr gut! Da bin ich der Ansicht, daß sie sich als Kosaken von hier entfernen sollen. Kannst du mir vielleicht sagen, wo die hiesigen Kosaken ihre Uniformen erhalten?" — "In der nächsten Stanitza, wo der Major kommandiert. Neben dem Hause des Majors steht ein kleineres Gebäude, in dem sich alle Ausrüstungsgegenstände befinden." — "Ach! Wenn man das einmal sehen könnte!" — "Du brauchst nur hinzureiten." — "Aber wenn ich allein reite, so muß ich mich erkundigen, und durch meine Fragen könnte ich leicht Verdacht erregen." — "Nun, ich könnte dich wohl begleiten." — "Das wäre vortrefflich. Willst du mit?" — "Erst muß ich wissen, was du vor hast." — "Ich möchte Uniformen, überhaupt Ausrüstungsgegenstände stehlen, um die Flüchtigen als Kosaken auszustaffieren." — "Heda, bist du toll?" — "Nein. Es kann doch nicht unmöglich sein, das Vorratshaus während der Nacht auszuräumen." — "Es wird bewacht und zwar von zwei Posten." — "Die fürchten wir natürlich nicht." — "Aber es liegen zwei=hundert Kosaken in der Stanitza. Die habt ihr natürlich zu fürchten." — "Auch diese nicht. Du hast ganz ver=gessen, daß sie sich jetzt nicht dort befinden. Sie haben ja deine Besitzung eingeschlossen." — "Jetzt, in diesem Augenblicke allerdings. Aber lange wird das jedenfalls nicht währen." — "Nun, so müssen wir eben dafür sorgen, daß es länger dauert, oder daß der Streich sehr bald ausgeführt wird." — "Aber selbst wenn es dir gelänge, so würde es doch vergeblich sein. Es würde euch die Hauptsache fehlen, nämlich Pferde. Die Flüchtlinge haben nur wenige mit, und diese sind ganz abgetrieben."

M. E.

— „So besorgen wir ihnen andere." — „Auf welche Weise denn?" — „Hm! Man kauft sie." — „Von wem?" — „Von dir zum Beispiel. Du scheinst ja eine ganze Herde zu besitzen." — „Sie gehört nicht mehr mir. Sie ist verkauft." — „Das ist freilich sehr dumm."

Sam ging nachdenklich in der Stube auf und ab. Endlich blieb er vor Dobronitsch stehen und sagte:

„Ich hab's, ich hab's! Wir bekommen Pferde, und zwar weit mehr, als wir brauchen." — „Da bin ich neugierig." — „Von den Kosaken. Wenn wir die Uniformen stehlen wollen, so können wir auch die Pferde stehlen." — „Heiliger Himmel!" rief Dobronitsch. „Pferdedieb willst du werden?" — „Ja. Sogar mit dem größten Vergnügen." — „Weißt du, was das heißt?" — „Ja. Aber wenn ich einen Waffenrock stehle, so bin ich ein Spitzbube, und stehle ich noch ein Pferd dazu, so bin ich auch noch derselbe. Warum soll ich also das Pferd stehen lassen, wenn ich es ebenso notwendig brauche wie den Rock?" — „Diese Erklärung ist freilich nicht übel. Aber wie willst du es anfangen? Die Kosaken sind so mit ihren Pferden verwachsen, daß ich an dem Gelingen deines Vorhabens mit vollem Rechte zweifle." — „Nun, ich werde einmal rekognoscieren. Es ist sehr wahrscheinlich, daß das Militär deine Besitzung zu Fuße umlagert. Ist meine Vermutung richtig, so hat man die Tiere irgendwo zusammengetrieben, wo sie sich unter der Obhut von nur wenigen Leuten befinden. Wie es damit steht, werden wir ja sehen können, wenn wir jetzt nach der Staniza reiten. Also du willst mit?" — „Gern." — „So laß dein Pferd satteln."

Einige Minuten später stiegen Sam und Dobronitsch auf und ritten der ungefähr zwei Stunden entfernten Staniza zu.

———

M. E.

## 37. Kapitel.

Sie waren noch nicht sehr weit vom Hofe weggekommen, so stießen sie auf die Kosakenposten, die den strengen Befehl hatten, keinen Menschen durchzulassen, und wurden daher zu dem hier kommandierenden Leutnant gebracht. Da es nur auf die gesuchten ‚armen Leute' abgesehen war, so durften sie weiterreiten, nachdem der Offizier sie gesehen hatte.

„Sie greifen es wirklich ernsthaft an," bemerkte Sam. „Man muß da den Verstand anstrengen, wenn man sie überlisten will." — „Gerade darum bin ich neugierig darauf, wie du das anfangen willst." — „Das weiß ich selbst noch nicht. Im rechten Augenblicke kommt schon der richtige Gedanke. Die Hauptsache ist, daß kein Mensch von meinem Vorhaben etwas ahnen darf. Freilich muß ich dir sagen, daß wir noch mehr brauchen, als nur Pferde. Der Ritt muß sehr schnell geschehen. Das halten die Frauen, die sich bei den Flüchtigen befinden, aber nicht aus." — „Ja. Für diese müßte man Wagen haben." — „Sind solche zu bekommen?" — „Zu kaufen nicht." — „So stehlen wir sie." — „Herr, du bist ja ein riesiger Spitzbube." — „Ja, ich mause wie ein Rabe, wenn man mich dazu zwingt. Aber ich will dir im Vertrauen sagen, daß die Geschädigten ganz sicher Ersatz erhalten werden, und wenn wir erst nach unserer Ankunft in der Heimat zahlen sollten." — „Das ist Deutschland?" — „Ja." — „Ich wollte, ich könnte mit. Ich bleibe in der Gegend von Moskau." — „Warum könntest du nicht mit nach Deutschland?" — „Ich glaube nicht, daß meine Tochter Mila —"

Dobronitsch hielt nachdenklich inne.

„Mila? Hm!" meinte Sam. „Ihretwegen möchte ich einmal aufrichtig mit dir reden. Ist sie dein einziges Kind?" — „Ich habe nur sie." — „Hm! So würdest du dich wohl auch niemals von ihr trennen?" — „Im ganzen

Leben nicht." — „Wenn sie nun einen Mann nähme, der nicht in Rußland wohnt?" — „Warum fragst du so?" — „Weil ich einen Ausländer weiß, der ganz prächtig für sie paßte." — „So teile mir vor allen Dingen mit, wer es ist!" — „Mein Neffe. Sage mir, wie gefällt dir Alexius Boroda, der Zobeljäger?" — „Er ist ein tüchtiger Kerl." — „Das denke ich auch. Möchtest du ihn nicht vielleicht zum Schwiegersohne haben, Peter Dobronitsch?" — „Diesen?" fragte der Bauer, indem er Sam erstaunt anblickte. „Wie kommst du auf diesen Gedanken?" — „Weil sich die beiden lieb haben. Mila saß bei uns droben in der Höhle, und da hatte ich Gelegenheit die beiden jungen Leute zu beobachten und zu sehen, daß sie sich sehr gut sind. Ein vierundzwanzigjähriger Bursche und ein achtzehnjähriges Mädchen können so etwas nur schwer verbergen." — „Mila soll dem Zobeljäger gut sein? Hm! Das ist mir sonderbar, ganz außerordentlich sonderbar!" — „Gefällt es dir nicht?" — „Darauf kann ich nicht antworten. Ich habe ja noch kaum daran gedacht, daß sie heiraten könnte." — „Einmal wird sie es doch thun." — „Ja, die Eltern eines Mädchens müssen sich allezeit sagen, daß sie die Tochter einmal hergeben müssen. Das habe ich aber bisher unterlassen." — „So bitte ich dich sehr, dich nun mit diesem Gedanken vertraut zu machen. Wenn dir Boroda als Schwiegersohn nicht recht ist, so sage es mir aufrichtig!" — „Warum sollte er mir nicht recht sein?" — „Er ist vielleicht arm." — „Das schadet nichts. Desto reicher bin ich, und meine Tochter wird ja einst meine einzige Erbin sein." — „Er ist ein Verbannter, ein Flüchtling." — „Was thut das? Er geht fort, und bleibe ja auch nicht hier. Uebrigens ist nicht er verbannt, sondern sein Vater." — „Das ist sehr gutherzig von dir gedacht." — „Meinst du? Ich kann es mir denken, wie stolz ich sein werde, wenn ich meine reiche Tochter einem armen, aber braven Manne geben werde. Daß er arm ist, das ist kein Hindernis." —

M. E.

— „Schön! Uebrigens hat er wohlhabende Verwandte, die er vielleicht beerben wird," — Sam sagte dies mit einem versteckten Lächeln, denn er meinte sich selbst — „und außerdem ist es so einem tüchtigen Zobeljäger zu-

zutrauen, daß er sich etwas gespart hat. Stellen wir also die Sache der Zukunft anheim."

Sie ließen nun ihre Pferde ausgreifen und erreichten sehr bald die Staniza.

M. E.

So ein befestigtes Kosakenlager an der Grenze macht nicht etwa einen sehr imponierenden Eindruck. Die Befestigungen bestehen nur in einem rund um den Ort aufgeworfenen Wall, außerhalb dessen der Graben liegt, aus dem die Erde aufgeworfen wurde. Im höchsten Falle wird der Wall von einer Reihe einfacher Palissaden gekrönt.

Die Häuser sind klein und meist aus Holz gebaut. Das entspricht dem nomadischen Charakter der dortigen Bevölkerung. Ein Wirtshaus darf natürlich nicht fehlen, ebenso wenig ein Kramladen, in dem die wenigen Gebrauchsgegenstände, deren der Kosak bedarf, zu haben sind.

Nach dem ersteren lenkten Sam und Peter Dobronitsch, stiegen ab, banden ihre Pferde an und begaben sich in die Gaststube, wo sie sich chinesischen Thee geben ließen, den sie mit Branntwein verstärkten. Mehr wurde hier nicht geboten.

Gäste waren nicht vorhanden. Ueberhaupt hatten die wenigen Gassen ein leeres, tristes Aussehen, da die Garnison sich nicht in dem Orte befand.

„Wo sind denn die Soldaten?" fragte Peter Dobronitsch den Wirt.

Dieser blickte ihn erstaunt an und antwortete:

„Das mußt du doch am besten wissen. Sie sind ja draußen bei dir. Hast du sie nicht gesehen?" — „Ich traf auf einen Posten und wurde zum Offizier geführt, der mich dann passieren ließ. Was mag das zu bedeuten haben?" — „Was ich weiß, sollst du erfahren. Von dem Kampfe mit den ‚armen Leuten' wirst du wohl gehört und ihm wohl auch zugesehen haben?" — „Allerdings." — „Sie sind entkommen, und die Offiziere sind überzeugt, daß du ihnen dabei behülflich gewesen seist. Du sollst sie irgendwo versteckt halten." — „Dummheit!" — „Darum ist dein ganzes Gebiet umzingelt." — „Dagegen kann ich nichts haben. Die Herren werden sich vergebliche Mühe machen. Wie kann man eine solche Menge Menschen verbergen? Ich kann sehr ruhig dabei sein. Man wird nichts finden, und wenn die Kosaken monatelang um mein Gebiet reiten."

Der Ausdruck ‚reiten‘ wurde von Dobronitsch mit Absicht gebraucht. Er wollte wissen, wo sich die Pferde befanden. Er erreichte auch seinen Zweck, denn der Wirt antwortete: „Reiten? Das fällt ihnen nicht ein. Die ganze Mannschaft befindet sich zu Fuß im Feld." — „So haben sie die Pferde fortgeschickt?" — „Ja. Dieselben befinden sich an der Ostseite des Walles, wo nur drei Kosaken sie bewachen. Diese und die beiden Posten am Zeughause sind die einzigen Soldaten, die sich bei der Stanitza befinden." — „So will man wohl auch des Nachts aufpassen?" — „Natürlich. Da erst recht." — „Welch ein Unsinn! Man hat mich in einem ganz grundlosen Verdachte. Während man auf mich aufpaßt, werden die ‚armen Leute‘ Zeit finden, zu verschwinden." — „Das ist kein Unglück. Wir alle gönnen es ihnen."

Damit hatten Sam und Dobronitsch erfahren, was sie wissen wollten. Sie verließen nun das Wirtshaus, um mit unbefangener Miene einen Gang durch den Ort zu machen.

Sam mußte das Gebäude sehen, das mit dem Namen ‚Zeughaus‘ beehrt worden war. Der Bauer zeigte es ihm. Es war ein sehr langes Bauwerk und bestand nur aus dem Erdgeschosse und einem hohen, jedenfalls geräumigen Dachraume. Die Vorderwand war von vielen Thüren und Ladenöffnungen durchbrochen.

„Wozu dient das Erdgeschoß?" fragte Sam. — „Es enthält Stallungen für den Winter und Räume zur Aufbewahrung des Sattelzeuges. Oben unter dem Dache ist Pferdefutter aufgespeichert, und hier auf der linken Seite sind die Kammern, in denen die Uniformen und sonstige Requisiten aufbewahrt werden. Dort unten siehst du den offenen Schuppen, in dem mehrere Kibitken und Schlitten stehen, die für den Gebrauch der Offiziere bestimmt sind." — „Ah, das ist ja ganz vortrefflich.

M. E.

Nun aber möchte ich auch den Ort sehen, an dem sich die Pferde befinden."

Sie gingen jetzt auf die Höhe des Walles und sahen da außerhalb desselben die Pferde weiden. Hart an diesen Wall stieß das Gebäude, das der Major bewohnte. Die Hinterwand des Hauses war höchstens drei Meter von dem hier gerade emporsteigenden Erdwerke entfernt. Zwischen Haus und Wall gab es also einen langen, schmalen Raum, der mit allerlei wirtschaftlichen Gerätschaften gefüllt war. Auch eine Leiter befand sich dabei.

„Besser konnte es gar nicht eingerichtet sein," sagte Sam. „Man kann von dem Walle aus ja ganz leicht in das Haus gelangen. Wenn man sich die Leiter holt und sie von dem Walle hier hinüber auf das Dach legt, in dem sich die große, offene Lücke befindet, so hat man eine Brücke, die gar nicht bequemer sein kann. Das werde ich mir merken. Komm', wir wollen jetzt gehen, ich habe gesehen, was ich sehen wollte, und ein längeres Verweilen kann uns nur Schaden bringen."

Sie kehrten nach dem Wirtshause zurück, tranken einen Schnaps und stiegen dann auf, um heimzukehren.

Kaum auf dem Hofe angelangt, begab sich Sam dann sofort nach der Pechtanne, um hinauf in die Höhle zu steigen.

Dort suchte er die Anführer der Flüchtigen auf. Dies war sein Neffe Alexius Boroda und der bereits erwähnte frühere Major Sendewitsch, ein nicht zu alter Mann mit sehr energisch geschnittenen Gesichtszügen. Er winkte sie zur Seite und stieg mit ihnen hinan zur Höhe des Vulkankessels, von wo aus, wie bereits erwähnt, man die ganze Gegend bis auf weite Entfernung hin überblicken konnte. Dort ließ er sich mit ihnen nieder und begann ihnen nun von seinem Plane, den er für die Flucht der Verbannten entworfen hatte, zu sprechen.

„Ihr müßt," schloß er seine Rede, „unter allen Umständen als Kosaken, die eine hochgeborene Familie zu esfortieren haben, durch Sibirien flüchten, da ihr drüben in den Einöden der Mongolei und der Kirgisensteppe verkommen würdet." — „Mir steht der Verstand still!" rief da Boroda erstaunt aus. — „Ich werde ihn sogleich wieder in Bewegung bringen. Zu der herrschaftlichen Familie gehören natürlich die Frauen, die sich bei euch befinden. Der Major Sendewitsch hier kommandiert als Rittmeister die Eskorte, während die Herrschaften auf mehrere Kibitken verteilt werden. An jeder Ortschaft erhaltet ihr Relais und alle Nahrungsmittel, deren ihr bedürft." — „Aber, Oheim, wie denkst du dir denn eigentlich, daß dieser tolle Plan ins Werk zu setzen wäre?" — „Das werde ich euch sagen, und wenn ihr tüchtige Kerle seid, so werdet ihr mir beistimmen."

Sam begann nun zu erklären, wie er sich die Ausführung seines Entwurfes dachte. Je weiter er sprach, desto mehr leuchteten die Augen des einstigen Majors auf, und als der Dicke geendet hatte, rief letzterer:

„Bei Gott, eine kühne Idee! Aber toll ist sie nicht. Wir können auf diesen Plan ohne alle Bedenken eingehen. So gefährlich er erscheint, ist doch alles andere, was wir unternehmen können, gefährlicher. Wird es entdeckt, wer wir sind, so haben wir gute Pferde und gute Waffen. Wir kämpfen für Freiheit und Leben, und so sollte es wohl schwer werden, uns zu überwältigen. Ich acceptiere von ganzem Herzen. Und du, Alexius Boroda?" — „Aufrichtig gesagt, stimme auch ich bei. Der ganze Plan entspricht meinem Charakter und meinen Eigenheiten. Welche Wonne, allen diesen Häschern so ein außerordentliches Schnippchen zu schlagen! Und welches Aufsehen, wenn man das Vorhaben gelingt! Daß eine Schar flüchtiger Verbannter offen mitten durch das Gebiet des Zaren reitet, dieser Fall ist noch gar nicht dagewesen. In aller Herren Länder wird man davon erzählen und in allen Zeitungen davon berichten! Ich mache mit Freuden mit." — „Du? Das wirst du bleiben lassen! Du bleibst bei mir."

M. E.

Alexius machte beinahe ein enttäuschtes Gesicht.

„Was? Bei dir soll ich bleiben?" fragte er. „Mit dir soll ich reiten? Reitest du denn nicht mit uns?" — „Nein, ich habe noch ganz andere Dinge vor. Ich bin kein Verbannter, und es wäre also zu viel von mir verlangt, mich den Flüchtigen anschließen zu sollen. So etwas wird man mir nicht zumuten." — „Da hast du freilich recht. Aber ich bin verfemt. — „Bei mir bist du sicher." — „Auch mein Vater und meine Mutter?" — „Auch diese. Ich möchte den sehen, der es wagen wollte, euch nur anzurühren. Uebrigens wird Steinbach kommen. Unter dessen Schutz bist du so sicher wie in Abrahams Schoß. Und ihr werdet nicht die einzigen sein, die als Verfolgte mit uns reiten. Kosak Nummer Zehn geht mit, und der Zobeljäger Nummer Fünf flieht auch mit uns. Aber es giebt eine noch viel bessere Gesellschaft für dich bei uns. Peter Dobronitsch hat hier verkauft und kehrt nach dem Westen zurück. Er wird sich mit seiner Frau und Tochter uns anschließen."

Sam beobachtete bei diesen Worten seinen Neffen. Das Gesicht desselben wurde blutrot; seine Augen glänzten.

„Was? Mila geht mit?" fragte Boroda schnell. — „Ja. Ganz gewiß. Ich habe mit ihrem Vater darüber gesprochen." — „Das ist herrlich, das ist prächtig!"

Sam machte ein erstauntes Gesicht und bemerkte:

„Was hast du denn? Du bist ja ganz aus dem Häuschen! Was geht dich diese Mila Dobronitsch an?" — „Die?" meinte Alexius verlegen. „Gar nichts. Aber ich — ich interessiere mich sehr für ihren Vater." — „So! Das ist etwas anderes. Ich lasse es gelten. Also, Major, du hörst, daß du auf meinen Neffen verzichten mußt. Du wirst den Ruhm allein haben, diese waghalsige Expedition geleitet zu haben. Hoffentlich nimmst du das nicht übel!" — „Gar nicht. Ich kann keinem zumuten, das Schlechtere zu wählen, wenn er das Bessere haben kann." — „Schön! Darüber sind wir

M. E.

also einig. Wie aber steht es mit den nötigen Geldmitteln?" — „Die sind vollständig vorhanden. Wir haben uns nicht so planlos wie andere auf die Flucht begeben. Wir haben jahrelang an den Vorbereitungen gearbeitet und die Sache förmlich organisiert. Es verstand sich ganz von selbst, daß eine solche Schar sich nicht durch Sibirien, die Mongolei, China oder Persien betteln konnte. Darum mußten wir vor allen Dingen darauf sehen, die nötigen Geldmittel zu erwerben. In dieser Beziehung sind wir also gerüstet. Es bleibt mir nur der Wunsch, daß du uns heute noch deine Hülfe widmest. Das übrige bringen wir dann schon allein fertig." — „Das versteht sich von selbst. Der Plan ist von mir, und so werde ich euch helfen, so gut, so lange und so weit ich kann." — „Und wann verlassen wir die Höhle?" — „Gerade um Mitternacht. Das wird die allerbeste Zeit sein, nicht zu früh und nicht zu spät." — „Gut! So werde ich die Gefährten benachrichtigen und ihnen mitteilen, was geschehen soll." — „Und ich werde mich entfernen, um die Vorbereitungen zu treffen. Sorgt dafür, daß um Mitternacht alles bereit ist!"

Sam ging und kehrte zu Peter Dobronitsch zurück, den er vor dem Brunnen fand.

„Abgemacht!" sagte er. „Heute wirst du deine Gäste los." — „Heute? Das ist nicht möglich. Auf welche Weise denn?" — „Das sage ich dir nicht." — „So werde ich auch nicht fragen. Es ist mir natürlich lieb, wenn ich ganz aus dem Spiele bleibe." — „Das sollst du. Und du sollst sogar beweisen können, daß du unbeteiligt bist. Weißt du, wo der Major sich befindet?" — „Nein. Ich kenne die Stelle nicht, an der er die Umzingelung überwacht und kommandiert." — „So suche sie zu erfahren. Du gehst zu ihm und ladest ihn für den Abend zum Essen ein, vielleicht auch die Offiziere dazu, die abkommen können. Es wird dir leicht sein, dieselben bis nach Mitternacht festzuhalten. Dann ist es geschehen.

M. E.

Reite sogleich, denn in einer halben Stunde wird es bereits dunkel sein."

Der Bauer bestieg das noch gesattelte Pferd und ritt davon. Er hatte seine Aufgabe sehr schnell gelöst, denn es dauerte gar nicht lange, so kehrte er zurück. Sam hatte ihn erwartet und ließ sich von ihm die Stelle, an der der Major sich befand, genau beschreiben. Weshalb er dies wissen wolle, sagte er nicht.

Dann suchte der Dicke den Tungusen Gisa auf, der auf Karpalas Befehl den Kosaken Nummer Zehn hierher begleitet hatte, und fragte ihn, ob er bereit sei, zum Entkommen der Verbannten mit zu helfen, wenn ihm dies gar keine Gefahr bringen könne. Da er augenblicklich eine zustimmende Antwort erhielt, erklärte er dem Tungusen, was dieser zu thun habe. Sodann gingen sie beide miteinander davon, und zwar nach der von Dobronitsch beschriebenen Stelle zu.

Dieser letztere hatte von dem Major eine zusagende Antwort erhalten, denn ein Kosakenoffizier in Sibirien ist stets bereit, einen Abend bei Wein und gutem Essen zuzubringen.

---

### 38. Kapitel.

Sam und Gisa schlichen sich so vorsichtig über die jetzt dunkle Ebene, daß sie von niemand gesehen werden konnten. In der Nähe der betreffenden Stelle angekommen, verdoppelten sie ihre Behutsamkeit und krochen nur äußerst langsam, tief auf dem Boden liegend, fort. Endlich sahen sie nur wenige Schritte vor sich eine dunkle, unbestimmte Masse. Dies war eine Art Schutzhütte, die die Kosaken in der Eile aus allerlei Zweigwerk hatten herstellen müssen, damit ihr Kommandierender die Nacht hindurch nicht unter freiem Himmel zu herbergen brauche.

M. E.

„Das ist das Nest, in dem der Vogel steckt," flüsterte Sam dem Tungusen zu. „Jetzt gilt es, aufzupassen. Der Major wird unbedingt die Posten zuweilen revidieren. Dann folgen wir ihm und thun so, als ob wir uns ganz zufälliger Weise begegneten. Wir sprechen einige Worte miteinander, wobei er glauben muß, den unsicht= baren Lauscher zu machen. Das ist nicht schwer. Es muß uns gelingen. Nachher haben wir gewonnenes Spiel."

Sie warteten nun ganz still und unbeweglich eine ziemlich lange Zeit. In der Hütte brannte ein Licht, dessen Schein durch das Zweigwerk herausdrang. End= lich wurde die Thür geöffnet, die aus einem Vorhange langer und dichter Rankenpflanzen bestand, und der Major trat heraus, mit ihm ein Leutnant. Beide waren bei dem Schein des Lichtes ganz deutlich zu erkennen.

Sie sprachen miteinander, und da Sam und Gisa sich ganz nahe befanden, so hörten sie alles.

„Also," sagte der Major, „du revidierst die Posten. Ich will mich aber selbst einmal nach dem Hofe schleichen. Die Einladung des Bauern kommt mir verdächtig vor. Vielleicht will er uns hier weg haben, um die Verbannten in Sicherheit zu bringen. Er soll nicht denken, daß er uns betrügen kann. So klug wie er, sind wir auch. Ich schleiche mich bis zum Brunnen, von wo aus ich alles am besten beobachten kann. Ich werde, je nach den Umständen, früher oder später zurückkehren."

Darauf trennten sich die Offiziere, und der Leutnant ging links und der Major gerade aus. Als sie ver= schwunden waren, sagte Sam zu Gisa:

„Nun machen wir einen Umweg und laufen schnell, denn wir müssen ihm zuvorkommen."

Sie eilten davon und kamen eher bei dem Hofe des Bauern an als der Major. Sam gebot dem Tun= gusen, dort zu warten, und schlich sich sodann zum Brunnen, an dem er sich hinter dem Gesträuch versteckte.

Nach kurzer Zeit vernahm er leise, schleichende Schritte. Der Major kam und trat zwischen die Sträucher,

M. E.

ohne den Dicken zu bemerken. Dieser aber unterrichtete sich ganz genau über die Stelle, an welcher der erstere stand, schlich sich dann unhörbar davon und sagte, bei Gisa wieder angelangt:

"Jetzt gehst du zum Brunnen und thust, als ob du irgend etwas dort zu schaffen hast. Ich werde gleich nachkommen. Dann sprechen wir so laut, daß er uns hören muß."

Gisa ging, und in kurzer Zeit folgte ihm Sam nach. Gisa schien mit dem Brunnenrohre beschäftigt zu sein. Es war dunkel.

"Wer ist da?" fragte Sam laut. — "Ich," antwortete der Tunguse, der sich aber wohl hütete, seinen Namen zu nennen. — "Ach du! Gieb mir zu trinken!"

Sam that, als ob er trinke, und meinte dann:

"Dobronitsch ist heute abend sehr beschäftigt. Er hat Gäste geladen, die Offiziere. Gerade heute abend hätte er das wegen der Verbannten unterlassen können." — "Denen kann es doch sehr gleichgültig sein, ob die Herren hier geladen sind oder nicht. Sie sind längst über alle Berge." — "Das habe ich auch gedacht; aber sie sind noch da. Paß auf, was ich dir erzählen will. Als ich heute drüben jenseits der Felsen am See hart an der Mündung des Flusses war und mich, da es dunkel geworden, still auf den Rückweg machte, hörte ich plötzlich Stimmen vor mir. Ich dachte, es seien Kosaken, die sich hier herumschlichen, und ging leise näher. Da standen zwei Männer unter dem Baume, die miteinander sprachen, und nun hörte ich zu meiner Verwunderung, daß es Verbannte waren." — "Doch wohl nur zwei, die von den anderen abgedrängt worden waren?" — "O nein. Sie sind alle noch da. Die beiden Männer sprachen davon. Weißt du, wie es ihnen gelungen ist, den Kosaken zu entgehen? Sie sind direkt in den See gegangen und an den Uferfelsen hingeschwommen, bis sie eine Stelle fanden, an der sie landen konnten. Das haben die Kosaken natürlich nicht vermutet. Auf den

M. E.

Pferden haben die Frauen gesessen, und diejenigen, die nicht gut schwimmen konnten. Auf diese Weise sind sie ohne Unfall entkommen." — „Nun, doch nur einstweilen. Es steht natürlich zu erwarten, daß die Kosaken morgen, wenn es Tag ist, das thun werden, woran sie heute nicht gedacht haben, nämlich das Ufer jenseits der steilen Felsen auch abzusuchen. Dann werden die Flüchtigen entdeckt." — „O nein, dann sind dieselben fort. Um Mitternacht brechen die Verbannten auf. Die beiden Männer sprachen davon. Sie wollen nicht nach der Grenze, nicht nach der Stanitza zu, sondern in der Richtung nach der Fähre." — „Ah! Das ist ein kluger Gedanke von ihnen. Sie entfernen sich dadurch zwar von der Grenze, können sie dann aber auf einem Umwege desto sicherer erreichen." — „Das wollen sie auch. Sie werden auf der Fähre über den Fluß gehen, jenseits am Ufer desselben aufwärts reiten und dann wieder auf die hiesige Seite hinüberschwimmen. So kommen sie schnell über die Grenze, während die Kosaken hier unten halten und denken, daß sie den Vogel noch unter dem Netze haben." — „Sehr gescheit, sehr gescheit! Wie aber wollen sie erst an die Fähre kommen, da ihnen die Kosakenposten im Wege stehen?" — „O, das ist leicht. Einige starke Kerle unter ihnen schleichen sich zu Fuß voran, um einige der Posten zu überfallen. Das wird ihnen nicht schwer werden. Es ist ja leicht, einem ahnungslosen Menschen den Hals zuzudrücken, sodaß er nicht schreien kann." — „Hm! Hast du mit den beiden geredet?" — „Nein. Ich mag nichts mit ihnen zu thun haben. Das ist gegen das Gesetz." — „Wenn du solchen Respekt vor dem Gesetze hast, so solltest du den Major benachrichtigen." — „Der würde mir doch nicht glauben. Es ist stets am besten, man mischt sich nicht in fremde Angelegenheiten. Das habe ich schon oft erfahren, und das will ich auch hier beherzigen. Ich mag mir nicht die Finger an einem fremden Feuer verbrennen. Wenn die Kosaken ihre Schuldigkeit thun, werden sie die

M. E.

Flüchtigen nicht durchlassen. Mir macht die Sache keine
Kopfschmerzen. Gehst du mit?" — „Wohin?" — „Ins
Haus. Ich habe noch nicht gegessen."

Nach diesem Gespräche entfernten sich Sam und der
Tunguse.

Der Major hatte alles deutlich und genau verstanden. Er war höchst erfreut, diese wichtige Entdeckung
gemacht zu haben, und eilte schleunigst nach seiner Hütte,
M. E.

um die Befehle zu geben, die seiner Ansicht nach den Umständen am angemessensten waren.

Er ließ den ganzen Vorpostenring sich trennen und nach der Stelle des Flusses ziehen, an der sich die Fähre befand. Dadurch war die Seite, nach der die Staniza und die Grenze lag, von Kosaken vollständig entblößt, und das war es, was der schlaue Sam beabsichtigt hatte.

Letzterer wartete noch eine Weile und schlich sich dann nach dem Flusse hin, ganz auf die Art und Weise der Indianer, die er ja sehr genau kannte. Als er in der Nähe der Fähre angelangt war, überzeugte er sich, daß sein Plan gelungen sei. Die Kosaken standen in zwei dichten Reihen rechts und links an der Ueberfahrtsstelle und warteten lüstern auf das Nahen der Verbannten, von denen sie annahmen, daß sie ganz ahnungslos in die ihnen gelegte Falle gehen würden.

Nachdem Sam jetzt Gewißheit hatte, daß auf der anderen Seite der Weg vollständig frei sei, schlich er sich höchst befriedigt zurück.

Als er auf dem Hofe anlangte, sah er, daß der Major mit zweien seiner Offiziere angekommen war. Die Herren saßen bereits recht munter beim Abendessen, das zur allgemeinen Zufriedenheit verlief.

Später brachte Peter Dobronitsch Wein, der den Offizieren vortrefflich mundete. Doch tranken sie ziemlich mäßig, da sie von ihrem heutigen Vorhaben abgehalten wurden, des Guten zu viel zu thun.

Als elf Uhr vorüber war, erhob der Major sich von seinem Stuhle und sagte:

"Peter Dobronitsch, wir sprechen dir unseren Dank für deine Gastfreundschaft aus. Es hat uns ganz vortrefflich geschmeckt." — "Das freut mich," antwortete der Wirt. "Aber ihr wollt doch nicht etwa schon jetzt aufbrechen?" — "Allerdings. Wir haben etwas vor, was dich sehr interessieren wird. Willst du uns nicht ein Stückchen begleiten? Wir können es nicht verlangen, aber wir bitten dich darum. Du wirst ein Vergnügen erleben." — „So gehorche ich euch. Ich gehe mit."

Dobronitsch brach auf, ohne etwas für sich zu besorgen, denn Gesicht und Stimme des Offiziers waren sehr freundlich. Aber als sie draußen angekommen waren und sich ein Stück vom Hause entfernt hatten, sagte der Major in einem ganz anderen, viel ernsteren Tone zu ihm:

„Peter Dobronitsch, ich fordere dich auf, mir die Wahrheit zu sagen! Bist du ein Freund der sogenannten ‚armen Leute‘ oder nicht?" — „Ich bin ein Freund aller Menschen." — „Das genügt mir nicht. Ich verlange eine deutliche Antwort auf meine deutliche Frage." — „So will ich dir sagen, daß ich ein Freund aller Unterthanen bin, die ihre Pflicht stets erfüllen." — „Gut! Wenn das wahr ist, wirst du den ‚armen Leuten‘ keine Hülfe leisten. Aber dennoch hältst du sie bei dir verborgen!" — „Bei mir? Nein." — „Weißt du nicht, wo sie sind?" — „Nein." — „Auch nicht, wohin sie wollen?" — „Auch das nicht." — „So weiß ich mehr als du. Sie sind noch da! Ich kenne sogar den Ort, wo sie sich befinden und auch die Stelle, wo sie durch meine Posten wollen." — „Das ist eine Täuschung." — „Nein. Es ist die Wahrheit. Ich habe meine Vorkehrungen so getroffen, daß ich sie fangen werde." — „Sollte dir das gelingen, so würde es mich herzlich freuen," meinte Dobronitsch trotz seiner Angst. — „Davon bin ich überzeugt," lachte der Major höhnisch. „Und um dir diese Freude zu verdoppeln, habe ich die Absicht, dich jetzt mit mir zu nehmen, du sollst dabei sein, wenn ich diese Mäuse in die Falle bekomme. Diesen Spaß will ich dir schon machen." — „Ich bitte dich, mir das zu erlassen." — „Fällt mir nicht ein! Wenn ich dich jetzt von mir ließe, würdest du nichts Schleunigeres zu thun haben, als sie zu warnen. Und das will ich natürlich vermeiden. Also vorwärts!"

Dobronitsch sah sich also wirklich gezwungen, mitzugehen.

M. E.

Der Umstand, daß der Major ihn mitgenommen hatte, war seiner Frau und Tochter höchst bedenklich erschienen. Als der Bauer auch nach einiger Zeit nicht zurückkehrte, wandten sich die beiden daher an Sam, der sich von dem Gelage ferngehalten hatte.

Als sie ihm ihre Befürchtungen mitteilten, lachte er befriedigt auf und antwortete:

"So etwas habe ich erwartet. Aber habt ja keine Angst. Dem Bauer geschieht gar nichts. Er soll nur dabei sein, wenn sie nachher die ‚armen Leute' fangen, die aber fortgehen werden." — "Was?" rief Mila ängstlich. "Sie wollen fort? Wann wollen sie denn aufbrechen?" — "Gerade um Mitternacht." — "Herrgott! Das ist doch bereits in einer Viertelstunde!" — "Allerdings," meinte Sam, dem die Erregung des schönen Mädchens innerlich Freude bereitete.

Das Weinen war Mila näher als das Lachen. Sie wollte eiligst fort. Sam aber ergriff ihre Hand, hielt sie zurück und sagte:

"Nicht so eilig! Ich habe dir ja noch gar nicht mitgeteilt, daß nicht alle fortgehen. Einige bleiben, zum Beispiel Nummer Zehn." — "Weiter niemand?" — "Die Familie Boroda." — "Die Eltern nur?" — "Nein, sondern auch der Sohn."

Mila hatte bisher kraftvoll an seinem Arme gezogen, um sich von ihm zu befreien. Jetzt gab sie schnell diesen Widerstand auf.

"Ist das auch wahr?" fragte sie beruhigt. — "Ja. Ich bin ja der Onkel, bei dem er bleiben wird." — "Wie hast du mich erschreckt!" seufzte sie. — "Hältst du denn auf diese Familie so sehr viel?"

Mila antwortete auf diese Frage nicht, sondern erklärte:

"Ich muß jetzt hinauf. Wenn sie aufbrechen, sollen sie wenigstens Abschied nehmen. Aber du sagtest doch, daß der Major sie fangen will." — "Er will, aber er bekommt sie nicht. Ich habe dafür gesorgt, daß er sie an einer ganz anderen Stelle erwartet, als wo sie wirklich erscheinen werden. Gehe hinauf in die Höhle und sage den Flüchtigen, daß ich sie erwarte!"

Mila leistete dieser Aufforderung sofort Folge und wurde dabei von ihrer Mutter begleitet.

Der umsichtige Sam hatte bereits dafür gesorgt, daß diejenigen Pferde, die den Verbannten gehörten, von den verschwiegenen Knechten heimlich hereingebracht worden waren. Die Kosaken standen dem nicht im Wege, da sie sich nach der Fähre gezogen hatten.

Wenige Minuten vor Mitternacht kamen die Flüchtlinge an der Pechtanne herabgeklettert. Die Besitzer der Pferde sattelten dieselben. Die Frauen setzten sich auf, und sodann wurde der nächtliche Ritt und Weg begonnen. An der Spitze befanden sich Sam, Jim, Major Sendewitsch, Alexius Boroda und Georg von Adlerhorst, der bisherige Kosak Nummer Zehn. Tim war als Wächter des einstigen Derwisches zurückgeblieben.

Auch Nummer Fünf, der frühere Maharadscha, hatte sich mit seinen Jägern anschließen wollen, aber Sam hatte vermocht, ihn davon abzuhalten. Es war ja gar nicht notwendig, daß so viele Leute sich der Gefahr der Entdeckung aussetzten.

Es wurde natürlich kein einziger Kosak auf dem Wege gefunden. Vor der Stanitza stiegen die Reiter und Reiterinnen ab. Die letzteren blieben mit einigen älteren Personen zur Bewachung der Pferde zurück; die anderen aber drangen durch das jetzt nicht verschlossene und völlig unbewachte Wallthor leise und jedes Geräusch vermeidend in die Stanitza ein.

Nirgends ließ sich ein Licht sehen. Die Civilbewohner der Stanitza waren schlafen gegangen. Sam suchte sich nur einige umsichtige Männer heraus, unter denen sich Alexius, der Major, Jim und Georg von Adlerhorst befanden, legte seine Oberkleidung ab und borgte sich von einem der Verbannten den Mantel, den derselbe trug. Dann zog er ein bisher verborgen gehaltenes Gefäß hervor und sagte:

M. E.

„Hier ist Ruß aus der Esse von Peter Dobronitsch. Schwärzt euch eure Gesichter. Wir müssen zunächst nach der Wohnung des Kommandanten, denn dort befinden sich jedenfalls die Schlüssel zu dem famosen Zeughause und auch noch andere Dinge, deren wir bedürfen. Schwarz müssen wir uns machen, damit die Bewohner des Hauses unsere Gesichter nicht sehen. Während wir dort sind, bleiben die anderen hier ganz lautlos halten, um unsere Rückkehr zu erwarten."

Sein Befehl wurde befolgt, und dann begab sich der kleine Trupp nach dem eng an dem Wall stehenden Hause. Die Läden desselben waren zu. Durch ihre Ritzen aber drangen dünne Lichtstreifen heraus. Man war also im Inneren noch wach. Sam schlich sich an einen der Läden, der die größte Lücke zu haben schien, und blickte durch dieselbe in die Stube.

Er sah ein ziemlich gut ausgestattetes Gemach, in dem eine Frau saß, die las. Weiter war kein Mensch vorhanden. Dann trat der Kosak Nummer Zehn zu ihm und schaute auch hinein.

„Das wird die Frau des Majors sein," sagte er. „Wollen wir anklopfen?" — „Nein. Das wäre nicht klug gehandelt. Sie würde, bevor sie öffnet, fragen, wer wir sind." — „Nun, wie wollen wir denn hinein?" — „Durch das Dachfenster. Ich habe es mir schon am Tage angesehen. Ich werde eine Leiter holen." — „Aber es ist finster im Hause, und wir kennen die Oertlichkeiten nicht. Das wird Lärm geben." — „Ich habe mich vorgesehen und mir ein Talglicht mitgenommen. Beim Lichte desselben werden wir so leise wie möglich uns bewegen können. Warte ein wenig."

Sam schlich sich hinter das Haus. Er hatte sich die Stelle, an der die Leiter lag, sehr genau gemerkt und kehrte bald mit derselben zurück.

Nun schritt er den anderen voran auf den Wall und legte die Leiter von der Kante desselben hinüber auf das Dach, sodaß sie gerade in das noch immer offen stehende Fenster reichte.

„Ich steige zuerst hinüber," sagte er. „Sobald ihr drüben mein Licht brennen seht, kommt ihr nach."

Dann setzte er sich auf die Leiter und griff sich hinüber. Drüben stieg er ein, zog das Licht heraus und brannte es an. Beim Scheine desselben sah er, daß er sich in einer kleinen Kammer befand, die nichts als allerlei Gerümpel enthielt. Die Thür konnte nicht verschlossen werden und war mit einer einfachen Klinke versehen.

Jetzt kamen auch die anderen nach.

„Zieht die Stiefel aus," gebot Sam, indem er ihnen mit dem Beispiele voranging.

Als sie dasselbe befolgt hatten, wurde die Thür geöffnet. Gar nicht weit von derselben führte die Treppe hinab. Gegenüber war eine zweite Kammerthür, hinter der ein lautes Schnarchen zu hören war.

Sam stellte dort einen Wächter auf, der verhindern sollte, daß von dort aus eine Störung erfolgte. Dann stiegen sie leise die Treppe hinab.

Links lag die Wohnstube, in die sie vorhin durch den Laden geblickt hatten. Die auf der rechten Seite gelegene Thür war verschlossen. Man konnte annehmen, daß sich da irgend ein Wirtschaftsraum befand, in dem kein Bewohner des Hauses zu vermuten war.

Jetzt löschte Sam sein Licht wieder aus.

„Treten wir sogleich hinein?" fragte Jim. — „Nein," antwortete der Dicke. „Die Frau könnte vor Schreck des Todes sein. Wir klopfen an."

Als er es gleich darauf that, erfolgte drinnen jedoch keine Antwort. Die Dame schien bereits durch das Klopfen so erschreckt zu sein, daß sie nicht reden konnte. Nun öffnete Sam, aber so, daß er zwar hineinblicken konnte, aber sein schwarzes Gesicht nicht zu sehen war, und sagte in freundlichem Tone:

„Erschrick nicht, Mütterchen! Wir kommen nicht als Feinde zu dir."

M. E.

Die Frau war vom Stuhle aufgesprungen und stand ganz steif und bewegungslos im Zimmer.

Als die Männer eintraten und sie die Gesichter erblickte, wollte sie schreien, doch, obwohl sie den Mund öffnete, brachte sie doch keinen Laut hervor und fuhr sich nur mit beiden Händen nach dem Herzen. Das war die einzige Bewegung, deren sie fähig war.

„Wir sind heute zwar Mohren, sonst aber ganz gute Leute," sagte jetzt Sam. „Wir werden dir nichts thun." — „Mein Gott!" stieß sie endlich hervor. „Ihr — ihr — seid Räuber!" — „O nein. Wir nehmen dir nichts, nicht einen Rubel, nicht eine einzige Kopeke. Wir möchten dich nur bitten, uns einige Fragen zu beantworten, mein gutes Mütterchen." — „Wer seid ihr denn?" — „Wir sind arme Leute." — „Doch nicht diejenigen, die mein Mann sucht?" — „Ja, gerade diese sind wir. Er meint es nicht gut mit uns. Dennoch aber werden wir nicht Gleiches mit Gleichem vergelten. Du sollst mit uns zufrieden sein, vorausgesetzt nämlich, daß auch wir nicht über dich zu klagen brauchen. Sage uns nur, ob du die Frau des Majors bist, wie sich aus deinen Worten vermuten läßt." — „Ich bin es." — „Wer befindet sich denn noch im Hause?" — „Nur Kathinka, meine alte Magd. Sie schläft droben in ihrer Kammer." — „Das stimmt. Ich merke, daß du die Wahrheit sagst, und das ist sehr gut für dich. Weißt du wohl, wo sich die Schlüssel zum Zeughause befinden?"

Die Frau zögerte mit der Antwort. Dann sagte sie: „Nein, das weiß ich nicht."

Aber es war ihr leicht anzuhören, daß sie damit nicht die Wahrheit sagte.

„Mütterchen," antwortete da Sam in warnendem Tone, „wenn du uns belügst, so kannst du nicht von uns erwarten, daß wir dich so rücksichtsvoll behandeln, wie es eigentlich unser Wille ist. Du weißt, wo die Schlüssel sind. Schau dir die Knute an, die ich hier an meiner Seite hängen habe! Soll ich damit etwa

M. E.

eine Frau schlagen?" — „Um Gotteswillen! Das wirst du doch nicht?" — „Ich werde es, wenn du nicht die Wahrheit sagst." — „Was willst du denn mit den Schlüsseln?" — „Das wirst du seiner Zeit erfahren. Also!"

Er zog die Knute drohend aus dem Gürtel.

„Laß sie stecken!" bat sie nun. „Die Schlüssel sind dort in dem Schränkchen."

Sam öffnete sofort dasselbe und sah wirklich darin einen Schlüsselbund hängen und daneben noch einen einzelnen Schlüssel, den er genau mit den anderen verglich.

„Ah," sagte er, „gewiß ist das der Hauptschlüssel?" — „Ja. Er öffnet alle Thüren des Zeughauses. Mein Mann nimmt ihn beim Revidieren." — „Schön! So werde ich ihn auch nehmen, und hier ist der Bund."

Sam gab Jim denselben und sah sich dann aufmerksam in der Stube um. In der Ecke am Fenster stand ein Schreibtisch.

„An diesem arbeitet wohl dein Mann?" fragte er. — „Ja." — „Wollen einmal in die Fächer schauen."

Sam öffnete hierauf dieselben und schien das gefunden zu haben, was er suchte, denn er nickte befriedigt vor sich hin, winkte den Major Sendewitsch zu sich und flüsterte diesem zu:

„Schau, hier sind Petschafte und Stempel des Regimentes, auch Papier und alles Zugehörige. Das übrige ist nun deine Sache." — „Was soll ich damit?" — „Welche Frage! Brauchst du nicht Legitimationen?" — „Ah, du hast recht. Hier kann ich mir einige Ordres ausfertigen, die vollständig ausreichen, uns alle zu legitimieren und uns zugleich der Hülfe und des Schutzes aller Behörden zu versichern. Wenn ich nur die Namen der hiesigen Offiziere wüßte! Auch den Namenszug des Majors möchte ich kennen." — „Nichts leichter als das. Da in dem andern Kasten habe ich eine Liste gesehen, die die gewünschten Namen enthalten wird. Darauf hat der Major sich unterschrieben. Da ist sie. Setze dich her und schreibe!"

M. E.

Der einstige Offizier zog sich nun einen Stuhl herbei, und Sam brachte ihm die Lampe. Dann begann der erstere, die Liste durchzustudieren und sodann zu schreiben.

Die Frau schien endlich einzusehen, daß sie eine Gefahr für ihre Person nicht zu fürchten habe. Sie wandte sich daher in möglichst strengem Tone an Sam:

„Weißt du auch, was du thust?" — „Ja, Mütterchen, sehr genau," antwortete er lachend. „Es ist nichts Ungerechtes, gar nichts Ungerechtes. Ich habe dem Mann da nur den Befehl gegeben, die Compagnielisten zu kopieren. Wenn du es deinem Gatten sagst, so wird er schon wissen, warum. Hast du nicht ein Gläschen Wodka hier?" — „Drüben, nicht hier in der Stube." — „So komm' mit hinüber. Brenne ein Licht an! Wir haben Durst."

Sam that dies, damit die Frau nicht beobachten könne, was der frühere Major vornahm. Sie sollte nicht sehen, daß er sich des Stempels und des Petschaftes bediente.

Sie mußte ihn und die anderen nun wohl oder übel hinüber in den bereits erwähnten Vorratsraum führen, wo die Männer in aller Gemütsruhe einige Gläser Schnaps zu sich nahmen. Sie beeilten sich dabei durchaus nicht, um Sendewitsch Zeit zu geben, mit seiner Schreiberei fertig zu werden.

Als sie sich dann wieder hinüber begaben, hatte Sendewitsch sich eben von seinem Schreibtische erhoben und steckte mehrere zusammengefaltete Bogen zu sich.

„Fertig?" fragte Sam. — „Ja. Ich habe alles." — „Gut! So wollen wir gehen. Du aber bleibst hier bei dem Mütterchen und sorgst dafür, daß es sich ruhig verhält."

Die letzten Worte waren an Georg von Adlerhorst gerichtet, der ja, weil er nicht mit den Verbannten ritt, keiner Uniform bedurfte.

Der oben stehende Posten aber erhielt den Befehl, leise herabzukommen, um die Magd nicht aufzuwecken, und dann verließen die anderen außer Georg das Haus.

Sie begaben sich zu den zurückgebliebenen Gefährten,
M. E.

denen indessen die Zeit ziemlich lang geworden war. Dann marschierten alle nach dem Zeughause, das freilich diesen viel versprechenden Namen gar nicht verdiente. Unterwegs sagte Sendewitsch zu Sam:

„Ich habe glücklicherweise einen Plan des Zeughauses gefunden und auch ein vollständiges Verzeichnis aller Gegenstände, die sich daselbst befinden. Der Major scheint sehr auf Ordnung zu halten und hat erst dieser Tage das Inventar aufgenommen. Ich weiß sogar, wo wir Laternen finden werden." — „Das ist vortrefflich! Jetzt haben wir zunächst die beiden Posten unschädlich zu machen. Einer steht vorn; der andere hinten. Ich nehme den ersteren und du, Jim, den letzteren. Wir beide sind in solchen Sachen am erfahrensten. Gieb ihm einen kleinen Klaps, daß er die Besinnung verliert. Dann bringst du ihn nach vorn getragen. Wir binden sie darauf und stecken sie irgendwo hin, wo sie uns nicht schaden können."

Als sie in der Nähe des erwähnten Gebäudes angekommen waren, blieben sie stehen, während Sam und Jim sich voranschlichen.

Bereits nach kurzer Zeit stieß ersterer einen leisen Pfiff aus. Sie folgten, und als sie bei ihm anlangten, sahen sie ihn bei dem Posten stehen, der betäubt und bereits gebunden an der Erde lag. Nur wenige Sekunden später kam der lange Jim, der seinen Kosaken wie einen Sack auf der Achsel trug.

„Nun zunächst zu den Laternen," meinte Sam. — „Hier durch die mittlere Thür," sagte der Major.

Sam versuchte den Hauptschlüssel; er schloß. Die Thür ging auf, und nun befanden sie sich in einem ziemlich weiten Gewölbe. Der Dicke brannte sein Licht an und leuchtete umher. Rings an den Wänden hingen Sättel mit dem nötigen Riemenzeuge und auch Laternen dabei.

Diese letzteren wurden angebrannt. Man brachte zunächst die beiden Posten unter, und sodann führte der

Sam versuchte den Hauptschlüssel; er schloß. (Seite 520.)
M. E.

Major seine Leute nach den Räumen, in denen sich die Uniformen befanden.

Glücklicherweise schliefen alle Bewohner der Staniza. Einen Nachtwächter gab es hier nicht, da alles militärisch eingerichtet war.

Wäre jemand wach gewesen, so hätte er sehen können, daß alle Räume des Zeughauses nach und nach erleuchtet wurden. Es gab da ein außerordentlich lebhaftes, aber sehr geheimnisvolles Treiben, das weit über eine Stunde währte, dann kamen die Leute heraus. Die Lichter erloschen, und die Thüren wurden verschlossen. Es war alles wieder so still und finster wie vorher.

Im Falle es heller gewesen wäre, so hätte ein zufälliger Beobachter gesehen, daß alle, die in Civilkleidern eingetreten waren, das Haus in Kosakenuniformen verließen. Jeder hatte einen Sattel nebst Zaumzeug auf dem Rücken. Einige hatten sich sogar mit Waffen versehen. Sie verließen die Staniza durch das Wallthor, durch das sie hereingekommen waren, und wandten sich dann nach rechts, um längs des Walles dahinzuschleichen, wo die Pferde standen.

Als sie in der Nähe dieses Ortes anlangten, hielten sie wieder an, und Sam pürschte sich vorwärts, um auszuspüren, wie viele Kosaken die Pferde bewachten und wo dieselben sich befanden. Es waren ihrer nur vier. Sie lagen schlafend an der Erde. Besser konnte man es ja gar nicht treffen.

Der Dicke ging wieder zurück und holte die anderen herbei, denen es eine Leichtigkeit war, die Wächter zu überfallen. Ehe diese nur recht erwachten, waren sie gebunden. Man drohte ihnen, sie zu töten, wenn sie es wagen sollten, vor Anbruch des Tages einen Laut auszustoßen.

Nun wurden die Pferde gesattelt. Auf die überzähligen Tiere — denn solche gab es — lud man den Vorrat von Munition und Proviant, der im Zeughause gefunden worden war; dann ritten die vom Glücke so

M. E.

sehr begünstigten ‚armen Leute' zu der Stelle zurück, an der die von ihnen zurückgelassenen Leute und Pferde vor der Stanitza hielten.

Es war ihnen ein Streich gelungen, der in der Geschichte der Verbannung nach Sibirien geradezu beispiellos dastand.

Nun wurden die Vorbereitungen zum endgültigen Aufbruche getroffen, die allerdings nicht viel Zeit in Anspruch nahmen. Die Leute drängten sich um den braven, pfiffigen Sam, um ihm ihren Dank auszusprechen. Er wies denselben jedoch zurück.

„Nicht der Rede wert!" lachte er. „Habe noch ganz andere Streiche vollbracht. Thut mir nur den einen Gefallen, es nicht zu verraten, daß er in meinem Kopfe entsprungen ist, und daß ich sogar bei der Ausführung desselben mitgeholfen habe. Das russische Gesetz könnte mich sonst ein wenig beim Genick nehmen, und das soll keine ganz angenehme Empfindung sein." — „Kein Mensch soll etwas erfahren," versicherte Major Sendewitsch. „Es liegt ja in unserem eigenen Interesse, gar nichts zu sagen." — „Hoffentlich gelingt es euch, den Plan ebenso gut auszuführen, wie heute seine Einleitung gelungen ist. Es ist ja alles vorhanden, was ihr dazu braucht — Pferde, Munition, Proviant und Legitimationspapiere." — „Nur Waffen haben wir wenig vorgefunden. Auch mit der Munition ist es nicht gar gut bestellt." — „Was das betrifft, so kann dem Mangel sehr leicht abgeholfen werden. Ihr reitet doch jedenfalls erst in der Richtung nach Platowa?" — „Ja. Dann wenden wir uns westlich, um im Norden von Irkutsk an dieser Stadt vorüber zu kommen." — „Nun, ihr werdet, wenn ihr gut aufpaßt, gar nicht weit von hier der Horde von Tungusen begegnen, die unter ihrem Fürsten Bula hierher kommen wollen, um euch Gewehre, Pulver und Patronen zu bringen. Sagt dem Fürsten, daß ihr diejenigen seid, für die diese Sachen bestimmt sind, und ihr werdet sie erhalten." — „Wenn er uns Glauben schenkt."

M. E.

— „So will ich dir ein Mittel sagen, dich zu legitimieren. Es reitet mit ihnen ein Herr, dessen Name Steinbach ist. Wende dich an ihn und sage ihm, daß ich, der dicke Sam, dich zu ihm sende. Melde ihm, daß er sich sputen solle, weil ich den früheren Derwisch bereits ergriffen habe. Das wird genügen." — „Gut! Ich werde es ausrichten. Hast du mir noch sonst etwas anzubefehlen?" „Nein, nichts mehr. Jetzt jedoch verliert weiter keine Zeit! Vor Anbruch des Morgens müßt ihr weit fort sein, wenn eure Flucht gelingen soll."

Es läßt sich leicht denken, daß der Abschied ein herzlicher war. Die Leute flossen von Dank über. Sam verabredete mit Sendewitsch eine deutsche Adresse, an die derselbe sich später schriftlich wenden solle, um Nachricht von sich und dem Verlaufe des abenteuerlichen Flucht= rittes zu geben. Dann ritten die Flüchtigen davon.

Sam begab sich mit den Zurückbleibenden wieder in das Haus des Majors. Es galt, da noch einige Maßregeln zu treffen.

Georg von Adlerhorst öffnete ihnen auf ihr leises, vorsichtiges Klopfen und meldete ihnen, daß die Frau sich ruhig verhalten habe. Sie traten wieder in die Stube. Die Majorin saß am Tische. Sie zeigte eine ergebene, niedergeschlagene Miene.

„Nun, Mütterchen, wir kommen, um uns von dir zu verabschieden," sagte Sam. „Ich hoffe, daß du mit uns zufrieden bist."

Er hatte bereits vorher, als er mit ihr sprach, seine Stimme verstellt und that dies auch jetzt wieder.

Sie antwortete:

„Gethan habt ihr mir nichts; das ist wahr. Aber was ihr ohne mein Wissen vorgenommen habt, das weiß ich nicht." — „Dein Männchen wird es sehr bald er= fahren und es dir dann sagen. Schau, ich hänge die Schlüssel in das Schränkchen zurück. Unser Besuch hat dir also nichts weiter gekostet als eine einzige kleine Flasche Wodka, und den wirst du wohl verschmerzen

M. E.

können. Jetzt aber sage mir einmal, ob du vielleicht ein unruhiges Blut hast!" — „Träge war ich nie!" — „Das ist nicht gut für dich. Wenn du nämlich so sehr beweglich bist, so muß ich fürchten, daß du, wenn wir fort sind, nicht auf dem Stuhle sitzen bleibst. Ich wünsche aber, daß du dich mit deiner Magd recht ruhig verhalten mögest, bis dein Männchen heimkehrt. Darum werde ich euch ein wenig anbinden müssen. Hole die Magd herab!"

Dieser Befehl war an Jim gerichtet, der sich sofort nach oben begab.

„Binden! Mich binden!" rief die Majorin. „Weißt du, daß ich die Frau eines hohen Offiziers bin?"

Sie stand auf und trat in stolzer Haltung auf ihn zu.

„Bleib' sitzen, Frauchen!" antwortete jedoch Sam. „Ein Major ist gar kein so vornehmes Tier, wie du anzunehmen scheinst. Und gescheit ist der deinige auch nicht. Ich habe in meinem ganzen Leben noch keinen so dummen Menschen gefunden, wie er ist. Er sollte den Buckel voll Prügel bekommen, obgleich ich sehr begründete Zweifel habe, das ihn das gescheiter machen werde. Er wollte uns fangen. Da haben wir ihn nach der Fähre gelockt. Dort hält er mit seinen dummen Kosaken. Und wenn er einsieht, daß wir ihm eine riesige Nase gedreht haben, so sind wir längst über die Grenze hinüber, und er mag zusehen, wie er den entflohenen Vogel wieder bekommt. Aber eben damit du ihn nicht vorzeitig warnen kannst, werde ich dich hier anbinden. Weiter soll dir nichts geschehen. Ich hoffe, daß du es dir ruhig gefallen lassen wirst. Im anderen Falle würde ich natürlich Gewalt anwenden müssen."

Jetzt brachte Jim die Magd herein. Sie hatte Lärm machen wollen, doch hatte der lange Amerikaner sie so sehr eingeschüchtert, daß sie sich ruhig verhielt. Ihr Gesicht war vor Entsetzen ganz entstellt.

Der lustige Sam band zwei Stühle mit den Lehnen

zusammen. Die beiden Frauen mußten sich darauf setzen, mit den Rücken gegeneinander, und dann wurden sie zusammengebunden.

„So!" lachte er. „Nun könnt ihr meinetwegen ruhig sitzen bleiben oder wie ein Doppelfrosch in der Stube umherspringen. Die Läden will ich aufmachen. Wenn es Tag ist, und dieselben bleiben zu, könnten die

guten Bewohner der Staniza denken, es sei euch ein Unfall zugestoßen. Und das ist doch gar nicht der Fall."

Er schob die Läden auf. Dann verlöschte er das Licht, und bald darauf verließen sie das Haus auf demselben Wege, auf dem sie es zuerst betreten hatten.

„So," sagte Sam dann. „Das ist gelungen. Ich möchte dabei sein, um zu sehen, wie die beiden Weibsbilder in der Stube herumflattern wie ein Doppeladler, dem die Flügel gebunden sind."

M. E.

Sie begaben sich natürlich zunächst dahin, wo der betreffende Verbannte Sams Rock niedergelegt hatte, mit dem der Dicke jetzt den Mantel vertauschte. Dann kehrten sie nach dem Gute ihres Wirtes Dobronitsch zurück.

Dort suchten sie zunächst den Brunnen auf, um sich auf das sorgfältigste von dem Ruße zu befreien. Als dies geschehen war, begab Sam sich mit Jim nach Hause, während die anderen das bekannte Versteck aufsuchten.

In der Wohnstube brannte Licht. Mila und ihre Mutter waren noch wach. Die Sorge um ihren Mann und Vater hatte sie nicht ruhen lassen. Sam begab sich zu ihnen, um sie zu beruhigen. Er teilte ihnen mit, daß die Verbannten entkommen seien und daß für den Bauer nichts zu befürchten sei.

Dann begab er sich hinüber zu Tim, bei dem sich Jim bereits befand. Dort vernahm er, daß der in der Räucherkammer befindliche Florin sich ruhig verhalten habe. Nun öffnete er die Thür ein wenig, um sich zu überzeugen, daß derselbe wirklich auch anwesend sei, schob dann den Riegel wieder vor und legte sich zum Schlafen nieder. Er bedurfte nach den Anstrengungen des vergangenen Tages der Ruhe.

---

### 39. Kapitel.

Auch die Bäuerin war, halb und halb befriedigt von Sams Worten, in ihre Schlafstube gegangen, um zu versuchen, ob sie ein wenig ruhen könne. Mila aber war aufgeblieben.

Es stürmte jetzt so vieles auf sie ein. Vom Schlafen war bei ihr keine Rede. Sie nahm eine kleine weibliche Arbeit vor, aber bald merkte sie, daß ihr dazu auch die Sammlung fehle. Es ging eben nicht.

Darum begab sie sich hinaus, um zu versuchen, sich

M. E.

durch einen Gang in der kühlen Morgenluft zu beruhigen

Ganz unwillkürlich richtete sie ihre Schritte nach der Pechtanne.

Ihr Herz trieb sie an der Riesentanne empor. Sie hütete sich aber, sich darüber Rechenschaft zu geben.

Die oben befindlichen Personen schliefen. Es war alles still und finster in der Höhle. Mila durchwandelte leise die einzelnen Räume bis hinaus in den Krater, in dessen Tiefe soeben der Strahl des jungen Morgens drang.

Sie stieg an der Kraterwand empor, um von da oben aus einen Blick nach dem Flusse zu werfen. Die Ufer desselben waren in dichten Nebel gehüllt. Sie setzte sich daher nieder, um zu warten, bis die Nebel sich verziehen würden.

So saß sie lange, lange. Schon erhob sich die Sonne im Osten, und unter dem Einfluß ihrer Wärme stiegen die feuchten Schwaden über den Fluß empor und wurden von dem erwachenden Winde erfaßt und wie wirbelnde Wolken davongewälzt.

Jetzt war das Ufer des Flusses zu erkennen. Dort, wo die Fähre am Lande lag, sah Mila die Kosaken, die die betreffende Stelle noch immer besetzt hielten.

Eben wollte sie sich erheben, um sich wieder zu entfernen, als sie Schritte hinter sich hörte. Sich umblickend, gewahrte sie Alexius Boroda, den Zobeljäger, der leise emporgestiegen war und sich ihr nun langsam näherte.

„Guten Morgen, Mila Dobronitscha!" grüßte er. „Ist es erlaubt, zu dir zu kommen?" — „Wer sollte es dir verwehren?" fragte sie, indem sie errötete. — „Aber unangenehm ist es dir doch, daß ich dich hier störe. Ich sehe es dir an, daß du zornig bist. Du wurdest ganz rot vor Aerger, als du mich sahst."

Jetzt errötete sie noch tiefer als vorher.

„Es fällt mir gar nicht ein, dir zu zürnen. Im Gegenteile habe ich dich um Verzeihung zu bitten.

M. E.

Vielleicht habe ich dich durch mein Kommen im Schlafe gestört. Ich kam hier herauf, um zu versuchen, ob ich meinen Vater vielleicht erblicken könne." — „Ich hörte von meinem Oheim, daß dein Vater sich bei den Kosaken befindet. Hast du Angst um ihn?" — „Ja." — „Dazu ist keine Ursache vorhanden. Im Gegenteil ist der Umstand, daß er sich während der ganzen Nacht neben dem Major befunden hat, sehr vorteilhaft für ihn. Er könnte anderenfalls sehr leicht in den Verdacht kommen, daß er sich an dem Streiche beteiligt habe, den die Verbannten den Kosaken gespielt haben. Nun aber ist es ja erwiesen, daß er sich nicht bei ihnen befunden hat. Mein Oheim hat dies so schlau einzurichten gewußt, daß ich ihn bewundern muß." — „Du sprichst von einem Streiche. Was haben die Verbannten gethan?" — „Erlaube mir, darüber zu schweigen. Es ist viel besser, wenn du nichts davon weißt, denn da kannst du etwaige Fragen unbefangen beantworten." — „So will ich nicht in dich dringen. Sage mir nur das eine, ob es wahr ist, daß diese ‚armen Leute' wirklich entkommen sind!" — „Es ist wahr." — „Gott sei Dank! Ich gönne es ihnen von ganzem Herzen. Warum aber bist du nicht mit ihnen? Wenn du heute nacht mit den anderen gegangen wärest, so befändest du dich nun auch mit ihnen in Sicherheit." — „Nun, so groß ist diese Sicherheit nicht. Sie haben noch viele Gefahren vor sich, denn der Weg, der vor ihnen liegt, ist entsetzlich lang. Mein Oheim aber versichert mir, daß ich bei ihm nichts, aber auch gar nichts zu befürchten habe." — „Er ist ein seltener Mann, und ich glaube, daß er weiß, was er sagt. Es sollte mich sehr freuen, wenn es wahr wäre, daß alle Gefahren für dich vorüber sind. Du wirst gewiß mit deinem Oheim in sein Vaterland gehen?" — „Ja, meine Eltern sind entschlossen dazu." — „So werden wir zu weit voneinander leben." — „Ist es so gewiß, daß ihr nur bis in die Gegend von Moskau gehen werdet?" — „So lag es bisher im Plane meines Vaters." — „Und du denkst, daß er denselben nicht ändern wird?" — "Schwerlich. Wo sollte er sonst hin?" — "Mit uns."

Mila blickte befremdet zu Alexius auf.

"Mit euch? Nach Deutschland? Was sollte ihn dazu bewegen?" — "Deine Mutter ist doch eine geborene Deutsche. Sie würde sich vielleicht glücklich fühlen, die übrige Zeit ihres Lebens in der Heimat verbringen zu können." — "Das ist wahr. Sie liebt Deutschland, sehnt sich nach demselben und spricht gar viel von ihm. Aber das ist doch noch kein triftiger Grund, Rußland ganz und für immer zu verlassen." — "Hm! Vielleicht könnte ein viel, viel triftigerer Grund gefunden werden."

Alexius blickte lächelnd zu Mila nieder, dann fuhr er fort:

"Du solltest dir einen Deutschen zum Manne nehmen, dann wäre ein sehr guter Grund vorhanden."

Mila senkte erglühend das Köpfchen.

"Ich habe überhaupt noch gar nicht daran gedacht, mir einen Mann zu nehmen."

Sie blickte Alexius nicht an. Ihre Wangen waren wie mit Blut übergossen.

"Mila Dobronitscha, ist das wahr?" fragte er. "Sollte noch keiner gekommen sein, um sich deine Hand zu erbitten?" — "Allerdings war einer da."

Sie lachte dabei lustig auf.

"Vorgestern, als du zum ersten Male hier gewesen warst, da kam Nachbar Sergius Propow, um bei den Eltern um mich zu werben. Er wurde jedoch abgewiesen und steckte dann in der Räucherkammer, als du mich gestern früh im Garten trafst. Er ist ein Mensch, den niemand leiden mag. Seine Frau würde es wie in der Hölle bei ihm haben." — "Und ihr Mädchen möchtet es doch wie im Himmel haben. Nicht?" — "Nun," scherzte sie, "ein wenig gut möchte man es doch wohl haben." — "Einverstanden! Beide müssen sich gegenseitig glücklich machen. Nehmen wir zum Beispiel ein russisches Mädchen an. Dieses kann nur dann glücklich werden, wenn es einen deutschen Burschen heiratet." — „So! Und wie steht es denn mit den Deutschen?" — „Ein deutscher Bursche kann nur dann glücklich werden, wenn er sich ein russisches Mädchen nimmt." — „So mußt du dir also eine Russin nehmen." — „Ich habe mich freilich schon längst nach einer Russin umgeschaut und sie auch gefunden." — „Und wie lange ist dies her?" fragte Mila. — „Nur sehr kurze Zeit. Vorgestern erblickte ich sie zum ersten Male bei Peter Dobronitsch vor dem Hause." — „Ach, wohl Christina, die Magd?" — „Nein, sondern Mila, die Tochter."

Da trat sie einen Schritt zurück und sagte in vorwurfsvollem Tone:

„Du solltest mich doch nicht hänseln! Ich bin die Tochter eines Bauern. Du aber bist ein — ein — ein — berühmter Zobeljäger." — „Was ist das weiter? Ist ein Zobeljäger etwa etwas viel Besseres als ein Landwirt? Der Zobeljäger dient nur dem Luxus, der Landwirt aber ernährt die Menschen. Das ist ein Unterschied. Uebrigens bin ich am längsten Zobeljäger gewesen. In Deutschland giebt es keine Zobel." — „Was wirst du dort thun?" — „Ich werde das, was dein Vater ist, ein Bauer. Mila Dobronitscha, sage mir, möchtest du nicht meine Bäuerin sein?"

Alexius legte den Arm um ihre Taille. Sie duldete es, doch ohne ihm eine Antwort zu geben.

„Mila," bat er, „sprich! Könntest du mir so gut sein, daß du meine Frau werden möchtest?"

Er beugte den Kopf zu ihr nieder und blickte ihr in das erglühende Gesicht.

„Ja," antwortete sie ganz leise.

Da jauchzte er laut auf und rief:

„Mila, meine Mila, meine liebe, gute, herrliche Mila! Endlich, endlich habe ich dich!"

Er drückte sie an sich und küßte sie. Sie erwiderte seinen Kuß, fuhr aber höchst erschrocken zurück, als hinter ihnen eine Stimme ertönte:

„Sachte, sachte! Wartet noch ein wenig, denn ich will auch mitthun."

Sie fuhren herum und sahen den Dicken, der eiligst heraufgestiegen kam.

„Oheim!" rief Alexius. „Hast du gesehen, was hier vorgegangen ist?" — „Ein Zollverein zwischen zwei Nachbarstaaten ist gegründet worden." — „Sehr richtig, und soeben wurde der Staatsvertrag besiegelt." — „Nun

M. E.

bedarf es nur noch eines Stempels. Hier habt ihr ihn. Junge, Mädchen, Kinder, Neffe, Nichten, Alexius, Mila, ich bin euer alter, guter, dicker Prachtonkel! Warum habt ihr mir das angethan, euch die Liebeserklärung in meiner Abwesenheit zu machen! Ich wollte euch belauschen. Nun aber komme ich zu spät. Darum sollt nun ihr kommen, nämlich an mein Herz. Aber erdrückt mich nicht, ich bin sehr weich!"

Sie schlangen ihre Arme um ihn, und er gab Mila einen herzhaften Kuß auf den Mund.

„Donnerwetter! Ja, das ist eine Delikatesse!" rief er aus. „Junge, die halte dir fest, sonst heirate ich sie dir vom Leder weg! Welch ein Glück, daß ich aufwachte."

„So hast du geschlafen?" fragte Alexius. — „Ja, aber es litt mich doch nicht dabei. Mir träumte, ich stände mit der Frau des Majors am Altare, um für ewig mit ihr auf zwei Stühlen zusammengebunden zu werden. Das war entsetzlich. Wir hüpften auf unseren Stühlen wie die Grasspringer hin und her und konnten doch nicht voneinander loskommen. Dies trieb mir einen solchen Angstschweiß aus, daß das Wasser zwei Meter hoch in der Stube stand. Wenn ich nicht noch im letzten Augenblicke aufgewacht wäre, so hätte ich in meinem eigenen Angstschweiße ersaufen müssen." — „So gratuliere ich dir zur glücklichen Rettung." — „Danke! Sehr verbunden, mein Junge. Aber sagt mir einmal, weiß noch jemand anderes um eure zukünftige eheliche Liebe?" — „Nein. Du bist der erste und einzige Zeuge." — „So werde ich dafür sorgen, daß wenigstens die Hauptperson Peter Dobronitsch davon benachrichtigt wird." — „Willst du zu ihm?" — „Ja. Die Kosaken halten noch immer wie die Oelgötzen am Wasser, und es wird Zeit, daß wir unseren Dobronitsch aus ihren Händen befreien." — „Thue es, lieber Sam," bat Mila. — „Lieber Sam," wiederholte der Dicke. „Sapperment! Für so ein Wort aus solchem Munde springe ich ins Feuer

M. E.

und dann auch ins Wasser, ohne mich zu fragen, ob ich mich erkälte. Ich laufe schon."

Er eilte die Steilung hinab und durch die Höhle, ohne die anderen augenblicklichen Insassen derselben zu beachten.

Als er unten am Baume angekommen war, schlug er die Richtung nach dem Flusse ein, nahm die Haltung eines Spaziergängers an, der läuft, eben nur um zu laufen, und hielt die Augen zur Erde gerichtet, indem er that, als ob er weder nach rechs, noch nach links blicke, bis er von einem Rufe aus seinem scheinbaren Nachdenken geweckt wurde.

„Halt! Stehe!"

Nun blickte er auf und blieb stehen. Da stand ein Kosak vor ihm und hielt ihm die Mündung des Gewehres entgegen.

„Donnerwetter, thue das Gewehr weg!" rief Sam. „Wenn es unversehens losgeht, könnte die Kugel sich in der Richtung irren und dir durch den Kolben in den Leib fahren." — „Wer bist du?" — „Sam Barth. Ich bin Gast bei Peter Dobronitsch." — „Das magst du dem Major beweisen."

Der Kosak stieß einen Pfiff aus, und wenige Sekunden darauf kam ein Unteroffizier, dem er Sam übergab. Der Mann führte den Dicken zu dem Anführer.

Dieser saß auf einem Reisighaufen, den man ihm als Stuhl vor der bereits beschriebenen Hütte errichtet hatte. Bei ihm standen seine Offiziere und auch Peter Dobronitsch.

„Bringe einen Verbannten," meldete der Unteroffizier, indem er militärisch grüßte. — „Einen Verbannten! Kerl, was fällt dir ein! Das ist kein Verbannter. Marsch fort! Pascholl!"

Der Mann trabte ab.

Der Major befand sich jedenfalls bei schlechter Laune. Er schnauzte Sam ebenso an wie den Kosaken:

„Wie kannst du dich hier sehen lassen! Was willst

du eigentlich hier?" — „Oho!" antwortete der Dicke. „Ich bin nicht gewöhnt, so mit mir sprechen zu lassen. Ich habe nichts in meinem Passe davon gelesen, daß mir das Spazierengehen am Mückenflusse verboten ist." — „Aber ich verbiete es dir." — „Mit welchem Rechte? Ich bin nicht dein Haupt= und Leibkosak. Ich bin Unterthan der gloriosen Republik der Vereinigten Staaten, mit der Rußland in bester Freundschaft lebt, und habe keine Lust, mich von einem jeden hinter einem Baume stehenden Kosaken arretieren zu lassen."

Sam hatte sehr laut und energisch gesprochen. Da trat aus der Hütte der Graf, schaute sich erstaunt um und sagte:

„Welch eine Sprache, einem russischen Stabsoffizier gegenüber." — „Stab oder Stecken, das geht mich nichts an," antwortete Sam. „Ich pflege so zu antworten, wie man mich anredet." — „Du hast hier nichts zu suchen," donnerte der Major. — „Suche ich etwas?" schrie Sam ihn an. „Ich wollte nur sehen, ob hier am Flusse früh morgens die Mücken spielen. Jetzt sehe ich, daß es keine giebt. Nur dumme Frösche quaken." — „Kerl, wem gilt das? Willst du etwa, daß ich dich fest= nehmen lasse? Es kostet mich nur ein Wort." — „Schön! Und mich kostet es auch nur ein Wort. Dieses Wort heißt Satisfaktion. Ich bin Oberst, und du bist Major. Noch ein Wort von dir, das mir nicht gefällt, so fordere ich dich vor die Klinge oder vor die Mündung des Gewehres. Nun thue, was du willst!"

Das wirkte. Der Major fragte mit beträchtlich ruhigerer Stimme:

„Aber welche Absicht kann dich denn dahin führen, wo ich mit meinen Kosaken halte?" — „Ich habe keine Ahnung davon gehabt, daß ich dich hier finden werde. Ich gehe spazieren, das ist alles." — „So ersuche ich dich, umzukehren. Das Terrain ist jetzt nicht für Spazier= gänger frei." — „Einem solchen ruhigen Worte werde ich natürlich Folge leisten. Als Offizier weiß ich, daß man sich bei Felddienstübungen nicht gern stören läßt. Oder sollte deine Anwesenheit nicht einer solchen Uebung gelten?" — "Nein." — "Hm! Ich wundere mich überhaupt, dich mit deinen Leuten hier zu finden. Sapperment! Jetzt fällt mir etwas ein. Errate ich recht, weshalb du hier bist?" — "Nun, warum?" — "Etwa um dich der Verbannten zu bemächtigen?" — "Und wenn es so wäre?" — "So bist du in eine Falle geraten." — "Beweise es." — "Sofort! Ich bin es von meinen früheren Zügen her gewöhnt, lieber im Freien als in einer engen Kammer zu schlafen. Darum suchte ich mir gestern abend ein Plätzchen vor dem Hause, an dem ich mich niederlegen könne. Es gelang mir auch, ein solches zu finden, nämlich am Brunnen, dessen Plätschern ich außerordentlich liebe, denn es lullt einen wie ein Wiegenlied in Schlummer. Kaum hatte ich mich niedergelegt, so hörte ich einen Menschen kommen, der ganz nahe bei mir stehen blieb. Gleich darauf kam noch einer. Beide sprachen miteinander. ‚Ist er fort?‘ fragte der eine. ‚Ja,‘ antwortete der zweite. ‚Ich bin ihm ein Stück nachgelaufen. Es war wirklich der Major!‘ Dann lachten sie, und als sie dann weiter redeten, merkte ich, daß der eine Boroda selber sei." — "Himmeldonnerwetter!" fluchte der Major. "Sollte das in Wirklichkeit wahr sein? Wovon redeten sie denn noch?" — "Von dem Streiche, den sie dir gespielt hatten." — "Was für einer soll das sein?" — "Sie hatten dir etwas weis gemacht, wie ich aus ihren Reden hörte. Sie hatten dich gesehen und trotz der Dunkelheit erkannt. Da hatten sie sofort ein Gespräch improvisiert, infolgedessen du deine Kosaken ganz in eine falsche Richtung schicken mußtest. Sie wollten sodann in der entgegengesetzten Richtung über die Grenze." — "Alle Teufel." — "Darauf beabsichtigten sie, zu dir zu schleichen, um nachzusehen, ob du auf den Leim gehen werdest." — "Verflucht!" schrie der Major. "Und ich bin auch wirklich darauf gegangen. Aber wer ist schuld daran? Du, du allein! Du hättest mir sofort melden sollen, daß du das Gespräch belauscht habest." — „So? In welcher Art und Weise bin ich denn dazu verpflichtet? Ich bin weder Kosak noch Russe und habe mich gar nicht um eure Angelegenheiten zu bekümmern. Und dennoch weiß ich als Offizier, was für eine Blamage es ist, wenn ein Major, ein Stabsoffizier sich von einem Flüchtlinge, den er fangen will, in dieser Weise leimen läßt. Darum hatte ich den Vorsatz, dich aufzusuchen und zu benachrichtigen." — „Hast es aber nicht gethan." — „O doch. Ich habe dich aber nirgends gefunden. Auch nicht in der Staniza. Ein alter Grobian, auf den ich traf, sagte mir, daß kein Mensch genau wisse, wo du seiest. Darum kehrte ich zurück. Unterwegs traf ich auf eine große Menge von Reitern und Fußgängern —" — „Das waren sie, das waren sie," rief der Offizier. „Hast du mit ihnen gesprochen?" — „Fällt mir gar nicht ein. Mich ging die Sache ja nichts an. Ich konnte mir denken, daß die Kerle einen mutmaßlichen Verräter unschädlich machen würden. Ich bin kein ängstlicher Mensch, aber einer gegen so viele, das wäre Wahnsinn gewesen. Ich drückte mich also zur Seite und ließ mich gar nicht sehen." — „Es ist toll, rein zum Tollwerden! Wenn du doch gewußt hättest, wo ich war!" — „Dann hätte ich dich benachrichtigt." — „Zu welcher Zeit war es?" — „Wohl gerade um Mitternacht." — „Stimmt, stimmt! Da erwarteten wir sie hier. Und welch eine Richtung schlugen sie ein?" — „Gerade nach der Staniza." — „Donner und Wetter! Sie sind daran vorbei und dann über die Grenze!" — „Höchstwahrscheinlich." — „Ich muß ihnen eiligst nach, schnell, schnell." — „Darf ich vielleicht mit?" — „Ja, meinetwegen." — „Dobronitsch auch?" — „Ja, gerade er soll mit. Er soll Zeuge sein, daß ich die Hunde doch noch erwische. Vorwärts! Die Vorposten heran, und dann im Schnelltritt nach der Staniza und zu den Pferden."

In kaum zwei Minuten setzten sich die Mann=

schaften in eiligste Bewegung. Der Graf war auch neugierig auf den Verlauf der Angelegenheit. Er schritt neben dem Major her. Der Bauer Dobronitsch hielt sich zu Sam, der trotz seiner Dickleibigkeit sehr behend und wohlgemut mitmarschierte.

Man gelangte in verhältnißmäßig kurzer Zeit nach der Stanitza. Es wurde links eingeschwenkt, um den Wall herum, nach der Stelle, an der sich die Pferde befinden sollten. Die Tiere waren nicht da, doch die gefesselten Kosaken lagen an der Erde.

Das Erstaunen des Majors läßt sich gar nicht beschreiben. Er nahm sich gar nicht erst Zeit, zu befehlen, daß den Leuten die Stricke gelöst werden sollten.

Sie verschwiegen natürlich, daß sie geschlafen hatten, und erzählten einstimmig, daß nach Mitternacht wohl an die hundert Kosaken gekommen seien, die sie für die Ihrigen gehalten hätten, bis es sich herausstellte, daß es ein fremder Pulk sei, der die Pferde stehlen wolle. Sie hätten sich gewehrt; aber die Uebermacht sei doch gar zu groß gewesen.

„Ihr Hunde!" schrie der Major. „Was sagt ihr, was für Leute es gewesen sind?" — „Kosaken."

„Ihr lügt!" — „Nein, Väterchen. Es waren Kosaken! Wir können es beschwören, daß es Kosaken waren. Das eben hat uns so irre gemacht, daß wir sie ganz zu uns heran ließen." — „Das begreife ich nicht. Wenn ihr mich belügt, so erhaltet ihr die Knute so lange, bis euch das Fleisch von den Knochen fällt! Schneidet diesen Hunden die Fesseln durch. Und nun rasch in die Stanitza! Mir ahnt, daß dort auch nicht alles in Ordnung ist."

Der Major eilte nun direkt nach dem Gewandhause; die anderen nach. Sam begann langsamer zu gehen. Er hielt auch Dobronitsch zurück.

„Pst!" meinte er. „Nicht mehr so schnell! Der Major wird gleich wiederkommen. Er wird sein Mütter=

chen aufsuchen. Er kann nicht in das Gewandhaus und muß sich bei ihr die Schlüssel holen."

Sie blieben also zurück, und bald zeigte es sich, daß Sam richtig vermutet hatte, denn ein Kosak kam in höchster Eile auf sie zugerannt.

„Was läufst du, Brüderchen?" fragte ihn Sam. „Wohin willst du denn so eilig?" — „Zum Mütterchen Major. Ich hole die Schlüssel!" — „Nun warte ein Weilchen," lachte Sam. „Er wird vergeblich wiederkommen."

Wirklich kam der Kosak nach kaum einer Minute zurückgerannt, als ob er gepeitscht werde.

„Hast du sie?" fragte Sam. — „Nein."

Mit diesem kurzen Berichte schoß er vorbei, und nach wenigen Augenblicken kam der Major selbst gerannt, und einige Offiziere hinter ihm her. Sam und Dobronitsch schlossen sich ihnen an, als ob sie das Recht dazu hätten.

Am Hause angekommen, klinkte der Major zunächst an der Thür, und als er sie verschlossen fand, klopfte er. Auch das half nichts. Darum trat er an eines der Fenster und sah hinein.

„Mach' das Fenster auf, Kathinka!" rief er barsch.

Er hatte nämlich die alte Magd gesehen. Sie saß auf demjenigen der beiden zusammengebundenen Stühle, der nach dem Fenster zugekehrt war. Die beiden Frauenzimmer hatten sich bis in die Nähe dieses letzteren geschoben. Die Magd war gefesselt, konnte also seinen Befehl nicht ausführen.

„Warum macht ihr nicht auf, ihr verfluchten Canaillen!" schrie er wütend hinein. — „Weil wir nicht können, Väterchen! Wir sind ja gefesselt!" — „Gef——!"

Das Wort blieb dem Major im Munde stecken. Er sah genauer hinein und bemerkte nun, daß zwei Stühle mit den Lehnen gegeneinander standen. Auf dem rückseitigen saß auch eine Person.

„Wer ist die andere?" — „Das Mütterchen, Herr."

M. E.

— „Was! Meine Frau?" — „Ja, Gregor, ich bin es," antwortete die Majorin. „Kathinka, stoße einmal mit den Füßen an! Ich will mich nach dem Fenster drehen."

Zu seinem Erstaunen bemerkte nun der Offizier, daß die beiden zusammengebundenen Stühle mit den daran gefesselten Weibern sich im Kreise drehten.

Die Offiziere waren nahe herangetreten, und auch Sam hatte Dobronitsch an das zweite Fenster gezogen, damit dieser Zeuge des interessanten und komischen Schauspieles sein möge. Er stieß ihn heimlich mit der Faust in die Seite und fragte flüsternd:

„Wie gefällt dir das?" — „Schlechter Kerl!" — „Pah! Es geschah auch um deinetwillen."

Jetzt hatten die Stühle eine solche Stellung, daß die Majorin mit dem Gesichte gegen die Fenster gerichtet war.

„Aber zum Donnerwetter, was ist denn das?" fragte der Major. „Wer hat das gethan?" — „Die Schwarzen," antwortete sie. „Sie hatten die Gesichter voller Ruß." — „Himmelbataillon! Sie waren hier bei euch? Was haben sie da gemacht?" — „Ich werde es dir erzählen. Mache uns nur erst los!" — „Ich kann ja nicht hinein. Das Haus ist zu. Die Hunde! Wie komme ich hinein?"

Der Major blickte sich ratlos um.

„Herr, ich will dir helfen," sagte da Sam. „Du bist das Klettern vielleicht nicht gewöhnt; aber wir in Amerika verstehen das besser."

Damit schob er den Major zur Seite, langte mit der Hand hinein, öffnete auch den anderen Flügel und stieg dann in die Stube, was ihm trotz seiner dicken Gestalt sehr leicht und schnell gelang. Mit seiner natürlichen Stimme, sodaß sie ihn nicht an derselben erkannte, fragte er darauf die Majorin:

„Also die ‚armen Leute' haben die Schlüssel mitgenommen?" — „Ja. Sie haben auch die Stubenthür verschlossen." — „Suchen können wir nicht. Dazu

„Aber was ist das?" fragte der Major. (Seite 540.)
M. E.

haben wir keine Zeit. Ich werde mit dem Messer öffnen."

Sam zog sein Bowiemesser hervor. Dieses war zwar haarscharf und spitz, aber auch sehr stark. Er sprengte mit Hülfe desselben das Schloß von der Stubenthür, trat dann in den Hausflur und schob von der Eingangsthür den Riegel zurück.

Jetzt eilten die Draußenstehenden, der Major an ihrer Spitze, sofort herein.

„Ich danke dir!" sagte letzterer zu Sam. „Ihr Amerikaner seid praktische Leute. Das ist wahr."

Daß Sam ein praktischer Mann sei, bewies er sogleich auch weiter, indem er die Stricke zerschnitt, mit denen die beiden Frauen an die Stühle gebunden waren.

Die Majorin sank fast von dem ihrigen herab, so angegriffen war sie. Sie sollte erzählen, was geschehen war, vermochte aber nicht, einen zusammenhängenden Bericht zu geben.

Nur nach einem ziemlich langen Verhör erfuhr der Major einigermaßen, was er wissen wollte, und bald darauf mußte er sich auch im Gewandhause überzeugen, daß fast alle Uniformen rc. gestohlen waren.

Die Nachricht ging wie ein Lauffeuer von Mund zu Mund. Das war ja ein Ereignis, das kein Mensch für möglich gehalten hätte, am allerwenigsten der Major.

Dieser war ganz und gar außer sich. Er befahl eine Zusammenkunft der Bewohner und verhörte dieselben, konnte aber nichts anderes erfahren, als daß diese gar nichts wußten, weil sie fest geschlafen hatten.

Des Platzkommandanten harrte eine große Nase von seiten seiner Vorgesetzten, wohl gar eine Bestrafung, eine Versetzung. Er wußte vor Wut kaum, was er that, und so mußte er dem Rittmeister die dienstlichen Obliegenheiten besorgen. Er ließ die Fanale anbrennen und requirierte die vorhandenen Privatpferde, um Eilboten nach rechts und links längs der Grenze auszusenden. Die Flüchtlinge konnten ja noch nicht weit sein. Vielleicht waren

M. E.

sie von den jenseits der Grenze liegenden chinesischen Militärstationen angehalten oder doch wenigstens bemerkt worden. Es mußte alles gethan werden, ihrer wieder habhaft zu werden. Alle die darauf bezüglichen Anordnungen richteten sich nach Süden gegen das Grenzgebiet. Aber daß die Flüchtlinge auf den tollkühnen Gedanken gekommen sein könnten, nach Norden, also in das Innere des Landes zu entweichen, darauf kam kein Mensch.

Sam hatte genug gesehen und gehört. Darum beschloß er, nach dem Hofe zurückzukehren, und sagte dies Peter Dobronitsch, der seinerseits sofort und gern einwilligte, weil er sich außerordentlich ermüdet fühlte.

So verließen sie also die Staniza und wanderten gemächlich heim.

Sam erzählte unterwegs ausführlich, was in der Nacht in der Staniza geschehen war, und erklärte sodann, warum dieser eingeschlagene Weg der sicherste sei, um zur Rettung der Verbannten zu führen.

Dann lenkte er das Gespräch auf Alexius Boroda und Mila und fragte Dobronitsch, ob ihm der junge Zobeljäger als Eidam willkommen sei.

Dieser senkte den Kopf und schritt eine Zeit lang schweigend weiter. Er machte ein zwar nachdenkliches, aber keineswegs unfreundliches Gesicht

„Wenn du Bedenken hast, so sage es mir!" meinte Sam. „Ich hoffe, daß ich sie zerstreuen kann." — „In Beziehung auf die Person Borodas habe ich gar keine Bedenken." — „Nun, ich wüßte auch nicht, was du gegen ihn einwenden solltest. Du bist reicher als er. Aber ich habe bereits gestern zu dir von einem Verwandten gesprochen, auf den er sich verlassen kann. Du wirst leicht erraten, wer das ist." — „Ich denke mir, daß du es bist." — „Ja, ich bin es. Weißt du, ich war lange, lange Jahre drüben in Amerika und bin allezeit sehr glücklich gewesen. Die Pelzjagd hat mir sehr viel eingebracht, und im Goldsuchen bin ich noch viel glücklicher gewesen. Man sieht es mir freilich nicht an, denn ich bin ein einfacher Kerl und liebe es nicht, mit Glacéhandschuhen, Vatermördern und grauem Filzhute in der Welt herumzulaufen. Aber ich habe so viel zusammengespart, daß mich mancher Bankier beneiden würde, wenn er einmal dabei sein könnte, wenn ich mit der großen Gartenschere meine Coupons abschneide. Kinder habe ich nicht. Ich werde mir zwar eine Frau nehmen; daß diese Ehe aber mit Kindern gesegnet sein wird, das glaube ich nicht, denn meine Frau ist zu alt dazu. Da denke ich denn, daß Boroda mein Erbe sein wird. Also in dieser Beziehung brauchst du keine Sorge zu haben. Mila soll nicht Hunger leiden." — „O, das befürchte ich ganz und gar nicht, denn da wäre ich auch da. Sie ist doch mein einziges Kind. Aber, aber — ihr seid Deutsche; ich aber bin ein Russe!" — „Nun, ein Russe ist doch wohl kein Drache!" — „Schwerlich. So habe ich es übrigens auch gar nicht gemeint. Ich wollte nur sagen, daß mein Herz am heiligen Rußland hängt. Boroda will natürlich, wenn er meine Tochter heiratet, mit ihr nach Deutschland. Und dann müßten ich und meine Frau mit. Und ob diese will, das ist unsicher. Ich möchte doch erst mit ihr reden." — „Das sollst du auch. Aber deine persönliche Meinung kannst du mir dennoch mitteilen." — „Na, was diese betrifft, so will ich denn aus vollem Herzen Ja sagen." — „Schön! Hier hast du meine zehn Finger. Schlage ein!"

Sam hielt Dobronitsch beide Hände entgegen. Dieser schlug ein und drückte sie ihm herzlich.

„Na," lachte Sam glücklich, „was wird Steinbach sagen, daß ich hier eine Heirat gestiftet habe, bei der der Bräutigam mein leiblicher Neffe ist! Wird der Augen machen!" — „Was diesen Steinbach betrifft, so bin ich ganz außerordentlich neugierig auf ihn. Nach allem, was ich von ihm gehört habe, muß er ein höchst ungewöhnlicher Mann sein." — „Das ist er auch. So weit ich in der Welt herumgekommen bin, einen Mann, den ich mit ihm vergleichen könnte, habe ich noch nie getroffen." — „Und du glaubst, daß er bald kommen wird?" — „Ja. Es ist sogar möglich, daß er bereits da ist, wenn wir nach Hause kommen. Dann wirst du etwas erleben, was du sicherlich gar nicht für möglich gehalten hast. Dann werden Zeichen und Wunder geschehen. Der Niedrige wird erhöhet und der Hohe erniedrigt werden, ganz genau so, wie es in der Bibel steht."

---

## 40. Kapitel.

Derjenige, von dem die Rede war, nämlich Steinbach, war, wie es Sam vermutet hatte, gar nicht fern von der Besitzung des Peter Dobronitsch.

Er kam, wie bereits erwähnt, mit der Tungusenschar, deren Anführer der Fürst Bula war. Die Männer ritten alle. Für die Frauen aber waren Wagen vorhanden, Wagen jener primitiven Art, wie sie bei diesen halbwilden Völkerschaften gebräuchlich sind.

Gegen diese Fahrzeuge stach nun freilich die sehr elegante Kibitka ab, in der Gökala fuhr. Sie saß mit ihrer neuen Freundin Karpala in derselben.

Ganz von selbst verstand es sich, daß Steinbach sich während des Rittes stets in ihrer Nähe aufhielt.

Bula, der Fürst, und Kalyna, seine Frau, hatten vor Steinbach einen ganz gewaltigen Respekt. Sie hielten es für eine ganz besondere, ungeheuere Ehre, daß ihre Tochter bei seiner Braut sitzen durfte, und Bula hielt sich möglichst in der Nähe des gewaltigen und doch so bezaubernden Mannes. Es fiel von demselben doch auch ein Glanz auf ihn.

Und Steinbach bereitete es großes Vergnügen, den dicken, guten Fürsten an seiner Seite zu sehen. Er mußte ihm von fremden Ländern erzählen, und der Fürst geriet über das, was er da hörte, oft in so große Verwunderung, daß er den Mund öffnete und es ganz vergaß, ihn wieder zu schließen.

So ritten sie auch heute nebeneinander, hart vor der Kibitka, in der Gökala mit Karpala saßen. Hinter dem Wagen ritt der Inder Nena. Er hatte sich ganz dem Dienste Gökalas gewidmet und hielt es für seine Aufgabe, jeden ihrer Wünsche bereits vorher zu erraten.

Plötzlich hielt Steinbach sein Pferd an und sagte, mit der Hand nach einer bestimmten Gegend deutend:

„Was ist denn das? Da vorn am Horizonte gewahrte ich einen dunklen Punkt, der sich bewegt."

Die Gegend, durch die sie kamen, war ganz eben. Man hatte einen freien Blick rundum. Vorn lag der Himmel auf der scharfen Linie des Gesichtskreises, und der Morgen war hell und dunstfrei. Darum konnte man sehr weit sehen.

Der Fürst richtete sich ein wenig im Sattel auf, beschattete seine Augen mit der Hand und blickte in die ihm angegebene Richtung.

„Ja," sagte er. „Da ganz vorn ist ein Punkt, der nicht in diese Gegend gehört." — „Und er bewegt sich. Ich vermute, daß es Reiter sind." — „Hm! Die Bewegung ist eine sehr schnelle. Es scheint mir ganz, als ob diese Leute im Galopp ritten. Der Punkt wird schnell größer. Er breitet sich aus. Das können nach meiner Schätzung wohl an die hundert Männer sein. Ich halte es nicht für möglich, daß eine so bedeutende Anzahl von Reisenden sich vereinigt haben soll." — „Dann sind es Kosaken. Sie kommen aus der Gegend des Mückenflusses. Sonderbar!"

Die beiden Trupps näherten sich immer mehr. Bald war zu sehen, daß der Fürst richtig vermutet hatte. Es waren Kosaken.

Sie kamen im scharfen Trabe herbei. Voran ritt ein einzelner, der, wie man beim Nahen sah, die Uniform eines Rittmeisters trug. Er rief den Seinen einen

M. E.

lauten Befehl zu, worauf sie halten blieben, während er selbst vollends herbeikam.

Steinbach hatte sich mit dem Fürsten an die Spitze des Zuges gesetzt. Der Rittmeister lenkte sein Pferd zu

den beiden hin, hielt vor ihnen an, grüßte militärisch und fragte:

„Habe ich recht vermutet, wenn ich annehme, daß ihr Tungusen seid?" — „Ja, Brüderchen," antwortete der

Fürst. — „Wo kommt ihr her?" — „Von Platowa."
— „Ah, sehr gut. Wie heißt euer Anführer? Ist es
nicht der Fürst Bula mit der Fürstin Kalyna?" — „So
ist es, mein Lieber." — „Wo ist der Fürst?" — „Du
brauchst gar nicht weit zu reiten, um bei ihm zu sein,
denn ich heiße Bula und bin es selber." — „Vortreff=
lich! Vortrefflich!" Der Blick des Rittmeisters glitt
forschend von Bula weg und an Steinbachs Gestalt
herunter. „Ich suche einen Herrn, der sich bei dir be=
finden soll. Und wenn mich nicht alles täuscht, so habe
ich ihn auch bereits vor mir."

Und sich an Steinbach wendend, fuhr er fort:

„Verzeihung, mein Herr. Ist Ihr Name Stein=
bach?" — „Zu dienen, Herr Rittmeister," antwortete
der Gefragte. — „So habe ich Sie zu grüßen." —
„Von wem?" — „Von dem dicken Sam." — „Danke
sehr! Zu ihm wollen wir. Sie haben ihn also ge=
troffen?" — „Ja. Er hat mich gebeten, Ihnen zu
sagen, daß Sie sich beeilen sollen. Der einstige Derwisch
sei gefangen." — „Vortrefflich! Die Botschaft, die Sie
mir da bringen, ist mir eine sehr angenehme. Wo haben
Sie denn meinen vortrefflichen Freund gefunden?" —
„Am Mückenflusse, wo er uns allen einen außerordent=
lichen Dienst erwiesen hat, den wir ihm niemals vergessen
werden. Er hat uns vor Tod und Gefangenschaft ge=
rettet. Die Kosaken waren uns auf den Fersen!" —
„Die Kosaken? Das sind Sie ja selbst!"

Der Rittmeister lächelte schlau, zuckte beide Achseln
und antwortete in pfiffigem Tone:

„Wir scheinen es nur zu sein. In Wirklichkeit sind
wir ‚arme Leute'. Was das zu sagen hat, darf ich
Ihnen wohl nicht erst erklären." — „Ich weiß es.
Wenn es so ist, wie Sie sagen, so sind Sie also Flücht=
linge, die sich in einem militärischen Inkognito befinden.
Wie aber kamen Sie zu den Uniformen?" — „Die
haben wir — gestohlen." — „Ah! Unglaublich!" —
„Fast! Aber der dicke Sam sagte, daß er noch ganz

M. E.

andere Dinge fertig gebracht habe." — „So steht er in irgend welcher Beziehung zu dem Umstande, daß Sie sich der Uniformen bemächtigt haben?" — „Allerdings. Er hat sich diesen vortrefflichen Gedanken ersonnen und ihn auch mit ausgeführt." — „Der Unvorsichtige!"

Steinbachs Brauen zogen sich ein wenig zusammen.

„Aber ich bemerke, daß Ihre Truppe nicht vollständig bewaffnet ist." — „Sam hat mir aufgetragen, mich in dieser Angelegenheit an den Fürsten zu wenden." — „Ja, ja!" fiel Bula ein. „Waffen könnt ihr von uns bekommen. Und Munition genug dazu." — „Nur langsam!" warnte Steinbach. „Der Herr Rittmeister wird es uns unter den obwaltenden Umständen nicht übel nehmen, wenn wir vorsichtig sind." — „Ganz und gar nicht," antwortete der Offizier. — „Können Sie uns beweisen, daß Sie wirklich keine Kosaken, sondern ‚arme Leute' sind?" — „Vollständig! Geben Sie mir Zeit, Ihnen die Abenteuer des letzten Tages zu erzählen, so werden Sie mir Glauben schenken." — „Schön! Wir wollen absteigen und uns besprechen. Aber Sie haben eine beispiellos schwierige Aufgabe übernommen. Um die Militär= und Civilbehörden zu täuschen, müßten Sie vor allem Offizier sein." — „Der bin ich auch. Ich war früher Major im Gardekürassierregiment. Mein Name ist Sendewitsch."

Steinbach schien überrascht zu sein.

„Sendewitsch?" fragte er. „Nicht wahr, Sie hatten ein Duell mit einem Großfürsten, und die Folge war, daß man Sie nach Sibirien schickte? Ja, es ist nicht immer vorteilhaft, ein Heißsporn zu sein. Doch steigen wir ab."

Jetzt entwickelte sich mitten auf der vorher so einsamen Ebene ein lebensvolles Bild. Auch die Kosaken stiegen von ihren Pferden und mischten sich unter die rauhen Tungusen. Es wurde getrunken und gegessen. Ein jeder teilte das, was er hatte, mit den anderen.

M. E.

Die Hauptpersonen hatten sich bei einander nieder=
gesetzt, und der Rittmeister begann zu erzählen.

Mancher Ausruf der Verwunderung ließ sich
während seines Berichtes hören. Als er geendet hatte,
war es ihm vollständig gelungen, Steinbach zu be=
weisen, daß er es nicht mit wirklichen Kosaken zu
thun habe.

Der Aufbruch ging doch nicht so bald vor sich,
denn es wurde noch vieles erzählt und besprochen, bevor
man sich trennte. Dann war der Abschied ein außer=
ordentlich herzlicher, denn ein jeder mußte die mutigen
Leute bewundern, die sich vorgenommen hatten, einen so
verwegenen Plan auszuführen.

Dieser Bewunderung machte auch der Fürst Luft,
als er nach dem Aufbruche wieder neben Steinbach her=
ritt. Letzterer aber war ruhig. Er fühlte sich verstimmt.
Der dicke Sam wagte zu viel und hatte ohne alle Er=
laubnis gehandelt. Das konnte ja leicht verhängnisvoll
werden.

Von da an, wo gelagert worden war, hatte man
nur eine gute halbe Stunde bis nach dem Mückenflusse,
der gerade zu der Zeit erreicht wurde, als Sam mit
Peter Dobronitsch aus der Stanitza heimkehrte.

Natürlich wurde die Fähre benutzt, um auf das
andere Ufer zu gelangen. Viele der reitgewandten
Tungusen, die sich aus einer Durchnässung ihrer Kleider
nichts machten, trieben ihre Pferde in den Fluß, um
hinüberzuschwimmen. Sie waren das gewöhnt. Eine
Erkältung gab es bei ihnen nicht. Dieses Wort war
ihnen völlig unbekannt.

Als sich alle an dem anderen Ufer befanden, also
auf dem Grund und Boden von Peter Dobronitsch, be=
gannen die Tungusen ihre Zelte aufzuschlagen.

Steinbach aber ging mit seinen Begleitern und Be=
gleiterinnen zu Fuße nach dem Gute, und bald waren
alle, von den Bewohnern des Hauses ungesehen, an den
Fenstern vorüber in den Flur gelangt. Karpala, die die

M. E.

Führerin machte, betrat zuerst die Stube, wo Peter Dobronitsch mit Frau und Tochter und Sam Barth beisammen saßen. Als Mila ihre Freundin erblickte, rief sie, vor Freude erschrocken:

„Karpala! Endlich!"

Dann flogen die beiden Mädchen einander in die Arme und küßten sich innig. Auch die Bäuerin umarmte das schöne Mädchen und zog auch die dicke Kalyna an ihr Herz. Die Begrüßung wurde allgemein.

Die Neuangekommenen mußten sich niedersetzen, um mit dem Wirte den Willkommen zu trinken. Steinbach aber warf Sam einige ernste Blicke zu, die dieser sehr wohl bemerkte, dann ging er hinaus und gab durch einen Wink zu verstehen, daß er wünsche, Steinbach möge ihm folgen.

„Herr Steinbach," wandte sich darauf im Hausflur der Dicke an diesen. „Sie sehen mich so finster an. Darf ich fragen, warum?" — „Das fragst du noch? Was machst du denn für Dummheiten!" — „Dummheiten? Ich habe gerade geglaubt, sehr gescheit gewesen zu sein. Was hat man Ihnen denn von mir erzählt?" — „Daß du ein Spitzbube bist! Nicht genug, daß du in Platowa Gewehre und auch Munition gestohlen hast, treibst du es hier noch schlimmer!" — „Schlimmer? Ich bin ja nur ein bißchen eingebrochen. Die ‚armen Leute' brauchten Monturen, und ich habe ihnen dazu verholfen." — „Das solltest du eben nicht. Doch davon sprechen wir später. Major Sendewitsch erzählte mir, daß du den einstigen Derwisch gefangen habest. Wo steckt er?" — „Hier in der Räucherkammer, von Jim und Tim bewacht."

Sie traten hinaus vor die Hausthür, und Sam gab einen kurzen, gedrängten Bericht über das Geschehene. Steinbach hörte schweigsam zu. Seine Mienen erheiterten sich.

„Also auch der Graf ist da?" fragte er, als Sam geendet hatte. — „Ja, freilich in diesem Augenblicke ist er jedenfalls in der Staniza. Er hat noch sein Pferd und seine Effekten hier." — „Paß auf, daß er meiner nicht sogleich ansichtig wird. Ich will ihn überraschen. Hast du vielleicht auch Nummer Fünf gesehen?" — „Dort sitzt er ja. Es ist jener ehrwürdige Graukopf."

Steinbach musterte den einstigen Maharadscha. Also das war der Vater seiner Gökala! Welches Leid hatte dieser Mann hinter sich! Wie Fürchterliches, Entsetzliches hatte er überstanden! Ein Fürst, der sein Land absoluter regiert hatte, als irgend ein abendländischer König oder Kaiser sein Volk, war unschuldig als gemeiner Verbrecher nach Sibirien geschickt worden, nachdem man ihn über die Grenze gelockt und ihn dann für einen anderen ausgegeben hatte! Es wurde Steinbach ganz weh zu Mute.

Er begab sich nach der Kammer, in der sich Jim und Tim befanden. Sie zeigten sich sehr erfreut, als sie ihn sahen, und wollten das in lauten Worten kund geben. Er aber winkte ihnen, still zu sein und die zu der Räucherei führende Thür zu öffnen.

„Komm' doch einmal heraus!" rief Sam hinein. „Man will mit dir reden."

Der einstige Derwisch folgte dieser Aufforderung, und als er Steinbach erblickte, stand er starr vor Schreck. Der letztere betrachtete den Verbrecher mit verächtlichem Blicke.

„Sie haben mich wohl nicht erwartet?" fragte er in deutscher Sprache.

Der Derwisch antwortete nicht.

„Nun, wenn Sie die Sprache verloren haben, so werde ich sie Ihnen nachher wiedergeben. Es giebt ein vortreffliches Mittel. Steckt den Halunken jetzt wieder hinein!"

Der Derwisch wurde wieder eingeschlossen. Dann begab Steinbach sich vor das Haus, indem er Sam folgendermaßen instruierte:

„Ich werde jetzt mit dem Maharadscha reden, aber an einem Orte, an dem mich der Graf, wenn er kommen sollte, nicht sehen kann. Ich gehe hinter das Haus. Dort liegt, wie ich bemerkt habe, ein kleines Gärtchen, in das ich ihn führe. Du stellst dich so in die Nähe, daß du meinen Ruf hören kannst, und holst mir beim ersten Rufe Nena, beim zweiten Gökala."

Darauf näherte sich Steinbach der Gruppe, bei der sich der Maharadscha befand, und fragte diesen:

"Nicht wahr, du wirst Nummer Fünf genannt?" — "Ja, Herr," antwortete der Gefragte, indem sein Blick Steinbach musterte. — "Hast du nicht einen Augenblick Zeit für mich? Ich möchte dir etwas mitteilen." — "Sehr gern!" erwiderte der Maharadscha und erhob sich. Steinbach führte ihn nun in das Gärtchen und bat ihn, auf eine dort befindliche Holzbank deutend, sich zu setzen.

Der ehrwürdige Zobeljäger nahm Platz. Steinbach aber blieb stehen und begann:

"Ich bringe dir einen Gruß von einer Person, die in deiner Heimat geboren wurde." — "Kennst du denn meine Heimat?" fragte der Maharadscha gleichgültig, da er ja nicht ahnte, daß der gegenwärtige Augenblick ein so bedeutender für ihn werden solle. — "Ja, es ist Indien," antwortete Steinbach, "oder vielmehr Nubrida."

Da sprang der Maharadscha auf, blickte Steinbach mit großen Augen an und rief:

"Meine Seele, woher weißt du das? Herr, wer bist du?" — "Dein Freund. Ich habe dich jahrelang vergeblich gesucht, um dich zu retten." — "Dann nenne meinen Namen! Ja, nenne ihn, damit ich ihn nicht aus meinem, sondern aus einem fremden Munde höre und wieder an mich glauben kann." — "Du bist Banda, der einstige Herrscher von Nubrida." — "Banda — der einstige — Herrscher von Nubrida!" wiederholte der Greis langsam und mit einem Tone, als ob er sich im Traume befinde. "O, mein Gott, dir sei Dank! Jetzt kann ich es wieder glauben, daß ich nicht nur geträumt

M. E.

habe, Banda zu sein. Du aber, Fremdling, wer hat dir gesagt, wer und wo ich bin?"
— "Nena."

Der Maharadscha legte die Hand schnell an den Kopf, als ob dieser ihn schmerze.

"Nena, Nena!" sagte er. "Kenne ich ihn? Hat es wirklich einen gegeben, der Nena hieß? Ich begann, es zu bezweifeln. Aber, da du diesen Namen nennst, so weiß ich, daß auch das wahr ist. Nena, Nena, der Verfluchte!"

Der Greis ballte die Fäuste und blickte wild vor sich hin.

"Kennst du ihn denn?" fragte er. "Hast du ihn gesehen?" — "Ja, tief in der Wüstenei Aegyptens. Allah hatte ihn bestraft. Er war in Knechtschaft geraten, ein Sklave wilder Menschen. Magst du ihm verzeihen? Er hat das Verbrechen, das er an dir begangen, bereut, und seine Reue wird das einzige und sicherste Mittel sein, daß du die Freiheit wieder erlangst, daß der Betrug, der mit dir vorgenommen wurde, entdeckt wird, und daß die Menschen, die ihn ausführten, der gerechten Strafe verfallen."

Der Maharadscha blickte mit zur Seite geneigtem Haupte lauschend empor, als ob er eine Himmelsbotschaft vernehme. Dann richtete er das Auge auf Steinbach, betrachtete denselben genau und fragte wie abwesend:

"Den Betrug entdecken? Diese Menschen sollen bestraft werden, und ich erlange meine völlige Freiheit wieder?" — "Ich kann es dir versichern." — "Lebt er denn noch?" — "Ja, er lebt. Er ist herbeigeeilt, um nach dir zu forschen." — "Gott, mein Gott! Wenn er mich finden könnte!" — "Er findet dich, denn er ist mit mir gekommen."

Der unglückliche Greis betrachtete den Sprecher wieder mit einem halb abwesenden Blicke.

"Was höre ich?" fragte er. "Träume ich, oder ist es Wirklichkeit? Deine Worte klingen wie Engelsworte

an mein Ohr. Wer bist du denn? Sage es mir." —
„Ich bin hier fremd. Ich besitze keinerlei Macht; aber
dennoch bin ich gekommen, dich zu befreien." — „Mich
zu befreien! Mein Himmel! Es giebt Menschen, die
an mich dachten, während ich glaubte, verschollen zu sein
wie eine Sternschnuppe, die verschwunden ist! Es giebt
Leute, die meinetwegen kommen, um mich zu befreien!"

Der Maharadscha faltete die Hände und blickte zum
Himmel empor. In Steinbachs Augen standen Thränen.

„Wir haben an dich gedacht seit Jahren," sagte er.
„Du bist nicht vergessen worden. Ja, es giebt sogar
eine Seele, die Tag und Nacht keine Ruhe fand, weil
sie sich mit dir beschäftigte." — „Wer ist das?" — „Das
werde ich dir später offenbaren." — „So sage mir
wenigstens, wer du bist! Ich frage dich jetzt zum dritten
Male. Du erwähntest vorhin, daß du ein Fremder seist.
Bist du kein Russe?" — „Nein. Ich bin aus einem
anderen Lande, aus dem Heimatlande deines Weibes."
— „Meines Weibes? O Allah! Kennst du sie? Sie
ist ja schon längst tot!" — „Ich habe sie nie gesehen;
aber ich hörte von ihr." — „So kennst du ihren Namen?"
— „Ja."

Da ergriff der Maharadscha mit einer schnellen Bewegung Steinbachs Hand und bat:

„Sei barmherzig! Sage mir ihren Namen! Wenn
ich ihn höre, werde ich glauben, daß ich wirklich jenseits
der Grenze lebte, daß ich der Herrscher eines indischen
Reiches war. Du kannst es dir nicht vorstellen, wie es
in meinem Hirn aussieht! Sage einem Menschen wieder
und immer wieder, daß er wahnsinnig sei, so wird er
verrückt. So habe auch ich nach und nach glauben
müssen, daß ich ein Verbrecher sei und daß man mir
nicht unrecht gethan habe." — „Sie hieß Bertha —"
— „Bertha, Bertha, mein Weib, mein Weib!" rief der
Greis thränenden Auges. — „Und sie war die Tochter
eines deutschen Arztes, der in englischen Diensten stand."
— „Das ist wahr, das ist wahr! Ja, ich bin wirklich

ich! Das Fieber hat mir nicht den Verstand geraubt. Ich habe nicht mich selbst verloren. Ich hatte ein deutsches Weib!" — "Und auch ein Kind hattest du." — "Allah, sei mir barmherzig! Wenn ich an mein Kind denke, so möchte ich vor Schmerz brüllen wie eine Löwin, der man ihr Junges geraubt hat. Eine Tochter hatte ich? Du weißt es? Kennst du ihren Namen?" — "Sie hieß Semawa." — "Semawa, ja, Semawa, das heißt Himmelsblau. Ihre Augen hatten die reine Farbe des Aethers, und ihr Haar glänzte wie Gold. Mein Kind, mein Kind! Wo bist du hin! Verloren, verloren! Gestorben und verdorben! Ich weiß es, ich weiß es, wer sie mir raubte. Er war ein Teufel, dieser Graf! Allah, verdamme ihn in den tiefsten Schlund der Hölle. Kennst du ihn?" — "Graf Polikeff? Ja." — "Herr, du weißt ja alles, alles! Ist dir auch bekannt, wie er nach Nubrida kam, und wie er es anfing, mich zu verderben und sich meines einzigen, herrlichen Kindes zu bemächtigen? Sag', o sag', ist sie wirklich in seine Hände, in seine Krallen geraten?" — "Ja. Er hat sich ihrer bemächtigt, aber Allah hat sie beschützt. Er hat es nicht zugelassen, daß sie von diesem Schurken vernichtet wurde. Sie ward seine Sklavin. Sie mußte ihm folgen auf seinen ruhelosen Wanderungen, als ihn das böse Gewissen von Land zu Land trieb. Aber er durfte sie nicht berühren. Semawa war so rein, so heilig, daß er es nicht wagte, sie auch nur mit der Spitze eines seiner Finger anzutasten."

Da sank der Maharadscha langsam in die Kniee, erhob die gefalteten Hände und rief im Tone des Entzückens:

"Allah, ich danke dir! Vergieb mir, daß ich an dir zweifelte! Und auch dir danke ich, du fremder Mann, für diese Freudenbotschaft, die mir neues Leben verleiht!" — "Danke mir nicht!" antwortete Steinbach, indem er den Greis von der Erde emporzog. "Ich bin ein Selbstsüchtiger, wie du erfahren wirst." — "O, gesegnet, siebenmal gesegnet sei die Selbstsucht, die mir solche Wonne

M. E.

bringt! Ich erfahre, daß mein Kind nicht verdorben ist. Und vielleicht ist es auch noch nicht tot. Vielleicht lebt sie noch, Semawa, der Glanz meiner Augen und das Entzücken meiner Seele! Weißt du, ob sie noch auf

Erden weilt?" — „Sie lebt." — „Sie — lebt! Sie — lebt!"

Der Greis brach in lautes Schluchzen aus, wankte und tastete mit den Händen um sich, um einen Halt zu finden. Steinbach aber schlang den Arm um ihn und hielt den Weinenden fest, der den Kopf auf seine Schulter gelegt hatte.

So standen sie lange, eng verschlungen und still. Auch aus Steinbachs Augen perlten Thränen schwer hernieder. Endlich löste sich der Maharadscha aus der Umschlingung, ergriff Steinbachs Hand und schluchzte:

"Weißt du, welch eine Botschaft du mir da bringst? Eine Botschaft des Lebens, der Erlösung, der Seligkeit! Allah mag meiner vergessen, wenn ich deiner vergessen sollte! Nun aber erlöse mich vollends, indem du mir sagst, was du von meinem Kinde weißt. Semawa lebt. Aber doch bei ihm?" — "Bis vor kurzem, ja. Ihr helles, reines Dasein war an das schmutzige, verderbte Leben dieses Schurken gebunden, weil sie glauben mußte, es hänge ein Damoklesschwert über dir, das dein Haupt spalten werde, sobald sie den Grafen verlasse. Er hielt sie wie eine Gefangene. Niemand durfte zu ihr und sie zu niemandem. Nur wenn es seinen Plänen förderlich war, erlaubte er ihr zuweilen den Verkehr mit einem menschlichen Wesen. Aber sie durfte nicht sprechen. An ihrem Schweigen hing ja doch dein ganzes Leben. Selbst mir hat sie kein Wort mitgeteilt. Ich konnte nichts erfahren, obgleich sie wußte, daß ich mein Leben für sie opfern könne." — "Was sagst du? Sie habe dir nichts mitgeteilt? Hast du sie denn gesehen, mit ihr gesprochen? Und wo war das?" — "In Stambul." — "Allgütiger! Welch eine Botschaft!" — "Ich sollte das mit meinem Leben bezahlen. Der Graf hatte erfahren, daß ich mit ihr geredet hatte. Er schickte Mörder aus. Gott aber beschützte mich. Als ich Semawa dann wiedersehen wollte, war sie verschwunden. Polikeff war mit ihr nach Aegypten gegangen." — "Fandest du sie dort?" — "Ja, aber als ich ankam, war sie bereits fort. Ich folgte damals dem Grafen in die Wüste und traf Nena, den derselbe zum Dank für die ihm geleistete Hülfe als Sklave verkauft hatte. Er erzählte mir alles und gestand mir seine

Schuld. Ich nahm ihn mit nach Europa, wo er mir ein treuer Helfer in meinem Forschen nach dem Grafen wurde, sodaß wir endlich erfuhren, daß derselbe nach Sibirien gereist sei." — „Das war richtig. Er ist da."

Der Maharadscha erzählte nun das Gespräch, das er mit dem Grafen geführt hatte, und fügte dazu die Frage:

„Ist Semawa denn auch hier bei ihm?" — „Bis vor ganz kurzer Zeit. Er hat sie in Platowa zurückgelassen." — „In Platowa? Da muß ich hin, augenblicklich hin zu ihr. Und sollte ich mein Pferd totreiten, ich muß sie sehen."

Der Maharadscha wollte forteilen. Steinbach aber ergriff seinen Arm und hielt ihn zurück.

„Bleib'!" bat er. „Du brauchst nicht hin zu ihr. Sie kommt her. Sie ist bereits unterwegs."

Steinbach hatte sich, während er sprach, umgedreht, um nach dem Eingange des Gartens zu blicken. Dort stand Sam, aber so, daß ihn nur derjenige bemerken konnte, der von seiner Anwesenheit wußte. Da er herblickte, brauchte Steinbach nicht zu rufen, wie es ausgemacht worden war. Ein Wink genügte, worauf Sam sich entfernte, um Nena herbeizubringen. Als dieser kam, wußte er noch nicht, daß er den Maharadscha sehen werde, sondern glaubte, Steinbach habe ihm etwas zu sagen.

Sein Aufenthalt in der Sklaverei war nicht ohne Folgen gewesen. Wer ihn vor Jahren gesehen hatte, der konnte ihn jetzt nicht wieder erkennen. Leiden, Sorgen, Entbehrungen und die Glut der Wüste hatten ihn abgemagert und seine Stirn und Wangen mit unzähligen Furchen bedeckt.

Auch der Maharadscha hatte sich sehr verändert. Er war ein Greis geworden und sah viel älter aus, als er war.

„Herr, du hast mich kommen lassen," sagte Nena, sich an Steinbach wendend. — „Ja. Ich wünsche, daß du und der Mann dort" — Steinbach wies auf den Maharadscha — „euch kennen lernt, da ich überzeugt bin, daß diese Bekanntschaft von großem Nutzen für euch sein wird."

Beide blickten einander an. Sie erkannten sich nicht.

„Wer ist er?" fragte der Maharadscha. — „Hast du ihn noch nicht gesehen?" — „Nie." — „Und du, Nena, kennst du diesen Mann?" — „Nein," antwortete der Inder. „Doch ist es mir, als ob er mir schon einmal begegnet wäre." — „Das ist allerdings der Fall. Es war in deiner Heimat. Der Mann hier ist der Vater Gôkalas."

Da sank Nena auf die Kniee nieder, hielt dem Maharadscha die Hände flehend entgegen und rief:

„Mein Gebieter und Herr, töte mich, aber sage mir, daß du mir verzeihen willst." — „Nena!" schrie der Greis auf, sank auf die Bank nieder und schlug beide Hände vor sein Gesicht.

Der Inder aber rutschte auf den Knieen zu ihm hin und schluchzte mit zitternder Stimme:

„Herr, o Herr! Vergiß, vergiß das Vergangene! Ich will sterben, ich will die Strafe meiner Schuld erleiden, aber sage mir nur das eine Wort, daß ich Gnade finde."

Steinbach schlich sich fort. Die Scene, die nun zwischen Herr und Diener folgen mußte, bedurfte keines Zeugen. Er begab sich in die Stube, wo die anderen im Gespräch beisammen saßen.

„Endlich," empfing ihn Semawa. „Wo warst du so lange Zeit? Hast du nach — nach meinem Vater gesucht?" — „Ja. Ich traf einen Mann, der dir Auskunft über ihn geben kann." — „So komm'! Führe mich hinaus, schnell zu ihm."

Semawa ergriff Steinbachs Arm und entfernte sich mit ihm. Er führte sie nach dem Garten. Bereits von weitem bemerkte er, daß der Maharadscha allein war. Er hatte Nena fortgeschickt. Die Bitte, diesem zu vergeben, war dem Maharadscha viel zu unerwartet gekommen. Er hatte gar nicht geantwortet und nur still und schweigend abgewinkt, so lange, bis Nena sich davongeschlichen hatte.

Jetzt hörte er die beiden Nahenden, blickte auf und sah Semawa an Steinbachs Arm daherkommen.

Der Greis war von der Erscheinung des herrlichen Mädchens wie geblendet, und sein Auge haftete an ihrem schönen, reinen Angesichte. Er erkannte sie nicht, denn sie hatte, als sie voneinander getrennt worden waren, in jugendlichem Alter gestanden, in dem die Züge sich zu verändern beginnen. Doch sah man, daß in seinem Gesicht ein leises Zittern spielte. War es die Aehnlichkeit mit Bertha, seiner einstigen Frau, oder war es die Hoheit, das Lichte, Sonnige ihrer prächtigen Erscheinung, das ihn so ergriff?

Er that einige Schritte auf die beiden zu, während sein Blick wie fasciniert auf dem Gesichte seiner Tochter ruhte. Diese Bewegung geschah nicht beabsichtigt, nicht aus Höflichkeit, sondern infolge eines inneren Dranges, dem er nicht zu widerstehen vermochte.

Auch Semawas Augen erweiterten sich, als sie ihn erblickte. Das leise Rot, das ihre Wangen durchschimmerte, wich. Die Blicke der beiden Menschen hingen aneinander.

„Du bist allein?" fragte Steinbach den Greis. „Ich glaubte, dich zu stören." — „Nein, Nena ist fort. Es ward mir unendlich weh in seiner Nähe. Mein Herz hätte still stehen mögen," antwortete der Gefragte.

Bei dem Klange dieser Stimme lauschte Semawa auf.

„Oskar!" rief sie, den ängstlich fragenden Blick auf Steinbach richtend. „Das ist, das ist —"

Dann ging ein Zittern durch ihren schönen Körper, und sie sank vor dem Greise nieder, schlang die Arme um seine Kniee und brach in ein lautes Schluchzen aus.

Dann hob sie die thränenden Augen zu ihm empor und rief in einem Tone des Entzückens und zugleich des Schmerzes:

„Vater! Mein armer, armer, lieber Vater!" — „Mein Gott! Ist's möglich? Ist's wahr? Semawa!

Allah, Herr des Himmels und der Erde. Ich — ich — ich sterbe."

Der Maharadscha breitete die Arme aus und wankte wie ein Trunkener. Da fuhr seine Tochter empor, umfaßte ihn mit den Armen, um ihn zu halten, und rief:

"Nein, nicht sterben, sondern leben, leben! Sei stark, sonst sterbe ich mit dir."

Sie hielten sich umschlungen und wankten so miteinander zur Bank, auf die sie niederfielen, Laute des Schmerzes und doch auch der höchsten Wonne ausstoßend.

Steinbach, für den sie jetzt kein Auge hatten, schlich sich abermals davon. Das war ein heiliger, erhabener Augenblick, dessen Weihe er durch seine Anwesenheit nicht beeinträchtigen wollte. Er ging nach dem Wohnhause zurück, um Vater und Tochter Zeit zu geben, die hochgehenden Wogen ihrer Gefühle sich beruhigen zu lassen.

In diesem Augenblick war der Hufschlag eines Pferdes zu hören, und als die Anwesenden durch das Fenster blickten, sahen sie den Grafen absteigen. Das Pferd, auf dem er ritt, war nicht das seinige. Wenn man es ihm geborgt hatte, so mußte das bei dem jetzt eingetretenen Pferdemangel zu verwundern sein. Vielleicht hatte es einen wichtigen Grund dazu gegeben. Daß dies wirklich der Fall war, sollte man sogleich erfahren.

Indem der Graf das Tier draußen anband, sagte Steinbach:

"Sam, ich verschwinde hier in das Nebengemach. Er kommt wohl herein und soll mich nicht sofort sehen. Du bist in alles eingeweiht und magst ihn auf dich nehmen. Ich werde alles hören und zur geeigneten Zeit hereintreten. Dann gehst du hinaus, sorgst dafür, daß Jim und Tim hinter der Stubenthür stehen, um ihn nicht hinauszulassen, holst Nena, den Maharadscha und Gökala herbei, und diese treten der Reihe nach, so wie ich sie jetzt genannt habe, herein, wenn ich die Thür öffne."

Nach dieser Anordnung begab sich Steinbach in die

„Mein armer, lieber Vater!" rief Semawa thränenden
Auges. (Seite 561.)

Schlafstube des Bauern, und zwar gerade zur rechten Zeit, denn kaum war er verschwunden, so kam auch der Graf herein.

---

### 41. Kapitel.

„Peter Dobronitsch," sagte Polikeff in seiner verächtlichen, hochmütigen Weise, als er das Wohnzimmer des Bauern betrat. „Wieviel Pferde hast du auf der Weide?" — „Wer bist du, weil du das wissen willst?" — „Bist du denn blind und taub gewesen, daß du das noch nicht weißt? Ich bin Graf Polikeff." — „Selbst wenn du wirklich Graf Polikeff wärest, was ich nach deinem ordinären Auftreten sehr bezweifeln muß, hast du mir nichts zu befehlen. Wenn ein Petersburger Laternenputzer käme, um mir Befehle zu erteilen, wäre es gerade ebenso und genau dasselbe." — „Hund," fuhr der Graf auf. — „Du! Schimpfe nicht!" warnte der Bauer. „So einen Kerl, wie du bist, lasse ich von meinen Knechten durchprügeln, wenn er mich beleidigt. Sage noch ein solches Wort, so rufe ich sie herein."

Der Graf ballte die Hände und trat einen Schritt auf Dobronitsch zu. Da aber dieser seinerseits auch eine drohende Haltung annahm, so besann er sich eines besseren. Er war hier ganz allein, den sämtlichen Bewohnern des Gutes gegenüber. Er hätte also auf alle Fälle den kürzeren gezogen. Darum zwang er sich zur Ruhe. Aber seine Stimme zitterte vor Wut, als er sagte:

„Das sollst du mir entgelten. Du bietest mir, einem hohen Edelmanne, Prügel an. Ich werde dich dafür peitschen lassen. Für jetzt aber fordere ich Gehorsam. Du hast mich auf deine Weide zu führen, damit ich die Pferde zähle und bestimme, welche nach der Stanitza gebracht werden sollen." — „Nichts, gar nichts hast du zu bestimmen. Die Pferde gehören

M. E.

mir. Uebrigens bist du hier fremd und ohne alle Macht. Mich bringst du nicht zum Fürchten." — "Das alles kommt auf dein Konto, das ich dir herunterprügeln lassen werde. Da du behauptest, daß ich hier nichts zu sagen habe, so will ich dir mitteilen, daß ich als Bevollmächtigter des Majors hier stehe, Halunke." — "Schweig'," donnerte Dobronitsch. "Selbst wenn du mit einer solchen Vollmacht versehen wärest, würde sie bei mir nichts fruchten. Ich bin ein freier Bauer, aber kein Grenzkosak und nicht verbunden, Kriegsdienste zu thun und bei mir nach Belieben remontieren und requirieren zu lassen. Die Kosaken erhalten ihr Land und ihre Naturalien geschenkt, wofür sie Militärdienste thun müssen. Ich habe mein Land gekauft und bezahlt und brauche nicht ein Pferd herzugeben. Wer es haben will, der mag es von mir im freien Kaufe erhandeln, und dennoch verkaufe ich keins. Ich brauche sie selbst. Wenn du nichts weiter willst, so sind wir also fertig." — "Nein, wir sind noch nicht fertig. Ich werde sofort nach der Stanitza reiten und dann mit militärischer Hülfe zurückkommen."

Der Graf drehte sich, im höchsten Grade ergrimmt, nach der Thür um. Er wollte gehen. Dort stand aber Sam, der ihn in seinem freundlichsten Tone anredete:

"Warte noch einen Augenblick. Ich möchte genau wissen, wann du von hier wieder abreisen willst. Ich habe nämlich die Absicht, in deiner Gesellschaft von hier fortzureiten." — "Du Lump!"

Der Graf spuckte aus.

"Das ist's ja eben," lachte Sam. "Weil ich ein Lump bin, will ich mit dir. Wir passen zu einander."

Da holte der Graf mit der geballten Hand aus, um Sam zu schlagen. Doch der Dicke hatte augenblicklich sein Messer in der Hand und rief:

"Nimm dich in acht. Dieses Ding ist spitz. Wer mich haut, der wird gestochen. Das ist bei mir so Sitte. Also nimm dich wohl in acht." — "Packe dich fort. Ich will hinaus." — "Bleib' nur noch ein wenig da!

M. E.

Ich habe dich so sehr lieb gewonnen, daß ich nicht von dir lassen kann, und eben darum werden wir bei einander bleiben, wenn du aus dieser schönen Gegend scheidest."
— „Du bist verrückt." — „Mag sein. Und weil die Verrückten die Eigenschaften haben, ihre tollen Ideen festzuhalten, so werde ich auch nicht von der meinigen lassen. Ich bin doch nur deinetwegen hierhergekommen. Ich soll dich nach Platowa bringen." — „Welch ein Gedanke!" — „Nicht wahr, ein brillanter Gedanke! Ich freue mich fürchterlich darauf, wie gut wir uns unterwegs unterhalten werden. Freilich wirst du es auf dieser Reise nicht ganz so bequem haben, wie du es gewohnt bist. Ich muß dir zu meinem Leidwesen die Hände binden und dich auf das Pferd fesseln. Sonst aber soll es dir an gar nichts fehlen."

Der Graf erbleichte. Er hatte durch den einstigen Derwisch von Sam und den beiden Amerikanern genug gehört, um zu wissen, was diese Worte zu bedeuten hatten. Er befand sich allein. Die Kosaken, die ihn bisher begleitet hatten, waren fort. Die einzige Hülfe konnte ihm der Major leisten, und dieser befand sich in der Staniza. Es gab sich gewiß keiner der Bewohner des Hauses her, als Bote diesen Offizier von seiner Lage zu benachrichtigen. Er war also ganz und gar auf sich selbst angewiesen.

Wie sich nun aus dieser Klemme ziehen?

Er glaubte am weitesten zu kommen, wenn er versuchte, dem Dicken möglichst zu imponieren. Er betrachtete ihn also mit einem höchst malitiösen Lächeln vom Kopfe bis zu den Füßen und fragte dabei:

„Kleiner, das klingt ja gerade, als ob ich von dir arretiert werden sollte! Bist du denn Polizist? Mit welchem Rechte willst du eine Arretur vornehmen? Bist du von irgend einer Behörde dazu aufgefordert worden?"
— „Natürlich! Meine Behörde heißt Steinbach."

Obgleich der Graf diese oder doch eine ähnliche Antwort erwartet hatte, fühlte er sich von derselben doch höchst unangenehm berührt und hatte ganz das Gefühl, als ob er eine Schlinge um seinen Hals sich zusammen= ziehen sehe.

„Den kennst du wohl?" fragte Sam. — „Laß mich in Ruhe! Ich kenne keinen Steinbach!" — „Und hast ihn doch in Konstantinopel durch Rurik, deinen Genossen, ermorden lassen wollen!" — „Was faselst du? Laß mich endlich hinaus!" — „Und sodann bei den Sallah=Beduinen hast du ihm auch nach dem Leben getrachtet!" fuhr Sam fort, ohne die Aufforderung des Grafen, ihn gehen zu lassen, zu beachten.

„Was gehen mich deine Beduinen an! Ich habe während meines ganzen Lebens keinen solchen Kerl zu sehen bekommen." — „Auch nicht, als du mit Ibrahim Pascha bei ihnen warst? Besinne dich doch einmal darauf!" — „Lächerlich! Ich habe keine Lust, deine Albernheiten anzuhören. Ich kenne keinen Steinbach!" — „Sonderbar! Schau dich doch einmal um!"

Steinbach war leise eingetreten, ohne daß der Graf, dessen Gesicht gegen die Stubenthür gerichtet war, ihn sehen konnte.

„Alle Teufel!" schrie jetzt Polikeff auf, als er, sich umdrehend, den Feind erblickte. — „Willkommen!" lächelte Steinbach. „Es hat etwas lange gedauert, ehe mein Wunsch, Sie wiederzusehen, in Erfüllung ging. Desto größer aber ist jetzt meine Freude, Sie so unerwartet zu treffen. Was thun Sie denn eigentlich hier in Sibirien?"

Sam hatte sich schnell entfernt. Der Graf stand, wie vom Schreck gelähmt, bewegungslos da.

„Ich — ich — ich reise!" stammelte er. — „Hm! Wo haben Sie denn die junge Dame, die mit Ihnen in Konstantinopel war und Sie dann nach Aegypten be= gleitete?" — „Sie entlief mir in Kairo, und ich hütete mich, nach ihr zu forschen, da ich froh war, sie los zu sein. Seitdem ist sie für mich verschollen." — „Sonder= bar! Als ich zu meiner Freude erfuhr, daß Sie hier seien, war ich überzeugt, daß diese Dame sich in Ihrer

M. E.

Nähe befinde, und nun erfahre ich zu meinem Leidwesen, daß sie ganz und gar verschollen ist. Aber ich lasse mir die Hoffnung, sie doch einmal wiederzufinden, nicht nehmen, auch jetzt nicht, und bitte Sie um die Freundlichkeit, mir zu sagen, wer die Dame eigentlich ist." — "Das wissen Sie doch!"

Bei diesen Worten war das Auge des Grafen scharf forschend auf Steinbach gerichtet.

"Sie leugnen doch nicht, sie in Stambul gesehen und auch gesprochen zu haben?" — "Nein, das leugne ich allerdings nicht. Ich bin gewöhnt, niemals die Unwahrheit zu sagen. Ich erfuhr von ihr nur, daß ihr Vorname Gökala sei. Als ich weiter fragte, bat sie mich, nicht weiter in sie zu dringen, sie befinde sich in ganz eigentümlichen Verhältnissen, von denen sie aus Rücksicht auf einen Verwandten nicht sprechen dürfe." — "Weiter hat sie in Wirklichkeit nichts gesagt?" — "Kein Wort."

Der Graf fühlte sich außerordentlich erleichtert. Er erkannte, daß Steinbach die volle Wahrheit rede, und war überzeugt, daß dieser von Gökalas Anwesenheit in Platowa nichts wisse. Da konnte noch alles ein gutes Ende nehmen. Darum sagte er achselzuckend:

"Gerade so wie Ihnen ist's auch mir ergangen. Ich erfuhr auch nur diesen einen Namen Gökala. Alles andere verschwieg sie mir. Doch sie ist ja nun verschollen. Sprechen wir nicht mehr von ihr!" — "Nun gut, wollen wir in Berücksichtigung Ihres soeben ausgesprochenen Wunsches von etwas anderem reden. Ist Ihnen vielleicht ein Mann bekannt, der Saltikoff hieß?" — "Nein," antwortete der Graf, aus dessen Angesicht bei Steinbachs Frage die Farbe wich. "Ich kenne den Namen Saltikoff gar nicht." — "So erlaube ich mir, Ihrem Gedächtnisse ein wenig zu Hilfe zu kommen. Jener Soltikoff war ein Verbrecher —" — "Ein Verbrecher!" unterbrach ihn der Graf. "Sie meinen also, daß ich mit einem Verbrecher Umgang gepflogen habe?" — "Bisher ist von einem Umgange noch nicht die Rede gewesen. Ich habe nur gefragt, ob Sie ihn kennen. Auch der achtbarste Mann kann in die Lage kommen, einen Verbrecher kennen zu lernen. Da Sie aber selbst das Wort Umgang gebrauchen, so will ich mich desselben ebenfalls bedienen, denn es verlautet allerdings, daß Sie in sehr nahe Berührung oder sogar Beziehung zu ihm getreten seien. Man sagt, daß Sie sich seiner zur Erreichung gewisser Zwecke bedient haben sollen." — „Das ist eine Lüge. Welche Zwecke sollen das sein?" — „Den Maharadscha von Rubrida zu stürzen. Man sagt, daß Sie dafür gesorgt haben, daß der Maharadscha für Saltikoff gehalten wurde. Der Maharadscha wurde während einer Pilgerreise über die Grenze gelockt und für Saltikoff ausgegeben. Und ein Diener von ihm, Nena mit Namen, der Ihr Werkzeug war, beschwor, daß er nicht der Maharadscha sei." — „Das bestreite ich mit aller Kraft!" — „Der Maharadscha ist dann als Zobeljäger Nummer Fünf in die Urwälder geschickt worden, und Sie sollen sich nunmehr seiner Tochter bemächtigt haben, die Semawa hieß, ein Name, der völlig gleichbedeutend ist mit dem arabischen Gökala, und Himmelsblau bedeutet." — „Ein Zufall, eine Verleumdung, mich zu dieser Sache in Beziehung zu bringen!" — „Ich halte es für kaum denkbar, daß jemand sich selbst beleidigt und verleumdet. Sie selbst haben ja davon gesprochen, daß Sie der Schöpfer jenes Gedankens und seiner Ausführung seien." — „Ich? Zu wem?" — „Zu demselben Saltikoff, von dem soeben jetzt zwischen uns die Rede gewesen ist." — „Pah! Das ist eine Erfindung. Wann soll das geschehen sein?" — „Vor einigen Tagen in Platowa." — „Da bin ich allerdings gewesen. Dann müßte aber auch Saltikoff sich dort befunden haben." — „Natürlich! Sie sind doch bei ihm abgestiegen!" — „Ich? Bei ihm? Wo denn?" — „Im Regierungsgebäude." — „Da besuchte ich keinen Saltikoff, sondern den Kreishauptmann Rapnin und dessen Familie." — „Sind Sie mit derselben befreundet?" — „Wenn nicht befreundet, so doch gut bekannt." — „Dann werden Sie jedenfalls wissen, daß dieser Rapnin mit Saltikoff identisch ist." — „Kein Wort!" — „Sie haben es doch zugegeben, gegen Rapnin selbst." — „Eine Lüge! Wer behauptet das?" — „Mein Gewährsmann." — „Etwa der dicke Kerl?" — „Ja. Er hat mir jedes Wort berichtet, das Sie mit Rapnin und dessen Sohn gesprochen haben. Er hat Sie im Keller belauscht. Er steckte hinter den Fässern. Bitte, streiten wir uns nicht länger. Sie kennen also diesen früheren Verbrecher Saltikoff nicht?" — „Nein." — „Auch den Maharadscha nicht?" — „Nein, auch nicht." — „Und ebenso nicht den Inder Nena?" — „Nein, nein und zehnmal nein! Donnerwetter, ich sage es, und da muß es mir geglaubt werden!"

Da öffnete Steinbach die Thür, und Nena trat herein. Er erkannte den Grafen augenblicklich.

„Nun?" fragte Steinbach den Grafen. „Erinnern Sie sich wirklich nicht, diesen Mann bereits einmal gesehen zu haben? Er ist der Inder, von dem ich sprach, Nena."

Der Graf erschrak, und sein Auge haftete mit ungewissem Blicke auf dem Inder. Die Augen des letzteren aber glühten. Er trat auf den Grafen zu und rief:

„Halunke! Du willst mich nicht kennen? Das ist eine großartige Lüge!" — „Oho!" antwortete der Graf. „Was gehst du mich an? Ich habe dich niemals gesehen!" — „Lügner, willst du leugnen, daß du mich in Nubrida kennen lerntest, daß du den Maharadscha und Semawa über die Grenze locktest und auch mich heimlich mitnahmst? Daß du mich dann Jahre lang als Diener mit dir in der Welt herumschlepptest und als Sklaven verkauftest?" — „Das ist die großartigste Lüge, die ich in meinem Leben gehört habe. Du bist ein Schwindler." — „Und du bist ein teuflischer Verbrecher, den Allahs Strafgericht ereilen wird." — „Schweig!" — „Nein. Ich schweige nicht. Ich will sprechen. Ich

M. E.

will es in alle Welt hinausschreien, was du für ein
Satan bist."

Da wandte sich der Graf an Steinbach:

"Wenn Sie keine andere und bessere Unterhaltung
für mich haben, so gehe ich natürlich." Darn eilte er
nach der Thür. — "Halt! Bleiben Sie!" antwortete
jedoch Steinbach. "Ich habe mit Ihnen zu sprechen."

Der Graf warf Steinbach einen Blick zu, als wenn
er ihn mit demselben niederschmettern wolle, und öffnete
die Thür. Draußen standen Jim und Tim.

"Macht Platz!" gebot er. "Wenn ihr etwa meint,
mich halten zu können, so habe ich ein sehr probates
Mittel, euch mir vom Leibe zu schaffen."

Damit zog er den Revolver aus der Tasche.

"Solche Mittel haben wir auch," entgegnete Tim,
und bei diesen Worten glänzten auch dem Grafen zwei
Revolver entgegen, und zu gleicher Zeit schlug Jim ihm
den seinigen aus der Hand.

"Alle Teufel!" schrie Polikeff jetzt auf. "Das sollt
ihr mir entgelten!"

Er wollte sich bücken, um seine Waffe aufzuheben,
aber Tim ergriff ihn beim Kragen, schleuderte ihn in die
Stube zurück und lachte:

"Esel, schrei' nicht so dumm. Du wirst ja doch nur
ausgelacht."

Der Graf war zur Diele niedergestürzt. Doch er
raffte sich schnell wieder auf und wollte Tim erfassen.
Dieser aber schlug ihm die Thür vor der Nase zu und
schob den Riegel vor.

"Donnerwetter!" brüllte da der Graf. "Das wagt
man mir zu thun, mir, dem Grafen Alexei Polikeff!
Ich verlange, hinausgelassen zu werden!" — "Und ich
befehle Ihnen, zu bleiben." — "Sie? Mir? Ein Lump
will einem Graf— —"

Polikeff hielt inne, denn er bekam in demselben
Augenblicke von Steinbach eine solche Ohrfeige, daß er
zu Boden flog.

M. E.

Vor Wut und Schmerz taumelnd, raffte er sich wieder auf und wollte Steinbach packen.

"Bleiben Sie mir fern!" antwortete dieser. — "Er-

würgen, erwürgen will ich dich!" knirschte der Graf, indem er die Fäuste ausstreckte.

Er bekam aber einen Hieb, der ihn bis an die Wand schleuderte, wo er stehen blieb, sich wohl sagend, daß gegen eine solche Körperkraft nicht aufzukommen sei.

M. E.

„Rühre dich nicht, Schurke!" gebot Steinbach. „Ich besitze noch ganz andere Mittel, mir Gehorsam zu verschaffen. Gestehst du ein, daß du Nena kennst, der hier steht?"

Der Graf antwortete nicht. Er blieb still und biß die Zähne zusammen.

„Ich werde dich sprechen lehren!"

Bei diesen Worten zog Steinbach die Knute aus Nenas Gürtel und trat auf den Grafen zu.

„Kennst du ihn?" fragte er abermals. — „Nein," antwortete nun der Gezüchtigte.

Da trat Steinbach an die Thür, klopfte und fragte, während Sam Barth den Maharadscha einließ:

„Kennst du auch den nicht?" — „Donnerwetter!" rief jetzt der Graf. „Laßt mich in Ruhe und hinaus. Was gehen mich die unbekannten Gesichter an! Ich werde mich beschweren, und ihr erhaltet eure Strafe!"

Der Graf flammte Steinbach mit glühenden Augen an. Da trat der Maharadscha auf ihn zu und sagte:

„Graf Polikeff, du willst wirklich behaupten, daß du mich niemals gesehen habest? Du weißt nicht, daß ich der Maharadscha von Rubrida war? Und hast doch vorhin noch mit mir gesprochen!" — „Kein Wort!" — „Lügner!" donnerte der Maharadscha. — „Du selbst bist einer!"

Da schlug ihm der Fürst die Faust in das Gesicht.

„Freches Subjekt! Vorhin hast du mir deine Angebote gemacht, und jetzt leugnest du es mir in das Gesicht!"

Der Graf fuhr mit den Händen nach seinen Wangen. Er zitterte vor Grimm; aber die Uebermacht war gegen ihn. Er mußte sich fügen.

„Ihr seid alle wahnsinnig!" schrie er. „Aber man wird euch schon zu kurieren wissen!" — „Wohl uns, wenn wir wahnsinnig gewesen wären," antwortete der Maharadscha. „Dann hätten wir die Leiden weniger gefühlt, die wir dir zu verdanken haben. Jetzt endlich

M. E.

ist die Stunde der Vergeltung gekommen. Nieder auf die Kniee mit dir!"

Der Graf sah den Sprecher starr an.

"Kniee nieder!" wiederholte der Maharadscha. — "Das könnte mir einfallen! Vor dir niederknieen? Niemals!" — "So schlage ich dich nieder!"

Der Maharadscha erhob die Faust.

"Wage es!" stieß der Graf hervor.

Aber in demselben Augenblicke stürzte er, von der Faust des Maharadscha getroffen, zu Boden.

"Himmel, Donnerw—"

Polikeff kam mit seinem Fluche nicht zu Ende, denn der Maharadscha nahm Steinbach Nenas Knute aus der Hand und schlug damit dermaßen auf den Grafen ein, daß diesem alles Räsonnieren verging.

"Halt auf! Du erschlägst mich ja!" bat er. — "Gut! Aber bleibe knieen!" antwortete der Maharadscha, indem er die Knute fortlegte.

"Und jetzt gestehe es ein! Erkennst du mich?"

Der Graf zögerte mit der Antwort.

Der Maharadscha griff abermals nach der Knute und holte aus, da ergriff Steinbach seinen Arm und sagte:

"Halt ein! Es ist nicht meine Absicht, von ihm auf diese Art ein Geständnis zu erpressen. Will er nicht gestehen, so haben wir genug Mittel, ihn zu überführen."

Und sich an den Grafen wendend, fügte er hinzu:

"Jetzt frage ich Sie noch einmal, wo ist Gökala? Haben Sie sie nicht mit nach Sibirien gebracht?" — "Nein." — "Und Sie haben sie nie gekannt?" — "Bei allen Heiligen schwöre ich es, nein!" — "Nun, dann kennen Sie vielleicht diese hier?"

Steinbach öffnete die Thür, und Semawa trat ein.

Der Graf fuhr von den Knieen empor. Das hatte er nicht erwartet. Er war überzeugt gewesen, daß Semawa sich in Platowa befinde.

"Gökala!" rief er aus.

M. E.

Sie antwortete ihm nicht und blickte ihn nicht einmal an, sondern ging zu Mila und Karpala und setzte sich zu ihnen.

„Nun, Graf," lächelte Steinbach. „Halten Sie Ihr Leugnen vielleicht auch jetzt noch aufrecht? Wollen Sie auch nun noch die Stirn haben, zu behaupten, daß Sie Gökala nicht kennen?" — „Ja, die kenne ich freilich!" — „Also kennen Sie doch auch Semawa." — „Nein." — „Aber beide sind doch eine und dieselbe Person!" — „Davon weiß ich nichts." — „Gökala behauptet, daß Sie es wissen." — „Sie lügt." — „Graf, wagen Sie es um Gotteswillen nicht, noch einmal ein solches Wort auszusprechen! Ich will Sie nicht körperlich züchtigen lassen. Das widerstrebt meinen Gefühlen und Ansichten. Aber wenn Sie Gökala beleidigen, so lasse ich Sie totpeitschen!" — „Das Gesetz würde diesen Mord rächen." — „Ich brauche das Gesetz nicht zu fürchten. Sie befinden sich endlich in meiner Gewalt, und ich werde thun, was mir beliebt und was ich für das Richtige halte. Sie können sich Ihre Lage durch ein Geständnis Ihrer Schuld verbessern. Wollen Sie dasselbe ablegen?" — „Ich habe nichts zu gestehen." — „Gut! Dann beschweren Sie sich aber ja nicht, wenn ich alle Strenge gegen Sie in Anwendung bringe. Sam, komm' herein!"

Der Dicke, der draußen gewartet hatte, erschien sofort.

„Schaffe den Grafen zu dem einstigen Derwisch in die Räucherkammer!" gebot Steinbach. — „Oho!" rief der Graf. „Dagegen protestiere ich. Sie haben kein Recht, mich meiner Freiheit zu berauben!" — „Ich frage den Teufel nach Ihren Ansichten! Ich thue es dennoch!" — „Dann sind Sie ein Räuber, ein —" — „Schweigen Sie, sonst lasse ich Sie durchhauen!" — „So muß ich mich einstweilen fügen; aber ich werde Sie zur Rechenschaft ziehen lassen! Ach, Gott sei Dank! Da kommt unerwartete Hülfe herbei!"

Das Auge des Grafen war durch das Fenster auf

M. E.

den Hof gefallen. Dort sah man den Major, der soeben vom Pferde sprang.

Sam hatte den Grafen beim Arme erfaßt. Der letztere riß sich los und wollte hinaus. Dort aber standen noch Jim und Tim an der Thür.

„Geh' zurück!" rief der erstere. „Ich habe dir schon bewiesen, daß du nicht durchkommst!"

Nun eilte der Graf zurück und an das Fenster, riß dasselbe auf und rief hinaus:

„Major! Herein, herein! Ich brauche Hülfe gegen Räuber, die mich überfallen haben und gefangen fortführen wollen." — „Scherz!" lachte der Major, der sporenklirrend hereingeeilt kam. „Gefangen nehmen lassen wollte er dich?" — „Ja, der Mensch da" — der Graf wies auf Steinbach — „hat mit diesen Kerlen hier ein Komplott gegen mich geschmiedet. Der Verbannte dort will Maharadscha von Nubrida gewesen sein." — „Diese Nummer Fünf? Welch ein Hirngespinnst!" — „Ich soll ihn nach Sibirien gelockt haben." — „Dem Kerl geben wir die Knute." — „Und dieser Mensch hier ist ein Inder, der es bezeugen will." — „Erhält auch die Knute!" — „Das Frauenzimmer dort behauptet gar, die Tochter des Ex-Maharadscha zu sein." — „Die stecken wir ein." — „Und jener Mensch, der sich Steinbach nennt, ist der Anstifter des ganzen Planes." — „Den peitschen wir, daß ihm die Haut in Fetzen vom Leibe hängen soll!" — „Und endlich die beiden langen Kerle, die an der Thür stehen, haben sogar mit Revolvern auf mich schießen wollen!" — „Also Mörder! Wir schließen sie krumm!"

Der Graf hatte auf jede Person, von der er sprach, mit der Hand gezeigt und der Major darauf den Betreffenden angesehen und sodann augenblicklich sein Urteil abgegeben.

„Einer der Hauptkerle ist soeben hinaus gegangen," fuhr der Graf fort. „Er wird aber, wie ich hoffe, bald zurückkommen." — „So wird auch er seiner Strafe nicht entgehen. Ueberhaupt das ganze Volk, das sich hier befindet, ist arretiert. Gehe schnell hinaus; reite nach der Stanitza und hole meine Kosaken. Ich werde hierbleiben, damit keiner entkommt."

Nichts kam dem Grafen gelegener als dieser Befehl. Er war natürlich ganz und gar überzeugt, daß der Major hier eine schlechte Rolle spielen werde; doch es war ihm darum zu thun, hinauszukommen. Darum wandte er sich jetzt schnell der Thür zu. Aber da traf er auf Widerstand.

„Halt!" rief ihm nämlich Jim entgegen. „Du weißt ja, daß du nicht fort darfst!" — „Hast du nicht gehört, was der Major befahl?" — „Der hat nichts zu befehlen." — „Hörst du es?" fragte der Graf, sich zurück zu dem Major wendend.

Dieser letztere trat nun zornig auf Jim zu und rief im drohendsten Tone:

„Was? Was hast du jetzt gesagt? Hund! Weißt du, daß ich dich peitschen lassen werde, bis das Blut dir in die Stiefel läuft?" — „Schön! Soll mir Spaß machen!" — „Jetzt läßt du den Grafen hinaus! Ich gebiete es!" — „Geht mich nichts an! Hier hat ein ganz anderer zu befehlen. Der dort."

Jim deutete auf Steinbach. Nun trat der Major auf diesen zu und sagte:

„Mensch, du also bist der Anführer?" — „Wie du hörst," lächelte Steinbach. — „Ich befehle dir, sofort die beiden Kerle von der Thür fortzunehmen." — „Das kann ich nicht thun. Sie sind dorthin postiert, um den Grafen an der Flucht zu verhindern. Ich habe ihn arretiert, weil er sich gegen die Ge — —"

Steinbach konnte nicht weiter sprechen, weil er durch einen Ausruf des Majors unterbrochen wurde.

„Nummer Zehn!" rief dieser voll grenzenloser Verwunderung, denn in diesem Moment hatte Sam zusammen mit Boroda und dem Kosaken Nummer Zehn das Zimmer betreten. — „Nummer Zehn," entgegnete Georg von Adlerhorst ruhig und ohne Zeichen von Angst „das war ich!" — „Das warst du? Hund, das bist du noch! Oder denkst du etwa, daß ich dich nicht kenne? Du bist in eine Falle geraten, aus der du nicht wieder entkommen wirst. Du wirst als Deserteur erschossen." — „Aber nicht sogleich!" lächelte Georg. — „Sofort! Ich werde ein Kriegsgericht zusammentreten und dich verurteilen lassen." — „So! Da mögen dann die Herren bedenken, daß ich nicht eingefangen worden bin. Ich bin hierher geholt worden?" — „Von wem?" — „Von diesem da."

Georg deutete auf Sam.

„Aus welchem Grunde denn?" — „Es wurde mir befohlen," antwortete Sam. — „Von wem?" — „Von Steinbach dort." — „Der hat dir gar nichts zu befehlen, ganz und gar nichts. Wer ist denn der andere Kerl?" — „Mein Neffe. Steinbach hat befohlen, daß er kommen soll." — „Donnerwetter!" schrie der Major. „Steinbach und immer wieder dieser Steinbach! Ihn soll der Teufel holen! Ich wiederhole, daß er hier gar nichts zu befehlen hat! Woher bringst du diesen deinen Neffen?" — „Aus dem Walde."

Das Gesicht, das Sam während dieses Verhöres machte, läßt sich gar nicht beschreiben. Es war so dumm und doch so pfiffig, so albern und doch so listig überlegen!

„Und wie heißt dieser Kerl?" — „Alexius Boroda."

Sam sprach diesen Namen im gleichgültigsten Tone aus. Der Major aber fuhr um mehrere Schritte zurück.

„Ist's wahr?" schrie er. — „Natürlich! Ich bin sein Oheim und muß ihn also kennen." — „Und das sagst du mir in solcher Ruhe?" — „Warum nicht? Soll ich etwa dabei mit den Beinen strampeln?" — „Aber kennst du auch die Folgen? Wir suchen den Kerl! Wir brennen Fanale und Feuerzeichen an! Wir alarmieren die ganze Grenze, um den Kerl zu erwischen! Und da kommt er in aller Gemütlichkeit hier herein! Ist das menschenmöglich! Ein Deserteur, Nummer Zehn, und ein Aufrührer, Alexius Boroda! Welch ein Fang!

M. E.

Ah, man wird mit dem ganzen Volke hier, mit euch allen sehr kurzen Prozeß machen. Ihr werdet alle sterben müssen, alle, alle!"

Der Major drehte sich im Kreise um und warf einem jeden einzelnen einen triumphierenden Blick zu. Da sein Auge zuletzt auf Steinbach haften blieb, so meinte dieser:

"Hoffentlich aber stellt man mit uns ein ordentliches Verhör an, bevor man uns alle enthauptet!" — "Verhör? Ist gar nicht notwendig. Das Verhör habe ja soeben ich hier abgehalten. Eure Schuld ist erwiesen, und nun wird euch der Prozeß gemacht." — "Und wie lautet das Urteil?" — "Tod durch Kugel und Blei und auf dem Schafott durch den Henker." — "Wird man uns vielleicht vorher erlauben, zu appellieren?" — "Fällt niemandem ein!"

Der Major merkte gar nicht, daß Steinbach nur ironisch zu ihm sprach. Jetzt aber machte der letztere ein ernsthafteres Gesicht und sagte:

"Darein würde sich wohl niemand fügen!" — "Willst du dich etwa wehren? Das wage nicht. Ich würde dich hier mit meiner Knute eines Besseren belehren!" — "Du? Pah! Von dir kann man gar nichts lernen!" — "Hund! Schweig'! Sonst haue ich dich lahm!"

Der Major zog die Knute.

"Pah! Du wärest der letzte, von dem ich mich schlagen ließe. Ein Offizier, der sich von einem einfachen Zobeljäger so an der Nase herumführen läßt wie du, von dem ist nichts zu lernen!" — "Kerl, das soll dein letztes Wort sein!"

Der Major holte aus. Aber Steinbach griff schnell zu und hielt ihm die Peitsche fest.

"Du!" warnte er. "Du hast hier nicht zu schlagen!" — "Nicht? Kerl, ich knute dich, mag hier stehen, wer nur immer will!" — "Wenn es nun ein Vorgesetzter von dir wäre?" — "Da haue ich dich erst recht! Der kann mir den Rücken hinauf kriechen. Ich fürchte mich vor dem Teufel nicht." — "Also auch vor dem nicht?"

Steinbach warf schnell und gewandt den Oberrock ab und stand nun da in der Uniform eines General=
leutnants der russischen Gardekavallerie.

Der Major bewegte sich nicht. Er war ganz steif vor Schreck.

„Nun?" fragte Steinbach.

Der Major stieß einige Laute aus, deren Sinn nicht einmal erraten werden konnte.

„So knute doch!" — „Herr!" stammelte er. „Ver=
zeihung! Verzeihung! Excellenz!" — „Verzeihung? Davon wollen wir später sprechen. Ihre militärischen Eigen=
schaften gehen mich einstweilen nichts an; aber daß Sie sich von einem Schwindler und Verbrecher bethören lassen, das ist eigentlich unverzeihlich." — „Schwindler?" fragte der Major kleinlaut. „Verbrecher? Wer sollte das sein?" — „Dieser Kerl hier, der Graf."

Der Major blickte ganz ratlos von einem zum andern. Der Graf aber war im wahrhaften Sinne des Wortes kreideweiß geworden. Es flimmerte ihm vor den Augen.

„Ein Verbrecher!" wiederholte der Offizier. „Un=
glaublich! Aber wenn du es sagst, Excellenz, so ist es wahr." — „Natürlich ist es wahr. Du hast seit gestern einige Dummheiten gemacht, die dir nur schwer vergeben werden können." — „Excellenz, ich hoffe, daß du nach=
sichtig sein wirst!" — „Wollen sehen. Vielleicht bin ich bereit, von den Vorkommnissen dieser Tage nichts gesehen und gehört zu haben." — „Ich danke dir! Die Haupt=
sache ist uns ja gelungen. Wir haben die Kerle." — „Wir werden aber beide wieder hergeben müssen, mein lieber Major. Weil sie begnadigt werden." — „Von wem?" — „Vom Kaiser natürlich." — „O, das dauert lange!" — „Nein. Das dauert fünf Minuten. Der Kaiser hat mir einige Blankos gegeben, die ich nur aus=
zufüllen brauche."

Das riß den Major fast auf die Kniee nieder.

„Blankos? Herr! Excellenz! Bist du ein Groß=

Steinbach stand nun da in der **Uniform eines** Generalleutnants der russischen Gardekavallerie. (Seite 580.)

M. E.

fürst?" — "Nein," lächelte Steinbach. — "Ein regierender Ausländer? Oder irgend ein Thronfolger? So etwas mußt du sein, denn sonst hättest du keine Blankos erhalten. Du mußt gekommen sein in einer sehr wichtigen Angelegenheit, vielleicht einer hochwichtigen Untersuchung wegen." — "Das hast du ganz richtig geraten. Du sollst gleich sehen, welche wichtige Untersuchung und Angelegenheit es ist. Vorher aber wollen wir Kleineres ordnen."

Steinbach setzte sich in seiner brillanten, goldblitzenden Uniform an den Tisch und zog eine wohlgefüllte Brieftasche heraus. Der Bauer mußte ihm Tinte und Feder bringen, worauf er zwei große, bereits unterzeichnete und mit dem kaiserlichen Siegel versehene Formulare herausnahm, sie auseinander faltete und auszufüllen begann. Als er fertig war, sagte er laut, sodaß alle es hören konnten:

"Zunächst habe ich dir, Major, als hiesigem Oberstkommandierenden mitzuteilen, daß Seine Majestät geruht hat, den ehemaligen Hauptmann Georg von Adlerhorst, der als Nummer Zehn hier vor dir steht, als unschuldig zu befinden. Aus diesem Grunde soll er augenblicklich entlassen und mit den nötigen, reichlichen Mitteln versehen werden, um standesgemäß die Heimreise antreten zu können. Er wird als Oberstleutnant verabschiedet und pensioniert werden, wobei ihm das auf die Jahre seines hiesigen Aufenthaltes rückständige Gehalt dieser hohen, militärischen Charge ausgezahlt wird. Hier ist der kaiserliche Ukas."

Steinbach gab dem Major das Schriftstück hin. Dieser las es durch, machte ein Zeichen demütigen Erstaunens und gab es dann dem einstigen Kosaken Nummer Zehn.

"Hier hast du den kaiserlichen Befehl," sagte er. "Du bist von diesem Augenblicke an ein freier Mann."

Georg von Adlerhorst überflog mit leuchtenden Augen die Zeilen, drückte das Dokument voller Wonne an sein Herz und stürzte auf Steinbach zu, um demselben zu danken.

M. E.

„Lassen Sie, lieber Freund!" sagte dieser jedoch abwehrend. „Sprechen wir später davon."

Da kam Karpala herbeigeeilt.

„Ist's wahr? Ist's wahr?" rief sie voller Entzücken. „Du bist frei, ganz frei? Welch ein Glück! Nun brauchst du wohl auch nicht von hier zu entfliehen?" — „Nein. Das habe ich nun nicht notwendig." — „Kannst offen und ohne Scheu hierbleiben?" — „Hierbleiben oder abreisen," nickte er ihr zu. „Ganz wie es mir beliebt. Ich bin nicht mehr vogelfrei." — „Nicht abreisen! Du mußt bei uns bleiben!"

Steinbach ahnte, daß eine Weiterführung dieses Gespräches zu augenblicklichen Differenzen führen werde. Darum unterbrach er dasselbe:

„Davon wollen wir später sprechen. Jetzt habe ich hier den zweiten Ukas und bitte, von dem Inhalte desselben Notiz zu nehmen."

Damit gab er das Dokument dem Major. Dieser las es aufmerksam durch und verkündete:

„Der geborene Deutsche und später naturalisierte russische Unterthan Karl Boroda, der zu lebenslänglicher Deportation verurteilt wurde, ist sofort frei zu lassen und mit den nötigen Mitteln zu versehen, um in die Heimat gelangen zu können. Sein konfisciertes Besitztum ist ihm dort zurückzuerstatten samt den Zinsen, die es getragen hätte, wenn die Nutznießung ihm verblieben wäre. Diese Zinsen sind bis auf acht Prozent auf das Jahr zu berechnen. Sollte dieser Karl Boroda einen Fluchtversuch unternommen haben, so ist ihm und allen Personen, die ihm dabei halfen, die darauf ruhende Strafe zu erlassen und alles, was sich dabei begeben haben könnte, als völlig ungeschehen zu betrachten."

Ein lauter Freudenruf erscholl. Boroda hatte ihn ausgestoßen. Der Major gab ihm das Papier.

„Mann, du hast Glück!" sagte er. „Nicht nur ist dein Vater begnadigt, sondern du selbst entgehst der Strafe. Danke es dem großen Zaren!" — „Dem

Zaren? Nein, nicht ihm, sondern diesem Herrn da habe ich zu danken, keinem anderen."

Er eilte auf Steinbach zu.

"Lassen Sie das!" wehrte dieser auch jetzt wieder ab. "Es freut mich herzlich, den Verwandten meines braven Sam Barth diesen kleinen Dienst erweisen zu können."

Da geschah dasselbe, was vorher bei Georg von Adlerhorst geschehen war: auch Boroda wurde von weichen Armen umschlungen. Mila konnte dem freudigen Drange ihres Herzens nicht widerstehen. Sie kam zu dem Geliebten, umfaßte ihn und rief:

"Alexius, du bist frei! Welch eine große Ueberraschung! Nun brauchst du dich mit deinen Eltern nicht mehr zu verstecken. Du kannst nun offen bei uns bleiben und brauchst nicht heimlich nach Deutschland zu entfliehen." — "Ja, aber nach Deutschland gehe ich doch!" — "Wirklich? Willst du nicht in Rußland bleiben?" — "Nein. Ich habe hier zu viele schlimme Erfahrungen gemacht. Nun aber will ich vor allen Dingen zu den Eltern, um ihnen die Freudenbotschaft zu bringen."

Boroda schob den Major beiseite und huschte zur Thür hinaus, dieselbe von draußen schnell verschließend.

"Alle Teufel!" rief da der Offizier, der vergeblich an der Klinke herumdrückte. "Da bin ich nun als Gefangener eingeschlossen!" — "Wir ebenso," meinte Steinbach lächelnd. "Sie sehen, daß mit Boroda nicht zu spaßen ist. Lassen Sie ihn laufen! Es hat ja nun kein Interesse mehr für uns, zu wissen, wo seine Eltern versteckt sind. Wir haben jetzt noch Notwendigeres zu thun."

Steinbach ging zur Thür, klopfte, und als diese von Jim geöffnet wurde, befahl er, den einstigen Derwisch herein zu bringen, und wandte sich an Georg:

"Herr von Adlerhorst, Sie werden jetzt einen Mann zu sehen bekommen, bezüglich dessen es mir von großem Interesse ist, zu erfahren, ob Sie ihn erkennen. Sehen Sie sich ihn einmal recht genau an!"

M. E.

Als jetzt der frühere Kammerdiener der Familie Adlerhorst gebracht wurde und die Anwesenden erblickte, erschrak er zusehends. Sie machten alle so feierliche, ernste Gesichter. Es war klar, daß hier etwas für ihn Unheimliches im Anzuge war.

Jim und Tim traten mit ein. Diese beiden und Sam stellten sich so, daß es ihm eine Unmöglichkeit war, durch die Thür zu entkommen.

„Ich habe dich zu fragen, ob du noch immer dabei bleibst, der Kaufmann Peter Lomonow aus Orenburg zu sein?" begann Steinbach, sich im strengsten Tone zu dem Derwisch wendend. Der Umstand, daß der Sprecher die Uniform eines der höchsten Offiziere trug, vermehrte die Bangigkeit des Verbrechers. Dennoch antwortete er leugnend:

„Ich bin Lomonow." — „Warst du in Amerika?" — „Nein." — „Auch nicht in Konstantinopel und Tunis?" — „Auch nicht." — „Und hast du dich nicht vorher im Dienste einer deutschen Familie befunden?" — „Nein." — „Lüge, das ist Lüge!" rief da Georg von Adlerhorst. „Es sind seit jener Zeit zwar viele Jahre vergangen, aber ich kenne ihn doch gleich wieder. Er ist Florin, unser früherer Kammerdiener, ein geborener Franzose. Sein Gesicht ist gar nicht zu vergessen, wenn man es einmal gesehen hat."

Florin erschrak, als er diese Worte hörte. Er starrte den Sprecher an, und es war zu bemerken, daß er ihn erkannte. Natürlich aber hütete er sich, dies durch irgend ein Wort zu verraten.

„Nun," fragte ihn Steinbach, „was sagst du dazu?" — „Der Mann täuscht sich," antwortete er. „Ich habe den Namen einer Familie Adlerhorst noch nie gehört." — „Aber in Deutschland warst du?" fragte ihn Steinbach, indem er eine unbefangene Miene zeigte. — „Auch nicht." — „Sonderbar! Du leugnest alles ab. Und doch bin auch ich selbst Zeuge gegen dich. Ich kenne dich, Du hast mich mehrere Male gesehen. Du warst in Amerika und nanntest dich dort Bill Newton."

Florin, der sein Heil in strengem Leugnen suchte, antwortete mit verbissenem Ingrimm:

"Deine Behauptung ist eine große Lüge!" — "Höre, so darfst du mir freilich nicht kommen. Wenn du es noch einmal wagen solltest, mich auf diese Art und Weise zu beleidigen, so lasse ich dich peitschen. Merke dir das! Befandest du dich nicht mit zwei sehr hübschen Burschen, die Walker und Leflor hießen, drüben in Mexiko? Gingt ihr nicht nach dem Thale des Todes, aus dem es dir leider gelang, zu entweichen?" — "Davon weiß ich kein Wort." — "Und vorher, befandest du dich da nicht in Konstantinopel, wo du den Pascha Ibrahim kanntest?" — "Ich habe ihn nie gesehen."

Bisher war die Unterredung in russischer Sprache geführt worden. Jetzt aber fragte Steinbach plötzlich in deutscher Sprache:

"Hast du nicht dort zwei Fremde gesehen, die Freunde waren und Wallert und Normann hießen?"

Diese Frage war der vorhergehenden Antwort so schnell gefolgt und in einem so gleichgültigen Tone gesprochen, daß es Florin gar nicht auffiel, daß Steinbach plötzlich deutsch sprach. Er antwortete in derselben Sprache:

"Ich habe mich dort nie um Fremde gekümmert." — "Sie waren Deutsche!" — "Das ist mir sehr gleichgültig." — "Schön! Aber dieselbe Gleichgültigkeit hat dich in die Falle geführt, die ich dir gestellt habe. Erst leugnest du, in Konstantinopel gewesen zu sein. Dann sagst du, daß du dich dort nie um Fremde gekümmert habest. Wenn du von ,dort' sprichst, mußt du doch dort gewesen sein; das ist sehr einleuchtend." — "Ich habe mich eines falschen Ausdruckes bedient." — "So! Alsdann leugnetest du, in Deutschland gewesen zu sein, und jetzt sprichst du ein recht fließendes Deutsch." — "Das habe ich im Auslande gelernt. Ich lernte es von einem geborenen Deutschen." — "Ausrede! Auf

diese Weise entkommst du mir freilich nicht. Hier be=
finden sich fünf Zeugen, die dich entweder in Amerika
oder der Türkei gesehen haben und es beschwören werden,
daß du Florin, Bill Newton und der Derwisch Osman
warst. Außerdem hat dich Graf Polikeff auch gekannt.
Er wird das jetzt zwar leugnen, aber es giebt Mittel,
ihn zum Sprechen zu bringen. Du bist angeklagt, in
Verbindung mit Ibrahim Pascha ein entsetzliches Ver=
brechen an der Familie Adlerhorst begangen zu haben."
— „Dagegen protestiere ich!" — „Das hilft dir gar
nichts. Es ist an Rußland, wo du dich jetzt befindest,
das Ersuchen gegangen, dich auszuliefern, die Behörde
wird dem Wunsche entsprechen, und du wirst als mein
Gefangener mit mir reisen."

Florin erschrak. Doch nahm er sich zusammen.

„Ich erkläre, daß man mich vergewaltigt. Ich kann
nur durch die Polizei arretiert werden!" — „Die Polizei,
das bin ich. Wir befinden uns hier im Grenzbezirk, in
dem selbst die Civilverhältnisse der Militärbehörde unter=
stehen. Und übrigens ist es mir sehr gleichgültig, was
du denkst und sagst. Ich handle nach meinem Ermessen."

Florin warf einen wilden Blick umher.

„So bin ich also dein Gefangener?" fragte er.
„Lieber tot!"

Blitzschnell wandte er sich nach der Thür und
holte mit beiden Fäusten aus, um Sam, Jim und Tim
von derselben fortzustoßen. Aber der kleine Dicke war
ebenso schnell wie er. Er bückte sich, sodaß der gegen
ihn gerichtete Hieb daneben ging, und rannte ihm die
beiden Fäuste so gegen den Leib, daß Florin wie ein
Klotz zu Boden krachte.

„Recht so!" sagte Steinbach. „Bindet ihn!"

Dieser Befehl war in wenigen Augenblicken voll=
zogen. Florin schäumte vor Wut. Er stieß eine Flut
von Verwünschungen aus, was aber gar nicht verhinderte,
daß er nach einer Ecke geschleift wurde, wo ihm Jim
noch einige derbe Fußtritte versetzte.

M. E.

Jetzt kehrte Boroda zurück. Er brachte seine Eltern mit. Natürlich hatte er denselben bereits mitgeteilt, daß sie begnadigt seien und wem sie es zu verdanken hatten.

Darum wandten sie sich sofort an Steinbach, um ihm zu danken. Dieser aber wehrte wiederum ab.

Der Graf hatte bisher als stiller Zeuge dagestanden, regungslos an die Wand gelehnt. Sein Auge war mit haßerfülltem Blicke auf Steinbach gerichtet. Es tobte und stürmte in seinem Inneren. Er erkannte, daß ihm das Leugnen nichts helfen könne. Alles war verraten. Steinbach wußte alles, und es waren Zeugen vorhanden, gegen deren Aussage die seinige nichts gelten konnte.

Es gab nur eins für ihn: die Flucht, die schleunigste Flucht. Er mußte fort, mußte die Weiten Sibiriens auf schnellen Rossen durchjagen, mußte nach dem eigentlichen Rußland, wo seine Güter lagen, dort eiligst so viel Geld wie möglich zusammenraffen und damit in ein Land gehen, in dem er nicht gefunden werden konnte.

Die Hauptsache war, jetzt zu entkommen. Draußen standen zwei gesattelte Pferde, deren er und der Major sich bedient hatten. Hinaus, in den Sattel und fort!

Dieser Gedanke erregte seine Nerven und spannte seine Muskeln zur größten Anstrengung. Er sah, daß die allgemeine Aufmerksamkeit jetzt auf den gefesselten Florin und auf Borodas Eltern gerichtet war. Ihn selbst schien man weniger zu beachten. Dieser Augenblick war für sein Vorhaben günstig. Jetzt oder nie mußte er die Flucht versuchen.

Noch einen Blick warf er im Kreise umher. Kein Auge ruhte auf ihm. Er wagte es. Den Revolver aus der Tasche ziehend, that er einen Sprung nach der Thür.

Aber er hatte sich getäuscht. Er kannte Steinbach noch nicht. Dieser hatte ihn, trotz seiner scheinbaren Gleichgültigkeit, doch nicht aus dem Auge gelassen. Mit einer gedankenschnellen Bewegung sprang Steinbach hinzu und faßte den Grafen am linken Arme.

„Halt!" rief er. „Sie bleiben!" — „Laß los!" schrie der Graf. „Sonst — —!"

Er richtete den Revolver auf Steinbachs Brust und drückte ab. Steinbach aber schlug ihm noch im richtigen Moment die Waffe aus der Faust. Der Schuß ging zwar los, doch fuhr die Kugel in den Boden.

Nun schleuderte Steinbach den Grafen dahin, wo Jim, Tim und Sam standen. Diese nahmen ihn sofort in Empfang, und während die beiden ersteren ihn mit ihren Armen umschlangen, sodaß er sich nicht bewegen konnte, zog der Dicke einige Riemen aus der Tasche, mit denen er den Grafen an Händen und Füßen band.

Der Gefesselte wurde dann auf einen Stuhl gesetzt. Die Flucht war mißlungen. Er sah die Augen aller auf sich ruhen und schloß die seinigen. Was er fühlte, das war gar nicht zu beschreiben.

Haß, Wut und Scham rangen miteinander in seinem Inneren um die Oberhand. Es hatte ihn eine Aufregung ergriffen, die sich nicht nur seines Geistes, sondern auch seines Körpers bemächtigte. Er zitterte an allen Gliedern. Seine Brust wogte heftig, und sein Atem drang hörbar, fast pfeifend aus seinem Munde.

Semawa war auf Steinbach zugeeilt.

„Um Gotteswillen! Bist du verwundet?" fragte sie voller Angst. — „Nein. Die Kugel ging fehl. Sei ruhig, meine Seele! Ich befinde mich ganz wohl, so wohl, daß ich in meinen Eröffnungen fortfahren kann."

Er zog ein Papier aus der Brieftasche und reichte dasselbe dem Major.

„Sie sind hier Kommandierender," sagte er zu ihm, „Ihnen muß ich also diesen Verhaftbefehl vorzeigen."

Der Offizier nahm den Zettel und las:

„Dem Vorzeiger dieses steht es zu, den Grafen Alexei von Polikeff zu verhaften, wo und wie er ihn nur immer findet. Seinen Anordnungen ist von allen Behörden Folge zu leisten, gerade als ob ich selbst mich an seiner Stelle befände."

Unterzeichnet war der Justizminister.

„Ah, welch eine Machtvollkommenheit!" sagte der Major verwundert. „So etwas habe ich freilich noch nicht erlebt."

Unterdessen hatte Steinbach von dem Tische, an dem er vorhin geschrieben hatte, ein weiteres Dokument genommen und es dem Offizier übergeben.

M. E.

"Abermals vom Kaiser selbst unterzeichnet!" rief dieser erstaunt, als sein Blick auf die Unterschrift fiel.

"Bitte, lesen Sie laut vor!"

Der Inhalt lautete:

"Der zu ewiger Verbannung in die Zobelwälder verurteilte Inhaftat Nummer Fünf soll, sobald es sich herausstellt, daß er der Maharadscha Banda von Nubrida ist, sofort entlassen werden. Es ist seine Reise nach Petersburg an den kaiserlichen Hof zu verfügen, wobei ihm alle Ehren zu erweisen sind, und dafür zu sorgen ist, daß die Reise mit der Bequemlichkeit geschieht, die seinem hohen Stande angemessen ist.

"Die Untersuchung wird ergeben, auf welche Weise ein so außerordentlicher Fall sich ereignen konnte. Doch hat bereits jetzt die Vorherbestimmung in Kraft zu treten, daß ihm für jedes Jahr seiner Verbannung ein Lak Rupien auszuzahlen sind, welche Summe der Graf Polikeff zu tragen hat. Aus diesem Grunde sind die Güter des letzteren augenblicklich mit Beschlag zu belegen."

Ein Lak Rupien ist indisches Geld und heißt so viel wie hunderttausend Rupien oder hundertneunzigtausend Mark.

Diese Verfügung rief natürlich ein ganz außerordentliches Aufsehen hervor.

"Vater, mein Vater! Du bist frei!" rief Semawa, indem sie sich an die Brust des indischen Fürsten warf.

Auch die anderen eilten auf diesen zu, um ihm zu gratulieren. Er aber winkte sie von sich ab. Er war ganz sprachlos vor freudiger Ueberraschung und mußte sich niedersetzen.

Die Scene, die es nun gab, war gar nicht zu beschreiben. Die Personen, denen nach so langen Leiden die goldene Freiheit wieder winkte, konnten sich vor Freude gar nicht fassen. Das war ein Jubilieren und

Jauchzen! Natürlich flossen alle von Dankesworten gegen Steinbach über.

Und der Graf und Florin mußten Zeuge dieses Jubels sein! Das war nicht die geringste Strafe, die sie traf. Besonders dem Grafen war es, als ob er vor Wut wahnsinnig werden müsse.

Als sich endlich die freudige Aufregung etwas gelegt hatte, sagte der Major, der ein echt russisches, gutes Herz besaß:

„Ich freue mich mit euch allen, obgleich der schlimmste davon auf mich gefallen ist. Mir sind die Flüchtlinge mit allem entwischt, was sie mitgenommen haben. Ich werde mich wohl kaum verantworten können. Ich muß ihnen nach und hoffe, daß du mir deine Pferde dazu giebst."

Diese Worte waren an Peter Dobronitsch gerichtet.

Da nahm Steinbach an Stelle des Bauern das Wort und erwiderte:

„Auf die Pferde meines Wirtes werden Sie verzichten müssen. Uebrigens, wenn die Flüchtigen entkommen, so geht die Welt nicht deshalb unter. Ich werde schauen, ob es mir möglich ist, dieser Angelegenheit eine solche Wendung zu geben, daß Sie keine Unannehmlichkeiten davon haben." — „Excellenz, dann bin ich beruhigt. Nach allem, was ich hier gesehen, gehört und erfahren habe, sind Sie der Mann, der sein Wort zu halten vermag. Mir fällt ein Stein vom Herzen!" — „Wenn er fällt, so lassen Sie ihn getrost liegen. Es verlohnt sich nicht, ihn wieder aufzuheben. Sie sehen, wie glücklich wir uns alle fühlen, und da wünsche ich, daß auch Sie zufrieden sind. Schauen Sie nur diese beiden an! Sehen sie nicht aus, als ob sie sich bereits im Himmel befänden?"

Er deutete auf Boroda und Mila, die sich umschlungen hielten. Sie waren allerdings glücklich, da der Bauer ihnen inzwischen ganz ungefragt sein Jawort er-

M. E.

teilt und zugleich auch verkündet hatte, daß er mit nach Deutschland ziehen wolle.

Seine Frau, die gute Maria Petrowna, war darüber so freudig überrascht, daß sie ihn jetzt beim Kopfe nahm, um ihn recht herzhaft abzuküssen.

„Ja, die können glücklich sein!" antwortete der Major. „Bei mir aber steht es anders." — „Nehmen Sie nur an ihrem Glücke teil, bleiben Sie da und senden Sie einen Boten nach der Stanitza, damit man weiß, wo Sie sind. Peter Dobronitsch, bist du einverstanden, daß die Verlobung gefeiert wird?" — „Ja. Meinetwegen gleich die Hochzeit! Nun soll mein Wein, den ich noch habe, zu Ehren kommen, und ich lasse einen ganzen Ochsen braten. Den Befehl dazu werde ich sofort erteilen."

Jetzt erlangte alles ein sehr festliches Gepräge. Und während der Graf und Florin in die Räucherkammer geschafft und dort eingeschlossen wurden, brannte man draußen vor dem Hause ein großes Feuer an, an dem der Ochse nach tungusischer Weise gebraten werden sollte.

Bula, der Fürst, rief seine Leute herbei und opferte ihnen auch ein ganzes Rind und mehrere Schafe. Bald erfüllte der Bratenduft die ganze Gegend, und wo es vor kurzem so kriegerisch ausgesehen hatte, da saßen jetzt die Menschen glücklich und in Frieden bei einander.

Da gab es zu fragen und zu antworten, zu erzählen und zu berichten.

Vor allem war es Steinbach, auf den die allgemeine Aufmerksamkeit gerichtet war. Das Geheimnis, das seine hohe, imposante Person umgab, verdoppelte die Ehrerbietung, die man ihm widmete.

Er bemerkte das gar wohl und bemühte sich, so viel als möglich, das allgemeine Interesse von sich abzulenken. Aus diesem Grunde vertauschte er die Uniform mit einem gewöhnlichen Anzuge und zog sich in den Garten zurück, um über das Geschehene nachzudenken.

## 42. Kapitel.

Steinbach sollte nicht lange allein auf der Bank sitzen, an der vorhin die Erkennungsscene zwischen Semawa und ihrem Vater stattgefunden hatte.

Das herrliche Mädchen hatte ihre Zeit bis jetzt natürlich ihrem Vater gewidmet. Nun aber dachte sie auch an den Geliebten. Als sie ihn nirgends erblickte, begab sie sich nach dem Garten. Ihr Herz sagte ihr, daß er ganz gewiß an dem Orte zu finden sein werde, wo er ihr den Vater wiedergegeben hatte.

Als er sie kommen sah, stand er auf, ergriff ihre Hände und zog sie neben sich nieder.

„Suchtest du mich, Gökala?" fragte er. — „Oskar, ich wollte mit dir sprechen, und doch weiß ich nicht, wie ich das, was ich empfinde, in Worte fassen soll."

Er zog sie an sich und antwortete:

„So fasse es gar nicht in Worte. Solche Seligkeiten sind nicht auszudenken und also noch viel weniger auszusprechen. Das fühle ich ja auch selbst."

Er küßte sie innig auf den rosigen Mund.

„Mein herrliches, herrliches Wesen!" fuhr er mit leise bebender Stimme fort. „Und doch wollte ich dich bitten, mir eine Frage zu beantworten: Ahnt dein Vater, daß wir uns lieb haben?" — „Er ahnt es nicht nur, sondern er weiß es." — „Von dir?" — „Ja. Ich habe es ihm gesagt." — „Und wie ist seine Entscheidung ausgefallen?"

Sie schlang beide Arme um ihn und antwortete:

„Ganz nach dem Wunsche meines Herzens. Er war so glücklich, als er hörte, daß mir dein Herz gehört. Er sagte, es gäbe keinen Würdigeren, als du wärest. Wirst du nun auch mit ihm davon sprechen?" — „Ja, aber nicht jetzt. Erst mögen sich die Wogen legen, die noch durch unsere Seelen fluten. Dann will ich ihn um deine Hand bitten."

M. E.

In süßem Geplauder saßen so die beiden Liebenden noch einige Zeit bei einander, bis sie gestört wurden. Die Eltern von Alexius Boroda kamen. Sie waren in den Garten gegangen, um sich für einige Zeit dem bewegten Leben zu entziehen, das jetzt in der Nähe des Hauses herrschte. Fühlten sie doch das Bedürfnis, sich gegenseitig über die glückliche Wendung auszusprechen, die ihr Schicksal am heutigen Tage genommen hatte.

Als sie die beiden sitzen sahen, wollten sie sich entfernen, aber Steinbach bat sie, näher zu kommen. Sie befolgten diese Aufforderung in ehrerbietiger Weise und nahmen neben dem Paare Platz.

Die alten, glücklichen Leute wollten sich abermals in Dankesworten ergehen, aber Steinbach schnitt ihnen die Rede ab und fragte:

„Sind Sie auch jetzt noch gewillt, mit mir zu reisen?" — „O, gern, wenn Sie es uns erlauben!" entgegnete Alexius' Vater. — „Ich erlaube es nicht nur, sondern ich sage Ihnen aufrichtig, daß es mich freuen würde, Sie bei mir haben zu können. Außerdem möchte ich meinen guten Sam nicht vermissen, und ich weiß doch sicher, daß er bei Ihnen bleiben würde, wenn Sie nicht mit mir reisen. Und nun noch eine Frage: Haben Sie sich schon schlüssig gemacht über das, was Sie in der Heimat beginnen werden, und über den Ort, an dem Sie sich niederlassen wollen?" — „Wir haben noch nicht darüber nachgedacht." — „Nun, was das betrifft, so möchte ich Sie bitten, Ihre Entscheidung einstweilen noch nicht zu treffen. Vielleicht mache ich Ihnen später einen Vorschlag, den Sie acceptieren werden. Verwandte haben Sie weiter nicht?" — „Nein. Sam ist unser einziger Verwandter." — „Und Kinder auch nicht, die vielleicht damals bei Ihrer Deportation zurückgeblieben sind?" — „Nein. Wir nahmen die beiden, die wir hatten, mit." — „Ich kenne nur Alexius. Sie haben also außer diesem noch ein Kind?" — „Jetzt nicht mehr. Es ist während des Transportes gestorben." — „Das beklage ich mit Ihnen. Vermutlich hat es die Anstrengungen der langen Reise nicht auszuhalten vermocht!" — "Noch schlimmer als das. Es ist erfroren. Wir mußten die Leiche unseres Töchterchens den Tungusen, bei denen wir auf kurze Zeit eingekehrt waren, zurücklassen." — "Haben Sie denn nicht nach dem Namen des Anführers dieser Tungusen gefragt?" — "Nein. Wir waren über den Tod des Kindes so unglücklich, daß wir an so etwas gar nicht dachten." — "Sonderbar, ganz ähnlich war es in dem Falle, den man mir neulich erzählte. Es handelte sich da auch um ein kleines Mädchen, das aber lebendig von den Tungusen begraben wurde. Die Eltern, und mit ihnen alle anderen, hatten das Kind für tot gehalten. Es war aber nur erstarrt. Das Kind wurde durch den Schnee erwärmt, bekam das Leben zurück und begann nach einiger Zeit zu schreien. Die Tungusen nahmen nun das Kind aus dem Schnee heraus und in ihr Zelt. Sie haben das kleine Mädchen erzogen und an Kindesstelle angenommen." — "Sollte man so etwas für möglich halten? Warum haben sie nicht das Kind den Eltern zurückgegeben?" — "Weil dieselben nicht aufzufinden waren."

Nach diesen Worten erhob sich Steinbach plötzlich und bat Semawa, den beiden alten Leuten so lange Gesellschaft zu leisten, da er augenblicklich rasch eine Angelegenheit, die ihm soeben eingefallen sei, erledigen müsse. Dann begab er sich in das Innere des Wohnhauses, um nach Karpala zu suchen. Sie befand sich in der Stube. Rasch gab er ihr einen Wink, ihm zu folgen, führte sie seitwärts, sodaß niemand ihr Gespräch hören konnte, und sagte:

"Der Fürst hat mir in Platowa erzählt, daß er eigentlich nicht dein Vater ist. Weißt auch du davon?" — "Ja," antwortete sie. "Ich bin das Kind armer Verbannter, und darum ist es mir eine so große Freude, wenn ich ‚armen Leuten' helfen kann." — "Hast du nie gewünscht, deine wirklichen Eltern einmal zu sehen, sie kennen zu lernen?" — "Wie oft, wie oft! Aber wie

M. E.

soll ich sie finden? Sie sind wohl längst schon tot, vielleicht schon damals im Schneesturme umgekommen." — "O nein," entgegnete Steinbach freundlich lächelnd. "Vielleicht ist es doch möglich, daß deine Eltern noch leben."

Sie schlug freudig erschrocken die Hände zusammen. "Wirklich, wirklich? Gott, wenn dies der Fall wäre!" — "Ich habe etwas gehört, was mich ahnen läßt, daß sie noch leben, ja, daß sie sich in der Nähe befinden." — "Herr, sag', wo, wo?" — "Erlaß mir die Beantwortung bis nachher, wenn ich wiederkomme. Indessen kannst du Bula und Kalyna darauf aufmerksam machen, damit sie nicht allzu sehr überrascht werden."

Hierauf verließ er Karpala, um sich schleunigst zu Barth und seiner Frau zurückzubegeben und dieselben auf die freudige Ueberraschung, die er ihnen zu machen gedachte, vorzubereiten. Karpala aber eilte in höchster Erregung zu ihren Pflegeeltern, um ihnen zu erzählen, was sie von Steinbach gehört hatte.

Fürst Bula geriet durch Karpalas Mitteilungen in gewaltige Erregung.

Die Fürstin aber war so bestürzt, daß sie lange kein Wort hervorbringen konnte. Ihr volles, rotes Gesicht war leichenblaß geworden. Endlich schlang sie die Arme um Karpala und jammerte:

"Mein Kind, mein Kind! Man will dich uns rauben! Das werde ich nicht überleben können!"

Karpala wußte nicht, was sie sagen sollte. Sie liebte die Pflegeeltern, als ob sie ihre leiblichen seien. Sie hatte sich an den Gedanken gewöhnt, daß sie diese letzteren niemals zu sehen bekommen werde. Und nun trat so plötzlich die Wahrscheinlichkeit, ja sogar die Gewißheit an sie heran, daß sie sich hier befanden!

Sie wurde bald blaß und bald rot. Ihre Augen standen voller Thränen. Waren es Thränen des Schmerzes oder der Freude? Sie wußte es nicht.

"Mutter!" rief sie. "Ich liebe euch über alles.

M. E.

Aber wollt ihr es mir versagen, meine armen Eltern kennen zu lernen?" — „Nein, wir versagen es dir nicht," antwortete die Fürstin. „Aber sie dürfen dich nicht mitnehmen. Du mußt bei uns bleiben!"

In diesem Augenblicke erschien Steinbach in der Begleitung von Barth, dessen Frau und Semawa. Mit eiligen Schritten kamen sie vom Garten herbei.

Fürst Bula stieß beim Anblicke der alten Leute einen Schrei grenzenloser Ueberraschung aus. Er starrte Barth und dessen Weib mit weit geöffneten Augen an, und sagte zu Kalyna:

„Kalyna, liebe Kalyna, sie sind es. Es sind die Verbannten von damals. Ich erkenne sie, trotzdem es so lange her ist." — „Ja, auch ich besinne mich auf sie. O mein Gott, sie sind es!" entgegnete Kalyna. „Wir müssen unsere Karpala hergeben!"

Frau Barth hatte ihre Arme erhoben und machte eine Bewegung, sich Karpala zu nähern.

Diese hatte tief bewegt aber stumm dagestanden. Was in ihrem Inneren vorging, läßt sich nicht beschreiben. Es trieb sie zu den Eltern, und doch hielt es sie auch zurück. Jetzt aber riß es sie mächtig zu ihnen.

„Mutter, meine Mutter!" schrie sie auf und warf sich in Frau Barths Arme. — „Mein Kind, mein Kind!" schluchzte die würdige Frau. „Ist es möglich? Ist es wahr?"

Sie hielten sich innig umschlungen, bis die glückliche Frau die wiedergefundene Tochter in die Arme des Vaters schob.

„Kalyna, o Kalyna!" jammerte der Fürst. „Das ist der unglücklichste Tag unseres Lebens." — „Ja," antwortete diese weinend. „Der unglücklichste oder aber auch der glücklichste. Ist es nicht ein Glück für uns, diesen guten Leuten eine solche Seligkeit bereiten zu können?"

Der Fürst sprach nicht weiter; er wandte sich ab.

M. E.

„Mutter, meine Mutter!" rief Karpala und warf sich in
Frau Barths Arme. (Seite 598.)

M. E.

Er weinte leise vor sich hin. Da riß Karpala sich von den Eltern los, eilte zu ihm, umschlang ihn und bat:

"Weine nicht, Vater, weine nicht, Mutter! Ihr seid ja auch meine Eltern und sollt es stets bleiben."

Steinbach hatte sich inzwischen entfernt, um die fünf Personen mit ihren Gefühlen allein zu lassen.

Drinnen in der Stube sah er Boroda, der bei Mila, seiner Geliebten, saß.

"Deine Eltern wünschen dich zu sehen," sagte er zu ihm. "Du findest sie auf dem Wege nach dem Brunnen."

Boroda ging, und Steinbach winkte Georg von Adlerhorst zu sich, um ihm zu sagen:

"Auch Sie wird es interessieren, weshalb Boroda von mir zu seinen Eltern gesandt wird. Sie lieben Karpala; ich habe mich darüber gefreut, denn sie ist Ihrer würdig. Sie werden glücklich mit ihr sein."

Georg schüttelte den Kopf und antwortete trübe:

"Das bezweifle ich. Karpala kann mir ja niemals gehören. Die Sehnsucht nach ihren Eltern würde sie verzehren." — "Wenn sie nun ihre Eltern bei sich hätte?" — "Das kann wohl nicht geschehen. Bula wird die sibirische Erde nie verlassen." — "Hm! Er hat große Lust, Europa zu sehen. Uebrigens hat nicht er allein über Karpala zu bestimmen. Bula und Kalyna sind nur die Pflegeeltern Karpalas. Die wirklichen Eltern sind noch vorhanden. Gehen Sie hinaus zu Boroda. Da werden Sie sie sehen." — "Zu Boroda? Herr Steinbach, mir kommt eine Ahnung! Nicht wahr, Karpala ist die Schwester von Boroda?" — "Ja," entgegnete Steinbach gerührt. — "Was höre ich! Diese Barths sind also ihre Eltern! Ist es wirklich erwiesen, daß Karpala Barths Tochter ist?" — "Zur Evidenz!"

Da erstrahlte Georgs Gesicht vor Freude.

"Wenn es so ist," sagte er zu Steinbach, "so bringen Sie mir allerdings eine Botschaft des Glückes, für die ich Ihnen gar nicht genug zu danken vermag." — "O, mir sind Sie keinen Dank schuldig. Aber da

M. E.

habe ich ja ganz Sams vergessen. Er ist doch als glück=
licher Doppeloheim in hohem Grade beteiligt."

Sam saß am Tische und hatte, da Steinbach sich
zu ihm wandte und die letzten Worte laut sprach, die=
selben gehört.

„Was? Ein Doppelonkel soll ich sein?" fragte er. —
„Ein sehr glücklicher," entgegnete Steinbach, „denn Sie
haben nicht nur einen Neffen, sondern auch eine Nichte.
Sie ist soeben erst entdeckt worden." — „Entdeckt?
Werden denn die Nichten entdeckt? Hm! Davon weiß
ich auch noch nichts. Welcher Astronom hat sie denn
durch das Fernrohr gesehen?" — „Ich! Gehen Sie
hinaus zu Ihrem Bruder. Er wird sie Ihnen zeigen.
Karpala ist Ihre Nichte." — „Kar—pa—la!" rief der
Dicke. „Ich, Sam Barth aus Herlasgrün, soll der
Onkel einer so prächtigen Nichte sein? Ich muß nur
schnell hinaus, um zu sehen, was Wahres daran ist."

Er eilte fort, aber nicht er allein, sondern alle an=
deren außer Semawa folgten ihm. Auch sie waren von
der Neuigkeit so freudig überrascht, daß sie sich schnellen
Beweis holen wollten.

Kaum war eine Minute vergangen, so ließen sich
draußen laute, frohlockende Stimmen hören. Jedermann
gönnte der schönen, allgemein beliebten Karpala, dem
Engel der Verbannten, das Glück, ihre Eltern gefunden
zu haben.

Sam war unendlich stolz darauf, der Oheim einer
solchen Nichte zu sein. Er erhob seine Stimme am aller=
lautesten, und es war in der Stube zu hören, daß er
ein dreimaliges Hoch auf dieses so unerwartete Wieder=
sehen ausbrachte.

Semawa aber trat zu Steinbach, der am Fenster stand
und lächelnd auf die Freudenrufe hörte, schlang den Arm
um ihn und sagte:

„Mein Geliebter! Welch ein herrlicher, prächtiger
Mann bist du! Es ist, als ob überall das Glück mit

M. E.

dir einkehre. Bist du nicht auch der Schöpfer dieser neuen Freude?"

Er antwortete nicht, aber er drückte sie an sich und küßte sie auf die kirschroten Lippen.

Da wurde leise die Thür zum Nebengemache geöffnet. Der Maharadscha erschien auf der Schwelle derselben. Aber als er die schöne Gruppe erblickte, zog er sich zurück und machte die Thür leise wieder zu, um draußen in die Kniee niederzusinken, die Hände zu falten und innig folgende Worte zu stammeln:

"Allah, ich danke dir! Er liebt sie! Er liebt mein Kind! Jetzt kann ich getrost und ohne Sorge in die Zukunft blicken. Mein Lebensabend wird nach so langen, schweren Leiden ein heiterer und glücklicher sein!" —

M. E.

## 43. Kapitel.

Schloß Wiesenstein ragt von einem hohen Granit=
felsen so hoch empor, daß oft die Wolken um seine
Zinnen streichen. Es blickt weit in das Land hinein,
und wer, im Bahnzuge sitzend, durch das Fenster die
Gegend betrachtet, der bekommt es bereits eine Stunde,
bevor der Zug Wiesenstein erreicht, von mehreren Seiten
zu Gesicht, da die Bahn sich dem Orte in weiten
Schlangenwindungen nähert.

Schloß Wiesenstein ist der Lieblingsaufenthalt Prinz
Oskars, des Bruders des Großherzogs. Doch war er
seit längerer Zeit daselbst nicht gesehen worden. Es ver=
lautete, daß er große Reisen nach dem Orient und
Amerika gemacht habe und sich nun gegenwärtig in Ruß=
land befinde, wo ihm der Kaiser in Anbetracht seiner
hohen Geburt und seiner hervorragenden, militärischen
Fähigkeiten ein Gardekavallerieregiment verliehen hätte.
Er stand dort und auch in der Heimat in dem Range
eines Generalleutnants und war den betreffenden Re=
gimentern à la suite gestellt.

Während der letzten Tage war dem Intendanten
von Schloß Wiesenstein der großherzogliche Befehl zu=
gegangen, die Räume desselben bereit zu halten, da
Prinz Oskar baldigst aus Rußland zurückkehren werde
und dann beabsichtige, einige Wochen des heuer so
wunderschönen Herbstes auf Wiesenstein zuzubringen.

Das Schloß hatte seinen Namen von dem Felsen
erhalten, auf dem es lag, und von den saftig grünen
Wiesen, die sich nach allen Seiten wie Buchten in den
Gebirgswald hinein erstreckten.

Da gab es eine wunderbar reine, heilkräftige und
stärkende Luft. Dies und die romantische Lage des
gleichnamigen Städtchens, das zum Schlosse gehörte, zog
im Sommer die Gäste von Nah und Fern herbei.
Wiesenstein war klimatischer Kurort geworden, und sein

M. E.

Ruf als Sommerfrische für die höheren Stände der Gesellschaft verbreitete sich mit jedem Tage weiter.

Es war um die Mitte des Vormittages. Das Frühkonzert war längst vorüber, und die Badegäste hatten sich zumeist in die gemieteten Privatwohnungen zurückgezogen, um die Korrespondenzen durchzugehen, sich einer kleinen, anregenden Lektüre hinzugeben oder, was die Damen betraf, sich für das zweite Frühstück, das im Kurhause eingenommen zu werden pflegte, anzukleiden.

Darum waren die Promenaden verhältnismäßig wenig belebt, und in den Restaurants war hier und da nur ein Habitué zu finden, der es vorzog, hier, wenn auch einsam, seine Zigarre zu rauchen, als sich daheim noch weit mehr zu langweilen.

In einem der lichten Glaspavillons, von denen aus das Publikum den Konzerten zu lauschen pflegte, saßen zwei Herren. Der eine hatte sich bereits längere Zeit wartend hier befunden, der andere war soeben erst gekommen.

Der erstere war wohlbeleibt. Sein aufgeschwemmtes Gesicht wurde von einem dichten Vollbarte eingerahmt, dessen tiefes Schwarz wohl mehr der Kunst als der Natur zu danken war. Allem Anscheine nach hatte der Herr sehr viel und sehr rasch gelebt! Er sah aus wie einer, dessen Leidenschaften die Nerven zerrüttet haben.

Seine Kleidung war elegant, von feinstem Stoffe und neuestem Schnitte, schien ihn aber hier und da zu genieren, als ob er eigentlich eine andere Tracht gewöhnt sei. Die Finger steckten voller kostbarer Ringe, und an seiner dicken, goldenen Uhrkette hingen Berlocken, deren Wert gar manchem armen Teufel hätte Erlösung bringen können.

Auf der Nase trug er einen goldenen Klemmer mit tiefblauen Gläsern. Vor diesen Gläsern und dem Barte war von dem ganzen Gesicht nur die Nase und die Stirn zu sehen.

Der andere war lang und hager.

M. E.

Seine Stirn war hoch, schmal und kahl, sein Gesicht sehr scharf geschnitten und sein Mund breit und ohne Lippen. Dieses spitze, glatt rasierte Gesicht machte ganz den Eindruck des steten Horchens und Lauerns. Es schien, als sei dieser Mann allezeit bereit, jemanden auf frischer That zu ertappen. Und dies wurde keineswegs gemildert durch den unbestimmten, ruhelosen Blick seiner grauen Augen, denen es unmöglich war, auf irgend einem Gegenstande haften zu bleiben.

Der erstere Herr hatte jedenfalls auf den letzteren gewartet, denn er hatte sich zu seiner Flasche Wein gleich zwei Gläser geben lassen. Eins derselben füllte er jetzt für den Neuangekommenen.

„Sie erscheinen später, als verabredet worden war," sagte er dabei in fremdländischem Deutsch.

„Bitte um Verzeihung!" entschuldigte sich der Hagere. „Ich erhielt noch im letzten Augenblicke einen Besuch, der nicht abzuweisen war." — „Geschäfte?" — „Ja, ich bin Vermittler." — „Da entdecke ich eine ganz neue Eigenschaft an Ihnen." — „Kennen Sie denn meine Eigenschaften?" — „Zur Genüge. Es versteht sich ganz von selbst, daß ich mich nach Ihnen erkundigt habe."

Ueber das Gesicht des anderen zog eine leise Röte. Er drückte das eine Auge zu und sagte:

„Darf ich fragen, was Sie da erfahren haben? Ich bitte um Offenheit! Bei wem haben Sie sich erkundigt?" — „Bei der hiesigen Polizei." — „Donnerwetter!" — „Bitte! Da ich Fremder bin, gab es für mich keine andere Vertrauensperson, daher mußte ich mich an sie wenden." — „So befürchte ich, daß man Sie vor mir gewarnt hat. Sie werden nun also kein besonderes Vertrauen zu mir haben." — „O doch! Gerade was ich erfahren habe, bestätigt meine Ansicht, daß Sie mir dienen können. Ich erfuhr, daß Sie einst ein sehr tüchtiger und brauchbarer Kriminalbeamter gewesen seien Dann aber hätten Sie einen kleinen Griff gethan —"

— „In eine fremde Kasse, ja. Der Grund war, daß

gerade die besten Beamten am schlechtesten bezahlt werden." — „Sie wurden abgesetzt?" — „Ab= und eingesetzt, nämlich ins Zuchthaus." — „Stimmt! Nach Ihrer Entlassung widmeten Sie sich verschiedenen Agenturen und wurden, was der Grund war, mich an Sie zu wenden, nebenbei Geheimpolizist für private Zwecke." — „Bedürfen Sie in dieser Beziehung meiner Hülfe? Ich bin bereit, vorausgesetzt, daß Sie sich zu einem guten Honorar verstehen." — „Da brauchen Sie gar keine Sorge zu haben. Ich zahle fein. Sie werden mit mir zufrieden sein." — „Nun, da müßte ich allerdings wissen, um was es sich handelt." — „Sie sollen mir einige Personen ausfindig machen, nach denen ich vergeblich ganz Deutschland durchsucht habe." — „Natürlich sind es doch Verbrecher? Wollen Sie mir sagen, wer diese Personen sind?" — „Sie stellen da eine Frage an mich, die nicht leicht zu beantworten ist."

Der Schwarzbärtige blickte nachdenklich in sein Weinglas. Der Agent warf ihm einen schnellen, forschenden Blick zu und bemerkte:

„Vor allen Dingen ist eins zu erledigen. Wenn ich Ihnen dienen soll, muß ich vorher überzeugt sein, daß ich Ihnen dienen kann. Das ist aber nur dann der Fall, wenn ich ganz genau weiß, wen ich vor mir habe."

Der andere blickte schnell und fragend auf.

„Wissen Sie das nicht? Sie haben doch meine Karte!" — „Die habe ich allerdings. Auf ihr ist zu lesen, daß Sie Abraham heißen und in Kairo Bankier sind." — „Nun, so wissen Sie genug!" — „Ich weiß nur, daß dies ein Pseudonym ist, denn ich fragte beim Konsulate telegraphisch an und erhielt die Antwort, daß ein Bankier Abraham überhaupt nicht in Kairo existiere." — „Das hätten Sie unterlassen sollen!"

Der Agent zuckte die Achsel.

„Geschäftsprinzip, von dem ich nicht abgehe. Wenn ich mit Erfolg operieren soll, muß ich wissen, wer Sie sind."

**M. E.**

Der Dicke blickte schweigend vor sich nieder.

„Sie können sich natürlich auf die allerstrengste Verschwiegenheit meinerseits verlassen," fügte der Agent hinzu. „Ich gebe Ihnen mein Ehrenwort."

Der Bärtige warf ihm einen Blick zu, in dem die stille Frage lag, ob jener überhaupt noch eine Ehre habe, doch antwortete er:

„Gut! Ich werde es versuchen. Verflucht, da werden wir gestört!"

Es trat ein dritter Gast ein, der sich schnell umblickte. Diese Umschau schien den vorhandenen Zeitungen zu gelten, denn er näherte sich dem Tische, auf dem dieselben lagen, und setzte sich da nieder, eine Flasche Selters bestellend. Dieser Zeitungstisch stand gerade neben demjenigen, an dem die beiden anderen Männer saßen.

„Was nun?" fragte der Dicke leise. „Kennen Sie den Kerl?" — „Nein. Habe ihn noch nicht gesehen." — „Bedienen wir uns einer fremden Sprache. Sprechen Sie türkisch?" — „Leider nicht. Bin in meinem ganzen Leben nicht in der Türkei gewesen. Ja, wenn Sie Russisch verständen!" — „Schön, schön! Ich spreche sehr gut russisch. Aber falls dieser Kerl ein Russe ist?" — „Keine Sorge! Ich studiere täglich die Kurliste auf das genaueste. Es ist kein Russe hier, nicht einmal ein Pole, was zu verwundern ist. Zum Ueberflusse werde ich diesen Mann einmal fragen."

Der Agent drehte sich um und warf eine Bemerkung in russischer Sprache hinüber zu dem Neuangekommenen. Dieser aber blickte in seine Zeitung und zuckte nicht mit einer Wimper.

„Sehen Sie! Der Mann versteht kein Wort. Wir können also unsere Unterhaltung ohne alle Befürchtung fortsetzen." — „Schön! Ich bin beruhigt. Also wo waren wir im Gespräche stehen geblieben?" — „Bei Ihrem falschen Namen." — „Richtig! Sie wollten genau wissen, wer ich bin, und gaben mir Ihr Ehrenwort, es zu verschweigen." — „Ich wiederhole dieses Versprechen."

M. E.

— „So will ich Ihnen sagen, daß ich gar nicht aus Kairo, nicht aus Aegypten bin. Ich wohne in Stambul, und man nennt mich Ibrahim Pascha." — „Sehr viel Ehre!" verneigte sich der Agent, als er diesen Titel hörte. „Natürlich habe ich Sie hier nur Herr Ibrahim zu nennen?" — „Versteht sich von selbst." — „So bitte ich um weitere Instruktionen, Herr Ibrahim." — „Eigentlich müßte ich Ihnen eine lange, lange Geschichte erzählen,

aber das nimmt mir zu viel Zeit weg. Treiben Sie gern Politik?" — „Mit besonderer Passion." — „So interessieren Sie sich jedenfalls auch für die Personen der hervorragendsten Diplomatie Deutschlands. Haben Sie vielleicht einmal gehört, daß einer dieser Herren unter dem Namen Steinbach gereist sei?" — „Nein, niemals."

Als der Name Steinbach genannt wurde, machte

der neue Gast eine Bewegung, die von den beiden nicht bemerkt oder nicht beachtet wurde. Er wandte sich, scheinbar in seine Zeitung vertieft, noch weiter ab, sodaß sein Gesicht nicht gesehen werden konnte, und richtete nun seine gespannteste Aufmerksamkeit auf das Gespräch.

„Fatal!" brummte der Pascha. „Ein deutscher Diplomat ist er sicher gewesen. Doch ich will weiter fragen. Ist Ihnen vielleicht der Name von Adlerhorst bekannt? Kennen Sie die Familie?" — „Ich hörte von ihr. Sie war da hinten an der Grenze begütert, ist aber seit beinahe zwei Jahrzehnten verschollen." — „Das stimmt. Haben Sie nicht gehört, ob ein Glied dieser Familie wieder aufgetaucht ist? Diese Familie muß, wie es scheint, in England Verwandte besitzen?" — „Allerdings. Es ist das eine nach Großbritannien ausgewanderte Seitenlinie, welche aber den Namen noch fortführt, freilich in englischer Sprache. Ich kenne den Lord Eagle=nest genau. Er kommt öfters im Herbst hierher, um einige Wochen da zu bleiben, und ich habe gehört, daß er auch in diesem Jahre schon angesagt ist." — „So bleibe ich so lange hier. Sind Sie auch mit den Künstlerkreisen vertraut? Giebt es hier einen deutschen Maler, der Normann heißt, ich glaube Paul Normann?" — „Kenne ich nicht." — „Das ist dumm!" bemerkte der Pascha. „Nach dem Porträt zu urteilen, das ich in Konstantinopel von ihm gesehen habe, muß er ein sehr bedeutender Künstler sein, sodaß ich annahm, daß Sie seinen Namen kennen würden." — „Sind die genannten Personen diejenigen, die Sie suchen?" — „Eigentlich nicht. Sie stehen nur in näherer Beziehung zu den Gesuchten." — „So bitte ich, mir die Hauptpersonen zu nennen!" — „Das sind zwei Damen, und zwar meine Frauen, die mir geraubt wurden."

Da schlug der Agent mit der Faust auf den Tisch und rief im höchsten Grade verwundert:

„Donnerwetter! Das ist ja hochinteressant! Ich habe schon sehr eigenartige Aufträge erhalten, so einen aber noch nie. Ich soll zwei Frauen, die in Konstantinopel aus dem Harem entführt worden sind, hier in Deutschland suchen und sie durch irgend eine List, oder auch durch irgend eine unerlaubte Gewaltthätigkeit Ihnen in die Hände spielen?" — „So ist es!" — „Wie heißen denn diese interessanten Damen?" — „Tschita und Zykyma."

Um die Augen des Agenten zuckte es leise. Ein Menschenkenner hätte, dies bemerkend, sofort vermutet, daß er diese Namen, oder wenigstens einen derselben bereits gehört habe.

„Zwei schöne, wohlklingende Namen," sagte er. „Ich bezweifle nur, daß sie dieselben auch jetzt noch tragen. Sie werden sich jedenfalls längst andere beigelegt haben. Und wer sind denn die Entführer?" — „Es sind mehrere. Zunächst dieser Maler Normann, der es auf Tschita abgesehen hatte — —"

Der Pascha bemerkte nicht, daß der Agent ganz leise, wie in Gedanken, mit dem Kopfe nickte, sonst hätte er annehmen müssen, daß derselbe jedenfalls etwas von Normann und Tschita wisse. Er fuhr fort:

„Sodann ein gewisser Hermann Wallert, der seine Aufmerksamkeit auf Zykyma gerichtet hatte. Nebenbei glaube ich, daß dies ein falscher Name ist. Er muß Hermann von Adlerhorst heißen." — „Das verwickelt sich ja immer mehr!" — „Ferner glaube ich, daß auch jener verkappte Diplomat Steinbach mit beteiligt war. Ganz sicher aber ist es, daß Lord Eagle-nest den Raub begünstigte. Er hat sämtliche Personen auf seiner Jacht entführt. Aber ich muß sie wiederhaben!" knirschte der Pascha. „Meine Liebe haben sie verloren; aber rächen will ich mich. Darum, und einzig nur darum suche ich sie! Und ich würde viel, sehr viel geben, wenn ich sie fände!" — „Es freut mich, daß ich Sie so verständig sprechen höre. Noch weiß ich nicht, ob ich Ihren Auftrag annehme; aber wenn ich es thue, so werde ich mir viele, viele Mühe geben müssen. Ich werde Hunderte von Agenten in Bewegung zu setzen haben, kostspielige Reisen machen und große Gratifikationen zahlen müssen. Meine Auslagen werden also höchst bedeutend sein, und da muß ich natürlich die Ueberzeugung besitzen, daß ich keine Verluste erleide." — "Davon ist keine Rede. Wieviel verlangen Sie?" — "Zunächst einen Vorschuß von fünftausend Mark als Sicherstellung für meine Auslagen." — "Einverstanden! Ich zahle sie sofort."

Der Pascha zog die Brieftasche hervor und zählte dem Agenten die Summe in Banknoten auf den Tisch. Der Mann hatte seit langer Zeit nicht fünftausend Mark beisammen gesehen. Seine Hände zitterten leise, und seine Augen funkelten, als er diese Summe schnell in seine Tasche barg. Er war ja jetzt bereits überzeugt, daß er keinen Pfennig Auslagen haben werde.

"Die eigentliche Aufgabe zerfällt in zwei verschiedene Teile," fuhr er fort. "Erstens habe ich die Verschwundenen aufzusuchen und zweitens, sie in Ihre Gewalt zu bringen." — "Aber so, daß ich sie sicher nach Konstantinopel schaffe!" fiel der Pascha ein. — "Einverstanden, obgleich mir dadurch das Unternehmen außerordentlich erschwert wird. Ich möchte mir für jeden Teil dieser Aufgabe ein Honorar erbitten. Also wenn ich sie entdeckt habe, zahlen Sie die erste Rate von zehntausend Mark." — "Auch damit einverstanden. Sie sehen, daß ich nicht knausere. Ich will mich rächen, und wenn Sie mir dies ermöglichen, zahle ich gern. Wieviel verlangen Sie denn, wenn Sie mir dieselben sicher ausgeliefert haben?" — "Ebenso viel." — "Also wieder zehntausend. Es ist sehr hoch gegriffen, fünfundzwanzigtausend Mark in Summa; aber ich will sie zahlen. Wann werden Sie beginnen?" — "Sofort. Nur muß ich Sie vorher ersuchen, mir einige der näheren Umstände anzugeben und die betreffenden Personen zu beschreiben."

Der Agent zog sein Notizbuch hervor, um sich die Bemerkungen einzutragen.

Die beiden waren völlig überzeugt, daß der ihnen so nahe sitzende, unbekannte Gast gar nichts von ihrer Unterhaltung verstehen könne, und hatten sich jetzt überhaupt in ihr Gespräch so vertieft, daß sie es nicht beachteten, als er aufsah und mit seinem Stuhle eine näher rückende Bewegung machte. Er saß mit dem Rücken nach ihnen, scheinbar noch immer in seine Zeitung vertieft, doch hatte er den Kopf ein wenig zur Seite gewandt und hielt ihnen das eine Ohr zugekehrt. Er lauschte so aufmerksam, daß ihm keines ihrer Worte zu entgehen vermochte.

Der Agent notierte sich alles sehr genau. Dann erklärte er:

„Die Beschreibung genügt nicht allein. Ich soll diese Leute aufsuchen, Ihnen sogar die beiden Damen in die Hände spielen. Ich muß da unbedingt wissen, in welchem Verhältnisse sie zu Ihnen gestanden haben und noch stehen. Ich muß mit ihnen sprechen, um mich zu überzeugen, ob sie wirklich die Gesuchten sind. Und um da keine Fehler zu begehen, muß ich natürlich orientiert sein." — „Daran liegt mir freilich nichts." — „So ziehen Sie Ihren Auftrag zurück!" — „Fällt mir gar nicht ein! Zumal jetzt, da ich Ihnen bereits eine Summe vorausbezahlt habe." — „Nun so dürfen Sie sich auch nicht weigern, mir Vertrauen zu schenken!"

Der Pascha wehrte sich noch kurze Zeit, mußte aber doch einsehen, daß der Agent recht hatte, und erzählte ihm nun das, was in Konstantinopel geschehen war, allerdings nicht ausführlich, sondern sehr flüchtig und lückenhaft.

Der andere hörte ihm aufmerksam zu, nickte oder schüttelte zuweilen mit dem Kopfe und sagte endlich:

„Sie sind in Ihren Mitteilungen sehr zurückhaltend gewesen; aber es genügt. Ich bin Jurist und weiß, mir das zu ergänzen, was Sie weggelassen haben." — „Wann werden Sie für mich zu wirken beginnen?" — „Sofort." — „Recht so! Darf ich wissen, wie der An=

fang sein wird?" — "Das weiß ich selbst noch nicht. Zunächst muß ich mir die Sache natürlich sehr reiflich überlegen. In das Zeug stürzen darf ich mich nicht. Die Lösung dieser Aufgabe bietet ganz besondere Schwierig= keiten und erfordert infolgedessen die reiflichste Ueber= legung." — "Sie werden mich natürlich, sobald Sie einen Erfolg haben, sofort benachrichtigen. Ich schlage vor, daß wir uns schreiben, wann und wo wir uns sehen wollen. Wir können ja einen Ort wählen, an dem uns niemand bemerken kann." — "Kennen Sie einen?" — "Ja. Man nennt ihn Oskars Ruhe, weil er ein Lieblings= ort des Prinzen ist, der bekanntlich Oskar heißt. Der Ort ist sehr leicht zu finden. Er liegt auf der Höhe, dem Schlosse gegenüber. Es führt ein schmaler, vielfach ge= wundener Pfad durch den Wald zu ihm empor, und mehrere Wegweiser sorgen dafür, daß man sich nicht ver= laufen kann." — "Schön! Also wenn einer von uns den anderen sprechen will, so schreibt er ihm eine Zeile. Der Brief braucht nur die Zeit zu enthalten, in der die Zusammenkunft stattfinden soll. Das übrige ist ja be= kannt. Oder — mir kommt da ein Gedanke. Wir können die Sache noch viel mehr vereinfachen. Wir können das Briefschreiben ganz vermeiden. Verkehren Sie oft im Pavillon?" — "Wenn es in unserem In= teresse liegt, werde ich gern oft kommen." — "Schön. Kennen Sie die Norddeutsche Allgemeine Zeitung? Sie befindet sich unter den hier gehaltenen Blättern. Ich werde täglich dreimal hierher gehen des Morgens, des Mittags und des Abends. Thun Sie das ebenso! Wer den anderen sprechen will, braucht nur diese Zeitung zu lesen und an den Rand derselben diejenige Ziffer mit Bleistift zu schreiben, welche die Stunde bezeichnet, in der die Zusammenkunft auf Oskars Ruhe stattfinden soll." — "Schön! Dieser Gedanke ist sehr gut. Eine solche Ziffer kann keinem Menschen auffallen. Die Haupt= sache ist, daß der Mann da, der immer hinter seiner Zeitung steckt, uns wirklich nicht verstanden hat." —

M. E.

„Kein Wort. Der Kerl sieht überhaupt gar nicht etwa so geistreich aus, daß wir uns vor ihm fürchten müßten. Ich darf mich also empfehlen?" — „Ja. Denken Sie also fleißig nach!" — „Gewiß. Ich hoffe, daß mir noch heute ein Gedanke kommt, in welcher Weise wir diese Angelegenheit anzufassen haben." — „Soll mich freuen. Also Klugheit und Verschwiegenheit! Das bitte ich mir aus."

Der Agent entfernte sich. Der Pascha blieb noch ein Weilchen sitzen und ging dann auch.

## 44. Kapitel.

Kaum hatte sich der Pascha entfernt, so rief der Fremde den Kellner herbei, um zu bezahlen.

„Kannten Sie die beiden Herren, die hier bei einander saßen?" fragte er ihn. — „Nur den einen. Den langen, hageren. Er ist Agent, war früher Gerichts= oder auch Polizeibeamter, ist aber abgesetzt worden." — „Wo wohnt er?" — „Im Hotel zum Schwan. Er heißt Schubert." — „Danke."

Der Fremde berichtigte seine Zeche und ging dann auch, und zwar schnellen Schrittes davon. Er wollte dem Pascha folgen, um ihn zu beobachten.

„Eigentümlicher Zufall!" sagte er zu sich. „Jedenfalls meinen sie denselben Steinbach, den auch ich kenne. Also ich habe kein geistreiches Gesicht! Ich sehe dumm aus! Schön! Ihr sollt euch schon noch über meine Dummheit wundern!"

Er bekam den Pascha bald wieder zu Gesicht und hielt sich so hinter ihm, daß er ihn nicht aus dem Auge verlieren konnte, nahm sich aber sehr in acht, seine Aufmerksamkeit zu erregen.

Der Pascha schlenderte nach dem Bahnhofe, vielleicht um aus langer Weile sich die mit dem nächsten Personen=

zuge ankommenden Passagiere anzusehen. Er trat in die Bahnhofsrestauration und begab sich in das Warte= zimmer erster Klasse.

Der Fremde folgte ihm, aber nicht ganz, sondern er blieb im Wartezimmer zweiter Klasse zurück. Die Ver= bindungsthür stand offen, sodaß er durch dieselbe den Pascha unauffällig beobachten konnte.

Indem er sich an einem der leer stehenden Tische niedersetzte, sah er sich um. Sein Auge fiel auf einen einzelnen Herrn, der allein an einem anderen Tische saß und in einer Zeitung las.

„Ist's möglich!" sagte er. „Ist er es, oder irre ich mich?"

Der Betreffende war klein, aber sehr dick. Sein bartloses Gesicht zeugte von unendlicher Gutmütigkeit, doch lag auch ein Zug von versteckter Schalkhaftigkeit oder List in demselben. Es war von Sonne, Wind und Wetter gegerbt, und diese Lederfarbe stach sehr ab gegen die feine, weiße Wäsche, die er trug.

Der zuletzt Gekommene ging auf ihn zu, verbeugte sich höflich und sagte:

„Entschuldigung, mein Herr! Es ist mir, als ob wir uns bereits einmal gesehen hätten."

Der Dicke legte die Zeitung weg, erhob sich, er= widerte die Verbeugung, betrachtete den Sprecher und antwortete:

„Da ich Sie jetzt ansehe, ist es mir auch so, als ob wir uns begegnet seien. Aber wo?" — „Irre ich mich nicht, so war es sehr weit von hier. In Sibirien." — „Ah! Sie waren dort?" — „Ja. Sind Sie nicht Sam Barth, unser wackerer und unvergeßlicher Erretter?" — „Ja, der dicke Sam bin ich," lächelte der Kleine. „Errettet soll ich Sie haben? Ich kann mich nicht darauf besinnen." — „Am Mückenflusse." — „Da habe ich viele errettet. Befanden Sie sich vielleicht unter den armen Flüchtigen?" — „Allerdings." — „So? Hm! Kann mich nicht besinnen." — „Ich trug damals einen dichten, langen Vollbart. Jetzt aber bin ich ohne Bart. Darum kennen Sie mich nicht." — "Sapperment! Hm! Was so ein Vollbart thut! Wie heißen Sie denn eigentlich?"

Der andere lachte vor Vergnügen über das ganze Gesicht. Er antwortete:

"Mein Name ist Sendewitsch." — "Sen—, alle Teufel!"

So ein erstauntes Gesicht, wie jetzt in diesem Augenblicke, hatte der Dicke wohl auch selten gemacht.

"Sendewitsch!" fuhr er fort. "Major Sendewitsch! Der kühne Anführer der Flüchtigen! Ja, jetzt erkenne ich Sie! Hier meine Hand! Wie mich das freut! Setzen Sie sich! Sie sind also glücklich entkommen?" — "Ja, auf türkisches Gebiet." — "Gott sei Dank! Und was thun Sie hier in Deutschland?" — "Ich bin militärischer Bevollmächtigter des Großherrn. Ich will nach Essen zu Krupp. Ich bin beauftragt, mit ihm einen Kontrakt wegen Waffenlieferungen zu vereinbaren." — "Das freut mich herzlich. So ist also für Ihre Zukunft gesorgt?" — "Ausreichend. Ich bin Oberst. Uebrigens bin ich gestern abend erst angekommen." — "Ein wunderbares Begegnen! Also lassen wir uns noch ein Glas geben. Sie müssen erzählen." — "Vorher eine Erkundigung. Wo ist Steinbach?" — "Noch in Petersburg." — "So! Wissen Sie vielleicht, ob er auch einmal in der Türkei gewesen ist? Hat er einen gewissen Ibrahim Pascha dort kennen gelernt, und wissen Sie, auf welche Weise?" — "Thut mir leid. Ich habe keine specielle Erlaubnis, davon zu sprechen." — "Ah, so! Na, bleibt sich gleich. Hat Herr Steinbach vielleicht geholfen, zwei Damen zu entführen?" — "Möglich." — "Kommt er auch hierher?" — "Ja. Er wird sogar in sehr kurzer Zeit hier eintreffen." — "Das ist sehr gut. Ich werde ihm einen bekannten Türken vorstellen." — "Befindet sich etwa einer hier im Bade? Ich habe die Präsenzliste durchgelesen, aber keinen Türken gefunden. Wer ist's?" — "Ibrahim Pascha, er ist inkognito hier!"

M. E.

Da fuhr Sam von seinem Stuhle auf.

„Ist's wahr?" fragte er. „Wo ist er zu sehen?" — „Draußen im Wartezimmer erster Klasse." — „Doch nicht der Herr, der soeben hier durchgegangen ist?" — „Ganz derselbe." — „Aber woher wissen Sie denn, daß er es ist? Sie sagten doch soeben, er sei inkognito hier." — „Ich habe ihn belauscht." — „Sapperment! Sie haben gar keine Ahnung, welchen Wert diese Nachricht für mich, das heißt natürlich für Herrn Steinbach, hat. Ich muß mir den Kerl einmal genau ansehen."

Sam wollte sich vom Tische entfernen, Sendewitsch aber hielt ihn fest und sagte:

„Bitte, bleiben Sie noch! Vielleicht ist es besser, Sie machen ihn nicht auf sich aufmerksam. Kennen Sie einen Maler Normann?" — „Ja." — „Und zwei Damen Namens Tschita und Zykyma?" — „Auch." — „Und daß Sie auch den Namen Adlerhorst kennen, das weiß ich von Sibirien aus. Es befand sich ja damals ein entflohener Kosak in der Höhle, der ein Deutscher Namens Adlerhorst war." — „Georg Adlerhorst," nickte Sam. „Das ist richtig. Aber warum fragen Sie mich nach diesen Leuten?" — „Es droht ihnen vom Pascha Gefahr. Tschita und Zykyma sollen geraubt werden." — „Geraubt? Meint der Kerl etwa, daß er sich in Asien befindet, wo so etwas möglich ist? Hier mag er es nur bleiben lassen! Woher wissen Sie es denn? Erzählen Sie, bitte, erzählen Sie!"

Der jetzige türkische Oberst erzählte nun, wie er dazu gekommen sei, den Horcher zu machen. Sam hörte ihm aufmerksam zu, stand dann auf, stellte sich an die zum ersten Wartezimmer führende Thür und sah sich den darin Befindlichen an.

„Lassen Sie sich nicht sehen!" warnte Sendewitsch. — „Keine Sorge! Ich bin ein alter, erfahrener Frosch und weiß ganz genau, wann ich zu quaken habe und wann nicht."

Er hatte sich so gestellt, daß er von Ibrahim nicht

gesehen werden konnte. Als er sich dann wieder niedersetzte, meinte er:

„Also das ist der Kerl! Dieses Gesicht will ich mir sehr genau merken. Er scheint auf den nächsten Zug zu warten." — „Wohl nur zur Unterhaltung." — „Möglich! Er wird sich übrigens besser unterhalten, als er ahnt. Es wird ein sehr guter Bekannter von ihm aussteigen, dessen Anblick ihm sicher einen gewaltigen Schreck einjagt." — „Erwarten Sie jemanden?" — „Ja, und zwar einen Menschen, mit dem auch Sie zu thun gehabt haben. Er war früher Derwisch und beteiligte sich damals an unserem Kampfe, als wir die Herren Kosaken so gewaltig hinter das Licht führten. Er hatte sich ihnen angeschlossen. Ich nahm ihn dann gefangen, weil wir eine Rechnung mit ihm auszugleichen hatten, die ihm jetzt noch auf dem Rücken hängt. Er ist noch heute unser Gefangener. Er soll hier eingesperrt werden. Jim und Tim bringen ihn. Ich bin voraus, um ihm das Logis zu besorgen. Steinbach hat ihm eine hübsche Privatwohnung angewiesen. Ich hatte an den hiesigen Schloßkastellan einen Brief abzugeben, infolgedessen der Mann sofort ein sehr sicheres Gewölbe für den Gefangenen in Bereitschaft gesetzt hat." — „Dieser Herr Steinbach ist mir ein großes Rätsel. Ein gewöhnlicher Mann ist er keinesfalls." — „Nein. Als ich mich darüber verwunderte, daß der Gefangene hier auf Schloß Wiesenstein untergebracht werden solle, das bekanntlich dem Prinzen Oskar gehört, äußerte er, daß der Prinz ein guter Freund von ihm sei. Also kann er kein ordinärer Kerl sein." — „Und Sie wissen genau, daß dieser Derwisch mit dem nächsten Zuge kommt?" — „Gewiß." — „Der Pascha kennt ihn so genau, daß er ihn erkennen muß?" — „Ja. Sie sind sehr eng verbündet." — „So muß ich ihn beobachten." — „Thun Sie das. Vier Augen sehen mehr als zwei. Horch! Es läutet bereits. Der Zug kommt!"

Das Glockenzeichen war gegeben worden, und die

M. E.

anwesenden Gäste traten auf den Perron, der Pascha auch.

Sam war natürlich auch hinausgegangen. Der Oberst hielt sich etwas zurück. Er wollte den Pascha nicht merken lassen, welche Teilnahme er ihm und dem zu erwartenden Vorgange widmete.

Der Zug fuhr ein, und die Reisenden stiegen aus. Aus dem Fenster eines separaten Coupés blickte das scharfgezeichnete, hagere Gesicht Jims. Sam bemerkte es und eilte auf ihn zu.

„Nun, alles in Ordnung?" fragte er. — „Ja." — „So steigt aus! Heraus mit ihm!"

Jim stieg voran, ihm folgte Florin, und dann kam Tim hinterher gestiegen.

Der einstige Kammerdiener sah keineswegs leidend aus. Man hatte ihn nicht gepeinigt. Aber er war scharf gefesselt. An Händen und Füßen hingen klirrende Ketten, und die ersteren wurden überdies durch einen Eisenstab auseinander gehalten, sodaß sie einander nicht genähert werden konnten. Das machte jeden Fluchtversuch zu einem ganz aussichtslosen Unternehmen.

„Wohin?" fragte Jim. — „Hinauf in das Schloß," antwortete Sam. „Bringt ihn zum Kastellan, der schon auf euch wartet. Ich habe hier noch etwas zu thun, werde aber baldigst nachkommen. Also, macht fort!"

Die ausgestiegenen Passagiere hatten den Perron meist schon verlassen. Nur wenige befanden sich noch da, mit ihrem Handgepäck beschäftigt. Auf den Gefangenen hatte noch niemand acht gehabt.

Sam trat zurück, um den Pascha zu beobachten, der ahnungslos nach der anderen Seite blickte. Oberst Sendewitsch war langsam näher gerückt und stand nun, an einen aus der Mauer hervorragenden Pfeiler gelehnt, ganz nahe seitwärts hinter dem Pascha.

Dieser wollte nun wohl den Perron verlassen. Er drehte sich um. Da fiel sein Auge auf Florin. Er stutzte. Dann sah man es wie einen großen Schreck über

M. E.

sein bärtiges Gesicht zucken. Er trat rasch einige Schritte vor, sodaß Jim und Tim mit dem Gefangenen an ihm vorüber mußten.

Er hatte den letzteren erkannt. Es war nun seine Absicht, auch von ihm erkannt zu werden. Aber der Vollbart und die Brille mit ihren blauen Gläsern entstellten ihn. Den Bart konnte er nicht entfernen, aber die Brille nahm er ab.

Der Blick des Gefangenen war auf ihn gefallen, als er so eilig vortrat. Florin stutzte. Sein Auge bohrte sich in das Gesicht des Paschas. Es zuckte wie Freude über sein Gesicht, wie eine mit großem Erstaunen gemischte Freude. Er wandte sein Gesicht ab, als ob er den Pascha gar nicht sehe. Aber im Vorüberschreiten sagte er vernehmlich:

„Beni kurtar, jokſa ſen kajb!"

Weder Jim noch Tim nahmen an, daß diese fremden Worte dem ihnen gänzlich unbekannten Pascha galten.

„Halt's Maul, Kerl!" meinte der erstere. „Wenn du reden willst, so sprich deutsch oder englisch, was wir verstehen!" — „Jakynda, tschok, jakynda!" rief Florin, scheinbar als Antwort auf Jims Rede. — „Schweig'! Der Teufel mag dein Gewäsch hören!"

Sie schritten mit ihm weiter.

Der Pascha stand noch eine ganze Weile bewegungslos. Er hatte noch immer mit seinem Erstaunen zu thun. Endlich setzte er sich in Bewegung und verließ den Bahnhof, ohne auf Sam und Sendewitsch zu achten. Er hatte gar nicht bemerkt, daß beide zu einander und auch zu dem Gefangenen in Beziehung standen.

Jetzt trat Sam zu dem Obersten und sagte:

„Haben Sie ihn sprechen hören? Ich möchte wetten, daß seine Worte an den Pascha gerichtet waren." — „Da haben Sie freilich recht." — „Leider habe ich von dem Kauderwelsch kein Wort verstanden. In welcher Sprache mag es gewesen sein?" — „In der türkischen. Er wußte, daß die beiden Transporteure sie nicht verstehen würden."

M. E.

— „Verdammt! Wenn man nur wüßte — ah, Sie sind ja jetzt türkischer Offizier. Sollten Sie nicht ein wenig verstehen?" — „Ich spreche das Türkische sehr gut." — „Prächtig! So haben Sie vielleicht die Worte

dieses Halunken verstehen können?" — „Natürlich. Er sagte: Beni kurtar, jokfa fen kajb. Das heißt: ‚Rette mich, sonst bist du verloren', und dann Jakynda tschok jakynda, das ist: ‚Rasch, sehr rasch!' Er mahnte also zur

M. E.

Eile." — „Schön, sehr schön! So eilig, wie er es meint, haben wir es freilich nicht. Sahen Sie, wie der Pascha erschrak?" — „Ja." — „Er nahm die Brille ab, jedenfalls in der Absicht, besser erkannt zu werden. Jetzt läuft er den dreien nach, wohl um zu sehen, wohin sein Freundchen gebracht wird. Wollen hinterher, um ihn zu beobachten."

Sie folgten in sicherer Entfernung und überzeugten sich, daß er den drei Männern so weit folgte, bis er sah, daß sie in das Portal des Schlosses traten. Dann kehrte er um. Er bemerkte die beiden nicht, weil sie schnell seitwärts hinter eins der Boskets getreten waren, die zu beiden Seiten des Schloßweges standen. Er schritt eiligen Laufes an demselben vorüber.

„Der hat es notwendig!" lachte Sam. „Ich möchte wohl wissen, was er thut." — „Ich glaube, es Ihnen sagen zu können. Er läuft nach dem Pavillon, in dem ich ihn belauschte, um den Agenten zu bestellen. Ich wette, daß er ihm die Aufgabe stellt, den Gefangenen zu befreien." — „Möglich. Wollen wir zuhören?" — „Natürlich!" — „Schön! Wir gehen miteinander. Vorher aber muß ich ins Schloß. Ich habe die Sorge für den Gefangenen übernommen und will mich überzeugen, ob er sich in Sicherheit befindet. Wo treffen wir uns?" — „Ich promeniere hier auf und ab." — „Schön! Ich werde mich beeilen."

Sendewitsch hatte nicht lange zu warten, bis Sam wiederkehrte; dann schritten sie in das Städtchen hinab.

„Kennen Sie diesen Ort, den Sie Oskars Ruhe nannten?" fragte Sam. — „Nein. Ich bin ja, wie bereits erwähnt, erst seit gestern hier." — „Und ich kam erst heute früh. Wir müssen uns erkundigen. Dann gehen wir nach dem Pavillon."

Sie erfuhren sehr leicht den Weg, der nach Oskars Ruhe führte, und schlenderten sodann nach der Gegend, in der der Pavillon lag. Dort schritten sie in den

Promenaden auf und ab, bis sie sahen, daß der Pascha das Restaurant verließ, und traten dort ein.

Natürlich suchten sie sofort nach der Norddeutschen Allgemeinen und fanden auf dem weißen Rande derselben eine mit Bleistift geschriebene Drei.

„Also das heißt, um drei Uhr zum Stelldichein," meinte Sam. „Wir werden teilnehmen."

---

## 45. Kapitel.

Der Agent Schubert war, als er sich von dem Pascha getrennt hatte, zunächst in einige Geschäfte gegangen, um Einkäufe zu machen. Er ordnete an, daß man ihm die Gegenstände nach dem Hotel zum Schwan bringe.

Es war Wäsche und ein neuer Anzug. Er wußte gar wohl, was ihm notwendig war.

Im Hotel angekommen, verlangte er ein besseres Zimmer. Er hatte jetzt Geld und konnte sich zeigen. Als die Sachen angekommen waren, kleidete er sich um und begab sich dann, strahlend vor Eleganz, in den Gastraum, wo einige der hier wohnenden Badegäste bereits beim zweiten Frühstücke saßen.

Er selbst aß nicht, sondern ließ sich ein Glas Wein geben, zahlte sofort und gab dem Kellner ein Trinkgeld, über dessen Höhe der dienstbare Geist in das größte Erstaunen geriet, denn der Agent hatte sich niemals von dieser angenehmen Seite gezeigt.

Er erreichte vollkommen, was er damit bezweckte, denn schon in wenigen Minuten hatte ihm der Kellner offenbart, daß ein Maler Namens Normann mit seiner Gattin Tschita und einer Freundin oder Verwandten derselben, die Zykyma genannt werde, eine von ihm gemietete Villa bewohne und zuweilen den Besuch eines

M. E.

Duzfreundes erhalte, den er Hermann nenne und der ein zum Schlosse gehöriges Parkhäuschen gemietet habe.

Der Agent legte nach erhaltener Auskunft ein zweites Trinkgeld auf den Tisch, worauf der doppelt erstaunte Kellner ihn seiner tiefsten Verschwiegenheit versicherte, und verließ dann, als er seinen Wein getrunken hatte, das Hotel, um der Gegend zuzuspazieren, in der Normann wohnte. Er wollte rekognoscieren.

Am liebsten hätte er den Maler unter irgend einem Vorwande besucht; doch kam er von diesem Gedanken ab. Bei allem, was geschah, mußte er seine Person im Dunklen halten.

Er promenierte also nur an der Villa vorüber und warf ihr dabei verstohlene Blicke zu. Er bemerkte nichts Auffälliges und sah auch keinen Menschen weder im Garten noch an einem Fenster.

Nun bog er in eine Nebenstraße ein. Da stand eine kleine, rund von einem hübschen Gärtchen umgebene Villa, an deren vorderem Zaune eine Tafel errichtet war, auf der zu lesen stand: „Hier ist das möblierte Parterre zu vermieten und kann sofort bezogen werden."

„Ah, das paßt!" dachte er. „Beide Grundstücke stoßen aneinander. Geld habe ich genug. Die beiden Damen, auf die es abgesehen ist, wohnen da drüben. Es kann nicht besser passen. Ich miete dieses Parterre und ziehe her."

Er ging hinein und hatte das Geschäft schnell abgeschlossen. Die kleine Villa gehörte der Wittwe eines Beamten. Sie wohnte mit ihrer Schwester in dem Obergeschoß. Außer diesen Beiden und einem Dienstmädchen war niemand vorhanden. Diese drei Personen konnten ihm wohl nicht hinderlich sein.

Jetzt begab er sich in das Hotel zurück und gab Befehl, seine Effekten nach der neuen Wohnung zu schaffen. Dann begab er sich nach dem Pavillon.

Er erwartete zwar nicht, bereits jetzt eine Notiz des Pascha zu finden; aber es war einmal ausgemacht

M. E.

worden, zur Mittagszeit nachzuschauen, und in solchen Dingen war er von peinlicher Genauigkeit.

Als er dort eintrat, befanden sich mehr Gäste da als am Vormittage. Er achtete nicht auf sie. Er setzte sich, ließ sich eine kleine Erfrischung geben und verlangte die Norddeutsche Allgemeine Zeitung, die jetzt zwar von einem anderen gelesen, ihm aber bald gebracht wurde.

Hinten in der Ecke saßen Sam und Sendewitsch. Sie beobachteten ihn genau.

„Jetzt bekommt er das Blatt," meinte der Dicke. „Passen Sie auf sein Gesicht auf."

Beide bemerkten sehr deutlich, daß er die Ziffer sah. Es ging etwas wie ein leises Erstaunen über sein Gesicht. Er hielt sich nicht lange auf und verließ das Lokal sehr bald.

„Wollen wir ihm nach?" fragte Sendewitsch. — „Nein. Wir würden doch nichts merken. Jetzt müssen wir vor allen Dingen besorgt sein, die beiden Kerle zu belauschen. Dazu ist erforderlich, daß wir vor ihnen an Ort und Stelle sind. Kommen Sie."

Links führte von Wiesenstein aus der Weg zum Schlosse empor, rechts vom Städtchen, auf der anderen Seite erhob sich eine zweite, bewaldete Höhe, die etwas niedriger als der Schloßberg war. Auf ihrem Gipfel befand sich eine kleine, runde, gelichtete Stelle, auf der einige Bänke angebracht worden waren, da man von hier aus eine hübsche Fernsicht hatte und auch das gegenüber liegende Schloß malerisch vor sich sah.

Das war Oskars Ruhe.

Die beiden Männer stiegen langsam und gemächlich hinauf.

Als sie oben angekommen waren, schlüpften sie von dem freien Platze fort und setzten sich so nieder, daß sie durch Baumstämme verdeckt waren.

Der Agent kam zuerst. Er blickte sich auf dem Platze um und trat unter die Bäume.

Sam und Sendewitsch schlichen sich von Stamm zu

Stamm ihm nach. Er schien auch sehr vorsichtig zu verfahren, denn er blickte sich öfters um, aber ohne sie zu bemerken.

Endlich verschwand er hinter einer Felsecke, hinter der er erst nach einigen Minuten hervorkam, um sich wieder nach dem freien Platze zu begeben.

Jetzt huschten auch Sam und sein Begleiter um die Felsecke herum.

„Wir setzen uns da herauf!" sagte Sam und deutete auf den Felsen. Dieser stieg wohl um vierzig Fuß hoch empor und hatte in der Höhe von fünf Metern einen ziemlich breiten Absatz, der mit weichem Moose bewachsen war.

Es standen hohe Farrenbüschel rund umher. Sam sammelte einige, dabei aber jede Spur genau verwischend, brachte sie herbei und warf sie auf den Felsabsatz hinauf.

„So!" sagte er. „Das giebt ein Buschwerk, hinter dem wir uns verstecken. Klettern wir hinauf!"

Der Blick des Obersten fiel bedenklich auf Sams Leibesumfang. Dieser bemerkte jedoch lächelnd:

„Haben Sie keine Sorge. Ich bin noch an ganz anderen Orten emporgeklettert. Es ist leichter, als Sie denken."

Und er hatte recht, denn nachdem der Oberst auf Sams Schulter gestiegen und auf diese Weise sehr schnell hinauf gekommen war, verstand es Sam, als er von dem Oberst an dem Gürtel heraufgezogen wurde, sich so leicht zu machen, als ob er ein Schulkind sei.

Als sie nun oben saßen, wurden die Farrenkräuter so geordnet, daß sie eine genügende Deckung boten.

Endlich hörten sie Schritte und Stimmen.

„Wo ist's denn?" fragte der Pascha. — „Gleich hinter dem Felsen."

Sie kamen um die Ecke. Der Pascha sah sich um und meinte in zufriedenem Tone:

„Der Platz ist vortrefflich. Hier kann uns kein Mensch beschleichen." — „Nein; hier sind wir freilich

M. E.

Sam und Sendewitsch belauschen den Pascha. (Seite 626.)

sicher." — "Also lassen wir keine Zeit verstreichen. Es ist mir etwas widerfahren — oder vielmehr, es hat sich etwas ereignet, was es notwendig machte, mit Ihnen zu reden. Erinnern Sie sich des Derwisches, von dem ich Ihnen erzählte?" — "Ja. Hatte er nicht den Vermittler zwischen Ihnen und dem Mädchenhändler gemacht, als Sie Tschita kauften?" — "Ja. Denken Sie sich, er ist hier und zwar als Gefangener." — "Das ist freilich etwas ganz Ungewöhnliches." — "Mir fuhr der Schreck in alle Glieder." — "Haben Sie denn Veranlassung, zu erschrecken?" — "Leider ja. Der Derwisch muß unbedingt befreit werden, sonst bin ich verloren!" — "Das klingt wirklich gefährlich! Sagen Sie mir doch, warum das Schicksal dieses Derwisches einen solchen Einfluß auf das Ihrige haben kann!" — "Weil — weil — weil wir Verbündete sind. Sie sind einmal mein Vertrauter und Helfer geworden, und so will ich Ihnen sagen, daß es sich um eine Blutrache gegen einen Deutschen handelte. Er war mein Werkzeug. Ich kann nicht fort, ohne den Derwisch befreit oder wenigstens für mich unschädlich gemacht zu haben." — "Hm! Die Sache hat ihre ganz besonderen Schwierigkeiten. Weshalb hat man sich denn seiner Person bemächtigt?" — "Das weiß ich nicht." — "Wo ist er arretiert worden?" — "Auch das weiß ich nicht. Man brachte ihn mit dem Bahnzuge. Und es waren zwei lange, dürre Menschen bei ihm." — "Jedenfalls Kriminalbeamte in Civil. Hat er Sie gesehen?" — "Ja, und sogar mit mir gesprochen."

Der Pascha erzählte den Vorgang, so wie derselbe sich ereignet hatte. Der Agent machte eine sehr nachdenkliche Miene und erwiderte:

"Wieviel bieten Sie für die Befreiung dieses Derwisches?" — "Wieviel verlangen Sie?" — "Hm! Es ist das eine Arbeit, deren Lohn sich eigentlich gar nicht bemessen läßt. Doch zuvor noch eins: Ich setze den Fall, ich könnte Ihnen bereits heute sagen, wo Tschita und Zykyma sich befinden, würde ich da zehntausend

Mark erhalten?" — „Sofort. Ich würde sie Ihnen um so lieber bezahlen, je rascher die Sache gegangen ist. Geben Sie mir die Gewißheit, daß Sie sie entdeckt haben, so zahle ich sofort." — „Nun gut. Sie sollen sie sehen!"

Der Pascha stieß einen Ruf des Erstaunens aus. „Sehen! Ist's wahr?" fragte er. „So befinden sie sich hier in Wiesenstein?" — „Zufälligerweise alle beide, und der Maler Normann ist auch hier." — „Schön! Vortrefflich!" — „Auch glaube ich, diesen Hermann Adlerhorst entdeckt zu haben. Ich hatte freilich noch nicht Zeit, mich zu überzeugen, ob meine Vermutung richtig ist. Aber ich werde mich im Laufe des Nachmittages genau erkundigen. Und was diesen Steinbach betrifft, so weiß ich wohl auch, wer er ist. Sie sehen, daß Sie sich an den rechten Mann gewandt haben." — „So lange, lange Zeit habe ich vergeblich gesucht, und kaum bin ich mit Ihnen einig geworden, so sind Sie bereits am Ziele. Also wer und wo ist dieser Steinbach?" — „Höchst wahrscheinlich ist er Prinz Oskar." — „Prinz Os—!" rief der Pascha, indem er vor Erstaunen vergaß, den Namen vollständig auszusprechen. — „Ja, der Bruder unseres Großherzoges." — „Alle Teufel! Wie kommen Sie auf diese Vermutung?" — „Erstens stimmt Ihre Personalbeschreibung ganz genau auf ihn. Zweitens sagten Sie ja selbst, daß er ein Diplomat, und zwar ein bedeutender, sein müsse. Und endlich ist Ihr Derwisch auf das Schloß geschafft worden, wohin der Prinz nächster Tage aus Petersburg ankommen wird. Er scheint also die Untersuchung in die Hand nehmen zu wollen." — „Donnerwetter! So muß der Derwisch fort. Ich bin verloren, wenn der Prinz demselben ein Geständnis erpreßt." — „Befreien wir ihn also! Es ist Gefahr im Anzuge. Wir dürfen keine Zeit verlieren." — „Ich werde sofort beginnen. Gleich jetzt, wenn unsere Unterredung beendet ist, werde ich Erkundigungen einziehen und auch im Schlosse selbst rekognoszieren." — „Thun

Sie, was Sie wollen. Doch wann werden Sie mir die beiden Frauenzimmer zeigen?" — "Heute abend. Kommen Sie nach Eintritt der Dunkelheit in den Pavillon. Uebrigens will ich Ihnen gleich jetzt sagen, daß Tschita verheiratet ist." — "Beim Teufel! Ist's wahr?" brauste der Pascha auf. "Wer ist ihr Mann?" — "Eben jener Maler Normann." — "Diesen Kerl bringe ich um. Ist etwa Zykyma auch verheiratet?" — "Ich glaube nicht." — "Das ist ihr Glück. Ich habe einen Haß, einen Grimm in mir, den ich gar nicht beschreiben kann. Ist nur erst dieser Derwisch befreit, so werde ich meine Rache beginnen. Haben Sie mir jetzt noch etwas zu sagen?" — "Nein. Aber wir sind uns noch nicht einig über die Summe, die Sie für die Befreiung des Derwisches bezahlen wollen." — "Machen wir es kurz. Ich habe keine Lust, um die Sache zu feilschen. Ich gebe Ihnen gerade so viel, wie die bereits vereinbarte Rate beträgt, zehntausend Mark. Sie verdienen an mir in Summa fünfunddreißigtausend Mark. Ist Ihnen das nicht genug, so trete ich zurück." — "Bitte, bitte, nicht so eilig! Wann würden Sie die Summe zahlen?" — "In dem Augenblicke, in dem Sie mir den Derwisch bringen, eher natürlich nicht." — "So bin ich einverstanden. Also heute abend im Pavillon. Jetzt werde ich mich zunächst auf das Schloß verfügen. Leben Sie wohl!"

Sie verabschiedeten sich und gingen.

"Gelungen, gelungen!" meinte Sendewitsch. "Das war Wichtiges, was wir erfahren haben." — "Sehr Wichtiges sogar!" nickte Sam, indem er tief und befriedigt Atem holte. — "Was werden wir thun?" — "Zunächst werde ich mich von Ihnen trennen. Der Agent will gleich nach dem Schlosse, und ich muß noch vor ihm dort sein, um meine Befehle zu erteilen. Er muß irre geführt werden. Ich bin gezwungen, hier schnell mitten durch den Wald zu brechen. Kommen Sie, ich werde Sie herablassen."

Sam half dem Obersten von dem Felsvorsprunge

herab und sprang dann trotz seiner Korpulenz ganz leicht und gewandt nach.

„So!" sagte er. „Und sagen Sie mir noch eins! Wo logieren Sie?" — „Im Hotel zur Krone." — „Und ich im Schlosse. Sie brauchen dort nur nach mir zu fragen, wenn Sie mich sprechen wollen. Wir wissen uns also zu finden. Jedenfalls suche ich Sie noch vor Abend auf, um die beiden Kerle zu belauschen. Ich muß erfahren, wo dieser Maler Normann wohnt. Sicherlich gehen die Schurken heimlich zu ihm, weil Tschita dort zu treffen ist. Adieu."

Sam ging.

Glücklicher Weise standen die Bäume hier nicht so dicht, daß sie ihm ein Hindernis bereitet hätten. Auch gab es kein Unterholz. So sprang er geradeswegs die Berglehne hinab und durch den Wald, als ob er einen Hasen erjagen wollte, und erreichte in dieser pfadlosen Richtung die Stadt viel eher, als der Agent sie auf dem sich vielfach windenden Wege erreichen konnte.

Von da schritt er möglichst eilig zum Schlosse hinauf und suchte den Kastellan, den er in das Vertrauen ziehen mußte. Beide ließen sodann den Schließer kommen, dessen Häuschen jenseits des Schloßhofes am Eingange zum Parke stand.

Er war Soldat gewesen, ein alter Schlaukopf und treuer Diener seines Herrn, dem er viel zu verdanken hatte. Als er von der Unterredung zurückkehrte, funkelten seine Augen vergnügt. Es gab hier einmal etwas, worüber er sich freute, einen berühmten Kriminalbeamten und schlechten Kerl an der Nase herumzuführen.

---

## 46. Kapitel.

Der Schließer hatte kaum sein Häuschen erreicht, so trat der Agent durch das vordere Thor, sah sich im

Hofe um, in dem sich augenblicklich kein Mensch befand, schritt über denselben hinweg und wollte sodann in den Park hinaus.

Da öffnete der Schließer sein Fenster und fragte:

„Wohin, mein Herr?" — „In den Park." — „Das ist jetzt verboten. Von heute an ist es untersagt. Erst gestern sind uns wieder eine ganze Zahl der schönsten Bäumchen umgeschnitten worden. Nun darf niemand mehr ohne Begleitung hinein." — „Wer geht da mit?" — „Zuweilen ich, zuweilen andere, wer gerade so Zeit dazu hat."

Das war dem Agenten eben recht. Er hatte ja nicht die Absicht, allein zu sein. Er suchte jemand, mit dem er reden, bei dem er sich erkundigen konnte. Darum sagte er:

„So bitte, kommen Sie! Es soll mir auf ein gutes Trinkgeld nicht ankommen."

Der Schließer kam heraus und begleitete den Agenten, sich in respektvoller Weise immer einen Schritt zurückhaltend. Dabei erklärte er ihm Verschiedenes und benutzte auch eine Gelegenheit zu folgender Expektoration:

„Ist es nicht unrecht, das Publikum von dem Genusse des Parkes auszuschließen? Wer verkehrt denn hier? Die anständigen Badegäste, die uns Nahrung und Verdienst bringen. Solche Leute schneiden keine Bäume nieder. Ich vermute stark, daß die losen Buben des Kastellans es gewesen sind. Wenn nun der Prinz kommt, wird es noch viel schlimmer hier. Herrenbrot ist saures Brot!"

Der Agent blickte dem Schließer forschend in das mißmutige Gesicht. Es schien, daß er hier glücklicherweise einen Mann gefunden habe, der zu gebrauchen war. Er freute sich darüber, ließ sich das aber nicht merken, sondern sagte in einem beinahe zurechtweisenden Tone:

„Dürfen Sie denn in dieser Weise sprechen?" —
„Warum nicht? Ja, mit dem durchlauchtigsten Herrn wäre wohl ganz gut auszukommen, aber die Zwischen-

personen, die Zwischenpersonen! Die machen es sich leicht, während unsereinem alles, alles aufgebürdet wird. Ich habe mich schon längst nach einer anderen Stelle umgesehen." — „Werden Sie denn wieder so eine finden?" — „So eine? Allemal! Ich habe hier mit sechzig Mark eine zahlreiche Familie zu ernähren. Einen Pfennig für das Alter kann ich mir nicht sparen. Und wenn nun gar einmal etwas Unvorhergesehenes eintritt, wie jetzt bei mir, so ist man rettungslos bloßgestellt, und vielleicht gar noch der Schande preisgegeben." — „Was ist Ihnen denn geschehen?" — „Mir eigentlich nicht, aber meinem Schwiegersohne. Der ist nämlich Bäcker und — aber da schwatze ich solche Sachen, die Sie gar nicht interessieren können." — „O doch! Ich interessiere mich stets für meine armen, leidenden Mitmenschen."

Der Schließer warf dem Agenten einen warmen, dankbaren Blick zu und meinte:

„Das ist ein Zeichen, daß Sie ein gutes Herz besitzen, was man leider jetzt so selten findet. Mein Schwiegersohn nämlich war arm, und ich habe meiner Tochter natürlich nichts mitgeben können. Da ist denn alles auf Kredit unternommen worden, und zuletzt hat mein Schwiegersohn einen Wechsel unterschreiben müssen; der ist übermorgen fällig, aber kein Pfennig ist zur Bezahlung vorhanden." — „O weh! Wie hoch ist die Summe?" — „Fünfzehnhundert Mark." — „Nun, das ist ja doch kein Königreich!" — „Für Sie nicht; für uns aber ist es unerschwinglich. Man wird meinen Schwiegersohn mit seinen Kindern aus dem Hause jagen. Was soll dann geschehen! Ich weiß weder ein noch aus. Ich bin bereits von Pontius zu Pilatus gelaufen, aber Hülfe finde ich nicht. Ich habe sogar an den Prinzen schreiben wollen. Der würde vielleicht helfen. Aber der Kastellan duldet das nicht. Er sagt, daß er mich fortjagen werde, wenn ich den durchlauchtigsten Herrn mit meiner Bettelei belästige." — „Das ist freilich sehr schlimm für Sie." — „Ich bin so voller Wut, daß ich gleich aus der Haut fahren könnte! Keine Rettung, keine Hülfe! Und dabei immer mehr Arbeit und mehr Verantwortung! Jetzt muß ich gar noch die Leute im Park herumführen und trotzdem alle meine andere Arbeit besorgen!" — "Na, na! Ich werde Ihnen ein gutes Trinkgeld geben." — "Bitte, gegen Sie persönlich war das nicht gerichtet. Es kommen noch ganz andere Sachen. Da haben sie zum Beispiel heute einen Gefangenen gebracht, den ich auch noch bewachen soll. Alle zwei Stunden des Nachts soll ich in sein Loch sehen, um mich zu überzeugen, daß alles in Ordnung ist. Denken Sie sich, alle zwei Stunden. Nun nehmen sie mir auch das bißchen Schlaf!" — "Ein Gefangener? Ist denn das Amtsgefängnis hier im Schlosse?" — "Nein. Das ist unten in der Stadt." — "Was hat denn da ein Gefangener hier auf dem Schlosse zu thun?" — "Das weiß der Teufel. Es ist gerade so, als ob man ihn nur heraufgebracht habe, um mich zu turbieren." — "Was ist es denn für ein Kerl? Ein Dieb?" — "Wohl nicht. Der sieht mir nicht wie ein Dieb aus. Er scheint guter Leute Kind zu sein und kann mir sehr leid thun." — "Wo steckt er denn?" — "Unten im Keller, in einem finsteren Gewölbe. Denken Sie sich. Er ist doch auch ein Mensch." — "Allerdings. Aber da besinne ich mich. Ich war heute auf dem Bahnhofe. Es kam mit dem Zuge ein Gefangener an. Vielleicht ist es dieser. War er in Eisen geschlossen?" — "Ja." — "Zwei lange, hagere Kerle haben ihn gebracht?" — "Ja. Das sind auch die richtigen. Die haben sich benommen, als ob sie die Herren des Schlosses seien. Eigentlich sind sie es, die ihn zu bewachen haben. Wenn ich diesen Kerlen einen Schabernack spielen könnte!"

Das Herz des Agenten hüpfte vor Freude. Das machte sich ja viel, viel besser, als er hatte für möglich halten können. Er forschte:

"Haben diese Sie denn so schwer beleidigt?" — "Ja. Ich will nicht davon sprechen. Aber ich habe dieses Leben satt. Man will doch auch wissen, wofür und wozu man lebt. Wenn ich nur wenigstens Hülfe für meinen Schwiegersohn finden könnte!" — "Hm! Die Gaben fallen nicht vom Himmel herab; sie müssen verdient werden. Wer fünfzehnhundert Mark braucht, der muß sich eben umsehen, ob er einen Menschen findet, von dem er sie haben kann. Nur darf man eben nicht denken, daß man eine solche Summe ohne Mühe und ganz umsonst bekommen kann." — "Das wird auch kein Mensch verlangen." — "Nun, wenn Ihnen jetzt jemand dieses Geld geben wollte, was würden Sie ihm dafür bieten?" — "Bieten? Hm! Ich habe leider nichts." — "Vielleicht doch! Sie haben etwas, wofür man vielleicht fünfzehnhundert Mark geben würde." — "Sapperment! Was wäre das?" — "Das ist sehr leicht, aber auch sehr schwer gesagt. Ich weiß nicht, ob Sie verschwiegen sind." — "Verschwiegenheit muß unsereiner schon gelernt haben. Da können Sie sich beruhigen!" — "So! Da müßte ich Ihnen zunächst sagen, daß Sie die Unterstützung nicht direkt von mir erhalten werden. Es handelt sich um einen Herrn, einen sehr hohen Herrn, dem Sie die Hülfe zu verdanken haben werden." — "Wer ist es?" — "Jetzt darf ich seinen Namen noch nicht nennen, da ich nicht weiß, ob Sie auf seine Absichten eingehen werden." — "Ich thue alles, was er von mir verlangt." — "Es ist nur eine kleine Gefälligkeit, die sich auf den Gefangenen bezieht." — "Ist's gefährlich, Herr?" — "Wenn man es richtig anfaßt, nicht. Der betreffende Herr wünscht nämlich — hm! Erraten Sie es nicht?" — "Soll der Gefangene etwa befreit werden?" — "Wenn man das von Ihnen verlangte, was würden Sie dazu sagen?" — "Daß ich mich nicht damit abgeben kann." — "Nun gut, so will ich Ihnen einen Vorschlag machen. Sprechen wir zunächst nicht von einer Flucht des Gefangenen. Ich will Sie einstweilen lieber fragen, ob es nicht möglich zu machen ist, einmal mit ihm zu reden." — "Das wird schwer sein." — "Ich biete Ihnen dreihundert Mark dafür." — "Dreihundert Mark können meinen Schwieger-

M. E.

sohn nicht retten." — „Das kann ich mir wohl denken, aber einmal mit dem Gefangenen sprechen, das ist nicht so viel wie ihn befreien. Uebrigens ist damit nicht gesagt, daß wir uns und auch Sie sich damit begnügen müßten. Sie werden sich die Sache überlegen und später vielleicht bereit sein, das zu thun, was Sie jetzt nicht thun wollen. Bedenken Sie dabei, daß es ganz und gar kein Wagnis ist, wenn Sie es uns ermöglichen, einmal mit dem Gefangenen zu reden." — „Hm! Ja, wenn es verschwiegen bliebe!" — „Meinen Sie, daß wir selbst so dumm sein würden, es zu verraten?" — „Wohl nicht. Was haben Sie denn mit ihm zu reden?" — „Nur Familiensachen." — „Also nichts Gefährliches?" — „Ganz und gar nicht." — „Dreihundert Mark! Das sind hundert Thaler! Auch schon ein Geld! Und ich bin arm, so arm. Lieber Herr, ich könnte mich wohl dazu entschließen, wenn ich die Bedingung machen dürfte, daß ich mit dabei sein kann." — „Natürlich!" — „Ich muß mich überzeugen können, daß nichts Unrechtes vorgenommen wird. Dazu ist meine Gegenwart nötig. Und noch eins: Sie müssen mir versprechen, daß Sie wirklich nichts anderes beabsichtigen, als nur mit ihm zu sprechen." — „Um Sie darüber zu beruhigen, gebe ich Ihnen mein Ehrenwort, daß wir bloß mit ihm sprechen werden. Genügt Ihnen das?" — „Ja. Also der betreffende Herr, den Sie nicht nennen wollen, kommt auch mit?" — „Natürlich bringe ich ihn mit. Er ist ja die Hauptperson. Wo wird die Unterredung stattfinden?" — „Kommen Sie Punkt ein Uhr an das kleine Pförtchen der Gartenmauer, das nach dem Schloßberge führt. Ich werde mich dort einfinden." — „Schön! Ich verlasse mich darauf. Und damit Sie sehen, daß wir prompt bezahlen, will ich Ihnen hiermit hundert Mark geben. Die anderen zweihundert erhalten Sie, wenn die Unterredung beendet ist."

Der Agent zog die Hundertmarknote aus der Brusttasche und gab sie dem Schließer. Dieser zeigte ein ganz

entzücktes Gesicht und bedankte sich in den lebhaftesten
Ausdrücken bei ihm. Dann meinte er:

„Bitte, gehen Sie nicht durch den Schloßhof. Es
ist besser, wenn man Sie gar nicht sieht. Ich werde

Sie durch das vorhin erwähnte Pförtchen hinauslassen.
Sie können sich dasselbe gleich merken, damit Sie es im
Finstern finden."

Der Schließer führte den Agenten in den Garten

M. E.

zurück und ließ ihn durch die kleine Mauerpforte hinaus, die er wieder hinter ihm verschloß.

„Vortrefflich!" sagte der Agent zu sich, als er den Schloßberg hinabging. „Daß die Sache so schnell und so gut klappen würde, habe ich mir freilich nicht gedacht. Daß wir mit dem Derwisch reden können, ist bereits tausend Mark wert. Dieser alte Schließer wird schon noch die Hand zur wirklichen Flucht bieten."

---

### 47. Kapitel.

Der Agent bemerkte gar nicht, daß ihm zwei Männer folgten, die nicht neben, sondern hintereinander gingen. Da seine Sendung so vortrefflich geglückt war, beschloß er, zur Feier dieses Erfolges eine Flasche Wein zu trinken, und trat in ein Etablissement, das zwar nicht zu den glänzend eingerichteten gehörte, aber dadurch bekannt war, daß man dort einen echten und unverfälschten Tropfen bekomme.

Die beiden Männer sahen ihn hineingehen. Der vordere von ihnen blieb stehen und wartete bis der hintere herankam.

„Es geht vortrefflich," sagte er. „Dieser kleine, dicke Sam Barth ist ein Schlaukopf, der selbst uns Geheimpolizisten zu raten aufgeben könnte. Auf seinen Plan muß dieser Agent Schubert unbedingt hereinfallen. Ich gehe voran. Du kommst nach, aber nicht sofort, denn das könnte ihm auffallen und als eine abgekartete Sache erscheinen. Eine Viertelstunde mußt du vergehen lassen."

Derjenige, der diese Worte gesprochen hatte, war ein beleibter Herr von mittleren Jahren. Er hatte das Aussehen eines gut situierten Bürgers, der in behaglichen Verhältnissen lebt. Für einen Geheimpolizisten aber hätte ihn wohl nicht so leicht jemand gehalten.

M. E.

Eben als er in den Flur des Hauses trat, kam der Wirt desselben zur Hofthür herein. Er wollte den Gast mit lautem Rufe bewillkommnen; dieser aber winkte ihm mit der Hand Schweigen zu und flüsterte:

"Pst! Keinen Namen nennen! Sind viele Gäste drinnen?" — "Nein; nur ein einziger. Die Leute kommen erst zu späterer Stunde." — "Gut! Dieser Mann darf nicht ahnen, wer ich bin und wie ich heiße." — "Ah! Ein Fang?" fragte der Wirt, indem er pfiffig lächelte und dabei ein Auge zukniff. — "Ja. Begrüßen Sie mich mit dem Namen Weber. Ich bin Getreide- und Mehlhändler."

Der Wirt nickte zustimmend und trat in die Gaststube. Der Polizist verzog noch eine Minute und folgte ihm dann nach.

Der Raum war niedrig und klein. Er faßte nur so wenige Tische, daß man an dem einen ganz gut hören konnte, was an dem andern gesprochen wurde.

Das paßte dem Polizisten. Er grüßte höflich und setzte sich an einen Tisch, der demjenigen des Agenten am nächsten stand. Der Wirt begrüßte ihn bei dem angegebenen Namen, brachte ihm das bestellte Glas Wein und fragte dann nach dem Gange der Geschäfte.

Das gab Gelegenheit, den Agenten merken zu lassen, daß der neu eingetretene Gast ein Getreidehändler sei.

Nach einer Weile kam auch der andere Polizist herein. Er that, als sei er überrascht, den vorigen hier zu finden, begrüßte ihn als einen alten Bekannten, setzte sich zu ihm und ließ sich auch ein Glas Wein geben.

Nun unterhielten sich die beiden über Verschiedenes, wobei allerdings vom Handel und Wandel am meisten die Rede war.

"Es geht mir ganz ebenso wie dir," sagte der eine. "Man giebt seine guten Waren oder gar das bare Geld hinaus und bekommt meist faule Wechsel dafür, die man einklagen muß. Ich habe da eine ganze Zahl dieser Wische in der Tasche stecken, von denen ich fast

M. E.

genau weiß, daß sie protestiert werden müssen. Der einzig sichere ist der, den ich dir übermorgen präsentieren werde." — „Mir?" fragte der Händler verwundert. „Wie hoch lautet er denn?" — „Auf fünfzehnhundert Mark." — „Alle Teufel! Das muß ein Irrtum sein." — „O bitte! Du hast ihn acceptiert." — „Was? Ich? Fällt mir gar nicht ein!"

Der angebliche Getreidehändler machte ein sehr erstauntes, ja betroffenes Gesicht. Der andere blickte ihn ebenso verwundert an und meinte:

„Aber er ist doch von dir unterschrieben! Ich kenne deine Handschrift so genau, daß ich mich gar nicht irren kann." — „Wer hat ihn denn ausgestellt?" — „Der Bäcker Franke, weißt du, der Sohn des Schließers oben im Schlosse."

Der Agent konnte jedes Wort der beiden hören. Er hatte ihrer Unterhaltung bisher wenig oder gar keine Aufmerksamkeit geschenkt. Jetzt aber, als von dem Schließer und seinem Sohne die Rede war, horchte er auf.

„Mit dem habe ich allerdings zu thun," sagte der Getreidehändler, „aber nicht so, daß ich einen Wechsel acceptierte. Er ist ganz im Gegenteile mein Schuldner." — „Aber es ist doch deine Handschrift!" — „So ist sie nachgemacht. Zeige ihn einmal her!"

Die beiden thaten so, als ob sie sich in der größten Aufregung befänden. Sie machten ihre Sache so gut und spielten ihre Rollen so natürlich, daß dem Agenten der Gedanke, daß es nur darauf abgesehen sei, ihn zu täuschen, gar nicht kommen konnte. Er war außerordentlich gespannt auf die Entwicklung des Gespräches.

Der Inhaber des Wechsels nahm denselben heraus und zeigte ihn dem Händler. Dieser letztere betrachtete ihn sehr genau und sagte:

„Alle Teufel! Es ist in der That eine Fälschung. Aber die Unterschrift ist so täuschend, so vortrefflich nachgemacht, daß ich glauben könnte, ich hätte sie wirklich geschrieben."

M. E.

Die beiden blickten einander ein Weilchen sprachlos an. Sie schienen sich gar nicht in den Gedanken finden zu können.

„Das ist stark!" stieß endlich der Inhaber des Wechsels hervor. „Aber Menschenkind, wer sollte es denn wagen, deine Handschrift nachzuahmen?" — „Alberne Frage! Natürlich der Bäcker!"

Da schlug ersterer mit der Faust auf den Tisch und rief in zornigem Tone:

„Das ist stark! Fünfzehnhundert Mark zu verlieren, das ist keine Kleinigkeit! Ich werde sofort auf die Polizei gehen."

Er stand auf, als ob er sich entfernen wolle. Der andere ergriff ihn jedoch beim Arme, zog ihn wieder auf seinen Platz zurück und sagte:

„Nicht so rasch! Dazu ist allemal noch Zeit! Jetzt weißt du ja noch gar nicht, ob er ihn einlösen wird oder nicht!" — „Einlösen? Der hätte das Geschick! Ich sage dir, daß er nicht fünfzehnhundert Pfennige hat, viel weniger so viele Mark! Ich war ja heute früh bei ihm!" — „Wenn er es heute nicht hat, so wird er es übermorgen haben; er weiß ja, daß der Wechsel dann fällig ist." — „Damit lasse ich mich nicht ein. Heute, gleich heute will ich mein Geld. Wenn ich bis übermorgen warte, ist er ausgerissen. Wer falsche Wechsel ausgiebt, setzt sich nicht so lange hin, bis sie fällig sind. Ich bin überzeugt, daß der Kerl davonläuft." — „Hm, dieser Gedanke liegt freilich nahe! Mich sollte nur seine arme Familie dauern, die er im Stich lassen wird. Und ebenso leid thut mir sein Vater, der Schließer, der schon so viel für ihn gethan hat und ihm nun nicht mehr helfen kann. Er ist ein Ehrenmann und scheint doch nicht das beste Brot zu haben droben auf dem Schlosse. Der Kastellan will ihm nicht wohl." — „Das geht mich alles nichts an. Ich verlange mein Geld! Ich gehe sogleich zu ihm!"

Der Polizist stand wieder auf, trank sein Glas leer

und schickte sich zum Gehen an, ohne dieses Mal von dem anderen zurückgehalten zu werden.

Da erhob der Agent sich von seinem Platze, trat herbei und sagte:

„Sie entschuldigen! Ich habe natürlich unfreiwilligerweise Zeuge Ihrer Unterhaltung sein müssen und alles gehört. Gehen Sie noch nicht fort. Ich möchte ein Wort zu dieser Angelegenheit sagen. Bitte, setzen Sie sich! Was ich von Ihnen wünsche, können wir in aller Bequemlichkeit abmachen."

Der Angeredete ließ sich wieder auf seinen Stuhl nieder, während der vermeintliche Getreidehändler eine Bewegung des Erstaunens machte und dem Agenten in das Gesicht blickte.

„Kennen mich die Herren vielleicht?" fragte dieser.

Beide schüttelten die Köpfe. Er fuhr also fort:

„Das thut auch gar nichts zur Sache. Nur möchte ich Ihnen mitteilen, daß ich diesen Bäcker Franke, von dem Sie sprechen, kenne." — „So? Ist er auch Ihnen schuldig?" fragte der Wechsel-Inhaber. — „Nein. Im Gegenteile bin ich ihm noch den Dank für eine Gefälligkeit schuldig, die er vor längerer Zeit einem Verwandten von mir erwies. Darum muß mich das, was ich hier so ganz zufällig erfahre, im höchsten Grade interessieren. Ist der Wechsel wirklich gefälscht?" — „Ja. Es ist kein Zweifel." — „Der Mann befindet sich also in einer so schlimmen Lage, daß er vor einer solchen That nicht zurückschreckt. Das hätte ich wissen sollen. Ich hätte ihn unterstützt." — „Das können Sie ja jetzt noch thun!" — „Das möchte ich auch wohl; aber die Gefälligkeit, die Franke meinem Verwandten erwies, ist nicht so bedeutend, daß man eine solche Summe dafür zahlen könnte. Und sodann fragt es sich, ob Sie den Wechsel aus der Hand geben würden." — „Mit dem größten Vergnügen sogar!" — „Und auf die Anzeige würden Sie verzichten?" — „Ja, vorausgesetzt, daß ich mein Geld bekäme." — „Nun gut, so will ich ihn einlösen." —

M. E.

„Mit der vollen Summe?" — „Ja." — „Dann können Sie ihn haben. Zählen Sie auf!" — „Lieber Mann, Sie kommandieren ja schrecklich!" — „Ja, Geld will ich sehen, eher gebe ich ihn nicht aus der Hand. Das versteht sich ganz von selbst." — „Aber höflicher können Sie wohl sein!" — „Wenn ich erst mein Geld in der Tasche habe, so sollen Sie sehen, welche Komplimente ich Ihnen machen werde!"

Der Agent war ganz glücklich, durch einen so ganz außerordentlichen Zufall den Schließer in seine Hand zu bekommen. Er hatte heute einen so glücklichen Tag wie selten. Zwar hätte er sehr gern etwas weniger bezahlt, aber er hoffte, daß der Pascha ihm diese Auslagen zurückerstatten werde. Darum zog er jetzt vom Leder und zählte fünfzehn Hundertmarkscheine hin. Der andere gab ihm jetzt den Wechsel, steckte die Scheine ein und sagte:

„Gott sei Dank, das Geld ist gerettet! Ich will von einer Anzeige absehen, aber ich werde zu dem Halunken gehen und ihm ganz gehörig den Kopf waschen. Er soll niemals wieder für einen Pfennig Kredit bei mir haben!" — „Thun Sie das in Gottes Namen," meinte der Agent. „Ich habe gar nichts dagegen und werde jetzt selbst zu ihm gehen und ihm den Standpunkt klar machen."

Es lag nicht in seinem Interesse, länger zu bleiben. Er entfernte sich, nachdem er seine Zeche an den Wirt bezahlt hatte, der von seinem am Büffet befindlichen Sitze aus verwunderter Zeuge des ganzen Vorganges gewesen war.

„Auf den Leim gegangen," lachte der vermeintliche Getreidehändler, als der Agent fort war. — „Und zwar gründlich!" stimmte der andere lustig ein. „Nun glaubt er, gewonnenes Spiel zu haben. Jetzt rennt er zum Bäcker!" — „Der ist indes benachrichtigt worden und wird spazieren gegangen sein, um sich nicht antreffen zu lassen."

## 48. Kapitel.

Dem Agenten fiel es gar nicht ein, zu dem Bäcker zu gehen. Er begab sich nämlich nach seiner neuen Wohnung, und dann, als es dunkel zu werden begann, nach dem Pavillon, um den Pascha dort zu erwarten. Dieser kam sehr bald nach ihm, und die beiden sorgten dafür, daß eine lange Zeit verging, bis sie sich draußen trafen. Der Agent verließ, wie ausgemacht worden war, das Lokal zuerst, und der Pascha kam schnell nach.

„Nun," fragte der letztere. „Haben Sie etwas in unserer Angelegenheit zu thun vermocht?" — „Glücklicherweise ja, doch wir wollen nicht hier davon sprechen. Kommen Sie!"

Der Agent führte den Pascha darauf nach seiner Wohnung. Als er den Schlüssel in die verschlossene Gartenpforte steckte, sagte der Pascha:

„Da hinein führen Sie mich? Sie thun ja gerade so, als ob Sie hier zu Hause seien! Ich denke, Sie wohnen im Schwan?" — „Bis heute Vormittag. Dieses neue Logis habe ich mir Ihretwegen gemietet."

Schubert verschloß nunmehr die Pforte hinter sich und führte den Pascha in die Wohnung. Diese war unerleuchtet, darum brannte er eine Lampe an und schob dann seinem Gaste eine Kiste Cigarren hin.

Dieser blickte sich im Zimmer um und rief verwundert:

„Also hier wohnen Sie meinetwegen! Ich möchte wohl die Gründe dazu kennen lernen." — „Das sollen Sie. Tschita und Zykyma wohnen nämlich im Nachbarhause." — „Ach, das ist herrlich, herrlich!" jubelte der Pascha. „Aber irren Sie sich nicht etwa? Wissen Sie es genau?" — „So gewiß, daß gar kein Irrtum möglich ist!" — „Aber wird es auch möglich sein, die beiden Frauen zu entführen? Weit wird man sicherlich mit ihnen nicht kommen." — „O doch! Es giebt hierfür ein

M. E.

vortreffliches Mittel. Nachdem wir sie geraubt haben und mit ihnen in einem uns gehörenden Wagen davongefahren sind, fälsche ich einen Verhaftsbefehl, den wir dann nötigenfalls vorzeigen. Er wird uns legitimieren und uns sogar ermächtigen, den Schutz sämtlicher Behörden des In= und Auslandes zu requirieren." — „Hm! Wird man jedoch die Fälschung nicht entdecken?" — „O nein. Es ist ein wirklicher Verhaftsbefehl; das einzige Falsche daran ist, daß er sich in unseren Händen befindet und nicht in denen eines wirklichen Polizisten!" — „Schön! Vortrefflich! Und was haben Sie über den Derwisch erfahren?" — „Etwas Gutes. Wir können noch heute mit ihm reden." — „Das ist ja herrlich! Sie sind wirklich ein Kapitalmensch. Hoffentlich aber kommen wir noch weiter, als bloß mit ihm zu sprechen!" — „Ganz gewiß, wir werden sogar den Derwisch befreien, falls Sie gewillt sind, diesen Wechsel einzulösen."

Schubert hatte bei diesen Worten die Anweisung hervorgezogen und las sie dem Pascha vor. Sodann erklärte er, wie er zu dem Papiere gekommen war.

Der Pascha stand auf und schritt erregt in dem Zimmer auf und ab.

Schubert beobachtete ihn eine Weile und fragte besorgt:

„Was ist Ihnen? Es macht Ihnen wohl Schmerzen, den Wechsel einzulösen?" — „Gar keine, gar keine," entgegnete der Pascha eifrig. „Sie sollen Ihr Geld haben, und zwar gleich. Ich bin nur deshalb erregt, weil dieses Gelingen so plötzlich kommt. Ich habe mich Jahre lang vergeblich abgemüht, und kaum habe ich Ihnen ein Wort gesagt, so ist die Sache bereits abgemacht. Ich bin außerordentlich mit Ihnen zufrieden, außerordentlich! Es fehlt bloß noch eins. Wir müßten noch Steinbach haben, aber leider ist dieser nicht da."
— „Abwarten! Kommt Zeit, kommt Rat! Wir werden es so einrichten, daß alles, was wir vorhaben, auf ein=

M. E.

mal geschieht. Greifen wir jetzt zum allernächsten. Sie wollen Zykyma und Tschita sehen. Kommen Sie herunter in den Garten. Wir müssen sie vielleicht drüben aufsuchen. Wir müssen sehen, in welcher Weise es möglich ist, sie zu Gesicht zu bekommen. Dabei aber wollen wir vorsichtig sein. Selbst meine Wirtin braucht nicht zu wissen, daß wir uns im Garten befinden."

Der Agent verlöschte die Lampe, worauf sich die beiden möglichst leise in den Garten begaben.

Es war kurz nach der Zeit des Neumondes, also ganz dunkel. Niemand konnte die zwei Männer sehen. Sie schlichen sich längs des Verbindungszaunes hin und horchten; aber es ließ sich gar nichts hören, sodaß sie zu der Ueberzeugung gelangten, daß sich niemand im Nachbargarten befinde.

Nach einiger Mühe gelang es dem Agenten, den dicken Pascha über das Stacket zu schaffen. Nun schlichen sie durch den nachbarlichen Garten nach der Giebelseite der Villa.

Dort gab es eine Veranda, die mit Glasscheiben verschlossen war. Eine Ampel brannte in derselben und warf ihr Licht heraus in die Finsternis des Gartens.

Drinnen saßen Tschita und Zykyma, beide mit weiblichen Handarbeiten beschäftigt.

„Allah w' Allah!" rief der Pascha leise, indem er den Arm Schuberts ergriff. „Sie sind es." Eine ungeheure Wut hatte ihn erfaßt. „Ach, da habe ich euch endlich!" zischte er. „Ihr sollt nicht mehr lange hier sitzen. Ihr werdet mir folgen müssen, und dann, dann sollt ihr empfinden, was es heißt, Ibrahim Pascha heimlich zu verlassen und mit solch einem Laffen davonzulaufen."

Da ergriff ihn der Agent am Arme und flüsterte: „Still! Nur jetzt nicht räsonnieren! Horch!"

Eine Glocke ertönte. Dann hörte man eine Thür öffnen, und leichte Schritte gingen vom Hause nach der Gartenpforte.

M. E.

„Wo sind sie?" fragte eine Männerstimme. — „In der Veranda," antwortete eine weibliche Stimme, jedenfalls die des Dienstmädchens.

Die Hausflur wurde darauf hinter beiden geschlossen, und kurze Zeit später öffnete sich die Thür, die von der Wohnung nach der Veranda führte, und ein junger, sehr fein gekleideter Mann trat ein.

M. E.

„Teufel!" knirschte der Pascha. „Jener Hermann Wallert, der — pst!"

Drinnen wurde gesprochen.

„Guten Abend!" grüßte Wallert. „Wo ist denn unser Paul?"

Er meinte Normann.

„Er ging einmal nach der Stadt," antwortete Tschita, „wird aber nicht lange bleiben." — „Schade, schade! Ich habe eine wichtige Nachricht für ihn und für uns alle. Schaut her!"

Hermann hielt ein zusammengefaltetes Papier empor, an dem ein Siegel zu sehen war.

„Ein Telegramm aus Königsberg. Ich will es euch vorlesen."

Er öffnete darauf das Papier und las:

„In Königsberg angekommen. Uebermorgen bin ich bei euch. Bringe auch jemanden mit. Herzlichen Gruß. Steinbach."

„Ach, Steinbach!" rief Tschita jubelnd. — „Steinbach!" rief auch Zykyma, die Händchen zusammenschlagend. — „Ja, Steinbach!" lachte Hermann glücklich. „Endlich, endlich kommt er! Und wenn ihr wüßtet, was für eine Ueberraschung er für uns alle, und ganz besonders für dich, Zykyma, mitbringt!"

Die Genannte blickte zu ihm auf und fragte:

„Für mich? Was wäre das?" — „Du mußt nicht fragen, was, sondern wer wäre das? Denn eine Person ist's, die er dir mitbringt. Zykyma, ich bitte dich, nicht zu erschrecken! Es ist unser endlich gefundener Georg von Adlerhorst. In diesem zweiten Telegramm hier" — Hermann zog noch ein Papier hervor und entfaltete es — „meldet Georg, daß dieser Jemand, von dem Steinbach telegraphiert, er selbst sei."

Tschita stieß einen Freudenschrei aus.

„Mein Bruder, mein Bruder! Ist's wahr, Hermann, ist's wahr?"

M. E.

Sie wollte ihm das Telegramm aus der Hand nehmen.

„Halt!" sagte er. „Das geht nicht. Es steht noch etwas drin, das Geheimnis bleiben muß, bis wir unsere Zykyma darauf vorbereitet haben —"

Hermann wandte sich bei diesen Worten nach Zykyma um. Sie war aber nicht mehr da. Sie hatte, als er das Telegramm vorgelesen hatte, mit beiden Händen nach dem Herzen gegriffen und sich an die Wand gelehnt, als ob sie von einer plötzlichen Schwäche ergriffen worden sei. Dann hatte sie sich, während die beiden anderen miteinander sprachen, heimlich aus der Veranda geschlichen.

Tschita öffnete die Thür, durch welche Zykyma verschwunden war, blickte hinein, schloß dann wieder zu und sagte:

„Sie ist in der That nicht mehr da drinnen." — „Nun, dann kann ich die Depesche vorlesen. Sie lautet vollständig:

„Meine Geliebten! Dieser jemand, von dem Steinbach telegraphiert, bin ich. Ich kehre mit ihm heim zu euch und bringe meine Braut mit, die ich eurer innigsten Liebe empfehle. Euer endlich wiedergefundener Bruder Georg von Adlerhorst."

„Mein Gott!" rief Tschita. „Er hat eine Braut!" — „Eine Braut, ja!" nickte Hermann. „Er hat Zykyma vergessen." — „Das sagst du in einem solchen Tone!" — „Soll ich mich etwa darüber freuen? Du weißt ja, daß ich Zykyma liebe und sie glücklich sehen will. Kann sie aber glücklich sein, wenn sie erfährt, daß er ihr untreu geworden ist? Allerdings denke ich mir, daß es sich bei Zykyma und Georg gar nicht um eine bindende Liebe gehandelt hat. Sie haben sich gekannt, wie man sich eben zuweilen kennen lernt; er ist freundlich zu ihr gewesen, sie aber hat das für Liebe gehalten und sich als für immer und ewig an ihn gebunden betrachtet." —

M. E.

„So ist's, ja, so ist's, lieber Bruder." — „Sie hat stets an ihn gedacht und nur in seinem Andenken gelebt. Wie fürchterlich muß sie nun die Nachricht treffen, daß er verlobt ist!" — „Es wird entsetzlich für sie sein! Was thun wir nur, um es ihr weniger schwer erscheinen zu lassen?" — „Zunächst können wir nichts thun, als sie darauf vorbereiten." — „Wenn ich es ihr mitteile, so bricht sie sofort verzweifelt zusammen. Sage du es ihr, Hermann. Es mag allerdings schwer für dich sein, ich glaube es, aber es ist dennoch besser, daß sie es aus deinem Munde erfährt, als aus dem meinigen. Sie wird sich scheuen, ihren Schmerz vor dir sehen zu lassen. Sie wird sich zu beherrschen suchen, und das hilft ihr über den ersten Schreck hinweg. Also, willst du es thun, lieber Bruder?" — „Da du es wünschst, ja." — „Ich werde lauschen, wo sie ist."

Tschita entfernte sich durch die Thür, durch die auch Zykyma gegangen war. Hermann aber setzte sich nieder.

Das Licht schien gerade in sein Gesicht. Trotz seiner noch jugendlichen Züge sah man, daß ein stilles, schweres Entsagen tief in seinem Inneren wohnte.

„Das ist der Halunke," flüsterte der Pascha, „der sich Hermann Wallert nannte, aber Hermann Adlerhorst heißt, ein Glied jener verfluchten Sippe, die Allah verdammen möge. Auch er soll zu Grunde gehen mit den anderen. Horch!"

Es ging wieder eine Thür. Man hörte leichte Schritte, die sich von jenseits der Ecke näherten.

„Es kommt jemand. Rasch fort!" flüsterte der Agent.

Damit zog er den Pascha von der Veranda fort, weiter in den Garten hinein.

„Warum so weit?" meinte dieser. „Es ist ja so dunkel, daß man uns gar nicht sehen kann, wenn wir uns nur niederducken. Bleiben wir." — „Nein, bleiben wir nicht. Schauen Sie! Ein weißes Kleid. Das ist Zykyma. Sie geht in den Garten, um allein zu sein.

M. E.

Er aber will, wie wir ja vorhin vernommen haben, mit ihr reden; es steht also zu erwarten, daß er ihr nach= kommt." — „Richtig, richtig! Vielleicht erlauschen wir da etwas. Kommen Sie!"

Die beiden Ehrenmänner zogen sich weiter und weiter zurück, und Zykyma folgte ihnen, als ob sie sie gesehen habe, ganz in derselben Richtung.

Endlich konnten sie nicht weiter. Sie waren in einer Ecke angelangt, wo mehrere niedrige, junge Tannen standen, deren Aeste über eine Bank ragten.

Rasch krochen sie unter die Bäume und setzten sich in das Moos nieder, und kaum war dies geschehen, so kam Zykyma herbei, blieb einige Augenblicke nachdenklich an der Bank stehen und setzte sich nieder.

Es waren noch nicht fünf Minuten vergangen, so hörte man Schritte. Zykyma stand auf und machte eine Bewegung, als ob sie sich entfernen wollte, setzte sich aber doch wieder.

Es war Hermann, der langsam herbeikam.

„Zykyma, du hier?" fragte er mit leiser, fast zärt= lich klingender Stimme. „Darf ich mich ein wenig zu dir setzen?"

Sie nickte ihm Gewährung.

Und nun saßen sie ein kleines Weilchen still neben= einander. Dann sagte er:

„Sprich, Zykyma, was bewegt dein Herz? Warum flohst du vorhin, als ich die Depesche vorlas?"

Zykyma antwortete nicht sofort. Endlich sagte sie mit leiser, und doch hörbar bewegter Stimme:

„Hermann, ich weiß, daß du mir deine stille Freund= schaft widmest. Ich möchte dir etwas anvertrauen, wo= bei du dieselbe bethätigen könntest." — „Sprich, Zykyma! Es soll mich sehr freuen, wenn ich dir beweisen darf, wie gern ich alles, alles für dich thue." — „Ich bin davon überzeugt, und gerade darum wende ich mich an dich. Ich will nämlich — fort von hier." — „Fort?" fragte er, sich von seinem Sitze erhebend. „Fort von

M. E.

hier, von uns? Ist das möglich?" — "Ja; ich will nicht nur, sondern ich muß." — "Du mußt? Was treibt dich zu diesem Entschlusse?" — "Frage mich nicht. Ich kann nicht darüber reden."

Da setzte Hermann sich wieder zu Zykyma nieder, ergriff ihre Hand und sagte in innigem Tone:

"Zykyma, ich bin allerdings bereit, alles für dich zu thun; aber ich bitte dich, einen so wichtigen Schritt nicht unüberlegt zu unternehmen!" — "Ich habe ihn überlegt, und es ist meine Ueberzeugung, daß ich nicht anders kann." — "Das ist traurig, sehr traurig! Was werden wohl die anderen dazu sagen!" — "Sie dürfen es eben nicht wissen, wenigstens jetzt nicht!" antwortete sie. "Ich habe mich gerade deshalb an dich gewandt." — "Hast du diesen so unglückseligen Entschluß erst kürzlich gefaßt, vielleicht gar erst heute?" — "Ja, heute," nickte sie.

Er blickte ihr forschend in das Gesicht, obgleich es so finster war, daß er ihre weichen, schönen Züge nicht deutlich erkennen konnte.

"Ah, ich beginne zu ahnen," sagte er. "Es ist ja sehr leicht zu erraten, was dich in solche Aufregung versetzt. Eine der Depeschen ist die Ursache deines so raschen Entschlusses! Vor Steinbach aber willst du doch nicht entweichen?" — "Wie könnte ich das! Ich würde so glücklich sein, ihn wiedersehen zu dürfen. Ich habe ihm so viel zu verdanken." — "Nun, so freue dich ungetrübt. Georg soll dich nicht in dieser Freude stören, denn ich glaube nicht, daß du sein Kommen zu fürchten hast. Du kannst ruhig sein. Und nun, Zykyma, bitte ich dich aus dem Grunde meines Herzens und auch um deines Glückes und deiner Ruhe willen, sei aufrichtig mit mir. Beantworte mir die eine Frage: Hast du jenen Offizier, der sich Georg Orjeltschasta nannte, wirklich herzlich, herzlich lieb gehabt?"

Sie gab nicht sogleich eine Antwort; dann aber hörte er das leise Geständnis erklingen:

"Ich dachte es damals." — "Du dachtest es nur?

Du hast dich also geirrt?" — „Ja." — „So war es nicht die richtige, wirkliche Liebe?" — „Nein. Er war so zart, so gut, so rücksichtsvoll mit mir, ganz anders als andere, und ich gewann ihn auch lieb und glaubte, das sei die rechte Liebe eines Weibes zu ihrem Manne. Aber ich bin damals nicht mit meinem Herzen zu Rate gegangen. Ich habe mich nicht gefragt, ob meine Zuneigung auch wirklich Liebe sei, und mich für gebunden gehalten, als er mir versprach, daß ich sein Weib werden sollte, und es als ein Vergehen gegen die schuldige Treue erachtet, überhaupt eine solche Frage auch nur auszudenken. Aber die Erkenntnis ist mir dann doch gekommen, ganz von selbst und ohne daß ich nach ihr strebte. Ich war Georg zwar gut, herzlich gut, aber nur so, wie eine Schwester dem Bruder ihre Zuneigung schenkt."

Das war eine große Aufrichtigkeit, über die Hermann sich außerordentlich glücklich fühlte. Es wogte in ihm, als ob er eine bewegte Flut in seinem Herzen berge.

„Zykyma, erinnerst du dich noch unseres ersten Zusammentreffens?" fragte er mit leise bebender Stimme. — „Ja," gestand sie. „Es war im Bazar zu Konstantinopel bei dem Händler." — „O nein! Wir sahen uns schon früher, draußen im Thale der süßen Gewässer. Solltest du dich nicht auch erinnern? Ich war nach dem Thale spazieren gegangen. Ich war fremd und wußte nicht, daß es ein Lustort für Frauen sei, die ein Mann nicht anblicken dürfe. Ich stand hinter Bäumen und lauschte eurem Spiele. Da sah ich dich. Du warst die Schönste von allen, und weißt du noch, als die Ochsen an deinem Wagen scheu wurden, und ich ihnen in die Zügel fiel? Du gabst mir deine Hand. Ich sah einen Diamanten an deinem Finger glänzen und erkannte dich an diesem Steine. Und dann entführten wir dich, dich und Tschita. Und da war es, wo ich erfuhr, daß du einen anderen in dein Herz geschlossen habest." — „Bitte, schweigen wir davon!" — „Ja, schweigen wir, Zykyma. Ich mag nicht an jene Stunde denken, in der so vieles und so herrliches Hoffen in mir vernichtet wurde. Mein Herz hat seit jener Zeit eine schwere, schwere Last getragen und wird sie auch weiter tragen. Das deinige aber will ich dir erleichtern. Du brauchst vor Georg nicht zu fliehen. Er wird dich nicht an das ihm gegebene Wort erinnern. Ich bin so glücklich, dir versichern zu können, daß auch er dich nur wie ein Bruder geliebt hat." — „Ist's möglich? Ist's wahr?" — „Ja. Mag er auch längere Zeit geglaubt haben, daß er an dich gebunden sei, so hat er doch den Irrtum seines Herzens eingesehen und die alten Fesseln zerrissen. Er ist verlobt und wird, wie in der Depesche steht, seine Braut mitbringen." — „Gott sei Lob und Dank! Ich bin frei, frei!"

Zykyma jubelte diese Worte laut hinaus und wollte sich erheben. Er aber hielt sie zurück, indem er abermals ihre Hand ergriff.

„Bleib' noch einige Augenblicke, Zykyma. Ich weiß nun zu meiner Freude, daß du dich damals betreffs Georgs geirrt hast. Ich möchte jetzt gern auch noch etwas anderes erfahren. Ich möchte wissen, ob du dich damals auch in Beziehung auf mich geirrt hast." — „Das kann ich nicht sagen." — „Wenn ich dich nun recht herzlich darum bitte?" — „Auch dann nicht." — „Du böses, böses Mädchen! Fühlst du denn nicht gerade jetzt selbst, wie glücklich es macht, Klarheit über sein Herz zu besitzen? Warum willst du mir dieselbe versagen? Du bist grausam! O, sage es mir! Liebst du mich?" — „Ja," erklang es zitternd. — „Gott, mein Gott! Also doch! So war all das bisherige Herzeleid umsonst!"

Er drückte Zykyma innig an sich und küßte sie auf das weiche, duftende Haar.

„Zykyma, meine Zykyma, sage es noch einmal! Du hast mich damals dennoch geliebt?" — „Von ganzem Herzen," gestand sie ein. „Von dem Augenblicke an, wo ich dich an dem Wagen sah. Wenn du wüßtest, wie unglücklich ich war! Mein ganzes Herz gehörte dir.

M. E.

Ich mußte dich täglich und stündlich sehen, ohne dich ahnen lassen zu dürfen, daß ich nur bei dir glücklich zu sein vermag!" — "So segne Gott meinen Bruder, daß er sein Herz einer anderen schenkte!" — "Und auch diese andere, denn durch ihre Liebe bin ich von der Verzweiflung gerettet worden. O, nun ist alles, alles gut, mein lieber, lieber Hermann. Ich werde unendlich glücklich sein."

Sie hielten sich innig umschlungen und ahnten nicht, daß so nahe hinter ihnen einer saß, der bei ihren Worten und dem Anblicke ihres Glückes mit den Zähnen knirschte und laut und grimmig empor gefahren war.

Da hörte man Tschitas Stimme erklingen:

"Hermann, wo bist du?" — "Hier!" antwortete er. "Ganz hinten auf der Bank." — "Ach, wir kommen!"

Da Hermann von der Bank sprach, so begriff Tschita sofort, was sich ereignet hatte.

"Komm'! Wollen ihnen entgegen gehen!" bat Zykyma. — "Nein," sagte er in glücklichem Tone. "Wir bleiben hier sitzen und lassen uns arretieren."

Da er sie festhielt, mußte sie, obgleich sträubend, sich drein ergeben.

Während die beiden hier gesessen hatten, war Normann aus der Stadt nach Hause gekommen und hatte nach ihnen gefragt. Tschita erzählte ihm von den Telegrammen und fügte die Vermutung hinzu, daß Hermann sich nun wohl mit Zykyma ausgesprochen habe. Da litt es ihn nicht im Zimmer. Er nahm sein Weibchen beim Arme und ging mit ihr in den Garten.

Jetzt kamen sie herbei. Als Normann die beiden so innig nebeneinander sitzen sah, sagte er staunend:

"Hermann, was sehe ich? Habt ihr euch vielleicht entzweit?" — "Ja," lachte der Gefragte. "Wir werden von heute an in alle Zukunft hinein zu zweien sein, wenn ihr nichts dagegen habt." — "O nein! Ganz im Gegenteile erkläre ich, daß mir damit mein innigster Herzenswunsch in Erfüllung geht." — "Der meinige

M. E.

auch!" erklärte Tschita, indem sie die Freundin von der Bank empor an ihr Herz zog.

Die beiden weinten Freudenthränen. Die Männer schüttelten sich die Hände.

„Jetzt möchte ich eins," sagte Normann. „Dann wäre die Genugthuung vollständig." — „Ungenügsamer!" zürnte Tschita. „Was möchtest du denn noch dazu?" — „Daß der Pascha hier wäre. Er sollte sehen, was für glückliche Engel aus seinen beiden Sklavinnen geworden sind." — „Denken wir nicht an ihn," sagte Tschita ernst. — „Hast recht, meine Seele. Wollen alle diese Erinnerungen fallen lassen. Kommt also herein."

Sie gingen.

Als ihre Schritte verklungen waren, kamen die Lauscher aus ihrem Verstecke hervor.

„Nun, was sagen Sie dazu?" fragte der Agent seinen Kumpan. „Jetzt haben Sie gesehen und gehört. Sind Sie befriedigt?" — „Ja." — „Sie haben eingesehen, daß Tschita und Zykyma es wirklich sind?" — „Versteht sich. Es kann kein Zweifel sein." — „So darf ich Sie wohl auch an das Honorar erinnern?" — „Sie haben es sehr eilig. Sie werden es bekommen, sobald wir uns drüben in Ihrer Stube befinden."

Sie kletterten darauf über das Stacket.

Wenn die beiden gewußt hätten, wer draußen geklingelt hatte, so wären sie jedenfalls noch länger geblieben, um das nun Folgende zu belauschen.

---

### 48. Kapitel.

Als das Dienstmädchen an die Gartenpforte kam, sah sie zwei Gestalten draußen stehen. Die eine war unendlich lang und dünn und die andere außerordentlich dick, aber klein.

„Guten Abend!" sagte der Dicke. „Hier wohnt

Hermann aber hielt Zykyma zurück, indem er abermals ihre Hand ergriff. (Seite 654.)

der Maler Normann?" — "Ja, mein Herr." — "Ist er daheim?" — "Soeben erst aus der Stadt gekommen." — "Also auch zu sprechen?" — "Jetzt kaum mehr. Es ist zu spät." — "Pah! Wir sind Bekannte." — "So kommen Sie herein. Ich werde Sie melden." — "Ist nicht nötig. Wir melden uns selbst."

Sie schloß auf, und die beiden Männer traten in den Vorgarten. Erst jetzt bemerkte das Dienstmädchen, daß sich noch einige andere Personen, etwas weiter zurück= stehend, draußen befunden hatten.

Auch diese kamen mit herein. Während sie noch darüber war, die Pforte wieder zu verschließen, fragte der Dicke:

"Sind auch Frau Normann und Zyhyma da?" — "Ja." — "Giebt es vielleicht Besuch?" — "Herr von Adlerhorst kam vorhin." — "Nun, so will ich Ihnen etwas sagen. Sie mögen mich anmelden, mich allein. Wo werden die Herrschaften sich befinden?" — "Im Salon jedenfalls." — "Giebt es vor diesem ein Zimmer?" — "Ja; es steht leer." — "Gut. Während ich in den Salon trete, führen Sie die anderen Personen in dieses Zimmer. Es gilt eine Ueberraschung. Und damit mich nicht Herr Normann allein empfängt, sagen Sie, daß ich mit der ganzen Bande zu sprechen hätte. Hier ist meine neue Visitenkarte, das Hundert zu einer Mark und fünfzig Pfennigen!"

Das Mädchen wußte nicht, was es über diesen kleinen, dicken Menschen und den ganzen Vorgang denken solle. Da es sich aber um eine Ueberraschung handelte, so beschloß es, sich genau nach seiner Weisung zu richten.

Die Bewohner der Villa befanden sich im Salon. Sie hatten es klingeln hören und waren neugierig, zu erfahren, wer da kommen werde. Einen Bekannten er= warteten sie nicht, und ein Fremder konnte zu solcher Stunde doch nicht erst kommen.

Da kam das Mädchen herein und übergab Normann die Karte. Er las sie und lachte laut auf.

M. E.

„Wer ist's?" fragte Tschita neugierig. — „Ein Fremder. Wie sieht der Mann aus?" — „Sehr nobel," antwortete das Mädchen. — „Hm! Diese Karte ist nicht gedruckt, sondern mit Tinte beschrieben. Ein sehr nobler Herr ist er also nicht." — „Er sagte, von dieser Karte kosten hundert Stück eine Mark fünfzig," meinte das Mädchen.

Alle lachten.

„Zu wem will er denn? Zu mir?" — „Nein, sondern zur ganzen Bande." — „Was! Zur ganzen Bande? Das ist originell!"

Das Gelächter wiederholte sich.

„Wer ist er denn?" fragte Hermann. — „Da, auf der Karte steht geschrieben: Sam Barth, Knopfmachergeselle und Präriejäger aus Herlasgrün in Sachsen." — „Präriejäger und Knopfmachergeselle?" rief Hermann in freudigstem Erstaunen. „Ah, das ist ja unser alter Freund, von dem ich euch schon erzählt habe, derselbe, mit dem ich und unser englischer Vetter Lord Eagle=nest am Gila Bend in Amerika zusammen trafen, der Freund Steinbachs, der mit uns nach dem Todesthale ritt! Er ist herzlich willkommen!" — „Ja, laß ihn herein!" gebot Normann.

Im nächsten Augenblicke erschien Sam, aufs wärmste begrüßt von Hermann und den übrigen. Er erwiderte freundlich die ihm dargebrachten Huldigungen, dann sagte er mit einer gewissen Feierlichkeit:

„Ich bringe Grüße, meine Herrschaften, von Seiner Herrlichkeit dem Lord Eagle=nest."

Die vier machten ganz erstaunte Gesichter.

„Und dann sind mir auch noch andere Grüße aufgetragen worden, nämlich von Herrn Steinbach." — „Ah, von dem? Wo haben Sie ihn denn getroffen?" — „Bereits hinter Irkutsk." — „Irkutsk? Das liegt ja in Sibirien! Waren Sie denn dort?" — „Natürlich! Wir hatten doch die Absicht, Ihren Bruder, Herrn Georg von Adlerhorst, zu befreien." — „Ach! Jetzt wird es in mir klar. Sie Tausendsassa haben also an diesem Werke auch mit geholfen?" — "Ja, und es ist uns gelungen." — "Ich will meine Wißbegierde noch zügeln. Sie werden uns alles erzählen müssen. Sagen Sie uns nur einstweilen, ob es wahr ist, daß er eine Braut hat." — "Ja, er hat sie. Sie ist meine Nichte." — "Ihre — Nichte —" — "Natürlich. Oder trauen Sie mir etwa keine Nichte zu? Diese Nichte ist die Adoptivtochter eines regierenden Fürsten." — "Eines Fürsten? Und wer ist denn dieser Fürst?" — "Fürst Bula der Tungusen. Uebrigens wollen wir darüber später reden. Ich habe noch mehrere Grüße auszurichten, und zwar von einem Fräulein Magda von Adlerhorst, ferner von einem Herrn Martin von Adlerhorst und endlich auch noch von einer Frau Anna von Adlerhorst."

Kein Mensch antwortete Sam. Sie waren alle stumm vor Erstaunen. Da sagte er:

"Um es kurz zu machen: Es ist besser, ich lasse das Grüßen sein und bringe die Leute gleich selbst."

Damit öffnete er die Nebenthür, und nun traten die Genannten herein, an ihrer Spitze der lange, dürre Lord Eagle=nest.

Nun gab es ein Entzücken, das gar nicht zu beschreiben ist. Es wurde vor Freude gelacht und geweint, und es verging wohl über eine Stunde, bevor sich diese guten und so lange schwer geprüften Leute so weit gesammelt hatten, um in leidlicher Ruhe fragen und antworten zu können.

Die in der Heimat weilenden Glieder der Familie hatten mit Ausnahme Hermanns bisher noch gar nicht gewußt, daß ihre Mutter nebst Martin und Magda sich in Amerika befunden hatten. Der Lord hatte diese letzteren, während Hermann nach Deutschland zu seinem Schwager Normann reiste, bei sich in England untergebracht, damit sie sich nach und nach von ihren schweren Leiden erholen sollten.

Jetzt war das Entzücken dafür ein desto größeres.

M. E.

Das war ein Küssen und Umarmen! Die wiedergefundene Mutter ging aus einem Arm in den anderen. Das war ein Schluchzen und Jauchzen! Der lange Lord strampelte vor Freude nur immer mit den Beinen.

Selbst Zykyma mußte sich seine Umarmung gefallen lassen.

Nur einer verhielt sich ganz still dabei, nämlich Sam, der Dicke. Er hatte sich in eine Ecke zurückgezogen und machte den stillen Beobachter.

M. E.

Endlich, nach langer, langer Zeit, setzte man sich wieder nieder, und nun sollte das Erzählen beginnen. Jeder wollte zuerst wissen, wie es dem anderen ergangen sei, und so kam es, daß keiner Zeit und Raum fand, seine Erlebnisse zu erzählen, bis es zuletzt hieß, daß der Lord den Berichterstatter machen solle. Dieser aber deutete auf Sam und sagte:

„Nicht ich, sondern dieser Mann da mag erzählen. Er weiß alles, er hat alles mitgemacht. Wendet euch an ihn." — „Daraus wird heute nichts," meinte aber der Dicke. „Wir haben keine Zeit zum Erzählen, wenigstens ich nicht. Ich muß zum Pascha." — „Zum Pascha?" fragte Normann ganz erstaunt. „Welchen Pascha meinen Sie denn?" — „Nun, doch den Ihrigen. Ibrahim oder Abrahim, das ist im Türkischen ja wohl ganz egal." — „Sie wollen so schnell verreisen? Sie wollen in die Türkei, nach Konstantinopel?" — „Dorthin? Fällt mir gar nicht ein! Ich laufe keinem Menschen nach, nicht einmal einem Pascha. Wenn ich ihn haben will, muß er hier sein." — „Hier? Fast möchte ich fragen, ob Sie dichten." — „Und ich wiederhole, daß ich die Wahrheit sage."

Da machte der Lord einen Siebenmeilenschritt, pflanzte sich vor Sam auf und fragte:

„Hier, hier in Wiesenstein ist er?" — „Ja." — „Well! Führen Sie mich zu ihm."

Er wandte sich nach der Thür und machte ein paar Fäuste, als ob das Boxen schon jetzt beginnen solle.

„Halt!" lachte Sam. „So rasch geht das nicht. Da giebt es noch sehr Verschiedenes zu erwähnen." — „O nein, gar nichts!" rief der Engländer. „Ich gehe zu ihm und schlage ihm den Schädel ein." — „Das wollen wir einstweilen noch bleiben lassen. Setzen Sie sich, Sir, und machen Sie mir keine Störung in meinem Kram."

Sam faßte den Lord an und drückte ihn auf einen Stuhl nieder, während Normann zu Sam bemerkte:

M. E.

„Der Pascha Ibrahim hier in Wiesenstein, das ist gar nicht denkbar. Aber Sie haben uns schon so viel Unglaubliches gesagt, was dennoch wahr war, daß ich versucht bin, auch hieran zu glauben." — „Glauben Sie es getrost." — „Kennen Sie ihn denn? Sie haben ihn doch nie gesehen." — „Heute zum ersten Male." — „Wie können Sie da wissen, daß er es ist?" — „Ein anderer hat es mir gesagt." — „So. Dann ist immerhin ein Irrtum möglich. Was könnte er denn hier wollen?" — „Das fragen Sie, der Sie die meiste Veranlassung haben, es zu wissen? Er sucht seine beiden Frauen. Alle seine Bemühungen, sie zu finden, sind bisher vergeblich gewesen, obgleich er ganz Deutschland durchforscht hat. Jetzt aber hat er sich an einen durchtriebenen Kerl, einen gewissen Schubert, gewandt, der ihm behülflich sein will, Tschita und Zykyma nach der Türkei zurückzubringen. Und noch mehr. Der Pascha will Rache an allen, besonders an Steinbach nehmen, und sodann auch die Befreiung des Derwisches Osman bewerkstelligen, den wir heute nach Wiesenstein gebracht und in ein Gewölbe des Schlosses eingesperrt haben."

Diese Nachricht erregte großes Aufsehen. Sam wurde bestürmt, ausführlich zu erzählen, was sich zugetragen hatte und wie gerade dieser verhaßte Derwisch in Gefangenschaft hatte geraten können, aber er antwortete:

„Ich muß den Herrschaften nochmals sagen, daß dazu heute leider keine Zeit mehr ist. Der Pascha und dieser Schubert wollen den Derwisch befreien, und da muß ich dabei sein. Wir haben nur noch eine Stunde bis Mitternacht, und um ein Uhr wollen die beiden Kerle auf dem Schlosse sein, um mit dem Gefangenen zu reden."

Diese Worte frappierten fast noch mehr als die wenigen Mitteilungen.

„Mann," sagte Normann erstaunt, „sind Sie denn geradezu allwissend?" — „Nein. So weit habe ich es leider noch nicht gebracht, aber ich bin es gewöhnt, meine Augen und Ohren stets offen zu halten, und da sieht und hört man mehr, als andere Leute, die diese löbliche Gewohnheit nicht besitzen." — „Aber warum haben Sie den Gefangenen im Schlosse eingesperrt und ihn nicht an das hiesige Gericht abgeliefert?" — „Steinbach hat es so befohlen." — „Steinbach! Also er! Was mag er für eine Absicht dabei haben? Wie ist es ihm möglich, eine solche Bestimmung zu treffen? Kennt er den Prinzen, den Besitzer des Schlosses?" — „Das weiß ich nicht, geht mich auch gar nichts an. Ich thue, was er mir gesagt hat, und das Weitere überlasse ich ihm." — „Also heute nach Mitternacht soll der Derwisch befreit werden! Das geben wir natürlich nicht zu." — „Von Befreiung ist noch nicht die Rede. Die beiden Kerle werden nur mit ihm sprechen. Jedenfalls werden sie dabei die Flucht verabreden. Man wird dann die drei belauschen und also erfahren, was sie vorhaben."

Sam entwickelte nun seinen Plan, und die Anwesenden gaben demselben ihre Zustimmung. Nur darüber entstand eine Meinungsverschiedenheit, wer die drei Männer belauschen solle. Jeder wollte es sein. Sam machte diesem Widerspruch ein Ende, indem er erklärte:

„Der Mann, der sich dazu eignet, ist bereits gefunden. Es ist ein Herr, den Sie noch kennen lernen werden, ein russischer Offizier."

Auch daraufhin mußte er eine kurze Erklärung geben, wie er den Oberst Sendewitsch kennen gelernt hatte." — „Aber," fragte Normann, „warum soll gerade dieser Fremde den Lauscher machen und nicht lieber einer von uns?" — „Aus einem sehr triftigen Grunde," antwortete Sam. „Der Pascha und der Derwisch werden sich, weil der mit anwesende Agent türkisch nicht versteht, wahrscheinlich der russischen Sprache bedienen, und Sendewitsch ist beider Sprachen vollständig mächtig." — „Aber der Pascha und der Agent haben ihn gesehen, er hat bei ihnen gesessen." — „Pah! Er wird sich verkleiden. Er zieht Frauensachen an und gilt dann als die Frau des Schließers." —

---

## 50. Kapitel.

Während hier im Familienkreise sich so ergreifende Scenen abspielten und die darauf folgenden Beratungen vorgenommen wurden, saßen die beiden Hauptpersonen, auf die diese Beratungen sich bezogen, drüben in des Agenten Stube.

Sie verhielten sich sehr schweigsam. Alles nötig Erscheinende war besprochen, und so gaben sie still ihren Gedanken und Gefühlen Audienz. Der Pascha befand sich in einem geradezu grimmigen Zustande, und doch war er im höchsten Grade befriedigt, die so lange vergeblich Gesuchten endlich gefunden zu haben. Rache und abermals Rache war das einzige, woran er jetzt dachte.

So saßen sie rauchend und schweigsam beisammen, bis es eine halbe Stunde nach Mitternacht war. Dann brachen sie auf, sich leise aus der Wohnung schleichend, damit die anderen Bewohner des Hauses nicht bemerken möchten, daß der Agent noch so spät einen Ausgang unternehme.

Bereits vorher hatte Sam die Villa Normanns verlassen, um Sendewitsch aufzusuchen. Sie waren nach dem Schlosse gegangen und von dem sie erwartenden Schließer eingelassen worden.

Als der Pascha mit dem Agenten an der Wohnung des Malers vorüberging, bemerkte er, daß man drinnen noch wach sei.

„Sie werden die Verlobung feiern," sagte er. „Schade, daß wir nicht lauschen können!" — „Die Jalousien sind alle heruntergelassen, und übrigens haben wir keine Zeit dazu. Der Schließer erwartet uns bereits."

M. E.

Der Agent machte den Führer. Er kannte das Pförtchen genau. Es war verschlossen, als sie dort an= langten.

„Er ist also doch noch nicht da," flüsterte der Pascha. „Vielleicht hat er sich anders besonnen." — „Wollen einmal klopfen," entgegnete der Agent, dann klopfte er leise an die Pforte, und sofort hörten sie, wie von innen ein Schlüssel in das Schloß gesteckt wurde.

„Nun, wer hat recht?" flüsterte der Agent.

Der Pascha nickte befriedigt.

Der Schließer trat in die offene Pfortenöffnung und hielt sein Gesicht nahe an dasjenige des Agenten.

„Sie sind's," sagte er in befriedigtem Tone. „Ich dachte schon, Sie kämen nicht. Ich stehe bereits lange hier." — „Es ist ja erst einige Minuten über eins. Wie steht es? Ist die Luft rein?" — „Ja. Alles ist zu Bett." — „So beeilen wir uns."

Schubert wollte eintreten; aber der Schließer behielt die Thüröffnung noch inne und fragte:

„Dieser Herr ist es, von dem Sie sprachen?" — „Ja." — „Ich möchte seinen Namen wissen." — „Pah! Der thut nichts zur Sache. Und nun, wie steht es? Können wir den Gefangenen sehen und auch mit ihm reden?" — „Ja, unter der Bedingung, daß diese Unter= redung in meiner Stube stattfindet." — „Dahin wollen Sie den Gefangenen holen?" — „Ja. Denn das Ge= wölbe, in dem der Gefangene steckt, wird nicht nur von mir, sondern auch von den beiden Kerlen revidiert, die ihn hierher transportiert haben. Sie könnten leicht merken, daß jemand bei ihm ist. Und sodann müssen Sie erlauben, daß meine Frau auch dabei sein darf. Ich konnte Ihnen nicht dienen, ohne es ihr zu sagen. Sie brauchen sich übrigens nicht vor ihr zu genieren. Sie liegt krank auf dem Kanapee und hört außerdem sehr schwer. Wenn Sie das erlauben wollen, so können wir nun beginnen." — „Schön! Ihre Frau geniert uns nicht. Ist sonst noch jemand dabei?" — „Nein. Aber

M. E.

das sage ich Ihnen noch: Ich habe die Hunde losgekettet. Wollten Sie etwa mit dem Gefangenen fliehen, so bedarf es nur meines Rufes an die Hunde, und Sie werden gestellt. Machen Sie dann eine einzige Bewegung, so werden Sie zerrissen." — "Donnerwetter! Die Bestien sind also auf den Mann dressiert?" — "Ja. Also hüten Sie sich! Und jetzt kommen Sie!"

Nun erst ließ der Schließer beide eintreten und verschloß die Pforte hinter sich. Hierauf führte er sie direkt nach seinem kleinen Häuschen und trat mit ihnen in die Stube.

Dieselbe war nur von einem kleinen, trübe brennenden Lämpchen erleuchtet. Die Einrichtung war sehr sauber, aber ebenso einfach, ein Tisch, einige Rohrstühle und ein Sofa.

Auf dem letzteren lag die Frau des Schließers, mit dem Rücken der Stube zugekehrt. Sie hatte einen alten Rock an, einen weiten, dunklen Spenzer, und auf dem Kopfe trug sie eine weiße, gehäkelte Haube Außerdem hatte sie sich das Gesicht verbunden.

Sie bewegte sich nicht, als die drei eintraten. Sie sagte auch kein Wort, als die beiden Fremden grüßten.

"Sie hört es nicht," entschuldigte der Schließer. "Man muß mit ihr sehr laut reden. Jetzt bitte ich, zu warten. Ich werde den Gefangenen holen."

Der Pascha und der Agent hörten hierauf, daß er die Thür hinter sich verschloß.

Sie saßen nun schweigend nebeneinander, bis sie vernahmen, daß draußen die Hausthür wieder aufgeschlossen wurde. Ketten klirrten.

Die Thür ging auf, und der Gefangene trat herein, von dem Schließer gefolgt, der die Thür vorsichtig verriegelte und an derselben stehen blieb.

Der einstige Derwisch mußte der Quere nach hereintreten, weil die lange Eisenstange, die seine Hände auseinander hielt, ihn verhinderte, den Eingang gerade zu passieren.

M. E.

„Ibrahim Pascha!" rief er in türkischer Sprache. „Also doch!" — „Pst! Keinen Namen nennen!" warnte der Angeredete. „Und reden Sie russisch. Dieser Herr hier, ein Freund von uns, versteht nicht Türkisch. Er wird behülflich sein, Sie aus der Gefangenschaft zu befreien. Und nun sagen Sie mir, wie kommen Sie in eine solche Lage?" — „Das sollen Sie erfahren. Vorher

aber muß ich mich setzen. Diese verdammten Fesseln ermüden fürchterlich."

Der Gefangene ließ sich auf den einzigen noch übrigen Stuhl nieder. Der alte, schlaue Schließer hatte die Sessel so gestellt, daß die Männer möglichst nahe an der scheinbar kranken Frau saßen, die natürlich niemand anders als der verkleidete Sendewitsch war.

Der Gefangene atmete tief auf, knirschte mit den Zähnen und begann:

M. C.

"Sie wollen wissen, wie ich in diese Lage gekommen bin? Sie können es leicht erraten, durch Steinbach!" — "Ah! Der! Der hat Sie gefangen genommen? Weshalb denn? Doch nicht wegen —?"

Der Pascha sprach das Wort nicht aus.

"Ja, wegen nichts anderem," nickte der Gefangene. "Unmöglich! Aber, Mann, wie sind Sie ihm denn in die Hände geraten? Wie konnten Sie so unvorsichtig sein! Als Sie mich das letzte Mal in Konstantinopel aufsuchten, gab ich Ihnen Geld, und Sie versprachen mir, dahin zu gehen, wo kein Verfolger Sie entdecken könne." — "Das habe ich gethan. Ich war bis weit hinter Irkutsk."

Der Derwisch gab nun einen kurzen und drastischen Bericht seiner sibirischen Erlebnisse. Er erzählte, daß er nach Orenburg geschafft worden sei, wo es sich erwiesen habe, daß er nicht Peter Lomonow sei. Von da aus wäre er durch Rußland und die europäische Türkei bis hierher geschleppt worden.

Der Pascha hörte aufmerksam zu und berichtete nun seinerseits von Normann und Tschita, die einander geheiratet hätten und ebenso daß Hermann von Adlerhorst und Zykyma hier am Ort wohnten.

Der Derwisch horchte auf.

"Ja, staunen Sie nur!" fuhr der Pascha fort. "Auch Steinbach wird hier wohnen. Er ist identisch mit dem Prinzen Oskar, dem Bruder des Großherzogs." — "Alle Teufel! Doch mir ist's gleich! Mag er sein, wer er will, ich werde mich an ihm rächen." — "Wie wollen Sie das anfangen? Jetzt handelt es sich zunächst darum, was Sie anfangen, wenn es uns gelingt, Sie zu befreien." — "Ich müßte verschwinden, ja; aber fortgehen würde ich nicht von hier, bis ich mich gerächt habe! Steinbach, Sam Barth, Jim, Tim, sie alle, alle müßten daran glauben." — "Sie denken zu sanguinisch. Sie würden doch erkannt und ergriffen werden." — "Gewiß nicht. Ich kleide mich als Frauenzimmer an und bleibe hier in der Gegend, bis die Rache vollendet ist."

Der Derwisch sagte das in einem so festen und entschlossenen Tone, daß man annehmen mußte, er werde sich von diesem Gedanken nicht abbringen lassen.

Der Pascha blickte sinnend vor sich nieder und entgegnete nach einer kleinen Weile:

„Hm! Der Plan ist kühn, vielleicht verwegen, aber nicht so übel. Als Weib könnten Sie freilich ein sicheres Unterkommen finden. Und ich könnte Sie sehr gut gebrauchen, wenn ich Tschita und Zykyma entführe."

Da sprang der Gefangene wie elektrisiert von seinem Stuhle auf, sodaß die Ketten klirrten.

„Entführen!" rief er. „Bravo! Bravo! Welch eine Rache! Ich helfe mit." — „Und zugleich entführen wir Steinbachs Braut." — „Jene Gökala? Gut, sehr gut. Und jagt man uns nach, und gelingt es uns ja nicht, die Frauen fortzubringen, so töten wir sie. Eine bessere Rache giebt es nicht."

Der Pascha antwortete nicht sofort. Er blickte dem Agenten forschend in das Gesicht und sagte:

„Was meinen Sie zu seiner Verkleidung als Frau?" — „Das ist nicht übel." — „So reden Sie einmal mit dem Schließer!" — „Gut; ich will meine Reservekavallerie gegen ihn vorrücken lassen."

Der Agent wandte sich nun an den Schließer.

„Wie steht es mit Ihrem Sohne? Haben Sie inzwischen einmal mit ihm gesprochen?" — „Nein, ich wollte zu ihm, konnte aber leider heute nicht fort." — „So! Hm! Kennen Sie einen Getreidehändler, der Weber heißt? Hat er mit Ihrem Sohne zu thun?" — „Seit Jahren schon." — „Ist er ihm Geld schuldig?" — „Ich glaube, ja." — „Nun, lesen Sie einmal dieses Papier!"

Der Agent zog den Wechsel hervor und gab ihn dem Schließer, der mit demselben an die Lampe trat, um ihn zu lesen.

M. E.

„Ein Wechsel," sagte er. „Ueber fünfzehnhundert Mark. Aber mein Sohn hat ihn ja nicht acceptirt. Da hat er ihn nicht einzulösen." — „Nein, acceptirt hat er ihn freilich nicht, aber gefälscht." — „Gefälscht? Herr! Mein Sohn? Ich kann es doch kaum glauben!" — „Hier der Wechsel ist der Beweis!" — „Das ist freilich wahr, o, nur zu wahr! Ach, was soll daraus werden?" — „Eine vieljährige Zuchthausstrafe."

Der Schließer ging händeringend im Stübchen hin und her. Die beiden Männer antworteten ihm nicht; auch der Gefangene sagte kein Wort.

„Herr, sagen Sie, ob es denn keine Rettung geben kann!" wandte er sich endlich an Schubert. — Dieser zuckte die Achsel. „Ich gab Ihnen einen Weg an, der Ihren Sohn retten konnte." — „Ah, die — Befreiung des Gefangenen?" — „Ja." — „Das kann ich nicht." — „Nun, so muß Ihr Sohn ins Zuchthaus wandern. Der Wechsel ist jetzt in meiner Hand; also befindet sich auch das Schicksal Ihres Sohnes in derselben." — „Herr, ich bitte Sie um Himmelswillen, zeigen Sie es nicht an!"

Der Schließer bat so rührend, wie nur ein Vater bitten konnte; aber der Agent antwortete hart:

„Halten Sie mich für ein Kind? Es handelt sich um fünfzehnhundert Mark, die ich für Ihren Sohn bezahlt habe. Soll ich diese Summe einbüßen?" — „Ich will sie bezahlen?" — „Wann? Heute? Jetzt?" — „Nein, das kann ich nicht; aber ich will sie nach und nach abzahlen!" — „Das bringen Sie bei Ihrem Gehalte in aller Ewigkeit nicht fertig! Wenn Sie mir aber folgen wollten, so schenkte ich Ihnen die fünfzehnhundert Mark, und Sie erhielten dann auch eine Anstellung, bei der Sie sich gegen jetzt glanzvoll ständen."

Wieder ging der Schließer eine Weile hin und her. Um ihm die Sache plausibel zu machen, fuhr der Agent fort:

„Uebrigens können Sie diese Angelegenheit doch so ordnen, daß kein Mensch einen Verdacht gegen Sie hegen kann. Könnten Sie denn die Schlüssel nicht einmal heimlich wegnehmen, sodaß man es nicht bemerkt, und dann den Gefangenen fortlassen? Ueberlegen Sie es sich schnell und geben Sie uns eine bestimmte Antwort."

Der Schließer trat zu seiner kranken, vermeintlichen Frau, horchte auf ihren Atem und flüsterte:

„Sie schläft. Sie hört es nicht. Also wenn ich thue, was Sie wollen, so zeigen Sie meinen Sohn nicht an?" — „Nein." — „Und geben mir das Geld?" — „Ich gebe Ihnen den Wechsel; das Geld hat er sich ja bereits von dem Giranten geben lassen." — „Und dann, wenn ich den Wechsel habe, ist keine Gefahr mehr für ihn?" — „Keine. Sie werden das Papier natürlich zerreißen, und dann ist kein Beweis mehr gegen ihn vorhanden." — „Gut, gut! Ich gehe darauf ein. Stehen Sie von zehn Uhr an draußen an der Gartenpforte, durch die ich Sie heute eingelassen habe. Ich werde den Gefangenen dorthin bringen." — „Schön. Sobald der Gefangene frei durch die Pforte tritt, erhalten Sie das Papier." — „Sehr gut! Ich verlasse mich auf Sie!" — „Aber bedenken Sie, daß übermorgen der Verfalltag des Wechsels ist. Da muß ich ihn präsentieren. Wenn Sie mir also morgen den Gefangenen nicht bringen, ist's übermorgen zu spät. Dann könnte ich Ihren Sohn beim besten Willen nicht retten."

Der Agent hatte das Seinige gethan und seinen Zweck erreicht. Er steckte den Wechsel wieder zu sich und wandte sich nun in russischer Sprache zum Pascha:

„Es ist geglückt. Sie hören, wie die Sachen stehen. Sind Sie zufrieden?" — „Ich muß, obgleich es mir viel lieber wäre, wenn ich den Gefangenen gleich jetzt mitnehmen könnte." — „Das geht nicht an. Uebrigens wüßten wir jetzt gar nicht, wohin mit dem Gefangenen. Wir müssen uns nach einem guten Ort umsehen, wo er sicher ist. Hm. Da fällt mir ein. Eine halbe Stunde von der Stadt entfernt giebt es einen allein liegenden, kleinen Meierhof. Vielleicht paßt dieser. Ich werde einmal mit der Frau sprechen. Sie ist eine Witwe, eine freundliche Frau. Vielleicht bringe ich sie dazu, auf meinen Wunsch einzugehen." — „Wie aber wollen Sie es anfangen?" — „Sehr einfach. Der Gefangene ist ein Verwandter oder vielmehr eine Verwandte von mir. Gemütskrank. Der Arzt hat die tiefste Einsamkeit und Seelenruhe angeordnet. Alle fremden Gesichter regen sie auf, darum muß sie möglichst unbehelligt bleiben." — „Sie sind wirklich ein höchst pfiffiger Kopf. Aber es fragt sich nur, ob er das nötige Geschick, seine Rolle durchzuführen, hat." — „Ich? Das Geschick?" lachte der Derwisch. „Da brauchen Sie keine Sorge zu haben." — „Nun, dann sind wir für heute abend zu Ende. Morgen punkt zehn Uhr warten wir an dem Pförtchen." — „Ich verlasse mich darauf. Aber da fällt mir noch etwas ein, etwas sehr Wichtiges. Wenn ich hier um zehn Uhr entkomme, kann ich doch nicht nach dem Meierhofe. Das würde dort unbedingt auffallen." — „Das überlegen wir uns schon noch," antwortete der Agent. „Am klügsten ist es, wir spazieren nach einer entfernten Bahnstation und thun dann so, als ob wir mit dem ersten Frühzuge hier ankommen. Ich werde dafür sorgen, daß vom Meierhofe ein Geschirr hier ist, um Sie abzuholen. Noch besser ist's, wir steigen auf der letzten Station aus und lassen uns von dort abholen. Da bekommt uns hier gar niemand zu sehen."

Damit waren die beiden anderen einverstanden, und der Schließer empfing die Mitteilung, daß die Unterredung für heute zu Ende sei.

Er brachte zunächst den Gefangenen in das Gewölbe zurück, wobei ihm von dem eingeweihten Schloßpersonale natürlich nicht das mindeste in den Weg gelegt wurde. Dann begleitete er die beiden Lauscher wieder durch den Park und zu der Pforte hinaus.

Der Schließer kehrte in seine Stube zurück.

An dem Tische saßen nun Sam, der Dicke, und der Russe Sendewitsch. Der letztere hatte die Verkleidung bereits abgelegt.

"Das ist prächtig gelungen," lachte Sam. "Wenn diese Esel wirklich nur halb so klug wären, wie sie sich halten, hätten sie mich entdecken müssen."

Die eine Ecke der Stube wurde nämlich fast ganz von einem riesigen Kachelofen ausgefüllt. Das Häuschen, das der Schließer bewohnte, war in jener Zeit, in der man sich derartiger Oefen bediente, gebaut worden. Hinter demselben war Sam versteckt gewesen, und zwar trotz seiner Korpulenz so vortrefflich, daß er gar nicht bemerkt worden war.

Er hatte zusammengeduckt dagelegen, von einem alten Tuche überdeckt. Und erst dann, als nicht mehr zu erwarten war, daß sie nachschauen würden, hatte er sich in die bequemere sitzende Stellung aufgerichtet.

Jetzt freute er sich königlich, daß sein listiger Anschlag von solchem Erfolge begleitet gewesen war. Er lachte fröhlich vor sich hin und meinte in seiner eigenartigen, lustigen Weise:

"Die Menschen wollen Gefangene befreien und Frauen rauben. Sie haben nicht einmal das Geschick, einen Hund vom Ofen zu locken oder eine Katze zu entführen. Jetzt sind sie ganz glücklich, daß ihr Werk schon halb gelungen ist. O, wir werden dafür sorgen, daß es ganz gelingt."

Als Sam und Sendewitsch nun Miene machten, aufzubrechen und sich zu Normann zu begeben, fragte der Schließer:

"Wollen Sie mir nicht für morgen Ihre Befehle erteilen, Herr Barth?" — "Da giebt es gar nichts zu befehlen. Sie wissen ja, was Sie zu thun haben. Sie liefern den Schuften den Gefangenen aus und nehmen dafür den Wechsel in Empfang. Sollte ich meinen Plan ändern, so komme ich, es Ihnen mitzuteilen. Erhalten Sie aber keine solche Benachrichtigung, so lassen Sie den Kerl frei." — "Wie habe ich mich des Tages über zu ihm zu verhalten?" — "Sie thun heimlich freundlich mit ihm. Stecken Sie ihm etwas gutes Essen zu, irgend eine Delikatesse, auch einige Cigarren, das wird ihm Vertrauen zu Ihnen machen. Und nun wollen wir gehen. Es giebt hier nichts mehr zu besprechen.

Sam wurde nun mit dem Oberst durch das Pförtchen, durch welches der Schließer auch die beiden Kumpane gehen ließ, hinaus gelassen. Das ging so leise vor sich, daß selbst auf nur einige Schritte hin nicht das geringste Geräusch zu hören war. Dann schlichen sich die beiden der Mauer entlang und der Straße zu, die den Schloßberg hinabführt.

Sie wollten nach Normanns Villa und hielten sich auf dem Wege dorthin stets so im Schatten, daß sie nicht gesehen werden konnten.

Nur wenige Laternen brannten noch. Ein einsamer Wanderer kam ihnen entgegen, aber auf der anderen Seite der Straße.

"Stillstehen!" flüsterte Sam seinem Begleiter zu. "Drücken Sie sich hier eng an den Zaun. Die Laterne beleuchtet uns nicht. Wir können nicht gesehen werden."

Sie verhielten sich ruhig. Der Mann ging jenseits langsam vorüber. Er kam dabei in den Kreis des Laternenlichtes.

"Kennen Sie ihn?" flüsterte Sam. — "Ja. Es ist der Pascha." — "Er hat den Agenten nach Hause begleitet. Wie unvorsichtig von den beiden Kerlen! Nun kommt es darauf an, zu erfahren, ob der Agent auch wirklich schon daheim ist, oder ob er sich vielleicht im Garten herumschleicht. Er darf uns natürlich nicht zu Normanns kommen hören. Gehen wir nach seiner Wohnung. Aber treten Sie leise auf."

Sie bewegten sich vorsichtig weiter. Als sie die Villa Normanns, dessen Grundstück eine Ecke bildete, erreichten, huschten sie links ab. Bald bemerkten sie in des Agenten Wohnung Licht, und da die Gardinen nicht genau schlossen, sahen sie sogar seine Gestalt. Er war barhäuptig und hatte auch schon den Rock ausgezogen.

Sie bemerkten ganz deutlich, daß er sich soeben seiner Halsbinde entledigte.

„Der ist daheim und geht nicht wieder fort," meinte Sam. „Wir sind sicher. Aber dennoch dürfen wir bei

Normanns nicht klingeln, das könnte ihm auffallen. Wir steigen über den Zaun."

Sie stiegen nun leise über und huschten nach dem Eingange des Hauses. Dieses letztere zeigte keine Spur von Licht. Die Läden waren verschlossen, denn der Agent sollte nicht ahnen, daß die Bewohner alle noch wach und munter seien. Sam klopfte leise an der Thür, und es wurde sofort geöffnet. Man hatte ihn bereits mit Ungeduld erwartet.

Sie saßen alle im Salon. Die erste Aufregung des Wiedersehens war vorüber; man hatte sich einstweilen wenigstens oberflächlich die gegenseitigen Leiden und Erlebnisse mitgeteilt, und wenn die Herzen auch noch lange nicht zur Ruhe gekommen waren, so war doch die nötige Fassung vorhanden, Sams Bericht entgegenzunehmen und die darauf bezüglichen Beschlüsse zu fassen.

Was für Beschlüsse das waren, das sollte sich bereits am nächsten Morgen zeigen.

---

## 51. Kapitel.

Der Agent Schubert stand sehr zeitig auf, um mit dem frühen Morgenzuge nach der Residenz zu fahren. Er kam gerade zur rechten Zeit, sich ein Retourbillet zu lösen und in ein Coupé zweiter Klasse zu steigen.

Er hatte eine Dame, die einsam und wartend in der Nähe des Einganges zum Bahnhofsgebäude stand, gar nicht beachtet. Als sie ihn kommen sah, trat sie zurück und ließ ihn vorüber. Dann, als er sein Coupé bestiegen hatte, nahm sie in einem solchen dritter Klasse Platz.

Sie war vielleicht in der Mitte der Zwanziger, sehr hübsch und von vornehmem Aussehen. Man mußte der Meinung sein, daß sie unbedingt den besseren Ständen angehöre. Wirklich rückten auch die Passagiere, die bereits in dem Coupé saßen, respektvoll zusammen, denn eine Dame in Schleier und grauseidenem Reisekleide ist in der dritten Klasse eine Seltenheit.

Als der Schaffner erschien, um die Billets zu

koupieren, war er sehr verwundert, als er von ihr ein solches zweiter Klasse erhielt. Da sie aber so vornehm mit der Hand winkte, schwieg er. Sie mochte ihren besonderen Grund haben, dieses Coupé gewählt zu haben.

In der Residenz angekommen, ließ sie erst die anderen aussteigen, blieb auch dann noch eine kurze Zeit im Wagen und blickte vorsichtig zum Fenster hinaus, um den Agenten zu beobachten. Als derselbe den Perron verlassen hatte, stieg sie aus und ging ihm nach. Er nahm eine Droschke und fuhr fort. Sogleich bestieg auch sie eine solche und gab dem Kutscher den Befehl, ihm zu folgen und stets in einiger Entfernung hinter ihm zu halten, wo er auch halten lasse, doch so, daß es nicht auffallen könne.

So folgte sie ihm überall hin, zu einigen Friseuren und in mehrere Wäsche- und Konfektionsgeschäfte.

Schubert schien es sehr eilig zu haben. Er wollte bereits mit dem nächsten Zuge zurück, denn er hatte ja so viele Vorbereitungen zu treffen und noch im Laufe des Vormittages nach der erwähnten Meierei zu gehen, um dort dem verkleideten Derwisch ein Logis zu mieten.

Als er seine Einkäufe gemacht hatte, fuhr er direkt nach dem Bahnhofe, obgleich er bis zum Abgange des Zuges mehr als eine halbe Stunde Zeit hatte. Die Dame fuhr hinter ihm her. Während er noch mit den eingekauften Paketen zu thun hatte, stieg sie aus, bezahlte den Kutscher, gebot ihm Schweigen, welchem Befehle sie durch ein gutes Trinkgeld Nachdruck gab, löste sich ein Billet zweiter Klasse und trat in den Wartesalon dieser Klasse ein.

Bald kam auch der Agent herein, gefolgt von dem Kutscher, der ihm die Effekten nachtrug.

Die Dame that, als ob sie ihm keine Aufmerksamkeit schenke, beobachtete ihn aber nichtsdestoweniger sehr genau.

Sie war in dergleichen allerdings nicht unerfahren, denn sie war die Schwester jenes Geheimpolizisten, der sich gestern für den Getreidehändler Weber ausgegeben hatte, und war von demselben oft benutzt worden, geheime Aufträge auszuführen, die in die Hand einer Dame gelegt werden mußten.

Als der Agent den Kutscher abgelohnt hatte, sah er sich im Saale um. Er erblickte die Dame und beobachtete sie. Sie war jung, schön, vornehm und, wie es schien, wohlhabend. Für solche Damen pflegt ein Agent sich zu interessieren. Darum sah er sie daraufhin an, ob er es wohl wagen könne, ein Gespräch mit ihr anzuknüpfen.

Sie schien ihm jetzt auch einige Aufmerksamkeit zu widmen, allerdings mit der nötigen weiblichen Zurückhaltung. Er sah, daß sie sich langweilte. Das ließ ihn hoffen, daß sie eine höfliche Anfrage seinerseits wohl nicht streng zurückweisen werde.

Er stand auf und wanderte langsam im Saale auf und ab wie einer, dem die Zeit sehr lang wird. Sie merkte seine Absicht sehr wohl, sie hegte ja ganz dieselbe, sie wollte womöglich in einem und demselben Coupé mit ihm fahren. Um ihm die Annäherung zu erleichtern, wartete sie, bis er abermals an ihr vorüberschritt, und stieß dann scheinbar aus Versehen ihren Schirm um, der am Stuhle lehnte. Sofort sprang er herbei und bückte sich, denselben aufzuheben und ihr darzureichen.

Sie bedankte sich natürlich auf das allerhöflichste, und nun hatte er Veranlassung, von ihr keine Zurückweisung zu erwarten.

Er nannte seinen Namen und Stand, und nachdem er zu seiner freudigen Ueberraschung erfahren, daß sie auch nach Wiesenstein fahren wolle, um eine Tante zu besuchen, die Frau Berthold heiße und in der Schillerstraße wohne, die also niemand anders war als seine Wirtin, bat er, ihr auf der Reise Gesellschaft leisten zu dürfen.

Kaum hatte sie ihm seine Bitte mit einem freund=

lichen Lächeln gewährt, so gab die Perronglocke das Zeichen, daß der Zug im Herannahen sei.

Er winkte nun einen der Kofferträger herbei, der ihm die Pakete nach dem Coupé tragen sollte, und gab dann der Dame den Arm, um sie hinauszuführen. Sie nahm diese Gefälligkeit als etwas Selbstverständliches an.

Der Zug war ein durchgehender; er kam von weit her. Viele stiegen aus und viele ein. Der Agent wünschte ein unbesetztes Coupé, erhielt aber von dem Schaffner den Bescheid, daß kein solches vorhanden sei; ein einziges sei nur von einer Dame besetzt. Schubert erklärte sich bereit, dasselbe zu nehmen.

Die betreffende Dame war nicht mehr zu jung. Sie hatte wohl die vierzig überschritten und war sehr anständig aber nicht gerade elegant gekleidet. Die vielen Handgepäckstücke, die sie bei sich hatte, ließen vermuten, daß sie weit herkomme.

Der Agent grüßte sie gar nicht. Er ärgerte sich darüber, mit seiner neuen Bekanntschaft nicht allein sein zu können. Diese letztere nickte der anderen herablassend zu und nahm Schubert gegenüber Platz.

Als der Zug sich nun in Bewegung setzte, beeilte sich der Letztgenannte, die unterbrochene Unterhaltung wieder anzuknüpfen, und seine Stimmung wurde eine immer bessere, als er bemerkte, daß die erste Passagierin ihnen gar keine Aufmerksamkeit schenkte und sich nur damit unterhielt, die scheinbar vorüberfliegende Gegend zu betrachten. Von ihr war keine Störung der Unterhaltung zu befürchten. Sie hörte vielleicht gar nicht auf dieselbe.

Schubert betrachtete zunächst sein reizendes Gegenüber genauer, doch ohne aus den Grenzen des Anstandes heraus zu treten. Sie war wirklich reizend. Sie hatte sich des einen Handschuhes entledigt und ließ nun ein kleines, schneeweißes Händchen sehen, dessen rosige Nägel aus Blütenduft geformt zu sein schienen. Das Gesicht war weich und doch geistreich. Ihm war an=

M. E.

zusehen, daß die schöne Dame gewöhnt war, nachzudenken und selbständig zu handeln.

Sie sah, daß er sie betrachtete, machte aber keine Bewegung, irgend einen Teil ihrer Gestalt seinen Blicken zu entziehen.

Das gefiel ihm. Sie war nicht prüde. Er hatte das, was er jetzt fühlte, noch niemals beim Anblicke einer Dame empfunden und geriet immer mehr in die Netze der schlauen Geheimagentin.

Endlich schnitt sie die Galanterien, in denen Schubert sich ihr gegenüber erschöpfte, damit ab, daß sie das Gespräch auf die Nachbarsleute ihrer Tante, auf die Familie des Malers Normann, lenkte.

"Wie finden Sie diese Herrschaften?" fragte sie unbefangen. — "Ich habe noch nicht Gelegenheit gehabt, mir über sie ein Urteil bilden zu können," entgegnete er. "Verkehren Sie etwa mit ihnen?" — "So oft ich mich in Wiesenstein befinde. Uebrigens habe ich mich nicht etwa an sie gedrängt, sondern sie haben mich eingeladen, über den Zaun herüber, wissen Sie, so recht nachbarlich." — "Das ist ja reizend!" — "Aber ich bin ihnen keineswegs dankbar dafür, denn nun bin ich gezwungen, sie fast täglich zu besuchen." — "Ah, Sie verkehren mit ihnen? Das ist mir interessant!" — "Warum?" — "Davon vielleicht später einmal. Sind diese Leute nur höflich mit Ihnen, oder ist der Verkehr ein herzlicher, ein freundschaftlicher?" — "Von ihrer Seite allerdings, nicht aber von der meinigen." — "Warum? Hat man Sie etwa beleidigt?" — "Sehr!" — "Womit?"

Jetzt ahmte sie ihm nach, indem sie antwortete:

"Davon vielleicht später. Uebrigens hätte ich die Beleidigung vielleicht verziehen, aber ich passe nicht zu ihnen. Sie sind stolz, kalt und prätentiös, während ich ein offenes und heiteres Temperament besitze, mich gern unterhalte und einem jeden Dinge die gute, die lichte Seite abzugewinnen suche. Da fühle ich mich bei den

M. E.

Normanns wie in einer Klosterzelle; es friert mich im Gemüte, und ich reiße aus, sobald es mir möglich ist." — „Woher stammt denn wohl dieser Maler eigentlich?" — „Das weiß ich nicht." — „Und seine Frau?" — „Ist eine Deutsche." — „Ich glaube, das Gegenteil gehört zu haben." — „So hat man Sie falsch berichtet." — „Schwerlich! Wissen Sie, wir von der Polizei, wenn wir auch bereits a. D. schreiben, haben doch noch unsere scharfen Augen und Ohren!" — „Hm! Ich weiß kein Wort." — „Auch über die Freundin nicht, die mit dort wohnt, ich glaube, sie heißt Zykyma?" — „Nun, sie stammt ebenfalls aus Deutschland." — „O nein!" — „Nicht? Man hat mir aber doch so gesagt!" — „So hat man Sie belogen!"

Ihre Augen leuchteten zornig auf.

„Das wäre ja niederträchtig!" — „Gewiß! Wissen Sie, wie die Frau Normann heißt?" — „Tschita." — „Richtig! Und wissen Sie auch, was für ein Name das ist, welcher Sprache er angehört?" — „Nun?" — „Es ist ein türkischer. Und Zykyma ist ebenso türkisch. Diese beiden Damen sind Türkinnen, und Normann schämt sich, dies zu sagen." — „Herr, Sie setzen mich in das allergrößte Erstaunen! Sie müssen sich irren!"

Sie machte ein ganz betroffenes Gesicht, schlug die kleinen Händchen zusammen und rief:

„Türkinnen! Ist's die Möglichkeit! Woher wissen Sie das?" — „Aus einer sehr guten Quelle." — „Darf man dieselbe erfahren?" — „Geduld, Geduld! So schnell eilt man nicht." — „Wer soll da Geduld haben, wenn man so Außerordentliches zu hören bekommt! Und mir haben sie es verschwiegen! Mich haben sie belogen!" — „Ja, schändlich belogen!" stimmte er bei, denn es lag ihm sehr daran, ihren Zorn möglichst zu steigern. „Aber noch wissen Sie nicht alles. Man getraut sich allerdings kaum, es zu sagen."

Die Dame rückte wie elektrisiert auf ihrem Sitze hin und her. Ihre Augen glänzten vor Begierde. —

M. E.

„Heraus damit!" bat sie. — „Versprechen Sie, zu schweigen?" — „Ja, hier meine Hand darauf."

Sie schlugen ein. Nun fuhr er leise fort:

„So will ich Ihnen sagen, daß Tschita und Zykyma bereits verheiratet waren." — „Herrgott!" — „Ja, sie waren verheiratet. Sie sind aber ausgerissen." — „Ausgerissen! Also ihren Männern?" — „Nein, ihrem Manne. Sie hatten beide einen und denselben Mann." — „Gerechter Gott! Zwei Weiber und ein Mann!" sagte sie, die Hände ineinander schlagend. „Das ist ja schrecklich; das wird doch bestraft!" — „Hier bei uns ja. Aber in der Türkei nicht!" — „Ach so! Sie sind also wirklich echte Türkinnen?" — „Natürlich." — „Wie sind sie aber denn hierher gekommen?" — „Normann hat sie entführt." — „Entführt! Mein Heiland! Schrecklich!"

Sie zeigte jetzt ein solches Erstaunen und eine solche Entrüstung, daß es gar nicht größer sein konnte. — „Halten Sie das für glaubhaft?" — „Eigentlich nein." — „Und doch ist es wahr. Sie können es glauben. Meine Quelle ist gut." — „Von wem wissen Sie es denn?" — „Lassen Sie mich das noch verschweigen, ich darf jetzt wirklich nicht mehr sagen; aber da Sie sich so sehr dafür interessieren, können Sie vielleicht in dieser Angelegenheit auch beschäftigt werden." — „Das wäre ja außerordentlich interessant! Ach, jetzt begreife ich, jetzt verstehe ich! Sie sind kein Beamter außer Dienst, sondern Sie amtieren noch jetzt. Sie sind ein geheimer Polizist und haben sich dienstlich mit diesem Falle von Vielweiberei zu beschäftigen. Sie suchen diesen Leuten auf irgend eine Weise beizukommen. Habe ich recht?" — „Nehmen Sie einmal an, es wäre so." — „Nun da könnte ich Ihnen vielleicht helfen. Wie ich Ihnen mitteilte, bin ich von diesem Normann schwer beleidigt worden; ich kann ihn und seine Frau nicht ausstehen; ich mag nichts von ihnen wissen und stelle mich Ihnen eventuell zu Diensten." — „Ernstlich? Darf ich Ihnen das wirklich glauben?" — „Gewiß! Uebrigens ver-

M. E.

trauen Sie mir oder nicht; in meinem eigenen Interesse biete ich mich Ihnen nicht an. Was habe ich davon? Nichts! Ich werde also niemals wieder zu Normanns gehen. Damit ist für mich die Sache abgemacht." — "Nein, Sie müssen gerade zu ihnen gehen! Ich will Ihnen Vertrauen schenken. Sie sehen nicht so aus, als ob Sie lügen könnten."

Er blickte ihr begeistert in die Augen.

"Ja," sagte er eifrig, "ich nehme Sie an, falls Sie mir helfen wollen. Es handelt sich um viel mehr, als Sie denken." — "Wirklich? Sie versetzen mich immer mehr in Spannung. Was giebt es denn noch?" — "O, viel, viel! Aber hier darf ich Ihnen davon nichts mitteilen, sprechen wir zu Hause davon. Hoffentlich haben wir Gelegenheit, uns heimlich zu treffen." — "Sehr leicht. Wir dürfen nur wollen. Entweder kommen Sie zu mir, oder ich komme zu Ihnen. Da sind wir wohl am ungestörtesten. Und das kann wohl so bald wie möglich sein?" — "Ja, aber nicht sogleich nach unserer Ankunft. Da habe ich zunächst einen sehr notwendigen Gang zu besorgen, gleich vom Bahnhofe weg." — "Wohl gerade in dieser Angelegenheit?" — "Ja; aber ich werde sehr bald zu Hause sein." — "Schön! Da warte ich auf Sie und werde nicht eher ausgehen, als bis ich mit Ihnen gesprochen habe." — "O nein; das wünsche ich nicht. Sie sollen ausgehen, und zwar zu Nor= manns." — "Ach so! Ich soll Ihnen meine Ankunft melden?" — "Ja, und zugleich ein bißchen hinhorchen, ob vielleicht etwas zu erfahren ist." — "Wovon?" — "Zunächst nur Allgemeines. Später werde ich Sie näher instruieren und Ihnen ganz genau sagen, was ich zu erfahren wünsche." — "Dürfen Normanns erfahren, daß wir uns kennen?" — "Wenn wir zusammen in einem Hause wohnen, müssen wir uns ja kennen; aber wir verkehren nicht miteinander. Verstanden? Am besten ist es, Sie sprechen gar nicht von mir." — "Ganz wie Sie wünschen. Als Ihre Verbündete werde ich stets

Ihren Anordnungen folgen." — „Das freut mich, denn auf diese Weise wird unsere junge Bekanntschaft wohl für beide Teile von den glücklichsten Folgen sein. Aber wo sind wir? Es pfeift."

Der Agent blickte hinaus.

„Ah," fuhr er lächelnd fort, „wir waren so in unser Gespräch vertieft, daß wir gar nicht auf die Schnelligkeit des Zuges geachtet haben. Da ist ja unser Wiesenstein schon. Wir werden gleich halten."

Man hörte die Bahnhofsglocke erschallen, und der Zug dampfte in den Perron.

„Frau Berthold wird, wenn sie da ist, sehen, daß wir miteinander gefahren sind," sagte er. „Wie wird sie sich wundern!" — „Darf sie es wissen?" — „Na, ich denke, ihretwegen brauchen wir nicht so geheimnisvoll zu thun. Wir haben uns zufällig getroffen. Das ist alles." — „Dort steht sie. Sie paßt auf."

Ja, dort stand die Wirtin, Frau Berthold, die, von der Polizeibehörde bewogen, sich dazu bereit erklärt hatte, die Tante der Schwester jenes Geheimpolizisten zu spielen, den unsere Leser schon in seiner Rolle als Getreide=händler Weber kennen gelernt haben.

---

## 52. Kapitel.

Der Geheimpolizist war mit der alten, würdigen Dame eine Strecke nach dem Bahnhofe zugegangen, bog aber kurz vor demselben rechts ab und schritt einem größeren Gebäudekomplexe zu.

Das war der Meierhof, in dem der Agent und der Pascha beabsichtigten, den einstigen Derwisch unter=zubringen.

Er gab sich den Anschein eines Spaziergängers, der beabsichtigte, die frische Morgenluft zu genießen. Solche Leute waren auf dem Meierhofe nichts Seltenes. Sie

M. E.

kamen, um sich ein Glas Milch geben zu lassen und sich dann auf den weichen Wies- und Waldwegen zu ergehen.

Er hatte früher einmal Veranlassung gehabt, sich der Besitzerin des Meierhofes zu entdecken. Seit jener Zeit kannte sie ihn und hielt ihn hoch, denn er hatte sie vor einem großen Verluste bewahrt.

Als sie ihn kommen sah, kam sie ihm entgegen und öffnete ihm sogar die Thür zur guten Stube.

Im Laufe des Gespräches fragte er:

„Würden Sie eventuell an Sommerfrischler vermieten?" — „Haben Sie etwa jemand?" — „Ja, zwei Damen." — „Es sind Verwandte?" — „Nein, sie gehen einander gar nichts an. Sie haben sich noch gar nicht gesehen." — „Und wollen doch miteinander hier bei mir wohnen? Das ist sonderbar!" — „Verstehen Sie wohl: Zusammenwohnen wollen sie nicht, denn keine weiß bis jetzt von der anderen etwas." — „So, so ist es! Nur Sie wissen es, das heißt, die Polizei weiß es? Nicht wahr?" — „Ja, meine Beste." — „Sie wollen zwei Damen gut unterbringen und wenden sich da an mich. Nun, da Sie es sind, will ich ja sagen. Wissen die Damen denn, daß Sie ihren Quartiermacher spielen sollen?" — „Nein, und sie sollen es auch nicht erfahren." — „Wer sind sie denn eigentlich?" — „Das weiß ich selbst noch nicht. Die Sache ist folgende: Es wird noch an diesem Vormittage der Agent Schubert zu Ihnen kommen und anfragen, ob Sie nicht eine Wohnung für eine einzelne Frau haben. Sagen Sie ja, aber suchen Sie so viel wie möglich zu verdienen, und stellen Sie den Preis nicht zu niedrig." — „Dieser Schubert, ein Mensch, der mir äußerst unsympathisch ist, würde auf keinen Fall etwas von mir geschenkt erhalten." — „Nicht viel später wird ein fremdes Ehepaar kommen, ein kleiner, dicker, gemütlicher Herr mit seiner Frau, für die er auch eine Wohnung verlangt." — „Und die soll ich ihm geben?" — „Ja." — „Ist er vornehm?" — „Nein. Aber im Vertrauen will ich Ihnen sagen, daß er ein

M. E.

Freund unseres Prinzen ist. Er hat demselben große, sehr große Dienste erwiesen, ohne aber zu wissen, daß es ein Prinz ist. Er hielt ihn für einen einfachen Mann." — "Das ist ja sehr interessant. Da soll seine Frau meine besten Zimmer bekommen, und zwar sehr gern." — "Nicht so eilig. Es giebt noch etwas dabei zu überlegen. Nämlich die zweite Dame kommt wegen der ersteren." — "Und doch kennen sie sich nicht? Und doch haben sie einander nie gesehen? Wie ist das zu erklären?" — "Sehr einfach, obgleich ich Ihnen nicht alles sagen kann. Der Agent ist ein Feind des Prinzen. Er bringt seine Dame bei Ihnen unter. Der dicke Herr, dessen Name Barth ist, der sich aber anders nennen wird, ist ein Freund des Prinzen und bringt seine Frau, damit sie die erstere beobachten kann. Sie müssen also die Wohnungen der beiden so auswählen, daß die eine nichts thun kann, ohne daß die andere es genau zu beobachten vermag. Haben Sie solche Zimmer?" — "Gewiß." — "Und wollen Sie?" — "Das versteht sich." — "Aber kein Mensch darf erfahren, was wir hier gesprochen haben." — "Auch die zweite Dame nicht?" — "Mit dieser können Sie allenfalls davon reden, aber ja so, daß niemand es belauscht! Am besten ist's, Sie bekümmern sich um beide gar nicht, suchen aber der zweiten in jeder Weise förderlich zu sein. Besonders wenn es sich darum handelt, einen eiligen Boten nach der Stadt zu schicken, darf es Ihnen nicht darauf ankommen, nötigenfalls ein Pferd zu stellen, selbst mitten in der Nacht. Es wird alles bezahlt." — "Sprechen Sie davon nicht. Das ist ja bei mir Nebensache." — "Ich weiß es. Haben Sie sich vielleicht noch nach etwas zu erkundigen?" — "Nein." — "So will ich aufbrechen."

Nach kurzem Abschied ging der Beamte wieder nach der Stadt und betrat den Bahnhof, um die Ankunft des Zuges, mit dem seine Schwester Lina kommen sollte, zu erwarten.

Er trat in das Zimmer, das ausschließlich für die

M. E.

Polizei reserviert war. Von da aus konnte er den ganzen Perron überblicken, ohne selbst beobachtet zu werden.

Da sah er Sam, den Dicken, stehen und ließ ihn zu sich herein holen.

„Sie wollen Ihre Frau abholen?" fragte er ihn. — „Meine Braut!" verbesserte Sam. — „Egal! Da sollten Sie sich nicht da draußen hinstellen. Wenn Schubert Sie erblickt, kann der ganze Plan zu Schanden werden." — „Ich möchte doch wissen, wie?"

Der Polizist hielt sich für pfiffig, und Sam war auch der Ansicht, daß er kein Dummkopf sei. So sahen sie sich ein Weilchen lächelnd an; dann erklärte der erstere:

„Sie werden mit ihr von dem Agenten gesehen werden. Sie werden sie doch empfangen?" — „Fällt mir nicht ein. Ich bin nicht so dumm, wie Sie denken. Nicht die Polizisten allein sind pfiffig. Ich sage Ihnen, daß ich aus Sibirien komme und meine Auguste seit achtzehn Monaten nicht gesehen habe. Wir sehnen uns nacheinander, als ob wir erst achtzehn Jahre alt wären, aber wenn Auguste aussteigt und mich auf dem Perron stehen sieht, so geht sie an mir vorüber, wie an einem wildfremden Menschen." — „Das schrieben Sie ihr wohl?" — „Dazu gab es keine Zeit. Ich habe es ihr telegraphiert. Ich sage Ihnen, es ist doch herrlich, wenn man verliebt ist und auf dem Telegraphen so ein bißchen hin und her klappern kann. Nichts geht über dieses Vergnügen."

Das Glockenzeichen ertönte, und Sam eilte hinaus. Da stand die gute Frau Berthold in ihrer Seidenmantille und blickte mit hellen, erwartungsvollen Augen dem Zuge entgegen.

Der Zug hielt, die Thüren wurden geöffnet, und die Passagiere stiegen aus. Leicht wie ein Reh kam Lina aus ihrem Coupé gehüpft.

„Tante, meine liebe, gute Tante!" rief sie voller

„Tante, meine liebe, gute Tante!" (Seite 688.)

Engel d. Verbannten. 44

Freude und eilte auf die Alte zu. Sie schlang die Arme um sie und küßte sie zärtlich auf Mund und Wangen.

Die Tante war vor Entzücken einen Augenblick lang sprachlos. So hübsch, so schön hatte sie sich die neue Nichte denn doch nicht vorstellen können.

„Mein Gott," stammelte sie, „Sie sind, Sie —" — „Pst!" flüsterte Lina schnell. „Da kommt Schubert. Nimm dich zusammen, Tantchen!"

Das gab der guten Frau die Fassung wieder. Sie zog das schöne Mädchen an sich und rief strahlenden Auges:

„Lina, mein Nichtchen, welche Freude, nein, welche Freude für mich!"

Schubert hatte mittlerweile seine Pakete dem Portier zum Aufheben gegeben und kam jetzt auch herbei.

Nach kurzer Begrüßung verabschiedeten sich die Damen, während sich der Agent direkten Weges nach dem Meierhofe begab. Nachdem er dort allerdings nach einigem Widerstreben der Wirtin für seine Cousine Wohnung und Pension gefunden hatte, eilte er, ganz von dem Gedanken an seine schöne, interessante Reisebekanntschaft erfüllt, mit der er ein geheimes Bündnis abgeschlossen, nach Hause.

Während er den Weg einschlug, der vom Meierhofe nach der anderen Seite der Stadt führte, kamen rechts vom Bahnhofe her zwei, die sich recht innig Arm in Arm führten, wie ein junges Liebespaar.

Es waren Sam und seine Auguste.

Dabei aber blickte Sam auch fleißig um sich, und als er jenseits der Felder den Agenten nach der Stadt gehen sah, machte er Auguste darauf aufmerksam, daß es Zeit sei, aufzubrechen.

„Wohin?" fragte sie. — „Nach deiner Wohnung. Du bekommst deine Kabine für dich, wo du mit deinem Reibeisen und der Kaffeekanne hantieren kannst, wie es dir beliebt. Bei mir wärst du viel zu geniert. Ich habe geistige Arbeit. Ich bin Kriminalgendarm geworden."

M. E.

— „Unsinn." — „Höre, ich mache niemals Unsinn. Als Braut mag dir so ein diplomatischer Fehlgriff noch einmal hingehen. Als Frau aber bekämst du entweder die Knute oder die Bastonnade — eins von beiden. Du könntest dir wählen, was dir das liebste ist." — „Danke sehr. Thue nur nicht so bärbeißig. Du bist doch der erste, den ich unter den Pantoffel bekomme. Wer soll denn vor dir Respekt haben!"

Sie befanden sich bereits unterwegs. Er blieb stehen, stemmte die Hände in die Seiten und entgegnete:

„Jetzt hört alles auf! Ich habe mich mit dem grauen Bären herumgebalgt, den Büffel gejagt und mich mit allen möglichen Wilden herumgehauen; ich habe mich mit sibirischen Majors und Kreishauptmännern herumgezankt und bin stets siegreich gewesen, und jetzt, jetzt —" — „Jetzt bist du still! Verstanden?" fiel sie ein. — „Ja doch, ja! Aus Liebe, aus reiner Liebe." — „Natürlich! Das will ich mir auch ausgebeten haben. Hast du denn schon ein Logis für mich?" — „Ja. Da drüben auf dem Meierhofe. Es ist nur eine halbe Stunde von der Stadt." — „Nur! Wo wohnst denn du?" — „Dort, am anderen Ende." — „So weit von mir! Was soll ich denn eigentlich da draußen?" — „Dich erholen, Herz, vom Wiedersehen. Das hat mich so sehr angegriffen, daß du dich erholen mußt, weil ich keine Zeit dazu habe." — „Du bist und bleibst ein Eulenspiegel!" — „Mag sein; aber ich meine es gut." — „Davon sehe ich nichts. Du kannst mich nicht sehr lieb haben, da du mich so weit aus der Stadt verbannst." — „Gustel, schmolle nicht! Es geschieht aus dem allerbesten Grunde. Ich will dir eine große Freude machen. Du sollst neben einem so richtigen Leib- und Hauptspitzbuben wohnen." — „Das ist die Freude? Ich danke!" — „Höre erst weiter. Ich habe dir doch von dem Derwisch Osman erzählt —" — „Ich kenne ihn. Ich habe ihn ja am Silbersee gesehen, wo er sich aber anders nannte." — „Du, den haben wir!" — „Ah!

Wo denn?" — „Bei der Parabel." — „Unsinn! Mit dir ist doch wirklich kein verständiges Wort zu reden!" — „Weil ich vor lauter Glück über dich gleich närrisch werden möchte." — „Viel fehlt nicht, so bist du es schon!" — „Drum eben mußt du mir Verschiedenes zu gute halten. Also diesen Derwisch haben wir endlich. Er ist hier gefangen. Er will aber wieder ausreißen, und darum sollst du neben seiner Stube wohnen." — „Sam, du bist doch ganz konfus! Er ist hier gefangen; er wird ausreißen, und nachher soll ich neben seiner Stube wohnen! Ist das nicht das verrückteste Zeug, was ein Menschenkind nur reden kann?" — „Es ist die allergescheiteste Rede, die ich jemals gethan habe. Höre mich nur an!"

Indem sie Arm in Arm langsam vorwärts schritten, erzählte und erklärte er ihr die Vorkommnisse der letzten Zeit.

Sie hing mit ihrem Blicke an seinen Augen. Er erzählte so schlicht und einfach, und doch hörte ihr Scharfsinn aus allem heraus, daß eigentlich er der Hauptheld gewesen sei, er, der einfache, anspruchslose Mann!

Ihr Herz klopfte laut vor Stolz. Sie dachte an ihre Jugendzeit, da sie diesen braven Menschen verschmäht und hinausgetrieben hatte in die weite Welt. Sie fühlte ganz und gar jugendlich. Sie war voller Liebe, Reue und Schmerz, und als er geendet hatte, legte sie die Arme um ihn, drängte ihren Kopf an sein Herz und weinte laut auf.

„Gustel! Auguste!" rief er erschrocken. „Was ist denn das? Ist das der Lachkrampf oder die Maulsperre? Ich kenne das nicht."

Da riß sie sich von ihm los, stemmte die Arme in die Seiten und brach mitten unter bitteren Thränen in ein schallendes Gelächter aus, in das Sam aus allen Kräften mit einstimmte.

So standen sie eine ganze Weile lachend mitten im freien Felde, und wenn eins aufgehört hatte, so fing das andere wieder von vorn an.

M. E.

Sam blieb eben bei seiner Eigenart, er faßte alles von einer Seite an, wo ein anderer keine Handhabe gefunden hätte. Er liebte nicht die übermäßige Sentimentalität und hatte den Schmerzensausbruch der Braut

auf seine radikale Weise sofort zum Schweigen gebracht.

Als das Gelächter endlich verstummt war, erklärte er Auguste, was von ihr gefordert werde.

„Willst du es thun?" fragte er.

M. E.

Sie schwieg.

„Oder fürchtest du dich vor dem Kerl?" — „Fürchten? Fällt mir nicht ein." — „Ich gebe dir für alle Fälle einen Revolver. Du hast ja drüben in Amerika gelernt, eine solche Waffe ganz vortrefflich zu gebrauchen." — „Ich fürchte mich vor diesem Menschen auch ohne Revolver nicht, aber da man nicht weiß, was unerwartet geschehen kann, ist es allerdings besser, wenn ich einen Revolver habe." — „Also du stimmst bei?" — „Ja." — „Wenn du deine Sache gut machst, bereite ich dir zum Lohne eine Ueberraschung, die gar nicht größer sein kann. Ich habe dir etwas aus Sibirien mitgebracht." — „Was?" — „Das darf ich eben nicht sagen, sonst ist es mit der Ueberraschung aus." — „Hm! Soll ich raten? Einen Zobelpelz." — „Nein. Das wäre schade um das viele Geld. Diese Pelze sind nur für Fürstlichkeiten. Für dich genügt ein Filzrock für elf Mark." — „Sam! Und da hast du mich lieb?" — „Gustel, willst du eitel werden?" — „Nein. Du hast recht. Aber was soll ich nun weiter raten?" — „Ach, sei still! Wenn du so weiter fragst, bekommst du es am Ende doch noch heraus, und das soll doch nicht sein, sonst fällt mir die ganze Freude in den Brunnen. Laß uns lieber nach der Meierei gehen."

Sie waren bereits bemerkt worden, und zwar auch von der Meierin selbst. Als diese den dicken Sam erblickte, ahnte sie, daß er derjenige sei, den sie zu erwarten habe.

Sein volles, joviales Gesicht gefiel ihr sofort, und als sie dann Augusten in das Auge blickte, war ihr diese auch sofort sympathisch.

„Grüß Gott, dicke Frau!" sagte Sam. „Wie geht es mit dem Atem?"

Die Meierin war nämlich fast ebenso dick wie er. Sie lachte über den sonderbaren Gruß und antwortete sofort:

„Danke schön! Wenn ich den Ihrigen noch mit

habe, blase ich die Welt über den Haufen." — „Das hört man gern. Der Atem ist die Hauptsache, denn wenn der aufhört, nachher ist auch alles andere aus. Ist die Ernte gut ausgefallen?" — „Wir sind zufrieden." — „Freut mich, denn ich möchte Ihnen meine Herzallerliebste da in die Kost geben." — „Bedarf die Dame so viel, daß Sie sich gleich nach der Ernte erkundigen?" — „Weiß nicht. Warten wir es ab. Ich thue es nur zur Probe. Brauchen Sie zu viel für sie, heirate ich mir eine andere." — „Sam!" rief Auguste vorwurfsvoll. — „Schon gut, Herzchen! Weißt du, daß es ohne Dummheit bei mir nicht abgeht. Also, gerade herausgesagt, könnte ich für diese Dame hier bei Ihnen eine Wohnung bekommen?" — „Ist Ihr Name Sam Barth?" — „Ja." — „Dann steht die Wohnung bereit." — „Ich bin also angemeldet. Sehr gut. Aber wissen Sie, eine gewisse Person darf nicht erfahren, daß ich hier gewesen bin." — „Weiß schon, werde schweigen. Wollen Sie sich die Zimmer ansehen?" — „Wird wohl nicht nötig sein. Ich weiß, daß man bei Ihnen gut aufgehoben ist. Sagen Sie uns lieber den Preis." — „Von dem Preise reden wir, wenn Sie ausziehen. Kommen Sie nur. Sie müssen sich unbedingt umschauen."

Auguste blieb gleich da wohnen. Ein Knecht wurde nach dem Bahnhofe geschickt, um ihre Effekten zu holen. Dann kehrte Sam allein nach der Stadt zurück.

Kurz vor derselben promenierte der Polizist auf und ab. Als er Sam erblickte, winkte er ihn seitwärts und meldete:

„Man soll uns beide nicht beisammen sehen, darum habe ich Sie hier vor der Stadt erwartet, da ich wußte, daß Sie auf der Meierei seien." — „Ist denn etwas geschehen?" — „Freilich. Es ist ein neuer Plan besprochen worden." — „Alle Teufel! Ohne mich?" — „Man hofft, daß Sie demselben Ihre Zustimmung geben." — „Den Teufel werde ich! Aber zustimmen nicht!" — „Hören Sie nur erst, was man beschlossen hat." —

M. E.

„Nichts brauche ich zu hören. Wer ohne mich beschließt, mag auch ohne mich handeln, ich aber thue auch, was ich will."

„Ich glaube, Sie sind erregt." — „Natürlich. Wundert Sie das? Man ändert meine Bestimmungen um, ohne mich nur um ein Wort zu fragen, und wenn ich darüber zornig werde, so wundern Sie sich noch? Das ist sehr gut."

Sam war wirklich aufgeregt. Das sah man ihm an.

„Beruhigen Sie sich nur," bat der Polizist. „Geändert ist nicht sehr viel daran. Es hat sich etwas zugetragen, was eine sofortige Besprechung verlangte, und da Sie nicht zu finden waren, so mußte man sich ohne Sie behelfen. Eine Mißachtung gegen Sie aber hat nicht vorgelegen." — „So? Was ist denn geschehen?" — „Sie haben doch meine Schwester auf dem Bahnhofe aussteigen sehen?" — „Ja." — „Der Plan ist gelungen. Sie hat den Agenten in der Residenz beobachtet und ist mit ihm in demselben Coupé gefahren. Die Hauptsache aber ist, daß er sich sterblich in sie verliebt hat." — „Das ist ihm nicht zu verdenken, denn sie ist ein sehr hübsches Mädchen, fast ebenso hübsch wie meine Auguste." — „O bitte!" lächelte der Polizist. „Und nun noch eins. Als Lina sich den Anschein gab, als ob sie Normanns Feindin sei, da hat er ein solches Vertrauen zu ihr gefaßt, daß er sie als Verbündete engagiert hat. Er will ihr alles erzählen, und sie soll ihm helfen." — „Der Esel!" — „Jedenfalls erfahren wir nun die Details von den Plänen, die die Kerle ausführen wollen." — „Natürlich, nämlich wenn Ihre Schwester auch fernerhin so klug handelt wie bisher. Aber was ist denn nun beschlossen worden?" — „Verschiedenes. Ich möchte nicht lange hier stehen und habe auch noch anderes vor. Wollen Sie nicht zu Normanns gehen? Man wartet auf Sie." — „Der Agent sieht mich ja hineingehen." — „Der Eingang ist von der anderen Seite, und am Tage kann er sich doch nicht hinstellen und vor aller

Augen aufpassen, wer beim Nachbar ein= und ausgeht."
— „Das ist richtig. Also zu Normanns. Adieu!"

Sam begab sich zu dem Maler. Er brauchte keine Sorge zu haben, von dem Agenten beobachtet zu werden. Dieser hattte ganz anderes zu thun.

## 53. Kapitel.

Als Schubert von der Meierei zurückgekehrt war, hatte er geglaubt, Lina daheim zu finden, aber sie war nicht da, und die Witwe meldete, daß sie zu Normanns gegangen sei, um die Ankunftsvisite zu machen.

Nun, diese Visite konnte doch keine Ewigkeit währen!

Aber sie dauerte dennoch lange, denn nach dem, was man von Lina erfuhr, war eine eingehende Beratung notwendig gewesen, zu der sogar der Schloßverwalter und der Kastellan hinzugezogen wurde.

Die Folgen dieser Beratung sollte der Agent sehr bald an sich erfahren, aber ohne es zu ahnen. Er lag im offenen Fenster, blickte hinaus, rauchte dazu eine Cigarre und wartete mit Ungeduld auf Linas Rückkehr. Er mußte ihr Kommen von diesem Fenster aus bemerken.

Endlich, endlich kam sie.

Sie that, als ob sie ihn gar nicht bemerkte, aber gerade unter seinem Fenster blieb sie stehen, blickte mit einem vollen, sonnigen Lächeln zu ihm empor und fragte:

„Auf mich gewartet?" — „Mit Schmerzen." — „Konnte nicht eher. Soll ich zu Ihnen?" — „Wenn es möglich ist, ja." — „Gut, baldigst."

Lina trat unten ein, und Schubert schloß sein Fenster und zog sich in die Stube zurück.

Es war ihm so fremdartig zu Mute. Es wirbelte ihm im Kopfe, als ob er zu viel Wein oder zu heißen Grog getrunken hätte.

„Also Sie waren bei Normanns?" begann er, als

Lina eingetreten war und sich auf seine freundliche Einladung auf dem Sofa niedergelassen hatte. „Wie wurden Sie empfangen?" — „Sehr freundlich, man wollte mich gar nicht so bald wieder fortlassen. Hätte ich nicht gewußt, daß Sie warteten, so wäre ich noch länger geblieben." — „Was haben Sie erfahren?" — „Verschiedenes! Wir sprachen über Politik, Weltgeschichte, Saat und Ernte und anderes auch!" — „Ah, ich glaubte, wertvollere Dinge zu hören! Sie hätten fragen sollen!" — „Konnte ich so mit der Thür ins Haus fallen? Ich werde ja öfter wieder hinüber gehen, und da erfahre ich jedenfalls irgend etwas, was Sie interessiert. Sie wollten mir ja heute noch viel mehr von Normanns erzählen, wurden aber unterbrochen." — „Nicht, daß ich wüßte!"

Er sagte das in sehr gleichgültigem Tone. Sie aber ließ sich nicht irre machen.

„Leugnen Sie nicht! Sie mußten noch ganz Außerordentliches in petto haben, nach der Art und Weise, wie Sie sich ausdrückten. Offen gestanden, kam ich hauptsächlich deshalb zu Ihnen, weil ich glaubte, Sie wollten mir die versprochenen Mitteilungen machen. Da dieselben unterbleiben, so ist meine Gegenwart unnütz."

Lina erhob sich vom Sofa. Aber schon stand er vor ihr und vertrat ihr den Weg.

„Fräulein, so war es nicht gemeint. Zu Mitteilungen, wie Sie verlangen, gehört ein ganz beispielloses Vertrauen. Wenn Sie es mißbrauchten, wäre meine ganze Existenz vernichtet." — „Halten Sie mich für eine Verräterin?" — „Nein. Aber beweisen Sie mir, daß Sie wirklich Normanns Feindin sind." — „Das kann ich Ihnen ja nicht beweisen." — „O doch! Dadurch, daß Sie mir sagen, wodurch Normann Sie so schwer beleidigte." — „Das — das soll ich sagen?" — „Fällt es Ihnen so schwer?" — „Schwerer, als Sie denken."

Lina trat an das Fenster und blickte sinnend hinaus. Er sah ihren Busen auf und nieder wogen. Es mußten stürmische Gefühle sein, die sie bewegten. Dann wandte sie sich mit einem raschen Ruck zurück und sagte:

„Wohlan, ich will aufrichtig sein. Es fällt auf mich ja kein Schimmer eines falschen Lichtes, denn ich bin nicht schuld daran. Es ist nichts weiter, als das alte Lied — und wem es just passieret, dem bricht das Herz entzwei." — „Ach, Untreue?" — „Ja, ich will es Ihnen nur gestehen, ich war Normanns Braut." — „Seine Braut waren Sie? Seine Braut?" — „Leider!" — „Der Schändliche!" — „Dieses Wort ist noch viel zu wenig. Ich kann nichts sagen, und ich mag nichts sagen, denn es ist eben in Worten nicht auszudrücken. Er reiste nach der Türkei. Als er zurückkehrte, brachte er diese beiden Geschöpfe mit. Ich war vergessen, und er sagte mir, seine Liebe sei erloschen, daher halte er es für geraten, daß wir uns trennen möchten." — „Schändlich! Und doch besuchen Sie ihn?" — „Ihn? Was fällt Ihnen ein? Nicht zu ihm gehe ich, sondern zu den beiden Frauen, die nicht wissen, daß ich seine Braut war. Und ahnen Sie nicht, warum ich diese Besuche trotzalledem fortsetze?" — „Nun?" — „Weil sich endlich doch einmal die Gelegenheit zur Rache finden könnte. Ach, Rache!"

Lina ging in der Stube auf und ab. Ihre Erregung war ungeheuer. Das sah er ihr an. Aber ihre Aufregung erhöhte ihre Schönheit um das Doppelte.

„Fräulein," rief er aus, „ist es wirklich Ihr Wunsch, sich zu rächen?" — „Sie fragen noch?" — „Und wissen Sie, durch wen Sie Rache finden können?" — „Nun, doch nur durch Sie." — „Ja, nur durch mich. Ich habe Ihnen gesagt, daß Tschita und Zykyma entführt worden seien. Vernehmen Sie denn noch eins: Der Türke, der Mann dieser beiden ist da!" — „Ah! Unmöglich!" — „O, ganz gewiß. Er will ganz dasselbe wie Sie, Rache. Er will sich seine beiden Frauen wieder holen."

Lina fuhr empor.

„Das, ja, das ist ein Gedanke!" rief sie aus.

M. E.

„Welche Rache, welche Strafe für ihn und für sie? Dieser kostbare Gedanke wird mich nicht schlafen lassen. Sind Sie denn mit dem Türken bekannt?" — „Sogar befreundet, so befreundet, daß er erwartet, ich werde ihm bei der Ausführung seiner Rache helfen." — „Thun Sie das, thun Sie das! Ach, wenn auch ich helfen dürfte!" — „Wollen Sie denn?" — „Wie gern, wie gern! Das wäre ja eben meine Rache." — „Nun, so helfen Sie doch!" — „Das sagen Sie; aber ob der Türke damit einverstanden ist, das fragt sich." — „Sofort, sofort! Ich brauche es ihm ja nur zu sagen." — „So sagen Sie es ihm! Aber schnell, denn es ist Gefahr im Verzuge. Es sind Dinge passiert, die die Rache des Türken unmöglich machen und ihn sogar in Gefahr bringen können." — „Was ist es denn?" — „Verschiedenes. Ich will —"

Lina wurde unterbrochen. Es klopfte. Als der Agent öffnete, stand das Dienstmädchen draußen und übergab ihm einen Brief, der soeben durch einen Kofferträger gebracht worden sei.

Der Agent betrachtete kopfschüttelnd das Papier, die Schrift und das Siegel.

Die Adresse lautete:

„Herrn Polizeiinspektor Schubert,

hier."

Die Adresse war also richtig. Der Brief galt ihm. Er öffnete und las:

„Sehr geehrter Herr!

„Soeben erfahre ich genau, wann es mir möglich sein wird, Ihren Wunsch zu erfüllen. Um sieben Uhr wird es dunkel. Kommen Sie halb acht an das Pförtchen; da wird der Mann herauskommen. Aber bringen Sie ja den bewußten Wechsel mit, sonst lasse ich ihn nicht los.

Der Betreffende.

Postskriptum: Verbrennen Sie diesen Brief, damit er nicht zum Verräter werden kann, das wäre sehr schlimm!"

M. E.

Also vom Schließer kam der Brief! Das war ja eine sehr gute Nachricht! Der Agent war so vorsichtig, daß er sofort ein Streichholz nahm, den Brief anbrannte und in den Ofen steckte.

Er ahnte freilich nicht, daß seine Feinde den Inhalt dieses Briefes ebenso gut kannten wie er. Er war verfaßt worden als eine Folge der veränderten Disposition, die getroffen worden war.

M. E.

„So!" sagte er. „Wieder etwas weg von der Welt was nicht in sie gehört." — „Ein Geheimniß?" fragte Lina. — „Ja." — „Auch für mich ein solches?" — „Na, Ihnen kann ich es anvertrauen, da es sich auf unsere Angelegenheit bezieht, wenn auch noch nicht gleich. Erst muß ich Thaten von Ihnen gesehen haben. Und nun sagen Sie mir, was Sie drüben noch erfahren haben!" — „Ich will Ihnen nur einige kleine Andeutungen geben. Es sind Personen angekommen, für die sich der Türke höchlichst interessieren wird. Es sind Bekannte von Konstantinopel. Wenn sie ihn erblicken, so ist er verloren." — „Donnerwetter! Sagen Sie doch, wer es ist!" — „Fällt mir nicht ein! Ich werde das nur dem Türken sagen. Sie sehen, daß ich auch meine Heimlichkeiten haben will." — „Aber indessen kann die Gefahr über uns hereinbrechen!" — „Leicht möglich! Sogar wahrscheinlich!" — „Daran sind Sie schuld! Also reden Sie doch!" — „Dringen Sie nicht in mich. Es würde vergeblich sein. Ich rede nur zu dem Türken. Ich denke, daß es Ihnen nicht schwer sein wird, mir eine Zusammenkunft mit ihm zu vermitteln." — „Nun, da bleibt mir freilich nichts anderes übrig, als Sie mit dem Pascha zusammenzubringen. Kennen Sie den Berg rechts von der Stadt, gegenüber dem Schloßberge?" — „Warum sollte ich nicht? Er ist ja groß genug." — „Es befindet sich eine kleine Lichtung oben mit Bänken, von denen aus man eine weite Fernsicht genießt." — „Ich weiß es. Ich war oft dort oben." — „Richten Sie es so ein, daß Sie in einer Stunde oben sind. Ich werde den Pascha mitbringen." — „So will ich gehen, um mich zum Ausgange vorzubereiten." — „Und auch ich breche sofort auf."

Lina ging in ihre Wohnung und paßte auf. Nach kaum fünf Minuten ging der Agent fort, und sie eilte hinüber zu Normanns, um diese von dem Erfolge der Unterredung zu benachrichtigen.

M. E.

## 54. Kapitel.

Schubert begab sich nach seiner Unterredung mit Lina nach dem Hauptplatze, wo die Morgen- und Abendkonzerte stattfanden. Er erblickte den Gesuchten nicht.

Ein langer, hagerer Kerl stand vor einem Baume und las das an demselben geklebte Plakat. Er war ganz in grau gewürfeltem Stoff gekleidet und trug auch einen ebensolchen Hut. Ein riesiger Klemmer saß auf seiner kleinen Stulpnase. Dieser Mann, der einem jeden auffallen mußte, war zweifelsohne ein Engländer.

Der Agent wandte sich ab. Zu anderer Zeit hätte er sich für diesen originellen Fremden interessiert und ihm einige Aufmerksamkeit gewidmet. Jetzt aber war keine Minute dazu vorhanden.

Er ging nach dem Pavillon, in dem er sich zum ersten Male mit dem Pascha getroffen hatte, und wirklich, da saß derselbe!

Der Türke schien erst vor ganz kurzer Zeit eingetreten zu sein, denn er hatte sein Getränk noch gar nicht angerührt. Als er den Agenten sah, prägte sich auf seinem Gesichte eine gewisse Spannung aus.

Schubert schritt langsam an ihm vorüber und sagte dabei leise:

„Schnell hinauf zum Rendezvous! Es giebt Wichtiges zu hören."

Dann setzte er sich nebenan und verlangte ein Glas Thee. Glücklicher oder vielleicht auch unglücklicherweise waren nur sehr wenige Gäste vorhanden, deren Aufmerksamkeit sehr bald nach der Thür gezogen wurde. Nämlich der lange Engländer trat ein und schaute sich um.

Als der Pascha ihn erblickte, zuckte er zusammen. Hätte nicht der Vollbart sein ganzes Gesicht bedeckt, so hätte man sehen können, daß er leichenblaß wurde.

Lord Eagle-nest — denn dieser war es — kam langsam näher und setzte sich nieder. Der Pascha wandte sich halb ab, drehte aber nun dem Lord gerade das Profil zu, diejenige Ansicht, bei der seine charakteristischen Züge viel leichter zu erkennen waren.

Der Lord wurde aufmerksam. Er schlürfte langsam an dem Weine, den er sich hatte geben lassen, und betrachtete den Pascha mit immer mehr wachsendem Erstaunen.

Die anwesenden Gäste bemerkten gar wohl, wie der Brite den Fremden fixierte. Es war klar, daß irgend etwas erfolgen werde.

Und wirklich, da ließ der Grauskarrierte seinen riesigen Klemmer von der Nase fallen, zog eine Karte aus der Tasche, trat an den Tisch des Fremden und sagte:

„Mein Herr, hier meine Karte. Bitte um die Ihrige!"

Das war weder höflich noch grob gesprochen, sondern einfach im Tone ruhiger Aufforderung. Der Pascha konnte sich nicht weigern. Er stand ebenfalls auf, zog seine Karte hervor und tauschte dieselbe gegen diejenige des Engländers aus. Der letztere las:

„Abrahim Effendi, Bankier aus Kairo."

Der Lord schüttelte verächtlich den Kopf und sagte so laut, daß alle es hörten:

„Haben wir uns nicht einmal gesehen?" — „Vielleicht in Kairo, mein Herr?" antwortete der Türke, der sich alle Mühe gab, ruhig zu erscheinen. — „O nein, in Kairo nicht, denn dort giebt es gar keinen Bankier Abrahim Effendi." — „Mein Herr!" brauste der Pascha auf. — „Schon gut! Ich bin Lord Eagle-nest und bestätige hiermit mit meinem Ehrenworte, daß es in Kairo keinen Bankier dieses Namens giebt. Ihre Karte enthält also eine Lüge." — „Wollen Sie mich beleidigen!" — „Nein! Lord Eagle-nest kann Sie ebenso wenig beleidigen, wie Sie seine Ehre anzutasten vermögen. Lassen Sie die Absicht fahren, in der Sie hierher gekommen sind! Es läuft nicht immer so gut ab, wie die früheren Male! Leider darf ich meinen Wein nicht austrinken, da ich nicht Gast sein kann unter einem Dache, unter dem so ein Kerl, wie Sie sind, sitzt."

M. E.

„Wollen Sie mich beleidigen?" rief der Pascha.
(Seite 704.)

Der Lord warf ein Zehnmarkstück auf den Tisch und schlenderte in langsamer Behaglichkeit zur Thür hinaus.

Dieser Auftritt hatte ungeheueres Aufsehen erregt. Es stand zu erwarten, daß die Kunde davon sich binnen einer Viertelstunde im ganzen Ort verbreitet haben werde.

Die Gäste ließen ihre Augen nicht von dem Pascha, neugierig, was dieser unternehmen werde.

Er behauptete mit vieler Mühe seine Fassung und winkte den Wirt herbei, der Zeuge dieses Auftrittes gewesen war.

„Wer war denn dieser Mensch?" fragte er. „Auf der Karte steht Lord Eagle-nest." — „Der ist er auch. Ein Lord, Pair von England und Besitzer ungezählter Millionen." — „Aber wie kommt dieser mir völlig unbekannte Herr dazu, mich, einen völlig Unschuldigen, zu insultieren?" — „Das weiß ich leider nicht, mein Herr. Es steht nun bei Ihnen, wie Sie sich zu dieser allerdings großartigen Beleidigung verhalten werden." — „Zunächst nehme ich an, daß der Herr entweder geistig gestört ist, was bei Engländern zuweilen vorkommen soll, oder daß er sich geirrt hat. Eine absichtliche Provokation erscheint als ausgeschlossen. Die Entschuldigung und Ehrenerklärung wird also nicht ausbleiben. Verweigert man mir diese aber, nun, dann wird die Sache freilich zu einer cause célèbre Ihres Badeortes werden."

Hierauf bezahlte der Pascha, ging und wandte sich dem Wege nach der Höhe zu, auf dem der Agent ihm sehr bald folgte.

Lina war noch nicht da.

Der Pascha befand sich in einer geradezu unbeschreiblichen Stimmung. Wut, Scham, Rache und alle ihnen verwandten Regungen kochten in seinem Innern. Er hatte die Hände über die Brust gekreuzt, trat dem Agenten mit blitzenden Augen entgegen und fragte zischend:

„Haben Sie sich den Kerl genau angesehen?" — „Natürlich! Den hätte man ja gar nicht übersehen können, selbst wenn der beispiellose Ueberfall unterblieben wäre." — „Er muß sterben, unbedingt sterben! Und zwar bald!" — „Verdammt! Das ist eine dumme, eine sehr dumme Geschichte. Es war also wirklich dieser englische Lord?" — „Ja. Ich erkannte ihn gleich." — „So hat Lina auch ihn mit gemeint." — „Welche Lina?" — „Eine Bekannte von mir, der wir vertrauen dürfen. Sie will sich an den Normanns rächen und wird uns einige Warnungen zugehen lassen. Darum habe ich sie hierher bestellt. Sie muß alle Augenblicke kommen." — „Wie?" fragte der Pascha. „Ein Frauenzimmer haben Sie eingeweiht? Ohne meine Erlaubnis? Wie lange kennen Sie dieselbe denn?"

Der Agent hätte sehr gern eine lange Zeit angegeben, aber er mußte befürchten, daß diese Unwahrheit entdeckt werde, darum antwortete er der Wahrheit gemäß:

„Allerdings erst seit heute." — „Was? Seit heute? Und da wollen Sie sie kennen und sogar für sie garantieren?" — „O, es giebt eben Menschen, die man sofort und beim ersten Zusammentreffen durchschaut." — „Nun, so will ich mich einmal auf Ihren Scharfblick verlassen und ihr auch trauen. Aber was haben Sie denn für Veranlassung, ihr ein so großes Vertrauen zu schenken? Etwa nur wegen ihres Gesichtes?" — „Zunächst ja, und dann auch wegen ihres Verhältnisses zu den Leuten, mit denen wir zu thun haben. Sie haßt sie alle." — „Warum?" — „Sie ist Normanns Verlobte gewesen." — „Ah, das ist allerdings etwas anderes!" — „Und er hat sie verlassen." — „Das verzeiht freilich kein Weib." — „Seit jener Zeit sinnt sie auf Rache. Sie hat sich in seine Familie Eingang verschafft und ist scheinbar die Freundin von Tschita und Zykyma geworden. Sie hat sich das Vertrauen aller errungen und nur auf den Augenblick gewartet, dasselbe zu täuschen."

Der Pascha lachte befriedigt vor sich hin und sagte:

„Das muß ein famoses Weibsbild sein!" — „Unvergleichlich!" — „Hm! Das sagen Sie in diesem

Tone. Interessieren Sie sich vielleicht auch persönlich für sie?"

Der Agent ließ eine kurze Zeit vergehen, bevor er antwortete:

"Sie ist allerdings ganz darnach geschaffen, es einem anzuthun." — "Das beruhigt mich. Wenn Sie wirklich reelle Absichten haben, und diese sollten sich verwirklichen, so haben wir freilich von ihr keinen Verrat zu befürchten." — "Verraten wird sie uns auf keinen Fall." — "Glauben Sie, Eindruck auf sie gemacht zu haben?" — "Fast möchte ich mir schmeicheln." — "So eilen Sie! Je eher Sie darüber Klarheit erhalten, desto eher erfahren wir, daß wir ihrer sicher sind. Wenn sie ja sagt, so — so — so kommt mir ein Gedanke. Gehen Sie mit mir nach der Türkei! Ich biete Ihnen dort eine sichere, sehr angenehme Lebensstellung. Bei mir hätten Sie eine Zukunft. Natürlich setze ich voraus, daß auch die Dame mit Ihnen geht." — "Als meine Frau?" — "Ja, denn nur in diesem Falle sind wir ihrer sicher. Und übrigens hätte ich da für Tschita und Zykyma unterwegs eine Begleiterin. Sie auch mit — dann sind wir sicher, daß wir diese beiden ohne große Störungen nach Konstantinopel bringen." — "Donnerwetter, Sie rechnen gut!"

Sie standen schon längst oben auf der Kuppe des Berges neben der bereits erwähnten Bank. Der Agent blickte eine Weile sinnend vor sich nieder, dann sagte er:

"Herr, ich werde ihr meinen Antrag machen, und zwar gleich heute, jetzt."

Er deutete auf die Bank.

Der Pascha machte ein sehr überraschtes Gesicht.

"Hier? Jetzt?" fragte er. "Da wüßten wir allerdings gleich, woran wir sind." — "Ja, dann wissen wir es. Und Sie bekommen dabei Gelegenheit, zu erfahren, ob wir ihr auch im anderen Falle trauen dürfen." — "Aber auf welche Weise?" — "Indem Sie uns belauschen. Ich erwarte das Mädchen hier auf dieser Bank. Sie stecken sich in den Busch, der sich hinter derselben befindet, und müssen dann jedes Wort hören, das von uns gesprochen wird. Ich werde das Gespräch in der Weise führen, daß Sie die Dame vollständig kennen lernen." — „Aber dann müssen wir uns beeilen!" — „Jawohl! Sie kann jeden Augenblick kommen, und ich wundere mich überhaupt, daß sie noch nicht da ist. Sie darf Sie jetzt nicht bei mir sehen. Wenn Sie bemerken, daß wir fertig sind, ziehen Sie sich zurück. Wir kommen dann nach, nämlich nach dem Felsen, wo ich bereits mit Ihnen zusammengetroffen bin." — „Schön! Sagen Sie, daß ich dort auf Sie habe warten wollen."

Der Pascha steckte sich hinter die dichten Zweige des Busches, und der Agent gab sich auf der Bank die Stellung eines unbefangenen Mannes, der auf jemand wartet.

Er kannte Lina nicht. Er ahnte nicht, daß sie noch viel schlauer war, als er. Lina war natürlich auf demselben Wege heraufgestiegen und hatte sich gar nicht weit hinter den beiden befunden. Da sie die Gegend kannte, so schritt sie sehr vorsichtig weiter und hielt kurz vor der Stelle an, wo der Weg auf die Lichtung mündete.

Dort rekognoscierte sie. Von den Bäumen und Büschen versteckt, sah sie, daß die beiden sich in einer sehr animierten Unterredung befanden, und bemerkte wohl, daß der Pascha sich versteckte.

„Wozu?" fragte sie sich. „Jedenfalls, um mich kennen zu lernen, bevor er sich vor mir sehen läßt. Nun, werde ich mir alle Mühe geben, sein ganzes Vertrauen zu erwerben."

Sie kehrte nun eine kurze Strecke zurück, räusperte sich, um ihr Kommen bemerkbar zu machen, bevor man sie sehen konnte, und trat endlich auf den freien Platz.

Dort machte sie eine Bewegung der Ueberraschung.

„Ah, Sie sind bereits da, Herr Polizeiinspektor?" rief sie aus. „Das ist mir lieb. Da brauche ich nicht zu warten."

Er erhob sich höflich und antwortete:

M. E.

„Man soll niemals eine Dame warten lassen, und ich möchte mich am allerwenigsten gegen Sie eines solchen Vergehens schuldig machen. Ich heiße Sie herzlich willkommen. Wollen Sie nicht Platz nehmen?"

Schubert deutete auf die Bank.

„Müssen wir warten?" fragte sie. — „Leider ja. Der betreffende Herr ist noch nicht da." — „Also hier ist die Stelle, wo ich ihn sprechen werde? Das ist mir unlieb. Man kann hier leicht überrascht werden." — „Sehr richtig. Darum haben wir eine andere Stelle bestimmt. Ich war bereits dort, fand den Herrn aber nicht vor und bin nach hier zurückgekehrt, wo Sie auf der Bank das Warten bequemer haben." — „Nun, hoffentlich dauert es nicht lange." — „Und ich wünsche das Gegenteil." — „Warum?" — „Weil dies mir Gelegenheit giebt, möglichst lange bei Ihnen zu sein."

In glühenden Worten schilderte der Agent nunmehr die innige Liebe, die er für das schöne Mädchen empfände, und bat es, seine Frau zu werden, indem er von den glücklichen Hoffnungen und Aussichten sprach, die er für seine und ihre Zukunft hege.

„Der Pascha hat mir eine glänzende Anstellung in Konstantinopel versprochen," schloß er endlich seine leidenschaftlichen Expektorationen.

Da fuhr sie empor, als ob sie auf das glücklichste überrascht worden wäre.

„In Konstantinopel?" fragte sie. „Ist's wahr? Wirklich?" — „Natürlich! Ich soll mit ihm fort." — „Ah! Wie sind Sie zu beneiden! Der Orient und vor allen Dingen Konstantinopel ist stets das Ideal meiner Träume gewesen." — „So können diese Träume jetzt leicht zur Wahrheit werden." — „O nein. So glücklich kann ich nicht sein."

Lina stand da und blickte wie entsagend vor sich nieder. Auch er erhob sich, ergriff ihre beiden Hände und sagte:

„O, wohl können Sie so glücklich sein. Sie brauchen

nur zu wollen. Sagen Sie, daß Sie als meine Frau, als mein liebes, liebes, süßes Weibchen mit mir wollen, so ist Ihr Traum erfüllt."

Ihre Augen leuchteten auf.

"Herr, da haben Sie meinen schwachen, verwundbaren Punkt getroffen. Der Orient, Konstantinopel! Ach, Sie ahnen gar nicht, wie diese beiden Worte mich entzücken können." — "So bitte ich Sie, mir Antwort auf meine Frage zu geben!"

Sie legte beide Hände auf die Brust, als ob sie dort etwas zurückdrängen müsse, und sagte:

"Wie gern thäte ich es; aber ich darf nicht. Ich muß hier bleiben. Mich hält der Schwur, den ich mir selbst geleistet habe." — "Ah! Die Rache? Wenn es nur das ist, so seien Sie ruhig. Sie sollen uns ja helfen, Tschita und Zykyma in den Harem des Pascha zurückzuführen. Sie sollen sogar mit ihnen dorthin reisen und sie beaufsichtigen helfen. Wollen Sie also ja sagen? Wollen Sie mich lieb haben und als meine Frau mit mir ziehen?" — "Ich sage ja, von ganzem Herzen ja, denn es ist mir — doch nein —" unterbrach sie sich, "so schnell darf ich doch meine Zusage nicht geben. Ich kenne den Pascha ja nicht; ich weiß ja gar nicht, ob er mich mitnehmen würde, ob er Vertrauen zu mir hat."

— "Das hat er! Ich glaube, sagen zu dürfen, daß Sie ihm willkommen sein werden." — "Ich hoffe es, muß aber Gewißheit haben." — "So müssen wir warten, bis er kommt. Dann werden Sie ja hören, daß —" — "Daß er gern einverstanden ist," erklang es hinter ihnen.

Beide fuhren herum, sich ganz erschrocken stellend.

"Der Pascha!" rief der Agent. — "Ja, ich bin es," antwortete der Genannte, indem er zu ihnen trat. "Habe ich Sie vielleicht erschreckt?" — "Ach, sehr!" sagte Lina, indem sie einen tiefen, ehrfurchtsvollen Knix machte. — "So hoffe ich, daß Sie sich recht bald von diesem kleinen Schreck erholen werden."

Lina that, als ob sie sich noch immer in einer

kleinen Verlegenheit befinde, doch machte sie eine bejahende Verbeugung.

Die Augen des Paschas leuchteten befriedigt auf. Gleich als er sie sah, hatte ihre volle, reizende Gestalt einen tiefen Eindruck auf ihn gemacht. Er hatte sofort den Vorsatz gefaßt: Die bekommst du, nicht aber der Agent. Sie muß in deinen Harem, ihn aber schiebst du auf die Seite. Darum war er von ihrer jetzigen stummen Antwort und ihrer Art und Weise ganz entzückt und sagte:

„Sie zürnen mir also wirklich nicht?" — „Nein." — „So wollen wir gute Freunde werden. Ich bin überzeugt, daß die Bekanntschaft, die wir jetzt schließen, für alle Teile von Vorteil sein wird. Sie sollen mir einen kleinen Dienst erweisen, und dafür werde ich Sie so belohnen, daß Sie getrost und mit freudiger Genugthuung in die Zukunft blicken können." — „Ich bin bereit, Ihnen gefällig zu sein," erklärte Lina, „zumal ich vernommen habe, daß das mit meinen Ansichten und Gefühlen so vollständig harmoniert. Sie wollen sich rächen, und ich will es auch. Ihre Feinde sind auch die meinigen, und so wollen wir von heute an Hand in Hand gehen, bis unsere gemeinschaftliche Aufgabe erfüllt ist." — „Und auch weiterhin, noch länger!" fügte er hinzu. „Aber wir wollen uns ja besprechen. Kommen Sie also mit dahin, wo wir ungestört sein und nicht belauscht werden können."

Sie begaben sich nach dem Felsen. Nur Lina wußte, daß sie doch belauscht sein würden, und sie hatte sich nicht geirrt, denn als sie jetzt einen verstohlenen Blick emporwarf, sah sie ein Paar Augen durch das künstlich dort angebrachte Buschwerk blicken.

„Setzen wir uns, ohne uns zu genieren," sagte der Pascha, indem er sich in das Moos niederließ.

Dann begann er, nachdem Lina und der Agent seiner Aufforderung gefolgt waren, von seiner Absicht zu sprechen, Zykyma und Tschita zu entführen und mit Gewalt nach seinem Harem zurückzubringen. Lina war

M. E.

seiner Rede mit einem ironischen Lächeln gefolgt. In beredten Worten machte sie nun, als er geendet, auf die Gefährlichkeit und Unausführbarkeit seines Racheplanes aufmerksam, den die Polizei mit ihrem kräftigen und weithin reichenden Apparate in jedem Falle vereiteln würde.

„Sie wären von allen Seiten gehetzt," sagte sie zu ihm. „Wie wollten Sie entkommen? Auf der Bahn? Mit der Post? Ueberall würden Sie erwartet. In keiner Stadt, in keinem Dorfe, an keinem Orte dürften Sie sich sehen lassen. Sagen Sie mir doch in aller Welt, wie Sie da an die Möglichkeit des Gelingens nur denken können!"

Der Pascha blickte verlegen vor sich hin und erwiderte kleinlaut:

„So haben wir es uns freilich nicht gedacht. Doch lassen Sie Ihren Rat hören. Wie denken denn Sie sich die Sache?" — „Ich denke mir, Tschita und Zykyma gehen einmal spazieren und kommen gar nicht wieder, und zwar könnte dies am hellen Tage geschehen. Gerade da würde man nur an eine Verunglückung, keinesfalls aber an eine Entführung denken." — „Ach, ich höre, Sie sind die Richtige, die wir brauchen können! Aber wenn sie verschwinden sollen, so muß es einen Ort geben, wo wir sie heimlich zurückhalten können." — „Den giebt es auch. Er befindet sich ganz in der Nähe, auf Burg Grafenreuth. Das ist ein altes Raubritterschloß, halb verfallen und ganz einsam im Walde liegend. Prinz Oskar hat es angekauft und zum Teil renovieren lassen. Auf diese Weise sind einige Zimmer des Schlosses noch ganz bewohnbar geworden, sonst aber findet man dort nur noch die alten Gänge, Verließe, Gewölbe und Verstecke, in denen genug Platz vorhanden ist, um die beiden Frauenzimmer zu verbergen. Der Kastellan, der ganz allein dort haust, würde uns außerdem beistehen. Er ist mein Oheim und kann die Normanns nicht leiden, da ich, die stets sein Liebling gewesen ist, damals vor Tschita zurücktreten mußte. Er haßt sie heute noch ebenso wie vordem und würde sich freuen, ihnen einen Streich spielen zu können. Uebrigens ist er sehr geizig und geldsüchtig. Wenn er auf eine angemessene Belohnung zählen kann, so dürfen Sie bestimmt auf seine Hülfe rechnen. Sicherlich könnten wir dann die Personen so lange dort verbergen, bis die Aufregung sich gelegt hat und wir imstande sind, die Reise nach der Türkei mit den Damen zu unternehmen." — "Herrlich, herrlich! Sie haben ganz recht. Wir wollen diesen Plan festhalten. Er gefällt mir auch darum so vorzüglich, weil ich nun auch weiß, wohin mit den anderen Personen." — "Welche Personen meinen Sie?" — "Zunächst Normann. Ihn können wir wohl auch nach Grafenreuth locken?" — "Sehr leicht sogar. Das will ich schon besorgen. Tschita muß ihm ein paar Zeilen schreiben. Er denkt, sie retten zu können, wird dann aber selbst eingesperrt." — "Gut! Wir können das ja noch besprechen, denn wir haben Zeit dazu. Dieser Ort ist ganz vortrefflich gewählt. Vielleicht ließen sich auch die anderen dort hinlocken. Zum Beispiel die Adlerhorsts, vor allen Dingen aber dieser Steinbach, der an allem schuld ist, und der Lord — ah, das würde mir Gelegenheit geben, ihm zu beweisen, daß ich gar wohl satisfaktionsfähig bin! Ferner denke ich an diese elenden Kerle, die Amerikaner, den dicken und die zwei dünnen Kerle. Meinen Sie, daß wir sie alle zusammen bekommen könnten?" — "Warum nicht?" — "Schön, sehr schön! Und mein Derwisch, der da draußen auf dem Meierhofe gar nicht sicher ist, könnte dort wohl auch das sicherste Versteck finden." — "Wer ist das, der Derwisch?" — "Ein Freund von mir, den Steinbach gefangen genommen und hiergeschickt hat. Er soll wohl als Zeuge gegen mich dienen." — "Ach, der droben im Schlosse?" — "Ja. Hat Herr Schubert zu Ihnen von ihm gesprochen?" — "Er hat mir eine Andeutung gemacht." — "Und glauben Sie nicht, daß er auf dieser alten Burg sicher sein wird?" — "Er wird dort jedenfalls sicherer sein als anderswo." — "So soll auch er hin. Seine Anwesenheit dort wird mir eine Garantie für das Gelingen unseres Planes sein, denn er könnte Ihren Onkel im stillen beobachten. Natürlich dürfen Sie Ihrem Onkel nichts davon sagen." — "Kein Wort. Das versteht sich ja ganz von selbst!" — "Nun, dann sollen Sie fürstlich von mir belohnt werden. Herr Schubert soll eine Anstellung erhalten, wie er sie hier im ganzen Leben niemals bekommen hätte. Ich bin reich, sehr reich und besitze einen Einfluß, mehr als ausreichend, einen Freund für lebenslang gut zu versorgen. Reichen wir uns also die Hände, und versprechen wir uns Hülfe, Treue und Verschwiegenheit."

Sie schlugen ein. Der Pascha war ganz vertrauens= selig. Die Schönheit der Polizistin bezauberte ihn, und ihr Verhalten hatte ihn zu einem rückhaltslosen Vertrauen genötigt. Er besaß keine Ahnung, daß er sich mit einer Feindin verbündet hatte und nun an den Schlingen mit= arbeitete, in die er später unbedingt geraten mußte.

"Doch jetzt," fuhr er fort, "dürfen wir keine Zeit verlieren, keine Stunde, keinen Augenblick. Wir müssen zunächst den Derwisch unterbringen, und zwar noch heute nacht." — "Ja," fiel der Agent ein, "wir müssen uns beeilen. Ich habe einen Brief erhalten, den ich Ihnen noch zeigen werde. Es ist unbedingt notwendig, daß der der Kastellan augenblicklich gewonnen wird." — "Schön," antwortete Lina. "Ich werde sofort zu ihm fahren, um die Angelegenheit mit ihm zu ordnen. Und Sie, meine Herren, werden mich begleiten. Sie können ja selbst mit ihm reden und die Bedingungen mit ihm vereinbaren. Ohne Geld thut er es freilich nicht, und wenn Sie ihm gleich etwas anzahlen, haben Sie ihn sicher." — "Gut, so reisen wir. Haben wir noch sonst etwas zu besprechen?" — "Für jetzt nichts," antwortete der Pascha. — "So dürfen wir uns wohl trennen. Die Herren werden mir erlauben, mich zuerst zu entfernen. Besorgen Sie also einen Wagen, und in einer Stunde treffen wir uns auf der Landstraße nach Grafenreuth."

M. E.

Lina verabschiedete sich und ging. So lange sie von den Blicken der beiden etwa verfolgt werden konnte, ging sie langsam, dann aber beeilte sie sich so sehr wie möglich, um ihren Bruder aufzusuchen und ihm in kurzen Worten den Inhalt des Gespräches mitzuteilen.

„Ah!" lachte er, als sie geendet. „Das giebt der Sache eine ganz neue und vortreffliche Wendung. Diese beiden Kerle wollen fangen, werden aber selbst gefangen werden. Freilich haben wir nun Frau Auguste umsonst auf dem Meierhofe placiert, doch das thut ja nichts. Der Kastellan ist ein besserer Beobachter als sie."

— „Nun gilt es aber, ihn augenblicklich zu benachrichtigen."

— „Natürlich! Ich werde schleunigst auf das Schloß gehen und mir ein Pferd satteln lassen. Ich reite nach Grafenreuth. Bevor ihr hinkommt, habe ich ihn instruiert."

— „Sage dem Kastellan, er solle mich ja als Nichte behandeln. Selbst wenn er mich mit einem Kusse empfängt, werde ich es ihm nicht übel nehmen."

Sie trennten sich, und Lina ging heim, um sich zu der Fahrt umzukleiden. Dann ging sie nach der verabredeten Straße, wo sie den Wagen treffen mußte.

Dort stieß zunächst der Pascha zu ihr, der ihr den Arm bot, höchst liebenswürdig zu ihr war und sich alle Mühe gab, ihr Wohlgefallen zu erwerben.

Als dann der Wagen kam, stiegen sie auf. Der Agent wollte schnell fahren, Lina aber sagte, sie könne das nicht vertragen. Sie wollte ihrem Bruder Zeit lassen, den Kastellan so ausführlich wie möglich zu instruieren.

---

## 55. Kapitel.

Als sie an der alten Burg anlangten, war keine Spur von dem Polizisten zu sehen. Er hatte sich bereits wieder entfernt.

M. E.

Der Wagen hielt in dem einstigen Schloßhofe.
(Seite 718.)

M. E.

Sie fuhren in den einstigen Schloßhof und stiegen aus. Kein Mensch ließ sich sehen. Der Kastellan durfte doch nicht wissen lassen, daß er von der Ankunft seiner vermeintlichen Nichte unterrichtet sei.

Ein Teil der Ruine, die einen beträchtlichen Umfang hatte, war renoviert worden. Dort mußte der Kastellan wohnen, und dorthin lenkten also die drei ihre Schritte.

Ein schmales Thor führte in das Gebäude. Eben als sie durch dasselbe traten, kam ein alter Mann, dem man den Beamten von weitem ansah, eine breite, steinerne Treppe herab. Er blieb auf der letzten Stufe stehen und zeigte eine Haltung, als ob er auf das äußerste, aber freudig überrascht sei.

„Wer — wer kommt denn da?" rief er aus. „Du bist es, du, Lina! Wer hätte das gedacht! Ich glaubte, dich in Monaten nicht wiederzusehen. Ich begrüße dich mit Freuden. Du kommst eben recht, mir einen Rat zu geben." — „Den sollst du haben, lieber Onkel. Grüß dich Gott."

Sie umarmte ihn, und er gab ihr einen herzlichen Kuß auf die Wange. Beide spielten ihre Rollen so ausgezeichnet, daß die Herren an die Verwandtschaft glauben mußten.

„Du bist doch nicht bös, daß ich nicht allein komme?" begann sie wiederum. „Ich bringe zwei Freunde mit. Laß sie dir vorstellen. Du wirst erstaunen. Hier ist zunächst Herr Schubert, mein Bräutigam, den ich —" — „Bräutigam?" unterbrach er sie erstaunt. „Das ist doch nur ein Scherz von dir?" — „O nein, es ist mein völliger Ernst. Wir haben uns heute verlobt." — „O du Schalf! Und mir hast du nie davon gesagt!" — „Als ich zum letzten Male bei dir war, kannte ich Herrn Schubert noch gar nicht. Noch mehr aber wirst du jetzt staunen. Dieser andere Freund ist ein gar hoher und vornehmer Herr aus dem Auslande, aus Konstantinopel, ein Pascha."

M. E.

Der Kastellan fuhr zurück.

„Ein Pascha!" rief er aus. „Ein echter, richtiger Pascha?" — „Ein wirklicher." — „Ah, welche Ehre!"

Der Kastellan machte einige sehr tiefe Verbeugungen.

„Bemühen Sie sich nicht allzusehr, mein Lieber," sagte der Pascha freundlich. „Ich habe hier auf die Ansprüche meines Ranges verzichtet und befinde mich inkognito im Bade." — „Wenn auch, wenn auch! Ein Pascha, ein wirklicher türkischer Pascha. Nein, so eine Ehre! Kommen die Herren doch nur herauf."

Er führte die drei nach seiner Wohnung, die aus einem Wohn= und einem Schlafzimmer bestand. Dann entfernte er sich, um einen Trunk zu holen.

„Nun, wie gefällt er Ihnen?" fragte Lina den Pascha. — „Sehr wohl. Er hat aufrichtige Züge." — „O, es ist kein Falsch an ihm." — „Ein wenig Falsch=heit gehört aber doch zur Ausführung unseres Vorhabens." — „Nun, was das betrifft, so kann er auch ganz pfiffig sein. Prüfen Sie ihn nur. — „Was mag denn das für ein Rat sein, den er von Ihnen begehrte?" — „Das weiß ich selbst noch nicht, werde es aber wohl bald erfahren."

Der Kastellan kehrte mit Bier und einem Imbiß zurück.

„Mehr hat ein armer Teufel nicht," sagte er. „Be=gnügen sich also die Herren mit dem guten Willen. Lina mag vorschneiden und kredenzen."

Die beiden Herren machten von seiner Gastlichkeit Gebrauch, einesteils, um ihn nicht zu kränken, und anderenteils, weil bei Essen und Trinken die ersten pein=lichen Minuten rasch vergingen und die gewünschte Ge=mütlichkeit sich bald einstellen konnte.

„Meinen Rat wolltest du?" fragte Lina, auch dem Kastellan ein Glas vollgießend. „Ist es etwas Familiäres, oder können auch die Herren es hören?" — „Sie können es getrost erfahren, denn man wird bald allgemein darüber sprechen. Ich wollte dich fragen, was du für besser hältst,

M. E.

ob ich nämlich zu dir ziehe oder zu Frau Berthold. Ihr seid ja meine einzigen Verwandten." — „Wie? Was? Willst du denn von Grafenreuth fort?" — „Ich muß. Denke dir, ich bin — entlassen — bin abgesetzt." — „Mein Gott! Abgesetzt!" rief sie erschrocken. „Das ist doch gar nicht möglich! Seit wann denn?" — „Seit gestern." — „Und warum?" — „Wegen — hm, es ist die alte Geschichte. Die Normanns sind wieder einmal schuld."

Der Kastellan schilderte nun den Vorgang bei seiner vermeintlichen Entlassung näher, und es gelang ihm vollständig, den Pascha von seiner Feindschaft gegen Normanns zu überzeugen. Der Pascha war natürlich sehr erfreut darüber und glaubte fest, daß er in ihm einen treuen Verbündeten für seine Pläne gefunden habe, besonders da der Kastellan erst in Monatsfrist entlassen werden konnte. Er knauserte daher auch nicht mit dem Gelde, sodaß sie bald handelseinig wurden.

Sie beschlossen also nun, daß nicht allein Tschita und Zykyma, sondern auch der Derwisch auf der Burg untergebracht werden sollten.

Gegen Zahlung einer weiteren großen Summe gelang es sogar dem Pascha, den Kastellan für seinen Racheplan an seinen Todfeinden — den Adlerhorsts und Steinbach zu gewinnen. Sie sollten alle vernichtet werden.

Nachdem nun alle Einzelheiten der gefaßten Beschlüsse besprochen waren, führte der Kastellan den Pascha und den Agenten in der Ruine herum, um seine Vorschläge an Ort und Stelle näher zu erklären und das Gelingen der geplanten Vernichtung der Feinde zu beweisen. Schließlich sagte er zu dem Pascha:

„Nicht wahr, Sie werden sich nun überzeugt haben, daß derjenige, der dieses Brunnengemach hier betritt, verloren ist, sobald ich es will?" — „Ich bin mehr als vollständig davon überzeugt." — „Glauben Sie nun, daß ich Ihre Aufträge ausführen kann?" — „Sie meinen, daß Normann hier hinabstürzen soll?" — „Ja,

M. E.

er und die anderen. Ein Druck meiner Hand, und sie sind verloren." — "Aber doch thut es mir beinahe leid. Es geht mir viel zu schnell. Ihr Tod ist ein zu plötzlicher, ein zu gedankenschneller, ich hatte gewünscht,

daß er ein qualvoller sei." — "Das wäre für Sie mit Gefahren verbunden. Schnell weg mit ihnen, dann sind Sie sie los." — "Das ist freilich richtig. Ich wollte, ich könnte dabei sein. Einmal versteht es sich ganz von selbst, daß mir der Untergang dieser Halunken ein unendliches Vergnügen machen würde. Und außerdem hätte ich dann auch die wirkliche, unumstößliche Sicherheit, daß sie verloren seien. Wenn ich Sie bezahlen soll, so muß ich auch gewiß sein, daß Sie Ihre Aufgabe erfüllt haben." — „Das kann ich Ihnen freilich nicht verdenken. Nun, ich will auch diesen Wunsch erfüllen. Wenn ich die Leute auf dem Wege, den wir jetzt zurückgelegt haben, nach dem Brunnen führe, begeben Sie sich von dieser Seite, die wir jetzt einschlagen werden, hierher. Da können Sie Zeuge des ganzen Vorganges sein." — „Schön, schön, vortrefflich! Ah, wenn ich mich ihnen erst zeigen könnte! Alle Teufel! Das wäre ja ein Himmelsvergnügen für mich. Aber ich müßte sicher sein, daß mir nichts geschehen könnte und daß es ihnen unmöglich wäre, sich ihrem Schicksale zu entziehen, während ich mit ihnen rede." — „Ganz nach Ihrem Belieben. Es scheint, daß die früheren Besitzer dieses Schlosses sich ebenso das Vergnügen gemacht haben, Zeugen der Exekution zu sein und die Verurteilten vorher noch ein wenig zu quälen. In der Thür befindet sich nämlich eben eine solche Klappe wie in den beiden Gefängnisthüren. Sehen Sie!"

Der Alte beleuchtete die Thüre, und sie bemerkten in der That die Klappe.

„Der ganze Vorgang kann sich dann folgendermaßen abwickeln," fuhr der Kastellan fort. „Ich führe die Kerle von da drüben herein in die Stube und schließe hinter ihnen ab, damit sie nicht zurück können. Ich sage ihnen, daß sie da einige Augenblicke stehen bleiben und warten sollen. Dann öffne ich hier hüben diese Thür und verschließe sie sofort wieder hinter mir." — „Inzwischen bin ich hier angekommen?" — „Ja. Sie öffnen die Klappe und schauen hinein zu ihnen. Da können Sie sich nun eine Güte thun, so groß, wie Sie nur wollen, und diese Kerle so lange quälen, wie es Ihnen beliebt, denn den Halunken ist ja der Ausweg versagt, weil beide Thüren verschlossen sind!"

M. E.

Der Pascha rieb sich vergnügt die Hände.

"Das ist herrlich, das ist prächtig!" rief er aus. "Ah, so wird es gemacht, so wie Sie es jetzt sagten! Wie will ich die Schufte quälen! Ich werde ihnen eine Rede halten, von der jedes Wort ein Fegefeuerstrahl für sie sein soll. Ich werde ihnen sagen, wo sie sich befinden und was ihrer wartet. Ich werde ihnen die Einrichtung dieses schrecklichen Brunnenzimmers beschreiben, und sie sollen dem Tode mit Höllenangst entgegensehen! In jedem Augenblicke können die Bretter weichen, und ich werde sie doch nicht weichen lassen, um die Todesangst möglichst zu verlängern. Sie sollen empfinden, was es heißt, der Rache des Pascha Ibrahim verfallen zu sein." — "Hm!" meinte der Schließer, "das wird Sie aber zu sehr anstrengen." — "O nein. Es wird mir nicht Anstrengungen, sondern Entzücken bereiten." — "Das bezweifle ich. Sie hätten dann ja einem jeden Einzelnen diese Leichenrede zu halten! Ich weiß überhaupt nicht, ob ich es Ihnen so oft passend machen könnte. Einmal geht es, ja, aber viele Male, das ist doch fraglich!" — "Hm, ja! Aber es muß doch wohl möglich sein, sie insgesamt auf einmal hierher zu ziehen. Haben Sie da einen Gedanken?" — "Vielleicht." — "Lassen Sie ihn hören." — "Nun, wir zwingen Tschita, ihrem Manne zu schreiben, daß er mit allen denen, deren Namen Sie aufzählten, schleunigst kommen soll. Sie werden dieser Aufforderung Folge leisten, und ich führe sie hierher herab." — "Sehr gut!" — "Und das müßte gleich darauf geschehen, nachdem wir die beiden Frauen eingesteckt haben, damit man noch nicht weiß, daß sie verschwunden sind. Es muß so herauskommen, als ob es sich um einen Scherz, um ein Vergnügen handle." — "Natürlich." — "Aber Steinbach ist ja noch nicht da!" — "So warten wir, bis er kommt. Ueberhaupt können wir das ja seiner Zeit noch näher besprechen." — "Seiner Zeit? Hören Sie, ich habe keine Zeit." — "Nun, ich meine damit auch nicht etwa eine wochenlange Frist. Die Entfernung zwischen hier und der Stadt ist ja eine so kurze, daß wir bald zu einander können." — „Gut! Ich kann zu Ihnen, ohne daß man es bemerkt. Und haben Sie mir etwas zu sagen, so kommen Sie zu Frau Berthold in die Stadt, wo Sie Ihre Nichte benachrichtigen, die dann mich unterrichtet. Es kann ja gar nicht auffallen, wenn Sie Ihre Verwandte besuchen." — „O nein. Mag es also dabei bleiben. Jetzt wollen wir gehen. Kommen Sie!"

Der Kastellan führte die Männer nunmehr in dem Gange weiter. Als er dann oben eine Thür öffnete, traten sie auf der rechten Seite heraus, während sie auf der linken des Flures hinabgestiegen waren.

Nun tauschten sie noch einige unwesentliche Bemerkungen miteinander aus, stiegen im Verein mit Lina in den Wagen und fuhren davon.

## 56. Kapitel.

Nachdem der Schließer sich von Lina und den beiden Schurken verabschiedet hatte, ging er anstatt nach seiner Wohnung um die Ecke des Hauptgebäudes herum. Dort gab es eine Menge Mauertrümmer, zwischen denen er sich hindurchwand, bis er an einen gartenähnlichen Platz gelangte.

Auf demselben graste ein gesatteltes Pferd, und in der Nähe lehnte, eine Cigarre schmauchend — der Polizist am Stamme eines Baumes.

Er war also nicht vor der Ankunft der drei bereits fortgeritten, wie er seiner Schwester gesagt hatte. Der Kastellan hatte ihn zum Bleiben aufgefordert, weil er ihm noch einiges mitzuteilen und zu erklären habe. Als er den Alten kommen sah, schritt er mit gespannter Miene auf ihn zu und fragte:

„Nun, wie ist es abgelaufen?" — „Sehr gut. Die

M. E.

Halunken sind ganz prächtig auf den Leim gegangen." — „Erzählen Sie!"

Der Kastellan berichtete. Als er geendet hatte, schüttelte der Polizist bedenklich den Kopf und sagte:

„Aber die Sache gefällt mir nicht. Sie ist mir für den einen Teil zu unbequem und für den anderen zu gefährlich." — „Wieso?" — „Weil zunächst die Damen, wer weiß wie lange Zeit, in den Löchern stecken sollen."

M. E.

— „Wer sagt das? Dieselben haben nicht nötig, auch nur eine Minute dort zu bleiben. Sie werden selbst und ganz nach eigenem Gutdünken ihre Gefängnisse verlassen können." — „Also sind die Thürriegel nicht zuverlässig?" — „O, die Riegel sind gut; aber es giebt einen anderen Weg, den ich Ihnen zeigen will, damit Sie die Damen unterrichten können. Wollen Sie mir folgen?"

Der Schließer führte nun den Polizisten genau auf demselben Wege hinab, den er vorher mit den früheren Begleitern gegangen war. Als sie an die beiden Gefängnislöcher gelangten, kroch er mit der Laterne hinein und forderte ihn auf, ihm zu folgen. Nun leuchtete er in die eine Ecke rechts hinauf nach der Decke und fragte:

„Sehen Sie den eisernen Ring? Dieser ist an die Decke befestigt, die hier in der Ecke nicht aus Felsen, sondern aus Holz besteht, das genau in der Farbe der Felsen gehalten ist. Bitte, wollen Sie die Güte haben, einmal an dem Ringe zu ziehen!"

Der Polizist that es, und dieser Teil der Decke gab nach. Er öffnete sich als Klappe langsam nach abwärts. Ein Schnurren war zu hören wie das Abrollen eines Strickes, und dann bewegte sich eine Leiter herab.

„Wunderbar!" rief der Polizist erstaunt. — „Ja, es ist sonderbar, auf was für Gedanken die Ritter des Mittelalters gekommen sind! Ob das eine Einrichtung der heiligen Feme ist, die hier in oder bei Schloß Grafenreuth ihren Sitz gehabt haben soll, oder ob ein Besitzer des Schlosses der Erfinder aller dieser Heimlichkeiten war, das weiß man nicht. Aber, kurz und gut, sie sind einmal vorhanden, und jetzt können wir sie mit Vorteil benutzen." — „Wissen auch andere davon?" — „Nur einer. Herr Steinbach, unser gnädigster Prinz, auf den es ja auch mit abgesehen ist." — „Ah, Sapperment! Also hat mich meine Ahnung nicht betrogen. Prinz Oskar ist Steinbach? Woher wissen Sie das?" — „Ich rühme mich, sein Vertrauen zu besitzen, obgleich ich nur einer seiner geringsten Diener bin. Weiter habe ich nichts zu sagen. Bitte, steigen Sie diese Leiter empor, die selbst für Damen ganz bequem zu passieren ist!"

Der Polizist folgte dieser Weisung, und der Schließer stieg hinter ihm her.

„Ah!" rief der erstere, als er oben anlangte. „Das ist ja wirklich überraschend!"

Sie befanden sich in einem ganz vortrefflich ausgestatteten Zimmer. Der Kastellan zog die Leiter empor; und nachdem die Klappe ganz von selbst nachgefolgt war, lehnte er die erstere in die Ecke.

„Sie sehen," sagte er, „daß die Damen es in ihrem Gefängnisse ganz gut haben werden. Wenn sie herauf wollen, brauchen sie nur an dem Ringe zu ziehen, und wollen sie wieder hinab, was doch wohl nötig sein wird, so stoßen sie die Klappe abwärts und lassen die Leiter hinabgleiten. Ein Zug an dem Ringe führt dann die letztere wieder empor. Wie Sie sich überzeugen können, steht diese mit zwei Schnüren in Verbindung, die in die Mauer gehen." — „Ist denn das andere Verließ ebenso eingerichtet?" — „Genau so! Erklären Sie das den Damen genau," sagte der Alte, „denn ich denke, daß ich nicht dazu kommen werde."

Dann schritt er weiter nach der Brunnenstube und erklärte auch dem Polizisten den Mechanismus.

„Und darauf sollen die Herrschaften sich stellen?" fragte der Polizist erschrocken. „Herrgott! Sind Sie des Teufels?" — „Nein. Ich habe den Hebel ja nur ein klein wenig bewegt. Wenn ich ihn aber ganz niederdrücke, giebt es eine andere Wirkung, von der die Schurken nichts wissen. Passen Sie einmal auf!"

Der Alte brachte die Diele nun wieder in ihre gewöhnliche Lage. Dann drückte er die Eisenstange tief auf die Erde herab. Und nunmehr stieg die Diele, anstatt daß sie sich um ihre Achse schnellte, langsam und ohne ihre horizontale Lage zu verändern, nach abwärts.

„Sie kennen nun die Oertlichkeit und ihre Einrichtung," sagte der Kastellan. „Fürchten Sie immer noch für die Herrschaften?" — "Nein, nun nicht mehr. Das klappt wirklich alles auf das vortrefflichste," meinte der Polizist. "Aber ob sich die Herrschaften diesem Fußboden auch wirklich anvertrauen werden, das möchte ich denn doch bezweifeln." — "Darüber sorge ich mich gar nicht. Der Prinz wird ihnen jedes Bedenken benehmen. Und übrigens ist es auch unbedingt notwendig, daß sie es thun, denn nur auf diese Weise erhalten sie den vollgültigen Beweis gegen die Verbrecher. Diese letzteren müssen die Ueberzeugung gewinnen, daß ihr Werk gelungen sei." — "Allerdings. Dann aber das Entsetzen, wenn sie die Totgeglaubten lebend vor sich sehen! Lassen Sie nur den verkleideten Derwisch nicht aus dem Auge und sorgen Sie dafür, daß er keinen Verdacht schöpft!" — "Keine Sorge! Was an mir liegt, das soll auf das gewissenhafteste ausgeführt werden." — "So sind wir fertig und können wieder nach oben gehen."

Die beiden Männer schlugen nun denselben Weg ein, den auch der Kastellan mit den vorigen Besuchern aufwärts gegangen war, worauf der Polizist sein Pferd herbeiholte und sich von dem dienstwilligen Alten verabschiedete. —

Dieser aber sorgte jetzt dafür, daß alles zum Empfange der zu erwartenden Personen bereit war, und daß später kein Fehler vorkommen konnte.

Während dieser Vorbereitungen verging der Rest des Nachmittages und auch der Abend, und endlich kam Mitternacht herbei.

Der Kastellan saß bei seiner Lampe und rauchte eine Pfeife Tabak. Der Schein des Lichtes fiel durch das Fenster in den Hof hinab, und der Alte dachte eben darüber nach, was doch in der jetzigen Zeit für eigentümliche Dinge passierten, fast so abenteuerlich wie damals, als die Herren des Mittelalters ihre winkelreichen, so viele Geheimnisse in sich bergenden Burgen erbauten, und schüttelte den Kopf. Da klatschte unten jemand in die Hände. Schnell nahm er das Licht und ging in

M. E.

den Hof hinab, und er sah nun den Pascha, an dessen Seite eine weibliche Gestalt stand.

„Hier bringe ich Ihnen den entflohenen Gefangenen," redete der Pascha ihn an. „Er mag, wenn er ja von irgend jemand gesehen werden sollte, als eine Verwandte von Ihnen gelten." — „Schön! Er soll bei mir gut aufgehoben sein. Wollen die Herren mit heraufkommen?" — „Ich nicht. Ich gehe gleich wieder fort, denn ich

weiß, daß ich mich auf Sie verlassen kann. Es ist über Mitternacht, und ich will schlafen, da ich nicht weiß, wie lange ich morgen und nächstens zu wachen habe."

Damit entfernte sich der Pascha wieder. Der Alte aber führte den einstigen Derwisch nach oben und hieß ihn, sich niederzusetzen. Da konnte er ihn mit Muße betrachten.

Der Agent hatte wirklich ein Meisterstück an dem

M. E.

Derwisch gemacht. Die Verkleidung paßte ganz genau und verhüllte sehr gut das männlich Eckige der Gestalt. Die Perücke saß ausgezeichnet; das Gesicht war glatt rasiert, und Schminke und Puder hatten das Uebrige gethan, um den Mann vollständig unkenntlich zu machen.

Er sah aus wie eine Südländerin, etwa wie eine Neapolitanerin oder Sizilianerin, mit etwas weniger weichen Gesichtszügen allerdings als gewöhnlich.

„Also wollen Sie sich mir anvertrauen?" fragte der Kastellan. „Ich denke, daß Sie mit mir zufrieden sein werden." — „Das hoffe und erwarte ich, denn Sie werden sehr gut dafür bezahlt," meinte der Derwisch in etwas hochmütigem Tone. „Uebrigens wissen Sie wohl alles und weshalb ich gefangen war?" — „Genau nicht." — „Ist auch nicht nötig. Wenn Sie nur darüber unterrichtet sind, wie Sie sich zu verhalten haben." — „Das bin ich allerdings." — „So zeigen Sie mir vor allen Dingen meine Wohnung und auch die unterirdischen Räumlichkeiten, die ich kennen muß, vor allen Dingen den äußeren Eingang zu den Verließen." — „Das ist heute abend in der Finsternis unmöglich. Aber in der Frühe werde ich Sie sofort hinausführen." — „Schön! Ich muß das so bald wie möglich kennen lernen, da ich nicht weiß, wann ich davon Gebrauch machen muß. Wer wohnt noch mit Ihnen hier?" — „Niemand." — „Das freut mich. Erhalten Sie Besuche?" — „Es kommt kein Mensch." — „Auch das ist gut, denn ich mag mich natürlich nicht sehen lassen. Aber sobald ein Bote kommt, benachrichtigen Sie mich. Ich muß dann augenblicklich mit ihm sprechen."

———

M. E.

## 57. Kapitel.

Am Spätnachmittage dieses Tages hatte der dicke Sam Barth eine Depesche folgenden Inhaltes erhalten:

„Ich komme mit dem Zehnuhrzuge nebst meinen Begleitern. Sorge, daß bei Normanns alle versammelt sind, doch ohne meine Ankunft zu verraten!

Steinbach."

Infolgedessen war Sam zu Normann gegangen und hatte ihn gebeten, sämtliche Personen für heute abend zehn Uhr beisammen zu halten. Als Grund hatte er angegeben, daß er den Herrschaften etwas Wichtiges mitzuteilen habe, aber nicht eher kommen könne.

Daraufhin hatte sich bei dem Maler die ganze Familie von Adlerhorst eingefunden, ferner Jim und Tim, Sendewitsch, kurz, alle Personen, die zu dem Schicksale der Familie in Beziehung standen und jetzt hier in Bad Wiesenstein anwesend waren.

Sie warteten auf Sam, der noch nicht erschienen war, obgleich es bereits zehn geschlagen hatte. Daß er noch nicht gekommen war, hatte seinen guten Grund. Er war nach dem Bahnhofe gegangen, um Steinbach und dessen Begleitung abzuholen.

Als der Zug ankam, stieg der Genannte aus einem Waggon erster Klasse. Er hatte den Hut tief herein gezogen und den Kragen hoch empor geschlagen, damit man ihn nicht erkennen möge.

Nach ihm stiegen aus: Gökala, seine Braut und deren Vater, der dicke Tungusenfürst mit seiner noch umfangreicheren Frau, Georg von Adlerhorst mit Karpala, der Pflegetochter des fürstlichen Ehepaares, Peter Dobronitsch mit seiner Maria Petrowna, ihre Tochter Mila mit Alexander Barth, dem berühmten Zobeljäger, ihrem Verlobten, sodann zuletzt dessen Eltern, Karl Barth und dessen Frau.

M. E.

Sam eilte auf sie zu, um sie zu begrüßen.

„Alles in Ordnung?" fragte Steinbach. — „Ja, alles." — „So wollen wir sofort nach Normanns Villa." — „Aber Ihr Gepäck?" — „Das ist in der Residenz. Wir kommen von dort. Die Diener haben das Handgepäck. Sie werden Hotelwohnung besorgen. Unterwegs unterrichtest du mich schnell, so weit es notwendig ist."

Die Herrschaften setzten sich in Bewegung. Neben Steinbach schritt Sam, um ihn in kurzer Weise über die gegenwärtigen Verhältnisse zu unterrichten.

Als Sam draußen am Gartenthore von Normanns Villa klingelte, glaubte der letztere, Sam werde allein kommen.

Wie groß war daher die Ueberraschung, als jetzt die Thür geöffnet wurde und Steinbach, gefolgt von allen anderen, hereintrat.

„Ah! Herr Steinbach, Herr Steinbach!" rief es von Mund zu Munde.

Das Erscheinen dieses von allen so verehrten und geliebten Mannes verursachte eine unbeschreibliche Freude. Alle, alle eilten auf ihn zu, um ihn zu begrüßen, denn es gab keine einzige Person, die ihm nicht etwas zu verdanken gehabt hätte.

Eben wollte ihm auch der Lord die Hand reichen, und er streckte schon den langen Arm aus, da fiel sein Blick auf Gökala.

„Sakkerment!" rief er aus, ganz steif vor Ueberraschung dastehend. „Ist das nicht — ist denn das nicht die schöne Dame aus Kairo, mit der ich redete, und die mir einen Brief an Sie mitgab? Wirklich, wirklich! Welch eine Ueberraschung! Ich lege mich Ihnen zu Füßen, Miß Gökala. Ich begrüße Sie mit dem größten Entzücken! Sie haben sich endlich auffinden lassen. Darüber wird niemand glücklicher sein als Steinbach."

Frau von Adlerhorst und ihre Kinder suchten währenddessen mit fragenden Blicken unter den Neuangekommenen, denn sie wußten, daß Georg mit Steinbach eintreffen wollte. Sein Gesicht konnte die Züge der Adlerhorsts nicht verleugnen. Auch ihm sagte mehr die Stimme seines Herzens als sein Auge, welche der anwesenden Damen seine Mutter sei. Freudig eilte er auf sie zu.

„Irre ich mich oder nicht?" rief er aus. „Sie sind —— — du bist — —?"

„Georg, mein Sohn, mein Sohn!"

Frau von Adlerhorst streckte aufjauchzend die Arme aus, und Georg sank an ihre Brust. Beide hielten sich lange, lange umschlungen. Gleich herzlich wurde er auch von den Geschwistern begrüßt.

Die Scene dieses Wiedersehens war eine ergreifende und tief rührende. Aller Augen standen voller Thränen, und es dauerte lange, ehe die sich schnell folgenden Fragen einer bedächtigeren Redeweise Platz gaben.

Nun trat Georg zu Zykyma, und ihre Hände ergreifend, sagte er, ihr mit einiger Verlegenheit in das schöne Antlitz blickend:

„Daß ich auch dich hier begrüßen darf, macht meine Freude erst vollständig." — „Hast du gewußt, daß du mich hier finden würdest?" fragte Zykyma unbefangen. — „Ja. Steinbach sagte es mir. Er ist ein Meister im Arrangement von Ueberraschungen. Habt ihr meine Depesche empfangen?" — „Gestern schon." — „Und — hast auch du sie gelesen?" — „Ja." — „Ihr Inhalt —— — o sag', welchen Eindruck hat er auf dich gemacht?"

Auf Georgs Gesicht lag bei dieser Frage der Ausdruck ängstlicher Besorgnis.

„Wir haben uns alle sehr gefreut," entgegnete Zykyma lächelnd. — „Wirklich? Auch du?" — „Ja, herzlich," antwortete sie, ihn offen und freundlich ansehend. „Deine Ueberraschung wird sofort weichen, wenn ich dir meinen Verlobten vorstelle. Hier hast du ihn."

Zykyma ergriff bei diesen Worten Hermanns Hand und zog ihn herbei.

„Du, Bruder? Du liebst Zykyma?" rief Georg ganz erstaunt aus. — „Ja, und vielleicht herzlicher, als du sie einst geliebt hast, denn du konntest sie vergessen,

M. E.

was bei mir niemals der Fall gewesen sein würde," lachte der Gefragte. — „O, von einem wirklichen Vergessen war ja keine Rede. Ich habe eine lange Zeit des Kampfes durchgemacht, danke aber Gott, daß es so gekommen ist. So werden wir nun nach so langem Leiden alle glück= lich sein." — „Davon sind wir überzeugt. Aber jetzt zeige uns auch die Dame, der du dein Glück zu verdanken haben willst. Oder hast du sie nicht mit?" — „O doch. Hier ist sie. Ich empfehle sie eurer Liebe und vor allen Dingen der deinigen, liebe Mutter."

Georg führte Karpala seiner Mutter zu. Diese zog das schöne, junge Mädchen an ihr Herz, und darauf teilten sich auch ihre anderen Kinder in die Begrüßung ihrer neuen Anverwandten.

Karpala hatte unterwegs einiges Deutsch gelernt und bat in rührenden, wenn auch gebrochenen, Worten um Liebe und Nachsicht. Das klang so lieb und mild, daß ihre Bitte Thränen erweckte.

„Hier, Mutter — — hier, Vater," sagte sie, auf das fürstliche Tungusenpaar deutend.

„Fürst Bula der Tungusen und Fürstin Kalyna, seine Gemahlin," stellte Georg die beiden vor. „Sie sind aus Sibirien gekommen, um euch kennen zu lernen."

Die beiden Dicken wurden mit solcher Herzlichkeit begrüßt, daß der Fürst, der nur einige wenige deutsche Worte behalten hatte, ausrief:

„Freude — Wonne — Entzücken — Seligkeit!"

Und die gute Kalyna wischte sich mit dem Aermel ihres Reisemantels die Augen und rief:

„Sibirien — Deutschland — Tungusen — Hoch= zeit — Schwiegersohn!"

Damit drückte sie wonnevoll alle an das Herz, die so unvorsichtig waren, sich in ihre Nähe zu wagen.

„Halt!" sagte da Sam. „Wenn alles sich umarmt, so will auch ich umschlungen sein, denn ich bin ja, wie ich Ihnen schon gesagt habe, der Onkel der Braut!" — „Ein Sachse aus Herlasgrün, der Onkel einer tungusischen Fürstentochter?!" — „Ja. Ich habe sogar Zeugen dafür. Hier stehen mein Bruder und meine Schwägerin, die eigentlichen Eltern Karpalas, die die Wahrheit meiner Worte beschwören können. Es klingt das allerdings sehr romanhaft, ist aber dennoch wahr, wie Sie alle sehen werden, wenn wir es erzählen."

Sam zog auch die anderen herbei, um sie vorzustellen und dabei seine gewohnten, possierlichen Bemerkungen zu machen.

Es ist leicht zu denken, daß nun eine sehr lebhafte und aufregende Scene folgte. Es gab tausend Fragen und Erkundigungen, die, sich kreuzend, von Lippe zu Lippe flogen. Die Antworten konnten natürlich nur kurz und unzulänglich sein, und eine gewisse Ordnung trat erst ein, als man beim Weine Platz genommen hatte und Steinbach in kurzen Zügen berichtete, was geschehen war und wie man sich gefunden hatte.

Sich ausführlich auszusprechen, das mußte man freilich auf später verschieben. Die Schicksale der Anwesenden waren ja so abenteuerliche und viel verschlungene gewesen, daß eine lange Zeit dazu gehörte, bis man sich gegenseitig genauer kennen zu lernen vermochte.

So vergingen einige sehr bewegte Stunden. Dann erst kam man dazu, der augenblicklichen Situation genauer zu gedenken.

Normann erklärte die Lage, in der man sich befand, und Sam, der ja eigentlich der Arrangeur des ganzen war, machte seine erläuternden Bemerkungen dazu.

Steinbach aber, der sehr aufmerksam zuhörte, erklärte, als der Bericht zu Ende war:

„Ich bin mit der Wendung, die die Sache heute genommen hat, sehr zufrieden. Diese Dame, die Schwester des Polizisten, muß ein sehr intelligentes Köpfchen besitzen. Sie und ihr Bruder haben um unsere beiden Feinde und ihren Verbündeten die Schlinge so gewandt gelegt, daß wir sie nur zuzuziehen brauchen, und es ist sehr gut, daß Ihr auf die Pläne dieser Menschen scheinbar eingegangen seid, denn dadurch bekommen wir die untrüglichsten Beweise gegen sie in die Hand. Wann wird die Polizistin sich hier wieder sehen lassen?" — „Jedenfalls schon am Morgen." — „So wollen wir ihr sagen, daß Tschita und Zykyma noch am Vormittage bereit sind."

Die beiden Genannten machten einigermaßen verlegene Gesichter.

„Muß es denn sein, Herr Steinbach?" fragte die erstere. — „Ja, schöne, gnädige Frau. Es muß sein." — „Aber man wird uns einsperren." — „Nur auf einige Stunden. Und Sie haben ja gehört, daß Sie nicht im Verließ zu bleiben brauchen. Uebrigens werden wir Männer dann am Nachmittage nachkommen."

Nun wurde das Weitere besprochen, wobei aber, wie leicht erklärlich, das Gespräch zahlreiche Sprünge nach der Vergangenheit zurückmachte. So kam es, daß der Morgen bereits graute, als man endlich glaubte, nun doch die lange Sitzung schließen zu müssen.

Steinbach erklärte, daß er nicht gern in einem Gasthause logiere. Er war nämlich überzeugt, sofort erkannt zu werden, und das wollte er vermeiden. Normann stellte alle seine disponiblen Zimmer zur Verfügung, dennoch aber mußten viele nach dem Hotel aufbrechen, um trotz der frühen Stunde dort Aufnahme zu suchen. —

Am Vormittage saß der Derwisch bei dem Kastellan, seinem Wirte. Sie unterhielten sich nicht eben gerade in herzlicher Weise, denn das Wesen des verkleideten Flüchtlings war kein solches, welches Sympathie zu erwecken vermochte.

Da klopfte es an. Der Kastellan trat zur Thür und fragte, ohne dieselbe zu öffnen:

„Wer ist da?" — „Ich, Lina."

„Da du es bist, so darfst du herein. Bringst du etwa eine wichtige Botschaft? Du bist ganz außer Atem." — „Ja, ich mußte mich beeilen, denn Tschita und Zykyma können schon in wenigen Minuten da sein." —

M. E.

„Donnerwetter!" rief der Derwisch, indem er von seinem Stuhle aufsprang. „Wer hat sie auf diesen Gedanken gebracht?" — „Ich natürlich. Ich habe den Aberglauben der Orientalinnen benutzt und ihnen erzählt, daß es hier bei der Ruine eine Quelle giebt, die einen prächtigen Teint verleiht, wenn man sich an einem gewissen Tage vormittags mit dem Wasser derselben wäscht." — „Aber

wissen Sie auch genau, daß sie kommen werden?" — „Ja, denn ich sah sie gehen. Ich paßte auf und bin ihnen vorangeeilt." — „Und ist wirklich eine Quelle hier?" — „Gewiß," antwortete der Kastellan. „Sie ist übrigens gar nicht weit von der Stelle, an der sich der geheime Eingang befindet, den ich Ihnen heute früh zeigte." — „So müssen Sie mich gleich hinführen. Kennen Tschita und Zykyma den Quell?" — „Nein," antwortete Lina.

„Sie sind ja noch gar nicht hier gewesen. Aber ich habe ihnen denselben so genau beschrieben, daß sie ihn unbedingt finden müssen." — „Schön, schön! So muß ich fort. Führen Sie mich, Kastellan." — „Halt! Gar so sehr brauchen Sie sich nicht zu beeilen. Ich glaube, eine tüchtige Viertelstunde Vorsprung gewonnen zu haben, und muß Ihnen etwas Wichtiges melden, ehe ich gehe. Steinbach ist da. Er ist gestern abend eingetroffen und es sind viele Personen mit ihm gekommen." — „Dann hat er jedenfalls die ganze sibirische Gesellschaft bei sich. Auch einen Adlerhorst?"

Der Derwisch nannte alle Namen derer, die er hier vermutete, und Lina bestätigte dieselben.

„Ah, so haben wir das ganze Nest beisammen!" rief er aus. „Melden Sie das sofort dem Pascha. Er muß es so schnell wie möglich erfahren. Ich aber will jetzt zur Quelle."

Lina entfernte sich. Der Derwisch ließ sich zu dem Wasser führen, an dem er sich wartend niedersetzte, als der Kastellan ihn verlassen hatte.

Unten auf der Straße traf Lina mit Tschita und Zykyma zusammen, die mit ihr herausgegangen waren und hier auf sie gewartet hatten.

„Der Derwisch ist, als Frau verkleidet, soeben fort zur Quelle," meldete sie. „Nun können Sie gehen."

Und dann sprach sie Zykyma und Tschita so eindringlich zu, daß es ihr endlich gelang, den Mut der zarten, schönen Geschöpfe anzufachen.

Diese ließen sich die Lage des Quelles noch einmal genau beschreiben und setzten dann ihren Weg fort.

Die Straße stieg bergan zur Höhe empor, auf der Schloß Grafenreuth lag. Dann führte ein schmaler Weg am Thore vorüber, abwärts in den Wald hinein, wo zwischen Erlen und Espen das Wasser des erwähnten Quelles aus der Erde drang.

Als sie dort anlangten, sahen sie eine recht gut gekleidete Frau sitzen, die ihren Schleier ziemlich weit über das Gesicht herabgezogen hatte. Das war natürlich der Derwisch.

Er hatte aufmerksam gehorcht und die Schritte der Nahenden vernommen. Jetzt that er, als ob er sich zufällig umblicke und sie bemerke, und erhob sich höflich.

Die beiden Damen kamen langsam näher, grüßten durch eine leichte Verbeugung und baten um Entschuldigung, daß sie störten.

„O bitte," antwortete er. „Gottes Welt ist für jedermann offen, und ich habe kein anderes Recht auf diesen Platz als Sie. Gewiß ist Ihnen das Wasser dieser Quelle gerühmt worden?" — „Allerdings," antwortete Zykyma, die von beiden den meisten Mut besaß. — „Dann bitte, sich niederzulassen und mir zu erlauben, auch wieder Platz zu nehmen."

Er deutete auf die umher liegenden, mit Moos überzogenen Felsenbrocken, auf deren einem er gesessen hatte, und sie setzten sich nun alle drei nieder.

„Vermute ich recht, wenn ich meine, daß Sie Sommergäste des Bades Wiesenstein sind?" fragte er höflich, indem er sich Mühe gab, seiner Stimme einen weichen, weiblichen Klang zu verleihen, was ihm dadurch gelang, daß er nur in halbem Tone sprach. — „Wir sind Bewohnerinnen von Wiesenstein, nicht Sommergäste," antwortete Zykyma. „Meine Freundin hier ist die Gemahlin des Malers Normann, und ich bin bei ihr auf Besuch. Aber Sie gehören wohl zu den Badegästen?" — „O nein. Ich bin auf Besuch bei dem Kastellan dieses alten Schlosses, der mein Verwandter ist." — „Dann sind Sie zu beneiden, am romantischsten Orte der ganzen Gegend wohnen zu dürfen." — „Das ist wahr, zumal ich mich außerordentlich für solche Ueberreste vergangener Zeiten interessiere. Die Tage, an denen ich mich periodisch hier befinde, gehören stets zu den glücklichsten des ganzen Jahres für mich." — „Aber einsam muß es sein, sehr einsam." — „Das suche und liebe ich eben. Ich bin so halb und halb Dichterin und belebe mir diese Einsamkeit mit allerhand lichten Gestalten meiner Phantasie. Droben zum Beispiel durch die Ruinen wallt die leuchtende Schleppe einer Fee. Drunten im Grunde, dem diese Wellen entgegeneilen, tanzen Elfen ihren munteren Reigen, und allerlei Gnomen und Heinzelmännchen kriechen hier in den Klüften und Höhlen herum." — „Giebt es denn auch Höhlen hier?" — „Einige. Man sagt sogar, daß das ganze Schloß unterhöhlt sei. Das Wasser dieser Quelle zum Beispiel entstammt nicht der tiefen Erde, sondern es entfließt dem Schloßbrunnen, der längst nicht mehr gebraucht wird." — „Ich habe sehr oft von so alten Schlössern und Burgen gelesen. Ich interessiere mich außerordentlich für sie," meinte Zykyma, die, je länger sie mit dem maskierten Verbrecher sprach, desto mutiger wurde, und jetzt dessen Absichten entgegenkommen wollte. — „So sind wir vollständig gleich gestimmt," entgegnete der Derwisch. „Es weht ein Hauch der Wehmut um solche Stätten, an deren Thoren die Sage Wache hält. Das sind so die rechten Orte für den Dichter, überhaupt für den Künstler und also auch für den Maler. Hat Ihr Herr Gemahl diese Ruinen noch nicht besucht, Frau Normann? Er könnte prächtige Sujets hier finden." — „Leider ist er Porträtmaler." — „Ach so! Aber auch der Porträtmaler muß sich mit der Natur befassen. Er braucht oft einen interessanten Hintergrund, der seinem Porträt als Folie dient. Denken Sie sich dort das dunkle, von Epheu überzogene Gemäuer als Hintergrund, und vorn die leuchtende, strahlende, taufrische Gestalt einer Nixe, die träumend hier an der murmelnden Quelle liegt. Das müßte doch prächtig sein. Oder nicht?" — „Ja. Sie scheinen ein gutes, kritisches Auge zu besitzen." — „O nein. Ich schwärme bloß zuweilen ein wenig. Oder denken Sie sich das gutmütige Gesicht eines alten, freundlichen Heinzelmännchens, das dort hervorguckt, wo die gelb blühenden Königskerzen sich an den weißen Stein legen. Es ist, als ob diese Kerzen emporgesproßt

M. E.

seien, um den Ort zu zeigen, an dem die Edeldamen die Burg verließen, wenn sie beabsichtigten, sich im Walde oder auf der Wiese zu ergehen." — "Ist denn dort ein Ausgang? Man sieht ja nichts von ihm." — "Es ist ein heimlicher. Wissen Sie, wie ihn das Edelfräulein nötig hatte, um sich mit dem armen Pagen, der sie nicht lieben durfte, unter dem Schutze des Geheimnisses ein Rendezvous zu geben." — "Interessant, sehr interessant." — "Nicht wahr? Sie möchten wohl das Schloß gern einmal durchstreifen?" — "Sehr gern, wenn uns die Erlaubnis nicht versagt wird." — "O, was das betrifft, so brauchten Sie sich gar nicht zu sorgen. Ich bin zu jeder Zeit bereit, Sie zu führen und überall hin zu begleiten. Mein Vetter hat mir ein für alle Male die Erlaubnis dazu erteilt." — "Sie sind sehr freundlich, Madame. Aber wir dürfen Sie nicht belästigen." — "Bitte, eine Belästigung ist es keineswegs. Ich stand soeben, als Sie kamen, im Begriffe, in das Schloß zurückzukehren. Ich wollte nach dem Schlafgemache der letzten Landgräfin, welches reich nach orientalischem Geschmacke eingerichtet ist, denn ihr Gatte hat aus einem Türkenkriege die ganze Einrichtung eines Harems mitgebracht. Diese Ausstattung ist noch vorhanden. Haben Sie schon einmal eine solche Einrichtung gesehen?" — "Niemals." — "So entschließen Sie sich schnell, meine Damen," sagte er. "Meines Verweilens ist nicht mehr lange. Wenn Sie das Schloß beschauen wollen, so führe ich Sie gern." — "Nun, da werden wir von Ihrem freundlichen Anerbieten Gebrauch machen," entgegnete Zykyma. — "Schön! Bitte, kommen Sie."

Der maskierte Verbrecher führte die Damen darauf den Wall empor bis an die äußere Ringmauer. Dort standen die Königskerzen, und dort wucherte ein dichtes Brombeergesträuch. Ein langer Ast lag handlich neben demselben. Der Derwisch ergriff denselben und fuhr damit in das Gesträuch, um dasselbe beiseite zu schieben.

Da wurde eine Oeffnung sichtbar, in die steinerne Stufen hinabführten.

M. E.

„Das ist der Eingang hier?" fragte Tschita. „Er ist so schaurig." — „Nicht im geringsten. Steigen Sie nur einige Stufen hinter mir hinab, dann brenne ich die Laterne an."

Der Derwisch verschwand in dem Loche, und sie folgten ihm langsam.

Als es dunkel um sie wurde, leuchtete vor ihnen ein Zündholz auf, mit Hülfe dessen der Führer die Laterne anzündete.

Nun ging es eine Reihe von Stufen hinab. Dann betraten sie einen bequemen Gang, der in wagerechter Richtung weiterführte. Später kam eine Thür, die nicht verschlossen war. Hinter derselben gelangten sie nun in den Gang, in dem sich die beiden Verließe befanden.

Hier blieb der Derwisch stehen und fragte in freundlichem, neckischen Tone:

„Nun, fürchten Sie sich auch jetzt noch?" — „Nein," antwortete Zykyma. „Wenn man sich erst an das Dunkel gewöhnt hat, dann ist die Angst vorüber." — „Ja, es ist gar nicht so unheimlich hier, wie man denken sollte, zumal man von Schritt zu Schritt auf lauter Interessantes stößt. Hier gelangt man zum Beispiel an einen sehr berühmten Ort, von dem die alte Schloßchronik berichtet, die ich Ihnen nachher vorlegen werde. Wir kommen zu den Kerkern des Liebespaares. Die Tochter eines der Schloßherren liebte nämlich einen Knappen. Beide wollten nicht voneinander lassen; darum sperrte der Ritter sie in diese unterirdischen Verließe. Sie blieben dennoch dabei, ein Herz und ein Gedanke bleiben zu wollen. Da sagte er voller Spott, er wolle täglich kommen, um nach ihren Gedanken zu forschen; wenn sie beide einen Monat lang genau dieselben Gedanken hätten, so sollten sie einander bekommen." — „Sie waren doch durch den dicken Fels getrennt? Dann war es unmöglich, sich zu verständigen." — „Hm! Oft ist das Unmögliche möglich zu machen. So auch hier. Wenn nämlich die beiden an einem ganz bestimmten Punkte ihrer Verließe

M. E.

standen, so konnten sie einander ganz deutlich hören, selbst wenn sie nur flüsterten, und zwar trotz der zwischen ihnen liegenden Felsenmasse." — „Das ist doch nicht glaublich!" — „O doch. Sowie der Ritter die Klappen öffnete, die sich in den Thüren befanden, so stellten beide sich auf die betreffenden Stellen. Gab nun seine Tochter auf seine Fragen Antwort, so hörte der Knappe jeden Laut. Und legte dann der Ritter ihm dieselben Fragen vor, so antwortete er genau so wie seine Geliebte. Soll ich Ihnen den Beweis für die Wahrheit dieser alten Geschichte erbringen?" — „Wir bitten darum!" — „Schön! Kommen Sie!"

Der Derwisch führte die Damen nun weiter bis zu dem Verließe, dessen Thür, wie bereits erwähnt, offen stand, zeigte ihnen dasselbe und dann auch das andere, leuchtete in beide hinein und fragte:

„Finden Sie vielleicht etwas Fremdartiges in dem Bau dieser Zellen?" — „Nein, gar nicht. Ich behaupte, daß man sich unmöglich hören kann. Es ist doch wenigstens zwanzig Schritte weit bis hin zur anderen Zelle. Und dazwischen liegt dicker, harter Felsen!" — „Und doch ist's so! Bitte, Frau Normann, treten Sie doch einmal ein. Stellen Sie sich gerade in die Mitte der Zelle! Fräulein mag dies dort in der anderen thun! Dann flüstern Sie leise miteinander. Sie werden jedes Wort so laut vernehmen, als ob es gerufen worden sei, während ich nicht einen Laut höre."

Tschita trat hinein, und der Derwisch machte die Thür hinter ihr zu.

„Ah!" meinte Zykyma. „Ist es notwendig, daß die Thür zugemacht und verriegelt wird?" — „Ja, zum vollständigen Gelingen des Experimentes. Die Thür muß ganz luftdicht schließen. Meinen Sie etwa, daß ich Sie nicht wieder herauslasse?"

Der Schurke fragte das höhnisch. Jetzt hatte er ja eine von den Damen fest; mit der anderen würde er auf alle Fälle fertig werden.

M. E.

„Fast scheint es so," antwortete Zykyma. — „Ah! Wie kommen Sie auf diesen argen Gedanken?" — „Ihr ganzes Gebahren kommt mir verdächtig vor? Eine so fein gekleidete Dame soll die Verwandte eines einfachen, alten Ruinenwächters sein! Eine ganze Haremseinrichtung soll sich in dem alten, feuchten Gemäuer befinden! Und dann dieses Märchen von dem Liebespaare in den Verließen!" — „Ich versichere, daß es die Wahrheit ist und begreife nicht, wie Sie auf solche Gedanken kommen können!" — „Nicht? Nun, meinetwegen! Also will ich eintreten und — flüstern!"

Zykyma gab dem letzteren Worte einen eigentümlichen, spöttischen Ton und fügte hinzu:

„Wenn ich flüstere, hört es also meine Freundin. Und ich glaube, wenn ich rufe, so hört man es in der Stadt. Wollen es versuchen." — „Ja, versuchen Sie es!" lachte er höhnisch auf, indem er die Thür hinter ihr zuschlug und die Riegel vorschob.

Dann lauschte er. Drinnen blieb alles ruhig. Jetzt machte er die Klappe auf und leuchtete hinein. Da lehnte Zykyma an der gegenüberliegenden Wand und blickte ihn ernst und furchtlos an.

„Nun, flüstern Sie?" fragte er. — „Nein," antwortete sie ruhig. — „Aber da hört doch Frau Normann nichts!" — „Meine Freundin braucht nichts zu hören." — „Nicht? Ah, warum?" — „Sie weiß schon alles."

Das sagte Zykyma in einem Tone, der ihn stutzig machte. Darum fragte er:

„So, was weiß sie denn?" — „Mit wem wir es zu thun haben." — „Ah! Donnerwetter! Das wäre! Nun, wer bin ich denn?" — „Ein Scheusal bist du, Halunke! Denkst du, wir haben dich nicht erkannt? Du bist Osman, der Derwisch."

Das kam ihm doch so unerwartet, daß er von der Klappe zurückfuhr. Aber nur für einen Augenblick, denn er war gleich wieder da und rief herein:

M. E.

„Bitte, Frau Normann, treten Sie doch einmal ein," sagte
der Derwisch. (Seite 743.)

M. E.

„Was? Ihr wißt es, wer ich bin? Und dennoch habt ihr euch einschließen lassen?" — „Weil wir an die Akustik dieser Verließe glauben. Ich habe es bereits gesagt. Wenn wir hier nach Hülfe rufen, hört man es in der Stadt."

Da schlug der Derwisch ein gellendes Gelächter auf.

„Das ist göttlich! In der Stadt! Hoffentlich kommen da alle eure Seladons gleich herbei gerannt, um euch zu befreien?" — „Allerdings." — „Und dieser Steinbach an ihrer Spitze?" — „Er voran, wie immer!"

Der Derwisch sah Zykyma staunend an. Er hatte erwartet, daß sie in Jammer und Wehklagen ausbrechen werde, und hörte nun gerade das Gegenteil.

„Weib, Mädchen!" rief er. „Meinst du, ich mache mir einen Spaß mit euch? Bilde dir nur ja nicht ein, daß du nur für einen Augenblick eingeschlossen bist! Du bleibst so lange hier, bis der Pascha kommt, dich nach Konstantinopel zu schaffen, dich und Tschita mit." — „Das mag er sich nicht träumen lassen! Meine Freunde werden kommen!" — „Ja, sie werden kommen. Wir wünschen das sogar; wir wünschen es so sehnlichst, daß wir sie sogar herbeiholen werden, aber um Rache an ihnen zu nehmen." — „Mensch, du befindest dich nicht in der Türkei. Gegenüber Männern, wie Steinbach einer ist, bist du verloren! Du wirst dich vor ihnen im Staube krümmen und um Gnade betteln." — „Oder sie vor mir, und zwar vielleicht heute noch. Weißt du, welches Schicksal ihrer harrt? Sie werden in den turmtiefen Brunnen dieses Schlosses geworfen. Sie werden in der Tiefe elend zerschmettert werden, alle, alle! Du aber wirst nach Konstantinopel geschafft und die elendeste Sklavin der armseligsten Sklavinnen sein!" — „Immer phantasiere! Die Täuschung, in der sich deine höllische Seele befindet, wird gar bald weichen. Ich antworte dir nicht mehr."

Zykyma schlug die Arme über der Brust zusammen und wandte sich von ihm ab. Er sprach noch mehrere

Male auf sie ein; da sie aber schwieg, so warf er ihr einige grimmige Flüche zu und verschloß die Klappe.

Jetzt begab er sich zu Tschita. Als er das Loch öffnete, lehnte sie ebenso wie vorher Zykyma an der Wand. Auch hier streckte er die Laterne hinein, um sie anzuleuchten, und fragte:

„Nun, haft du etwas gehört?" — „Ja," antwortete sie. „Deine ganze Unterredung mit Zykyma." — „Alle Teufel! Ihr macht ja wirklich aus meiner Lüge die Wahrheit!" — „Hebe dich hinweg! Ich habe mit dir nichts zu schaffen!"

Auch Tschita wandte sich ab und gab dem Schurken keine Antwort mehr. Das erboste ihn außerordentlich. Er stieß einige wilde Drohungen aus und verschloß dann das Loch.

Tschita horchte. Sie hörte seine sich langsam entfernenden Schritte. Nun wartete sie noch eine Weile, um sicher zu sein, daß er nicht wiederkommen werde; dann tastete sie nach dem Ringe, der ihr beschrieben worden war.

Uebrigens war er bereits von ihr bemerkt worden, als der Derwisch mit seiner Laterne herein geleuchtet hatte. Sie zog, und da ließ sich das bereits erwähnte Knarren hören. Die Klappe senkte sich, und die Leiter kam herab.

Tschita stieg empor. Eben als sie oben die letzte Leitersprosse verließ, wurde die Thür geöffnet, und Zykyma kam herein.

„Da bist du also auch bereits oben," sagte diese. „Laß nur die Leiter nicht unten." — „Warum nicht? Wir müssen ja doch wieder hinab!" — „Aber dieser Mensch kann indessen wiederkommen. Dann wäre ja alles verraten." — „Da hast du recht. Wir wollen sie also hinaufziehen." — „Die meinige ist schon oben. Hast du auch schon gesehen, wie gut der Kastellan für uns gesorgt hat? Ein solches Burgverließ kann man sich schon gefallen lassen."

M. E.

Der Tisch war gedeckt. Es gab Delikatessen, wie sie zur Ritterzeit wohl kein Gefangener vorgesetzt erhalten hatte. —

---

## 58. Kapitel.

Unterdessen war Lina nach der Stadt zurückgekehrt. In ihrer Wohnung angekommen, hatte sie den Agenten aufgesucht und ihm kurz mitgeteilt, daß sie mit dem Pascha notwendig zu reden habe. Sie erzählte Schubert darauf, daß Steinbach angekommen sei, zerstreute seinen Verdacht, daß dieser identisch mit dem Prinzen Oskar sei, und unterließ auch nicht, dem Agenten mitzuteilen, daß Zykyma und Tschita bereits in der Gewalt des Derwisches seien, ferner, daß Normann mit Steinbach und seinen anderen Freunden, auf Anregung des Lords um zwölf Uhr mittags nach Schloß Grafenreuth aufgebrochen seien, um sich, ohne im geringsten eine Ahnung von der Anwesenheit Zykymas und Tschitas in den Ruinen zu haben, das altertümliche Gemäuer anzuschauen.

Sofort verabschiedete sich nun der Agent von Lina, verabredete mit ihr weiter auf Schloß Grafenreuth zusammenzutreffen und eilte dann davon, um dem Pascha die sensationellen Neuigkeiten zu hinterbringen.

Eiligst wandte er sich dem Pavillon in der Hauptpromenade zu, wo er seinen Kumpan anzutreffen hoffte.

Glücklicherweise kam ihm, ehe er denselben erreichte, der Pascha zufälligerweise entgegen. Er gab ihm einen Wink und bog dann sofort nach rechts ein, um auf die nach Schloß Grafenreuth führende Straße zu gelangen. Dort wartete er, bis der Pascha ihn einholte, und berichtete ihm alles, was er von Lina erfahren hatte.

Diese Kunde machte natürlich einen großen Eindruck auf den Pascha und versetzte ihn in eine gewaltige Aufregung.

M. E.

„Welch ein Glück!" rief er aus. „Wer hätte das erwarten können! Es war ja gar nicht zu denken, daß sich diese Sache so schnell entwickeln könne, daß es so ungemein rasch gehen werde." — „Und daß wir sie alle

zusammen haben werden," fügte der Agent bei. „Sie sind ja alle da, ohne eine einzige Ausnahme. Das ermöglicht es uns, sie mit einem einzigen Schlage zu vernichten." — „Ja, es wird sein, als wenn der Blitz in

M. E.

eine Schafherde fährt und die Tiere alle tötet. Aber wir dürfen doch nicht unüberlegt handeln. Wir müssen die Sache unbedingt so arrangieren, daß wir keinen Schaden davon haben. Die Kerle müssen verschwinden, ohne daß eine Spur von ihnen zurückbleibt." — „Natürlich! Das wird ja der Fall sein. Der Kastellan ist unser Verbündeter. Er wird sicherlich dafür sorgen, daß nichts entdeckt werden kann. Wir haben nichts, gar nichts zu befürchten. Und vor allen Dingen verlasse ich mich auf meine Braut. Sie ist ein äußerst kluges und scharf= sinniges Mädchen. Sie haßt diese Normanns und hat auch wirklich alle Veranlassung dazu. Selbst wenn dem alten Kastellan eine Unvorsichtigkeit zuzutrauen wäre, sie selbst wird dafür sorgen, daß uns nichts geschehen kann." — „Nun gut. Da Sie eine solche Zuversicht besitzen, will auch ich getrost sein. Gehen wir also ohne alle Befürchtung an unser Werk."

Der Pascha schritt schneller aus als bisher. In seinem Gesichte sprach sich die höchste Entschlossenheit aus, und auch der Agent besaß den gleichen festen Willen. Er bewies dies, indem er einen Revolver aus der Tasche zog, ihn dem Pascha zeigte und dabei sagte:

„Mag es kommen, wie es will, mein letzter und bester Schutz ist hier diese Waffe. Mit ihr werde ich dafür sorgen, daß man mir nichts anzuhaben vermag. Ergreifen lasse ich mich auf keinen Fall."

Nun schritten sie schweigend nebeneinander her, bis sie die Burg erreichten. Im Hofe derselben trafen sie den Kastellan, der sie erwartete. Der Agent begrüßte ihn vertraulich als Verwandten und fragte:

„Ist Lina bereits da?" — „Ja, schon längst. Sie sagte mir, daß Sie bald kommen würden. Bemühen Sie sich mit herauf zu mir. Der Derwisch befindet sich bei mir."

Dieser letztere hatte die Kommenden mit großer Spannung erwartet. Der große Schlag, den sie aus= zuführen beabsichtigten, war nahe. Da verstand es sich

M. E.

ganz von selbst, daß sie alle sich in einer ungewöhnlichen Stimmung befanden.

„Also die beiden Frauen haben Sie bereits fest?" fragte der Pascha. — „Ja," antwortete der Derwisch. „Sie sind mit viel Glanz in die Falle gegangen." — „Ahnen Sie ihr Schicksal?" — „Sie ahnen es nicht nur, sondern sie wissen es genau, denn ich habe es ihnen gesagt." — „Was sagten sie dazu? Gewiß waren sie vor Schreck gleich stumm?" — „O nein, ganz im Gegenteile. Von einem Schrecke oder gar Entsetzen, wie ich gedacht hatte, war keine Rede. Sie nahmen die Sache ganz anders auf, als ich erwartet hatte. Ich erhielt Grobheiten und ironische Bemerkungen. Es scheint, daß sie sicher sind, Hülfe aus der Stadt zu erhalten." — „Pah! Diesen Gedanken werden sie fahren lassen müssen. Wie ich denke, wissen ihre Verwandten ja gar nicht, wo sie sich befinden?" — „Nein," antwortete Lina. „Die Damen haben nicht gesagt, wo sie hin gehen. Ich war ja bei ihnen. Ich habe den Gedanken zu diesem Spaziergange bei ihnen angeregt und bin bei ihnen geblieben, bis sie gingen. Ich habe sie nicht aus den Augen gelassen und weiß genau, daß Normann keine Ahnung hat, wohin sie sind." — „Nun, erfahren soll er es doch noch, bevor er stirbt. Ich mag ihn nicht ins Jenseits spedieren, ohne ihm zuvor zu sagen, daß sein liebes Weibchen die niedrigste meiner Sklavinnen sein wird. Wann wird er mit den anderen kommen?" — „Um zwölf Uhr." — „Nun, da haben wir ja noch fast über eine halbe Stunde Zeit. Bis dahin kann ich mir Tschita und Zykyma wohl einmal ansehen?" — „Ganz wohl," antwortete der Kastellan, an welchen diese Frage gerichtet war. — „Ich gehe auch mit," erklärte der Derwisch. „Ich möchte wissen, ob sie noch immer so zuversichtlich sind wie vorhin."

Der Kastellan warf einen verstohlenen Blick der Beruhigung und Genugthuung auf Lina. Er war bereits bei Tschita und Zykyma gewesen, hatte sie gebeten, sich

M. E.

wieder in ihre Zellen zu verfügen, da der Pascha kommen und sie höchst wahrscheinlich aufsuchen werde, und hatte so die Entdeckung verhütet, daß sie eigentlich gar nicht Gefangene seien. Indem er jetzt zu seinem Schlüsselbunde griff, fragte er:

„Beabsichtigen die Herren vielleicht, gleich unten in dem Gange zu bleiben?" — „Warum das?" — „Weil diejenigen, welche wir erwarten, jedenfalls hierher in meine Stube kommen werden und Sie also sehen würden. Unten sind Sie am sichersten, und da unser Coup ja doch in der Brunnenstube vor sich gehen wird, so ist es wohl am allerbesten, wenn Sie gleich unten bleiben." — „Das ist richtig. Hoffentlich haben wir nicht allzulange zu warten?" — „Gewiß nicht. Wenn die Herrschaften kommen, um sich die Burg anzusehen, werde ich ihren Wunsch natürlich augenblicklich erfüllen und sie direkt nach dem Brunnenzimmer führen. Es geht also gar keine Zeit verloren." — „Und sind Sie sicher, daß der Mechanismus seine Schuldigkeit thun wird?" — „Ja. Er hat noch nie versagt, und ich sehe gar nicht ein, weshalb er gerade heute unwirksam sein sollte." — „So bleibt nur noch das eine zu bedenken, ob es dann möglich sein wird, nachzuweisen, was hier geschehen ist." — „Gewiß nicht; lassen Sie mich nur sorgen. Die ganze Gesellschaft kommt zerschmettert unten auf dem Grunde des Brunnens an. Es wird keine Spur von ihnen vorhanden sein." — „Gut. Gehen wir also!"

Lina blieb zurück, damit jemand vorhanden sei für den Fall, daß die Erwarteten indessen kommen würden. Die drei Männer stiegen in den Keller hinab.

Als sie die beiden Zellen erreichten, in denen Tschita und Zykyma eingeschlossen waren, öffnete der Pascha die Klappe der Thüre, hinter der die erstere steckte. Er erhielt von dem Kastellan die Laterne und leuchtete hinein. Tschita kauerte am Boden. Er konnte nicht ahnen, daß sie sich vorher ein Stockwerk höher ganz wohl befunden hatte.

M. E.

„Nun, schöne, junge Frau, wie geht es?" fragte er in höhnischem Tone.

Sie antwortete nicht.

„Hast wohl vor Schreck die Sprache verloren?"

Sie sagte auch jetzt noch nichts.

„Ach so! Du kennst mich gar nicht. Meine Stimme wird dir unbekannt geworden sein. Da will ich dafür sorgen, daß du mein heißgeliebtes Angesicht erblicken kannst."

Er näherte die Laterne seinem Gesichte, aber Tschita schaute gar nicht nach ihm. Der Pascha gab sich alle Mühe, sie zum Sprechen zu bringen, vergeblich. Er erinnerte sie an die Vorkommnisse in Konstantinopel. Er lachte über ihre jetzige Lage und drohte ihr mit seiner fürchterlichen Rache — sie öffnete jedoch nicht ein einziges Mal den Mund und wandte ihm auch nicht einmal ihr Gesicht zu, ihn anzusehen.

Das enttäuschte ihn. Er war gekommen, sich an ihrer Angst und an ihren Bitten, die er sicher erwartet hatte, zu weiden, aber sie blieb stumm und bewegungslos.

„Nun," sagte er endlich, „dich werden wir schon noch zum Sprechen bringen, und dann sollst du heulen vor Entsetzen. Weißt du, wie in Stambul die Untreue eines Weibes bestraft wird? Sie wird in einen Sack gesteckt und in das Wasser geworfen. Das ist aber eine viel zu schöne und schnelle Todesart für euch. Ihr sollt langsamer sterben. Jahrelang muß es dauern, bis ihr nach und nach verschmachtet und verkümmert seid. Der aber, mit dem du davon gelaufen bist, wird heute noch sterben. Sein Körper wird in der Tiefe des Brunnens zerschmettert werden, und du sollst in diese Tiefe blicken dürfen, und das Entsetzen soll dir dabei alle Haare zu Berge treiben!"

Der Pascha schlug darauf die Klappe zu und trat zur nächsten Thür, um auch deren Luke zu öffnen. Als er in die Zelle leuchtete, stand Zykyma an der gegenüber liegenden Wand. Sie hatte ihr Auge fest auf ihn gerichtet.

Engel d. Verbannten.

„Ah, guten Morgen!" lachte er sie an. „Wie befinden wir uns?" — „Danke! Sehr gut!" antwortete sie ihm ironisch höflich. — „Freut mich sehr, freut mich außerordentlich! Leider war es uns nicht möglich, dir

ein glänzenderes Gemach zu geben." — „O, es genügt vollständig! Man hat ja die allerschönsten Spaziergänge ganz in der Nähe." — „Alle Teufel! Willst du dich über mich lustig machen?" — „O nein. Ich bin zwar bei sehr guter Laune, aber mit einem solchen Halunken kann man doch nicht gut lustig sein." — "So erkennst du mich?" — "Ja. Dein Gesicht ist so schuftig, daß man es wohl niemals vergessen kann." — "Wahre deine Zunge!" donnerte er sie an. "Ich habe genug Mittel, dir deine gute Laune sehr gründlich zu verderben! Ich lasse dich peitschen! Du sollst vor Hunger und Durst dich zu Tode wimmern und wirst das Licht des Tages in deinem Leben nie wieder erblicken!" — "Das ist mir sehr lieb, denn da bekomme ich dich doch nicht zu sehen!" — "Weib, was fällt dir ein? Spielst du etwa mit dem Entsetzen? Meinst du, ich treibe Scherz und habe dich nur zum Spaße eingesperrt?" — "O nein! Ernst ist es dir; das weiß ich sehr genau. Aber ich selbst habe noch nicht Ernst gemacht. Wenn ich will, bin ich frei. Du aber wirst das Schicksal haben, das du für uns bestimmt hast. Während du meinst, daß wir uns in deiner Hand befinden, befindest du dich in der unsrigen." — "Du bist verrückt. Hat dir dein guter Freund, der Derwisch, nicht gesagt, was euch erwartet?" — "O doch." — "Und du lachst darüber!" — "Ja. Auch ihr würdet lachen, wenn ich euch sagen wollte, was euch erwartet. Wir werden ja sehen, wer über den anderen zu lachen hat. Jetzt sind wir fertig und du kannst gehen!"

Zykyma wandte sich ab, und nun erging es ihm mit ihr gerade so wie mit Tschita; er brachte sie nicht wieder zum Sprechen und mußte die Klappe resultatlos verschließen.

"Das kann ich nicht begreifen," sagte er im Weitergehen zu den anderen. "Ich habe mir das Verhalten dieser Frauen ganz anders vorgestellt. Die thun ja gerade so, als ob sie die Siegerinnen seien! Sie sind so verteufelt zuversichtlich, daß man es sich gar nicht zu erklären weiß." — "O, zu erklären ist es schon! Sie wollen uns nicht die Freude machen, über sie zu triumphieren. Das ist ja so Weiberart." — "Mag sein.

Wollen sie also bei ihrer geheuchelten Lustigkeit lassen. Sie wird ihnen sehr bald vergehen."

Und die Uhr ziehend, um nach der Zeit zu blicken, fuhr er fort:

„Es ist wahrscheinlich, daß die Herrschaften nun kommen. Wollen also unsere Posten einnehmen."

Sie bogen nun nach rechts ein und gelangten vor der Thür der Brunnenstube an. Als der Kastellan geöffnet hatte, traten die beiden nur mit großer Selbstüberwindung ein. Sie wußten nur die dünnen Bretter zwischen sich und dem Tode und atmeten erleichtert auf, als die gegenüber liegende Thür geöffnet war und sie nun wieder auf fester Erde standen.

„Das ist wirklich ein verfluchtes Gefühl," sagte der Pascha. „Es ist, als ob man über Wolken laufe, durch die man aller Augenblicke brechen kann. Also hier ist mein Platz?" — „Ja," antwortete der Kastellan, indem er die Thür hinter sich wieder verschloß. „Bleiben Sie allein hier?" — „Nein, ich bleibe auch da," antwortete der Derwisch. — „So verhalten Sie sich nur still, damit die Sache nicht verdorben wird! Wenn es nur einem einzigen gelänge, zu entkommen, so wären wir alle verloren." — „Von welcher Seite bringen Sie sie?" — „Von derjenigen, von der wir jetzt gekommen sind. Sind wir in der Brunnenstube angelangt, so schließe ich hinter ihnen zu. Vor ihnen aber schließe ich auf, indem ich so thue, als ob ich sie weiter leiten wolle, werfe aber, wenn ich durch diese Thür gekommen bin, dieselbe in das Schloß. Dann sind sie gefangen!" — „Können sie die Thüren nicht aufsprengen?" — „O, die sind so stark, daß ein Aufsprengen gar nicht möglich ist. Und wäre es möglich, so genügt ja ein Druck meiner Hand hier auf den Hebel, sie alle sofort in die Tiefe verschwinden zu lassen." — „Vorher aber will ich mit ihnen sprechen." — „Ja. Diese Thür hat, wie ich Ihnen bereits zeigte, auch eine Klappe. Sobald Sie dieselbe öffnen, können Sie sich mit den Herrschaften nach Belieben unterhalten." — "Machen Sie mir den Spaß und lassen Sie mich den Hebel bewegen! Ich selbst möchte es sein, der sie in die Hölle spediert." — "Das geht nicht. Sie könnten falsch drücken, und dann wäre es leicht möglich, daß der Mechanismus falsch wirkt." — "So will ich lieber die Hand vom Spiele lassen. Eins nur ärgert mich, nämlich, daß ich die Leute hier erwarten muß. Wenn ich sie mir dann auch in der Nähe betrachte, so stehen sie doch fast im Dunkeln und zwar so dicht gedrängt, das ich sie einzeln gar nicht deutlich zu unterscheiden vermag. Und doch hätte ich sie mir gern vorher einmal angesehen. Es ist doch für den Jäger ein Hochgenuß, zu sehen, wie hübsch und gefügig das Wild in das Garn läuft." — "Nun, was das betrifft, so kann dieser Wunsch wohl erfüllt werden," meinte der Kastellan. "Sie wissen, daß dieser Gang zu der anderen Treppe führt. Wenn Sie jetzt mit dorthin gehen und sich an die Kellerthür stellen, die wir ein wenig offen lassen, so können Sie sämtliche Personen sehen, die ich durch die gegenüber liegende Thür hinabführe." — "Aber Sie müßten sich dann beeilen, schnell wieder hierher zurückzukehren, damit Sie nicht etwa zu spät kommen." — "Natürlich, natürlich!" "Ich werde mich mit ihnen unterwegs gar nicht aufhalten, denn es liegt mir daran, die Sache schnell zu beenden. Also, wollen Sie sie wirklich belauschen?" — "Ja." — "So kommen Sie! Wir wollen gehen."

Sie schritten darauf in dem Gange weiter vorwärts und gelangten auf die bereits vorgeschriebene Weise nach der Treppe. Dort sollten sie auf der obersten Stufe derselben stehen bleiben; aber als der Kastellan die nach dem Flur führende Thüre öffnete, sah er die Polizistin aus dem Hofe kommen.

"Wo warst du?" fragte er sie. "Ich denke, du bist oben in meiner Stube geblieben." — "Ich mußte herab," antwortete sie, "denn die Herrschaften sind gekommen." — "Ah, schon! Wo befinden sie sich?" — "Draußen

im Hofe, wo sie auf dich warten; ich soll dich holen."
— „Kann man sie von hier aus sehen?" — „Ja, alle."
— „So steige hinauf und hole mir die zweite Laterne herab, die an der Wand hängt! Diese hier muß ich den beiden Herren lassen."

Während die Polizistin nach oben ging, begab sich der Kastellan nach der Thür und schaute vorsichtig hinaus.

„Kommen Sie her," rief er dem Pascha und dem Derwisch zu. „Jetzt haben Sie die beste Gelegenheit, die ganze Gesellschaft beisammen zu sehen."

Die Gerufenen begaben sich zu ihm und erblickten nun Steinbach mit seiner ganzen Begleitung. Die Herrschaften standen beisammen und schienen in einer launigen Unterhaltung begriffen zu sein.

„Dort, dort ist er, der Halunke!" sagte der Pascha. „Endlich habe ich diesen Kerl, an dem ich mich mit wahrer Wonne rächen werde." — „Schade, jammerschade, daß wir es ihm nicht in das Gesicht hineinjubeln können," stimmte der Derwisch bei. — „Das thun wir schon noch, da unten durch die Thür der Brunnenstube. Wie wohlgemut sie sind! Ah, wenn sie ahnten, was ihnen bevorsteht! Siehst du den langen Kerl, den Engländer?" — „Ja. Auch er muß mit hinab! Der Kerl hat uns damals in Konstantinopel genug zu schaffen gemacht." — „Das möchte noch gehen. Aber hier hat er mich blamiert und auf das tödlichste beleidigt. Nun wollen wir sehen, ob ich wirklich nicht satisfaktionsfähig bin. Das Herz könnte mir vor Freude zerspringen, wenn ich diese ganze Gesellschaft beisammensehe. Wer mag nur die ältere Frau sein, die sich bei ihnen befindet?"

Der Derwisch betrachtete die Betreffende mit scharfen Augen, fuhr sich einige Male mit der Hand über das Gesicht, als ob er von dort einen Schleier entfernen wolle, und sagte dann:

„Wie ist mir denn! Sehe ich recht? Das ist doch wohl nicht gut möglich! Sollte ich mich so sehr geirrt haben! Sie lebt noch! Sie ist uns entgangen! Wir haben nicht ihr, sondern einer anderen die Zunge aus dem Munde geschnitten! Ah, ja, jetzt besinne ich mich! Ich sah diese Person schon drüben in Amerika, im Thale des Todes. Es ist Anna von Adlerhorst." — „Wahrhaftig!" rief der Pascha. „O, dieses Weib hat mir viel, sehr viel Schaden gemacht. Nun soll sie auch mit hinab in die Grube oder vielmehr in den Brunnen fahren."

In dieser Weise machten die beiden Schurken ihre Bemerkungen über jede einzelne Person, bis die Polizistin mit der Laterne kam.

Der Pascha erklärte, daß er sie gern mitnehmen wolle, da sie ja doch seine Verbündete sei, und so kehrten die drei in den Gang zurück, den der Kastellan hinter ihnen verschloß, denn nun war es nicht nötig, die Thür aufzulassen, wie vorher verabredet worden war. Die beiden Männer hatten ja die betreffenden Personen gesehen und begaben sich, natürlich von Lina begleitet, schleunigst durch den Gang nach der Thür zum Brunnenzimmer zurück.

Nun trat der Kastellan unter das Thor, um sich sehen zu lassen. Als Steinbach ihn erblickte, kam er schnell auf ihn zu und sagte:

„Weißt du, daß ich inkognito bin?" — „Ja, Hoheit?" — „So verrate mich nicht und nenne mich nur Herr Steinbach! Ist alles in Ordnung?" — „Ja, alles," antwortete der Gefragte, indem jetzt auch die anderen Personen herbeikamen. — „So führe uns hinab."

Einigen der Anwesenden wurde es nun, da der entscheidende Augenblick nahte, doch bange. Sie befürchteten heimlich, daß der künstliche Fußboden doch unter ihnen weichen könne, und gaben diesem Gedanken Ausdruck.

„Sorgen Sie sich nicht," sagte Steinbach. „Wenn ich nicht genau wüßte, daß ich mich auf die Vorrichtung verlassen kann, würde ich mich sehr wohl hüten, selbst auf die Diele zu treten, viel weniger aber könnte es mir einfallen, Personen, die mir so lieb und teuer sind, dazu zu verleiten. Daß ich selbst meine Braut mitnehme, mag

M. E.

Ihnen der sicherste Beweis sein, daß wir nicht das mindeste zu befürchten haben. Hoffentlich ist der Mechanismus vorher genau untersucht worden." — "O, Sie können sich demselben ruhig anvertrauen," erklärte der Kastellan. "Ich habe ihn gestern und heute wiederholt untersucht." — "So kommen Sie!"

Während der Pascha mit dem Derwisch und Lina durch die rechts auf den Flur mündende Thür verschwunden war, traten die Herrschaften durch die linker Hand befindliche in das Dunkel der Kellertreppe, wo der Kastellan seine Lampe anzündete.

Als sie an die beiden Zellen gelangten, die die sonderbare Akustik besitzen sollten, öffnete der Kastellan die Klappen. Die Zellen waren leer. Die beiden Gefangenen befanden sich oben.

"Lassen wir sie jetzt," meinte Steinbach. "Wir wollen machen, daß die Faxe baldigst ein Ende nimmt. Die Herrschaften dürfen in der Brunnenstube nicht erschrecken, wenn ich die Laterne plötzlich auslösche. Ließe ich sie brennen, so würde der Pascha, der doch durch die Klappe blickt, bemerken, daß wir nicht in die Tiefe stürzen. Und auch darauf muß ich Sie aufmerksam machen, daß wir alle einen Angstschrei ausstoßen müssen, wenn der Fußboden sich unter uns zu bewegen beginnt. Das klingt dann so, als ob wir stürzen."

Jetzt hatten sie die Thür erreicht, durch die sie in das Verderben gelangen sollten. Da ergriff Semawa Steinbachs Hand und fragte:

"Bist du wirklich sicher, daß wir nicht Schaden nehmen werden, Geliebter?" — "Hast du Angst, mein Herz?" — "Nur um dich." — "Vertraue dich mir ruhig an. Selbst wenn der Mechanismus versagte, würden wir nicht in die Tiefe stürzen, denn ich habe heute früh einen Boten an den Kastellan geschickt, durch den ich befahl, daß noch extra starke Balken quer über die Tiefe gelegt werden sollen. Tretet also in Gottes Namen ein."

M. E.

Der Kastellan schloß jetzt auf und trat in die Stube. Steinbach folgte ihm, und die anderen kamen, wenn auch ein wenig zaghaft, hinterher. Gegenüber lag nun die Thür, hinter der der Pascha wartete und hinter der der Schließer verschwinden sollte. Der erstere mußte jedes Wort hören, was gesprochen wurde.

„Was ist das für eine Stube?" fragte Steinbach sehr vernehmlich.

Der Kastellan schloß laut die Thür zu, durch die sie gekommen waren, und antwortete:

„Herr, das ist das gefährlichste Gemach im ganzen Schlosse, weil jeder, der sich hier befindet, über dem Tode steht. Unter uns gähnt ein Brunnen, der mehrere hundert Fuß tief ist." — „Na, hoffentlich ist die Diele so stark und fest, daß sie uns zu tragen vermag." — „So lange ich will, ja. Aber es bedarf nur eines kleinen Griffes oder Druckes von mir, so fliegen Sie alle hinab und kommen vollständig zerschellt unten an."

Die Damen stießen einen unwillkürlichen Angstruf aus. Steinbach aber fragte im Tone der Neugierde:

„Wo haben Sie denn diesen verhängnisvollen Druck anzubringen?" — „An einem Hebel, der sich dort hinter jener Thür befindet." — „Wollen Sie uns das zeigen?" — „Gern. Sie werden sehen, daß sich dann die Diele um ihre eigene Achse dreht und daß alles, was sich auf ihr befindet, in die Tiefe stürzen muß." — „So eilen Sie, daß wir von dieser gefährlichen Stelle wegkommen." — „Gleich, gleich."

Der Kastellan steckte den Schlüssel in das Schloß, öffnete, trat hinaus, zog den Schlüssel wieder ab und warf dann die Thür hinter sich in das Schloß.

„Haben wir sie?" flüsterte neben ihm der Pascha, der seine Blendlaterne verschlossen hatte, damit nicht etwa beim Oeffnen der Thür ihr Schein bemerkt werden möchte. — „Ja, alle!" antwortete der Kastellan.

Damit trat er schleunigst zum Hebel, um zu verhüten, daß nicht etwa der Pascha oder der Derwisch sich

M. E.

desselben bemächtige. Die Laterne hatte er nicht mehr. Er hatte sie drinnen in der Brunnenstube niedersetzen müssen, weil er beider Hände zum Aufschließen bedurfte.

Jetzt wurde an die Thür geklopft.

„Was ist denn das?" hörte man Steinbachs Stimme rufen. „Machen Sie doch auf."

Als niemand antwortete, wurde stärker geklopft, und mehrere Stimmen erhoben sich. Da klappte der Pascha das Guckloch auf, hielt sein Gesicht an dasselbe, schaute hinein und fragte:

„Was giebt es denn? Was ist das für ein Lärm?" — „Aufmachen, aufmachen!" antworteten ihm verschiedene Stimmen. — „Nur Geduld! So schnell geht das freilich nicht. Wir haben zuvor ein Wörtchen miteinander zu reden." — „Wir? Mit Ihnen?" fragte Steinbach, der sich an die Thür gestellt hatte. „Wer sind Sie denn?" — „Ich hoffe, daß Sie mich kennen." — „Das wäre doch kein Grund, uns hier einzuschließen. Lassen Sie uns doch einmal Ihr Gesicht sehen."

Steinbach nahm die Laterne auf und leuchtete dem Pascha in das Gesicht.

„Ah! Alle Teufel!" rief er aus, sich ganz erschrocken stellend. „Ibrahim Pascha." — „Ja," grinste der Pascha. „Ich bin hier, um dem Lord zu zeigen, daß ich doch wohl noch satisfaktionsfähig bin. Ich werde ihm eine Satisfaktion für seine Beleidigung geben, wie er sie sich so vollständig sicherlich nicht gedacht hat!" — „Mensch, was meinen Sie?" — „Oho! Schnauze mich nicht so an, Bursche! Du hast stets den Helden gespielt, jetzt aber ist's mit deiner Rolle zu Ende. Ich habe lange, lange Zeit nach euch gesucht, nun endlich ist meine Zeit gekommen, und meine Rache kann beginnen. Ihr befindet euch alle in meiner Gewalt." — „Täusche dich nicht, Halunke!" — „Von einer Täuschung ist gar keine Rede. Ich habe euch ja bereits Tschita und Zykyma, eure zwei schönsten Täubchen, weggefangen. Ich lockte sie hier in die Ruine, und nun stecken sie in zwei Löchern, aus denen

sie nur treten können, um von mir nach der Türkei ge=
schleppt zu werden. Dort werde ich sie den beiden
häßlichsten meiner Sklaven zu Weibern geben." — „Hund,
du lügst!" — „Nein, ich werde es thun. Aber nicht
sofort. Ihr sollt noch für einige Stunden die Qualen
eines gewissen, grauenvollen Todes ausstehen. Kein Bitten
und kein Flehen wird euch helfen. Ich bleibe bei meinem
Vorsatze. Sterben müßt ihr, alle, alle! Das ist die
Strafe für alles, was ich von euch leiden mußte. Kein
Klagen, kein Heulen und kein Wimmern kann euch retten,
denn —" — „Klagen?" unterbrach ihn Steinbach. „O,
denke nicht etwa, daß wir dich anwimmern werden, das
fällt uns nicht ein. So einen Halunken, wie du bist,
werden wir keine Bitte hören lassen. Nein, anstatt der
Bitte wirst du anderes bekommen. Hier, da hast du es!"

Der Pascha hatte seinen Kopf möglichst weit durch
die offene Klappe gesteckt. Steinbach holte aus und stieß
ihm die Laterne in das Gesicht, daß das zerbrechende
Glas darin stecken blieb und das Oel der auslöschenden
Lampe sich darüber ergoß.

„Himmel — Teufel — Hölle!" schrie der Pascha,
mit dem Kopfe zurückfahrend und sich mit beiden Händen
nach dem verletzten Gesicht greifend. „Hinab mit ihnen,
hinab! Keine Gnade! Schnell, schnell, Kastellan!"

Der Schmerz, den die Verwundung ihm verursachte,
ließ ihn vergessen, daß er sich an den Qualen seiner
Opfer hatte weiden und sie nicht so schnell hatte sterben
lassen wollen. Er bückte sich nieder, um selbst den Hebel
zu bewegen. Der Kastellan aber schob ihn zurück und fragte:

„Soll ich?" — „Natürlich! Schnell, schnell!" —
„Ja, ja! Ich schaue zu!" rief der Derwisch, an die Thür
tretend und durch die Luke blickend.

Der Kastellan drückte. Da erscholl ein vielstimmiger
Schrei, der weniger aus Verabredung, als aus wirklichem
Schreck ausgestoßen wurde. Es war zwar versichert
worden, daß niemand zu Schaden kommen solle, aber
als der Boden sich unter den Füßen zu bewegen begann,

M. E.

war es doch für wenigstens einen Augenblick mit der Ruhe vorüber.

Der Derwisch sah durch die Klappe in die Stube. Drinnen war die Laterne verloschen. Nur eine Ahnung von Licht drang von der zweiten Laterne hinein. Er konnte also nichts Deutliches sehen, aber er bemerkte doch, daß die Personen in der Tiefe verschwanden. Noch ein Schrei, und dann war es ruhig.

„Sie liegen unten, sie sind tot!" rief er aus. — „Ist's geschehen?" fragte der Pascha. — „Ja," antwortete der Kastellan. „Sie können sich überzeugen. Hier ist der Schlüssel. Oeffnen Sie!"

Mit diesen Worten reichte er dem Pascha mit der Linken den Schlüssel, während er mit der Rechten den Hebel noch umfaßt hielt. Der Pascha schloß auf und sah die dunkle Tiefe vor sich. Der Kastellan ließ den Hebel spielen, und nun kam die Diele langsam wieder empor. Sie nahm ihre vorherige Lage ein — die Brunnenstube war leer. Es gab keinen Zweifel, von allen Personen, die sich vor wenigen Augenblicken hier befunden hatten, lebte keine einzige mehr.

„Ah!" sagte der Pascha. „Ich habe mich doch übereilt. Ich hätte sie länger quälen sollen. Aber dieser Hieb in das Gesicht ließ mich meinen Vorsatz vergessen." — „Ja," stimmte der einstige Derwisch bei. „Es ist wirklich schade, jammerschade, daß Sie sich so übereilt haben. Nun hat die Gesellschaft einen schnellen und schmerzlosen Tod gehabt. Wir hätten sie noch stundenlang stehen lassen sollen, um sie zur Verzweiflung zu bringen und uns an ihren Qualen zu weiden. Sie hätten sich angestrengt, die Thüren einzustoßen, natürlich vergeblich. Sie wären vor Angst mit den Köpfen gegen die Wände gerannt. Sie hätten geheult vor Todesangst und wären als Antwort von unserem Hohngelächter überschüttet worden. Nun ist uns dieser Hochgenuß entgangen."

M. E.

„Sie liegen unten, sie sind tot!" rief der Derwisch aus.
(Seite 764.)

M. E.

Es lag ein wahrhaft teuflisches Bedauern in diesen Worten und in dem Tone, worin sie gesprochen wurden.

„Tröste dich," antwortete der Pascha. „Die Hauptsache ist, daß wir unseren Zweck erreicht haben. Sie sind vernichtet, spurlos von der Erde verschwunden, und kein Mensch wird sie jemals wiedersehen."

---

### 59. Kapitel.

Als die Schurken sich zum Gehen anschickten, sahen sie die Polizistin stehen, die bis jetzt noch kein Wort gesprochen hatte.

Ihr Gesicht war totenbleich. Sie hatte eine entsetzliche Angst ausgestanden, denn bei dem geringsten Versehen von seiten des Kastellans wären ja alle die Personen, um die es sich handelte, verloren gewesen.

„Siehe da, Fräulein; Sie sehen leichenblaß aus," sagte der Pascha. „Haben Sie einen Schreck ausgestanden?" — „Ja," antwortete sie. „Glauben Sie, daß es für eine Dame ein Vergnügen sei, so viele lebensvolle und lebensfrische Personen in einen so plötzlichen und schrecklichen Tod geschleudert zu sehen? Ich glaube, ich werde zeit meines Lebens an die erschütternden Todesschreie denken, die ich anhören mußte." — „Das denken Sie jetzt, aber der Mensch vermag vieles zu überwinden. Kommen Sie nur erst nach Konstantinopel. Das dortige, Ihnen so fremde Leben wird Sie so sehr in Anspruch nehmen, daß Sie gar keine Zeit haben, an die Vergangenheit zurückzudenken. Geben Sie mir Ihren Arm! Sie sind angegriffen, und ich werde Sie führen!"

Der Pascha legte den Arm der Polizistin in den seinigen, und nun brachen sie auf, um nach oben zurückzukehren.

Dabei zog der Pascha seine Begleiterin schnell mit sich fort, denn er brannte vor Ungeduld, ihr seine Liebe zu gestehen. Er sprach stürmisch auf sie ein und rief schließlich:

„Lina, du Liebe, du Herrliche, sage es mir doch, ob du mich lieben könntest!"

Da nickte sie mit dem Kopfe, wandte sich aber wie in tiefster Beschämung von ihm ab.

„Wirklich, wirklich?" rief er jetzt entzückt aus. „Du liebst mich, mich? Welch ein Glück! Welche Wonne!" — „Um Gottes willen!" unterbrach sie ihn. „Sie schreien ja so laut, daß mein Onkel es hören muß! Wir müssen vorsichtig sein."

Sie hatte diesen Schreck nur geheuchelt, um sich von dem Pascha losreißen zu können. Er aber ließ sich nicht stören.

„Ach, was gehen mich diese Leute an? Sage es mir noch einmal, liebst du mich wirklich?" — „Ja doch, du Ungestümer," lächelte sie. — „Und willst mich nach Stambul begleiten?" — „Von ganzem Herzen gern." — „Nun, so brauche ich auf diesen Agenten keine Rücksicht zu nehmen. Ich werde ihm jetzt, wenn wir hinaufkommen, sehr einfach sagen, daß ich nichts mehr mit ihm zu thun haben will, und daß er sich augenblicklich entfernen soll." — „Sind Sie toll?" rief sie. „Das wäre ja Ihr Verderben! Bedenken Sie doch, daß er Sie und uns alle in der Gewalt hat! Bedenken Sie seinen Zorn, seine Eifersucht! Er wird sich rächen." — „Mädchen, du hast recht, vollständig recht," entgegnete der Pascha nach einigem Ueberlegen betroffen. „Aber es giebt ja ein einfaches, sehr einfaches Mittel, diesen Menschen und auch den Derwisch für immer unschädlich zu machen. Wie wäre es, wenn sie vorhin mit den anderen in die Tiefe gestürzt wären?" — „Da wären sie allerdings vollständig unschädlich für uns." — „Freilich! Schade, daß wir beide, du und ich, uns nicht früher ausgesprochen haben."

Sie blickte sinnend und ohne zu antworten zu Boden.

„Oder widerspricht dir dieser Gedanke?" — „Nein,
M. E.

gar nicht. Sind so viele Leute, die doch gute und brave Menschen waren, zu Grunde gegangen, so kann es mein Gewissen gar nicht beschweren, wenn zwei solche Böse= wichter, die den Tod verdient haben, ihnen folgen müssen." — „Nun, dann ist es vielleicht möglich, das Versäumte nachzuholen?" — „Möglich ist es vielleicht, jedenfalls aber sehr schwierig." — „Es kommt ganz darauf an, daß der Oheim sein möglichstes thut, die beiden Menschen wieder in die Brunnenstube zu locken." — „Nun, so biete ihm alles, was er will und wünscht." — „Er wird wünschen, bei mir bleiben zu dürfen." — „Das kann er ja. Wenn du erst mein Weibchen bist, soll er als dein Verwandter hochgehalten werden!" — „Das werde ich ihm sagen, und ich hoffe, daß er auf unsere Absichten eingehen wird. Jetzt aber wollen wir uns sputen, wir sind zu weit weggegangen, und die anderen sind bereits oben.

Oben angekommen, lockte nun Lina den Kastellan unter einem Vorwande wieder heran und teilte ihm den Wunsch des Pascha mit. Selbstverständlich ging der= selbe scheinbar auf denselben ein. Es dauerte eine kleine Weile, ehe Lina allein wiederkam. Ihr Gesicht hatte den Ausdruck des Schrecks angenommen.

„Was ist? Was ist geschehen?" fragte der Pascha ängstlich. — „O, Steinbach und die anderen sind nicht tot! Sie leben!" antwortete Lina ängstlich. „Wir haben es deutlich gehört. Man vernimmt ihre Stimmen. Sie rufen um Hülfe. Sie sollen kommen, meine Herren." — „Gut, wir kommen. Gehen wir."

Die drei sprangen auf und folgten dem Mädchen. Unten an der Thür angekommen, trat Lina zur Seite, ließ den Derwisch und Schubert vorantreten und folgte langsam mit dem Pascha. Dieser benutzte die Gelegenheit zu der leisen Frage:

„Nun, wie steht es?" — „Gut. Der Onkel will sie in das Brunnenzimmer hinablocken." — „Vortrefflich! Aber werden sie dort auch eintreten wollen?" — „Ge=

M. E.

wiß. Er führt uns durch einen Gang, den wir noch gar nicht kennen. Das macht sie so irre, daß sie es sicher nicht bemerken werden, wo sie sich befinden." — "Ah, ein schlauer Kerl, dieser Kastellan. Aber still! Sie hören es sonst."

Sie gelangten nun, von Lina geführt, in einen Keller, wo der Kastellan eben damit beschäftigt war, einen Haufen Kartoffeln beiseite zu räumen.

"Haben Sie es von Lina gehört?" fragte er den Pascha. — "Ja. Eilen wir," antwortete dieser. "Es muß jemand von den Leuten noch leben. Wir müssen natürlich erfahren, wer es ist."

Jetzt wurde eine kleine Fallthür da, wo die Kartoffeln gelegen hatten, sichtbar. Der Kastellan nahm nun die Laterne zur Hand, öffnete die Thür und stieg eine kurze Truppe hinab. Als nun der Pascha ihm folgen wollte, ergriff Lina ihn heimlich beim Arme und flüsterte ihm zu:

"Laß ihn stets mit den beiden anderen voran, sonst gelingt es nicht."

Infolgedessen trat der Pascha zurück und ließ den Derwisch und den Agenten voransteigen, bevor er mit Lina folgte.

Wie bereits erwähnt, hatte der Kastellan vorher beide Thüren der Brunnenstube offen gelassen. Er mußte die beiden Genannten ja in dem Glauben erhalten, daß sie sich noch nicht an dem gefährlichen Orte befanden. Darum setzte er die Laterne zu Boden und schritt, die vor ihm liegende Thür aufziehend, allein weiter, in die Brunnenstube hinein, schloß die gegenüberliegende zu und kehrte dann zurück.

"Ja," sagte er, "man hört es da drinnen ganz deutlich. Es ruft jemand um Hülfe." — "Wo befinden wir uns denn?" fragte der Agent. — "Die Stube vor uns liegt neben dem Brunnen, ohne mit ihm verbunden zu sein," erklärte der Alte. "Trotzdem hört man ganz deutlich rufen." — „Das muß ich hören," sagte der Derwisch. — „Ich auch," stimmte der Agent bei.

Beide traten jetzt ein, um zu lauschen, und hörten auch etwas: nämlich daß hinter ihnen die Thür in das Schloß geworfen wurde und draußen ein lautes Hohngelächter erscholl.

„Donnerwetter! Was ist das?" rief der Agent. — „Ein Scherz jedenfalls," antwortete der Derwisch. — „Aber ein sehr dummer. Macht auf!"

Auf diese laute Aufforderung wurde jedoch nicht die Thür, sondern die darin befindliche Klappe geöffnet, und in derselben erschien das Gesicht des Paschas, vom Licht der Laterne deutlich beleuchtet.

„Was schreien Sie denn so, meine Herren?" fragte er. „Befinden Sie sich nicht ganz wohl da drinnen?" — „Ach was! Lassen wir den Spaß! Machen Sie auf. Wir sind nicht hier herabgekommen, um unnötigen Scherz zu treiben, sondern um die Rufe zu hören." — „Die werden wir sogleich drinnen bei euch hören." — „Pah! Wir werden doch nicht etwa um Hülfe rufen!" — „Wer denn sonst?" — „Wir? Ach! Wo befinden wir uns denn?" fragte jetzt der Agent, dem ganz unheimlich wurde. — „Ahnen Sie das nicht?" fragte der Pascha. — „Nun, neben der Brunnenstube." — „Da irren Sie sich, mein Bester. Sie befinden sich in ihr selbst. Ueberzeugen Sie sich."

Damit hielt er die Laterne an die Luke, sodaß das Licht derselben hineinschien. Die beiden dem Tode Geweihten stießen einen Schrei des Entsetzens aus.

„Hören Sie die Schreie?" fragte der Pascha lachend. „Jetzt werden Sie nicht mehr daran zweifeln, daß zwei noch leben, die auch da hinab müssen." — „Um Gotteswillen, das ist doch nicht etwa Ihr Ernst?" rief der Agent. — „Mein völliger Ernst." — „Nein, nein! Es ist ein Spaß, aber ein sehr schlechter, den ihr mit uns treibt." — „Fällt uns gar nicht ein. Ihr seid zwei Zeugen meiner Thaten, die ich verschwinden lassen muß. Wie die That, so der Lohn. Ihr habt diese Opfer hinabstürzen lassen und werdet ihnen folgen." — „Pascha! Mensch! Sind Sie des Teufels?" — „Nein, sondern Sie werden in wenigen Augenblicken des Teufels sein."

Erst jetzt erkannte der Agent deutlich, daß von Scherz keine Rede sei, daß man ihn und den Derwisch im Gegenteile dem sicheren Tode geweiht habe. Er begann zu heulen und um Erbarmen zu wimmern. Da aber ergriff ihn der Derwisch am Arme und schleuderte ihn zur Seite.

„Feigling!" rief er ihm zu. „Was jammerst du! Dieser Mensch da draußen hört nicht auf unser Bitten. Aber noch hat er uns nicht sicher. Paß einmal auf!"

Mit diesen Worten holte er aus und rannte mit solcher Gewalt gegen die Thür, daß nicht nur sie, sondern sogar die Mauer zu beben schien. Das that er einige Male, doch vergeblich. Er vermochte nicht, die Thür aus ihren Angeln zu bringen.

Da schob der Pascha sein Gesicht wieder vor die Luke und lachte herein:

„Ah, der Wolf rennt gegen die Thür seines Käfigs! Aber er kann nicht hinaus. Kerl, du warst mir längst schon im Wege, und ich danke Allah, daß er dich endlich in meine Hände gegeben hat. Du wärest ja doch früher oder später zum Verräter an mir geworden. So aber werde ich dich los, und du erleidest zugleich die Strafe für alle deine Missethaten!"

Der Derwisch zitterte noch vor Aufregung und wohl ebenso vor Angst und Wut. Sein Blick war stier nach der Luke gerichtet. Dort lag die einzige Möglichkeit der Rettung.

„Was meinst du?" rief er. „Was bildest du dir ein? Allah hätte mich in deine Hand gegeben? Nein! Du befindest dich ganz im Gegenteile in meiner Gewalt. Das will ich dir beweisen."

Ein Griff durch die Luke, und er hatte den Pascha mit beiden Händen bei der Gurgel. Er drückte dieselbe mit solcher Gewalt zusammen, daß dem Pascha der Atem verging. Sein Gesicht wurde blau, und seine Augen traten weit aus ihren Höhlen.

„Hül—fe! Hül—fe!" ächzte er mit dem Verluste

des letzten Luftrestes seiner Lunge. — „Der Teufel soll dir helfen!" schrie der Derwisch. „Nicht ich sterbe, sondern du selbst sollst zur Hölle fahren. Ich halte mich noch

M. E.

an deiner Leiche so fest, daß ich nicht in die Tiefe stürzen kann!"

Der Derwisch hielt wie ein Panther sein Opfer fest. Der Kastellan griff nun zwar zu, aber es gelang ihm nicht, die zusammengekrallten Finger von dem Halse des Paschas zu lösen. Da zog er sein Taschenmesser, öffnete es und stach damit dem Wütenden in die Hände, sodaß dieser den Pascha fahren lassen mußte.

Ibrahim war der Besinnungslosigkeit bereits sehr nahe gewesen. Er sank, sobald er aus der tödlichen Umkrallung befreit war, zu Boden nieder. Sein Grimm aber war doch noch größer als seine Schwäche. Obgleich er an allen Gliedern zitterte und kaum einen verständlichen Laut auszustoßen vermochte, rief er doch mit heiserer Stimme:

"Hinab, hinab mit den Halunken!"

Da ergriff der Alte den eisernen Hebel und drückte. Gleich darauf ertönten drinnen in der Brunnenstube die Schreckens- und Entsetzensrufe der beiden scheinbar dem Tode Geweihten. Das riß den Pascha empor. Obgleich er halb tot vor Entsetzen über den Angriff des einstigen Derwisches war, wollte er sich doch nicht den Hochgenuß entgehen lassen, die zwei in die Tiefe stürzen zu sehen. Er raffte sich also auf und hielt das Gesicht an die Luke der Thür.

Und er kam gerade noch zur rechten Zeit, um zu sehen, daß der Derwisch und der Agent nach unten verschwanden. Deutlich freilich sah er es nicht. Wäre das Brunnenzimmer erleuchtet gewesen, so hätte er bemerken müssen, daß der Derwisch und der Agent nicht jählings in die Tiefe stürzten, sondern daß der Boden langsam und stetig mit ihnen versank.

"Weg sind sie!" rief er aus. "Der Tod hat sie verschlungen, und nun giebt es keinen Zeugen mehr gegen mich. Und recht ist ihnen geschehen, vollständig recht, denn es fehlte kaum ein Augenblick, so hätte der Mörder mich erdrosselt." — "Ja," schmunzelte der Alte, "wenn ich ihm nicht mit dem Messer in die Hand ge-

M. E.

stochen hätte, so wären Sie unbedingt verloren gewesen. Es war ihm sehr ernst damit." — „O, das habe ich gefühlt. Sie haben mich gerettet, und ich werde es nie vergessen, daß ich Ihnen mein Leben verdanke." — „Ich hoffe es. Jetzt aber wollen wir wieder nach oben."

Damit machte der Kastellan die Klappe zu und wandte sich in den Gang hinein. Der Pascha folgte mit Lina und begab sich mit derselben nach der Wohnung des Schließers, der nicht mitging, sondern that, als ob er etwas im Hofe zu besorgen habe. Er ging aber nicht dorthin, sondern kehrte in den Gang zurück.

---

### 60. Kapitel.

Natürlich war der Agent ebenso wie der Derwisch entsetzt gewesen, als der Boden unter ihnen zu sinken begann. Sie wußten den unvermeidlichen, grauenvollen Tod unter sich und stießen jene Schreckensrufe aus, die gehört worden waren. Als sie aber im nächsten Moment bemerkten, daß die Diele sich nicht um ihren Durchmesser drehte, um sie abzuwerfen, sondern ganz gerade und gleichmäßig sich senkte, verhielten sie sich ruhig.

Nach wenigen Stunden bereits hörte diese Bewegung auf. Der Boden unter ihnen stand fest.

„Was ist das?" fragte der Agent, indem neue Hoffnung ihn beseelte. — „Wir stürzen nicht!" sagte der Derwisch, ganz ebenso überrascht. — „Der alte Kastellan muß sich versehen haben." — „Ja. Herrgott, wenn es eine Rettung gäbe! Wo mögen wir uns befinden?" — „Wenn es nicht so stockdunkel wäre, könnten wir es sehen. Tasten wir einmal umher!" — „Ja, aber um Gotteswillen schnell, damit wir von dieser verdammten Diele herunter kommen. Ich fühle hier hüben bei mir nur die feuchte Mauer des Brunnens." — „Ich auch,

M. E.

Doch — da ift eine Oeffnung, hoch und breit wie ein Gang. Kommen Sie, kommen Sie schnell!"

Der andere folgte natürlich sofort dieser Aufforderung, um nicht mehr die grauenhafte Tiefe unter sich zu haben. Schubert betastete jetzt den Boden.

„Wir stehen auf Felsen," sagte er. „Gott sei ewig Lob und Dank. Wir sind gerettet!" — „Noch nicht. Stürzen können wir allerdings nicht mehr; aber wer weiß, wo wir stecken. Wenn wir nicht heraus können, so müssen wir hier elend verschmachten." — „Befühlen wir einmal die Umgebung." — „Hätten wir doch Zündhölzer!" — „Die habe ich mit." — „Nun, so leuchten Sie einmal umher!"

Es wurden jetzt mehrere Hölzchen nacheinander angebrannt. Beim Scheine derselben bemerkten die beiden, daß sie sich in einem sehr kurzen Gange befanden, der durch eine mit starkem Eisenblech beschlagene Thür verschlossen wurde. Zu beiden Seiten befand sich undurchdringliches Mauerwerk und hinter ihnen der Brunnen, über dem die verräterische Diele lag.

„Hier können wir nicht hinaus," seufzte der Agent. „Durch die Mauern zu entkommen, ist unmöglich!" — „Und durch die Thür ebenso. Das Schloß oder der Riegel befindet sich nur außen." — „Hätten wir nur ein Werkzeug zum Aufsprengen!" — „Es giebt keins." — „So bleibt uns nur das eine übrig, zu versuchen, ob wir die Thür nicht aufstoßen können. Stemmen wir uns doch einmal dagegen!"

Sie thaten es und strengten alle ihre Kräfte an, jedoch vergeblich.

„Es hilft nichts, es hilft nichts!" jammerte der Agent, indem er vor Anstrengung und innerlicher Erregung an allen Gliedern zitterte. „Wir sind eben verloren." — „Verloren!" ächzte auch der Derwisch, indem er sich müde und verzweifelt auf die kalten Steine niedersetzte. — „Dieser Hund von einem Pascha! Uns zu verderben, uns, seine besten Freunde! Ah, hätte ich ihn da! Ich würde ihn zerreißen, daß kein Glied an dem anderen bliebe!"

Der Agent hörte das laute Zähneknirschen seines Unglücksgefährten und erwiderte:

„Lassen Sie uns erst ruhig werden und unsere Lage überlegen. Durch die Thür ist nicht zu entkommen. Das ist sicher. Durch die Wände auch nicht. Da giebt es nur eine einzige Richtung, in der wir die Rettung suchen müssen, und das ist der Brunnen da hinter uns." — „Danke sehr! Ich will nicht zerschellen!" — „Pah! Wenn wir dem Tode geweiht sind, so wird unsere Lage dadurch, daß wir etwas wagen, nicht gefährlicher. Sie sitzen weiter vorn. Fühlen Sie einmal hin, ob dieser verteufelte Vexierboden noch da ist."

Der Derwisch folgte dieser Aufforderung und meldete:

„Er ist noch da." — „So sind wir noch nicht verloren. Meinen Sie etwa, daß der Kastellan diese Diele für immer und ewig hier unten lassen werde? Nein, er wird den Boden wieder aufsteigen lassen. Wenn wir uns dann daraufstellen, kommen wir in aller Gemütlichkeit wieder hinauf." — „Er wird aber sehen, daß wir leben." — „Nein. Er wird uns nicht eher sehen, als bis es für ihn zu spät ist, als bis wir auf ihn einspringen und ihn niederhauen." — „Schubert, dieser Gedanke ist nicht schlecht. Ich beginne wieder aufzuleben. Aber es fragt sich nur, ob er bald auf den guten Gedanken kommen wird, den Boden wieder nach oben gehen zu lassen. Vielleicht vergehen Tage, ehe es geschieht." — „O nein. Ich möchte darauf schwören, daß es noch heute, ja, daß es in sehr kurzer Zeit geschehen wird." — „Ah, welche Wollust, wenn wir wieder frei kommen, wenn wir uns an den Schurken, die uns in diese infame Situation gebracht haben, rächen könnten. Doch horch," unterbrach sich der Derwisch. „Hörten Sie etwas?" — „Ja," antwortete Schubert, indem er auch lauschte. — „Es war mir, als wäre es über uns!"

Es drang in der That ein leises, schrilles Geräusch

zu ihnen herab, als wenn ein Schlüssel im Schlosse gedreht würde.

„Sie kommen oben," flüsterte der Agent. — „Ja, jetzt höre ich es auch." — „Da müssen wir uns schleunigst auf die Diele stellen."

Der Agent erhob sich.

„Noch nicht," warnte der Derwisch. „Warten wir noch. Wollen erst hören, ob vielleicht gesprochen wird."

Auch er stand jedoch auf und trat bis an den Innenrand des Brunnens vor, um in die Höhe zu blicken. Oben erschien eine Laterne, mit der herabgeleuchtet wurde.

„Herr Schubert!" hörten sie darauf die Stimme des Kastellans rufen. — „Donnerwetter!" flüsterte der Genannte. „Er ruft mich! Es ist der Kastellan. Soll ich antworten?" — „Nein." — „Herr Schubert!" klang es von neuem, und dieses Mal lauter von oben herab. — „Wieder. Ich möchte doch antworten." — „Um Gotteswillen nicht! Er will nur probieren, ob wir auch wirklich tot sind. Wenn Sie antworten, sind wir verloren." — „Derwisch, Derwisch!" rief jetzt der Alte. — „Jetzt meint er Sie," flüsterte Schubert. — „Jawohl! Ich werde mich aber hüten, auf diesen Leim zu gehen." — „Derwisch, Schubert! Antworten Sie doch!"

Sie schwiegen auch auf diesen doppelten Zuruf. Nun sagte der Alte:

„Sie können mir getrost antworten. Ich weiß, daß Sie leben und daß Sie sich hier unter mir befinden. Ich sollte Sie hinabstürzen lassen, habe es aber nicht gethan. Ich ließ den Boden nur ein Stück hinab und will Sie jetzt wieder frei machen. Treten Sie darauf, ich lasse ihn emporsteigen." — „Kein Wort!" flüsterte der Derwisch. „Er will uns nur in Versuchung führen." — „Vielleicht doch nicht. Ich glaube ihm. Soll ich reden?" entgegnete der Agent. — „Nein. Ich selbst will es thun."

Und sich mit dem Kopfe vorbeugend, daß er emporschauen konnte, rief der Derwisch hinauf:

M. E.

„Wer ist oben?" — „Ich, der Kastellan." — „Dachte es, was wollen Sie?" — „Ich will Sie heraufholen. Treten Sie doch auf die Diele." — „Danke sehr! Fällt mir nicht ein. Nicht wahr, Sie möchten nun ausführen, was Ihnen vorhin nicht gelungen ist." — „Fällt mir gar nicht ein." — „Also wollen Sie uns wirklich retten?" — „Ja." — „Etwa durch diese Diele? Danke. Ich trete nicht wieder auf die**se** Bretter. Doch kennen Sie die Thür hier unten bei uns und haben Sie den Schlüssel zu dieser Thür bei sich?" — „Ja." — „So kommen Sie herab, um zu öffnen, wenn Sie es ehrlich meinen." — „Wenn es Ihnen lieber ist, dann gut."

Die Laterne verschwand oben.

„Herrgott!" sagte der Agent, tief Atem holend. „Sollte er die Wahrheit sagen? Vielleicht lockt er uns nur in eine abermalige Falle." — „Das befürchte ich nicht, denn eine bessere Falle als diejenige, in der wir uns jetzt befinden, kann es gar nicht geben." — „So meinen Sie also wirklich, daß er ehrlich ist?" — „Ich glaube ihm jetzt ebenso, wie ich ihm vorhin mißtraute." — „Dann wäre vielleicht auch Lina ehrlich?" — „Wahrscheinlich." — „Sapperment! Aber warum dann dieses furchtbare Spiel mit uns?" — „Um den Pascha zu täuschen." — „Hm! Das konnte doch auf eine ganz andere Weise — aber horch, er kommt."

In der That wurde jetzt draußen ein Schlüssel eingesteckt, dann öffnete der Kastellan die Thür und sagte, indem er hineinleuchtete:

„Kommen Sie heraus!" — „Sind Sie allein?" fragte der Derwisch vorsichtigerweise. — „Ja." — „Bitte, leuchten Sie einmal um sich!" — „Hier sehen Sie!"

Der Kastellan leuchtete mit einer Laterne draußen umher, und der noch innerhalb der Thür stehende Derwisch überzeugte sich, daß sich der Alte wirklich ganz allein befand. Nun erst hatte er völliges Vertrauen, trat mit dem Agenten hinaus und sagte:

„Aber, zum Teufel, Mann, was fällt Ihnen denn

M. E.

eigentlich ein, uns in einen solchen Schreck zu versetzen!"
— „Kann ich dafür?" antwortete der Kastellan. — „So
wollte also der Pascha uns ermorden?" — „Ja." —
„Sie brauchten aber doch nicht darauf einzugehen." —

„Das wäre Dummheit gewesen. Er hätte Sie dann
auf eine andere Weise und später umgebracht." —
„Denkt er, daß wir tot sind?" — „Natürlich. Er würde
hundert Eide darauf schwören, daß Sie es sind." —
M. E.

„Nun, so soll er sich entsetzen, wenn er uns erblickt. Führen Sie uns sofort zu ihm." — „Gern. Kommen Sie!"

Der Kastellan schritt dem Agenten und dem Derwisch voran, und sie folgten ihm. Als sie aus dem Gange in den Flur gelangt waren, geleitete er sie nicht zu der nach seiner Wohnung führenden Treppe hinauf, sondern er öffnete eine Stubenthür und bat sie, einzutreten.

„Warum hier?" fragte der Derwisch. „Ich denke, der Pascha ist oben bei Ihnen?" — „Allerdings; aber ich möchte seinen Schreck verdoppeln. Er wünscht, diesen Teil des alten Schlosses kennen zu lernen, und ich habe versprochen, ihn jetzt herzuführen. Bei dieser Gelegenheit soll er Sie sehen und fürchterlich erschrecken." — „So kommen Sie! Uns kann es ganz gleich sein, wo wir mit ihm zusammentreffen."

Sie schritten nun durch eine ziemlich lange Stubenreihe, die ganz verödet war. Kein einziges Möbel war da zu sehen, bis sie endlich in einen Raum kamen, in dem ein Tisch mit mehreren Stühlen stand.

„Nehmen Sie hier Platz!" sagte der Kastellan. „Ich werde ihn baldigst bringen."

Der Derwisch hegte doch noch kein ganz zweifelloses Vertrauen. Er blickte sich erst vorsichtig um und stampfte dann sogar mit dem Fuße auf den Boden, um zu hören, ob derselbe vielleicht hohl klinge.

„Hören Sie, Sie führen uns doch nicht etwa abermals aufs Eis?" fragte er. — „Fällt mir nicht ein! Hier sind Sie sicher." — „Will es hoffen! Es würde dieses Mal Ihr eigener Schade sein, wenn Sie beabsichtigen, uns zu betrügen!" — „Pah! Wenn ich Sie verderben wollte, so brauchte ich Sie doch nur in den Brunnen stürzen zu lassen. Daß ich dies nicht gethan und Sie glücklich wieder heraufgeholt habe, muß Ihnen doch ein Beweis sein, daß ich es besser mit Ihnen meine, als der Pascha." — „Ich möchte es Ihnen glauben. Also gehen Sie und bringen Sie uns den Halunken her!

M. E.

Er hat sein Leben verwirkt und soll meine Rache fühlen!"

Der Derwisch setzte sich darauf mit dem Agenten nieder, und der Kastellan begab sich wieder zurück und nach oben, wo er den Pascha in der Gesellschaft der Polizistin zurückgelassen hatte.

---

### 61. Kapitel.

Der Pascha war, als der Kastellan bei ihm und Lina eintrat, höchst zornig über diese Störung, ließ es sich aber nicht merken.

"Da kommen Sie ja," rief er scheinbar erfreut. "Wir haben Sie bereits sehr vermißt." — "Ich möchte mit Tschita und Zykyma reden." — "Allein oder in unserer Gegenwart?" — "Sie können beide dabei sein." — "So wollen wir hinab. Kommen Sie!"

Während sie durch eine leere Zimmerflucht schritten, warf der Pascha einen Blick durch eines der Fenster, wo er auf einen düsteren, kleinen Hof blickte.

"Was für ein Hof ist das?" fragte er. "Den sah ich noch nicht." — "Es ist der Brunnenhof. Gerade unter ihm befindet sich die Brunnenstube." — "So liegen die beiden Gefängniszellen unten da links vor uns?" — "Ja." — "Wie kommen wir hinab?" — "Auf ebenso geheimnisvolle Weise, wie andere heraufkommen." — "Wie meinen Sie das?" fragte der Pascha, dem diese Worte unverständlich waren. "Sie sprachen von Personen, die von unten heraufkamen?" — "Ja, ich meinte die Leichen."

Der Pascha blieb stehen und starrte den Sprecher verwundert an.

"Leichen?" fragte er. "Was faseln Sie?" — "Faseln? Ich? Davon ist keine Rede. Ich habe Sie auf eine Eigentümlichkeit dieses alten Gemäuers aufmerksam zu machen, die für mich nichts weniger als an=

genehm ist. Wer nämlich hier stirbt, pflegt wiederzukommen, und zwar am hellen, lichten Tage, und nicht täglich, sondern nur ein einziges Mal." — „Papperlapapp!" — „Sie spotten? Sie sollten nur sehen, was ich gesehen habe!" — „Das ist Sinnestäuschung gewesen." — „Nein. Ich habe die Abgeschiedenen mit meinen eigenen Händen angegriffen." — „Sie sind toll!" — „Ich habe sogar mit ihnen gesprochen." — „So haben Sie wohl geträumt oder im Fieber gelegen?" — „Nein, gewiß nicht." — „Streiten wir uns nicht über solche Narrheiten. Ich begreife gar nicht, wie Sie auf diese Dinge kommen." — „Weil wir uns jetzt vor den Zimmern befinden, in denen diese Erscheinungen aufzutauchen pflegen." — „Da vor uns?"

Der Pascha deutete nach der Thür, vor der sie stehen geblieben waren.

Bei diesen Worten öffnete der Schließer die Thür, und der Pascha trat ein, gefolgt von den beiden. Er that aber nur zwei Schritte vorwärts; dann blieb er stehen, starr und steif, als ob er keiner Bewegung fähig sei. Dort am Tische saßen der Agent und der Derwisch.

Das Blut war bei dem unvermuteten Anblick der Männer, die er für tot gehalten hatte, aus dem Gesichte des Paschas gewichen; sein Blick war starr, seine Lippen zitterten.

„Allah w' Allah!" stieß er hervor. „Was sehe ich da?" — „Geister!" hörte er hinter sich die Stimme des Kastellans. — „Geister!" wiederholte er schaudernd.

Da erhob sich der Agent von seinem Stuhle und fragte:

„Ibrahim Pascha, kennst du mich?"

Der Gefragte antwortete nicht. Der Derwisch stand auch auf und sagte:

„Komm' näher, Mörder! Die Vergeltung ist nahe!'
Da schrie der Pascha laut auf.

„O Allah, o Muhammed! Es giebt Geister, es
M. E.

giebt Gespenster der abgeschiedenen Seelen! Fort von hier, fort!"

Schnell wandte er sich um und wollte hinaus;

aber der Kastellan hatte die Thür abgeschlossen und den Schlüssel eingesteckt.

„Den Schlüssel her, den Schlüssel! Schnell, schnell!" rief der Pascha. — „Bleibe da!" gebot der Derwisch. „Uns entkommst du nicht!"

M. E.

Dann schritt er langsam, gefolgt von dem Agenten, herbei. Der Pascha hatte sich ihnen wieder zugewandt. Seine Augen nahmen einen gläsernen Ausdruck an.

Jetzt faßte der Derwisch seinen Arm und zischte ihm entgegen:

„Mörder! Teufel! Heute fährst du zur Hölle!"

Der Agent aber ergriff ihn beim anderen Arme und schrie ihn zornig an:

„Schurke! Du sollst an unserer Stelle in den Brunnen hinab!"

Diese Worte verfehlten ihre Wirkung nicht.

„In den Brunnen hinab?" fragte der Pascha. „An eurer Stelle? Also seid ihr gar nicht unten gewesen?" — „Ist uns nicht eingefallen!" grinste ihn der Derwisch höhnisch an.

Damit faßten die beiden Schurken den Pascha an. Er war noch so konsterniert, daß er sich von ihnen fortziehen und auf einen Stuhl niederdrücken ließ, ohne Widerstand zu leisten.

„So!" sagte der Derwisch. „Wenn du hier Geister sehen willst, so kann dein Wunsch sehr bald in Erfüllung gehen. Du wirst vielleicht noch heute einen sehen, nämlich deinen eigenen. Du wirst sterben und magst nachher hier spuken nach Belieben."

Da fuhr der Pascha von seinem Sitze auf.

„Sterben, ich?" schrie er. „Was fällt euch ein! Ihr wollt mich doch nicht etwa ermorden?" — „Ganz gewiß wollen wir dich ein wenig ermorden." — „Versucht es einmal!"

Bei diesen Worten griff der Pascha mit der Hand in die Tasche, um irgend eine Waffe hervorzuziehen. Da aber hielt ihm der Derwisch schnell seinen Revolver vor die Stirn und gebot:

„Laß stecken, sonst schieße ich!"

Nun zog der Pascha die leere Hand langsam aus der Tasche und stotterte:

„Osman, was fällt dir ein! Was habe ich dir

gethan?" — „Das fragst du noch? Ermorden wolltest du uns!"

Der Pascha machte ein höchst erstauntes Gesicht.

„Ich euch ermorden?" fragte er. „Bist du toll? Wann denn eigentlich?" — „Vorhin, in der Brunnenstube." — „O, das war doch nur ein Spaß. Und er hat euch ja gar nichts geschadet." — „So, ein Spaß war es nur?" sagte der Agent. „Wenn es nur ein Scherz war, so beweise es." — „Der da ist mein Zeuge."

Der Pascha deutete nach dem Kastellan.

„Ich bezeuge nichts," entgegnete dieser. — „Ich wollte sagen, die da."

Er zeigte auf Lina.

„Auch diese thut dir nicht den Gefallen, deinetwegen eine Lüge zu machen," höhnte der Derwisch. „Wenn du wirklich nur einen Scherz beabsichtigt hast, so mußt du wissen, wie wir dem Tode entgangen sind." — „Ihr seid einfach wieder hinaufgestiegen." — „Das hätten wir nicht gekonnt, wenn wir zerschmettert worden wären. Warum ist dies nicht geschehen?" — „Weil — weil —"

Der Pascha hielt inne. Er vermochte nicht, eine Antwort zu geben. Sein Blick irrte angstvoll und ratlos von einem zum anderen und blieb auf Lina haften.

„Sagen Sie es an meiner Stelle, Lina," bat er.

Doch diese antwortete:

„Ich bin Ihre Dolmetscherin nicht." — „Aber Lina, Sie wissen ja — Sie sind ja — Sie wollen ja — mit mir nach Konstantinopel!" — „Wenn Sie das geglaubt haben, so können Sie mir leid thun. So einen Halunken und Sünder kann ich nur verachten. Das Mädchen, das Wohlgefallen an Ihnen finden könnte, müßte wahnsinnig sein." — „Wie?" rief der Pascha ganz konsterniert. „Sie willigten doch ein, den Derwisch und auch Ihren Verlobten zu töten!" — „Das war nur zum Scheine." — „So haben Sie mich also betrogen und verraten?" — „Ja, sie hat uns gerettet," antwortete statt der Polizistin der Agent, „und nun sollst

Engel d. Verbannten. 50

du desselben Todes sterben, für den du uns bestimmt hattest. Wir werden dich in den Brunnen werfen." — "O Himmel! Das thut ihr nicht! Das ist ja Mord!" — "Ibrahim Pascha, du kennst mich nicht!" sagte da der Derwisch höhnisch. "Du hast dich stets in mir geirrt. Du hast mich für deinen Freund, deinen Diener, deinen Verbündeten gehalten, und doch bin ich stets der ärgste und unversöhnlichste deiner Feinde gewesen. Entsinnst du dich noch des herrlichen Weibes, das du liebtest, damals in Stambul, auf der Straße der Aladschi in Pera?" — "Meinst du Anna von Adlerhorst?" — "Ja. Du trachtetest nach ihr, ich selbst aber liebte sie wie rasend. Ich hätte sie errungen; aber dein tölpelhaftes Wesen verdarb mir alles; ich erntete Verachtung anstatt Liebe, nur allein deinetwegen. Von da an schwor ich dir Rache. Ich habe mich an ihrer ganzen Familie gerächt durch dich, und habe mich an dir gerächt, indem ich dich den Weg des Bösen führte, tiefer, immer tiefer hinab. Heute bist du am Ziele angelangt. Du hast Mord gesät und wirst dafür Mord ernten. Wir schließen dich in die Brunnenstube und werden dich hinabstürzen! Vorher aber sollst du tausendfache Qualen erdulden. Du sollst warten und warten, jeden Augenblick gewärtig, daß der Boden unter deinen Füßen weiche, bis die fürchterliche Angst dir den Rest deines Verstandes raubt."

Es lag eine so große Entschiedenheit und Entschlossenheit in dem Gesichte und Tone des einstigen Derwisches, daß der Pascha erkannte, daß er wirklich keine Nachsicht zu erwarten habe. Das gab ihm den Mut der Verzweiflung. Er trat um einige Schritte zurück und rief in drohendem Tone:

"Oho! So spricht man mit mir? Bin ich ein Knabe, daß du meinst, ich könne mich eurer nicht erwehren?" — "Blase dich nicht auf," lachte der Derwisch. "Du bist ein Feigling und sprichst nur aus Angst die Worte eines Helden. Wir werden dich jetzt fesseln. Gieb deine Hände her!" — "Hole sie dir!"

M. E.

Ibrahim ballte die Fäuste und nahm eine Stellung ein, als ob er kämpfen wolle. Da richtete der Derwisch den Lauf des Revolvers gegen ihn und drohte:

„Beim geringsten Widerstand schieße ich dich nieder wie einen Hund! Jetzt bin ich dein Herr, und du hast zu gehorchen!"

In diesem Momente trat der Kastellan, der bisher geschwiegen hatte, zwischen sie und sagte:

„Keinen Kampf, keinen Schuß, der uns verraten könnte!" — „Wer könnte den Schuß hören?" fragte der Derwisch, zornig über diese Einrede. Dann eilte er zur Thür, öffnete dieselbe und schaute hinein. Er befand sich vor dem hübschen Stübchen, das über Tschitas Gefängnisse lag. Es war leer.

„Niemand ist da," sagte er. — „Und doch war es mir, als ob ich Stimmen gehört hätte," antwortete der Kastellan. — „Das muß ein Irrtum sein — aber nein, da geht ein Loch hinab. Sollte sich doch jemand hier befunden und uns belauscht haben?"

Der Derwisch trat an das Loch und blickte hinab. Die anderen folgten ihm nach, auch der Pascha, der für einen Augenblick die Gefahr vergaß, in der er sich befand.

„Da unten ist es dunkel," sagte der Derwisch, „aber ich sehe die Sprossen einer Leiter. Ist jemand unten?"

Diese letztere Frage rief er laut in das Loch hinab.

„Ja," antwortete eine weibliche Stimme von unten herauf, und Tschita kam emporgestiegen.

Nun stand sie in größter Ruhe vor ihm und blickte ihm furchtlos und frei in das erregte Gesicht.

„So giebt es eine Fallthüre hier?" fragte der Derwisch argwöhnisch. — „Ja," antwortete Tschita. „Ich entdeckte sie und bin heraufgestiegen. Zykyma und ich haben uns hier sehr wohl befunden."

Dabei deutete Tschita auf den noch gedeckten Tisch.

„Zykyma auch? Wie konnte denn diese aus ihrem Gefängnisse heraus?" — „Ganz auf dieselbe Weise. Da, schaut einmal!"

M. E.

Tschita öffnete die Thür zur Nebenstube. Und richtig, dort saß Zykyma und schälte sich in aller Gemütlichkeit eine Orange, um dieselbe zu verspeisen.

Jetzt kam auch der Pascha in Bewegung. Als er sah, daß seine beiden ihm entflohenen Frauen sich keineswegs so, wie er dachte, in Gefangenschaft befunden hatten, drängte er die anderen beiseite und trat hinaus zu Zykyma. Die übrigen folgten, zuletzt der Kastellan. Niemand als nur die Polizistin achtete darauf, daß er hinter sich die Thür verschloß.

„Tausend Teufel!" rief der Pascha. „Ihr lebt herrlich und in Freuden, und ich habe geglaubt, ihr steckt unten in euren Verließen. Wer hat euch das erlaubt?" — „Wir selbst," antwortete Zykyma ruhig. — „Nun, wir werden einen besseren Ort für sie finden," sagte da der Derwisch. „Sie werden in die Brunnenstube eingeschlossen, und zwar zusammen mit ihrem einstigen Herrn." — „Etwa um uns hinabzustürzen?" fragte Zykyma. „Da habt ihr euch allerdings verrechnet. Wir machen nicht mit!" — „Darnach werdet ihr nicht gefragt. Ihr habt zu gehorchen!" — „Etwa dir? Wer bist du denn? Ein entlaufener Lakai und Renegat. Wenn du noch einmal von Gehorsam redest, lasse ich dir die Peitsche geben!" — „Weib," rief der Derwisch zornig, „vergiß nicht, daß du dich in meiner Gewalt befindest!" — „Ich? Irre dich nicht! Du befindest dich in der meinigen!"

Zykyma deutete nach der Thür, die in der Zimmerflucht weiterführte. Sie öffnete sich, und — Steinbach trat herein, gefolgt von sämtlichen Männern, die sich bei ihm befunden hatten. Hinter diesen sah man die Frauen stehen.

Der Derwisch fuhr entsetzt zurück.

„Steinbach!" schrie er auf. — „Ja, ich," lächelte dieser stolz. „Ich komme aus derselben Tiefe wie du. Wir wurden ebenso gerettet wie du und stehen nun hier, das letzte Wort mit euch zu reden. Eure Rollen sind ausgespielt. Nehmt die Kerle gefangen!"

M. E.

Sam, Jim und Tim traten sofort an den Derwisch heran, um sich seiner zu bemächtigen. Er aber wich einige Schritte zurück.

"Gnade!" rief jetzt der Pascha. "Ich trage keine Schuld. Der dort hat mich verführt. Er war der Teufel, der euch verfolgte."

Dabei deutete er auf den Derwisch. Dieser aber schnellte zu ihm hin und schrie ihn an:

"Hund, willst du jetzt noch unschuldig sein? Wir sind verloren; ich sehe es. Ich wollte dich vorhin zur Hölle senden, um mir von dir das Quartier bestellen zu lassen. Nun es aber so steht, gehen wir gleich miteinander. Komm' mit zum Teufel!"

Und ehe jemand ihn daran hindern konnte, drückte er seinen Revolver gegen die Schläfe des Pascha und dann gegen seine eigene Stirn ab. Die beiden Schüsse krachten; sie hatten nur zu gut getroffen. Die Körper wankten, verloren das Gleichgewicht und schlugen schwer zu Boden.

Tschita und Zykyma schrieen vor Entsetzen auf. Steinbach ergriff sie bei den Händen und führte sie hinaus zu den anderen Frauen, um dann zurückkehrend die Thür hinter sich zuzumachen.

Sam war sogleich zu den beiden Getroffenen niedergekniet, um ihre Verwundungen zu untersuchen.

"Es ist aus mit ihnen," berichtete er. "Der Kerl hat so ausgezeichnet gezielt, als hätte er sich jahrelang im Selbstmorde geübt. Nur zwei Sekunden waren es, und doch sind sie tot. Jammerschade. Nun geht mit ihnen das Hauptgeheimnis hinüber. Aber es war so schnell geschehen, daß man es gar nicht zu verhüten vermochte. Diesen aber wollen wir uns desto besser aufheben."

Sam deutete auf den Agenten, der bleich und zähneklappernd in der Ecke lehnte. Er kannte Steinbach und wußte, wer und was dieser eigentlich war; vor Angst und Respekt war es ihm unmöglich, ein Wort zu sagen. Er wurde gebunden und fortgeschafft.

M. E.

Jetzt gab es noch eine ganze Reihe höchst lebendiger Auseinandersetzungen. Der Kastellan mußte erzählen, und die Folge seines Berichtes war, daß Lina, die Polizistin, das größte Lob und die allerhöchste Anerkennung erntete.

Die beiden Leichen blieben liegen, um gerichtlich aufgehoben zu werden. Steinbach gab vor, dies besorgen zu wollen. Er mußte aus diesem Grunde schnell nach der Stadt zurück und übergab seine Semawa der Obhut Normanns, in dessen Villa, deren gastliche Thür allen gern geöffnet war, sich die meisten bald begaben. — —

In der Stadt angekommen, begab sich Steinbach sofort zum Staatsanwalt.

Derselbe schien soeben von einem Ausgange zurückgekehrt zu sein, denn er war noch in Straßentoilette.

„Hoheit!" rief er erstaunt. „Welch eine Ehre, einen solchen Besuch am —" — „Pst! Keinen Titel, mein Verehrter!" unterbrach ihn Steinbach. „Prinz Oskar kommt erst morgen offiziell nach hier. Ich komme in der Grafenreuther Angelegenheit."

Seinem Gaste einen Sessel präsentierend, bemerkte der Beamte:

„Und ich war soeben in derselben Angelegenheit aus. Ein Bote des Amtswachtmeisters rief mich schleunigst zu dem letzteren, und ich bin ganz untröstlich, Herrn Steinbach ein Ereignis melden zu müssen, an welchem irgendeine Schuld zu tragen ich mir glücklicherweise nicht bewußt bin." — „Was ist geschehen?" — „Der Agent Schubert hat sich unserem Gesetze entzogen." — „Doch nicht entsprungen?" — „Nein, sondern entleibt."

Der Blick des Staatsanwaltes war mit deutlicher Besorgnis auf das Gesicht Steinbachs gerichtet. Dieses aber verfinsterte sich nicht, wie befürchtet worden war, es nahm vielmehr einen ruhigen Ausdruck an.

„Das ist mir sehr lieb." — „Ah! Wirklich?" entfuhr es dem Beamten in erstauntem Tone. — „Ja. Es klingt freilich nicht human, wenn ich Ihnen aufrichtig gestehe, daß ich Ihnen wegen dieses Selbstmordes keines-

M. E.

Der Derwisch drückte seinen Revolver gegen die Schläfe des Pascha und dann gegen seine eigene Stirn ab. (Seite 789.)

M. E.

wegs zürne, aber ich habe wirklich Ursache, befriedigt zu sein. Die anderen Thäter, die eigentlichen Urheber, sind tot. Um dieses einen Menschen willen wären wir gezwungen gewesen, Verhältnisse an die Oeffentlichkeit zu bringen, über welche ich am liebsten schweigen möchte. Es werden Familien davon berührt, deren Glieder bereits zu viel erduldet haben, als daß ich sie nun noch ohne allen Nutzen durch gerichtliche Untersuchungen quälen lassen möchte. Sehen wir, wie die Angelegenheit sich so arrangieren läßt, daß die betreffenden Ereignisse mit dem heutigen Tage ihren Abschluß finden." — "Ich stehe natürlich ganz zu Befehl und zur Verfügung."

Die beiden Herren hatten eine vertrauliche Unterredung, infolge deren am nächsten Morgen im Amtsblatte die Veröffentlichung zu lesen war:

"Mehrere unserer Badegäste werden sich wohl noch des eigentümlichen Renkontres erinnern, welches zwischen Seiner Herrlichkeit Lord Eagle-nest und dem angeblichen Bankier Abraham aus Kairo stattfand. Dieser letztere, welcher von dem erstgenannten Herrn für nicht satisfaktionsfähig erklärt wurde, scheint gestern ein unfreiwilliges und gewaltsames Ende gefunden zu haben. Er wurde von einer zufälligerweise auf Schloß Grafenreuth anwesenden Gesellschaft in einem abgelegenen Raume mit durchschossenem Kopfe vorgefunden. Neben ihm lag die Leiche eines vielgesuchten, entsprungenen Verbrechers, in Frauenkleider gehüllt, und auch mit einer Schußwunde im Kopfe. Ein Raubmord ist ausgeschlossen, da der Bankier seine sämtlichen Habseligkeiten noch bei sich trug. Hoffentlich ist es uns später ermöglicht, näheres über diesen gewiß eigentümlichen Fall mitzuteilen."

Und unter ‚Polizeibericht' war zu lesen:

"Gestern abend entzog sich der hier bekannte Agent Schubert im hiesigen Untersuchungsgefängnisse dadurch dem strafenden Arme der weltlichen Gerechtigkeit, daß

er sich in einem unbewachten Augenblicke selbst ent=
leibte. Was gegen diesen Mann der problematischen
Existenz vorgelegen hat, ist noch nicht in die Oeffent=
lichkeit gedrungen." —

---

## 62. Kapitel.

Sam hatte sich nach den furchtbaren Ereignissen auf
Schloß Grafenreuth von den Freunden getrennt, spazierte
durch die Stadt und schlug dann die nach dem Bahnhof
führende Richtung ein. Gerade, als er auf dem Bahn=
hofe anlangte, fuhr ein Zug ein. Kaum hielt derselbe,
so sprang aus einem Coupé zweiter Klasse ein Neger,
der eine sehr elegante Livree trug, und öffnete einen
Wagen erster Klasse.

Ein fein gekleideter, älterer Herr stieg mit einer
jungen, verschleierten Dame aus. Sam hatte sie sofort
erkannt. Schleunigst eilte er zu ihnen.

„Welcome, welcome, Master Wilkins," rief er
aus. „Gut, daß Sie kommen. Ich glaubte bereits, Sie
hätten Herrn Steinbachs Depesche gar nicht erhalten."

Es war wirklich Wilkins mit Almy, seiner Tochter,
der ‚Taube des Urwaldes' am Silbersee.

„Grüß Gott, alter Sam!" antwortete derselbe. „Die
Depesche wurde uns nach Paris nachgesandt, und wir
sind Hals über Kopf gefahren, um eurem Rufe zu folgen.
In welchem Hotel hast du uns Wohnung bestellt?" —
— „Bis jetzt in keinem." — „Wieso?" — „Wollen erst
sehen, wie der Hase läuft. Das Gepäck lassen wir hier
in der Expedition, der Neger mag im Wartezimmer
bleiben." — „Und wir?" — „Sie gehen mit mir." —
„Zu wem?" — „Zu Herrn Steinbach." — „Gleich so
im Reisegewand?" fragte Almy. — „Ja. Steinbach ist
ein alter Junggesell, und es fällt ihm gar nicht ein, so
etwas übel zu nehmen." — „Aber wir können uns doch

wenigstens ein ganz klein wenig vorher restaurieren?" — „Ist nicht notwendig." — „Wohnt Herr Steinbach allein?" „Ganz allein. Er hat keine Menschenseele bei sich, als mich und eine alte, taube Haushälterin." — „So dürfen wir es vielleicht wagen." — „Natürlich. Kommen Sie nur!"

Sie schritten der Stadt entgegen. Als Sam an der Pforte der Villa Normann klingelte, und das Mädchen zum Oeffnen kam, fragte Wilkins:

„Ist das die alte, taube Haushälterin?" — „Ja."

Das Mädchen hatte kein Wort gesprochen, und da es zu dunkel war, um das Gesicht zu sehen, gelang diese diplomatische Unwahrheit.

Der Dicke führte nun die beiden hinter das Haus und bat sie, in der Veranda zu warten, da er sie erst Herrn Steinbach anmelden müsse.

In dem neben der Veranda liegenden Salon ließen sich inzwischen zahlreiche Stimmen hören.

„Wer ist denn da drin?" fragte Almy besorgt. „Das müssen viele Leute sein." — „Es ist die hiesige Feuerwehr, die gekommen ist, Steinbach zu seinem heutigen Geburtstage zu gratulieren," entgegnete der Dicke. „Er ist nämlich Branddirektor. Die Leute werden aber gleich gehen." — „Ich höre doch auch weibliche Stimmen!" — „Natürlich müssen die Frauen auch mit gratulieren!"

Nach diesen Worten betrat Sam den Salon.

Steinbach war noch nicht da, aber von den anderen fehlte keine einzige Person.

Der Salon war so voller Menschen, daß fast gar kein Platz mehr vorhanden war; unter ihnen befand sich auch Martin von Adlerhorst, der heute sich anscheinend in einer sehr trüben Stimmung befand und ganz für sich allein saß.

„Was haben Sie, Master Martin?" fragte ihn Sam. „Ihre Gedanken machen wohl Visite über die See hinüber?" — „Es scheint so," nickte der Gefragte. — „Was kann das nützen? Gar nichts. Man darf

M. E.

nie denken, wie es sein könnte, sondern wie es ist." — „Wenn es nun aber doch besser sein könnte?" — „Das ist unmöglich. Man muß sich eben nur ein wenig mehr um die Gegenwart bekümmern." — „Das ist unnütz. Dadurch kommt niemand von Amerika herüber." — „Vielleicht doch!" — „Nein. Ich werde hinüber müssen. Habe schon seit zwei Monaten keinen Brief erhalten." — „Nicht?" fragte Sam, indem er ein ganz erstauntes Gesicht machte. — „Nein." — „Aber doch den heutigen, den ich vom Briefträger unterwegs erhielt und — — o, Sapperlot! Er war an Sie, aus Amerika, und ich habe ihn draußen auf der Veranda auf dem Tische liegen lassen! Verzeihung! Ich werde ihn gleich —"

Sam that, als ob er fort wolle.

„Halt, halt! Ich hole ihn mir selber!" rief Martin.

Dann sprang er eilends auf, drängte sich durch die Anwesenden und öffnete hastig die Thür. Da sah er im Scheine des herausdringenden Lichtes Wilkins mit Almy auf der Veranda stehen.

„Almy, meine Almy!" schrie nun Martin auf. — „Martin!" hauchte Almy ganz erschrocken.

Er aber riß sie in seine Arme und brachte sie herein. Ihr Vater folgte, und der Dicke lachte sich ins Fäustchen.

Es läßt sich denken, welch eine Freude das Erscheinen der beiden neuen Ankömmlinge verursachte. Und dazu kam das Mädchen herein und brachte ein großes, mit dem großherzoglichen Siegel versehenes Schreiben, das soeben für Normann abgegeben worden war.

Dieser öffnete es und las es durch. Dann meldete er zu aller Entzücken:

„Morgen trifft Prinz Oskar hier ein. Um ihn zu empfangen, wird der Großherzog selbst kommen und hat für Vormittag elf Uhr folgende Personen zur Audienz befohlen."

Normann las die Namen vor. Da waren alle, alle verzeichnet. Zum allgemeinen Erstaunen stand sogar Master Wilkins mit Miß Almy dabei. Und auch

M. E.

Günther von Langendorff war, zur unaussprechlichen Freude Magdas, nebst seinem Freunde Zimmermann auf Veranlassung Steinbachs aus weiter Ferne zur Audienz beim Großherzog geladen worden. Nur ein einziger fehlte in diesem Namensverzeichnis — Steinbach. Das waren Rätsel, die niemand zu lösen vermochte, bis Steinbach selbst zurückkehrte und man ihm den Inhalt des Schreibens mitteilte.

„Das ist alles sehr einfach," sagte dieser. „Der Großherzog interessiert sich ungemein für die Helden unserer Abenteuer und will sie bei Gelegenheit seiner morgenden Anwesenheit kennen lernen. Ich habe ihm ein Namensverzeichnis einsenden müssen, und da ich wußte, daß Master Wilkins heute abend kommen werde, fügte ich auch seinen Namen mit bei." — „Warum aber fehlt gerade der deinige?" erkundigte sich Semawa. — „Weil Seine Hoheit für morgen mir einen Auftrag erteilt haben, der mich verhindert, zu erscheinen. Ich verreise schon früh, du wirst also an der Seite deines Vaters vor dem regierenden Herrn erscheinen."

Damit war nun abermals ein unerschöpflicher Gesprächsstoff gegeben. Die meisten der Anwesenden hatten noch nie eine Audienz bei einem Monarchen gehabt und waren ganz entzückt über die Ehre, die ihnen widerfuhr. Sie erkundigten sich natürlich nach allem, selbst nach den geringsten Kleinigkeiten, die da zu beobachten seien, und es war sehr, sehr spät, als die so innig verwandte Gesellschaft sich trennte.

Am anderen Morgen begab Steinbach sich nach dem Bahnhofe, um die erwähnte Reise zu machen, worauf der Großherzog im strengsten Inkognito erschien. Er hatte sich jeden Empfang verbeten und fuhr schleunigst nach dem Schlosse.

Dann wurde es in der Stadt ruchbar, daß es um elf Uhr eine ganz außerordentliche Audienz mit darauf folgendem Frühstücke gebe, und die Menschen drängten sich an den Schloßweg, um die Geladenen passieren zu

Wie erstaunten alle, als sie in dem hohen, stolzen Manne
ihren geliebten Steinbach erkannten! (Seite 798.)

M. E.

sehen. Ihre Neugierde wurde nicht ausreichend gestillt, denn der Großherzog ließ die Betreffenden in Equipagen abholen.

Punkt elf Uhr waren sie alle im Vorzimmer versammelt und durften nun in den Audienzsaal treten, wo sie Stellung nahmen, voran der Maharadscha und der Lord, mit Gökala, jetzt Semawa genannt, in der Mitte. So ging es weiter herab bis zu Jim und Tim, die den Beschluß machten.

Dann trat der Großherzog ein, ganz allein, und begann die Audienz. Er gab sich ganz als Privatmann, und bald war die Reihenfolge aufgelöst, und jeder bewegte sich nach eigenem Wohlgefallen.

Als nach einiger Zeit gemeldet wurde, daß das Dejeuner der Herrschaften harre, gab der Großherzog Frau von Adlerhorst den Arm, um sie zur Tafel zu führen, und wandte sich darauf mit lauter Stimme an Semawa:

„Soeben wurde mir gemeldet, daß mein Bruder, Prinz Oskar, angekommen sei. Ich möchte ihm die Freude gönnen, an unserem Male teilzunehmen und bitte für ihn um Ihren Arm, Maharadschaya." Als er sie dabei fragend anblickte, verneigte sie sich zustimmend, aber tief errötend. — „Ah, da kommt er schon! Willkommen, mein lieber Oskar! Hier bringe ich dir die Dame, nach deren Arm und Hand es dich so außerordentlich verlangt. Sie gab ihre Einwilligung, und der meinigen darfst du natürlich ebenso versichert sein."

Der Prinz war durch eine Seitenthür eingetreten. Er trug die Uniform eines Kavalleriegenerals. Wie erstaunten alle, als sie in dem hohen, stolzen Manne ihren geliebten und bewunderten Steinbach erkannten!

„Alle Teufel! Hab's mir gedacht!" entfuhr es Sam so laut, daß alle es hörten.

Semawa stand ganz bleich vor freudigem Schreck. Sie breitete die Arme aus, als ob sie nach einem Halt

M. E.

suche. Da trat Steinbach schnell herbei, legte den Arm um sie, bog sich zu ihr nieder und flüsterte ihr zu:

„Sage mir, mein Leben, wirst du mich nun auch noch gerade so lieb haben wie vorher?"

Ein glückliches Lächeln strahlte über ihr schönes Gesicht.

„Ich kann dich nicht lieber haben als vorher. Ich würde dich lieben in allen Lagen und zu aller Zeit." —

Nun begann die Tafel. Es war kein Galafrühstück, und die Regeln der Etikette wurden nicht streng befolgt. Der Großherzog selbst erklärte, daß er wünsche, ein jeder möge sich wie zu Hause fühlen; er sei jetzt Privatmann und habe die Uniform nur angelegt, um seine Gäste zu ehren und ihnen zu beweisen, daß ein braver Mensch im schlichten Rocke dem Manne in Wehr und Waffen vollständig gleichwertig sei.

Nach aufgehobener Tafel bat der Großherzog, die Anwesenden möchten sich für den ganzen Lauf des Tages als seine Gäste betrachten. Dann zog er sich zurück.

Die verschiedenen Paare, die sich nach langen Leiden und nach oft langer Trennung endlich zusammengefunden hatten, lustwandelten im herrlichen Schloßpark. Prinz Oskar aber führte seine Geliebte ganz allein durch die prächtig ausgestatteten Räume des Schlosses.

Dann stand er, den Arm um ihre Taille gelegt, hoch oben mit ihr auf dem Söller, von wo aus man meilenweit ins Land blicken konnte. Als nun Semawas Blick freudetrunken in die Ferne schweifte, sprach er zu ihr in besorgtem Tone:

„Hier wirst du wohnen, mein Herz. Wirst du dich nicht bald nach dem fernen Osten sehnen?"

Sie preßte ihr Köpfchen an seine Brust und antwortete: „Nie, niemals! Seit ich dich kenne, ist Deutschland das Land meiner Sehnsucht gewesen, das Land der Treue, das Land der Kraft, das Land der Helden." — „Höher noch als deutsche Kraft steht das deutsche Herz, mein Lieb. Das deinige lernte in fremden Zonen schlagen;

M. E.

es wird dennoch hier deutsch fühlen lernen." — „O," lächelte sie, „das wird ihm gar so leicht gemacht; es lebt hier ja nur unter

Deutschen Herzen und Helden!"

M. E.